KB177532

찰스 다윈(1809~1882)

고대의 암석 미국 유타 주 브라이스 캐니언. 백악기(약 1억 3500만 년 전~6500만 년 전)에서 제3기(약 6500만 년 전~약 200만 년 전)까지의 1억 년에 걸친 지층이 드러나, 지질연대 구분을 결정하는 데 중요한 증거를 제공해 준다.

규화목 화석이 된 삼림. 미국 애리조나 주 페트리파이드 포레스트 국립공원에서 볼 수 있는 고대 나무줄기의 단편. 나무 조직이 천천히 광물로 치환되면서 부패했기 때문에 오늘날에도 본디의 구조를 자세히 확인할 수 있다.

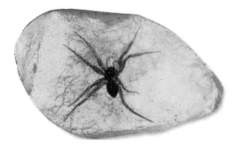

호박(琥珀, 송진)에 갇힌 거미

탄화(炭火)된 잎의 흔적

치환(置換) 화석 통째로 황철광으로 치환된 암모나이트 화석. 먼저 암석 속에서 산에 의해 껍데기가 녹고 황화철이 그 빈자리를 메운 것으로 여겨진다.

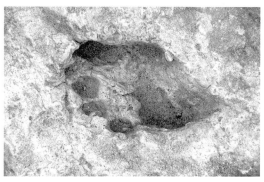

인류의 발자국 150만 년 전 호모에렉투스의 발자국. 이 초기 인류가 오늘날 인류와 마찬가지로 직립보행했다는 사실을 증명해 준다.

▲서 있는 암컷 들소
알타미라를 대표하
는 작품 중의 하나.
강력한 몸통을 표현
하기 위해 세세한
부분까지 형태를 만
드는 궁리를 했다.

알타미라 동굴
벽화
스페인 칸타브리아
지방

◀웅크리고 있는 들소
큰 천장 벽화 중의
하나로, 바위의 돌
출과 균열을 작품에
응용했다.

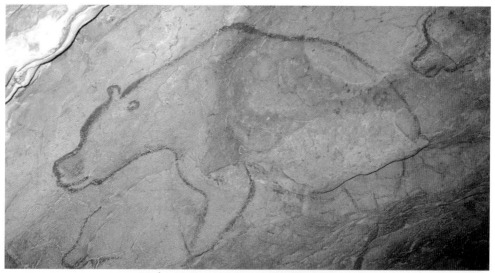

▲동굴곰 벽화

쇼베 동굴 벽화
프랑스 론알프스 주 콤브 다르크

▶손 모양의 음화 손 모양 그림은 벽에 댄 손 주위에 안료를 뿌려서 그린 것이다.

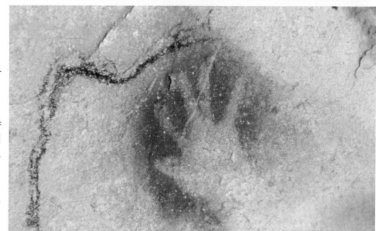

▼사자 떼 벽화 약 3만 년 전에 그려진 놀랍도록 역동적인 사자 떼 그림

고대인의 손 남아프리카 요하네스버그 부근 스테르크폰테인 동굴에서 300만 년 전 화석화된 오스트랄로피테쿠스의 왼쪽 팔뚝과 손이라고 짐작되는 화석을 발굴하였다.

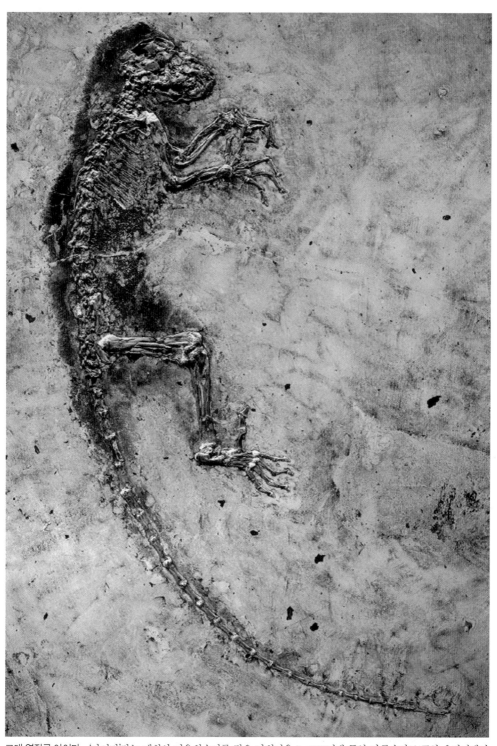

고대 영장류 아이다 '아이다'라는 애칭의 여우원숭이를 닮은 다위니우스. 1980년대 독일 다름슈타트 근처 유적지에서 발견되었다. 약 5천만 년 전에 묻힌 것으로 추정되며 전신 골격뿐만 아니라 몸 조직이나 몸털까지 반인반수의 흔적을 보여준다.

▲시바피테쿠스 인디쿠스의 서식 환경 복원 그림

이런 종류의 네 다리뼈는 부분적으로 지상생활에 적응하고 있었다는 점을 보여준다. 서식환경은 아열대 계절풍림과 조금 더 트인 환경이 뒤섞여 있었다.

◀오스트랄로피테쿠스 아파렌시스의 서식 환경과 생활 복원 그림

오늘날 침팬지처럼 숲과 나무 위에서 식량을 구했을 것이다. 그들은 차츰 개방된 지역으로 진출하면서 이족보행을 했을 것이다.

▶호모에렉투스
대나무나 규암으로
도구를 만들고 불로
고기를 굽는 집단의
복원 그림(중국 구석
기시대 동굴 유적)

▼호모하이델베르겐
시스
남영국 복스그로브
해안에서 포획한 코
뿔소 사체에 달려드
는 하이에나를 쫓고
있는 호모하이델베
르겐시스 집단의 복
원 그림

케바라 동굴 유적 1982년 이스라엘의 케바라 동굴에서 현대인의 것과 거의 같은 설골이 발견되었다. 이 뼈의 존재는 네안데르탈인이 해부학적으로 언어 사용이 가능하다는 것을 보여준다.

1982년 케바라 동굴에서 발견된 네안데르탈인의 골격 두 다리는 분해되어 사라졌지만 머리뼈가 없는 것이 수수께끼이다.

전형적인 네안데르탈인 여성 복원 그림 힘이 세고 근육질이었다.

▲블롬보스 동굴 유적 이 유적에는 고대 남아프리카에 있었던 생물에 관련된 놀랄 만한 기록이 남겨져 있다. 이 동굴을 사용했던 수렵채집인들은 다양한 식생활을 하고 있었던 것 같다. 가장 오래된 예술이라 할 수 있는 조개목걸이와 기하학적 모양을 새긴 황토 조각도 발견되었다.

▶조개목걸이 공예

▼그림이 조각된 황토

수컷 공작의 화려한 꼬리
암컷은 짝짓기 상대로 화려한 수컷을 선택
한다.

번식 선택권을 가지는
암컷의 경우

수컷 엘크의 뿔
수컷들이 암컷을 서로 차지하려고 경쟁한다.

**번식 선택권을 가지는
수컷의 경우**

◀코끼리바다표범

코끼리바다표범, 물개 같은 포유동물은 폭력적인 짝짓기 경쟁에서 승리해야만 암컷을 차지한다. 이것은 가장 강하고 우수한 수컷 유전자를 미래세계에 전달되도록 하기 위함이다. 싸움에서 승리한 수컷은 100여 마리의 암컷을 거느리게 된다.

▼사자

영역과 암컷을 차지하기 위한 수컷 사자들의 치열한 싸움. 많은 동물에서 성적 선택은 수컷 사이의 격렬한 경쟁을 불러온다.

▲극락조 수컷 극락조들이 암컷이 보는 무대에서 화려
한 장식깃을 이용해 춤을 추면, 암컷은 마음에 드는 수
컷을 고른다.

▶꿀벌 암벌인 일벌은 꽃가루를 채집하기 위해 특화된
관절의 뒷다리를 갖고 있으며, 산란관은 침으로 변형되
어 애벌레와 집단을 보호하는 데 사용한다.

▼군함조 수컷이 턱밑주머니를 부풀려 과시하며 구애
하는데, 암컷은 공중을 날면서 수컷을 선택한다.

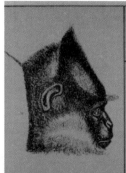
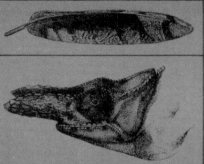

CHARLES DARWIN
THE DESCENT OF MAN,
AND SELECTION IN RELATION TO SEX

INTRODUCTION BY JOHN TYLER BONNER AND ROBERT M. MAY

《인간의 기원》(초판 1871) 표지

World Book 277

Charles Robert Darwin

THE DESCENT OF MAN, AND SELECTION IN RELATION TO SEX
인간의 기원 II

찰스 다윈/ 추한호 옮김

동서문화사

이 책은, Charles Darwin, *The Descent of Man, and Selection in Relation to Sex*, London∶ John Murray ; New York∶ D. Appletion, 1871 완역, 일본 講談社《人間の 由來, 2016》을 참고했다.

인간의 기원 ⅠⅡ

차례

인간의 기원 Ⅱ

[컬러화보]

인간의 기원 Ⅰ

제2부 성 선택

제13장 조류의 이차성징

새의 이차성징은 형태구조에 더 중요한 변화를 일으키지는 않을지 모르지만, 다른 어떠한 강의 동물보다도 다양하고 뚜렷하다. 따라서 이 주제에 대해서는 충분히 자세하게 다룰 생각이다. 새 수컷은 흔하지는 않지만 서로 싸우기 위한 특별한 무기를 가지고 있다. 그들은 목소리나 장치를 이용한 소리를 포함하여 매우 다양한 음악으로 암컷을 매혹한다. 그들은 모든 종류의 볏과 턱볏, 돌기, 뿔, 공기로 부풀리는 주머니, 머리장식, 깃털이 없는 깃대, 깃털옷, 그리고 몸의 다양한 부위에 돋아난 길고 우아한 긴 깃으로 자신을 장식하고 있다. 부리나 머리의 털이 나지 않은 부위와 깃 등이 화려한 색채를 띠고 있는 것이 종종 있다. 수컷은 때로는 춤으로, 때로는 지상이나 공중에서 펼치는 멋진 곡예로 암컷에게 구애한다. 또 적어도 한 종은 수컷이 암컷을 유인하거나 흥분시키기 위해 사향 같은 냄새를 풍기기도 한다. 뛰어난 관찰가인 램지(Ramsay)[1]는 호주의 사향오리(*Biziura lobata*)에 대해 '여름에 수컷은 그들만의 독특한 냄새를 풍기는데, 개체에 따라서는 1년 내내 냄새를 풍기는 것도 있다. 번식기에도 이 냄새를 풍기는 암컷을 나는 이제까지 한 번도 본 적이 없다'고 말했다. 번식기에는 이 냄새가 매우 강렬하기 때문에 새의 모습이 보이지 않아도 냄새로 그것을 알 수 있다고 한다.[2] 전체적으로 볼 때, 조류는 동물계에서 가장 심미적이라고 할 수 있다. 물론 인간을 제외하고 그렇다는 이야기이지만, 미에 대해 그들은 우리 인간과 거의 같은 취향을 가지고 있다고 할 수

---

[1] 'Ibis,' Vol. 3.(New series), 1867, p. 414.

[2] 굴드(Gould)의 'Handbook to the Birds of Australia,' 1865, Vol. 2. p. 383.

있다. 그것은 우리 자신이 새의 노래를 즐겁게 듣고, 문명인이든 야만인이든 여성들이 그 깃털을 빌려와서 머리를 장식하거나, 어떤 새의 피부나 턱볏만큼 영롱하지는 않은 보석으로 몸을 치장하고 있는 것에 잘 나타나 있다.

앞으로 특별히 고찰하고자 하는 주제에 들어가기 전에, 암수의 생활습성이 다른 데서 생기는 것으로 보이는 성차에 대해 간단히 살펴보기로 하자. 왜냐하면 그러한 예는 하등동물에서는 일반적으로 볼 수 있지만, 고등한 강(綱)에서는 드물기 때문이다. 후안페르난데스 제도에서 살고 있는 *Eustephanus*속의 벌새 2종은 오랫동안 서로 전혀 다른 종으로 생각되어 왔는데 굴드가 나에게 가르쳐준 바로는, 지금은 그것이 같은 종의 수컷과 암컷이라는 사실이 밝혀졌다고 한다. 그 새의 부리는 약간 다르게 생겼다. 벌새의 또 하나의 속(*Grypus*속)도 수컷의 부리 가장자리는 톱니모양이고 끝이 갈고리처럼 구부러져 있어서 암컷과는 매우 다르다. 뉴질랜드의 기묘한 후이아과(Neomorpha)는 부리의 모양에 더 큰 차이를 볼 수 있다. 굴드가 들은 바로는, 수컷의 '부리는 쭉 곧고 튼튼'하며 그것으로 나무껍질을 벗겨 암컷이 그 안에 들어 있는 애벌레를 먹을 수 있게 해준다고 한다. 그것은 암컷의 부리가 더 약한 데다 구부러져 있기 때문이다. 영국산 황금방울새(*Carduelis elegans*)*³도 비슷할지 모른다. 제너 위어에게서 들은 바로는, 새사냥꾼들은 수컷의 부리가 약간 긴 것으로 수컷을 구분할 수 있다고 하니 말이다. 나이가 지긋한, 신뢰할 만한 새사냥꾼의 말로는 수컷이 그 긴 부리를 이용해 산토끼꽃(Dipsacus) 씨앗을 먹는 모습을 자주 볼 수 있는데, 암컷들은 베토니*⁴나 현삼(玄蔘) 씨앗을 먹는 경우가 많다. 이렇게 사소한 성질의 차이를 보고, 암수의 부리의 차이가 어떻게 해서 자연선택을 통해 점차로 커져갔는지 이해할 수 있다. 그러나 이러한 모든 예들 가운데에서도 특히 호전적인 벌새는 부리 모양의 차이가 수컷들의 투쟁과 관련하여 처음 획득되었고, 나중에 그것이 생활습성에 약간의 변화를 이끌어냈다고 생각할 수도 있다.

투쟁의 법칙
거의 모든 새의 수컷은 호전적이어서 부리나 날개, 다리를 사용하여 서로

---

*3 (역주) 지금의 학명은 *Carduelis carduelis*.
*4 (역주) 통화식물목 꿀풀과의 여러해살이풀.

싸움을 벌인다. 이것은 해마다 봄이 되면 유럽울새나 참새에게서 볼 수 있다. 세계에서 가장 작은 새인 벌새는 매우 호전적인 새의 하나이기도 하다. 고스(Gosse)는[5] 두 마리 벌새가 서로 상대를 부리로 문 채 빙글빙글 돌면서 거의 땅바닥에 떨어질 때까지 싸운다고 기록했다. 몬테스 데오카(Montes de Oca)는 다른 속에 대해 수컷 두 마리가 만나면 어김없이 공중에서 격렬한 싸움을 벌인다고 말했다. 그들을 새장에 넣어서 키우면 '대개 어느 한쪽이 혀를 찢기게 되고, 그러면 모이를 먹지 못해 결국 죽어버린다.'[6] 섭금류(涉禽類) 가운데 어디서나 흔히 볼 수 있는 쇠물닭(*gallinula chloropus*) 수컷은 '짝을 짓기 전에 암컷을 두고 수컷끼리 맹렬하게 싸우는데, 물 위에 거의 똑바로 서서 서로 발로 공격한다'. 그리하여 두 마리가 30분이나 싸울 때가 있는데, 마침내 어느 한쪽이 상대의 머리를 움켜잡고는—관찰자가 개입하지 않으면—죽여버리는 일도 있다. 암컷은 그동안 조용히 그것을 지켜보고 있다.[7] 이 쇠물닭과 근연종(近緣種)인 *Gallicrex cristatus* 수컷은 블라이스가 알려준 바에 의하면, 암컷보다 3분의 1정도 몸이 크고 번식기에는 너무나 전투적이어서 벵갈 동부의 주민들은 싸움을 시킬 목적으로 그것을 키우고 있다고 한다. 인도에서는 같은 목적으로 다양한 새들을 사육하고 있으며, '뛰어난 투지를 가지고 싸우는[8] 직박구리의 일종인 붉은항문직박구리(*Pycnonotus haemorrhous*)[9]도 그 하나이다.

일부다처인 목도리도요(*Machetes pugnax*,[10] 〈그림37〉)는 무시무시한 호전성으로 유명하다. 암컷보다 몸이 훨씬 큰 수컷은 봄이 되면 일정한 장소에 날마다 모이는데, 암컷은 알을 낳으려고 그곳에 찾아온다. 새 사냥꾼은 풀이 완전히 짓밟혀 있는 것으로 그 장소를 쉽게 찾을 수 있다. 그곳에서 그들은 서로를 부리로 물고 날개를 퍼덕이면서 마치 투계처럼 싸운다. 그들은 목 주위에 난 목도리 같은 깃털을 세우는데, 몬터규 대령에 의하면 '그것이 마치 땅을 쓸면서 청소하는 것처럼 보이지만, 사실은 더 약한 부분을 보호하기 위해 목도리를 방패처럼 사용하고 있는 것'이다. 이것은 내가 아는 한, 조류에서 어떤 구조가 방패

[5] 굴드(Gould)의 'An Introduction to the Trochilidae,' 1861, p. 29에서 인용.

[6] Gould, '같은 책,' p. 52.

[7] W. Thompson(W. 톰슨), 'The Nat. Hist. of Ireland : Birds,' Vol. 2, 1850, p. 327.

[8] Jerdon, 'Birds of India,' 1863, Vol. 2, p. 96.

[9] (역주) 지금의 학명은 *Pycnonotus cafer*.

[10] (역주) 지금의 학명은 *Philomachus pugnax*.

〈그림37〉 목도리도요(Brehm, 'Thierleben'에서)

로 사용되고 있는 유일한 예이다. 그러나 목도리도요의 목도리는 복잡하고 짙
은 색조를 하고 있는 것을 보면, 아마도 주된 역할은 장식에 있을 것이다. 대부
분의 호전적인 새와 마찬가지로 그들은 언제나 싸울 준비가 되어 있는 것 같
다. 그래서 새장에 가두면 곧바로 상대를 죽여 버린다. 그러나 몬터규가 관찰
한 것처럼 그들의 호전성은 목 주위의 긴 깃털이 충분히 발달한 봄에 가장 강
해지며, 이 시기에는 어떤 새가 어떤 사소한 행동을 하더라도 곧 다 같이 뒤엉
켜 싸움이 벌어진다.[*11] 물새 종류의 호전성에 대해서는 두 가지 예를 들면 충
분할 것이다. 기아나에서는 '번식기가 되면, 머스코비오리(*Cairina moschata*) 수컷
들 사이에 피를 튀기는 싸움이 벌어지는데, 싸움이 벌어진 강에는 멀리까지 깃
털이 흩어져 있다.[*12] 싸움에는 그다지 적응하지 않은 것처럼 보이는 새도 마찬
가지로 맹렬하게 싸운다. 이를테면 펠리컨 수컷은 거대한 부리로 상대를 물어
뜯고 날개로 때려서 강한 쪽이 약한 쪽을 쫓아버린다. 꺅도요 수컷은 '부리로

─────────────

[*11] Macgillivray(맥길리브레이), 'Hist. of Brit. Birds,' Vol. 4, 1852, pp. 177-181.
[*12] Sir R. Schomburgk(R. 숌버크 경), 'Journal of R. Geograph. Soc.,' Vol. 13, 1843, p. 31.

서로를 밀치면서 상상할 수 있는 가장 우스꽝스러운 방법으로' 싸운다. 어떤 종(種)은 전혀 싸우지 않는 것으로 여겨지고 있다. 오듀본(Audubon)에 의하면, 미국의 쇠부리딱따구리(*Picus auratus*)[13]가 그렇다고 하는데, 그래도 '암컷에게는 늘 대여섯 마리의 구애자들이 귀찮게 따라다닌다'.

많은 새의 수컷은 암컷보다 몸이 큰데, 이것은 의심할 여지없이 경쟁 상대 인 수컷과의 싸움에 유리하며 성선택에 의해 획득된 것이 분명하다. 호주의 몇몇 종은 암수의 몸 차이가 극단적으로 크다. 이를테면 사향오리(Biziura) 수 컷이나 *Cincloramphus cruralis*(할미새의 근연종)은 측정하면 확실히 수컷이 암 컷의 두 배나 된다.[14] 다른 새는 암컷이 수컷보다 큰 것이 많지만 앞에서 지 적한 것처럼 암컷이 대부분 새끼를 먹여 키우기 때문이라는, 지금까지 흔히 해왔던 설명만으로는 충분하지 않다. 소수의 예에서는, 이제부터 살펴보겠지 만 암컷이 크고 강해진 것은 다른 암컷을 이겨서 수컷을 차지하기 위한 것으 로 생각된다.

많은 꿩과 새, 특히 일부다처인 종류의 수컷은 며느리발톱 같은 경쟁상대인 수컷과 싸우기 위한 무기를 가지고 있으며, 그것은 무서운 위력을 지니고 사 용되고 있다. 신뢰할 만한 저자에 의하면,[15] 더비셔에서는 솔개가 새끼를 데리 고 있는 싸움닭 암컷을 공격했는데, 수컷이 구조하러 달려와서는 공격자의 눈 알과 두개골을 며느리발톱으로 찍어 버렸다고 한다. 며느리발톱이 두개골에서 좀처럼 빠지지 않았고, 솔개는 죽어서도 싸움닭을 움켜잡고 있었기 때문에 둘 은 오랫동안 서로 뒤엉켜 있었다. 그러나 떨어지고 난 뒤 보니 싸움닭은 상처 가 거의 없었다. 싸움닭은 이렇게 절대로 꺾이지 않는 용기로 유명하다. 몇 년 전에 어떤 잔혹한 사건을 관찰한 적이 있는 신사는 다음과 같이 말했다. 어 느 싸움닭 수컷이 우리에 갇혀 있는 동안 사고를 당해 두 다리가 부러지고 말 았다. 그러자 주인은, 만약 발을 양쪽 다 절단하여 똑바로 설 수 있게 하면 새 는 기꺼이 싸움을 계속할 거라고 내기를 걸었다. 그래서 당장 그 자리에서 그 렇게 해 보았더니, 이 새는 마지막에 치명상을 입을 때까지 불굴의 용기로 싸 움을 계속했다. 실론에서는 이것과 근연(近緣)한 야생종인 실론야계(*Gallus*

---

*13 (역주) 지금의 학명은 *Colaptes auratus*.

*14 Gould, 'Handbook of Birds of Australia,' Vol. 1, p. 395 ; Vol. 2, p. 383.

*15 Hewitt, 'The Poultry Book of Tegetmeier,' 1866, p. 137.

Stanleyi)*[16]가 '자신의 암탉을 지키기' 위해 종종 어느 한쪽이 죽을 때까지 사투를 계속하는 것으로 유명하다.*[17] 강하고 날카로운 며느리발톱을 가지고 있는 인도의 자고새(*Ortygornis gularis*)*[18] 수컷은 매우 호전적이어서, '먹기 위해 사냥하는 새의 거의 모두가 가슴에 싸움에서 얻은 상처를 가지고 있다.'*[19]

꿩과 새의 거의 모든 수컷은 번식기가 되면 며느리발톱이 없는 종류까지 맹렬한 싸움을 벌인다. 큰뇌조(*Tetrao urogallus*)와 멧닭(T. tetrix)은 모두 일부다처이다. 그들은 전통적으로 정해진 장소를 가지고 있어 몇 주일 동안 그곳에 모여 암컷들 앞에서 매력을 과시한다. M. W. 코발렙스키(M. W. Kowalevsky)가 알려준 바로는, 러시아에서는 큰뇌조가 싸운 눈 위에 피가 흥건하게 떨어져 있으며 '멧닭 여러 마리가 싸움을 벌이면 그 일대에 깃털이 잔뜩 흩날린다'고 한다. 브레엠(Brehm)은 멧닭의 구애의 노래와 춤을 가리키는 독일어 '발츠'에 대해 흥미로운 사실을 기술한 적이 있다. 수컷은 거의 내내 매우 기묘한 소리를 낸다. '수컷은 꼬리를 꼿꼿이 세워 부채처럼 활짝 편 다음, 머리와 목을 높이 쳐들어 모든 깃털을 세우고 날개도 펼친다. 그리고 사방으로 살짝살짝 뛰거나 때로는 빙글빙글 돌면서, 부리 아래쪽을 턱 주위의 깃털이 닳아빠질 정도로 땅 위에 매우 강하게 내려친다. 그렇게 움직이면서 수없이 날개를 퍼덕이며 빙글빙글 도는 것이다. 열정이 커질수록 더욱 활기를 띠며 마지막에는 거의 미쳐버린 것처럼 보인다'. 그럴 때면 멧닭 수컷은 너무나 열정에 사로잡혀 거의 아무 소리도 들리지 않고 아무것도 보이지 않는 것 같다. 그래도 큰뇌조만큼은 아니다. 이런 상태에 있는 새라면 그 자리에서 여러 마리를 쏘아 맞힐 수 있을 뿐만 아니라 때로는 손으로 잡는 것도 가능하다. 수컷들은 이러한 곡예를 선보이고 나서 싸우기 시작한다. 그리고 수컷은 많은 경쟁자들에게 자기가 더 강하다는 것을 보여주기 위해, 아침나절에 여러 군데의 발츠 장소를 찾아간다. 그 장소는 여러 해 동안 계속해서 사용된다.*[20]

공작의 긴 옷자락 같은 깃털을 보면 전사라기보다는 멋쟁이처럼 보이지만,

---

*16 (역주) 지금의 학명은 Gallus lafayettei.

*17 Layard(레이어드), 'Annals and Mag. of Nat. Hist.,' Vol. 14, 1854, p. 63.

*18 (역주) 지금의 학명은 *Francolinus gularis*.

*19 Jerdon, 'Birds of India,' Vol. 3, p. 574.

*20 Brehm, 'Illust. Thierleben,' 1867, Bd. 4, S. 351. 앞에 기술한 여러 내용에 대해서는 L. 로이드 (L. Lloyd)의 'The Game Birds of Sweden,' &c., 1867, p. 79.

때로는 매우 격렬하게 싸운다. W. 다윈 폭스*[21]에 의하면 체스터 근처에서 공작 수컷 두 마리가 맹렬하게 싸우고 있었는데, 그들은 체스터 온 도시를 돌아다니면서 싸운 끝에 마침내 세인트존스 타워 위에 내려앉았다고 한다.

이러한 꿩과 새에게 있는 며느리발톱은 보통 하나이지만, 회색소공작(〈그림 51〉)에는 각각의 발에 두 개 이상의 며느리발톱이 있다. 어떤 붉은꿩(*Ithaginis cruentus*)에게는 다섯 개나 되는 며느리발톱이 있었다. 며느리발톱은 보통은 수컷에만 있고 암컷에게는 그냥 혹이나 흔적으로만 남아 있다. 그러나 자바공작(*Pavo muticus*)과 내가 브라이스에게서 이야기를 들었던 작은 부채꼬리꿩(*Euplocamus erythropthalmus*)*[22]은 암컷도 며느리발톱을 갖고 있다고 한다. Galloperdix*[23]는 보통 수컷이 며느리발톱을 한쪽 발에 두 개씩 갖고 있고 암컷은 하나씩만 갖고 있다.*[24] 이렇게 며느리발톱은 수컷의 형질이라고 해도 문제가 되지 않지만, 때로는 많든 적든 암컷에게도 전달되고 있다. 다른 대부분의 이차성징과 마찬가지로 며느리발톱은 수에 있어서나 발달 정도에 있어서나 같은 종 안에서도 변이가 매우 풍부하다.

다양한 새들이 날개에 며느리발톱을 갖고 있다. 그러나 이집트기러기(*Chenalopex aegyptiacus*)*[25]는 '털이 없는 뭉툭한 돌기'를 갖고 있을 뿐인데, 아마 이것은 근연한 새가 갖고 있는 며느리발톱이 발달해 온 최초의 단계를 보여주는 것일 수도 있다. 박차날개기러기(*Plectropterus gambensis*)는 수컷이 암컷보다 훨씬 큰 며느리발톱을 가지고 있는데, 바틀릿에게 들은 바로는 그것을 싸움에 사용한다고 하니 날개의 며느리발톱이 성적인 무기가 되는 셈이다. 그러나 리빙스턴(Livingstone)에 의하면, 그것은 주로 새끼를 보호하기 위해 사용된다고 한다. Palamedea속*[26](〈그림38〉)에는 좌우 날개에 며느리발톱이 두 개씩 있는데 그것은 매우 무서운 무기로, 그것에 한 방 맞은 개는 비명을 지르며 달아날 정도이다. 그러나 이 종류 및 뜸부기의 일종은 수컷의 며느리발톱

---

*21 (역주) 찰스 다윈의 육촌형.

*22 (역주) 지금의 학명에는 Lophura가 사용된다.

*23 (역주) 꿩과의 한 속.

*24 Jerdon, 'Birds of India.' Ithaginis에 대해서는 Vol. 3, p. 523. Galloperdix에 대해서는 P. 541.

*25 (역주) 지금의 학명은 Alopochen aegyptiaca.

*26 (역주) 속명 Palamedea는 지금은 뿔스크리머속(Anhima)로 되어 있다.

〈그림38〉 풀스크리머(브레임에게서 인용)
날개에 있는 두 개의 며느리발톱과 머리의 깃털을 볼 수 있다.

이 암컷의 그것보다 크지 않은 것 같다.*27 어떤 종의 물떼새 중에 날개에 있

---

*27 이집트기러기에 대해서는 맥길리브레이(Macgillivray)의 'British Birds,' Vol. 4, p. 639.
Plectropterus에 대해서는 'Livingstone's Travels,' p. 254. Palamedea에 대해서는 Brehm,
'Thierleben,' Bd. 4, S. 740. 이 새에 대해서는 아자라(Azara)의 'Voyages dans I'Amérique
Mérid.,' tome 4, pp. 179, 253 참조.

는 며느리발톱은 성적 형질이라고 생각할 수밖에 없다. 즉 우리가 잘 알고 있는 댕기물떼새(*Vanellus cristatus*) 수컷은 날개의 어깨에 있는 돌기가 번식기가 되면 더 커지는데, 이것으로 수컷끼리 싸우는 일이 흔히 있다. 레드와틀드랩윙속(Lobivanellus)*28 가운데에는 번식기가 되면 같은 돌기가 '짧은 뿔 같은 며느리발톱이 되는' 종류들이 있다. 호주의 가면댕기물떼새(*L. lobatus*)*29는 양성이 날개에 며느리발톱을 갖고 있으며, 암컷의 며느리발톱이 수컷의 며느리발톱보다 훨씬 크다. 그것과 가까운 종인 블랙스미스랩윙(*Hoplopterus*30 *armatus*)은 번식기에도 며느리발톱이 커지지 않는다. 그러나 이러한 새들이 영국의 댕기물떼새처럼 공중에서 갑자기 선회하여 서로 옆구리를 공격하는 것이 이집트에서 목격된 적이 있는데, 때로는 한쪽이 죽는 경우도 있다. 이들은 이렇게 해서 다른 적도 물리친다.*31

사랑의 계절은 투쟁의 계절이기도 하다. 그러나 투계나 목도리도요 같은 새의 수컷과 야생칠면조와 뇌조는, 어린 수컷도 수컷끼리 만나기만 하면 반드시 싸움이 벌어진다.*32 그 자리에 암컷이 있으면 더 말할 것도 없다[원문은 라틴어]. 벵갈의 신사들은 작은 새장을 세 개 나란히 놓은 뒤, 작고 귀여운 단풍새(*Estrelda amandava*) 수컷을 두 개의 새장에 넣고 가운데에 암컷을 넣어 그들을 싸우게 한다. 잠시 뒤 수컷들을 풀어주면 곧바로 맹렬한 싸움이 시작되는 것이다.*33 뇌조와 그 밖에 다양한 새들의 사례에서 많은 수컷들이 미리 정해진 장소에 모여 서로 싸울 때는 어김없이 그 자리에 암컷이 있으며,*34 이 암

---

*28 (역주) 지금은 댕기물떼새속(*Vanellus*)에 병합되었다.

*29 (역주) 지금의 학명은 *Vanellus miles*.

*30 (역주) *Hoplopterus*속은, 지금은 댕기물떼새속(*Vanellus*)에 병합되었다.

*31 댕기물떼새에 대해서는 R. 카(R. Carr)의 'Land and Water,' August 8, 1868, p. 46 참조. Lobivanellus에 대해서는 저든(Jerdon)의 'Birds of India,' Vol. 3, p. 647과 굴드(Gould)의 'Handbook of Birds of Australia,' Vol. 2, p. 220 참조. Holopterus에 대해서는 앨런(Allen)의 '같은 책,' Vol. 5, 1863, p. 156 참조.

*32 Audubon(오듀본), 'Ornith. Biography,' Vol. 2, p. 492 ; Vol. 1, pp. 4–13.

*33 Blyth(블라이스), 'Land and Water,' 1867, p. 212.

*34 목도리뇌조에 대해서는 리처드슨(Richardson)의 'Fauna Bor. Amer. ; Birds,' 1831, p. 343. 큰 뇌조와 멧닭에 대해서는 L. 로이드(L. Lloyd)의 'The Game Birds and Wild Fowl of Sweden and Norway,' 1867, pp. 29, 79. 그러나 브레엠(Brehm)은 ('Thierleben,' &c., Bd. 4, S. 352), 독일에서는 멧닭 암컷은 일반적으로 수컷의 싸움터에는 함께 있지 않는다고 말했는데, 그것은 일반적인 규칙에서 벗어난 것이다. 암컷은 아마도 스칸디나비아의 멧닭이나 북아메리

컷은 나중에 승자와 짝짓기를 한다. 그러나 몇 가지 예에서는 싸움이 끝난 뒤가 아니라 그 전에 미리 짝짓기가 이루어진다. 오듀본에 따르면*35 아메리카쏙독새(*Caprimulgus Vociferus*)*36 수컷 몇 마리는 '매우 흥미로운 방법으로 암컷에게 구애를 하며, 암컷이 상대를 결정하자마자 선택받은 수컷은 침입자를 자신의 영역 밖으로 쫓아낸다.' 일반적으로 수컷은 짝짓기를 하기 전에 온 힘을 다해 경쟁자를 쫓아내거나 죽이려고 한다. 그러나 암컷이 언제나 승자만 좋아하는 것은 아닌 것 같다. W. 코발렙스키에게 확인한 바로는 큰뇌조 암컷은 감히 성숙한 수컷들이 있는 전투장에 나서지 못하는 어린 수컷과 함께 수풀 속에 숨어버리는 일이 있다고 한다. 그것은 스코틀랜드의 붉은사슴에서도 이따금 일어나는 현상과 같다. 두 마리의 수컷이 한 마리의 암컷 앞에서 싸울 때는 말할 것도 없이 승자가 욕망을 채우는 것이 보통인데, 그러한 투쟁은 느닷없이 어디선가 나타난 수컷이 이미 짝을 지은 한 쌍의 평화를 어지럽힘으로써 시작되는 경우도 있다.*37

가장 호전적인 종이라 해도, 수컷의 힘과 용기로만 짝짓기가 결정되는 것은 아닐 가능성이 있다. 그러한 수컷은 대체로 다양한 장식을 가지고 있는데, 번식기가 되면 그 장식이 더욱 화려해져서 암컷 앞에서 유혹적으로 과시하기 때문이다. 수컷은 또 사랑의 표시나 노래와 춤으로 짝짓기 상대를 유혹하고 흥분시키려 하지만, 대부분의 경우 구애에는 오랜 시간이 걸린다. 암컷은 이성의 매력에 무관심한 것도 아니지만 그렇다고 어떤 경우에든 승자에게만 가는 것은 아닌 것 같다. 그보다는 암컷이 수탉끼리의 싸움 전이나 뒤에, 또는 특정한 수컷에 의해 흥분하여 무의식적으로 선택하게 되는 것이 훨씬 더 가능성이 높다. 목도리뇌조(*Tetrao umbellus*)의 경우, 어느 뛰어난 관찰자는*38 수컷들의 싸움에 대해 이렇게 믿고 있었다. "모두 단순한 허세일 뿐, 수컷들 주위에 모여 있는 암컷들 앞에서 자신들의 장점을 보여주기 위한 연기이다. 나는 싸우다가 정말로 심한 부상을 당한 수컷은 전혀 본 적이 없으며, 고작해야 깃털

카에 서식하는 종처럼 주위의 수풀 속에 숨어 있을 것이다.

*35 'Ornithological Biography,' Vol. 2, p. 275.

*36 (역주) 지금의 학명은 Chordeiles minor.

*37 브레엠의 'Thierleben,' &c., Bd. 4, 1867, S. 990. 오듀본의 'Orinith. Biography,' Vol. 2, p. 492.

*38 'Land and Water,' July 25, 1869, p. 14.

한두 개를 잃을 뿐이다." 나중에 다시 이 문제로 돌아가기로 하고, 여기서는 미국의 큰초원뇌조(*Tetrao cupido*)[39]의 경우, 스무 마리 정도의 수컷이 정해진 장소에 모여 한껏 뽐내면서 돌아다니느라 그 일대의 분위기에 이색적인 소란을 불러일으킨다는 것만 덧붙여 두고자 한다. 암컷에게서 최초의 반응이 있으면 수컷들은 서로 무섭도록 싸우기 시작하는데, 약한 수컷은 기권하기도 한다. 그러나 오듀본에 의하면 승자도 패자도 모두 암컷을 차지하려 하므로, 암컷이 그 자리에서 누군가를 선택하지 않으면 싸움이 다시 일어나게 된다. 미국의 들종다리 일종(*Sturnella ludoviciana*)도 수컷끼리 격렬한 싸움을 벌이다가 암컷을 발견하면 모두 미친 듯이 암컷을 뒤쫓는다.[40]

목소리와 악기에 의한 음악

새의 노랫소리는 불안, 공포, 분노, 승리 또는 순수한 행복감 등의 다양한 감정을 표현하는 데 사용되고 있다. 그것은 때로는 둥지에 들어 있는 새가 내는 쉭쉭 하는 소리처럼, 상대에게 겁을 주기 위한 것처럼 들릴 때도 있다. 오듀본은 그가 키우고 있던 해오라기(*Ardea nydicorax Linn*)[41]는 고양이가 다가오면 일단 숨어 있다가 '갑자기 무서운 소리를 지르며 날아올라, 고양이가 놀라서 달아나는 것을 재미있어 하는 것 같았다'고 썼다.[42] 가금류인 닭이 먹음직한 먹이를 발견했을 때는, 수컷은 암컷에게 꼬꼬댁 울고 암컷은 병아리에게 꼬꼬꼬 소리를 낸다. 암탉이 알을 낳았을 때는 '같은 음정의 소리를 되풀이하여 여섯 번 이상 낸 뒤 마지막에는 그 소리를 길게 빼는데,'[43] 그렇게 해서 기쁨을 표현하는 것이다. 사회성이 있는 새들은 서로 소리로 도움을 청하는 것 같다. 그들이 나무에서 나무로 날아다닐 때도 무리가 흩어지지 않고 함께 움직이는 것은 소리에 소리로 응하고 있기 때문이다. 기러기 같은 물새가 밤에 이동할 때는, 선두에서 내는 우렁찬 소리에 대해 뒤에서 응답하는 소리가 들릴 때가 있다. 높이 지르는 소리 가운데에는 새 사냥을 즐기는 사람들이 쓸쓸

---

[39] 지금의 학명은 *Tympanuchus cupido*.

[40] 오듀본의 'Ornitholog. Biography.' *Tetrao cupido*에 대해서는 Vol. 2, p. 492. 들종다리에 대해서는 Vol. 2, p. 219 참조.

[41] (역주) 지금의 학명은 *Nycticorax nycticorax*.

[42] 'Ornithological Biography,' Vol. 5, p. 601.

[43] 데인스 배링턴(Daines Brrington)의 'Philosoph. Transact.,' 1773, p. 252.

한 경험을 통해 알게 된 위험을 알리는 목소리가 있는데, 그 의미는 같은 종 뿐만 아니라 다른 종도 잘 알아듣는다. 수탉과 벌새 수컷은 경쟁자를 물리쳤을 때는 의기양양하게 승리의 소리를 지른다. 그러나 대부분의 조류는 주로 번식기에 매력적인 노래라고 할 만한 갖가지 기묘한 소리를 내는데, 그것은 이성을 유혹하거나 단순히 이성을 부르는 역할을 하기도 한다.

새가 노래를 하는 목적에 대해서는 박물학자들 사이에서도 의견이 크게 갈라지고 있다. 누구보다도 주의깊은 관찰자인 몬터규(Montagu)는 '명금류(鳴禽類, 참새아목에 속하는 노래하는 조류의 총칭)와 그 외에 새의 수컷은 일반적으로 스스로 암컷을 찾아가지는 않는다. 봄이 되어 그들이 하는 일은 눈에 잘 띄는 가지 위에 앉아서 목청껏 사랑의 노래를 부르는 것인데, 그러면 암컷들은 본능적으로 알아차리고 그 장소로 찾아와서 짝짓기 상대를 선택한다'고 설명했다.[44] 제너 위어는 나이팅게일도 똑같다고 알려주었다. 일생 동안 새를 키웠던 베히슈타인(Bechstein)은 '카나리아 암컷은 언제나 가장 아름답게 노래하는 수컷을 선택한다. 또 야생피리새 암컷은 100마리나 되는 수컷 가운데 노랫소리가 가장 마음에 드는 수컷을 고른다'[45]고 말했다. 그러고 보면 새들이 서로의 노랫소리에 매우 주의를 기울이고 있는 것은 분명한 사실이다. 위너는 독일의 왈츠를 노래하는 것을 배운 멋쟁이새에 대한 이야기를 해 주었는데, 그 새는 왈츠를 매우 능숙하게 불렀기 때문에 몸값이 10기니나 되었다고 한다. 이 새가 처음으로 다른 새들이 있는 곳에 가서 노래를 부르기 시작하자 스무 마리쯤 되는 되새와 카나리아 등, 주위에 있던 새들이 모두 자신들의 우리에서 나와 그 멋쟁이새에 가장 가까운 곳으로 모여들어 매우 흥미롭게 새로운 가수의 노래에 귀를 기울였다고 한다. 많은 박물학자들은 새의 노래는 대부분 '적대와 경쟁을 위한 것'이지 짝짓기 상대를 매료시키기 위한 것이 아니라고 생각하고 있다. 이것이 이 문제를 특별히 연구한 데인즈 배링턴과 셀본의 화이트가 가지는 견해이다.[46] 그러나 배링턴은 '노래를 잘하는 새는 다른

---

[44] 'Ornithological Dictionary,' 1833, p. 475.

[45] 'Naturgeschichte der Stubenvögel,' 1840, S. 4. 해리슨 위어도 나에게 편지를 보내 '같은 공간에서 키우면 노래를 가장 잘 부르는 수컷이 가장 먼저 짝을 얻는다고 들었다'고 했다.

[46] 'Philosophical Transactions,' 1773, p. 263. 화이트(White)의 'The Natural History of Selborne,' Vol. 1, 1825, p. 246.

개체보다 놀랄 만큼 지위가 높아지는데, 이것은 새 사냥꾼들에게는 잘 알려져 있는 사실'이라고 인정했다.

수컷들이 노래를 두고 치열하게 경쟁하는 것은 확실하다. 새 애호가들은 어느 새가 가장 오래 노래할 수 있는지 경쟁을 시키는데, 야렐은 나에게 어떤 새는 지쳐서 쓰러질 지경에 이를 때까지 노래를 부른다고 알려주었다. 또 베히슈타인에 의하면, 노래를 부르다가 폐의 혈관이 터져서 정말로 죽어버리는 일도 있다.*⁴⁷고 한다. 위너에게서 들은 바로는 그 원인이 무엇인지는 모르지만, 수컷은 노래를 부르는 계절에 돌연사하는 일이 종종 있다고 한다. 노래하는 습성은 때로는 사랑과는 아무 관계가 없는 듯하다. 이를테면 불임인 잡종 카나리아가 거울에 비친 자신의 모습을 보고 노래하다가 거울을 향해 돌진했다는 기록이 있다.*⁴⁸ 이 새는 또 암컷과 같은 새장 안에 있을 때는 암컷을 맹렬하게 공격했다. 새 사냥꾼은 노랫소리에 자극을 받아 일어나는 질투심을 늘 이용하고 있다. 노래를 잘하는 수컷 새를 새장에 숨겨 놓고, 끈끈이를 설치한 나뭇가지에 박제한 새를 올려둔 뒤 눈에 잘 띄는 장소에 둔다. 위너는 어떤 사람이 이 방법으로, 단 하루에 50마리 또는 70마리나 되는 푸른머리되새를 잡았다고 이야기했다. 노래하는 능력과 노래하고 싶어하는 욕구가 새의 개체마다 매우 다르기 때문에 일반적으로 푸른머리되새는 보통 6펜스인데, 위너는 새 사냥꾼이 3파운드나 요구하는 새를 본 적이 있다. 정말로 그 새가 뛰어난 가수인지는, 새장을 들고 머리 위로 빙글빙글 돌려도 계속 노래하는지를 보고 판단한다고 한다.

새는 경쟁의식 때문에, 또는 암컷을 유혹하기 위해서 노래하는 것은 결코 양립할 수 없는 것은 아니다. 오히려 장식과 호전성이 그렇듯이 이 두 가지가 함께 작용할 것으로 생각된다. 그러나 연구자들 가운데에는 수컷의 노래가 암컷을 유혹하지는 않을 거라고 주장하는 사람들이 있다. 카나리아, 유럽울새, 종다리, 멋쟁이새 같은 일부 새의 암컷은, 베히슈타인이 지적한 것처럼 특히 수컷이 죽은 뒤에 매우 아름다운 노래를 정성을 다해 부르기 때문이다. 이러한 예 가운데에는 컷이 오랫동안 새장 속에서 먹이를 충분히 공급받고 있었

---

*47 'Naturges. der Stubenvögel,' 1840, S. 252.

*48 Bold(볼드), 'The Zoologist,' 1843-1844, p. 659.

기 때문에 노래하게 된 것으로 여겨지는 경우도 있다.*[49] 그런 상황에서는 그 종의 번식과 관련된 기능이 완전히 교란되어 버린다는 사실이 밝혀져 있기 때문이다.

수컷의 이차성징이 부분적으로 암컷에게도 전달되는 일이 있다는 것은 이 제까지 많은 예를 제시했기 때문에, 어떤 새의 암컷이 노래하는 능력을 가지고 있다 해도 전혀 놀라운 일이 아니다. 또 유럽울새 같은 몇몇 종의 수컷은 가을에도 노래하는 일이 있으므로*[50] 수컷의 노래가 암컷을 매혹시키기 위한 것이 아니라는 주장이 있었다. 그러나 동물이 실제로 필요로 하지 않을 때에, 자신이 가지고 있는 본능적인 행동을 연습하며 즐기는 것은 어디서나 볼 수 있는 일반적인 현상이다. 새들이 오로지 기쁨을 위해 공중에서 이리저리 미끄러지듯이 날아다니는 모습을 종종 볼 수 있다. 고양이는 잡은 쥐를 가지고 놀고 가마우지도 물고기를 잡아서 희롱한다. 새장 속의 위버(Ploceus)는 새장의 그물망에 풀잎을 엮으면서 즐거워한다. 번식기만 되면 항상 싸우는 새들은 어느 계절이든 싸울 준비가 되어 있고, 큰뇌조 수컷은 가을에도 발첸 또는 레크*[51]에 자신의 장소를 확보하는 일이 있다.*[52] 이와 같이 구애기간이 끝난 뒤에도 수컷이 자신의 즐거움을 위해 노래를 계속하는 것은 조금도 놀라운 일이 아니다.

앞장에서도 다루었듯이 노래는 일종의 기교이며 연습으로 실력을 향상시킬 수 있다. 새에게 여러 가지 곡을 가르치는 것도 가능하며, 참새 같은 음악적이지 않은 새도 되새처럼 노래하는 법을 배울 수 있다. 그들은 자기를 길러준 양부모의 노래를 배우며*[53] 때로는 이웃 새들의 노래도 습득한다.*[54] 참새목에 속하는 일반적인 명금류(鳴禽類)의 발성기관은 다른 대부분의 새보다 복잡하다. 그래도 큰까마귀, 까마귀, 까치 등, 참새목의 일부는 노래에 적응할 수

---

*49 D. Barrington, 'Phil. Transact.,' 1773, p. 262. Bechstein, 'Stubenvögel,' 1840, S. 4.

*50 이것은 물까마귀도 마찬가지이다. 헵번(Hepburn)의 'Zoologist,' 1845−1846, p. 1068 참조.

*51 (역주) 여러 새들이 한 곳에 모여 집단으로 구애하는 장소.

*52 L. Lloyd, 'The Game Birds and Wild Fowl of Sweden and Norway,' 1867, p. 25.

*53 Barrington, '같은 책,' p. 264. Bechstein, '같은 책.,' S. 5.

*54 뒤로 드 라 말(Dureau de la Malle)은 파리의 자기집 정원에 날아든 대륙검은지빠귀가 새장에 있던 새들이 부르는 노래를 자연스럽게 배운 기이한 사례에 대해 썼다('Annales des Sc. Nat.,' 3rd series, Zoolog., tome 10, p. 118).

있는 발성기관을 가지고 있는데도[55] 절대로 노래하지 않고 자신들의 목소리를 거의 바꾸려고도 하지 않는 것은 기묘한 현상이다. 헌터(Hunter)[56]는 진정한 명금류의 목근육은 수컷이 암컷보다 강하다고 했지만, 이 약간의 차이를 제외하면 발성기관에 암수의 차이는 거의 없다. 그러나 거의 모든 종의 수컷은 암컷보다 노래를 잘 부를 뿐만 아니라 오랫동안 계속해서 노래할 수 있다.

정말로 노래하는 것은 작은 새뿐이라는 사실은 매우 흥미로운 일이다. 그러나 호주에 사는 금조(Menura)는 그 예외임이 분명하다. 작은금조(*Menura Alberti*)는 이제 막 성체(成體)가 되려는 칠면조만 한 크기인데, 다른 새의 흉내를 낼 뿐만 아니라 '자기 자신의 노래도 매우 아름답고 다양하게 부른다'. 수컷들은 호주 원주민들의 코로보리[57]처럼 한 곳에 모여 공작처럼 꼬리를 펼치고 날개는 아래로 늘어뜨려 노래를 부른다.[58] 또 노래를 잘하는 새는 좀처럼 화려한 색채나 장식이 없다는 것도 주목할 만하다. 영국에서는 멋쟁이새와 황금방울새 말고는, 가장 아름답게 노래하는 새들이 모두 수수한 색채를 띠고 있다. 물총새, 무지개벌잡이새, 유럽파랑새, 후투티 등은 쉰 목소리를 내며, 열대의 아름다운 새들은 거의 노래를 하지 않는다.[59] 즉 화려한 색채와 노래하는 능력은 서로 양립하지 않는 것 같다. 만약 깃털의 화려함에 변이가 없거나 화려한 색채가 그 종에 위험한 경우에는 암컷을 매료하기 위해 뭔가 다른 수단이 필요하리라는 것은 쉽게 이해할 수 있다. 따라서 그러한 수단의 하나로서 목소리가 아름다워졌을 것이다.

어떤 새들은 암수 사이에 발성기관이 매우 다르다. 큰초원뇌조(〈그림39〉) 수컷은 목덜미 양쪽에 깃털이 나지 않은 오렌지색 주머니를 하나씩 달고 있어 번식기가 되면 그 주머니를 크게 부풀려서 기묘하게 울리는 소리를 낸다. 그 소리는 아주 먼 곳까지 들린다. 오듀본은 그 소리가 이 장치와 밀접한 관계가 있음을 증명했는데, 그것은 입 양쪽에 공기주머니를 가진 수개구리를 연상시

---

[55] Bishop(비숍), 'The Cyclop. of Anat. and Phys.,' Vol. 4, p. 1496.

[56] 배링턴의 'Philosoph. Transact.,' 1773, p. 262에 기술되어 있다.

[57] (역주) 호주 원주민의 밤 집회. 축제나 전투에 나갈 때 노래를 부르거나 상징적인 내용의 춤을 춘다.

[58] Gould(굴드), 'Handbook to the Birds of Australia, ' Vol. 1, 1865, pp. 308–310. T. W. Wood(T. W. 우드), 'The Student,' April, 1870, p. 125도 참조.

[59] 이 점에 대해서는 굴드의 'An Introduction to the Trochilidae,' 1861, p. 22 참조.

〈그림39〉 큰초원뇌조(브레엠으로부터)

킨다. 그는 잘 길들인 수컷의 주머니 하나에 구멍을 뚫어보았는데, 그러자 그
소리는 매우 작아졌고 양쪽에 구멍을 뚫었을 때는 전혀 소리가 들리지 않았
다. 암컷은 목에 그와 비슷하지만 훨씬 작은 맨살 부분이 있는데, 그것은 부
풀지는 않는다.*60 다른 종류의 뇌조(산쑥들꿩, *Tetrao urophasianus*) 수컷은 암
컷에게 구애할 때 맨살로 된 노란 목주머니를 무섭도록 부풀리면 크기가 몸
전체의 반이나 된다. 그리하여 수컷은 다양한 느낌으로 삐걱거리는 듯한 깊은
울림 소리를 낸다. 수컷은 목의 깃털을 세우고 날개를 낮게 늘어뜨려 지면을
종종거리고 돌아다니면서 끝이 뾰족한 긴 꼬리를 부채처럼 펼치는 등, 다양하
고 기이한 동작으로 구애하며 자신을 과시한다. 암컷의 목에는 그런 것이 전
혀 없다.*61

---

*60 W. 로스 킹 소령(W. Ross King)의 'The Sportsman and Naturalist in Canada,' 1866, pp. 144–
146. T. W. 우드(T. W. Wood)는 'The Student,' April, 1870, p. 116에, 이 새가 구애하는 동안
보여주는 행동과 습성에 대한 훌륭한 논문을 실었다. 그는 이 새가 귀 또는 목의 깃털을
세울 수 있는데, 그것이 머리꼭대기에서 서로 만난다고 설명했다.

*61 Richardson(리처드슨), 'Fauna Bor. Americana : Birds,' 1831, p. 359. Audubon(오듀본), '같은 책.,'
Vol. 4, p. 507.

느시(*Otis tarda*)와 적어도 4종의 다른 수컷에 있는 커다란 목주머니는 전에는 물을 저장하는 구조로 생각했었지만, 그게 아니라는 것을 이것으로 알 수 있다. 그것은 이 새가 번식기에 내는 '오크'라고 하는 기묘한 소리와 관계가 있다. 이 새는 그런 소리를 내면서 말할 수 없을 정도로 매우 기묘한 동작을 한다. 같은 종에 속하는 수컷이라고 해서 이 주머니가 어느 개체에나 발달해 있지는 않다는 것은 매우 흥미로운 사실이다.[*62] 남아메리카에서 서식하고 있는 까마귀 비슷한 새(*Cephalopterus ornatus*. 〈그림40〉)는 우산새라 불리고 있는데, 그것은 머리 꼭대기에 거대한 장식을 달고 있기 때문이다. 이 장식은 꼭대기에 짙푸른색의 깃털이 나 있고 털이 없는 하얀 깃대가 쭉 늘어선 것으로, 그 것을 세워서 펼치면 지름이 약 13cm나 되어 머리 전체를 뒤덮을 수 있다. 이 새는 목에도 길고 얇은 원통형의 살이 부속물처럼 늘어져 있는데, 그곳은 비늘 같은 푸른 털로 빼곡하게 덮여 있다. 이것은 부분적으로는 장식 역할을 하겠지만 공명장치로도 작용하고 있는 것 같다. 베이츠는 이것이 '기도(氣道)와 발성기관의 특별한 발달'과 관련이 있다는 것을 발견한 것이다. 이 새는 오랫동안 깊고 크게 지속되는, 플루트 같은 독특한 소리를 내면서 동시에 이 부속물도 활짝 펼쳐 보인다. 머리장식과 목의 부속물은 암컷에는 흔적으로만 남아 있다.[*63]

물갈퀴가 있는 새와 섭금류(涉禽類)의 발성기관은 극단적으로 복잡한 구조를 지니고 있는데, 암수 사이에 어느 정도 차이가 있는 것도 있다. 몇 가지 예에서는 기도가 프렌치 호른처럼 감겨 있으며 가슴뼈 속에 깊이 묻혀 있는 것도 있다. 야생백조(*Cygnus ferus*)는 성체의 수컷이 암컷이나 어린 수컷보다 더 깊게 묻혀 있다. 비오리 수컷의 기도는 여분으로 자란 끝부분에 특별한 근육이 한 쌍 부속되어 있다.[*64] 그러나 오리과에서 많이 볼 수 있는 이러한 성차(性

[*62] 이 문제에 대해서는 최근에 다음과 같은 논문들이 발표되었다. A. 뉴턴(A. Newton) 교수의 'Ibis,' 1862, p. 107. 컬런 박사(Cullen)의 '같은 책,' 1865, p. 145. 플라워(Flower)의 'Proc. Zool. Soc.,' 1865, p. 747. 그리고 뮈리(Murie) 박사의 'Proc. Zool. Soc.,' 1868, p. 471. 이 마지막 논문에는 호주의 느시 수컷이 주머니를 부풀려 잔뜩 과시하고 있는 멋진 삽화가 들어 있다.

[*63] Bates(베이츠), 'The Naturalist on the River Amazons,' 1863, Vol. 2, p. 284 ; Wallace(월리스), Proc. Zool. Soc.,' 1850, p. 206. 최근에 이보다 큰 목 부속물을 가진 새로운 종(*C. penduliger*)이 발견되었다. 'Ibis,' Vol. 1, p. 457 참조.

[*64] 토드(Todd)의 'The Cyclop. of Anat. and Phys., Vol. 4의 Bishop(비숍), p. 1499.

〈그림40〉 우산새 수컷(브레엠으로부터)

差)에 어떠한 의미가 있는지는 전혀 알려져 있지 않다. 왜냐하면 수컷이 항상 목소리가 크지는 않기 때문에 일반적인 청둥오리는 쉿쉿 하는 소리를 내지만, 암컷은 커다란 소리로 꽥꽥거린다.*65 두루미의 일종(쇠재두루미, *Grus virgo*)은 기관이 가슴뼈를 관통하고 있는데, 거기에는 성에 의한 몇 가지 변형이 있다. 먹황새도 기관지의 길이와 감겨 있는 모양에 매우 뚜렷한 성차가 있다.*66 이러한 예에서는 매우 중요한 구조에서 성에 의한 변형을 볼 수 있다.

번식기에 수컷이 내는 기묘한 노래와 소리가 암컷을 유혹하기 위한 것인지, 아니면 단순히 암컷을 부르기 위한 것인지 추측하는 것은 쉬운 일이 아니다.

---

*65 노랑부리저어새류(Platalea)의 기관은 8자 모양으로 감겨 있지만 이 새는 울지 않는다 (Jerdon, 'Birds of India,' Vol. 3, p. 763). 그러나 블라이스가 알려준 바로는 항상 감겨 있는 것은 아니며, 그것은 사라지는 방향을 향하고 있는 건지도 모른다.

*66 R. 바그너(R. Wagner)의 'Elements of Comp. Anat.,' English translation, 1845, p. 111. 두루미에 대한 위의 기술은, 야렐의 'A Hist. of British Birds,' 2nd edition, 1845, Vol. 3, p. 193.

호도애(멧비둘기)나 그 밖의 많은 비둘기가 구구거리며 내는 부드러운 소리
는 암컷을 기쁘게 하는 것처럼 보인다. 깃털을 세우고 날개를 흔들면서 턱볏
을 잔뜩 부풀린 칠면조 수컷이 암컷 앞에서 숨가쁘게 자신을 과시하면서 걸
을 때는 골골거리는 소리로 운다.*67 그러나 암컷이 아침에 커다란 소리로 울
때, 수컷은 그것과 다른 소리로 응답한다. 멧닭 수컷의 '스펠'이라고 불리는 외
침소리는 명백하게 암컷을 부르는 역할을 하고 있다. 수컷을 가둬두면, ㄱ 소
리를 듣고 멀리서 너덧 마리의 암컷이 모여드는 것을 보면 그것을 알 수 있다.
그러나 수컷은 며칠 동안 몇 시간씩 스펠을 계속하고 큰뇌조는 특히 '열정으
로 괴로워하면서' 울기 때문에, 이미 그곳에 있던 암컷들은 그 소리에 매료된
다고 생각하지 않을 수 없다.*68 떼까마귀의 목소리는 번식기가 되면 변하는
것으로 알려져 있는데, 어떤 의미에서는 성적인 소리라고 할 수 있다.*69 그러
나 예를 들어, 마코앵무의 갈라진 쇳소리 같은 것은 뭐라고 표현하면 좋을까?
그들의 화려한 청색과 노란색 깃털의 부조화스러운 조합에서 판단하건대, 그
들의 음악적 감각은 색채감각처럼 저급한 취향일까? 사실 많은 수컷들의 커
다란 노랫소리는 그들에게 뭔가 이익을 주는 것이 아니라, 발성기관을 늘 사
용하는 것에 의한 유전 효과로서 애정, 질투, 분노 같은 강한 감정에 자극 받
았을 때 나오는 것일 수도 있다. 이 문제에 대해서는 네발짐승을 다룰 때 다
시 살펴보기로 하자.

여기까지는 목소리에 대해서만 설명했는데, 여러 가지 새 수컷의 구애에는
악기에 의한 음악이라고 할 만한 것도 사용되고 있다. 공작과 극락조는 깃대
를 일제히 흔들지만, 이 진동운동으로 그들의 깃털이 더 아름다워지는 것은
아니므로 그것은 소리를 내는 역할만 하는 것 같다. 칠면조 수컷은 날개를 지
면에 문지르면서 북북거리는 소리를 내고, 어떤 뇌조도 그와 같은 행동을 한
다. 또 다른 북아메리카의 뇌조인 목도리뇌조는 꼬리를 쳐들고 목도리를 펼쳐
보이면서 근처에 숨어 있는 암컷에게 자신의 아름다움을 자랑한다. 그리고 날

---

*67 C. L. Bonaparte(C. L. 보나파르트), 'The Naturalist's Library : Birds' Vol. 14, p. 126에서 인용.

*68 L. Lloyd(L. 로이드), 'The Game Birds and Wild Fowl of Sweden and Norway,' &c., 1867, pp. 22, 81.

*69 Jenner(제너), 'Philosoph. Transactions,' 1824, p. 20.

개를 낮춰 고목 줄기를 빠르게 두드리거나, 오듀본에 따르면 자신의 몸을 두드리기도 한다. 그렇게 해서 내는 소리는 멀리서 울리는 천둥소리 같기도 하고, 북을 빠르게 두드리는 소리 같다고도 한다. 암컷은 결코 그런 소리를 내지 않으며, 수컷이 이 작업에 여념이 없는 장소로 분주히 달려간다.

히말라야의 칼리지페즌트 수컷이 내는 자신의 날개로 두드리는 듯한 독특한 소리는 빳빳한 천을 흔들 때 나는 소리와도 비슷하다. 아프리카 서해안에서는 어린 검은색 위버가 수풀에 둘러싸인 좁게 트인 장소에 몇 마리씩 모여 노래를 부르거나, 깃털을 흔들며 공중을 미끄러지듯이 날기도 하면서 '장난감 딸랑이처럼 재빨리 진동하는 소리를 만들어낸다'. 한 마리, 또 한 마리, 몇 시간 동안 그들이 차례로 펼치는 연기가 계속되며, 그러한 광경은 구애의 계절에만 볼 수 있다. 이와 같은 시기에 쏙독새의 일종(Caprimulgus)은 깃털로 가장 기이한 소리를 낸다. 여러 종류의 딱따구리는 소리가 잘 울리는 나뭇가지를 부리로 매우 빠르게 진동하듯이 두드리기 때문에 머리가 마치 두 개인 것처럼 보인다. 그렇게 만들어내는 소리는 매우 멀리까지 들리지만, 어떠한 소리인지 설명하기가 쉽지 않다. 그 소리를 처음 들어 본 사람은 누구라도 그들이 왜 그런 소리를 내는지 결코 짐작하지 못할 거라고 나는 생각한다. 주로 번식기에만 이 굉장한 소리를 내는 것으로 보아 아마도 사랑의 노래가 아닌가 하고 추측해 왔다. 그러나 사랑의 부름이라고 하는 편이 더 정확할 것 같다. 암컷을 둥지에서 쫓아내면 그녀는 짝을 부르는데, 수컷도 그에 대해 같은 소리로 대답하며 재빨리 그곳에 나타난다. 마지막으로 후투티(Upupa epops) 수컷은 목소리와 악기가 결합된 것 같은 소리를 낸다. 스윈호(Swinhoe)가 관찰한 바에 의하면, 이 새는 번식기에 먼저 공기를 들이마신 다음, 부리로 돌이나 나무줄기를 수직으로 두드려서 공기가 관 모양의 부리로 힘차게 통과하여 소리가 제대로 나오게 한다. 수컷이 부리를 두드리지 않고 소리를 내면 매우 다른 소리가 난다.[70]

---

[70] 여기에 나온 몇 가지 예에 대해서는 다음과 같이 참조할 것. 극락조에 대해서는 브레엠의 'Thierleben,' Bd. 3, S. 325. 뇌조에 대해서는 리처드슨의 'Fauna Bor. Americ. : Birds,' pp. 343, 359. W. 로스 킹(W. Ross King) 소령의 'The Sportsman and Naturalist in Canada,' 1866, p. 156. 오듀본의 'Ornitholog. Biograph.,' Vol. 1, p. 216. 칼리지페즌트에 대해서는 저든의 'Birds of India,' Vol. 3, p. 533. 위버에 대해서는 'Livingstone's Expedition to the Zambesi,' 1865, p. 425. 딱따구리에 대해서는 맥길리브레이(acgillivray)의 'Hist. of British Birds,' Vol. 3, 1840, pp. 84,

이러한 예에서는 뭔가 다른 필요성 때문에 이미 존재하는 구조의 도움을 받아 소리를 내지만, 이제부터 이야기할 예는 소리를 만들어낸다는 특별한 목적을 위해 깃털이 변형된 경우이다. 두드리는 소리, 부부거리는 소리, 울부짖는 소리, 멀리서 들리는 천둥 같은 소리 등, 관찰자에 따라 표현하는 말은 다르지만 꺅도요(Scolopax gallinago)가 내는 소리를 들으면 누구든 깜짝 놀랄 것이다. 이 새는 번식기에는 거의 300미터나 되는 높이까지 날아올라 잠시 지그재그로 비행한 뒤, 꼬리를 펼친 채 앞날개를 떨고 커브를 그리면서 놀랄 만큼 빠른 속도로 지상에 내려앉는다. 이렇게 빠르게 내려올 때만 소리를 내는 것이다. 어떻게 해서 그런 소리가 나는지 아무도 설명하지 못했는데, 얼마 지나지 않아 메베스(Meves)가 꼬리 양쪽의 바깥쪽 깃털이 긴 칼처럼 단단한 축을 가지고 있으며, 거기에 비스듬한 깃가지가 비정상적인 길이로 뻗어 바깥쪽의 우판(羽板)을 강하게 결속하고 있는 기묘한 형태를 하고 있다는 것을 알아냈다(〈그림41〉). 그는 이러한 깃에 숨을 불어넣거나, 또 깃을 얇은 판에 붙여 공중에서 빠르게 움직이면 살아 있는 새가 내는 것과 똑같이 두드리는 듯한 소리가 나는 것을 발견했다. 암수 모두 이러한 깃을 가지고 있지만, 보통은 수컷이 암컷보다 더 크고 깊은 소리를 낼 수 있다. 다른 종에서는, 이를테면 남아메리카꺅도요(Scolopax frenata*[71] 〈그림42〉)는 네 개의 깃, 더스키우드콕(Scolopax Javensis*[72] 〈그림43〉)은 8개나 되는 깃이 꼬리 양쪽에서 크게 변형되어 있다. 종이 다르면 깃을 공중에서 펄럭거렸을 때 다른 소리가 난다. 아메리카우드콕(Scolopax Wilsonii)*[73]은 지상을 향해 빠르게 내려오는 동안 휙휙 소리를 낸다.*[74]

(미국의 대형 꿩과 새인) 검은구안(Chamaepetes unicolor) 수컷은 첫째날개깃이

88, 89, 95. 후투티에 대해서는 스윈호(Swinhoe)의 'Proc. zoolog. Soc.,' June 23, 1863. 쏙독새에 대해서는 오듀본의 '같은 책.,' Vol. 2, p. 255. 영국의 쏙독새도 마찬가지로 봄이 되면 빠르게 날아다니면서 독특한 소리를 낸다.

*71 (역주) 지금은 Gallinago paraguaiae와 동의어로 다루어진다.

*72 (역주) 지금의 학명은 S. saturata.

*73 (역주) 지금의 학명은 S. minor.

*74 메베스(Meves)의 흥미로운 논문 'Proc. Zool. Soc.,' 1858, p. 199 참조. 꺅도요의 습성에 대해서는 맥길리브레이의 'Hist. of British Birds,' Vol. 4, p. 371. 미국의 꺅도요에 대해서는 블래키스턴(Blakiston) 대위의 'Ibis,' Vol. 5, 1863, p. 131 참조.

〈그림41〉 꺅도요 꼬리의 바깥쪽 깃털('Proc. Zool. Soc.,' 1858에서)

〈그림42〉 남아메리카꺅도요 꼬리의 바깥쪽 깃털

〈그림44〉 넙적꼬리벌새의 첫째날개깃(샐빈의 스케치에서)
위가 수컷의 깃털, 아래가 암컷의 깃털

〈그림43〉 더스키우드콕 꼬리의 바깥쪽 깃털

앞쪽으로 활처럼 휘어져 있으며 암컷보다 훨씬 가늘다. 이와 같은 종으로 새인 검은보관조(*Penelope nigra*)*75 수컷은 위에서 내려오는 동안 날개를 펴고, 마치 나무가 쓰러질 때처럼 격돌하는 듯한 큰 소리를 내는 것을 샐빈이 관찰했다.*76 작은플로리캉(*Sypheotides auritus*)*77은 수컷의 첫째날개깃만 그와 같이 끝이 가늘고, 그것과 같은 종의 수컷은 구애하는 동안 콧노래 같은 소리를 내는 것으로 알려져 있다.*78 벌새 같은 매우 동떨어진 분류군의 새는, 일부 종의 수컷만이 첫째날개깃의 깃대가 넓고 얇거나, 끝 쪽으로 갈수록 갑자기 우판(羽瓣, 깃대의 양쪽 깃털)이 깎여나간 것처럼 되어 있는 것을 볼 수 있다. 이를테면 넙적꼬리벌새(*Selasphorus platycercus*) 수컷은 성체가 되면 첫째날개깃이 그림처럼 깎여나간 형태가 된다(〈그림44〉). 그는 이꽃 저꽃으로 날아다니면서 거의 휘파람 같은 날카로운 소리를 내는데,*79 샐빈은 그것을 의도적으로 내고 있다고는 생각하지 않았다.

마지막으로 스클레이터(Sclater)에 의하면 Pipra의 아랫속인 마나킨 종류는

＊75 (역주) 지금의 학명은 Penelopina nigra.
＊76 샐빈(Salvin)의 'Proc. Zool. Soc.,' 1867, p. 160. 나는 이 뛰어난 조류학자에게 Chamaepetes의 깃털 스케치 및 그 밖의 정보에 대해 많은 도움을 얻었다.
＊77 지금의 학명은 *Sypheotides indica*.
＊78 Jerdon(저든), 'Birds of India,' Vol. 3, pp. 618, 621.
＊79 Gould(굴드), 'An Introduction to the Trochilidae,' 1861, p. 49. 샐빈(Salvin)의 'Proc. Zoolog. Soc.,' 1867, p. 160.

둘째날개깃이 더욱 특이한 형태로 변형되었다고 한다. 멋지고 아름다운 색깔을 한 클럽윙드마나킨(*Pipra deliciosa*, 매화날개딱새)*80은 처음 세 개의 둘째날개깃 깃대가 굵으며, 몸 쪽으로 구부러져 있다. 네 번째와 다섯 번째 깃은(〈그림45〉, *a*) 그 변화가 더 뚜렷하다. 여섯 번째와 일곱 번째(*b*, *c*)의 깃대는 비정상적으로 굵으며, 단단한 덩어리 모양을 이루고 있다. 대응하는 암컷의 깃털(*d*, *e*, *f*)에 비하면 깃가지의 모양도 뚜렷하게 변형되어 있다. 프레이저에 의하면, 이렇게 특이한 날개의 깃을 지탱하고 있는 수컷의 뼈도 매우 굵다는 것이다. 이러한 작은 새들은 매우 기묘한 소리를 내는데, 최초의 '날카로운 소리는 채찍을 휘두르는 소리와도 비슷하다.'*81

번식기 동안 많은 종의 수컷으로부터 들을 수 있는 목소리나 악기처럼 들리는 다

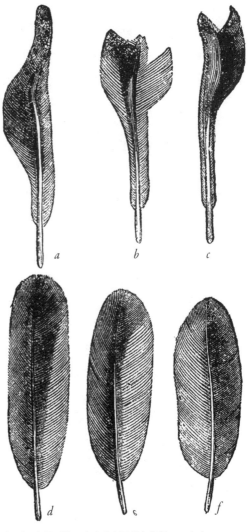

〈그림45〉 클럽윙드마나킨의 둘째날개깃(Sclater), 'Proc. Zool. Soc.,' 1860에서)
위의 세 개(*a*, *b*, *c*)는 수컷, 아래의 세 개(*d*, *e*, *f*)는 암컷의 것. *a*, *d*는 둘째날개깃 제5깃털 윗면, *b*, *e*는 둘째날개깃 제6깃털 윗면, *c*, *f*는 둘째날개깃 제7깃털 아랫면.

---

*80 (역주) 지금의 학명은 *Machaeropterus deliciosus*.

*81 Sclater(스클레이터), 'Proc. Zool. Soc.,' 1860, p. 90과 'Ibis,' Vol. 4, 1862, p. 175. Salvin(샐빈), 'Ibis,' 1860, p. 37도 참조.

양한 소리와, 그러한 소리를 만들어내는 다양한 수단에는 정말 감탄하지 않을 수 없다. 따라서 거기에는 중요한 성적 목적이 있는 것이 분명하므로 곤충의 경우와 똑같은 결론이 떠오를 수밖에 없다. 처음에는 단순한 외침이나 그밖의 목적에 사용되었던 새 소리가 점차 음악적인 사랑의 노래로 변해가는 각 단계를 상상하는 것은 그다지 어렵지 않다. 두드리는 듯한 소리, 휘파람 같은 소리, 신음하는 듯한 소리가 나도록 깃털이 변형하는 과정을 생각하는 것은 좀처럼 쉽지 않다. 그러나 구애하는 새 가운데에는 변형되지 않은 깃털을 펄럭이면서 흔들거나 들썩이는 것도 있기 때문에, 만약 암컷이 가장 뛰어난 연기자를 선택한다면 가장 단단하고 튼튼한 날개, 가장 부드러운 깃털 등, 몸의 어느 부분이든 환경에 맞게 적응한 수컷이 가장 성공할 것이다. 그리하여 깃털의 모양은 어떻게든 서서히 변형해 갔을 것이다. 암컷은 수컷의 깃털 모양이 조금씩 서서히 변화한 것을 알아차리지는 못하겠지만, 수컷이 만들어내는 소리의 차이는 알아차릴 수 있을 것이다.

같은 강(綱)에 속하는 동물 가운데 꺅도요가 꼬리로 내는 두드리는 듯한 소리, 딱따구리가 부리로 내는 딱딱거리는 소리, 어떤 물새가 내는 날카롭게 갈라진 소리, 호도애가 꾸꾸거리는 소리, 그리고 나이팅게일의 노래처럼 서로 다른 소리들이 그 종의 암컷에게는 어느 것이나 매력적으로 들리는 것은 참으로 흥미로운 사실이다. 그러나 우리는 서로 거리가 먼 종들이 가지고 있는 취향을 단일한 기준으로 판단해서는 안 되며, 무엇보다 인간의 기준으로 판단하면 안 된다. 인간의 경우에도 북소리와 날카로운 피리 소리 같은 불협화음이 야만인에게는 즐겁게 들릴 수 있다. S. 베이커(S. Baker) 경은[*82] '아랍인들이 생고기나 동물의 몸에서 방금 꺼낸 김이 모락모락 나는 간을 좋아하듯이, 그의 귀 또한 다른 사람들에게는 거칠고 불협화음으로 들리는 음악을 좋아한다'고 말했다.

사랑의 익살스런 몸짓과 춤

많은 새, 특히 꿩과 새의 기묘한 사랑의 행위에 대해서는 이미 어느 정도 설명했기 때문에, 여기서는 그다지 덧붙일 것이 없다. 북아메리카에서는 번식

[*82] 'The Nile Tributaries of Abyssinia,' 1867, p. 203.

기가 되면 여러 마리의 가는꽁지뇌조(*Tetrao phasianellus*)*83가 아침마다 일정한 평지에 모여 지름 약 4.5미터에서 6미터의 원을 돌며 뛰어다닌다. 따라서 그 장소는 완전히 짓뭉개져서 '요정의 고리'*84처럼 되어버린다. 사냥꾼들이 '메추라기의 춤'이라고 부르는 이 춤은, 춤을 추다가 어떤 새는 오른쪽으로 어떤 새는 왼쪽으로 돌며 매우 기묘한 행동을 보여준다. 오듀본은 왜가리(*Ardea herodias*)가 그 긴 다리로 암컷 앞에서 의기양양하게 돌아다니면서 경쟁자에게 도전하는 모습에 대해 설명했다. 구역질나는 썩은 고기를 먹는 독수리의 일종(터키콘도르, *Cathartes jota*)에 대해서도, 그는 '사랑의 계절이 시작될 때 수컷이 보여주는 몸짓과 퍼레이드는 매우 우스꽝스럽다'고 썼다. 새 중에는 아프리카의 검은 위버에서 보았듯이, 사랑의 곡예를 지상이 아니라 공중에서 하는 것도 있다.

봄이 되면 영국의 목이 흰 명금(*Sylvia cinerea*)*85은 종종 수풀 위의 공중으로 몇 십cm에서 몇m나 날아올라 '다양하고 매혹적인 동작으로 날갯짓을 하는데, 그동안 계속 노래를 부르면서 급강하하여 가지에 내려앉는다'. 영국의 커다란 느시는 암컷에게 구애할 때, 울프(Wolf)의 그림에서 볼 수 있듯이 뭐라 표현할 수 없이 기묘한 동작을 한다. 그것과 동종인 인도의 벵골느시(*Otis bengalensis*)가 구애할 때는 '날개를 빠르게 펄럭이면서 공중에 수직으로 날아올라 관모를 세우고 목과 가슴의 깃을 부풀려서는 다시 땅 위로 재빨리 내려오는' 행동을 몇 번이고 되풀이하면서 독특한 가락으로 노래를 계속 부른다. 마침 옆에 있던 암컷이 이 유혹적인 도약에 이끌려 다가오면, 수컷은 날개를 땅 위에 끌면서 칠면조 수컷처럼 꼬리를 펼친다.*86

---

*83 (역주) 지금의 학명은 *Tympanuchus phasianellus*.

*84 (역주) 균류의 포자가 떨어진 곳에서 균사가 방사상으로 퍼지기 때문에 지표의 요철 등으로 균사가 끊어지지 않으면, 성장이 가장 활발한 균사의 끝부분이 고리 모양으로 배치된다. 그 주변은 균사가 토양의 수분을 활발하게 흡수하여 토양이 메마르게 되고, 그곳에서 자라는 식물은 성장이 억제된다. 그래서 초원 속에 풀이 자라지 않는 고리가 생긴다. 이것을 '균환(菌環)', '균륜(菌輪)'이라고 한다. 유럽에는 이것을 요정이 춤을 춘 흔적이라고 보는 전승이 있어 '요정의 고리(fairy ring)'라고 부르고 있다.

*85 (역주) 지금의 학명은 *Sylvia Communis*.

*86 가는꽁지뇌조에 대해서는 리처드슨(Richardson)의 'Fauna Bor. Americana,' p. 361을, 더 자세한 것은 블래키스틴(Blakiston) 대위의 'Ibis,' 1863, p. 125 참조. 터키콘도르와 왜가리에 대해서는 오듀본(Audubon)의 'Ornith. Biography,' Vol. 2, p. 51과 Vol. 3, p. 89 참조. 목이 흰 명금

〈그림46〉 바우어새(*Chlamydera maculata*)와 그 별장(브레엠의 그림)

그러나 가장 기묘한 예는 호주의 세 개의 동종 속에 속하는 새들, 즉 그 유명한 바우어새일 것이다. 이 새들은 모두 아주 먼 옛날에 사랑의 몸짓을 연출하기 위해 별장을 짓는 기묘한 본능을 최초로 획득한 새의 자손이 틀림없다. 이제부터 살펴보겠지만 그 별장은 깃털, 조개껍데기, 뼈, 나뭇잎 등으로 장식되며(〈그림46〉), 오직 구애를 위해서 지면 위에 만들어진다. 그들이 사는 둥지는 나무 위에 있기 때문이다. 암수 모두 이 별장 건설에 참여하지만 모든 것을 주도하는 일꾼은 수컷이다. 이 본능은 매우 강해서 사육하는 동안에도 나타나는데, 스트레인지는 자신이 뉴사우스웨일스에서 키웠던 새틴바우어새에 대해 다음과 같이 이야기했다.*87 "때로 수컷은 암컷을 쫓아 둥지 안을 돌아다닌 뒤, 별장으로 가서 아름다운 깃털이나 커다란 나뭇잎을 집어들고 기묘

에 대해서는 맥길리브레이(Macgillivray)의 'Hist. of British Birds,' Vol. 2, p. 354. 인도의 뱅골 느시에 대해서는 Jerdon(저든), 'Birds of India,' Vol. 3, p. 618 참조.

*87 굴드(Gould)의 'Handbook to the Birds of Australia,' Vol. 1, pp. 444, 449, 455. 새틴바우어새의 별장은 리젠트 공원 동물원에서 언제라도 볼 수 있다.

한 소리를 낸다. 온몸의 깃털을 세워 별장 주위를 달리는데, 너문 흥분한 나머지 머리에서 눈이 튀어나올 것 같다. 그는 나지막한 휘파람 같은 소리를 내면서 먼저 한쪽 날개를, 다음에 또 한쪽 날개를 펼쳐 마침내 암컷이 자신을 향해 걸어올 때까지 수탉처럼 땅에서 무언가를 줍는 동작을 한다." 스토크스(Stokes) 대위는 또 하나의 종인 큰바우어새의 습성과 그 '놀이터'에 대해, '앞뒤로 날아다니며 양쪽에서 교대로 조개껍데기를 부리에 물고 아치를 빠져나가면서 매우 즐거워한다'고 설명했다. 이 기묘한 구축물은 완전히 상견례용으로만 사용되며, 암수가 서로 구애하면서 즐기는데, 이것을 만드는 것은 새에게는 대단한 작업임이 틀림없다. 이를테면 가슴이 갈색인 바우어새 종류의 별장은 길이는 약 1.2미터에 가깝고 높이는 거의 50cm나 되며, 나뭇가지를 엮어서 만든 두툼한 플랫폼 위에 지어져 있다.

장식(裝飾)

먼저 수컷만, 또는 수컷이 훨씬 더 아름답게 장식되어 있는 예부터 설명하기로 하고, 다음 장에서 양성이 동등하게 장식되어 있는 예, 그리고 마지막에 암컷이 수컷보다 더 아름다운 색깔을 띠고 있는 보기 드문 예에 대해 살펴보기로 하겠다. 야만인이나 문명인이 사용하는 인공적인 장식과 마찬가지로 새가 자연의 장식으로 꾸며져 있는 부분은 주로 머리이다.[88] 이 장의 처음에 설명한 것처럼 그 장식은 놀랄 만큼 다양하다. 머리 앞뒤의 깃털은 다양한 모양을 하고 있으며, 때로는 세우거나 펼쳐서 그 아름다운 색채를 과시할 수 있는 우아한 귀깃(⟨그림39⟩ 참조)이 있는 것도 있다. 머리는 꿩처럼 매끄러운 털로 덮여 있기도 하고 선명한 색채의 맨살을 드러낸 경우도 있으며, 피부로 이루어진 부속물이나 가느다란 깃털, 골성(骨性)의 돌기가 나 있는 것도 있다. 목에도 수염, 턱볏, 혹 같은 것으로 장식하기도 한다. 이러한 부속물은 일반적으로 화려한 색채를 띠고 있어, 비록 우리 눈에는 아름답게 보이지 않을지라도 장식 역할을 하고 있다고 보아도 좋을 것이다. 왜냐하면 수컷이 암컷에게 구애하고 있을 때는, 그것이 칠면조처럼 부풀어 올라 더욱 생생한 색조를 띠게 되기 때문이다. 그러한 때에는 테밍크트라고판(*Ceriornis temminckii*) 수컷의 머

---

[88] 이것에 대해서는 J. 쇼(J. Shaw)의 "Feeling of Beauty among Animals," 'The Athenaeum,' November 24, 1866, p. 681 참조.

리에 있는 피부의 부속물은 목 앞의 볏과 멋진 머리장식 양쪽에 부풀어오른 두 개의 뿔을 형성한다. 이것은 내가 지금까지 본 것 가운데 가장 화려한 푸른색이다. 아프리카의 아프리카코뿔새(Bucorax abyssinicus)는 목에 달린 진홍색 주머니 같은 턱볏을 부풀리고 날개를 늘어뜨린 뒤 꼬리까지 펼쳐서 매우 훌륭한 모습을 연출한다.[89] 때로는 눈의 홍채도 수컷이 암컷보다 화려한 색채인 경우가 있다. 이것은 부리에서도 종종 볼 수 있는데, 이를테면 영국의 검은새가 그런 경우이다. 주름코뿔새(Buceros corrugatus)[90]는 부리 전체와 거대한 투구 모양의 돌기가 암컷보다 수컷이 더 화려한 색을 띠고 있고, '아래턱 양쪽에 있는 비스듬한 홈은 수컷에만 있다.'[91]

수컷은 종종 길게 뻗은 장식깃을 가지고 있는데, 그런 깃은 몸의 어디서나 자랄 수 있는 것 같다. 목과 가슴의 깃털은 매우 아름다운 목도리처럼 발달하기도 한다. 꼬리는 공작의 꼬리덮깃이나 청란(靑鸞)의 꼬리처럼 길게 자라는 일이 많다. 청란의 몸은 닭과 비슷한 크기이지만 부리 끝에서 꼬리 끝까지의 길이가 약 1.6미터나 된다.[92] 또한 날개의 깃털은 꼬리깃만큼 자라는 일이 드문데, 그것은 비행에 방해가 되기 때문이다. 그래도 청란의 아름다운 눈알무늬가 들어 있는 둘째날개깃은 약 90cm 가까이 자란다. 아프리카의 작은 쏙독새 종류(Cosmetornis vexillarius)[93]는 번식기가 되면 첫째날개깃 하나가 약 66cm까지 자라지만, 몸 자체는 겨우 25cm 정도밖에 되지 않는다. 쏙독새와 동종인 다른 속의 새들에서는 길게 자란 날개깃의 축은 끝부분을 제외하고는 털이 없으며, 끝에는 원반 모양의 장식이 붙어 있다.[94] 또 다른 속의 쏙독새는 꼬리깃이 놀라울 만큼 길게 발달해 있다. 그러고 보면 동종의 수컷들 사이에 같은 종류의 장식에도 폭넓은 다양한 변형이 이루어졌음을 볼 수 있다.

완전히 다른 그룹에 속하는 새의 깃털이 거의 같은 기묘한 형태로 변형되어 있는 것은 주목할 만한 일이다. 이를테면 앞에서 언급한 쏙독새의 날개깃은

＊89 Monteiro(몬테이로), 'Ibis,' Vol. 4, 1862, p. 339.

＊90 (역주) 지금의 학명은 Aceros corrugatus.

＊91 'Land and Water,' 1868, p. 217.

＊92 자딘(Jardine)의 'The Naturalist's Library Birds,' Vol. 14, p. 166.

＊93 (역주) 속명 Cosmetornis는 지금은 Semeiophorus로 되어 있다.

＊94 Sclater(스클레이터), 'Ibis,' Vol. 6, 1864, p. 114. Livingstone(리빙스턴), 'Expedition to the Zambesi,' 1865, p. 66.

털이 없는 축 끝에 원반 또는 스푼이나 라켓으로 불리는 것이 붙어 있다. 이러한 형태의 깃털은 파란눈썹벌잡이새사촌(*Eumomota superciliaris*), 물총새, 피리새, 벌새, 앵무, 인도의 일부 검은바람까마귀(*Dicrurus*와 *Edolius*. 이 가운데 하나는 원반이 수직으로 서 있다), 그리고 극락조 일부의 꼬리에서도 볼 수 있다. 이 후자의 예에서는 아름다운 눈알무늬가 있는 깃털이 머리를 장식하고 있으며, 그것은 일부 꿩류도 마찬가지이다. 인도의 느시(아주 빨리 달릴 수 있는 몸집이 큰 유럽산 새, *Sypheotides auritus*)는 약 10cm나 되는 귀깃 끝에 같은 원반이 달려 있다.*95 왜가리, 따오기, 극락조, 꿩 등, 매우 다른 분류군에 속하는 새들의 깃털 가운데 깃가지가 가느다란 실처럼 되어 있는 것이 있다. 다른 새들에서는 깃가지가 완전히 사라져 축이 드러나 있는 것도 있으며, 큰극락조(*Paradisea apoda*)*96의 그러한 꼬리깃은 길이가 85cm나 된다.*97 작은 깃털이 그렇게 되는 경우, 칠면조 수컷의 가슴에 있는 가시와 비슷한 구조가 된다. 인간의 패션에서 온갖 스타일이 잇따라 나타나서 유행하듯이, 새의 수컷도 다양한 깃의 구조와 색채의 변화가 암컷의 인기를 끄는 것 같다. 매우 다른 분류군에 속하는 새의 깃털이 같은 방식으로 변용해 온 것은, 첫째로 모든 깃털은 기본적으로 같은 구조를 하고 같은 발달과정을 거치므로, 그 결과로서 같은 변이가 일어나기 쉽기 때문임에 틀림없다. 다른 종에 속하는 가금류의 깃털에서도 서로 유사한 변이가 일어나는 경향이 있다는 것은 잘 알려져 있다. 이를테면 많은 종에서 머리장식이 나타나고 있다. 멸종된 칠면조의 품종 가운데에는 털이 없는 깃대 꼭대기에 부드러운 솜털이 달린 것들이 모여 머리장식을 이룬 것이 있는데, 그것은 앞에서 말한 라켓 모양의 깃털과 비슷하다. 비둘기와 닭의 품종 가운데에는 깃가지가 가느다란 실처럼 되어, 깃대에서 털이 사라지는 경향을 보이는 것이 있다. 세바스토폴거위는 어깨깃이 매우 길게 구부러져서 나선상으로 감겨 있는 경우가 있는데, 그 끝은 가느다란 실처럼 되어 있다.*98

색채에 대해서는 아무것도 언급할 필요가 없을 것 같다. 새의 깃털색이 얼마

---

*95 Jerdon(저든), 'Birds of India,' Vol. 3, p. 620.

*96 (역주) 지금의 속명은 *Paradisaea*라고 쓴다.

*97 월리스(Wallace)의 'Annals and Mag. of Nat. Hist.,' Vol. 20, 1857, p. 416과 'The Malay Archipelago,' Vol. 2, 1869, p. 390.

*98 나의 《사육동식물의 변이》 제1권 289, 293쪽 참조.

나 아름다운지, 그 색의 조합이 어떻게 조화를 이루고 있는지 누구나 다 알고 있기 때문이다. 색채는 종종 금속성을 띤 무지갯빛으로 빛난다. 둥근 반점이 한두 개 다른 색깔로 에워싸여 있기도 한데, 그때 눈알무늬가 드러나 보인다. 암수의 놀라운 차이에 대해서도, 또 많은 수컷들의 경이로운 아름다움에 대해서도 더 이상 말할 것이 없다. 공작은 그 극단적인 예의 하나이다. 극락조 암컷은 수수한 색을 띠고 있고 아무런 장식도 없지만, 수컷은 아마 모든 새 가운데 가장 고도로 장식적이며, 또한 그 장식이 참으로 다양하기 때문에 그토록 사랑을 받아 온 것이리라. 큰극락조(〈그림47〉의 붉은극락조(*P. rubra*)는 이보다 훨씬 덜 아름다운 종)의 날개 밑에 길게 뻗어 있는 오렌지색 깃털은 수직으로 세워서 흔들 수 있으며 흔들면 후광처럼 보인다고 하는데, 그 중심에 있는 머리는 '두 개의 깃이 만들어낸 광선에 감싸인 에메랄드빛 태양처럼 보인다'[99]고 한다. 또 다른 아름다운 종의 머리는 털이 없지만 '짙은 코발트색이고, 거기에 검은 벨벳 같은 깃털이 몇 가닥 늘어서 있다.'[100]

벌새 수컷(〈그림48, 49〉)은, 굴드의 뛰어난 저서와 풍부한 표본을 본 적이 있는 사람이면 누구라도 극락조와 거의 비슷하게 아름답다는 것을 인정할 것이다. 그들이 얼마나 다양한 방법으로 장식되어 있는지 놀라울 정도이다. 깃털의 거의 모든 부분이 뭔가 변용되어 있으며, 굴드가 나에게 알려준 것처럼 거의 모든 하위그룹의 몇몇 종에서 볼 수 있는 놀라운 변용은 그 극한에 도달했다고 할 수 있다. 그러한 예는 장식을 위해 인위적인 선택에 의해 만들어진 품종과 기묘하게 닮았다. 즉, 본디부터 있는 하나의 형질에 대해 변이를 가진 개체가 있고, 같은 종에 속하는 다른 개체는 다른 형질에 대한 변이를 가지고 있었던 것을 인간이 그 양쪽을 극한까지 증폭시켜 공작비둘기의 꼬리, 자코뱅의 볏, 전서구(傳書鳩)의 부리와 턱볏 등이 나타나게 된 것과 마찬가지이다. 이러한 예와의 유일한 차이는 이들의 인위적인 선택에 의한 것인데 비해, 벌새와 극락조 등에서는 암컷이 더욱 아름다운 수컷을 선택하는 성선택에 의한 것이라는 점이다.

---

[99] 'Annals and Mag. of Nat. Hist.,' Vol. 13, 1854, p. 157에 실린 드 라프레네(de Lafresnaye)로부터 인용. Vol. 20, 1857, p. 412 및 월리스(Wallace)의 'The Malay Archipelago'에서 더 자세한 내용을 볼 수 있다.

[100] Wallace(월리스), 'Malay Archipelago,' Vol. 2, 1869, p. 405.

〈그림 47〉 붉은극락조 수컷(브레엠의 그림)

　새의 예를 하나만 더 살펴보기로 한다. 그것은 암수 사이에 극단적인 색채의 차이가 있는 것으로 유명한 새인데, 약 5km나 떨어진 곳에서도 식별할 수 있고 그 목소리를 처음 들은 사람은 경탄하지 않을 수 없다고 하는, 남아메리카에 사는 방울새(*Chasmorhynchus niveus*)*[101]이다.

　수컷은 새하얀 색이지만 암컷은 칙칙한 녹색이다. 지상에서 살며 적당한 크기에 공격적이지 않은 새 중에 새하얀 색은 매우 드문 경우이다. 워터턴(Waterton)의 기록에 따르면, 수컷에는 또 부리의 뿌리부터 약 7.5cm 길이의 나선상의 관이 하나 자라고 있다. 색깔은 칠흑색이며 미세하고 부드러운 털로 덮여 있다. 이 관은 입천장과의 연결을 통해 공기로 부풀릴 수 있으며, 부풀지 않을 때는 입 한쪽에 늘어져 있다. 이 속(屬)에는 4종(種)이 있으며 수컷은 어느 종이나 특징적인데, 암컷은 스클레이터의 가장 흥미로운 논문에 따르면 어느 종이나 서로 비슷하기 때문에, 같은 분류군 속에서 수컷은 서로 매우 다르지만 암컷은 서로 닮은 공통법칙의 좋은 예라고 할 수 있다. 두 번째 종

*101 (역주) 지금의 학명은 Procnias alba.

〈그림48〉 호사뺨벌새(*Lophornis ornatus*)의 수컷과 암컷(브레엠의 그림)

(Bare—throated Bellbird, *C. nudicollis*)[102]도 수컷은 마찬가지로 순백색이지만, 목에 있는 상당히 큰 맨살 부분과 눈 주위만은 달라서, 그곳은 번식기가 되면 아름다운 녹색이 된다. 세 번째 종(수염새, *C. tricarunculatus*)[103]의 수컷은 머리와 목만 새하얗고 다른 부분은 밤색이다. 이 종의 수컷에는 몸길이의 반이나 되는 선 모양의 돌기가 세 개 있는데 하나는 부리의 뿌리에, 두 개는 입의 양

────────────

*102 (역주) 지금의 학명은 *P. nudicollis*.

*103 (역주) 지금의 학명은 *P. tricarunculata*.

〈그림49〉 라켓벌새(*Spathura underwoodii*) (지금의 학명은 *Ocreatus underwoodii*)의 수컷과
암컷(브레엠의 그림)

끝에 있다.[104]

성체가 된 수컷의 색깔이 있는 깃털과 그 밖의 장식은 일생 동안 유지되는
것도 있고, 여름의 번식기마다 정기적으로 털갈이를 하는 것도 있다. 이 시기

---

[104] Sclater(스클레이터), 'The Intellectual Observer,' January, 1867 ; 'Waterton's Wanderings,' p. 118.
또 샐빈(Salvin)의 흥미로운 논문과 그림은 'Ibis,' 1865, p. 90 참조.

에는 부리와 머리의 맨살 등은 왜가리, 따오기, 갈매기와 앞에서 언급한 방울새의 일종 등에서 볼 수 있듯이 종종 색깔이 변한다. 흰따오기는 뺨과 부풀릴수 있는 목주머니, 부리의 뿌리가 진홍색이 된다.[105] 뜸부기(*Gallicrex cristatus*)는 이 시기에는 수컷의 머리에 커다란 붉은 볏이 발달한다. 아메리카의 하얀펠리컨(*P. erythrorhynchus*)의 부리 위에 생기는 얇은 뿔 모양의 관(冠)도 마찬가지이다. 이 관은 사슴뿔과 마찬가지로 번식기가 끝나면 떨어지기 때문에, 네바다 호수 속 섬의 물가는 온통 그 기묘한 잔해로 뒤덮이게 된다.[106]

계절에 따라 깃털의 색깔이 변하는 것은 첫째로 해마다 두 번의 털갈이, 두번째로 털색 자체의 변화, 세 번째로 색이 연한 깃털의 가장자리가 정기적으로빠지는[107] 것 때문이며, 이 세 과정이 다소 혼합되어 있는 경우도 있다. 가장자리 깃털이 빠지는 것은 어린 새의 솜털이 빠지는 것과 비슷할지도 모른다. 그것은 대부분의 경우, 솜털은 최초의 진짜 깃털 끝에서 돋아나기 때문이다.[108]

해마다 두 번 털갈이를 하는 새를 살펴보면 첫째로 꺅도요, 제비물떼새 속(Glareolae), 도요새처럼 암수가 서로 비슷하고 1년 내내 색깔을 바꾸지 않는종류를 들 수 있다. 나는 그들의 겨울 깃이 여름 깃보다 두껍고 따뜻한지는잘 모르지만, 털색깔이 바뀌지 않는데도 털갈이를 두 번 한다면 그것이 가장유력한 이유일 것이다. 두 번째로 붉은발도요속(Totanus)의 일종이나 다른 섭금류처럼 암수는 비슷하지만 여름 깃과 겨울 깃이 약간 다른 종류들이 있다. 그러나 이러한 예에서의 색채 차이는 아주 작기 때문에, 그것이 그들에게 이익이 된다고 보기는 어려울 것 같다. 이것은 아마 새들이 여름과 겨울에 맞닥뜨리게 되는 조건에 따른 차이가 직접 작용한 결과일지도 모른다. 세 번째로암수는 서로 유사하지만 여름 깃과 겨울 깃이 매우 다른 종류가 많이 있다. 네 번째로 암수의 색깔이 다른 것 가운데 암컷은 두 번 털갈이를 해도 같은색깔을 유지하고 있는 데 비해, 수컷은 색깔을 바꾸는 것이 있다. 개중에는 느시의 일종처럼 수컷의 색깔이 매우 달라지는 것도 있다. 다섯 번째로, 암수의색깔이 다르고 여름 깃과 겨울 깃도 양성 모두 다르지만, 매번 수컷이 암컷보

＊105 'Land and Water,' 1867, p. 394.

＊106 D. G. Elliot(D. G. 엘리엇), 'Proc. zool. Soc.,' 1869, p. 589.

＊107 (역주) 깃털 가장자리가 빠지는 것이 아니라 가장자리의 색이 연한 부분이 닳는 것이다.

＊108 'Nitzsch's Pterylography,' edited by P. L. Sclater, Ray Soc., 1867, p. 14.

다 크게 색깔을 바꾸는 종류가 있다. 목도리도요(*Machetes pugnax*)[109]가 바로 그 좋은 예이다.

여름 깃과 겨울 깃이 색깔이 다른 까닭과 그 목적에 대해 살펴보자. 이를테면 뇌조 같은 경우에는[110] 두 시즌 모두 보호색 역할을 하고 있을 것이다. 여름 깃과 겨울 깃이 조금밖에 다르지 않은 경우는, 이미 지적했듯이 생활조건이 직접적으로 작용한 것이라고 생각된다. 그러나 많은 새들은 암수가 비슷한 종류에도 여름 깃이 장식적이라는 것은 의심할 여지가 없을 것 같다. 해오라기, 백로의 대부분은 번식기에만 아름다운 깃털을 가지므로 그러한 결론을 내려도 좋을 것이다. 또 양성이 모두 그러한 깃털과 머리장식을 갖고 있다고 해도 암컷보다는 수컷이 좀 더 발달한 경우가 있다. 그리고 그것은 다른 새의 수컷만이 가지고 있는 깃털이나 머리장식과 비슷하다. 새를 가두어 두면 수컷의 번식시스템이 영향을 받아 이차성징의 발달이 저해되는 경우가 종종 있지만, 다른 형질에는 직접적인 영향이 없다는 사실이 잘 알려져 있다. 바틀릿에게 들은 바로는, 런던동물원에 있는 붉은가슴도요(*Tringa canutus*)[111] 8~9마리가 1년 내내 장식이 없는 겨울 깃을 유지하고 있다고 하는데, 이것은 여름 깃이 암수에게 공통되는 경우에도, 그것이 수컷에게서만 볼 수 있는 많은 새의 여름 깃의 성질과 비슷하다는 것을 시사해 준다.[112]

이러한 사실들, 특히 암수 모두 해마다 털갈이를 해도 깃의 색깔이 바뀌지 않는 종류가 있고, 바꾼다 해도 거의 도움이 되지 않는다고 여겨질 정도로 미미하게 바뀌는 종류도 있다. 또 다른 종은 1년에 두 번 털갈이를 하면서도 암

---

[109] (역주) 속명 *Machetes*는 지금은 *Philomachus*로 되어 있다.

[110] 갈색 반점이 있는 뇌조의 여름깃은 겨울의 하얀 깃과 마찬가지로 보호색으로서 중요한 역할을 한다. 스칸디나비아에서는 눈이 사라진 봄, 아직 여름깃이 자라기 전에는 그들 대부분이 포식자의 먹잇감이 되는 것으로 알려져 있다. 로이드(Lloyd)의 'The Game Birds and Wild Fowl of Sweden and Norway,' 1867, p. 125의 빌헬름 폰 라이트(Wilhelm von Wright) 참조.

[111] (역주) 지금의 학명은 *Calidris canutus*.

[112] 털갈이에 관한 위의 기술에서, 꺅도요에 대해서는 맥길리브레이의 'Hist. of Brit. Birds,' Vol. 4, p. 371 참조. 제비물떼새속, 도요새, 느시에 대해서는 저던의 'Birds of India,' Vol. 3, pp. 615, 630, 683. 붉은발도요속에 대해서는 '같은 책,' p. 700. 왜가리의 깃털에 대해서는 '같은 책,' p. 738과, 맥길리브레이의 Vol. 4, pp. 435, 444 및 스태퍼드 앨런의 'Ibis,' Vol. 5, 1863, p. 33 참조.

컷은 1년 내내 같은 색깔을 유지하고 있다는 점에서 생각해 보면, 1년에 두 번 털갈이를 하는 습성은 수컷이 번식기에 장식적인 형질을 발달시키기 위해 획득된 것이 아니라 처음에는 어떤 특별한 목적을 위해 획득되었으며, 그 뒤 몇몇 종류에서 구애의 깃털을 획득하기 위한 수단으로 이용된 것이라고 결론을 내려도 좋을 것이다.

유연관계에 있는 조류 가운데 어떤 것은 1년에 두 번 털갈이를 하며, 어떤 종류는 한 번밖에 하지 않는다는 것은 얼핏 매우 놀라운 상황으로 생각된다. 이를테면 뇌조는 1년에 털갈이를 두 번 또는 세 번 하지만, 멧닭은 한 번밖에 하지 않는다. 인도에 사는 아름다운 색채를 띤 태양새(Nectariniae) 종류와 수수한 색을 한 밭종다리(Anthus)의 몇몇 아속에는, 1년에 털갈이를 두 번 하는 것과 한 번밖에 하지 않는 종이 있다.[113] 그러나 다양한 새들의 털갈이 방법은 연속적으로 변화한다는 것이 밝혀졌기 때문에, 그 점에서 한 종 또는 여러 종이 처음에 어떻게 해서 연 2회의 털갈이를 하게 되었는지, 또 그 습성을 일단 획득한 뒤에 어떻게 다시 1회분을 잃게 되었는지 등에 대해 생각할 수 있다. 느시와 물떼새 가운데에는, 봄의 털갈이는 완전하지 않아서 깃의 일부만 새로워지거나 색깔만 변하는 것이 있다. 또 느시와 뜸부기 가운데에는 1년에 두 번 완벽하게 털갈이를 하는 것이라도, 성체 수컷 가운데에는 구애의 깃털을 1년 내내 유지하는 것이 있다는 사실도 알려져 있다. 봄에 고도로 특수화한 깃털만 보충되는 일도 있다. 인도의 검은바람까마귀(Bhringa)가 가지고 있는 원반 모양의 꼬리깃이나, 왜가리의 등과 목의 깃털, 도가머리 등이 그런 경우이다. 이러한 단계를 거쳐 봄의 털갈이가 점점 완전해져서, 마지막에 완벽한 연 2회의 털갈이가 획득되었을지도 모른다. 겨울 깃과 여름 깃이 유지되는 기간에도 연속성을 볼 수 있으므로, 어느 한쪽은 줄곧 계속되고 다른 한쪽은 완전히 사라지는 일도 있을 수 있다. 즉 목도리도요(Machetes pugnax) 수컷은 목도리를 봄에 두 달이 채 안 되는 동안 유지한다. 나탈의 긴꼬리과부새(Chera progne) 수컷은, 그 긴 꼬리깃이 12월이나 1월에 자라다가 3월에는 사라지므로 3개월 동안만 가지고 있는 셈이다. 1년에 두 번 털갈이를 하는 조류

---

[113] 뇌조의 털갈이에 대해서는 굴드의 'The Birds of Great Britain' 참조. 태양새에 대해서는 저던의 'Birds of India,' Vol. 1, pp. 359, 365, 369 참조. 밭종다리의 털갈이에 대해서는 블라이스의 'Ibis,' 1867, p. 32.

의 대부분은 장식적인 깃을 거의 6개월 동안 유지한다. 그러나 야생적색야계 (*Gallus bankiva*) 수컷은 목의 장식깃을 9~10개월이나 유지하고 있다가, 그것이 빠지고 나면 그 밑에 있던 목의 검은 깃이 훤히 드러난다. 그런데 이 종류가 가금화한 후손에서는 수컷 목의 장식깃은 곧 새로운 것으로 대체되기 때문에, 이것은 깃의 일부에 있어서 가축화로 인해 두 번의 털갈이가 한 번으로 바뀐 예라고 할 수 있다.*114

청둥오리(*Anas boschas*)*115 수컷은 번식기가 끝나면 약 3개월에 걸쳐 털갈이를 하므로 수컷의 깃털은 없어지고 암컷과 같은 깃털이 된다는 사실이 널리 알려져 있다. 고방오리(*Anas acuta*) 수컷은 그 기간이 더욱 짧아서 6주일이나 두 달 정도만 깃털이 없는데, 몬터규는 '짧은 기간에 일어나는 이 두 번의 털갈이는 매우 비정상적인 상태이며, 이것은 논리적으로 설명하고자 하는 인간에 대한 도전'이라고 말했다. 그러나 종의 연속적인 변용을 믿는 사람들에게는 어떠한 종류의 연속성이 발견되더라도 전혀 놀랄 일이 아니다. 만약 고방오리 수컷이 새로운 깃털을 더욱 짧은 기간에 획득해야 한다면, 수컷의 새로운 깃털은 당연히 오래된 깃털과 섞여버릴 것이고, 또 양쪽 다 암컷의 고유한 깃털과도 섞이게 될 것이다. 이것은 바로, 그다지 거리가 멀지 않은 종인 바다비오리(*Merganser serrator*)에서 일어나는 현상과 비슷하다. 즉 수컷은 '깃털을 갈지만 암컷과 어느 정도 비슷한 색깔이 된다'는 것이다. 이 과정이 좀 더 진행되면 연 2회의 털갈이는 완전히 사라지고 말 것이다.*116

앞에서 말했듯이 수컷 새들 가운데에는 봄의 털갈이 때문이 아니라 실제로 깃의 색깔이 변하거나, 또는 수수한 색깔의 가장자리 깃이 빠짐으로써 봄

---

*114 부분적인 털갈이에 관한 이 기술과 늙은 수컷이 혼인깃을 남기는 것에 대해서는, 느시와 물떼새에 대해 저던의 'Birds of India,' Vol. 3, pp. 617, 637, 709, 711 참조. 또 블라이스의 'Land and Water,' 1867, p. 84. Vidua에 대해서는 'Ibis,' Vol. 3, 1861, p. 133. 검은바람까마귀에 대해서는 저던의 '같은책,' Vol. 1, p. 435. *Herodias bubulcus*의 봄 털갈이에 대해서는 S. S. 앨런(S. S. Alien)의 'Ibis,' 1863, p. 33. *Gallus bankiva*에 대해서는 블라이스의 'Annals and Mag. of Nat. Hist.,' Vol. 1, 1848, p. 455. 또 이 문제에 관해서는 나의 《사육동식물의 변이》 제1권, 236쪽도 참조.

*115 (역주) 지금의 학명은 *Anas platyrhychos*.

*116 오리과의 털갈이에 대해서는 맥길리브레이의 'Hist. of British Birds,' Vol. 5, pp. 34, 70, 223 에 워터턴과 몬터규를 인용한 기술이 있다. 야렐의 'A Hist. of British Birds,' Vol. 3, p. 243 도 참조.

에 아름다운 색깔로 바뀌는 종류가 있다. 이러한 원인으로 나타나는 색깔의 변화는 오랫동안 지속될 수도 있고 또 그 기간이 짧을 수도 있다. 미국펠리컨(*Pelecanus onocrotalus*)은 봄이 되면 전체가 아름다운 핑크빛을 띠고 가슴에는 레몬색 반점이 생긴다. 그러나 스클레이터에 따르면 이 색조는 '오래 지속되지 않고 처음 나온 지 6주나 2개월 뒤에는 사라진다'. 피리새 가운데에는 봄이 되면 가장자리 깃털이 빠지면서 더욱 화려한 색이 되는 것도 있지만, 그런 변화가 전혀 없는 종류도 있다. 미국황금방울새(*Fringilla tristis*)*[117]는 (다른 많은 아메리카종도 마찬가지다) 겨울이 지나고 나서야 그 화려한 색채를 드러내는데, 이 새와 똑같은 습성을 지닌 영국산 황금방울새나 구조적으로 더욱 동종이라 할 수 있는 검은머리방울새는, 1년 내내 그러한 변화가 전혀 일어나지 않는다. 그러나 동종 사이에 볼 수 있는 이러한 깃털의 차이는 결코 놀라운 일이 아니다. 왜냐하면 이것과 같은 과에 속하는 common linnet(홍방울새 종류)도 앞머리와 가슴의 진홍색은 영국에서는 여름에만 볼 수 있지만, 마데이라에서는 1년 내내 유지되고 있기 때문이다.*[118]

수컷의 깃털 과시

모든 종류의 장식이 일생 동안 유지되든 일시적으로 획득되는 것이든, 수컷은 그것을 유혹적으로 과시하여 암컷을 흥분시키거나 매혹시키는 데 사용하고 있는 것처럼 보인다. 그러나 수컷은 뇌조나 공작에서 가끔 볼 수 있듯이 암컷이 없어도 자신들의 장식을 과시할 때가 있다. 공작이 누군가 관객이 있는 것을 좋아하는 것은 확실하며, 나는 그들이 닭이나 돼지 앞에서도 그 아름다운 깃털을 펼치고 있는 것을 자주 보았다.*[119] 새의 습성을 주의깊게 관찰한 적이 있는 박물학자라면 누구나 야생상태에 있든 사육상태에 있든, 수컷은 자신의 아름다움을 과시하고 싶어한다는 점에서는 의견이 일치하고 있다. 오듀본은 종종 수컷이 암컷을 유혹하기 위해서 시도하는 다양한 행동에 대해

---

*117 (역주) 지금의 학명은 *Carduelis tristis*.

*118 펠리컨에 대해서는 스클레이터의 'Proc. Zool. Soc.,' 1868, p. 265. 아메리카의 방울새에 대해서는 오듀본의 'Ornith. Biography,' Vol. 1, pp. 174, 221과 저던의 'Birds of India,' Vol. 2, p. 383 참조. 마데이라의 common linnet(홍방울새 종류 *Fringilla cannabina*)에 대해서는 E. 버논 하코트(E. Vernon Harcourt)의 'Ibis,' Vol 5, 1863, p. 230 참조.

*119 E. S. 딕슨(E. S. Dixon)의 'Ornamental and Domestic Poultry,' 1848, p. 8도 참조.

이야기했다. 굴드는 벌새 수컷의 기묘한 행동을 기술한 뒤, 수컷에는 암컷 앞에서 자신을 한껏 과시할 수 있는 능력이 있음을 의심하지 않는다고 말했다. 저던 박사는[120] 수컷의 아름다운 깃털은 '암컷을 매료하고 유인하기 위한 것'이라고 주장했다. 런던동물원의 바틀릿도 나에게 매우 자신있게 똑같은 견해를 이야기했다.

인도의 삼림 속에서 '우연히 스무 마리에서 서른 마리의 공작 수컷이 최고의 자부심을 가지고 호화로운 깃털을 과시하면서, 만족스러워하고 있는 암컷 앞에서 뛰어다니는 장면을 맞닥뜨리는' 것은 틀림없이 멋진 경험일 것이다. 야생 칠면조 수컷이 빛나는 깃털을 세워 아름다운 띠무늬가 있는 꼬리와 줄무늬 날개를 펼치고 있는 모습은, 화려한 진홍색과 푸른 턱볏과 함께 우리의 눈에는 기이하면서도 훌륭한 구경거리가 된다. 다양한 뇌조류에서도 같은 광경을 볼 수 있다는 것을 이미 이야기했다. 이제는 다른 목을 살펴보기로 한다. 기아나루피콜새(*Rupicola crocea* 〈그림50〉)[121] 수컷은 멋진 오렌지색으로, 깃털 일부가 끝을 잘라낸 것 같은 형태로 솜털처럼 되어 있어 세계에서 가장 아름다운 새의 하나이다. 암컷은 붉은 빛이 감도는 녹갈색으로 볏이 약간 작다. R. 솜버크(R. Schomburgk) 경은 수컷 열 마리와 암컷 두 마리가 집합장소에 있는 것을 발견하여 그들의 구애행동에 대해 묘사했다. 그 장소는 지름 약 1.2~1.5m로, 마치 사람이 손으로 다져놓은 것처럼 풀이 하나도 자라지 않고 있었다. 수컷 한 마리가 '깃을 펼치고 머리를 높이 쳐들거나 꼬리를 부채처럼 펼쳐서 춤을 추고 있었고, 다른 개체는 그것을 감상하고 있는 것처럼 보였다. 그런 다음 그 수컷이 녹초가 될 때까지 깡총거리면서 커다란 소리를 내자, 다음 개체가 교대했다. 그리하여 세 마리가 교대로 춤을 추고는 만족한 모습으로 무대에서 물러갔다'. 인도 사람들은 그들의 깃털을 얻기 위해 이러한 집합장소에 숨어서 새들이 춤에 푹 빠져 있을 때를 기다린다. 그런 다음 독화살로 너덧 마리의 수컷을 차례차례 맞힐 수 있다고 한다.[122] 극락조는 깃이 충분히 자란 수컷이 열 마리 이상 나무에 모여서 원주민이 말하는 '댄스파티'

---

[120] 'Birds of India,' Introduction, Vol. 1, p. xxiv. 공작에 대해서는 Vol. 3, p. 507. 굴드의 'An Introduction to the Trochilidae,' 1861, pp. 15, 111.

[121] (역주) 지금의 학명은 Rupicola rupicola.

[122] 'Journal of R. Geograph. Soc.,' Vol. 10, 1840, p. 236.

〈그림50〉 기아나루피콜새(*Rupicola crocea*) 수컷(브레엠의 그림)

를 연다. 거기서 날개를 펼쳐 공중을 날아다니면서 아름다운 깃을 세워 진동시키면, 월리스가 말한 것처럼 나무 전체가 펄럭이는 깃털로 가득 찬 것처럼 보인다. 이렇게 춤을 추고 있을 때는 그들이 너무나 도취해 있기 때문에, 활의 명수가 거의 전부 쏘아 맞힐 수 있을 정도이다. 이러한 새들이 말레이 제도에서 사육되고 있었을 때는, 이따금 깃을 펼쳐 살펴보면서 티끌 하나 남지 않도록 가다듬으며, 매우 정성들여 깃을 아름답게 유지하고 있었다고 한다. 여러 쌍을 키우고 있었던 한 관찰자는, 수컷의 과시는 암컷을 기쁘게 해주기 위한 것이라고 믿어 의심치 않았다.*123

＊123 'Annals, and Mag. of Nat. Hist.,' Vol. 13, 1854, p. 157. 또 월리스의 '같은 책.,' Vol. 20, 1857, p. 412와 'Malay Archipelago,' Vol. 2, 1869, p. 252. 또 브레엠이 'Thierleben,' Bd. 3, S. 326에서 인용한 베네트(Bennett) 박사 참조.

금계(*Thaumalea picta*)*[124] 수컷이 구애할 때는 멋진 목털을 펼쳐서 세울 뿐만 아니라, 내가 본 바로는 암컷이 수컷의 어느 쪽에 있든 암컷 쪽으로 비스듬하게 목털을 돌리는데, 그것은 자신의 모습을 암컷이 자세히 볼 수 있도록 하기 위한 것이었다.*[125] 바틀릿은 회색소공작(〈그림51〉) 수컷이 구애하는 장면을 관찰하여 그러한 형태로 만든 박제를 보여주었다. 이 새의 꼬리와 날개는 공작 꼬리가 시작되는 부분을 덮고 있는 깃털처럼 아름다운 눈알무늬로 장식되어 있었다. 공작 수컷이 구애와 과시행동을 할 때는 암컷의 정면에 서는데, 꼬리를 몸에 직각으로 세워서 펼치기 위해 짙푸른 가슴과 목도 동시에 보여주게 된다. 그런데 회색소공작의 가슴은 수수한 색깔이고 눈알무늬는 꼬리깃에만 있는 것이 아니다. 그렇기 때문에 회색소공작은 암컷의 정면에 서지 않는다. 그는 꼬리깃을 세워서 약간 사선으로 펼친 다음, 그것과 같은 방향의 날개를 펼쳐서 내리고, 반대쪽 날개는 펼쳐 위로 올린다. 그러면 몸 전체의 눈알무늬가 반짝반짝 빛나는 한 장의 천처럼 되어, 그것을 자신이 좋아하는 암컷 앞에 펼칠 수 있게 된다. 암컷이 어느 쪽으로 가든 수컷은 펼친 날개와 비스듬하게 기울어진 꼬리를 암컷 쪽으로 향한다. 케벗트라고판 수컷은 날개 자체는 아니지만 암컷과 반대쪽 몸의 깃을 올리고, 암컷에게 보이지 않을 부분을 보여주기 위해 앞의 예와 거의 같은 행동을 하는데, 그렇게 하면 아름다운 반점무늬 깃의 거의 전부가 일제히 보이게 된다.

청란(Argusianus argus)은 이보다 더욱 놀랍다. 수컷에만 있는, 거대하게 발달한 둘째날개깃에는 각각 지름 2.5cm 정도 되는 20~23개의 눈알무늬 장식들이 있다. 깃에는 또 섬세한 검은 선과 반점이 비스듬하게 줄지어 있어 호랑이와 표범의 무늬를 합쳐 놓은 듯한 느낌이다. 눈알무늬는 너무나 아름다운 색조를 띠고 있는데, 그것을 보고 아가일(Argyll) 공작*[126]은 움푹한 구멍 속에 여유 있게 들어 있는 공 같다고 표현했다. 그러나 내가 대영박물관에서 본 표본은 날개를 펼치고 꼬리를 내리고 있는 박제로, 눈알무늬는 평평하고 어떻게 보면 오목해 보이기까지 했기 때문에 실망스러웠다. 그러나 굴드가 구애과시 행동

---

*124 (역주) 지금의 학명은 *Chrysolophus picta*.

*125 T. W. 우드(T. W. Wood)는 ('The Student,' April, 1870, p. 115), 청란과 꿩(*Ph. versicolor*)의 이러한 구애과시에 대해 상세하게 기술하고, 그것을 측면과시라고 불렀다.

*126 'The Reign of Law,' 1867, p. 203.

〈그림51〉 공작 수컷(브레엠의 그림)

을 하고 있는 수컷의 그림을 그려 그 의문을 해소해 주었다. 구애할 때는 양쪽 날개의 긴 둘째날개깃을 수직으로 세워서 펼치기 때문에 거대한 꼬리깃과 함께 어울려서 전체가 똑바로 세운 반원형 부채꼴을 형성하게 된다. 그런데 둘째날개깃이 그러한 위치에 세워지는 순간, 위에서 빛이 비쳐 미묘한 색조의 효과가 전면에 나타나게 된다. 그래서 각각의 눈알무늬가 움푹한 구멍에 들어 있는 공처럼 보이는 것이다. 몇 명의 화가에게 그 깃을 보여주자 모두가 그 완벽한 색조에 감탄을 나타냈다. 이렇게 예술적인 색조를 한 장식이 정말 성선택에 의해 획득된 것일까 하고 의문을 갖는 사람도 있을 것이다. 그러나 다음 장에서 연속성의 원리에 대해 다룰 때까지 이 문제에 대한 대답은 미루어두는 것이 좋을 것 같다.

첫째날개깃은 꿩과(科) 새의 경우에는 대부분 단일한 색이지만, 청란의 색깔은 둘째날개깃에 못지않게 훌륭하다. 그것은 부드러운 갈색에 검은 반점이 많이 있으며, 각각의 반점은 두세 개의 검은 점을 어두운 색깔로 에워싸고 있다. 그러나 주요 장식은 진짜 깃의 안쪽에 나란히, 가장자리가 완전한 제2의 깃을 형성하고 있다. 어두운 청색의 깃대와 평행하는 공간이다. 이 안쪽 부분은 밝은 밤색이며 미세한 하얀 반점으로 빼곡하게 덮여 있다. 이 깃을 여러 사람에게 보여주었더니, 많은 사람들이 움푹한 구멍 속에 들어 있는 공 무늬의 깃보다 아름답다면서 자연의 작품이라기보다 예술품이라고 감탄했다. 그런데 이 깃들은 보통은 거의 숨어 있다가, 구애과시행동을 할 때 긴 둘째날개깃이 일어서면 모두 다 보이게 된다. 그러나 그것은 둘째날개깃과는 매우 다른 방법이다. 그것은, 가슴 양쪽이 지면 가까이에서 두 개의 작은 부채 또는 방패처럼 펼쳐진다.

청란 수컷은 매우 흥미로운 예인데, 그것은 가장 세련된 아름다움이 오로지 암컷을 매혹시키기 위한 것임을 보여주는 절호의 증거를 제공하고 있기 때문이다. 우리는 이렇게 결론을 내리는 수밖에 없다. 왜냐하면 수컷이 구애의 자세를 취할 때 말고는 첫째날개깃을 절대로 펼치지 않으며, 움푹한 구멍 속에 들어 있는 공 장식도 완전한 모습을 보여주지 않기 때문이다. 청란 수컷은 화려한 색채를 갖추고 있지 않으므로, 그의 구애의 성공여부는 깃의 크기와 가장 우아한 무늬의 배치에 달려 있는 것 같다. 많은 사람들은 암컷이 그렇게 세련된 색조와 섬세한 무늬의 아름다움을 이해한다는 것은 결코 있을 수 없는 일이라고 단언할 것이다. 암컷들이 이렇게까지 인간에 가까운 취향을 가지고 있다는 것은 틀림없이 놀라운 일이지만, 암컷은 하나하나의 아름다움을 보는 것이 아니라 아마도 전체적인 효과를 느낄 것이다. 하등동물의 식별능력과 취향을 스스로 충분히 판단할 수 있다고 생각하는 사람은, 아마도 청란 암컷이 이러한 세련된 미를 인식할 수 있다는 것을 부정할지도 모른다. 그렇다면 구애행동에서 수컷이 취하는 놀라운 자세에 의해 수컷의 아름다움이 충분히 과시되는 것에는 어떠한 의미도 없다고 인정해야만 한다. 나는 그것만은 결코 인정할 수 없을 것 같다.

많은 종류의 꿩과, 동종인 꿩과(科) 새가 그 아름다운 깃을 암컷 앞에서 정성들여 과시하는데, 바틀릿이 나에게 알려준 것처럼 수수한 색조의 푸른귀꿩과 부채머리꿩(*Crossoptilon auritum* and *Phasianus Wallichii*)*127은 그렇지 않다. 이러한 새들은 자신들이 그다지 아름답지 않다는 것을 알고 있는 것 같다. 바

---

*127 (역주) 지금의 학명은 *Catreus wallichii*.

틀릿은 부채머리꿩을 푸른귀꿩만큼 자세히는 관찰하지 않았지만, 이제까지 이 두 종류의 수컷들이 서로 싸우는 것을 아직 본 적이 없다. 제너 위어도 화려하고 선명한 색조의 깃털을 가진 수컷은, 같은 그룹에 속하는 수수한 종류의 수컷보다 언제나 호전적이라고 말했다. 이를테면 황금방울새는 홍방울새보다, 또 검은새는 개똥지빠귀보다 훨씬 더 호전적이다. 계절에 따라 색채가 변하는 새도, 그들이 가장 아름답게 장식되는 시기에는 더 호전적이 된다. 수수한 색채를 가진 종류의 수컷도 수컷끼리 맹렬하게 싸우는 일이 있는 것은 확실하지만 성선택이 큰 영향을 미쳐서, 그로 인해 수컷이 화려한 색채를 갖게 된 종은 모두 강한 호전성을 지니고 있는 것 같다. 이러한 예는 포유류를 다룰 때도 만나게 될 것이다.

한편, 조류는 노래하는 능력과 화려한 색채가 같은 종의 수컷에서 동시에 갖게 되는 일은 좀처럼 없는 듯하다. 그러나 어느 쪽이든 그것으로 얻는 이익은 암컷을 매료한다는 의미에서는 완전히 동일하다. 어쨌든 화려한 색채를 한 몇몇 종의 수컷 가운데에는 악기 소리 같은 음악을 연주하기 위해 깃을 특별히 변용시킨 것은 사실이다. 그러나 적어도 우리의 취향으로 보면, 그렇게 해서 만들어진 아름다움은 많은 새들이 내는 목소리의 아름다움에는 비할 바가 못 된다.

그렇다면 수컷이 고도의 장식을 갖추고 있는 것은 아니지만, 그것이 어떤 매력이든 구애할 때 무언가를 과시하는 종에 눈을 돌려보기로 하자. 이러한 예는 어떤 의미에서는 보다 더 기묘하지만, 이제까지는 거의 주의를 기울이지 않았다. 이제부터 이야기하는 것은 대부분 제너 위어가 나에게 보내준 많은 분량의 귀중한 메모에서 선별한 것이다. 그는 모든 영국산 되새과와 참새과를 포함하여 많은 새를 오랫동안 사육해 왔다. 멋쟁이새 수컷은 암컷 앞으로 돌진하여 가슴의 붉은 깃이 어느 때보다도 잘 보이도록 가슴을 한껏 펼쳐서 보여준다. 그와 동시에 그는 몸을 홱 돌려 검은 꼬리깃을 매우 우스꽝스러운 모습으로 좌우로 흔든다. 푸른머리되새 수컷도 암컷의 정면에 서서 붉은 가슴과 애호가들이 '블루벨'이라고 부르는 머리를 보여준다. 그러면서 날개를 약간 펼치면 어깨의 하얀 띠가 선명하게 드러난다. 홍방울새가 장밋빛 가슴을 부풀리고 갈색 날개와 꼬리를 아주 약간만 펼치면, 그 하얀 가장자리가 가장 잘 드러나게 된다.

그러나 날개를 펼치는 것은 오로지 그것을 과시하기 위한 것이라고 결론을 내리는 데는 신중을 기하지 않으면 안 된다. 그런 행동을 보여주는 새들 가운데에는 날개가 아름답지 않은 것도 있기 때문이다. 그 좋은 예가 가금류인 수탉인데, 수탉이 펼치는 것은 언제나 암컷이 있는 쪽과 반대쪽에 있는 날개이며, 동시에 그 날개로 지면을 훑는다. 황금방울새 수컷은 다른 모든 피리새류와는 다른 행동을 보여준다. 수컷의 아름다운 날개는 어깨가 검고 날개깃은 끝이 검은 데다 하얀 반점이 있으며, 금색으로 가장자리가 장식되어 있다. 수컷이 암컷에게 구애할 때는 몸을 좌우로 흔들고, 약간 펼친 날개를 처음에는 한쪽으로 다음에는 반대쪽으로 재빨리 흔드는데, 그것은 마치 금빛이 반짝이는 것처럼 보인다. 위어가 알려준 바로는, 영국의 피리새 가운데 구애할 때 몸을 좌우로 흔드는 것은 없으며, 동종인 검은머리방울새 수컷도 그런 행동을 하지 않는다. 그렇게 한다고 그의 아름다움이 더 돋보이는 것은 아니기 때문이다.

영국 멧새류의 대부분은 수수한 색이지만, 검은머리쑥새(*Emberiza schoeniculus*) 수컷의 머리깃은 봄이 되면 수수한 끝부분이 잘려나가 새까만 색이 되며, 구애행동을 할 때는 그것을 일으켜 세운다. 위너는 호주의 일홍조속(Amadina)의 2종을 사육했는데, *A. castanotis*(산까치)는 짙은 색의 매우 작은 꼬리와 하얀 배, 칠흑같이 검은 윗꽁지덮깃을 가진 수수한 새로, 윗꽁지덮깃의 각각의 깃에는 하얀 색의 선명한 반점이 세 개씩 있다.[128] 이 종류가 구애할 때는 그 알락무늬의 윗꽁지덮깃을 약간 펼쳐서 독특한 방식으로 흔든다. 또한 *Amadina Lathami* 수컷은 매우 다른 행동을 보여준다. 그들은 암컷 앞에서 화려한 반점이 있는 가슴과 붉은 꼬리, 붉은 윗꽁지덮깃을 과시한다. 다음은 저던 박사가 알려준 사실들이다. 인도의 붉은항문직박구리(*Pycnonotus haemorrhous*)의 윗꽁지덮깃은 아랫면이 진홍색이지만, 좀처럼 그 아름다움을 보여줄 수 없는 부위이다. 그러나 '새가 흥분하면 종종 그것을 바깥쪽으로 뒤집어서 펼치기 때문에 위에서도 볼 수 있다.[129] 일반적인 비둘기는 가슴깃이 무지갯빛을 하고 있는데, 수컷이 암컷에게 구애할 때는 가슴을 부풀려서 그것을 최대한 잘 보이게 하는 광경을 누구나 한 번쯤 보았을 것이다. 호주의 아름다운 머리깃비둘기(*Ocyphaps lophotes*)는 위어가 나에게 알려준 바에 의하면

---

[128] 이러한 새에 대한 기술은 굴드의 'Handbook to the Birds of Australia,' Vol. 1, 1865, p. 417 참조.
[129] 'Birds of India,' Vol. 2, p. 96.

이것과는 매우 다른 행동을 한다고 한다. 수컷은 암컷 정면에 서지만, 머리를 거의 지면에 닿도록 내리고 꼬리는 펼쳐서 수직으로 세우며 날개를 반쯤 펼친다. 그리고 몸을 천천히 일으켰다가 내리는 동작을 반복하면 무지갯빛 금속성 깃이 모두 동시에 드러나면서 햇빛을 받아 반짝거린다는 것이다.

이것으로 수컷이 자신의 다양한 매력을 얼마나 세심한 주의와 기량을 기울여 과시하는지 보여주는 충분한 사례들이 제시되었다고 생각한다. 깃털을 고르는 동안 자신의 깃이 얼마나 아름다운지 알게 된 수컷들은, 그 아름다움을 가장 잘 보여주려고 할 것이다. 그러나 동종에 속하는 모든 수컷이 똑같은 방식으로 과시하는 것으로 보아, 처음에는 의식적으로 그런 행동을 했지만 지금은 본능이 되어버린 것으로 보인다. 만약 그렇다면 새들에게 허세가 있다고 타박하는 것은 부당한 일일 것이다. 그러나 공작 수컷이 윗꽁지덮깃을 펼치고 흔들어대면서 뛰어다니는 모습을 보면, 그야말로 자만과 허영의 상징처럼 보이는 건 어쩔 수가 없다.

수컷이 가지고 있는 다양한 장식은 그들에게는 가장 중요한 것이다. 왜냐하면 그것을 획득하기 위해서는 날거나 달리는 능력을 어느 정도 희생하지 않으면 안 되는 경우도 있기 때문이다. 아프리카의 Pennant-winged Nightjar(쏙독새, *Cosmetornis*)는 번식기에는 첫째날개깃의 하나가 매우 가늘고 길게 자라서 비행이 상당히 느려지지만, 다른 시기에는 놀랄 만큼 빨리 날 수 있다. 청란 수컷의 '거추장스러울 만큼 큰' 둘째날개깃은 그들의 '비행능력을 거의 완전히 빼앗아버린다'고 한다. 극락조 수컷의 섬세한 깃은 바람이 세게 부는 날에는 매우 성가신 것이 된다. 남아프리카의 천인조(Vidua) 수컷의 극단적으로 긴 꼬리깃은 그들의 비행을 매우 무겁게 만들지만, 그것이 빠지고 나면 그들도 암컷만큼 빨리 날 수 있게 된다. 새는 언제나 식량이 가장 풍부한 시기에 번식하므로, 수컷의 운동능력이 이렇게 저하되어도 식량을 구하는 데는 그다지 어려움이 없을지도 모른다. 그러나 포식성 새에게 습격을 당하기 쉬워지는 것은 거의 틀림없는 것 같다. 공작의 긴 윗꽁지덮깃이나 청란의 긴 꼬리와 날개깃은 호랑이 등의 먹잇감이 되기 쉽게 보이는 것도 분명한 사실이다. 많은 수컷들의 화려한 색깔도 그들을 온갖 종류의 적의 눈에 띄기 쉽게 한다. 그러므로 굴드가 지적한 것처럼, 이러한 새들은 마치 자신들의 아름다움이 위험의 원인이 된다는 것을 알고 있기라도 한 것처럼 겁이 많은 성격이어서, 수수한 색깔을 하고 있고 비교적 순한 성격인 암컷이나 아직 장식이 갖춰지지 않은 어린 개체에 비해 발견하거나 접근하기가 훨씬 어렵다.[130]

야생에서 투쟁을 위한 특별한 무기를 갖춘 매우 호전적인 수컷들은 종종 서로 죽이거나, 또는 장식을 가지고 있음으로 해서 고통을 받는다는 것은 더욱 기묘한 사실이다. 투계를 즐기는 사람들은 수컷의 목털을 깎고 볏과 턱볏을 제거해버리는데, 그렇게 만든 새를 '작위를 받았다'고 표현한다. 테겟마이어는 '장식을 제거하지 않은 새는 매우 불리하다. 볏이나 턱볏은 상대의 부리에 쉽게 걸려들며 새는 반드시 자신이 물고 있는 부분을 집요하게 공격하기 때문에, 한번 상대에게 물리면 여간해서 거기서 벗어날 수가 없다. 설사 죽지는 않는다 해도 장식을 제거하지 않은 새가 흘리는 피의 양은 장식을 제거한 새에 비하면 훨씬 많다'[131]고 주장하고 있다. 칠면조의 어린 수컷은 싸움을 할 때 서로의 턱볏을 공격하는데, 이것은 성체도 마찬가지라고 생각한다. 볏이나 턱볏은 장식이 아니며, 장식으로서 새에 기여하고 있을 리가 없다고 반론을 제기하는 사람이 있을지도 모른다. 그러나 우리의 눈으로 봐도 검은 스페인종 수탉의 눈부신 아름다움은 그 하얀 얼굴과 진홍빛 볏에 의해 더욱 돋보이며, 케벗트라고판 수컷이 구애할 때 멋진 푸른 턱볏을 부풀리는 것을 본 적이 있는 사람이라면, 그 아름다움이야말로 목적이라는 것을 털끝만큼도 의심하지 않을 것이다. 이제까지 기술한 사실에서, 수컷의 깃이나 그 밖의 장식은 수컷에게 가장 중요하다는 것을 알 수 있다. 그리고 때로는 아름다움이 투쟁에서 이기는 것보다 더 중요하다는 것도 이해하게 되었을 것이다.

---

[130] Pennant-winged Nightjar에 대해서는 리빙스턴(Livingstone)의 'Expedition to the Zambesi,' 1865, p. 66. 청란에 대해서는 저던의 'The Nat. Lib. : Birds,' Vol. 14, p. 167 참조. 극락조에 대해서는 브레엠의 'Thierleben,' Bd. 3, S. 325에 인용되어 있는 레송(Lesson). 긴꼬리과부새에 대해서는 배로(Barrow)의 'Travels in Africa,' Vol. 1, p. 243과 'Ibis,' Vol. 3, 1861, p. 133. 수컷이 부끄럼이 많은 것에 대해서는 굴드의 'Handbook to the Birds of Australia,' Vol. 1, 1865, pp. 210, 457 참조.

[131] Tegetmeier(테겟마이어), 'The Poultry Book,' 1866, p. 139.

제14장 조류(이어서)

암컷의 선택—구애에 걸리는 시간—짝을 이루지 못한 개체—정신적 능력과 미(美)에 대한 취향—특정한 수컷에 대해 암컷이 보여주는 호감과 반감—새의 변이성—갑자기 일어나는 변이—변이의 법칙—눈알무늬의 형성—형질의 연속성—공작, 청란, 벌새의 사례

암수가 그 아름다움과 노래하는 능력, 또 내가 악기에 의한 음악이라고 부르는 것을 발생시키는 능력이 서로 다를 때는, 거의 모든 예에서 수컷이 암컷을 능가한다. 이미 보았듯이 이러한 형질은 수컷에 특히 중요한 것 같다. 그것이 1년의 한 시기에만 나타나는 경우에는 항상 번식기 조금 전에 나타난다. 다양한 매력을 세련된 방식으로 과시하는 것은 수컷이며, 수컷은 암컷 앞의 공중이나 지상에서 종종 기묘한 곡예를 보여준다. 수컷은 어느 것이나 자신의 경쟁자를 몰아내고 가능하다면 모든 경쟁자를 죽이려고 한다. 따라서 수컷의 목적은 암컷과 짝짓기를 하는 데 있으며, 그 목적을 위해 수컷은 암컷을 다양한 방법으로 흥분시키고 매료시킨다고 결론을 내려도 될 것 같다. 이것은 살아 있는 새의 습성을 주의 깊게 연구해온 사람이라면 누구나 인정하는 것이다. 그러나 성선택의 작용이라는 점에서 보면 가장 중요한 의미를 가진 의문이 남아 있다. 같은 종에 속하는 수컷이라면 누구나 똑같이 암컷을 흥분시키고 유인할 수 있는가? 아니면 암컷은 기호를 발휘하여 특정한 수컷을 좋아하는 것인가? 그렇다는 대답은 여러 가지 이 직간접적인 증거에서 얻을 수 있다. 어떠한 형질이 암컷의 기호를 결정하고 있는지는 더욱 대답하기 어렵지만, 이것도 몇 가지 직간접적인 증거를 통해 주요한 것은 수컷의 외형적인 매력이라고 생각할 수 있다. 물론 수컷의 열정, 용기, 그 밖의 지적 능력도 관련이 있는 것은 틀림없다. 그럼 간접적인 증거부터 살펴보기로 한다.

구애에 걸리는 시간

어떤 조류의 암수가 장기간에 걸쳐 날마다 특정한 장소에 찾아와서 만나는 것은 아마도 구애에 긴 시간이 걸리고, 또 짝짓기 행위를 여러 번 되풀이하기 때문일 것이다. 이를테면 독일이나 스칸디나비아 멧닭의 발첸 또는 레크는 3월 중순에 시작되어 4월 내내 계속되다가 5월까지 넘어간다. 40마리, 50마리 때로는 더 많은 새들이 레크에 모이는데, 그들은 종종 몇 년에 걸쳐 같은 장소로 돌아온다. 큰뇌조의 레크는 3월말에 시작되어 5월 중순, 때로는 5월 말까지 계속된다. 북아메리카에서는 가는꽁지뇌조(*Tetrao phasianellus*)의 '구애 춤'은 한 달 또는 그 이상까지도 계속된다. 북아메리카와 동시베리아의 다른 뇌조류[*1]도 거의 같은 습성을 가지고 있다. 새 사냥꾼은 목도리도요들이 모이는 높직한 장소가 완전히 다져져서 풀이 자라지 않는 것을 보고 알 수 있는데, 그것은 그들이 같은 장소를 빈번히 사용하고 있음을 나타낸다. 기아나의 인디언들은 아름다운 기아나루피콜새가 모이는 말끔하게 다져진 투기장이 있는 곳을 잘 알고 있으며, 뉴기니의 원주민도 깃이 다 자란 극락조 수컷들이 10~20마리씩 모여드는 나무가 있는 곳을 알고 있다. 후자의 예에서는 암컷이 그 나무에 찾아온다고 확실하게 밝히지는 않았는데, 암컷의 깃털은 별로 가치가 없으므로 특별히 물어보지 않으면 새 사냥꾼도 암컷의 존재에 대해서는 아무 말도 하지 않을 것이 틀림없다. 아프리카의 위버(*Ploceus*)는 번식기에 작은 집단이 모여서 우아한 선회 댄스를 몇 시간씩 보여준다. 청도요(*Scolopax major*)는 저녁이 되면 습지에 무리지어 모이는데, 그 장소는 같은 목적을 위해 몇 년씩이나 계속 사용된다. 그곳에 그들이 무수히 모여들어, 마치 큰 쥐처럼 달리며 깃을 부풀리고 날개를 펄럭이면서 기묘한 소리를 지르는 것을 볼 수 있다.[*2]

---

*1 노르만(Nordmann)은 ('Bull. Soc. Imp. des Nat.' Moscow, 1861, tome 34, p. 264) 아무르의 발첸에 대해 기술했다. 그는 그곳에 100마리가 넘는 수컷이 모인다고 추정했으나, 암컷은 주변의 수풀 속에 숨어 있어서 헤아릴 수가 없었다. 그들이 내는 소리는 멧닭이나 뇌조와는 다르다.

*2 위에 든 뇌조류의 집합에 대해서는 브레엠의 'Thierleben' Bd. 4, S. 350 참조. 또 L. 로이드의 'The Game Birds and Wild Fowl of Sweden and Norway,' 1867, pp. 19, 78. 리처드슨의 'Fauna Bor. Americana,' Birds, p. 362. 다른 새들의 집합에 관한 인용문헌도 위에서 찾아볼 수 있다. 극락조에 대해서는 월리스의 'Annals and Mag. of Nat. Hist.,' Vol. 20, 1857, p. 412. 도요새에

위에 든 몇몇 새들, 즉 멧닭, 큰뇌조, 산쑥들꿩, 목도리도요, 청도요, 그리고 아마도 그 밖의 몇몇 종들도 일부다처로 알려져 있다. 이런 새들은 단순히 강한 수컷이 약한 수컷을 몰아내고 눈 깜짝할 사이에 최대한 많은 암컷을 획득할 거라고 생각하기 쉽다. 그러나 수컷이 암컷을 흥분시키고 즐겁게 해주는 것이 필수라면 구애에 긴 시간이 필요하며, 이렇게 많은 암수가 한 자리에 모여야 하는 것도 이해할 수 있을 것이다. 철저하게 일부일처인 새도 마찬가지로 구애의 모임을 가지는 것이 있다. 스칸디나비아 뇌조의 일종이 거기에 해당하는 듯한데, 그들의 레크는 3월 중순부터 5월 중순까지 이어진다. 호주의 큰거문고새(*Menura superba*)[*3]는 '작고 둥근 둔덕'을 만들고, 앨버트거문고새(*M. Alberti*)는 수컷이 얕은 구덩이를 판다. 원주민이 '코로보리 무도장'이라고 부르는 그곳에는 양성이 모이는 듯하다. 코로보리의 집단은 때로는 매우 커서, 최근에 여행한 사람이 출판한 책을 보면[*4] 무성한 수풀로 뒤덮인 골짜기에서 '무시무시한 소리가 들려와서' 간담이 서늘해질 정도였다고 한다. 그래서 수풀 속을 헤쳐가 보니, 놀랍게도 무려 150마리나 되는 거문고새 수컷들이 전투대형으로 늘어서서 뭐라 표현할 수 없을 만큼 격노하며 서로 싸우고 있었다. 바우어새의 별장은 번식기에 암수가 쉬는 장소로, 수컷들은 여기서 만나 암컷의 관심을 끌려고 경쟁을 벌이며 암컷도 그곳에 모여 수컷에게 교태를 부린다. 이 두 종류는 같은 별장을 몇 년씩 계속 사용한다.[*5]

매우 흔히 볼 수 있는 까치(*Corvus pica*)[*6]의 경우, W. 다윈 폭스에게 들은 바로는 옛날에는 '까치의 성대한 혼인'을 축하하기 위해 델라메어 숲의 곳곳으로부터 이들이 모여드는 것을 볼 수 있었다고 한다. 몇 년 전 이 새가 비정상적으로 늘어난 적이 있었는데, 어느 날 아침나절에 사냥터 관리인이 19마리나 되는 수컷을 쏘았고, 또 한 사람은 둥지 속에 함께 들어 있던 새를 한번에 7마리나 쏘아 죽였다. 그들의 수가 매우 많았을 때는, 초봄이 되면 정해진 장소에 다 같이 모여 노래를 부르거나 때로는 싸우며 소동을 피우면서 나무 사

대해서는 로이드의 '같은 책,' p. 221.

*3 (역주) 지금의 학명은 *Menura novaelollandiae*.

*4 T. W. 우드의 'The Student,' April, 1879, p. 125에서 인용되었다.

*5 굴드, 'Handbook to the Birds of Australia,' Vol. 1, pp. 300, 308, 448, 451. 위에 말한 뇌조에 대해서는 로이드의 '같은 책,' p. 129 참조.

*6 (역주) 지금의 학명은 *Pica pica*.

이를 날아다니는 광경을 볼 수 있었다. 이 모든 것은 새들에게는 가장 중요한 일인 것처럼 보였다. 폭스와 그 밖의 사람들이 관찰한 바로는, 이 모임이 끝나면 새들은 사방으로 흩어져서 짝짓기에 들어간다. 이 정도로 수가 많지 않은 지역에서는 이렇게 큰 모임을 가질 수 없음은 물론이고, 같은 종이라도 다른 지역에 살고 있으면 습성도 다른 것이 보통이다. 이를테면 나는 스코틀랜드의 멧닭이 정기적인 모임을 가진다는 이야기는 들은 적이 없지만, 독일과 스칸디나비아에서는 매우 잘 알려져 있어서 특별한 이름까지 있을 정도이다.

짝을 이루지 못한 새

위에 설명한 사실로부터 우리는 서로 다른 많은 종에서 새의 구애는 종종 오랜 시간이 걸리며, 섬세하고 정성이 많이 드는 작업이라고 결론지어도 좋을 것이다. 또 처음 들으면 그럴 리가 없다고 생각할지도 모르지만 같은 종에 속하며 같은 지역에 살고 있는 수컷과 암컷이라도 반드시 서로 좋아한다고는 할 수 없으며, 그 결과 짝을 이루지 못하는 경우도 있다고 생각할 만한 증거가 있다. 짝을 이룬 한 마리가 사냥꾼의 총에 맞으면, 곧 그 자리를 대신할 상대가 찾아온 예가 많이 보고되어 있다. 이것은 다른 어떤 새보다 까치에서 많이 관찰되는데, 어쨌든 외모나 둥지가 눈에 잘 띄기 때문일 것이다. 제너는 윌트셔에서 한 쌍의 까치 가운데 한쪽을 날마다 쏘아죽이기를 7번이나 계속했지만, '남아 있는 까치가 곧 새로운 상대를 구해오기 때문에 아무 소용이 없었다'고 한다. 그리고 이 마지막 한 쌍이 새끼를 키우는 데 성공했다. 새로운 짝은 보통 이튿날이면 발견된다. 그러나 톰슨(Thompson)은 같은 날 저녁에 벌써 새로운 상대를 만난 예를 보고했다. 새끼가 부화한 뒤에도 한쪽이 죽으면 새로운 짝이 나타나는 경우가 종종 있다. 최근에 J. 러벅 경의 관리인이 본 바에 의하면[7] 이틀 뒤에는 또 새로운 상대가 나타났다고 한다. 가장 먼저 떠오르는 명백한 추론은, 까치 수컷이 암컷보다 훨씬 많은 것이 분명하다는 것이다. 위의 예에서는 그 밖의 많은 예와 마찬가지로 죽은 것은 모두 수컷이었다. 델라메어 숲의 사냥터 관리인이 자신들이 이전에 많이 죽였던 까치와 까마귀

---

[7] 까치에 대해서는 제너의 'Phil. Transact.,' 1824, p. 21. Macgillivray(맥길리브레이), 'Hist. of British Birds,' Vol. 1, p. 570. Thompson((톰슨), 'Annals and Mag. of Nat. Hist.,' Vol. 8. 1842, p. 494.

는 모두 수컷이었다고 폭스에게 증언한 것을 보면 몇몇 예에서는 확실히 그런 것 같다. 그들은 또 수컷은 둥지에 있는 암컷에게 먹이를 날라다주기 때문에, 그때 쉽게 잡을 수 있다고 설명했다. 그러나 훌륭한 관찰의 권위자인 맥길리브레이는 같은 둥지에서 계속해서 3번 정도 사냥한 까치가 언제나 암컷이었던 예가 있고, 또 다른 예에서는 알을 품고 있던 6마리의 까치가 잇따라 죽음을 당했기 때문에 대부분 암컷으로 생각할 수 있다고 말했다. 그러나 내가 폭스에게서 들은 바로는, 암컷이 죽으면 수컷이 알을 품는 경우도 있으므로 일부는 수컷이었을 가능성도 있다.

J. 러벅 경의 사냥터 관리인은 몇 번인지 기억도 하지 못할 만큼 여러 번 어치(*Garrulus glandarius*) 부부의 한쪽을 쏘았지만, 얼마 뒤 살아남은 쪽이 새로운 짝을 구하지 못하는 경우는 없었다고 말했다. W. D. 폭스, F. 본드도 까마귀(*Corvus corone*)의 한쪽을 쏘았으나, 얼마 지나자 그 둥지에는 다시 한 쌍이 살고 있었다. 이러한 새들은 비교적 흔하지만 매는 그렇지 않다. 그래도 아일랜드에서는 '번식기에 나이든 수컷이나 암컷이 죽으면(드문 일이 아니다) 며칠 안에 새로운 상대를 구할 수 있기 때문에, 그러한 재난에도 불구하고 새끼는 반드시 자란다'고 톰슨은 설명했다. 제너 위어는 비치 곶*8의 매에 대해서도 같은 것을 관찰했다. 그는 또 황조롱이(*Falco tinnunculus*) 세 마리가 같은 둥지에서 살고 있을 때 차례로 죽음을 당하는 것을 보았는데, 그 가운데 두 마리는 성체의 깃털을 갖고 있었는데, 나머지 한 마리는 지난 해 새끼의 색깔을 그대로 유지하고 있었다고 알려주었다. 희귀한 검둥수리(*Aquila chrysaëtos*)의 경우에도, 버크벡(Birkbeck) 씨의 스코틀랜드 사냥터의 신뢰할 만한 관리인은 한쪽이 죽으면 곧 또 한 마리가 발견된다고 말했다. 쇠올빼미(*Strix flammea*)*9도 마찬가지로 살아남은 쪽은 곧 새로운 짝을 찾아내기 때문에 피해가 끊이지 않았다.

올빼미의 사례에 대해 쓴 셀번의 화이트는 유럽자고새가 짝짓기를 할 때 수컷끼리 싸우면 번식에 방해가 될 거라고 생각한 사람이 언제나 수컷을 쏘았는데, 암컷을 몇 번이나 과부로 만들었음에도 불구하고 반드시 곧 새로운

---

*8 (역주) 잉글랜드 East Sussex 주 남부에 있는 영국 해협에 돌출한 곳으로 백악질의 절벽으로 유명하다.

*9 (역주) 지금의 학명은 *Asio flammeus*.

상대가 찾아왔다는 이야기도 썼다. 화이트는 또 흰털발제비의 둥지를 빼앗아 버린 참새를 쏘게 했지만, 남은 쪽은 그게 수컷이든 암컷이든 곧 새로운 상대를 구했고 따라서 그 일은 몇 번이고 되풀이되었다. 이 같은 사례는 푸른머리되새, 나이팅게일, 딱새류에서도 볼 수 있다. 딱새류(*Phoenicura ruticilla*)[*10]에 대해 화이트는, 자신의 집 주변에는 이 새가 결코 많이 있는 것도 아닌데 어떻게 해서 둥지에 있는 암컷이 혼자가 되자마자 상대를 구할 수 있는 것인지 매우 이상하게 여겼다. 제너 위어도 똑같은 사례를 나에게 이야기해 주었다. 그는 블랙히스에서 야생멋쟁이새에 대해 보거나 이야기를 들은 적이 전혀 없었다. 그런데 그가 키우고 있었던 수컷 한 마리가 죽자, 혼자가 된 암컷의 울음 소리는 아주 연약한 소리였는데도, 며칠 뒤에는 벌써 새로운 수컷이 밖에서 찾아와 암컷의 둥지 앞에 내려앉았다는 것이다. 이 관찰자가 본 사례를 하나만 더 소개하고 마치기로 한다. 흰점찌르레기(*Sturnus vulgaris*) 한 쌍의 한쪽이 어느 날 아침 총에 맞아 죽었다. 정오까지 새로운 상대가 찾아왔지만 그것도 역시 총에 맞았다. 그런데 밤이 되기도 전에 벌써 새로운 짝이 들어와 있었다. 결국 불행한 암컷 또는 수컷은 하루에 세 번이나 짝을 구한 셈이 된다. 엥글하트도 블랙히스의 집 벽에 구멍을 뚫는 흰점찌르레기 한 쌍의 한쪽을 몇 년에 걸쳐 사냥했지만, 잃어버린 짝을 대신하는 새로운 상대가 곧 나타났다고 한다. 어느 계절에 기록을 해 보았더니, 같은 둥지에서 모두 35마리를 쏘아죽인 것을 알 수 있었다. 거기에는, 비율은 모르지만 암컷과 수컷 양쪽이 다 들어 있었다. 그러나 그런 공격에도 불구하고 결국 흰점찌르레기 암수 한 쌍은 새끼를 키우는 데 성공한 것이다.[*11]

　이것은 참으로 놀라운 일이다. 이렇게 많은 새들이 잃어버린 상대를 대신할 새를 바로 구할 수 있는 것은 도대체 무엇 때문일까? 까치, 어치, 까마귀, 메추라기와 그 밖의 다른 새들은 번식기에 홀로 있는 것을 결코 볼 수 없는데, 우선 그 점이 무엇보다 가장 이상한 일이다. 동성끼리는 진정한 짝을 이룬다

[*10] (역주) 지금의 학명은 *Phoenicurus phoenicurus*.

[*11] 매에 대해서는 톰슨의 'The Nat. Hist. of Ireland : Birds,' Vol. 1, 1849, p. 39 참조. 올빼미, 참새, 메추라기에 대해서는 화이트의 'Nat. Hist. of Selborne,' edition of 1825, Vol. 1, p. 139 참조. Common Redstart에 대해서는 루던(Loudon)의 'Mag. of Nat. Hist.,' Vol. 7, 1834, p. 245 참조. 브레엠도 ('Thierleben,' Bd. 4, S. 991) 하루에 세 번 짝을 지은 것으로 보이는 새에 대해 기술했다.

고 볼 수는 없지만 비둘기나 자고새가 그렇듯이, 같은 성끼리 짝을 짓거나 작은 무리를 만들기도 한다. 흰점찌르레기, 까마귀, 앵무새, 자고새 등에서 관찰할 수 있듯이 조류는 가끔 세 마리가 함께 사는 일도 있다. 메추라기는 두 마리의 암컷이 한 마리의 수컷과, 또는 두 마리의 수컷이 한 마리의 암컷과 함께 지내는 것이 관찰되고 있다. 이러한 예에서는 결합이 쉽게 깨어질 것으로 생각된다. 어떤 새는 번식기가 훨씬 지난 뒤에도 수컷이 열심히 사랑의 노래를 부르는 것을 볼 수 있는데, 그러한 새는 짝을 잃었거나 전혀 짝을 이루지 못한 경우일 것이다. 한쪽이 사고나 질병으로 죽으면 다른 한쪽은 자유로운 독신이 된다. 그리고 암컷이 번식기에 수컷보다 쉽게 죽는다는 것을 보여주는 증거가 있다. 둥지가 파괴된 개체나 새끼를 낳지 못한 개체, 또 시기를 놓친 개체는 짝을 쉽게 버리고, 설령 자신의 새끼가 아니라도 기꺼이 육아의 의무와 즐거움을 누릴 기회를 찾으려고 할 것이다.*12 앞에서 말한 예는 대부분 이러한 상황으로 설명이 될 것이 틀림없다.*13 그런데도 일정한 지역에서 번식기의 절정에, 이토록 많은 수컷과 암컷이 항상 잃어버린 짝을 대신해줄 상대를 공급할 준비가 되어 있다는 것은 신기한 일이 아닐 수 없다. 왜 그 예비 개체끼리 일찌감치 짝을 짓지 않는 것일까? 그래서 많은 새에 있어서 구애행동이 그토록 오래 걸리는 지루한 일이라면, 수컷과 암컷이 적절한 시기에 사랑

---

*12 계절의 이른 시기에 메추라기 수컷이 무리지어 있는 것에 대해서는 화이트, 'Nat. Hist. of Selborne,' 1825, Vol. 1, p. 140 참조. 나도 그것에 대해 들은 적이 있다. 어떤 새의 경우 생식기가 미발달 상태에 있는 것에 대해서는 제너의 'Phil. Transact.,' 1824 참조. 세 마리가 함께 사는 새에 대해서는, 흰점찌르레기와 앵무새는 제너 위어, 메추라기는 폭스에게서 인용한 것이다. 까마귀에 대해서는 'Field,' 1868, p. 415. 계절이 지나간 뒤에도 수컷이 노래를 계속 부르는 다양한 새들에 대해서는 L. 제닌스(L. Jenyns)의 'Observations in Natural History,' 1846, p. 87 참조.

*13 O. W. 포레스터(O. W. Forester)의 확실한 관찰로서, F. O. 모리스(F. O. Morris)가 다음과 같은 사례를 들었다('The Times,' August 6, 1868). '사냥터 관리인이 올해 이곳에서 새끼 다섯 마리가 들어 있는 독수리 둥지를 발견했다. 그는 그 안에 있던 네 마리를 죽이고, 한 마리는 부모새를 죽이기 위한 미끼로 쓰기 위해 깃을 자르고 남겨두었다. 다음날 이 새끼에게 먹이를 주던 부모새 양쪽을 다 죽였고, 그는 이것으로 일이 해결되었다고 생각했다. 그러나 이튿날 가보니 인정 많은 두 독수리가 둥지 안에서 고아가 된 새끼를 보살피려 하고 있었다. 그는 이 두 마리도 죽인 뒤 둥지를 떠났다. 나중에 다시 가보니, 또 다른 두 마리가 같은 목적으로 앉아 있는 것이 발견되었다. 그는 한 마리를 죽인 다음 다른 한 마리도 쏘았지만 찾지는 못했다. 그 뒤 더 이상 헛된 시도를 하려고 오는 새는 없었다'.

을 이루지 못해 짝짓기를 하지 못하는 개체가 많이 있다고 생각할 수 있지 않을까? 실제로 제너 위너는 그렇게 의심하고 있다. 이것은 암컷이 특정한 수컷에 대해 매우 강한 반감이나 호감을 나타낸다는 것을 알면, 그렇게 불가능하게 생각되지는 않을지도 모른다.

새의 정신적 능력과 미(美)에 대한 기호

암컷이 더욱 매력적인 수컷을 선택하는 것인가, 아니면 무조건 처음에 만난 수컷을 받아들이는 것인가 하는 문제에 대해 논하기 전에, 먼저 새의 정신적 능력에 대해 잠시 살펴보는 것이 좋을 듯하다. 우리는 그들의 이성이 일반적으로 상당히 낮다고 알고 있으며, 또 그것이 맞을지도 모른다. 그러나 몇 가지 사실*14은 그와는 반대라는 것을 가리키고 있는 것으로 볼 수도 있다. 또한 이성이 낮은 것은 강한 애착을 가지는 것, 날카로운 감각을 가지고 있는 것, 아름다움에 대한 기호가 있는 것과 충분히 양립한다. 그것은 우리 인간의 경우를 봐도 알 수 있다. 그리고 여기서는 이 후자의 성질에 관한 문제를 다룰 생각이다. 앵무새는 서로에게 매우 강한 애착을 품기 때문에 어느 한쪽이 죽으면 남겨진 쪽이 오랫동안 슬퍼하는 것으로 알려져 있다. 그러나 제너 위어는 대부분의 새에 대해 애착의 강도가 지나치게 과장되어 있다고 생각하고 있다. 어쨌든 야생에서 한쪽이 총에 맞아 죽으면 살아남은 쪽이 며칠이고 구슬프게 우는 것으로 알려져 있는데, 세인트 존(St. John)은*15 짝을 이룬 새들의 서로에 대한 애착을 보여주는 사실을 여러 가지로 소개했다. 그러나 흰점찌르레기는 이미 살펴보았듯이 짝이 죽으면 하루에 세 번씩이나 새 짝을 얻기도 한다. 런던동물원의 앵무새는 몇 달이 지난 뒤에도 자신의 전 주인을 확실하게 기억하고 있었다. 비둘기는 9개월이 지난 뒤에도 자신의 집으로 돌아올 수 있을 만큼 뛰어난 지리적 기억력을 지니고 있다. 그러나 해리슨 위어에게서 들은 바로는, 일반적으로 일생동안 계속 짝을 지어 살던 한 쌍을 겨울에

---

*14 이를테면, 야렐은 ('Hist. of British Birds,' Vol. 3, 1845, p. 585), 어느 갈매기에게 작은 새를 주었으나 그것을 바로 삼키지 못했을 때의 일에 대해 기술했다. "갈매기는 잠깐 가만히 있다가 문득 이해한 것처럼, 곧장 물이 있는 곳까지 달려가서 작은 새를 깃이 완전히 젖을 정도로 물 속에 집어넣더니 곧 한입에 삼켜버리고 말았다. 그때 이후로는 같은 일이 있으면 언제나 그렇게 하고 있다."

*15 'A Tour in Sutherlandshire,' Vol. 1, 1849, p. 185.

만 서로 다른 새와 함께 살게 했더니, 예전 상대를 다시 만나게 해주어도 좀처럼 서로 알아보지 못했다고 한다.

새는 때때로 매우 정이 넘치는 감정을 보여준다. 그들은 설령 종이 달라도 버림받은 새끼에게 먹이를 주기도 하는데, 그것은 아마도 방향을 착각한 본능 때문일 것이다. 그들은 또 이 책의 첫머리에 설명했듯이, 자신과 동종의 눈이 먼 성체(成體)에게도 먹이를 가져다주는 일이 있다. 벅스턴(Buxton)은 동상에 걸려 움직일 수 없게 된 다른 종의 새를 돌본 앵무새에 대해 기묘한 예를 소개했다. 앵무새는 그 새의 깃털을 골라주고 뜰을 자유롭게 드나드는 다른 새들의 공격으로부터 보호해주었다. 이러한 새들이 동료의 기쁨에 자신도 같은 기쁨을 느끼는 것은 더욱 기묘한 사실이다. 분홍관앵무 한 쌍이 꽃아카시나무 위에 둥지를 지었을 때, '같은종의 다른 개체가 모여들어 다 같이 이상한 흥미를 보여주는 것은 정말 우스꽝스러울 정도였다'. 이 앵무새는 또 한없는 호기심을 가지고 있을 뿐만 아니라, 명백하게 '소유물과 소유의 개념'도 갖추고 있었다.*16

새는 매우 날카로운 관찰력을 가지고 있다. 짝을 이룬 새가 모두 자신의 상대를 식별하는 것은 물론이다. 오듀본은 아메리카의 흉내지빠귀(*Mimus polyglottus*)의 일부는 1년 내내 루이지애나에 머물지만, 일부는 동부 각주로 이동한다고 기술했다. 이 새들이 돌아오면 남쪽에 남아 있었던 동료들은 곧 알아보고 어김없이 공격한다고 한다. 사육되고 있는 새는 사람들을 식별할 줄 알며, 그것은 그들이 어떤 특정한 사람에 대해 나타내는 강한 혐오나 애정 등으로 알 수 있다. 그러나 왜 그 사람에 대해 그런 감정을 품는지는 알 수 없다. 어치, 메추라기, 카나리아, 특히 멋쟁이새에 대해서는 그러한 이야기를 수없이 들었다. 허시(Hussey)는 자신이 길들인 메추라기가 사람들을 식별하는 방법이 얼마나 놀라운지, 또 그 새가 좋고 싫은 감정을 얼마나 확실하게 드러내는지에 대해 이야기했다. 이 새는 '밝은 색을 좋아하는 것으로 보이며, 새로운 옷이나 모자를 쓰면 어김없이 그의 주의를 끌게 된다.*17 휴이트(Hewitt)가 (근래에 야생오리에서 파생된) 몇 마리의 집오리에 대해 주의 깊게 기술한 것

---

*16 C. 벅스턴(C. Buxton)의 "Acclimatization of Parrots," 'Annals and Mag. of Nat. Hist.,' November, 1868, p. 381.

*17 'The Zoologist,' 1847-1848, p. 1602.

이 있다. 그들은 낯선 개나 고양이가 다가오면 쏜살같이 물을 향해 달려간다. 그러나 휴이트가 키우는 개와 고양이는 잘 알고 있어서 그들이 바로 옆에 와도 드러누운 채 일광욕을 즐기고 있다. 그들은 낯선 사람들로부터는 늘 달아났는데, 자신들을 보살펴주고 있던 부인이 평소와 아주 다른 옷을 입고 나타났을 때는 그 부인에게서도 달아났다고 한다. 오듀본이 직접 키우면서 길들인 야생칠면조는 낯선 개만 보면 달아나곤 했다. 어느 날 이 칠면조는 숲으로 사라져버렸다. 며칠이 지난 뒤 오듀본은 숲에서 그 칠면조를 본 것 같아서 자신의 개에게 그것을 쫓게 했다. 그러자 놀랍게도 칠면조는 개를 보고도 달아나지 않았고, 그 개도 칠면조를 공격하지 않았다. 그들은 서로를 기억하고 있던 것이다.[18]

제너 위어는 새들은 다른 새의 색깔에 서로 특별한 주의를 기울이는데, 그것은 때로는 질투 때문이며, 때로는 혈연의 표시라고 말했다. 예를 들어 그가, 머리가 검은 검은머리쑥새(*Emberiza schoeniculus*)를 자신의 새장에 넣었을 때, 다른 새는 이 신참을 보는 둥 마는 둥했다. 그런데 머리가 검은색인 멋쟁이새만은 예외였다. 이 멋쟁이새는 성격이 매우 얌전해서 다른 검은머리쑥새도 포함하여 누구와도 싸운 적이 없었는데, 그때까지는 검은머리쑥새의 머리가 완전히 검어지기 전이었다. 그런데 머리가 검은 이 검은머리쑥새에게는 너무나 공격적이어서 결국 새장에서 도로 꺼내지 않을 수 없었다. 위어는 또 유럽울새도 깃 색깔이 조금이라도 붉은 새는 상대를 가리지 않고 맹렬하게 공격하는 바람에 새장에서 꺼내지 않을 수 없었지만, 그렇지 않은 새는 전혀 공격하지 않았다고 한다. 이 새는 실제로 가슴이 붉은 솔잣새를 죽였고, 황금방울새도 하마터면 죽일 뻔했다. 또 위어는, 어떤 새는 새장에 넣자마자 자신과 가장 닮은 색깔의 새에게 날아가서 그 옆에 편안하게 자리 잡는 것도 관찰했다. 수 컷은 암컷이 있는 곳에서는 아름다운 깃을 비롯하여 여러 가지 장식에 세심한 주의를 기울여 과시하는 것을 보면, 암컷도 구혼자들의 아름다움을 이해하고 있을 가능성이 있다. 그러나 그들이 아름다움을 이해할 수 있다는 것을 보여주는 직접적인 증거를 얻는 것은 쉬운 일이 아니다. 새가 거울에 비친 자

---

*18 야생오리에 관한 휴이트의 기록은 'The Journal of Horticulture,' January, 1863, p. 39. 야생칠면조에 대해서는 오듀본의 'Ornith. Biography,' Vol. 1, p. 14. 흉내지빠귀에 대해서는 '같은 책,' Vol. 1, p. 110.

신의 모습을 바라보고 있을 때(그것에 대해서는 많은 사례가 기록으로 남아 있다), 거울 속에 있는 가공의 경쟁자에게 질투를 느끼지 않는다고 단언할 수는 없을 것 같다. 또 실제로 그러한 결론을 이끌어낸 관찰자도 있다. 다른 예에서는 단순한 호기심과 경탄을 구별하기 어려운 경우도 있다. 목도리도요가 화려한 색채를 한 물체에는 그것이 무엇이든 강하게 끌리는 것은, 릴포드(Lilford) 경이 말한 것처럼*[19] 아마 이 전자의 감정 때문일 것이다. 이오니아 제도에서는 그들은 '총에 맞으면서도 화려한 색깔의 손수건을 향해 날아 내려온다'. 종달새는 작은 거울을 움직여 햇빛을 반사하면 하늘에서 급강하하기 때문에 한꺼번에 많은 새들을 잡을 수 있다. 까치와 큰까마귀, 그 밖의 새들이 은으로 만든 것이나 보석처럼 빛나는 물체를 훔쳐서 숨겨두는 것은 경탄일까, 호기심일까?

굴드는 벌새 가운데에는 자신들의 둥지 바깥쪽을 '최고의 취향을 발휘하여' 장식하는 것이 있다고 말했다. 그들은 둥지 위를 평탄한 지의류(地衣類, 이끼)의 아름다운 조각들로 꾸미는데, 큰 조각은 한가운데, 작은 조각은 둥지가 가지에 붙어 있는 부분에 본능적으로 붙인다. 바깥쪽에 군데군데 예쁜 깃털을 감거나 붙이는데, 축의 위치는 언제나 깃이 바깥쪽을 향하도록 되어 있다. 그러나 미에 대한 취향을 가장 잘 보여주는 예는, 이미 말한 호주의 3속 가운데 바우어새일 것이다. 그들의 별장(〈그림46〉 참조)은 양성이 모여서 기묘한 춤을 추는 장소로서 각각의 구조는 다르지만 여기서 가장 주목할 만한 점은, 종에 따라 그것을 장식하는 방법이 다르다는 것이다. 새틴바우어새는 잉꼬의 푸른 꽁지깃, 하얀 뼛조각, 조개껍데기 같은 아름다운 색채의 물체를 모아 나뭇가지 사이에 꽂거나 입구에 늘어놓는다. 굴드는 어떤 별장에서 솜씨 있게 다듬은 돌도끼와 푸른 무명천 조각을 발견했는데, 그것은 근처의 원주민 캠프에서 가져온 것이 분명했다. 새는 춤을 추면서 이러한 물체를 가져와 항상 그 배치를 바꾸곤 한다. 점박이바우어새의 별장은 키가 큰 풀로 안쪽이 깔끔하게 보강되어 있고, 그 끝이 거의 닿을 듯이 배치되어 있으며, 매우 많은 것들로 장식되어 있다. 필요한 장소에 풀을 고정하거나 별장으로 통하는 오솔길을 확보하기 위해서는 둥근 돌을 이용한다. 돌과 조개껍데기는 종종 상당히 먼 곳에

---

*19 'Ibis,' Vol. 2, 1860, p. 344.

서 가져오는 것 같다. 렘지가 기술한 섭정바우어새는 나지막한 별장을 대여섯 종의 달팽이껍질과 파랑, 빨강, 검정 등 다양한 색깔의 나무열매로 장식하는데, 그것이 싱싱할 때는 매우 아름답게 보인다. 그 밖에 새롭게 따온 나뭇잎, 분홍빛이 감도는 어린 가지로도 장식하여, 전체적으로 완벽한 미적감각을 보여준다. 굴드도 '이렇게 고도로 장식된 집합장소는 이제까지 발견된 새의 구축물 가운데에서 가장 훌륭한 것으로 간주할 만하다'고 말했다. 그리고 그들의 취향은 확실히 종에 따라 다르다.*20

특정한 수컷에 대한 암컷의 취향

지금까지 새의 식별능력과 취향에 대한 예비적인 사항을 짚어보았으므로, 이제부터는 암컷이 특정한 수컷에 대한 취향을 보여준다는 것을 내가 아는 모든 사실을 통해 보여주고자 한다. 때로는 다른 종류의 새들이 야생상태에서 짝짓기를 하여 잡종이 태어나는 일이 있는 것은 확실하다. 그 예에는 여러 가지가 있다. 맥길리브레이는 검은새수컷과 개똥지빠귀 암컷이 '서로 사랑에 빠져' 새끼를 만든 경우에 대해 설명했다.*21 몇 년 전에는 멧닭과 꿩의 잡종이 영국에서 이제까지 18건 있었다는 사실이 보고되었다.*22 그러나 이러한 예의 대부분은 아마도 독신인 개체가 같은 종에서는 짝을 찾지 못해서 일어난 일일 것이다. 제너 위어는, 다른 새의 경우는 가까운 곳에 둥지를 짓고 살고 있는 것끼리 우연히 교미한 결과 교잡이 일어나는 것이라고 생각하고 있다. 그러나 집에서 키우는, 다른 종에 속하는 가금류가 자신과 동종인 개체와 함께 살고 있으면서도 다른 종의 개체에 반해버리는 예가 많이 기록되어 있지만, 앞에 말한 지적은 여기에 적용되지 않는다. 예를 들면 워터턴*23은 두세

---

*20 벌새의 장식된 둥지에 대해서는 굴드, 'An Introduction to the Trochilidae,' 1861, p. 19. 바우어새에 대해서는 굴드, 'Handbook to the Birds of Australia,' 1865, Vol. 1, pp. 444−464. 램지의 'Ibis,' 1867, p. 456.

*21 'Hist of British Birds,' Vol. 2, p. 92.

*22 'Zoologist,' 1853−1854, p. 3946.

*23 워터턴, 'Essays on Nat. Hist.,' 2nd series, pp. 42, 117. 다음의 기술에 대해서는 루던(Loudon)의 홍머리오리에 관한 논문 'Mag. of Nat. Hist.,' Vol. 9, p. 616 ; L. 로이드의 'Scandinavian Adventures,' Vol. 2, 1854, p. 452 ; 딕슨(Dixon)의 'Ornamental and Domestic Poultry,' p. 137 ; 휴이트, 'Journal of Horticulture,' January 13, 1863, p. 40 ; Bechstein(벡슈타인), 'Stubenvögel,' 1840, S. 230.

마리가 함께 살고 있던 캐나다기러기 가운데 암컷 한 마리가 혼자 있던, 외모도 크기도 매우 다른 흑기러기 수컷과 짝을 지어 잡종새끼를 낳았다고 기술했다. 어느 홍머리오리(*Mareca penelope*) 수컷은 동종의 암컷들과 함께 살면서 고방오리(*Querquedula acuta*)*24 암컷과도 짝을 지은 사례가 있다. 로이드는 혹부리오리(*Tadorna vulpanser*)*25 수컷이 청둥오리 암컷에게 보여준 놀라운 애착에 대해 설명했다. 이 밖에도 여러 가지 사례를 들 수 있다. E. S. 딕슨(E. S. Dixon)은 '많은 종류의 기러기를 함께 키운 적이 있는 사람은 잘 알고 있겠지만, 그들은 도무지 까닭을 알 수 없는 애착을 보이는 일이 흔히 있으며 자신과 외모가 매우 다른 종의 개체와 마치 자신의 종처럼 짝을 지어 새끼를 낳는 일이 있다'고 설명했다.

W. D. 폭스가 나에게 알려준 바로는, 그는 한때 개리(*Anser cygnoides*) 한 쌍을 거위 수컷 한 마리, 암컷 세 마리와 함께 키운 적이 있었다. 이 두 종은 서로 상당히 격리되어 있었는데, 언제부터인가 개리 수컷이 거위 암컷 한 마리를 유혹하여 두 마리가 함께 살기 시작했다. 그리고 거위알이 부화했고, 단네 마리만이 순수한 거위이고 나머지 18마리는 모두 잡종이었다. 그러고 보면 암컷들에게는 개리 수컷이 거위 수컷보다 훨씬 매력적이었던 것 같다. 마지막으로 한 마리만 더 예를 들어보기로 하자. 휴이트는 사육하고 있던 오리에 대해 다음과 같이 기술했다. "암컷은 자신과 동종인 수컷과 두 번에 걸쳐 번식했는데, 내가 고방오리 수컷을 물에 풀어놓자 자기 짝을 버리고 말았다. 이것은 어느 모로 보나 '한눈에 반한' 것이었다. 암컷은 이 새로운 전입자 주위를 사랑스러운 듯이 헤엄치고 다녔으나, 수컷은 명백하게 경계하며 암컷의 노골적인 애정을 싫어하는 것 같았다. 그 순간부터 암컷은 원래 짝에 대해서는 까맣게 잊어버렸다. 겨울이 가고 다시 봄이 왔을 때, 고방오리는 그녀의 적극적인 공세에 항복했는지 함께 둥지를 틀어 7,8마리의 새끼를 키우고 있었다."

이러한 예에서는 단순히 새롭다는 것 외에 어떤 매력을 느낄 수 있는 건지 나로서는 상상조차 할 수 없다. 그러나 색채는 때로는 중요한 역할을 하고 있는 듯하다. 왜냐하면 검은머리방울새(*Fringilla spinus*)를 카나리아와 교잡시킬 때, 베히슈타인에 따르면 같은 색조의 개체끼리 한 곳에 있게 하는 것이 가장

---

*24 (역주) 지금의 학명은 *Anas acuta*.

*25 (역주) 지금의 학명은 *Tadorna tadorna*.

좋다고 말한다. 제너 위어는 수컷 홍방울새, 황금방울새, 검은머리방울새, 유럽방울새, 푸른머리되새, 그 밖의 새들이 있는 새장에 카나리아 암컷을 한 마리 들여보내 무엇을 선택하는지 조사해봤더니, 어김없이 유럽방울새가 행운을 거머쥐었다. 그들은 곧 짝을 지어 잡종을 낳았다.

동종끼리인 경우에는 암컷이 어느 특정한 수컷과 짝짓는 것을 좋아한다 해도, 다른 종의 수컷을 선택했을 때만큼은 우리의 주의를 끌지 않는 것이 분명하다. 그런 예는 가금류나 사육되고 있는 새에서 가장 잘 관찰할 수 있으며, 그들은 대개 먹이를 충분히 공급받고 매우 소중하게 보살핌을 받고 있기 때문에 때때로 본능을 완전히 잃어버리고 만다. 이 본능의 문제에 대해, 나는 비둘기나 특히 닭에서 확실하게 보여줄 수 있지만 여기서는 언급하지 않기로 한다. 앞에서 설명한 다른 종 사이의 결합에 대한 몇 가지 사례에서도 사라진 본능이 원인이 될 수 있지만, 대부분의 새들은 커다란 못에서 자유롭게 헤엄치면서 풍부한 먹이를 먹고 있기 때문에 부자연한 자극이 주어졌다고 생각할 만한 까닭은 어디에도 없다.

야생상태의 새에 관해 모두가 당연히 가장 먼저 떠올릴 가설은, 번식의 계절이 오면 암컷은 맨 처음 만난 수컷을 받아들인다는 것이다. 그러나 암컷은 거의 언제나 많은 수컷들의 구애를 받기 때문에, 적어도 암컷이 선택권을 사용할 기회는 반드시 있다. 오듀본은 오랫동안 미국 전역의 삼림을 돌아다니며 새를 관찰한 사람으로, 암컷이 의도적으로 짝짓기 상대를 선택하고 있다는 것에는 의문의 여지가 없다고 생각했다. 이를테면 딱따구리에 대해 그는 대여섯 마리의 건강한 구혼자들이 암컷을 쫓아다니면서 끊임없이 기묘한 곡예를 선보이지만, '마지막에 암컷은 특정한 한 마리에게만 호감을 표시한다'고 말했다. 붉은깃찌르레기(*Agelaeus phoeniceus*) 암컷도 마찬가지로 여러 마리의 수컷들에게 쫓기다가, '마침내 지친 암컷은 내려앉아 그들의 구애를 들은 뒤 곧 상대를 결정한다'. 그는 또 여러 마리의 쏙독새 수컷들이 놀라운 속도로 몇 번이나 공중을 날아다니고 급선회하면서 기묘한 소리를 내는 장면을 묘사했다. '그러나 암컷이 자신의 상대를 선택하자마자, 다른 수컷들은 모두 쫓겨나고 만다'. 미국 독수리의 일종인 터키콘도르(*Cathartes aura*)는 8마리, 10마리 또는 그 이상의 수컷과 암컷들이 쓰러진 나무 위에 모여 서로를 기쁘게 해주려는 강한 욕망을 드러낸다. 그들은 서로 어루만지는 등 애무의 동작을 되풀이

한 뒤, 각각의 수컷이 자신의 상대를 데리고 날아오른다. 오듀본은 또 야생 캐나다기러기(*Aner Canadensis*)[*26]의 무리를 주의 깊게 관찰하고 그들이 펼쳐 보이는 사랑의 곡예를 생생하게 묘사했다. 전에 이미 짝짓기를 한 개체는 '1월이 되면 곧 새롭게 서로에 대한 구애를 시작하지만, 다른 개체는 서로 다투거나 교태를 부리는 데 날마다 몇 시간씩 보낸다. 그리하여 모두가 자신이 선택한 상대에게 만족하면 다 함께 사는 것에는 변함이 없지만, 저마다 짝을 유지하려고 노심초사하고 있는 모습은 누구의 눈에도 명백하게 드러난다. 나는 또 새가 나이를 먹을수록 구애행동은 짧아지는 것을 관찰했다. 독신의 수컷과 노처녀는 후회하고 있는 건지, 아니면 그런 소동에는 휘말리고 싶지 않은 건지 조용히 옆으로 물러나 멀찌감치 떨어져서 웅크리고 앉는다.[*27] 오듀본의 관찰기록 속에는, 다른 새에 대해서도 이 점에 대한 같은 기록을 많이 볼 수 있다.

가축화되어 사육되고 있는 새에게 시선을 돌려, 먼저 닭의 구애에 대해 내가 얻은 적은 지식에서 시작하기로 한다. 이 문제에 관해 나는 휴이트와 테겟마이어로부터 긴 편지를, 고(故) 브렌트(Brent)로부터는 거의 논문이라고 부를 만한 것을 받았다. 이들은 자신들이 출판한 저작으로 잘 알려져 있으며, 이들이 유능하고 경험이 풍부한 관찰자인 것은 누구나 인정할 것이다. 그들은 암컷이 수컷의 아름다운 깃을 보고 특정한 수컷을 선택하지는 않는다고 생각했다. 그러나 닭이 오랫동안 인공적인 환경 속에서 사육되었다는 사실을 고려해야 한다. 테겟마이어는, 댓닭 수컷은 목둘레의 깃털을 깎아버려도 자연의 장식을 모두 갖추고 있는 수컷과 전혀 다를 바 없이, 암컷의 선택을 받을 수 있다고 확신한다. 그러나 브렌트는 수컷의 아름다움이 암컷을 흥분시키는 데 도움이 될 수 있음을 인정했다. 휴이트는, 암컷은 대부분 가장 힘이 세고 도전적이며 기세가 등등한 수컷을 좋아하므로, 짝짓기가 오직 우연에 맡겨져 있는 경우는 결코 없다고 확신하고 있다. 그는 '만약 건강하고 힘이 센 댓닭 수컷이 그 주위를 돌아다니고 있으면 그 수컷이 다른 수컷을 적극적으로 쫓아내지 않더라도 둥지를 떠나온 암탉은 모두 댓닭 수컷 쪽으로 가버리므로, 같은 품종의 닭끼리 교배시키려 해도 거의 소용이 없다'고 썼다. 일반적인 조건 속에

[*26] (역주) 지금의 학명은 *Branta canadensis*.

[*27] 오듀본, 'Ornitholog. Biography,' Vol. 1, pp. 191, 349 ; Vol. 2, pp. 42, 275 ; Vol. 3, p. 2.

서 수탉과 암탉은, 브렌트가 묘사한 것과 같은 어떤 몸짓을 통해 서로를 이해하고 있는 것으로 보인다. 그러나 암컷은 종종 어린 수컷이 귀찮게 따라오는 것을 피한다. 브렌트는, 나이 먹은 암컷이나 성격이 호전적인 암컷은 낯선 수컷을 싫어하여 완전히 패배하기 전에는 응하지 않는다고 알려주었다. 그러나 퍼거슨(Ferguson)은 호전적인 암탉이, 상하이종(種) 수탉의 다정한 구애를 받고 얌전해진 모습에 대해 설명해 주었다.[*28]

비둘기는 양성(兩性) 모두 자신과 같은 품종의 상대를 좋아한다는 증거가 몇 가지 있으며, 평범한 비둘기집에 있는 비둘기는 품종개량된 종을 싫어한다.[*29] 해리슨 위어가 최근에 푸른 품종의 비둘기를 키우고 있는 신뢰할 만한 관찰자로부터 들은 이야기에 의하면, 이 비둘기는 하양, 빨강, 노랑 등 색깔이 다른 품종의 새는 모두 쫓아낸다고 했다. 또 다른 관찰자에 의하면, 회갈색의 전서구(傳書鳩) 암컷은 검은 수컷과 여러 번 짝을 지어주려고 했지만 소용이 없었는데, 회갈색 수컷과는 쉽게 짝을 이루었다는 것이다. 비둘기의 짝짓기에서는 일반적으로 색채만 큰 영향을 갖고 있는 것은 아닌 듯하다. 테겟마이어는 나의 의뢰로 자신의 비둘기 몇 마리를 붉은 색으로 염색했는데, 다른 개체들은 붉은 색 비둘기에게 거의 관심을 두지 않았다.

비둘기 암컷은 특별한 까닭 없이 특정한 수컷에게 강한 거부감을 나타낼 때가 있다. 이를테면 비둘기에 대해 45년이 넘는 경험을 가진 부아타르(Boitard)와 코르비에(Corbié)는 다음과 같이 말했다. '비둘기 암컷이 우리가 짝을 지어주려고 한 수컷에게 반감을 품으면 상대의 사랑이 아무리 열렬해도, 또 욕망을 자극하기 위해 카나리씨드와 대마씨를 아무리 먹여도, 또 1년 중 6개월 동안 한 마리만 격리사육하더라도 절대로 그 수컷의 애무를 받아들이지 않는다. 아무리 열심히 다가가서 유혹적인 눈짓을 하고 주위를 선회하며 날아다녀도, 아무리 달콤한 노래를 불러도 암컷은 그 수컷을 좋아해주지도 않고 마음을 열지도 않는다. 자만에 빠져 토라진 암컷은 자신의 우리 한구석에 앉아 웅크린 채로 모이를 먹거나 물을 마실 때, 또는 더욱 집요해지는 수컷의 구애에 화가 나서 수컷을 쫓아버릴 때가 아니면 밖으로 나오지 않는다.[*30]

---

*28 'Rare and Prize Poultry,' 1854, p. 27.

*29 《사육동식물의 변이》 제2권, 103쪽.

*30 Boitard and Corbié(부아타르와 코르비에), 'Les Pigeons,' 1824, p. 12. 프로스퍼 루카스

한편 해리슨 위어가 직접 관찰한 것과 몇 명의 사육가로부터 들은 바에 의하면, 비둘기 암컷은 때로는 특정한 수컷을 매우 좋아하여 자기 짝을 버리고 그수컷에게 가는 경우가 있다. 또 경험이 매우 풍부한 관찰자인 리델(Riedel)은, 암컷 가운데에는 성격이 매우 분방한 것이 있는데, 그런 암컷은 자신의 짝이아닌 다른 모든 수컷까지 좋아하게 된다고 한다. 영국의 애호가들이 '게이버드(방탕한 새)'라고 부르는 호색적인 종류의 수컷은 암컷을 유혹하는 솜씨가어찌나 좋은지, 해리슨 위어의 말에 따르면 함께 두면 불미스러운 일이 일어나기 쉽기 때문에 격리해야 할 정도라고 한다. 오듀본에 의하면, 미국의 야생칠면조는 '사육되고 있는 암컷을 찾아와서 구애하는 일이 가끔 있는데, 대개는 매우 반갑게 맞이한다'. 이렇게 사육되고 있는 암컷들은 확실히 자신들의동료 수컷보다 야생 수컷을 더 좋아하는 것 같다.*31

더욱 재미있는 사례가 있다. 오랫동안 수많은 공작을 키우면서 그 행동을관찰해 온 R. 혜론(P. Heron) 경은 이렇게 썼다. "암컷은 특정한 수컷을 매우 좋아할 때가 있다. 암컷들은 모두 나이든 얼룩무늬 수컷 한 마리를 좋아했는데, 어느 해에 그 수컷을 모습만 보이도록 우리에 격리하자, 암컷들은 끊임없이그 수컷의 우리 앞에 모여서 다른 수컷이 자신들에게 다가오지도 못하게 했다. 가을이 되어 그 수컷이 돌아오자, 가장 나이가 많은 암컷이 곧 그에게 구애하여 짝짓기에 성공했다. 이듬해에 그 수컷을 다시 마구간에 가두자, 암컷들은 이번에는 모두 그의 경쟁자에게 구애했다."*32 이 경쟁자는 꿩이나 검은공작이었는데, 인간의 눈에는 이쪽이 훨씬 더 아름답게 보였다.

뛰어난 관찰자인 리히텐슈타인(Lichtenstein)은 희망봉에서 멋진 관찰기회를 많이 가졌다. 그가 루돌피에게 전한 바에 의하면, 긴꼬리과부새(*Chera progne*)*33 암컷은 수컷이 번식기에 자라는 긴 꼬리 장식깃을 잃으면 그 수컷을 버린다고 한다. 나는 이 관찰은 사육되고 있는 새를 대상으로 한 것이 틀

(Prosper Lucas)도 ('Traité de l'Héréd. Nat.,' tome 2, 1850, p. 296, 비둘기에서) 거의 같은 사실을 관찰했다.

*31 'Ornithological Biography,' Vol. 1, p. 13.

*32 'Proc. Zool. Soc.,' 1835, p. 54. 스클레이터는 꿩을 별종으로 분류하고, Pavo nigripennis라고 명명했다.

*33 (역주) 지금의 학명은 *Euplectes progne*.

림없다고 생각한다.*34 이 밖에도 좋은 사례가 있다. 빈의 동물원 원장인 예거
(Jaeger) 박사는*35 다른 수컷보다 우위였던 백한(白鷴 ; 꿩과의 새) 수컷에 대해
다음과 같이 말했다. '이 수컷은 암컷에게 사랑을 받고 있었으나, 어느 날 장
식깃이 손상되고 말았다. 그러자 곧 경쟁자인 다른 수컷이 그를 쫓아냈고, 암
컷도 그쪽으로 돌아섰기 때문에 이 경쟁자가 무리를 거느리게 되었다.'

　암컷은 자신의 취향을 드러낼 뿐만 아니라, 때로는 수컷에게 구애하며 수컷
의 소유를 둘러싸고 싸우는 일도 있다. R. 헤론 경은, 공작의 경우에는 최초의
접근은 언제나 암컷 쪽에서 먼저 시작된다고 말했다. 오듀본에 따르면, 야생
칠면조의 나이 든 암컷에게도 비슷한 일이 일어나는 것 같다. 큰뇌조는 수컷
이 집합장소의 한쪽에서 퍼레이드를 벌이는 동안, 암컷들은 그의 주위를 살랑
살랑 날아다니면서 관심을 끌려고 한다.*36 잘 길들인 청둥오리 암컷이 그다
지 내켜하지 않는 고방오리 수컷을 긴 구애 끝에 손에 넣은 것은 이미 살펴보
았다. 바틀릿은 무지개꿩도 다른 꿩과의 수많은 새들과 마찬가지로 자연상태
에서는 일부다처라고 생각했지만, 수컷 한 마리와 암컷 몇 마리를 한 우리에
서 키우면 암컷끼리 심하게 싸우기 때문에, 한곳에 둘 수 없다고 설명했다. 다
음에 이야기하는 경쟁관계의 예는, 보통은 평생 짝을 지어 생활하는 멋쟁이새
에 관한 것이므로 더욱 놀라지 않을 수 없다. 제너 위어는 칙칙한 색채에 못생
긴 암컷을 새장에 넣자, 이 암컷이 짝을 짓고 있는 다른 암컷을 가차 없이 공
격하기 시작했기 때문에 다른 암컷을 격리하지 않을 수 없었다. 이 새로운 암
컷은 스스로 온갖 구애를 하여 마침내 성공하여 그 수컷과 짝이 되었다. 그러
나 얼마 뒤 암컷은 그 대가를 치르게 된다. 그 암놈이 얌전해진 것을 보고 위
어가 원래의 암컷을 다시 넣어주자, 수컷은 곧 이 못생긴 암컷을 버리고 원래
의 암컷에게 돌아간 것이다.

　일반적인 예에서는 수컷은 모두 열정적이어서 어떤 암컷도 받아들이며, 우
리가 아는 한 특정한 암컷만 좋아하는 경우는 없다. 그러나 이제부터 살펴보

---

*34 Rudolphi(루돌피), 'Beyträge zur Anthropologie,' 1812, S. 184.

*35 'Die Darwin'sche Theorie und ihre Stellung zu Moral und Religion,' 1869, S. 59.

*36 공작암컷에 대해서는 R. 헤론 경의 'Proc. Zoolog. Soc.,' 1835, p. 54와, E. S. 딕슨(E. S. Dixon)
　　의 'Ornamental and Domestic Poultry,' 1848, p. 8 참조. 칠면조에 대해서는 오듀본의 '같은
　　책.,' p. 4. 큰뇌조에 대해서는 로이드, 'The Game Birds and Wild Fowl of Sweden and Norway,'
　　1867, p. 23.

겠지만 몇몇 종에서는 이 원칙의 예외가 있는 것 같다. 가축화된 새들 가운데에서 수컷이 특정한 암컷에 대해 무언가 취향을 보여준 예는 내가 알기로는 한 가지밖에 없다. 그것은 닭으로, 권위자인 휴이트에 의하면 나이 든 암컷보다 어린 암컷을 좋아한다고 한다. 한편 수꿩과 일반적인 암탉을 교잡시키는 경우에, 꿩은 반드시 나이 든 쪽을 선호한다고 휴이트는 확신하고 있다. 이 수꿩은 색채에는 전혀 영향을 받지 않는 것으로 보이며, 애정에 있어서는 매우 변덕스럽다고 한다.[37] 뭔가 설명할 수 없는 이유로 수꿩은 어떤 특정한 암컷들을 매우 싫어했는데, 사육자가 무슨 수단을 써 보아도 그것만은 어쩔 수가 없었다. 휴이트에 의하면 암컷 가운데에는 자신과 동종의 수컷에게도 아무런 매력을 느끼게 하지 못하는 것이 있어, 한 시즌 내내 여러 마리의 수컷과 함께 키워도 40~50개의 알 가운데 수정란이 단 한 개도 없는 경우가 있을 수 있다. 한편 바다꿩(*Harelda glacialis*)[38]은 '어떤 종의 암컷이 다른 암컷보다 훨씬 구애를 많이 받는 것으로 알려져 있다. 실제로 어떤 암컷이 6~8마리의 호색적인 수컷들에게 에워싸여 있는 것을 종종 볼 수 있다'고 엑스트룀(Ekström)은 설명했다. 이 내용이 신뢰할 만한 것인지는 나로서는 알 길이 없다. 그러나 현지의 새 사냥꾼들은 그러한 암컷을 잡아 박제로 만들어 미끼로 사용한다고 한다.[39]

　암컷이 특정한 수컷에게 호감을 느끼는 것에 대해 어떤 기호가 작용하고 있다는 것을 우리가 판단하기 위해서는, 상상력으로 그들의 입장에 서보는 수밖에 없다는 사실에 유념해야 할 것이다. 새들이 구애의 집합장에서 하듯이, 시골총각들이 시장에서 예쁜 아가씨에게 구애하면서 자기들끼리 싸우는 광경을 어떤 외계인이 목격한다면, 구애자들이 아가씨들의 환심을 사려고 애쓰며 자신들의 기량을 과시하는 모습을 관찰함으로써 그녀들이 선택권을 쥐고 있음을 추론할 수 있을 것이다. 다시 새의 경우로 돌아가 보자. 그 증거는 다음과 같다. 그들은 날카로운 관찰력, 그리고 색채와 소리에 대한 미적감각을 지니고 있는 것 같다. 암컷은 뭔가 알 수 없는 이유로 특정한 수컷에 대해 강한 혐오나 호감을 드러내는 것이 확실하다. 암수 사이에 색채와 그 밖의 장식

---

[37] 테겟마이어의 'The Poultry Book,' 1866, p. 165에 인용된 휴이트의 관찰.

[38] (역주) 지금의 학명은 *Clangula hyemalis*.

[39] 로이드의 'The Game Birds and Wild Fowl of Sweden and Norway,' p. 345에서 인용.

이 다른 경우에는, 극히 일부의 예외를 제외하고 영구적인 것이든 번식기에만 나타나는 일시적인 것이든, 수컷이 암컷과 비교도 안 될 만큼 고도로 장식적이다. 수컷은 다양한 장식을 유혹적으로 과시하면서 소리를 지르거나, 암컷이 보는 앞에서 기묘한 곡예를 선보인다. 무기를 가진 수컷으로 그 성공 여부가 전투의 승부에 달려 있을 것으로 보이는 종류도 대부분 매우 화려한 장식을 갖추고 있으며, 그러한 장식을 획득하기 위해서는 대신 무언가의 능력을 잃어야 되는 대가를 치러야 한다. 그 밖의 경우에 장식은 포식자의 표적이 될 수 있는 위험성을 증가시킨다. 다양한 종의 수많은 암컷과 수컷들이 정해진 장소에 집합하여 매우 오랜 시간 구애를 한다. 같은 지역에 살고 있는 수컷과 암컷이라도 언제나 서로 좋아하여 짝짓기에 성공하는 것은 아님을 보여주는 증거가 몇 가지 있다.

이러한 사실과 고찰을 통해 어떤 결론을 내릴 수 있을까? 수컷이 이렇게 허세와 경쟁심을 가지고 자신의 매력을 발산하는 것에는 아무런 목적도 없는 것일까? 암컷은 자신의 취향에 따라 가장 마음에 드는 수컷의 구애를 받아들인다고 생각할 수 있지 않을까? 암컷이 의식적으로 그렇게 생각하는 것은 아니겠지만 암컷은 가장 아름다운 수컷, 가장 목소리가 좋은 수컷, 가장 멋진 수컷에 가장 흥분하고 매력을 느낀다. 암컷이 하나하나의 선과 색깔이 있는 반점을 조사하고 있다고 가정할 필요는 없다. 이를테면 공작 암컷은 수컷의 호화로운 꽁지깃을 하나하나 뜯어보는 것이 아니라 전체적인 효과에 감탄할 뿐이다. 그러나 청란 수컷이 우아한 첫째날개깃을 얼마나 주의깊게 과시하며 최대의 효과를 내기 위해 눈알무늬가 있는 깃을 어떻게 정확한 위치에 가져가는지, 또 황금방울새 수컷이 금빛 날개를 어떻게 차례로 펼쳐 보이는지를 알고 나면, 암컷이 수컷의 세부적인 아름다움 하나하나에 주의를 기울이지 않는다고 지나치게 확신하지는 못할 것이다. 이미 지적했듯이, 우리가 선택의 능력을 발휘하려면 자신의 마음이 움직이는 것과 비교하는 수밖에 없다. 새의 정신적 능력은 이성을 제외하면 본질적으로 우리의 정신적 능력과 다르지 않다. 이러한 다양한 고찰을 통해, 우리는 새의 짝짓기는 결코 우연히 결정되는 것이 아니라고 결론지어도 좋을 것이다. 일반적인 상황에서는 자신의 다양한 매력으로 암컷을 가장 매료하고 흥분시킬 수 있는 수컷이 선택되고 있다. 그렇게 인정할 수 있다면, 수컷들이 어떻게 해서 그들의 장식적인 형질을 서서히 획득했는지 이해하기는 그리 어렵지 않을 것이다. 모든 동물에는 개체변이가 일어난다. 따라서 사람이 자신의 눈에 가장 아름답게 보이는 개체를 인위적으로 선택하여 그 형질을 바꿔갈 수 있듯이, 가금의 암컷도 더 매력적인 수컷을 언제나 또는 가끔씩이라도 선호한다면 틀림없이 그들의 형질에 변화가 일어날 것이다. 그리고 그러한 변용은 시간과 함께 무한히 증폭되어 지금의 종이 가진 모습을 볼 수 있게 되었을 것이다.

새의 개체변이, 특히 이차성징의 변이

변이(變異)와 유전은 성선택 작용의 기초이다. 가금류(家禽類)에는 변이가 매우 많으며 그 변이들이 유전하는 것은 확실하다. 야생상태의 새에게도 개체변이가 있는 것은 누구나 인정하고 있고, 그것이 때로는 별개의 품종으로 변용한다는 것도 일반적으로 인정되고 있다.[*40] 변이에는 두 종류가 있다. 하나는 서로 구별이 가지 않을 만큼 연속적인 것, 즉 동종의 모든 개체에서 볼 수 있는 약간의 차이이며, 또 하나는 이따금 일어나는 더욱 뚜렷한 일탈이다. 후자는 야생조류에서는 매우 보기 드물며, 그것이 종종 선택에 의해 보존되어 후손에게도 유전되는지 어떤지는 더욱 의문스럽다.[*41] 어쨌든 내가 이제까지 수집한, 주로 색채에 관한 사례(단순한 알비노형과 흑화형은 제외)를 소개해둘

---

*40 블라시우스(Blasius) 박사에 따르면 ('Ibis,' Vol. 3, 1861, p. 297), 유럽에서 번식하는 새 가운데 확실한 종으로 인정되는 것은 425종이며, 그 밖에도 종종 독립된 종으로 인정되는 것이 60종 있다. 후자 가운데 블라시우스가 진짜 종으로 분류해야 한다고 보는 것은 10종뿐이며, 나머지 50종은 거의 동종(同種)으로 통합되어야 한다고 생각했다. 이것은 유럽의 일부 조류에 상당한 변이가 있다는 사실을 보여주고 있다. 북아메리카의 몇몇 종이 그것에 대응하는 유럽종과 개별적이고 독립된 종인가 하는 문제도 박물학자들 사이에서는 아직 해결되지 않고 남아 있다.

*41 《종의 기원》 제5판, 1869년, 104쪽. 나는 전부터 기형(奇形)이라고 부를 만한, 희귀하고 매우 뚜렷한 구조적 일탈은 자연선택으로 보존되는 일이 거의 없으며, 설령 매우 유리한 변이라 해도 그것이 남겨지는 데는 우연이 크게 작용한다고 생각해 왔다. 또 나는 단순한 개체변이가 매우 중요하다고 인식했기 때문에, 사람이 가장 바람직하다고 생각하는 개체를 번식시킴으로써 특별히 어떤 계통의 형질을 변용시키고자 하는 의도없이 무의식적으로 하는 선택이 얼마나 중요한지 강력하게 주장해 왔다. 그러나 이제까지 읽은 총설 가운데 가장 유용했던 것의 하나인 'The North British Review' (March, 1867, p. 289)의 뛰어난 논문을 읽기 전에는, 단 하나의 개체에서 일어난 변이는 그것이 아무리 뚜렷한 것이어도 보존될 확률이 얼마나 낮은지 인식하지 못했다.

만한 가치는 있을 것 같다.

굴드는 변종의 존재를 좀처럼 인정하지 않는 것으로 유명한데, 이는 그가 매우 미미한 차이도 종의 차이로 생각하기 때문이다. 그런데 그는*42 보고타 근처의 넓적부리벌새속(Cynanthus)에 속하는 어떤 벌새는, 꼬리의 색깔이 서로 다른 점에서 두세 가지의 변종으로 갈라졌다고 설명했다. '어떤 것은 깃 전체가 푸른색인데, 다른 것은 한가운데 있는 8개 깃털 끝이 아름다운 녹색을 띠고 있다.' 이 사례와 나중에 언급할 사례에서는 중간적인 변이는 보이지 않는 것 같다. 호주에 사는 잉꼬의 일종은 수컷만이 '어떤 개체의 넓적다리는 붉지만 다른 개체에서는 연두색이다'. 또 다른 잉꼬는 '어떤 개체의 덮깃에는 선명한 노란색 띠가 있지만, 다른 개체의 같은 부분은 불그스름한 색이다'.*43 미국에서는 붉은풍금조(Tanagra rubra)*44의 일부 수컷에는 반짝이는 붉은색의 아름다운 띠가 작은날개덮깃을 가로지르고 있는데*45 이러한 변이는 비교적 드물며, 그것이 성선택으로 유지된 것은 특별히 유리한 상황에 있었기 때문일 것이다. 벵골의 벌매(Pernis cristata)*46는 머리에 도가머리를 흔적으로 가지고 있는 것과 아무것도 없는 것이 있다. 이렇게 미세한 차이는, 만약 남인도에 사는 동종의 새가 '길이가 다른 몇 개의 깃털로 형성된 매우 뚜렷한 도가머리'를 갖고 있지 않았으면 주목할 가치가 없었을 것이다.

이제부터 소개하는 사례는 어떤 의미에서는 더욱 흥미로운 것이다. 큰까마귀의 얼룩무늬 변종은 머리, 가슴, 배, 날개와 꽁지의 일부가 하얀색인데, 그것은 페로섬에만 있다. 그러나 그곳에서는 결코 드물지 않으며, 그라바(Graba)가 그곳을 방문했을 때 8~10마리나 되는 살아 있는 표본을 구할 수 있었다. 이 변종의 형질은 그다지 일정하다고는 할 수 없지만, 몇 명의 저명한 조류학자는 그것을 별종으로 분류했다. 이 섬에서는 얼룩무늬 변종이 일반적인 큰까마귀로부터 집요하게 쫓기면서 공격을 받는 것 때문에 브륀니히(Brünnich)는 이것을 별종으로 인정했지만, 지금은 그것이 잘못된 것으로 밝혀졌다.*47

＊42 'An Introduction to the Trochilidae,' p. 102.

＊43 굴드, 'Handbook to the Birds of Australia,' Vol. 2, pp. 32. 68.

＊44 (역주) 지금의 학명은 Piranga olivacea.

＊45 오듀본, 'Ornitholog. Biography,' 1838, Vol. 4, p. 389.

＊46 (역주) 지금의 학명은 Pernis ptilorhynchus.

＊47 Graba(그라바), 'Tagebuch, geführt auf einer Reise nach Färö,' 1830, S. 51–54. 맥길리브레이,

북해의 다양한 지역에서는 일반적인 바다오리(*Uria troile*)[48]의 매우 뚜렷한 변종이 발견되었고, 페로에서는 그라바의 추정에 따르면[49] 다섯 마리에 한 마리가 이 변종이었다. 이 변종은 눈 주위가 새하얀 테두리로 싸여 있으며, 그 테두리에서 뒤쪽으로 약 4cm쯤 되는 하얀 곡선이 뻗어 있는 것이 특징이다. 이렇게 뚜렷한 특징을 가지고 있어서 몇몇 조류학자들은 이것을 별종으로 분류하고 *U. lacrymans*라고 명명했는데, 지금은 단순한 변종에 지나지 않는다는 것이 밝혀졌다. 이것은 종종 일반적인 종류와 짝짓기를 하는데 중간형질을 가진 것은 나온 적이 없다. 그러나 이것은 그리 놀랄 일은 아니다. 내가 다른 저작에서 밝힌 것처럼 갑자기 나타나는 변이는 종종 그대로 유전되기도 하고, 전혀 유전되지 않기도 하기 때문이다.[50] 이와 같이 동종에 속하는 두 개의 다른 형태가 같은 지역에서 공존하는 일이 있지만, 어느 한쪽이 다른 쪽에 비해 훨씬 유리한 경우에는 그쪽이 개체수가 빨리 늘어나서 다른 한쪽을 쫓아 버렸을 것이 틀림없다. 이를테면 얼룩무늬 큰까마귀 수컷이 동료에게 공격을 받아 쫓겨나지 않고 앞에서 말한 얼룩무늬 공작 수컷처럼 일반적인 검은 암컷에게 매우 매력적으로 보였다면, 그들의 개체수는 급격히 늘어났을 것이다. 그리고 그것은 성선택의 예가 되었을 것이다.

동종의 모든 개체에서 많든 적든 볼 수 있는 약간의 개체변이는, 선택의 작용에 가장 중요하다고 생각할 만한 증거가 여러 가지 있다. 이차성징은 야생 상태이든 사육되는 것이든 변이가 눈에 띄게 풍부하다.[51] 또 제8장에서 보았듯이 암컷보다 수컷에서 변이가 일어나기 쉽다고 생각할 만한 근거도 있다. 이 모든 사실은 성선택이 작용하는 데 좋은 조건이 된다. 그렇게 획득된 형질이 한쪽 성에만 전달되는지 또는 양쪽의 성에 모두 전달되는지에 대해서는 다음 장에서 제시하겠지만, 대부분의 경우 문제가 되는 분류군에서 우세한 유전 양식에 전적으로 의존하고 있다.

조류의 암수 사이에 볼 수 있는 약간의 차이가 단순히 성에 한정된 유전에

'Hist. of British Birds,' Vol. 3, p. 745, 'Ibis,' Vol. 5, 1863, p. 469.

[48] (역주) 지금의 학명은 *Uria aalge*.

[49] 그라바, '같은 책,' S. 54. M. 맥길리브레이, '같은 책,' Vol. 5, p. 327.

[50] 《사육동식물의 변이》 제2권, 92쪽.

[51] 이러한 점에 대해서는 《사육동식물의 변이》 제1권, 253쪽, 제2권, 73, 75쪽 참조.

의한 변이의 결과일 뿐, 성선택의 작용은 전혀 들어 있지 않은 것인가, 아니면 성선택의 작용에 의해 증폭되어온 것인가를 결정하는 것은 때로는 매우 어려운 일이다. 여기서는 수컷이 아름다운 색채와 장식을 과시하며, 암컷은 그러한 색채와 장식을 아주 조금밖에 갖고 있지 않은 많은 예에 대해서는 언급하지 않기로 한다. 왜냐하면 그러한 예는 대부분 그 형질이 최초로 수컷에게 획득되어, 그것이 다소나마 암컷에게 전달된 것이 확실하기 때문이다. 그러나 예를 들어 암수의 눈 색깔이 아주 약간 다른 새들에 대해서는 어떻게 결론을 내려야 할까?*⁵² 몇 가지 예에서는 암수의 눈 색깔이 매우 다르다. 이를테면 검은목황새속(*Xenorhynchus*)*⁵³ 황새의 경우, 수컷의 눈은 검은빛이 감도는 갈색이지만 암컷은 오렌지색이다. 블라이스로부터 들은 바로는,*⁵⁴ 많은 코뿔새속(Buceros)에서는 수컷의 눈은 진홍색이지만 암컷은 흰색이라고 한다. 큰코뿔새(*Buceros bicornis*)는 투구 모양의 돌기 뒤쪽 가장자리와 부리의 줄무늬가 수컷은 검은색이지만 암컷은 다르다. 이러한 검은 무늬와 진홍색 눈은 성선택을 통해 수컷에게 보존되거나 증폭되었다고 생각해도 되는 것일까? 그것은 매우 석연치 않은 느낌이 든다. 왜냐하면 바틀릿이 런던동물원에서 나에게 보여준 바로는, 이 큰코뿔새 수컷의 입안은 검은색이지만 암컷의 입안은 살색이다. 그러나 그것으로 그들의 외모나 아름다움이 영향을 받는 것은 아니다. 나는 칠레에서*⁵⁵ 콘도르의 홍채는 한 살 정도일 때는 짙은 갈색이지만, 성체가 되면 수컷은 황갈색, 암컷은 밝은 빨간색이 되는 것을 관찰했다. 수컷은 또 머리에 납빛 육질의 작은 볏을 가지고 있다. 꿩과 새의 대부분은 매우 장식적인 볏을 가지고 있는데, 구애행동을 할 때는 그것이 선명하게 변한다. 그러나 우리의 눈에 전혀 장식으로 보이지 않는 수수한 색깔을 띤 콘도르의 볏에 대해서는 어떻게 생각해야 할까? 이와 같은 의문은 그 밖의 다른 다양한 형질에 대해서도 가질 수 있다. 이를테면 개리(*Anser cygnoides*) 수컷의 부리 기부(基部)에 있는 혹*⁵⁶을 들 수 있는데, 그것은 수컷이 암컷보다 훨씬 크다. 이러한 의문에

---

*52 예를 들면 Podica와 Gallicrex의 홍채에 대해, 'Ibis,' Vol. 2, 1860, p. 206 ; Vol. 5, 1863, p. 426 참조.

*53 (역주) 지금은 검은목황새속의 학명은 보통 Ephippiorhynchus가 사용되고 있다.

*54 저던의 'Birds of India,' Vol. 1, pp. 243-245 참조.

*55 《비글호 항해기》 1841년, 6쪽.

*56 (역주) 개리의 부리에는 혹이 없다. 거위와의 잡종(제14장, '특정한 수컷에 대한 암컷의 취향'

확실한 해답을 제시할 수는 없지만, 혹이나 그 밖의 육질 돌기가 암컷에게 매력적일 것이라고 생각하는 데는 신중을 기해야 한다. 인간의 종 가운데에서도 야만인*57은 얼굴의 피부가 도드라지도록 깊은 흉터를 내거나 코에 나뭇가지와 뼈를 꿰고, 귀에 구멍을 뚫고, 입술을 넓게 확대하는 등 여러 가지 무서운 변형을 가한 것을 모두 장식적이라고 그 집단에서는 칭송하고 있다.

여기서 말하는 암수 사이의 그리 중요하지 않은 차이가 성선택을 통해 보존되어 왔든 그렇지 않든, 이러한 차이는 다른 모든 차이와 마찬가지로 원래 변이의 법칙에 따라 생겨난 것이다. 발달의 상관원리에 따르면, 몸의 다른 부위의 깃은 종종 같은 방식으로 변이한다. 일부 닭의 품종에서 그 좋은 예를 볼 수 있다. 모든 품종에서 수컷은 목 뒷덜미에서 허리 부분에 이르기까지 깃털이 길게 자라는데, 이를 목털이라고 한다. 그런데 머리의 장식은 이 속(屬)에서는 새로운 특징인데, 그것을 암수 양쪽이 획득할 때는 수컷의 머리깃은 목털과 같은 형태가 된다. 이것은 바로 상관원리에 의한 것이다. 한편, 암컷의 머리깃은 일반적인 형태를 하고 있다. 수컷의 머리장식을 형성하고 있는 깃의 색깔도 목덜미와 허리깃의 색깔과 종종 상관관계를 가지는데, 이러한 깃을 골든, 실버스팽글드폴리시, 우당, 크리브쿠어 등의 품종을 통해 비교해 보면 알 수 있다. 몇몇 야생종도 아름다운 금계(金鷄)와 은계(銀鷄) 수컷처럼, 같은 깃털 사이에 같은 색채의 상관관계가 존재한다.

개개의 깃털 구조에서 색채에 일어나는 변화는 대칭적으로 일어나는 것이 일반적이다. 그것은 레이스, 스팽글, 펜슬 등 닭의 다양한 품종을 보면 알 수 있다. 그리고 상관 원리에 따라 몸 전체의 깃은 종종 같은 방식으로 변용된다. 그래서 우리는 별다른 수고 없이 자연상태의 것과 마찬가지로 무늬와 색채가 거의 대칭인 품종을 만들어낼 수 있다. 레이스와 스팽글 품종의 깃은 색깔이 있는 가장자리가 매우 뚜렷하다. 그러나 내가 녹색이 감도는 검은 스페인종 수컷과 하얀 샤모 암컷을 교배하여 키운 잡종은 모든 깃이 녹색이 감도는 검은색이고 끝부분만 황백색이었는데, 어느 깃이나 검은 기저부와 하얀 끝부분 사이에는 대칭으로 구부러진 짙은 갈색 부분이 있었다. 때로는 깃대를 중심으로 색조의 분포가 다른 것도 있다. 이러한 검은 스패니시 수컷과 실버스팽글

에 나옴)일지 모른다.
*57 (역주) 현대의 언어로는 수렵채집민을 가리킨다.

드폴리시 암컷의 잡종은 깃대가 양쪽의 좁은 부분과 함께 녹색을 띤 검은색이고 그 주위를 짙은 갈색의 일정한 부분이 감싸고 있으며, 끝부분은 갈색을 띤 흰색으로 끝나 있었다. 이러한 예에서는 깃의 색조가 대칭으로 변화하고 있는데, 많은 야생종에서 깃에 그러한 우아함을 자아내는 것은 그 색조의 대칭성이었다. 나는 또 일반 비둘기의 변이 가운데, 익대(翼帶)가 원래의 종처럼 단순한 회청색 바탕에 검은색이 아니라, 세 가지 밝은 색이 대칭을 이루는 부분이 있는 것을 발견했다.

새의 커다란 분류군을 살펴보면, 대부분 종마다 깃털의 색깔은 다르지만 반점과 무늬, 줄무늬 등이 모든 종에 공통적으로 보존되어 있는 것도 있다. 이것은 비둘기 품종에도 적용된다. 그들은 일반적으로는 모두 두 개의 익대를 가지고 있고 그 색깔은 빨간색, 노란색, 흰색, 검은색, 푸른색 등으로 다양하다. 그리고 나머지 깃털의 색깔은 이 부분과는 전혀 다르다. 더욱 재미있는 것은, 다음의 예처럼 어떤 무늬는 보존되고 있지만 색깔이 자연의 것과는 거의 정반대인 예이다. 비둘기의 원종(原種)은 꽁지가 푸른색이며, 꽁지 양 끝에 있는 두 개의 깃 바깥쪽 깃가지 끝부분의 반은 흰색이다. 그런데 꽁지가 푸른색이 아니라 하얀색인 변종이 있는데, 그 변종의 꽁지 바깥쪽에 있는 바로 그 부분은 원래의 종과 같은 흰색이 아니라 검은색이다.*58

새의 깃털에 있는 눈알무늬의 형성과 그 변이

다양한 조류의 깃과 포유류의 털, 파충류와 어류의 비늘, 양서류의 피부, 많은 나비목의 날개, 그 밖의 다양한 곤충에서 눈알무늬만큼 아름다운 장식은 아마 없을 것이다. 따라서 그것에 대해서는 특별히 다룰 만한 가치가 있다고 생각한다. 눈알무늬는 동공 속의 홍채처럼 점 주위를 색깔이 다른 테두리가 에워싸는 형태로 되어 있는데, 중심의 점은 다시 몇 개의 동심원으로 에워싸여 있는 경우가 많다. 공작의 윗꽁지덮깃에 있는 눈알무늬가 잘 알려진 사례이며, 공작나비(Vanessa)의 날개에 있는 것도 마찬가지이다. 트라이멘은 영국의 제왕나방과 유연관계에 있는 아프리카의 나방(*Gynanisa Isis*)을 그림으로 그려 나에게 보내주었는데, 뒷날개의 거의 전체가 거대한 눈알무늬로 뒤덮여 있었

---

*58 Monck pigeon의 변종에 대해서는 베히슈타인의 'Naturgeschichte Deutschlands,' Bd. 4, 1795,S. 31.

다. 그 중심은 검은 원이고 그 안에 반달 모양의 반투명한 부분이 있으며, 그 주위를 황갈색, 검은색, 황갈색, 분홍색, 흰색, 분홍색, 갈색, 하얀 부분이 차례로 에워싸고 있다. 이렇게 아름답고 복잡한 무늬를 가진 장식이 어떤 단계를 거쳐 발달해 왔는지는 알 수 없지만, 적어도 곤충에서는 단순한 과정이었을 것이 틀림없다. 그것은 트라이멘이 편지에 쓴 것처럼, '단순한 무늬와 색채 가운데 나비목의 눈알무늬만큼 수와 크기에서 불안정한 형질은 없기' 때문이다. 처음으로 이 문제에 대해 나의 관심을 불러일으킨 사람은 월리스였다. 그가 나에게 보여준, 영국에서 흔히 볼 수 있는 굴뚝나비(*Hipparchia Janira*)의 여러 표본들은 단순한 작고 검은 점에서 우아한 색조의 눈알무늬에 이르기까지 수많은 연속적 단계를 나타내고 있었다. 남아프리카 나비의 일종(*Cyllo Leda*, Linn)은 이것과 같은 과에 속하지만, 눈알무늬의 변이가 더욱 풍부하다. 어떤 표본은(〈그림52〉, A) 날개 윗면의 넓은 부분이 검은색이고 그 속에 불규칙한 흰색 무늬가 있는데, 이 상태에서 거의 완전한 눈알무늬라고 할 수 있는 것(A')에 이르기까지 모든 연속적 단계를 볼 수 있다. 그것은 불규칙한 색의 얼룩이 수축됨으로써 형성된다. 다른 일련의 표본에서는, 극히 작은 하얀 반점이 거의 눈에 보이지 않는 검은 선으로 에워싸여(B) 완전히 대칭을 이루는 커다란 눈알무늬(B')가 되는 과정을 확인할 수 있다.*59 이 같은 예에서는 완전한 눈알무늬가 발달하기까지 변이와 선택이 그리 오래 계속될 필요는 없다.

새와 그 밖의 많은 동물에 대해 동종을 비교해 보면, 원형의 반점은 줄무늬가 끊어지고 수축됨으로써 만들어지는 경우가 많은 것 같다. 케벗트라고판은, 암컷이 가지고 있는 약간의 하얀 선은 수컷에서는 아름다운 흰색 반점으로 나타나며*60 청란의 암수 사이에서도 비슷한 현상을 관찰할 수 있다. 어쨌든 짙은 색 반점은 색소가 주변에서 중심을 향해 모여드는 과정에서 주변이 밝아짐으로써 형성되는 한편, 하얀 반점은 색소가 중심에서 바깥을 향해 빠져나가 바깥쪽에 짙게 축적됨으로써 만들어진다는 견해가 훨씬 강한 지지를

---

*59 이 목판화는 아름다운 원화(原畵)에서 옮긴 것으로, 트라이멘(Trimen)의 호의에 따른 것이다. 또 그의 'Rhopalocera Africae Australis,' p. 186에 실린, 이 나비 날개의 색채와 모양의 경이로운 변이에 대해서도 참조할 것. 나비목 눈알무늬의 기원에 관해서는 H. H. 히긴스(H. H. Higgins)의 흥미로운 논문('Quarterly Journal of Science,' July, 1868, p. 325) 참조.

*60 저던, 'Birds of India,' Vol. 3, p. 517.

얻고 있다. 어느 쪽이든 그런 식으로 눈알무늬가 만들어지는 것 같다. 색소는 언제나 거의 일정한 양밖에 없는 듯하며, 그것이 중심을 향해 집중되든 중심에서 밖을 향해 나가든 어느 한쪽으로 재분배되는 것으로 보인다. 일반적인 호로새의 깃은 하얀 반점이 짙은 부분으로 에워싸여 있는

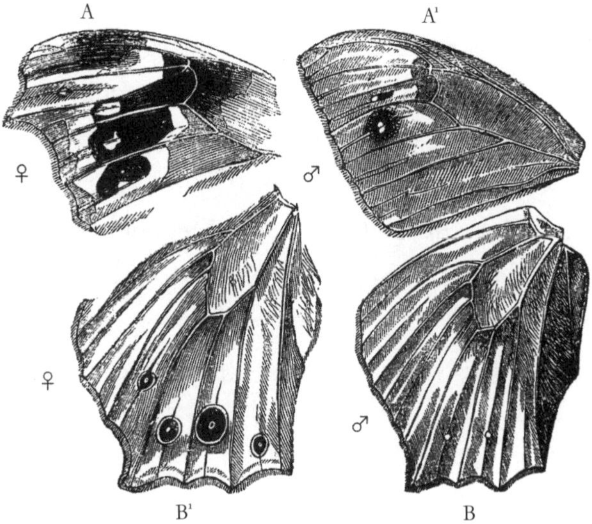

〈그림52〉 트라이멘의 그림 *Cyllo Leda*에 나타나는 눈알무늬의 다양한 차이를 보여준다.
A : 모리셔스산 표본   B : 자바산 표본
A' : 나탈산 표본의 앞날개 윗면
B' : 모리셔스산 표본의 뒷날개 윗면

좋은 예이다. 그리고 하얀 반점이 크고 서로 가까이 있는 곳에서는 어디서나 그것을 에워싸는 짙은 부분이 합류하고 있다. 청란의 같은 날개깃에서는 짙은 반점은 옅은 부분으로, 또 옅은 반점은 짙은 부분으로 에워싸여 있는 것을 볼 수 있다. 이렇게 가장 단순한 형태의 눈알무늬가 형성되는 것은 간단한 사건으로 생각된다. 그리고 여러 색깔로 차례차례 에워싸고 있는 더욱 복잡한 눈알무늬가 어떤 단계를 거쳐 만들어지는지에 대해서는 나는 아무것도 아는 바가 없다. 그러나 깃 색깔이 서로 다른 닭에서 태어난 잡종은 색깔이 구분된 깃을 가지고 있으며, 많은 나비목의 눈알무늬에 있어 변이가 매우 풍부한 것을 생각하면, 이렇게 아름다운 장식이 만들어지는 것은 그렇게 복잡한 과정이 아니며 아마도 조직의 성질이 아주 미세하게 연속적으로 변이한 것으로 생각해도 될 것이다.

이차성징의 연속성

연속성을 보여주는 성질은 우리에게 매우 중요하다. 왜냐하면 아무리 고도

로 복잡한 장식이라도 작은 연속적 단계를 거쳐서 획득할 수 있음을 보여주기 때문이다. 현존하는 모든 조류의 수컷이 아름다운 색채와 장식을 획득하게 되는 실제의 각 단계를 알아내려면, 그들의 절멸한 조상으로 거슬러 올라가는 긴 계통을 조사해야 하지만 그것은 확실히 불가능하다. 그러나 충분히 큰 분류군을 대상으로 거기에 속하는 모든 종을 비교하면 그 어떤 단서를 얻을 수 있다. 그 가운데에는 부분적으로라도 조상의 형질이 남아 있는 것이 있기 때문이다. 연속성의 놀라운 예를 보여주기 위해 다양한 분류군을 길게 세세히 이야기하는 것보다는 공작처럼 매우 확실한 성질을 가진 예를 한두 가지 들어, 그러한 새가 이토록 아름다운 장식을 얻게 된 여러 단계에 대해 무언가 단서를 얻을 수 있을지 검토해 보기로 하자. 공작은 꽁지깃 자체는 길지 않지만, 윗꽁지덮깃이 극단적으로 긴 것이 특징이다. 이러한 윗꽁지덮깃의 깃가지는 거의 전체에 걸쳐 서로 분리되어 있거나 사라지고 없는데, 사실은 많은 종에서 이런 일이 일어나고 있으며 가금류인 닭이나 비둘기의 품종에서도 볼 수 있다. 깃대 끝을 향하는 부분에서는 깃가지가 붙어서 원반 모양의 눈알무늬를 형성하는데, 세상에 이보다 더 아름다운 것은 없을 것이다. 이 눈알무늬는 한가운데에 홈이 나 있고 짙푸른색으로 빛나는 중심부 주변을 짙은 녹색 부분이 에워싸고 있으며, 또 그 주위를 폭넓은 구릿빛 부분이 감싸고 있고, 그것을 다시 반짝이는 색조가 미묘하게 다른 다섯 개의 좁은 구역이 에워싸고 있다. 이 눈알무늬의 사소한 형질에는 주목할 만한 가치가 있다. 그것은 동심원을 이루는 구역의 일부분에는 깃가지에서—작은 깃가지가 많든 적든—사라진 부분이 있다는 것이다. 그 때문에 눈알의 일부를 거의 투명한 구역이 에워싸게 되고, 그로 인해 눈알이 완벽한 모습으로 보이게 된다. 그러나 나는 전에 샤모 품종의 하나에서 목털에 이것과 똑같은 변이가 있다는 사실을 기록해 둔 것이 있다.[61] 그 예에서는 금속성 광택을 가진 끝부분과 깃 하부 사이에 대칭을 이루는 투명한 부분이 있으며, 거기에서는 작은 깃가지가 자라지 않는다. 눈알무늬의 짙은 청색 중심부 아래쪽 가장자리는, 깃대 부분에서 깊게 홈이 파여 있다. 〈그림53〉에서 볼 수 있듯이, 그것을 에워싸는 부분에도 같은 위치에 홈이 파여 있거나 끊어진 부분이 있다. 이렇게 홈이 파인 부분은 인도공작과 자바

---

*61 《사육동식물의 변이》 제1권, 254쪽.

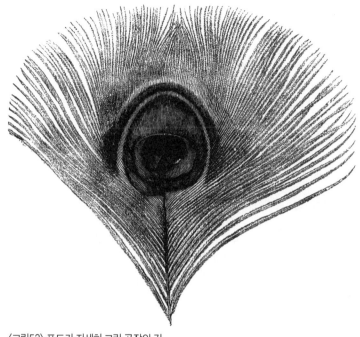

〈그림53〉 포드가 자세히 그린 공작의 깃
투명한 구역은 원반 상단 바로 바깥쪽에 하얗게 그려져 있다.

공작(*Pavo cristatus*, *P. muticus*)에 공통적이며, 이것은 특별히 주목할 만한 것이라고 나는 보았다. 왜냐하면 그것은 눈알무늬의 발달과 관련이 있다고 생각했기 때문이지만 나는 오랫동안 그 의미를 짐작할 수가 없었다.

만약 점진적 진화의 원리를 인정한다면 윗꽁지덮깃이 놀랄 만큼 길게 자란 공작과, 그것이 짧은 일반 새들 사이에는 다양한 중간단계의 많은 종이 이전에 존재했을 것이다. 그리고 공작의 아름다운 눈알무늬와, 다른 새의 더욱 단순한 눈알이나 색채의 반점 사이에도 중간단계가 있었을 것이다. 그것은 공작이 가진 다른 모든 형질에도 적용된다. 그렇다면 꿩과의 다양한 동종 가운데 아직도 남아 있는 연속적인 형질이 있는지 살펴보기로 하자. 공작속(Polyplectron)의 종과 아종은 공작의 원산지 가까운 곳에 서식하고 있고, 공작과 매우 비슷하기 때문에 작은공작 또는 소공작이라고도 불리고 있다. 바틀릿에게서 들은 바에 의하면, 그것은 목소리와 몇 가지 습성이 공작과 비슷하다고 한다. 봄에 수컷은 이미 언급한 것처럼 비교적 수수한 암컷 앞에서 뛰어

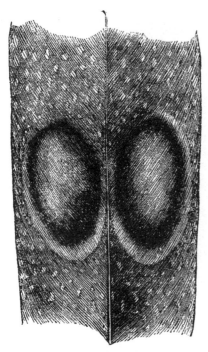

〈그림54〉 회색소공작의 윗꽁지덮깃 일부
두 개의 눈알무늬가 있다.

다니며 꽁지와 날개의 깃을 펼쳐서 세우는데, 그것은 무수한 눈알무늬로 장식되어 있다. 여기서 페이지를 뒤로 넘겨 공작의 삽화(〈그림51〉)를 보기 바란다. 팔라완소공작(*P. Napoleonis*)[62]은 눈알무늬가 꽁지깃에만 있고, 등은 금속성의 짙푸른색이므로 그런 점에서 이 종은 자바공작에 가깝다. *P. Hardwickii*의 머리에는 기묘한 장식이 있는데, 그것은 공작의 머리 장식과 매우 비슷하다. 공작속에 속한 일부 종의 날개와 꽁지에 있는 눈알무늬는 원형이나 달걀형으로, 아름다운 금속성 광택의 녹색을 띤 푸른색 또는 녹색을 띤 자주색 원반이 검은 테두리로 에워싸여 있다. 회색소공작(*P. chinquis*)[63]은 이 테두리가 갈색으로 변한데다 그 주위가 크림색이기 때문에 눈알무늬는 선명하지 않지만, 다른 색조를 띤 몇 개의 동심원을 이루는 부분으로 에워싸여 있다. 회색소공작류의 또 하나의 매우 이색적인 특징은, 윗꽁지덮깃이 비정상적으로 길다는 점이다. 종에 따라서는 윗꽁지덮깃의 길이가 꽁지 길이의 반, 또는 3분의 2나 된다. 윗꽁지덮깃은 공작과 마찬가지로 눈알무늬로 장식되어 있다. 이렇게 회색소공작속의 각 종은 윗꽁지덮깃의 길이, 눈알무늬의 구조, 그리고 그 밖의 특징들을 통해서 명백하게 공작에 이르는 다양한 단계를 보여주고 있다.

그러나 내가 우연히 최초로 조사한 회색소공작속의 종(種) 덕분에, 나는 하마터면 이 탐구를 포기할 뻔했다. 그 종은 공작의 경우에는 아무런 장식도 없는 진짜 꽁지깃에 눈알무늬가 있었을 뿐만 아니라, 모든 깃에 있는 눈알무늬가 공작의 것과는 본질적으로 달랐다. 그것은 하나의 깃에, 깃대 양쪽에 하

---

*62 지금의 학명은 *Polyplectron emphanum*.
*63 지금의 학명은 *Polyplectron bicalcaratum*.

나씩 2개의 눈알이 새겨져 있었다
(〈그림54〉). 그래서 나는 공작의 조상
은 회색소공작과 거의 닮지 않았다
고 결론을 내렸다. 그런데 조사를 계
속하는 동안 일부 종에서는 두 개의
눈알무늬가 매우 가깝게 접근해 있
고, *Hardwickii*의 경우에는 그것이
서로 닿아 있으며, 이 종과 말레이소
공작(*Polyplectron malaccense*)*64 〈그림
55〉)에서는 실제로 붙게 된다는 것
을 알 수 있었다. 한가운데에서만 붙
게 되어 위와 아래에는 홈이 남게 되
고, 그것을 에워싸는 다른 색깔 부분
에도 홈이 생긴다. 그리하여 윗꽁지
덮깃에 눈알무늬가 하나 생기게 되는
데, 아직은 그것이 본디 두 개의 눈

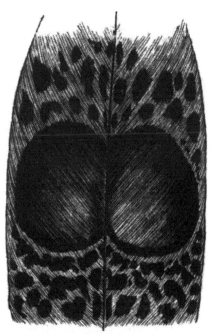

〈그림55〉 말레이소공작의 윗꽁지덮깃 일부
두 개의 눈알무늬가 있다.

알무늬에서 생긴 것임을 분명하게 알
아볼 수 있다. 이렇게 붙어버린 눈알무늬는 아래위 양쪽에 홈이 있으며, 아래
부분에만 있는 것이 아니라는 점에서 공작의 단일한 눈알무늬와는 다르다. 그
러나 이 차이를 설명하는 것은 그리 어렵지 않다. 공작속의 일부 종에는 두
개의 달걀형 눈알무늬가 서로 나란히 있다. 다른 종(이를테면 회색소공작)에는
한쪽 끝에만 붙어 있다. 거기서 두 개의 눈알이 일부만 붙으면, 함께 붙어버린
부분보다 떨어져 있는 부분의 홈이 더 깊어지는 것은 당연하다. 그리고 두 개
가 완전히 붙으면 붙을수록 그 부분의 홈이 더 얕아져서 결국은 거의 보이지
않게 되어버릴 것이다.

공작의 두 종에는 모두 꽁지깃에 눈알무늬가 전혀 없는데, 이것은 긴 윗꽁
지덮깃이 꽁지깃을 덮어버려 가려져 있는 것과 관련이 있다. 이 점에서 공작
은 회색소공작속과 매우 다르다. 후자의 많은 종에서 꽁지깃은 윗꽁지덮깃보

---

*64 지금의 학명은 *P. malacense*.

다 큰 눈알무늬로 장식되어 있다. 그래서 나는 공작속의 종 가운데 꽁지깃의 눈알무늬가 사라지는 경향이 있는지 탐색하기 위해, 회색소공작속의 여러 종의 꽁지깃을 주의 깊게 조사해 보았다. 그러자 아니나 다를까 실제로 그런 것이 있었다. 팔라완소공작(*P. Napoleonis*)의 꽁지 한가운데 있는 깃의 깃대 양쪽에 완전히 발달한 눈알무늬가 두 개 있었다. 그러나 바깥쪽으로 갈수록 안쪽에 있는 눈알무늬의 형태가 모호해져서, 가장 바깥쪽 깃에는 단순한 그림자나 흔적으로만 남아 있었다. 말레이소공작(*P. malaccense*)에는 윗꽁지덮깃의 두 개의 눈알무늬는 이미 살펴본 것처럼 붙어 있지만, 윗꽁지덮깃의 깃은 비정상적으로 길어서 꽁지깃의 3분의 2에 이르고 있어, 그 점에서는 공작의 윗꽁지덮깃과 비슷하다. 그런데 이 종에서는 한가운데 있는 두 개의 꽁지깃만 아름다운 색깔의 눈알무늬로 장식되어 있고, 다른 모든 깃에서는 안쪽의 눈알무늬는 완전히 사라지고 없었다. 그 결과 회색소공작속의 이 종의 윗꽁지덮깃과 꽁지깃은, 그 구조와 장식 면에서 그것에 대응하는 공작의 깃에 훨씬 더 접근해 있다.

따라서 점진성의 원리에 의해, 공작의 아름다운 장식깃이 단계적으로 획득된 것에 대해서는 더 이상 설명할 것이 없다. 우리는 거대한 윗꽁지덮깃의 각각이 하나의 눈알무늬로 장식된 현재의 공작과, 색깔이 있는 반점만으로 장식된 짧은 윗꽁지덮깃을 가진 일반적인 꿩과 새의 바로 중간에 위치하는 생물을 공작의 조상으로 상상할 수 있다. 이어서 세우거나 펼칠 수 있는 윗꽁지덮깃이 두 개의 반쯤 붙은 눈알무늬로 장식되어 있는 새를 상상할 수 있는데, 그 윗꽁지덮깃은 꽁지깃을 가릴 만큼 길고 꽁지깃의 눈알무늬는 이미 반쯤 사라졌다고 하자. 그것이 바로 회색소공작이다. 2종의 공작 양쪽에서, 중앙의 원반 및 그 주위의 구역에 홈이 파여 있는 것은 명백하게 이 견해를 뒷받침하고 있으며, 그것 말고는 도저히 이 구조를 설명할 길이 없다고 나는 생각한다. 회색소공작 수컷이 아름다운 새인 것은 분명하지만 내가 전에 런던동물원에서 본 바로는, 약간 떨어진 곳에서 보면 역시 공작 수컷과는 비교할 수가 없다. 공작 조상의 많은 암컷은 조상대대로 이어져 내려오는 동안, 한 단계 더 뛰어난 이 아름다움을 높이 평가해 온 것임에 틀림없다. 암컷들은 그렇게 무의식적으로 가장 아름다운 수컷을 선택함으로써 공작 수컷을 가장 아름다운 새로 만들었기 때문이다.

청란(靑鸞)

조사하기에 아주 좋은 또 하나의 예는 청란의 날개깃에 있는 눈알무늬이다. 청란의 눈알무늬는 놀라운 색조로 채색되어 있어 움푹한 구멍 속에 들어 있는 공처럼 보이는데, 이런 점에서도 일반적인 눈알무늬와는 매우 다르다. 뛰어난 화가들을 감탄하게 한 이 새의 눈알무늬를 우연의 산물, 즉 색소의 원자들이 우연히 모여서 생긴 것이라고 생각하는 사람은 아무도 없을 것이다. 이러한 장식은 수많은 연속적인 변이에 대한 선택을 통해 형성되어 온 것이 틀림없으며, 그 어느 변이에서도 처음부터 구멍에 들어 있는 공 같은 효과를 노린 게 아니었다는 것은 도저히 믿어지지가 않을 정도이다. 그것은 라파엘로가 그린 마돈나상이 몇 명의 젊은 화가들이 우연히 칠한 물감 속에서 차례로 하나씩 선택함으로써 완성된 것이며, 그들 가운데 어느 누구도 처음부터 인간의 모습을 그리려고 의도하지 않았다는 것과 마찬가지이다. 이 눈알무늬가 어떻게 발달해 왔는지 알아내기 위해, 우리가 긴 조상의 계열을 조사하는 것은 불가능하며, 다양한 동종 형태의 생물을 찾아볼 수도 없다. 그런 것은 존재하지도 않기 때문이다. 그러나 다행히 이 문제의 단서가 되는 몇 개의 날개깃을 살펴보는 것으로 충분하다. 그것은 단순한 반점에서 최종적인 공과 구멍으로 이루어진 눈알무늬에 이르기까지, 연속적으로 변화해 가는 것이 가능하다는 사실을 증명하고 있다.

눈알무늬가 있는 날개깃은 짙은 색 줄무늬 또는 짙은 색 반점의 열로 덮여 있으며, 각각의 줄무늬와 열은 깃대 바깥쪽에서 눈알무늬를 향해 비스듬하게 달리고 있다. 반점은 일반적으로는 그것이 새겨져 있는 열을 가로지르는 선을 따라 길게 뻗어 있다. 그것은 종종 서로 붙어버리는데 열을 따라 붙으면 세로줄무늬를 만들고, 가로로 붙으면 인접한 열의 반점이 붙어서 가로줄무늬를 만들게 된다. 반점이 더욱 작은 반점으로 분해되면서 여전히 원래의 열에 늘어서기도 한다.

맨 먼저, 완전한 구멍에 들어 있는 공 모양의 눈알무늬부터 설명하는 것이 좋을 것 같다. 이것은 색의 명암이 있는 부분을 매우 짙은 검은색의 원형 고리가 에워싸고 있어서 공처럼 보인다. 여기에 든 삽화는 포드(Ford)가 그린 그림을 판화로 찍은 것인데, 목판화로는 그림에 나타나 있는 매우 섬세한 명암의 차이를 잘 재현할 수 없다. 주위를 에워싸는 고리는 거의 언제나 원 위쪽의, 공

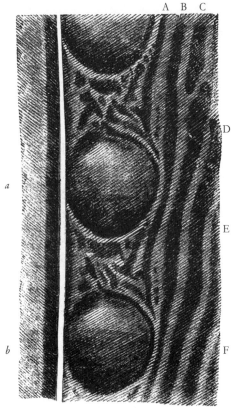

A B C

D

E

F

a

b

〈그림56〉 청란의 둘째날개깃의 일부

*a, b*는 완전한 눈알무늬, A, B, C는 눈알무늬를 향해 아래쪽으로 비스듬하게 달리는 짙은 색깔의 선

속에 있는 하얀 부분 오른쪽 위에서 약간 떨어져 있는데(〈그림 56〉), 원의 기저부(基底部) 오른쪽에서도 끊어지는 일이 있다. 이러한 약간의 단절은 중요한 의미를 가진다. 고리는 여기에 그려져 있는 것처럼 깃을 똑바로 세웠을 때, 왼쪽 위 모서리에 해당하는 곳에서 언제나 굵어져 있고 윤곽이 흐릿하다. 이 굵은 부분의 아래에는 공 표면에 거의 하얗고 약간 기울어진 반점이 있는데, 그 아래에서는 엷은 납빛에서 황갈색으로 바뀌어 공 아래쪽으로 갈수록 거의 알아볼 수 없을 정도로 서서히 짙은 갈색으로 변해간다. 볼록한 면에 빛이 비치고 있는 것처럼 보이는 놀라운 효과는 바로 이러한 명암의 변화 때문이다. 공 하나를 조사해 보면 하부는 더욱

갈색의 색조를 띠며 그리 뚜렷하지 않은 비스듬하게 구부러진 선으로 상부와 분리되어 있고, 상부는 더욱 황갈색이 짙어진 것을 알 수 있다. 이 사선은 하얀 반점의 장축(長軸)과 직각으로 달리고 있으며, 실제로는 밝은 색조에서 어두운 색조로 연속되는 변화 전체의 방향과도 직각을 이루고 있다. 이 색조의 미묘한 차이를 목판화로 표현하는 것은 불가능하지만, 그것은 공의 완벽한 명암의 변화를 조금도 방해하지 않는다.*65 특히 각각의 눈알이 짙은 색의 줄무늬, 또는

---

*65 청란이 날개깃을 부채처럼 펼쳐 보여줄 때는, 몸에서 가장 가까운 부분을 다른 부분보다 더 똑바로 세우기 때문에, 그 효과를 충분히 발휘하기 위해서는 구멍에 들어 있는 공의 눈알무늬 그림자는 빛과의 관계 때문에 깃마다 조금씩 달라야 한다. 경험이 많은 화가의

짙은 색의 반점의 열과, 명백하게 연결되어 있는 것에 주의해야 한다. 그것은 줄무늬와 반점의 열이 같은 깃 속에 뒤섞여서 함께 존재하기 때문이다. 즉 〈그림56〉에서는 줄무늬A는 눈알무늬a를 향해 달리고, 줄무늬B는 눈알무늬b를 향해 달리며, 줄무늬C는 상부에서 끊어져, 목판화에서는 보이지 않는 다음 눈알무늬를 향해 달리고 있다. 줄무늬D는 그 아래를 향하고 있고 E와 F도 마찬가지이다. 마지막으로 몇 개의 눈알무늬는 불규칙한 형태의 검은 반점으로 뒤덮인 엷은 색 바탕에서 서로 분리되어 있다.

다음에는 이 일련의 무늬의 다른 한쪽 끝, 즉 눈알무늬

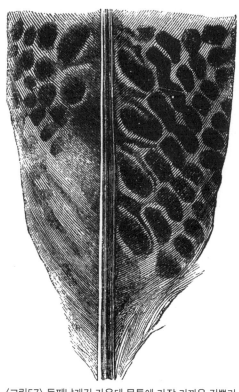

〈그림57〉 둘째날개깃 가운데 몸통에 가장 가까운 깃뿌리 부분

가 최초로 나타날 징후를 보이는 것에 대해 설명하려고 한다. 몸통과 가장 가까운 곳에 있는 짧은 둘째날개깃(〈그림57〉)에는 다른 깃과 마찬가지로 비교적 불규칙한 형태의 반점들이 세로로 비스듬하게 긴 열을 이루고 있다. (가장 밑에 있는 열을 제외하고) 아래의 다섯 열 가운데 가장 하부의 반점, 깃대에 가장 가까운 반점은 같은 열의 다른 반점보다 약간 크며 가로로 약간 퍼져 있다. 이것은 또 그 상부의 테두리가 칙칙한 황갈색 그림자로 에워싸여 있는 점에서도 다른 반점과는 다르다. 그러나 이 반점은 수많은 새들의 깃에서 볼 수

___

눈을 가진 T. W. 우드(T. W. Wood)도 ('Field,' Newspaper, May 28, 1870, p. 457) 그렇게 말했다. 그러나 두 개의 박제(더 나은 비교를 위해 굴드에게서 깃 하나를 얻었다)를 주의 깊게 비교해 보았지만 나에게는 그처럼 완전한 색조는 보이지 않았고, 내가 보여준 사람도 아무도 그것을 알아보지 못했다.

있는 반점만큼 눈에 잘 띄지 않아서 못보고 지나치기 쉽다. 각각의 열에서 그 하나 위의 반점은 같은 열의 나머지 반점들과 아무런 차이가 없지만, 이제부터 살펴보듯이 다음 일련의 깃에서는 크게 변용하게 된다. 이 깃의 큰 반점은 더 긴 날개깃의 완전한 눈알무늬와 상대적으로 똑같은 위치에 있다.

다음에 이어지는 두세 개의 둘째날개깃을 보면 앞에 말한 하부의 반점 하나와, 같은 열의 그 바로 위의 반점이 함께 전혀 알 수 없을 만큼 미세한 연속적 변화에 의해 도저히 눈알무늬라고 할 수 없는 기묘한 장식무늬로 변화해 가는 흔적을 볼 수 있다. 이 기묘한 장식을 부를 적당한 이름이 없으므로 '타원 장식'이라고 부르기로 하자. 이것은 삽화(〈그림58〉)에서 볼 수 있다. 여기에는 일반적인 모양의 검은 반점이 늘어선 몇 개의 비스듬한 열A, B, C, D 등 (문자가 들어 있는 그림 참조)을 볼 수 있다. 각 반점의 열은 아래를 향해 달리며 타원 장식의 하나와 연결되어 있는데, 그것은 〈그림56〉에서 본 것처럼 각각의 줄무늬가 아래로 달려 구멍 속에 들어 있는 공, 즉 눈알무늬 하나와 연결되어 있는 것과 완전히 같다. 하나의 열, 이를테면 B를 살펴보면 가장 아래에 있는 반점 (*b*)는 위에 있는 것보다 훨씬 굵고 길며, 왼쪽 끝이 위로 뾰족하게 휘어져 있다. 이 검은 반점 상부는 명암과 색조가 풍부한 넓은 부분으로 확실하게 에워싸여 있고, 그것은 좁은 갈색 부분에서 시작되어 오렌지색이 되었다가 다시 엷은 남빛이 되어 깃대에 가까워질수록 색조가 점점 더 엷어진다. 이 반점은 어느 모로 보나 앞 단락에서 설명한 더 큰 반점(〈그림57〉)과 대응하고 있지만, 그보다 더 잘 발달되어 있으며 색조가 더욱 밝다. 이 반점(*b*) 오른쪽 위에는 그것과 마찬가지로 밝은 색조와 함께 길고 좁은 검은 표지(*c*)가 있는데, 이것은 아치형으로 조금 아래로 휘어져서 (*b*)와 마주보게 되어 있다. 이것도 아래쪽은 황갈색의 좁은 띠로 에워싸여 있다. c 왼쪽 위에는 마찬가지로 비스듬한 방향이기는 하지만, 언제나 그것보다 약간 확실한 다른 검은 표지(*d*)가 있다. 이 표지는 보통은 삼각형 비슷한 불규칙한 형태를 띠지만, 그림 속에 나타난 것은 비정상적으로 가늘고 길며 규칙적이다. 이것은 표지(*c*)를 옆으로 떼어내어 길게 늘인 것처럼 보인다. 그것은 이어지는 위의 반점에도 마찬가지로 길게 늘인 흔적이 보이기 때문인데 확신할 수는 없다. 이러한 b, c, d 세 개의 표지는 그것을 구분하는 밝은 색조를 띤 부분과 합쳐져서 타원 장식 모양을 형성하고 있다. 이러한 장식들은 깃대와 평행하는 선을 따라 늘어서

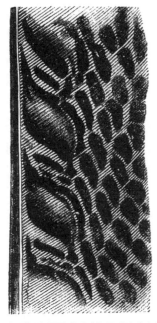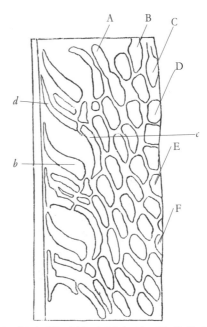

〈그림58〉 몸통에 가까운 둘째날개깃의 깃뿌리 일부. 이른바 타원 장식을 나타낸다. 선그림은 설명문과 대조하기 위한 것이다.

A, B. C 등 : 아래쪽으로 달리는 점. 타원 장식을 이룬다.

b : B의 계열의 가장 아래에 있는 점 또는 표지

c : *b*에 이어지는 점 또는 표지

d : B의 계열로, *c*의 점이 늘어나서 끊어진 것으로 추정되는 것

있어 눈알무늬와 대응하는 위치에 있는 것은 명백하다. 오렌지색과 납색이 검은 반점과 대비되어 두드러져 매우 우아하게 보이는 모습을 삽화로 표현하는 것은 도저히 불가능하다.

이러한 타원 장식의 하나에서 완전한 구멍 속에 들어 있는 공 같은 눈알무늬 사이에는 완벽한 연속성이 있기 때문에, 어디서부터 눈알이라는 명칭을 사용해야 할지 거의 결정할 수 없을 정도이다. 〈그림58〉은 단순한 반점과 완전한 눈알무늬의 딱 중간에 위치하는 것인데, 이와 함께 또 하나의 삽화를 첨부하지 못한 것은 참으로 유감스럽다. 타원장식에서 눈알무늬에 이르는 과정은 아래쪽의 검은 점 (*b*)와 특히 그 위의 (*c*)가 늘어나 반대방향으로 크게 휘어지고, 그와 동시에 불규칙한 삼각형 또는 좁은 형태의 표지 (*d*)가 수축함으로써 이 세 개의 무늬가 마침내 유합하여 불규칙한 타원형의 고리가 되는 것

이다. 이 고리는 점점 더욱 둥글고 규칙적이 되면서 지름도 커진다. 이러한 세 개의 늘어난 반점이 유합한 부분의 흔적, 특히 위의 두 개의 반점이 유합한 흔적은 가장 완벽한 눈알무늬의 대부분에서도 아직 볼 수 있다. 〈그림56〉에서 볼 수 있듯이 눈알무늬 상부의 검은 고리가 끊어져 있는 것은 이미 지적한 바 있다. 불규칙한 삼각형 또는 가늘고 긴 모양의 (d)가 수축하여 둥글어지면, 완벽한 구멍 속에 들어 있는 공의 왼쪽 위에 있는 굵은 고리 부분이 되는 것은 명백하다. 고리의 하부는 다른 부분에 비해 항상 약간 두꺼운데(〈그림56〉 참조), 그것은 타원장식 (b)가 본디 그 위의 표지 (c)보다 두꺼웠기 때문이다. 이렇게 하여 유합하고 변형되는 과정의 모든 단계를 추적할 수 있다. 그리고 눈알무늬 속의 공을 에워싸고 있는 검은 고리는 타원장식의 검은 세 개의 표지 b, c, d가 변형하여 합쳐진 것이 틀림없다. 이웃한 눈알무늬 사이에 있는 불규칙한 지그재그식 검은 무늬(〈그림56〉 참조)는, 타원장식들 사이에서는 서로 비슷하지만 좀 더 규칙적인 표지가 단순히 흩어져서 생긴 것으로 보인다.

또한 눈알무늬가 채색되는 각 단계도 이와 같이 명확하게 추적할 수 있다. 타원장식 하부의 검은 표지를 에워싸고 있는 갈색, 오렌지색, 옅은 납빛의 좁은 영역은 서로 서서히 부드럽게 섞여들며, 왼쪽 위 모서리의 색이 엷은 부분은 더욱더 엷어져서 거의 흰색이 된다. 그러나 가장 완벽한 눈알무늬에서도 공 상부와 하부 사이에 명암의 차이는 아니지만 약간의 색조의 차이를 볼 수 있다(앞에서 특별히 설명한 것처럼). 그 경계선은 타원장식의 선명한 색조의 그늘(어두운 부분)과 같은 방향으로 기울어져 있다. 이렇게 눈알무늬의 모든 세부에서는 그것이 타원장식에서 서서히 변해갔음을 보여주는데, 그 타원장식도 마찬가지로 두 개의 흔한 반점이 점차로 유합하여 생긴 것으로, 아래쪽에 있는 반점(〈그림57〉) 위쪽에는 칙칙한 황갈색 명암의 그늘이 있었던 것처럼 조금씩 변해간 각 단계를 관찰할 수 있다.

완전한 구멍 속에 들어 있는 공 같은 눈알무늬가 있는, 더 긴 둘째날개깃 끝부분에는 기묘한 장식이 있다(〈그림59〉). 비스듬하게 달리는 긴 줄무늬가 위쪽에서 갑자기 끝나고 서로 뒤섞여서, 여기서 윗부분의 깃은 전부(a) 검은 고리로 에워싸인 하얀 점이 짙은 색 바탕 속에 무늬처럼 박혀 있는 것이다. 가장 위의 눈알무늬(b)에 속하는 비스듬한 줄무늬도 매우 짧고 불규칙한 형태의 검은 무늬가 되어버렸고, 그 기저부는 늘 그렇듯이 옆으로 휘어져 있다. 이 줄무늬가 이렇게 상부에서 갑자기 사라졌기 때문에, 그보다 앞선 것에서 가장 위의 눈알무늬에서 왜 고리 상부의 굵어진 부분이 사라졌는지 알 수 있다. 왜냐하면 앞에서 말했듯이, 이 굵어진 부분은 같은 열의 가장 위에 있는 반점이 길게 늘어나 끊어진 것에서 생긴 것으로 보이기 때문이다. 가장 위에 있는 눈알무늬는 고리 상부의 굵은 부분이 없어서, 다른 점에서는 완벽하지만 상부가 비스듬하게 잘려버린 것처럼 보인다. 청란의 깃털이 현재의 우리가 보고 있는 모습으로 창조되었을 거라고 믿는 사람은, 가장 위의 눈알무늬가 불완전한 것을 어떻게 설명할지 아마 틀림없이 난감하지 않을 수 없을 것이다. 그리고 몸통에서 가장 먼 둘째날개깃의 모든 눈알무늬는 다른 깃의 눈알무늬보다 작고 불완전하며, 앞에서도 말했듯이 바깥을 에워싸는 검은 고리 상부가 없다는 것도 덧붙여 두겠다. 이 불완전함은 이 깃에 있는 반점이 유합하여 줄무늬가 되는 경향이 다른 것보다 적고, 그와 반대로 종종 끊어져서 더욱 작아지기 때문에 각각의 눈알을 향해 두세 개의 줄무늬가 달리게 되는 사실과도 관련이 있는 것으로 보인다.

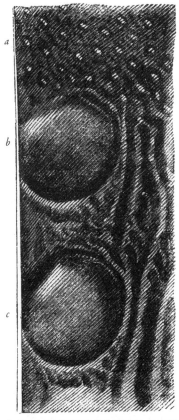

〈그림59〉 완전한 구멍 속에 들어있는 공 모양의 눈알무늬를 보여주는 둘째날개깃의 일부
a : 장식이 된 상부
b : 가장 위의, 불완전한 구멍에 들어 있는 공 모양의 눈알무늬(눈알무늬 꼭대기의 하얀 표지에 있는 그림자는 이 그림에서는 조금 짙게 나타나 있다)
c : 완전한 눈알무늬

　이와 같이 처음에는 완전히 독립된 두 개의 평범한 반점에서 구멍에 들어 있는 공 모양의 놀라운 장식이 만들어지기까지, 완전히 연속되는 과정을 보여줄 수 있다는 사실을 알았다. 이러한 깃을 몇 개 나에게 양보해준 굴드는, 연속성이 완전한 것에는 전적으로 찬성했다. 한 마리 새의 깃에서 볼 수 있는 다양한 발달단계를 봐도, 그것이 그 새의 멸종된 조상이 걸어간 단계임을 반

드시 의미하지는 않는다. 그러나 그것은 실제로 일어난 각 단계에 대해 어떤 단서를 제공하여, 적어도 연속적인 변화가 가능하다는 것을 증명해주고 있다. 청란 수컷이 암컷 앞에서 얼마나 세심하게 자신의 깃털을 과시하는지 생각하고, 암컷이 더욱 매력적인 수컷을 좋아할 가능성이 있음을 보여주는 많은 사실들을 고려해 볼 때, 성선택의 작용을 인정하는 사람이라면 황갈색의 명암이 있는 단순한 검은 반점들이 서로 접근하여 변형되고 색깔도 약간 변화함으로써 타원장식이 되었다는 것을 의심하는 사람은 아무도 없을 것이다. 많은 사람들에게 이 타원장식을 보여주었더니, 보는 사람마다 아름답다고 감탄했는데 오히려 구멍 속에 들어 있는 공 모양의 눈알무늬보다 더 아름다운 것 같다고 말하는 사람까지 있었다. 둘째날개깃이 성선택에 의해 길어져서 타원장식의 지름이 커짐에 따라, 색깔은 그 화려함을 잃게 된 것으로 보인다. 그렇게 되면 장식성은 무늬와 명암의 그늘을 더욱 정교하게 만듦으로써 얻어야 하고, 그 과정이 계속된 결과, 최종적으로 구멍 속에 들어 있는 공 모양의 아름다운 눈알무늬가 만들어졌을 것이다. 우리는 이렇게 하여 청란의 깃 장식이 현재 보여주고 있는 상황과 그 기원을 비로소 이해할 수 있으며, 다른 방법으로는 불가능하리라고 나는 생각한다.

점진성(漸進性)의 원리로 이해할 수 있는 것과, 변이의 법칙에 대해 우리가 알고 있는 것, 우리가 알고 있는 많은 가금류에서 일어난 변화, 그리고 마지막으로 어린 새의 미성숙한 깃털이 가지고 있는 특징(앞으로 이것에 대해서도 상세히 설명할 것이다)에서, 때로는 상당한 자신감을 가지고 수컷이 그 아름다운 깃털과 다양한 장식을 획득하면서 경과했을 것으로 생각되는 각 단계를 보여줄 수도 있다. 그러나 대부분의 경우 우리는 아직 어둠 속에 있다. 굴드는 몇 년전 나에게 흰호사벌새(*Urosticte benjamini*)는 암수가 기묘하게 달라서 매우 특징적이라고 알려 주었다. 수컷은 목의 멋진 반점 말고도 검은 녹색의 꽁지깃을 갖고 있으며, 그 가운데 네 장은 끝부분이 하얀색이다. 암컷은 대부분의 동종과 마찬가지로 꽁지깃 바깥쪽 세 개의 끝이 하얀색이어서, 수컷은 가운데 네 개, 암컷은 바깥쪽의 총 6개의 깃 끝부분이 하얗게 장식되어 있는 셈이다. 이 예가 기묘한 것은 벌새의 대부분은 암수의 꽁지깃 색깔이 매우 다른데도, 굴드는 흰호사벌새 말고는 수컷의 중앙 네 개의 깃 끝부분이 하얀 것을 전혀 알지 못한다는 사실이다.

아가일(Argyll) 공작은 이 예에 대해, 성선택에 대해서는 무시하고 '자연선택의 법칙에 따라 이러한 특수한 변이를 어떻게 설명할 수 있는가?' 하고 질문했다. 그의 대답은 '아무것도 할 수 없다'는 것이었고, 나도 그것에 전적으로 찬성한다. 그러나 성선택에 대해서도 그만큼 자신 있게 단언할 수 있을까? 벌새의 꽁지깃이 그토록 다양한 방법으로 다른 것을 보면, 왜 중앙에 있는 네 개의 깃이 이 종에서만 이렇게 변이하여 거기에 하얀 끝부분이 나타나서는 안 되는 것인가? 변이는 연속적이었을지도 모르며 최근에 보고타 근처에서 발견된 벌새처럼 어느 정도 갑자기 일어난 것인지도 모른다. 이 새의 경우에는 일부 개체만이 '꼬리 중앙의 깃 끝부분이 아름다운 녹색을 띠고 있었다'. 나는 흰호사벌새 암컷에서 꽁지 중앙에 있는 네 개의 깃 가운데 바깥쪽 두 개의 끝에 매우 작거나 흔적기관처럼 보이는 하얀 점을 발견했는데, 이 종의 깃털에 어떤 변화가 일어나고 있다는 표시일지도 모른다. 수컷 꽁지 중앙에 있는 깃의 하얀색에 변이가 있을 거라고 가정하면, 그러한 변이에 성선택이 작용하는 것은 전혀 이상하지 않다. 꽁지 끝이 하얀 것은 하얀 귀깃과 함께 아가일 공작의 말처럼*66 수컷의 아름다움을 확실하게 증대시켰다. 그리고 방울새 수컷이 눈처럼 하얀 것에서 추측할 수 있듯이 다른 새에서도 하얀 색이 선호되고 있는 것 같다. R. 헤론 경이 한 말을 잊어서는 안 될 것이다. 즉 그의 공작 암컷들은 얼룩무늬 수컷에 대한 접근을 방해하면 다른 어느 수컷과도 짝이 되는 것을 거부하고, 그 해에는 알을 하나도 낳지 않는다. 또 흰호사벌새 꽁지 깃의 변이가 특별한 장식으로 선택되어 온 것은 조금도 이상한 일이 아니다. 왜냐하면 그 과(科)에서 이것과 가장 근연한 속인 광택꼬리벌새속(Metallura)은 그러한 깃의 아름다움 때문에 그렇게 명명되었기 때문이다. 굴드는 흰호사벌새의 기묘한 깃털에 대해 기술한 뒤, '다양한 장식이나 변이 자체가 목적인 것을 나는 조금도 의심하지 않는다'*67고 덧붙였다. 이것을 인정한다면 가장 우아하고 새로운 장식으로 장식된 수컷은 일반적인 존속을 위한 투쟁이 아니라 다른 수컷과의 경쟁에서 유리해지고, 그 결과 그들이 새롭게 획득한 아름다움을 물려받은 새끼들을 더 많이 남긴 사실을 이해할 수 있을 것이다.

＊66 'The Reign of law,' 1867, p. 247.

＊67 'An Introduction to the Trochilidae,' 1861, p. 110.

제15장 조류(이어서)

왜 어떤 종은 수컷만 화려한 색깔을 지니고 있고, 다른 종은 양성이 모두 화려한 색깔을 지니게 된 것일까—다양한 구조와 화려한 색채의 깃털이 한쪽 성(性)에만 유전되는 것에 대하여—색채와 관련된 집짓기—겨울에 혼인색이 사라지는 것

이 장에서는, 왜 많은 새들의 암컷은 수컷처럼 몸을 장식하지 않는 것인가, 그리고 그 밖의 많은 새들은 양성이 완전히, 또는 거의 마찬가지로 아름답게 몸을 장식하는가에 대해 고찰한다. 이것에 이어지는 장에서는 왜 몇 가지 희귀한 예에서는, 암컷이 수컷보다 뚜렷한 색채를 하고 있는지를 검토해 보기로 하자.

《종의 기원》에서*[1] 나는, 암컷에게 공작 수컷처럼 긴 깃이 있다면 알을 품을 때 방해가 될 것이며, 큰뇌조 수컷처럼 눈에 띄는 검은색이어도 알을 품을 때 위험할 것이므로, 그 결과 이러한 형질이 수컷에게서 암컷새끼에게 유전되는 것은 자연선택에 의해 저지될 것이라고 간단히 언급한 적이 있다. 나는 지금도 일부 사례에서는 그랬을지도 모른다고 생각하지만, 내가 수집할 수 있었던 모든 사실을 충분히 탐색한 뒤에 암수가 다를 때는 세대를 거친 변이의 유전은 맨 처음 그 변이가 나타난 쪽의 성에만 전달되도록 처음부터 제한되었을 거라는 견해 쪽으로 기울었다. 내 생각이 세상에 발표된 뒤, 성적인 색채에 대해서는 월리스가 몇 편의 매우 흥미로운 논문에서 논한 바 있다.*[2] 그는 거의 모든 경우에 변이는 처음에는 양성에 동등하게 전달되었지만, 암컷은 알을 품고 있을 때 맞닥뜨리게 될 위험 때문에 수컷처럼 눈에 띄는 색채를 획득하지 않은 것이라고 생각하고 있다.

---

*1 제4판, 1866년, 241쪽.

*2 'Westminster Review,' July, 1867, 'Journal of Travel,' Vol. 1, 1868, p. 73.

이 견해를 받아들이기 위해서는, 처음에는 양성에 동등하게 전달되었던 형질의 유전이 나중에 선택 작용에 의해 한쪽 성에만 유전되는 것인가 하는 어려운 문제에 대해 깊이 논의할 필요가 있다. 성선택에 관해 앞에서 보여주었듯이, 한쪽 성에만 발달이 한정되어 있는 형질은 언제나 다른 쪽 성에도 잠재적으로 존재한다는 것을 기억해 두어야 할 것이다. 이 문제가 얼마나 어려운지, 이런 예를 들어 상상해 보면 도움이 될 것이다. 지금 비둘기 애호가가 수컷만 엷은 청색이고 암컷은 본래의 회색을 유지하고 있는 품종을 만들려 한다고 가정하자. 비둘기의 경우, 모든 형질은 대개 양성에 동등하게 전달되므로 애호가는 이 유전양식을 성에 한정된 유전양식으로 변경시키지 않으면 안 된다. 그가 할 수 있는 일이라고는, 모든 수컷 가운데 가장 엷은 청색의 수컷을 선택하는 과정을 인내하면서 계속하는 것밖에 없다. 그 과정을 오랫동안 계속하여 엷은 청색이 강하게 유전되거나 종종 재발현한다면, 이러한 과정을 거쳐서 나오는 자연은 계통 전체를 더 엷은 청색으로 만들어버릴 것이다. 그러나 암컷만은 계속 회색으로 유지하고 싶은 이 애호가는 많은 세대를 거듭하면서 연푸른 수컷을 회색 암컷과 교배시키려고 계속 노력할 것이 틀림없다. 그 결과 일반적으로는 얼룩무늬 잡종이 생기겠지만, 원시적인 회색이 매우 강하게 전달되는 경향이 있으므로 엷은 청색은 급속하게 완전히 사라져 버리기 쉽다. 그러나 이어지는 각 세대에서 엷은 청색 수컷과 회색 암컷이 반드시 약간씩은 태어나 그들끼리 교배시킨다면 회색 암컷은 그 아버지와 할아버지, 증조할아버지도 엷은 청색이었으므로, 이런 표현을 사용해도 된다면 점점 청색 피[귀족을 가리킴]가 되어갈 것이다. 그러한 상황이라면(그렇지만 그것이 가능하다는 것을 보여주는 뚜렷한 사례를 나는 아직 발견하지 못했다) 회색 암컷은 엷은 청색을 잠재적으로 가지는 경향이 매우 강해져서, 수컷 새끼는 청색을 띠게 되지만 암컷 새끼는 회색을 그대로 유지하게 될지도 모른다. 그렇게 되면 양성이 언제나 다른 색인 품종을 만들고자 하는 애호가의 바람은 이루어지는 셈이 된다.

이 예에서는 엷은 청색이라는 바람직한 형질은 암컷 속에 잠재적인 형태로 존재하기 때문에, 수컷새끼에게 그 색채가 손상되지 않고 나타날 수 있는 가능성이 매우 중요하거나 필연적인 사실이 되는 것은 다음과 같이 생각하면 잘 이해할 수 있다. 코퍼긴꼬리꿩 수컷의 꽁지깃의 길이는 약 95cm이지만 암컷은 겨우 20cm이다. 그리고 일반적인 꿩 수컷의 꽁지깃 길이는 약 50cm이며 암컷은 30cm 정도이다. 짧은 꽁지 깃을 지닌 코퍼긴꼬리꿩 암컷을 일반 꿩 수 컷과 교배시키면, 잡종의 수컷새끼는 틀림없이 순수한 꿩 수컷새끼보다 훨씬 긴 꽁지를 가지고 태어날 가능성이 있다. 한편 코퍼긴꼬리꿩 암컷보다 두 배 가까이 긴 꽁지를 가진 일반적인 꿩 암컷을 코퍼긴꼬리꿩과 교배시킨다 해도, 그 잡종 수컷새끼는 순수한 코퍼긴꼬리꿩의 수컷새끼보다 훨씬 짧은 꽁지를 가지고 나올 수 있다.[3]

우리의 애호가는 엷은 청색 수컷과 색깔이 변하지 않는 암컷 사이의 새로 운 품종을 확실하게 만들기 위해서는 몇 세대에 걸쳐 수컷을 계속 선택하지 않으면 안 된다. 게다가 어느 청색의 단계에서도 수컷의 청색은 수컷에게만 한 정되고, 암컷에게는 잠재적으로 숨어 있어야 한다. 이것은 매우 어려운 일이 틀림없으며, 그것이 시도된 적은 없지만 성공할지도 모른다. 가장 큰 어려움 은, 엷은 청색 새끼를 낳는 잠재적 경향을 처음부터 갖고 있지 않은 회색 암 컷과 종종 교배시켜야 하기 때문에, 엷은 청색이 초기에 완전히 사라져버릴 수 있다는 점이다.

한편 한두 마리의 수컷이 푸른 정도가 아주 약간 다르고 그 변이가 처음 부터 수컷에만 전해지도록 한정되어 있었다면, 그런 수컷을 골라 일반적인 암 컷과 교배시켜 나가기만 하면 되므로, 원하는 새로운 품종을 만들어내는 일 은 그리 어렵지 않을 것이다. 수컷에게만 검은 줄무늬가 있는 벨기에 비둘기 의 품종이[4] 실제로 그것과 비슷한 예이다. 닭의 경우, 색깔의 변이가 수컷에 만 한정되어 유전하는 것은 흔히 일어나는 일이다. 이러한 유전양식이 우세 할 때도 그 뒤의 단계에서 일어나는 변이의 일부가 암컷에게도 전달되어, 그 암컷이 약간의 변화를 일으켜 수컷과 비슷해지는 일이 일어날 수 있으며, 어 떤 종의 품종에서는 실제로 그렇게 되기도 한다. 게다가 계속되는 변이의 전 부는 아니라도 많은 것이 양성에게 전달되어 암컷이 수컷과 매우 비슷해지는 일도 있다. 파우터 비둘기 수컷의 모이주머니가 암컷보다 아주 약간 크고, 전

---

[3] 템밍크(Temminck)는 'Planches coloriées,' Vol. 5, 1838, pp. 487, 488에서 코퍼긴꼬리꿩 암컷의 꼬리는 단 15cm밖에 되지 않는다고 썼다. 위에 든 수치는 스클레이터가 나를 위해 재어준 것이다. 꿩에 대해서는 맥길리브레이의 'Hist. of Brit. Birds,' Vol. 1, 118-121 참조.

[4] Chapuis(샤푸이) 박사, 'Le Pigeon Voyageur Belge,' 1865, p. 87.

서구 수컷의 턱볏이 암컷보다 아주 약간 큰 것은 틀림없이 이 때문인 것 같다. 왜냐하면 애호가는 어느 한쪽의 성을 강력하게 선택한 것이 아니며, 이러한 형질이 암컷보다 수컷에게 더 강하게 나타나기를 원하지 않았는데도 두 종이 모두 그렇게 되었기 때문이다.

암컷에서만 새로운 색채가 나오는 품종을 만들려고 할 때도 완전히 똑같은 과정이 필요하며, 똑같은 어려움이 뒤따를 것이다.

마지막으로 우리의 애호가가 암수 색깔이 서로 다르고, 또 암수 모두 원래의 품종과도 색깔이 다른 새로운 품종을 만들려고 했다고 하자. 이것은 매우 어려운 일이지만, 처음부터 양성이 모두 자신의 성에만 한정된 변이를 가지고 있다면 간단한 일이다. 그것은 닭의 사례에서 볼 수 있다. 붓 무늬가 있는 함부르크종은 암수가 서로 매우 다르며, 양성 모두 원종(原種)인 적색야계(*Gallus bankiva*)와도 다르다. 지금은 지속적인 인위선택에 의해 수컷과 암컷의 각각 다른 형질이 화려한 상태에서 안정적으로 유지되고 있는데, 그것은 암수 각각에게 특징적인 형질이 자신의 성에만 유전되지 않았더라면 불가능했을 것이다. 스페인종은 더욱 기묘한 경우이다. 수컷이 거대한 볏을 가지고 있고 암컷도 조상종의 암컷에 비해 몇 배나 큰 볏을 가지고 있으므로, 그것이 획득되기까지 축적되어 온 변이 가운데 몇 가지가 암컷에게도 전달된 것이다. 그러나 암컷의 볏은 한 가지 점에서 수컷과 매우 다르다. 그것은 늘어지는 경향이 있다는 것이다. 그래서 최근에 애호가들은 언제나 그런 닭이 나오게 하기를 원했는데, 그것은 곧 성공할 수 있었다. 이에 볏이 늘어지는 것은 한쪽 성에 한정적으로 유전되는 것이 틀림없다. 그렇지 않다면 수컷의 볏이 곧게 서는 형질이 사라질 것이며, 그것은 애호가들이 매우 싫어하는 상황이 될 것이다. 수컷의 볏이 곧게 서 있는 것도 수컷에만 한정된 유전임이 분명하다. 그렇지 않다면 암컷의 볏이 늘어지는 일은 없을 것이기 때문이다.

지금까지 설명한 사실에서 볼 때 무한에 가까운 시간이 주어진다 해도, 선택을 통해 하나의 유전형식을 다른 유전형식으로 바꾸는 것은 완전히 불가능하지는 않더라도 지극히 어렵고 복잡한 과정임을 알 수 있다. 그러므로 각각의 사례에 대해 확실한 증거가 없으면, 야생의 종에서 이러한 일이 종종 일어났다는 것은 인정하기 어렵다. 한편 처음부터 한쪽 성에 한정된 유전양식 아래에서 변이가 일어났다면, 잇따라 그런 변이를 거듭함으로써 수컷의 색채와 그 밖의 형질을 암컷과 매우 달라지게 하는 것은 조금도 어렵지 않을 것이다. 그 경우 암컷은 전혀 변하지 않거나 아주 약간만 변하거나, 아니면 보호를 위해 특별히 변용되는 정도일 것이다.

화려한 색채는 다른 수컷과의 경쟁에 도움이 되기 때문에, 그것이 동성(同性)에만 한정되어 유전되는 것이든 아니든 선택을 통해 남게 될 것이다. 그 결과, 암컷도 수컷과 같은 화려한 색채를 많든 적든 가지게 된다고 생각되며, 그것은 실제로 많은 새들에서 일어나고 있다. 각각의 변이가 모두 양성에 동등하게 전달된다면 암컷은 수컷과 구별이 가지 않게 되겠지만, 이런 변이는 많은 조류에서 일어나고 있다. 그러나 지상에서 서식하는 많은 새들이 그렇듯이 만약 수수한 색조가 알을 품고 있는 암컷의 안전에 매우 중요하다면, 색채가 화려하게 변이하고 있는 암컷, 즉 수컷으로부터의 유전을 통해 뚜렷이 화려해진 암컷은 언젠가는 사멸하고 말 것이다. 그러나 수컷이 자신의 아름다움을 암컷 새끼에게도 물려주려는 경향은 유전양식의 변화로 제거되어야 하지만, 앞에서 살펴본 것처럼 이것은 매우 어려운 일이다. 같은 유전양식이 내내 계속된다고 가정한다면, 오랜 세월 동안 더욱 화려한 색깔을 한 암컷이 늘 제거되어 간 결과, 수컷은 언제나 수수한 암컷과 교배하게 되어 수컷의 화려함이 줄어들거나 아주 사라져버릴 가능성이 훨씬 높다. 이 밖에도 일어날 수 있는 모든 결과를 다루는 것은 지루한 일이 될 것이다. 그러나 나는 제8장에서 보여준 것처럼, 만약 암컷에만 한정된 화려함의 변이가 일어나고 그것이 암컷에게 조금도 불리한 것이 아니며 따라서 제거되지 않는다 해도, 그것이 선택에 있어서 특별히 유리해지는 일은 없다는 점을 독자들에게 강조하고 싶다. 왜냐하면 대부분의 경우, 수컷은 암컷을 고르거나 더 매력적인 암컷을 선택하지는 않기 때문이다. 그 결과, 그러한 변이는 쉽게 사라져서 품종의 형질에 어떠한 영향도 미치지 않을 것이다. 이것이 일반적으로 암컷이 수컷보다 화려하지 않은 것에 대한 중요한 설명의 하나가 될 수 있을 것이다.

방금 이야기한 제8장에서는, 어떤 특정한 연령이 되면 나타나며 그 연령일 때만 나타나도록 유전하는 형질의 예를 들었는데, 아직도 많은 예를 추가할 수 있다. 거기서는 또 삶의 늦은 시기에 나타나는 변이는 그것이 최초로 출현한 성에만 전달되는 것이 보통이지만, 삶의 이른 시기에 나타나는 변이는 양성에만 전달되는 경향이 있음을 설명했다. 그러나 그것으로 성에 한정된 모든 유전을 설명할 수 있는 것은 아니다. 또 만약 수컷이 어렸을 때 화려한 색채를 얻는 변이를 일으킨다 해도, 번식이 시작되어 다른 수컷과의 경쟁이 일어나기 전에는 그러한 색채가 아무런 도움도 되지 않는 것이 명백하다는 것도 이미 살펴보았다. 그러나 지상에서 살아가며 수수한 색으로 보호되어야 하는 종의 경우에는, 화려한 색채가 갖는 위험은 성체(成體) 수컷보다 어리고 경험이 없는 수컷이 훨씬 크다. 그 결과, 어릴 때 색채에 화려한 변이가 일어나는 수컷은 죽음을 당하기가 훨씬 쉬워 자연선택에 의해 제거될 것이다. 반면에 거의 성체가 되었을 때 그러한 변이가 일어나는 수컷은 어느 정도 위험에 처하게 되어도 생존할 수 있을 것이며, 성선택에서 유리해짐으로써 자신과 같은 자손을 퍼뜨릴 수 있다. 변이가 일어나는 시기와 그 유전양식 사이에 어떤 관련이 있다는 원리에 입각하여, 화려한 색채의 어린 수컷이 죽고 성체 수컷은 구애에 성공함으로써 많은 조류에서 수컷만 화려한 색채를 획득하고 그것을 수컷새끼에게 전달하는 것을 설명할 수 있을지도 모른다. 그러나 나는, 유전양식에 대한 연령의 영향이 수많은 새들에서 암수 사이의 화려함에 큰 차이가 발생하는 유일하고 간접적인 원인이라고 주장할 생각은 조금도 없다.

암수의 색채가 다른 모든 새에서 수컷만이 성선택에 의해 변용되고, 암컷은 성선택의 작용에 관해 전혀 또는 아주 조금밖에 변화되지 않고 남은 것인가, 아니면 암컷이 보호를 위해 특별히 자연선택을 통해 변화한 것인가 하는 것은 매우 흥미로운 문제이다. 나는 이 문제에 대해 매우 자세히 논할 생각이다. 이 문제가 본디 지니고 있는 중요성 이상으로 길게 다루게 될지도 모르는데, 그것은 이 문제와 연관되는 여러 가지 지엽적인 문제도 함께 논할 수 있기 때문이다.

색채에 관한 문제, 더 엄밀하게 말하면 월리스의 결론과 관련된 문제에 들어가기 전에 암수 사이의 다른 차이에 대해 같은 시각으로 살펴보는 것도 유익하리라고 생각한다. 예전에는 독일에 암컷에도 며느리발톱이 있는 닭이 있었다.*5 암컷은 알을 잘 낳았지만 며느리발톱으로 둥지를 망가뜨리는 일이 너무 잦아서 자신의 알을 품을 수가 없었다. 그래서 나는 야생 꿩의 경우, 암컷에게 며느리발톱이 있으면 둥지를 망가뜨렸기 때문에 자연선택이 작용한 결

＊5 Bechstein(베히슈타인), 'Naturgesch. Deutschlands,' 1793, Bd. 3, S. 339.

과, 그 며느리발톱의 발달이 억제된 것이 아닌가 하고 생각한 적이 있었다. 날개에 돋아난 며느리발톱은 집짓기에 나쁜 영향을 주지 않았던 것으로 추측되는데, 실제로 암컷에게도 수컷과 마찬가지로 며느리발톱이 잘 발달하는 경우가 종종 있다는 것이 이 생각을 더욱 뒷받침해주었다. 단, 적지 않은 예에서 알 수 있듯이 날개에 자라난 발톱도 수컷이 암컷보다 약간 크다. 수컷의 발에 며느리발톱이 있는 경우, 암컷에게는 거의 언제나 그 흔적이 남아 있으며, 그것은 Gallus속의 종에서는 단순한 비늘에 지나지 않는 경우도 있다. 그래서 본래는 암컷에도 잘 발달된 며느리발톱이 있었지만, 그것을 사용하지 않아서 또는 자연선택의 작용에 의해 사라진 것이라고 설명할 수 있을지 모른다. 그러나 만약 이것이 인정된다면, 그것은 헤아릴 수 없이 많은 다른 형질에도 확장되어야 한다. 그리고 며느리발톱이 있는 현생종 조상의 암컷은 예전에는 매우 거추장스럽고 위험한 부속물을 모두 가지고 있었던 셈이 된다.

며느리발톱자고새속(Galloperdix), Acomus속*6 그리고 자바공작(*Pavo muticus*) 같은 몇몇 속과 종은 암컷도 수컷과 마찬가지로 잘 발달된 며느리발톱을 갖고 있다. 이 사실에서 볼 때 그들은 그 근연종과는 달리 며느리발톱이 있어도 해가 되지 않는 종류의 둥지를 지었으며, 그래서 며느리발톱을 버릴 필요가 없었다고 추론해야 할까? 아니면 이러한 종의 암컷들은 방어를 위해 특별히 며느리발톱이 필요했다고 추론해야 할까? 이보다 훨씬 타당한 대답은 암컷에 며느리발톱이 있거나 없는 것은 자연선택과는 관계가 없으며, 그 종에 우선적인 유전 양식의 차이 때문이라는 것이다. 며느리발톱이 흔적으로만 남아 있는 많은 종의 암컷에서는 수컷에게 며느리발톱을 발달시킨 몇 가지의 변이가 삶의 이른 시기에 일어났고, 그 결과로서 암컷에게도 전해졌다고 생각해도 좋을 것이다. 암컷이 완전히 발달한 며느리발톱을 가지고 있는 매우 희귀한 예에서는, 모든 변이가 암컷에게도 전달되었으며 그 뒤에 암컷은 둥지를 망가뜨리지 않는 습성을 서서히 획득한 것이라고 결론지을 수 있다.

발성기관이나 다양한 소리를 내도록 변형된 깃은 그것을 사용하고자 하는 본능에 따라 암수 사이에 종종 다른데, 간혹 같은 경우도 있다. 이 차이는 수컷은 이러한 기관과 본능을 획득했지만, 그런 것이 있으면 포식자에게 발견될

---

*6 (역주) 지금은 사용되지 않는 속명. 지금은 알락꿩(Lophura)으로 되어 있다.

위험이 커지기 때문에 암컷은 그것을 물려받지 않았다는 것으로 설명이 될수 있을까? 이것은 봄이 되면 수많은 새들이 이 세상을 아름다운 노랫소리로가득 채우고, 그것이 특별히 해를 입히는 것이 아닌 것을 생각하면 그다지 타당성이 없는 것 같다.[7] 발성이나 악기를 위한 기관은 구애의 시기에 수컷에게만 특별히 필요한 것이므로 성선택을 통해 수컷에게만 계속 사용되고 발달해왔으며, 그 유전은 처음부터 수컷에만 한정되어 있었기 때문에, 계속되는 변이는 수컷새끼에게만 전달되었다고 생각하는 것이 훨씬 확실한 결론일 것이다.

이와 유사한 예는 얼마든지 들 수 있다. 이를테면 머리의 깃털은 보통은 수컷이 암컷보다 길지만 때로는 양성이 같은 길이인 경우도 있으며, 때에 따라서는 암컷에게는 전혀 없는 경우도 있다. 이러한 변이는 동일한 조류분류군속에서도 볼 수 있다. 암수 사이의 이러한 차이는 암컷이 약간 짧은 도가머리를 가지고 있는 쪽이 유리했기 때문에, 또는 자연선택에 의해 그것이 점점 짧아지거나 완전히 사라진 것이라고 설명하기는 어려울 것이다. 그러나 이를테면 머리의 깃털은 보통은 수컷이 암컷보다 길지만, 때로는 양성이 같은 길이인 경우도 있으며, 때로는 암컷에는 전혀 없는 경우도 있다. 그러나 더욱 자연선택이 적용될 것 같은 예, 즉 꽁지의 길이를 살펴보기로 한다. 공작 수컷의긴 윗꽁지덮깃은 암컷에게는 알을 품거나 새끼를 돌볼 때 불편할 뿐만 아니라 위험하기도 할 것이다. 그래서 암컷 꽁지깃이 길어지는 것에 대해 자연선택의 제동이 걸렸다는 것은 선험적으로 보아 전혀 불가능한 일은 아니다. 그러나 다양한 꿩과의 암컷은 모두 개방된 곳에 둥지를 틀기 때문에 공작 암컷과같은 위험에 노출되는 것이 틀림없지만, 상당한 길이의 꽁지깃을 가지고 있다.큰거문고새(Menura superba)는 수컷뿐만 아니라 암컷도 긴 꽁지깃을 가지고 있으며, 이런 큰 새로서는 드물게 돔형 둥지를 짓는다. 박물학자들은 암컷이 이렇게 긴 꽁지깃을 가지고 어떻게 알을 품는 것인지 의문으로 생각했지만, 지금은 다음과 같은 사실이 밝혀져 있다.[8] 암컷은 '머리부터 먼저 둥지에 들어가며 때로는 꽁지깃을 자신의 등 위에 올리는 경우도 있지만, 보통은 꽁지깃

---

[7] 그러나 데인스 배링턴(Daines Barrington)은 ('Phil. Transact.,' 1773, p. 164), 암컷이 거의 울지 않는 것은 둥지에 있을 때 울면 위험하기 때문이라고 생각하고 있다. 그는 또 암컷의 깃털이 수컷보다 수수한 것도 같은 식으로 설명할 수 있다고 덧붙였다.

[8] Mr. Ramsay(램지), 'Proc. Zoolog. Soc.,' 1868, p. 50.

을 몸 옆으로 다발을 지어 돌린다. 그래서 꽁지깃은 옆으로 구부러지게 되어, 그 정도를 보고 그 암컷이 둥지에 얼마나 오래 있었는지 추정할 수 있다'. 호주의 흰꼬리물총새(*Tanysiptera sylvia*)는 양성이 모두 꽁지 중앙의 깃이 매우 길게 자라 있다. 암컷은 구멍 속에 집을 짓는데, R. B. 샤프(R. B. Sharpe)로부터 들은 바로는 집을 짓는 동안 이러한 깃은 매우 심하게 구겨지게 된다고 한다.

이러한 두 가지 예에서는 매우 긴 꽁지깃은 암컷에게는 어느 정도 불편할 것이 분명하며, 어느 종에서도 암컷의 꽁지깃은 수컷보다 약간 짧기 때문에, 충분한 발달이 자연선택에 의해 저지되고 있다고 주장할 수도 있다. 이러한 예에서 판단하건대, 공작 암컷에게 있어 꽁지깃의 발달이 정말로 불편해지거나 위험해질 정도로 길어졌을 때 비로소 저지되었다면, 암컷은 지금 실제로 가지고 있는 것보다 훨씬 긴 꽁지깃을 가지고 있었을 것으로 추측할 수 있다. 왜냐하면 암컷의 꽁지깃은 몸의 크기에 비해 다른 많은 꿩류 암컷만큼 길지 않으며, 특히 칠면조 암컷보다도 길지 않기 때문이다. 또 유념해야 할 것은 공작 암컷의 꽁지깃이 위험할 정도로 길어졌기 때문에 그것의 발달이 저지되었다는 생각을 인정한다면, 암컷은 항상 수컷새끼에게 영향을 줌으로써, 공작 수컷이 지금과 같은 큰 장식깃을 획득하는 것을 저지했을 거라는 사실이다. 그러므로 수컷의 꽁지깃이 길고 암컷의 꽁지깃이 짧은 것은, 처음부터 수컷의 변이는 수컷 새끼에게만 유전되었다고 하는, 변이의 성질상 필연적으로 나타나는 결과라고 추론해도 좋을 것이다.

다양한 꿩류의 꽁지깃 길이에 대해서도 거의 같은 결론에 도달하게 된다. 푸른귀꿩(*Crossoptilon auritum*)은 수컷과 암컷의 꽁지 길이가 약 40~43cm로 같다. 꿩의 경우, 수컷의 꽁지깃은 약 50cm, 암컷은 약 30cm이다. 코퍼긴꼬리꿩은 수컷이 약 90cm인 데 비해, 암컷은 겨우 20cm이다. 마지막으로 긴꼬리꿩은 때로는 수컷의 꽁지깃이 약 1.8m나 되는 경우도 있지만, 암컷은 약 40cm이다. 이렇게 몇몇 종에서는 수컷의 꽁지깃 길이와 관계없이 암컷의 꽁지깃 길이에 커다란 변이가 있는데, 이것은 유전의 법칙 때문이라고 보는 것이 훨씬 타당한 설명이라고 나는 생각한다. 즉 꽁지깃이 긴 것이 어떤 종의 암컷에게는 매우 불리하고 어떤 종의 암컷에게는 그다지 불리하지 않았기 때문에, 자연선택의 작용이라기보다는 변이가 처음부터 다소 수컷에만 전달되었다는 것이 훨씬 더 그럴듯하게 생각되는 것이다.

여기서 새의 성적인 색채에 관한 월리스의 주장을 살펴보기로 하자. 그는 본디 성선택을 통해 수컷이 획득한 화려한 색채는 모두, 또는 대부분의 예에서 자연선택에 의해 저지되지 않는 한 암컷에게도 전달되었을 거라고 생각하고 있다. 여기서 독자들을 위해 그것을 보여주는 대부분의 사례는 파충류, 양서류, 어류, 나비목에서 제시되었다는 점을 언급해 둔다. 월리스가 그렇게 생각하는 주된 이유는*9 그것이 전부는 아니지만 다음 장에서 검토하듯이 양성이 모두 눈에 잘 띄는 화려한 색으로 장식되어 있는 종의 경우, 둥지는 알을 품고 있는 새를 숨기기에 적합하도록 만들어져 있다. 그러나 암수의 색채에 현저한 차이가 있는 종은 수컷의 색채가 화려하고 암컷이 수수하며, 둥지는 알을 품고 있는 새가 잘 보이는 개방된 곳에 노출되어 있다는 점에 있다. 이 우연의 일치는 그것에 관한 한, 개방된 둥지에서 알을 품는 암컷은 특별히 보호를 위해 변용되어 왔다는 생각을 뚜렷이 뒷받침하고 있다. 월리스는 당연히 그의 두 가지 법칙에는 예외가 있음을 인정했지만, 문제는 예외가 너무 많아서 법칙 자체가 무효화되어 버리는 게 아닌가 하는 점이다.

무엇보다 돔형 둥지는 개방된 곳에 만들어진 작은 둥지보다, 특히 나무 위를 건너다니는 육식성 동물에게 발견되기 쉽다고 한 아가일 공작의 지적에는*10 충분한 타당성이 있다. 또 개방된 곳에 집을 짓는 새의 대부분은 암컷과 마찬가지로 수컷도 알을 품고 새끼에게 먹이를 공급한다는 사실을 잊어서는 안 된다. 예를 들면 미국에서 가장 아름다운 새의 하나로, 수컷은 붉은 색이고 암컷은 밝은 녹갈색인 청머리앵무(*Pyranga aestiva*)도 그러하다.*11 그런데 개방된 둥지 안에 있을 때 화려한 색깔이 특별히 위험하다면, 이러한 종의 수컷은 매우 불리했을 것이다. 그러나 화려한 색채는 경쟁자를 제압하기 위해 수컷에게는 무엇보다 중요한 것이므로, 어느 정도의 위험이 따르더라도 그 정도는 보상되고도 남는 것이 아닐까?

월리스는 검은바람까마귀(Dicrurus), 꾀꼬리, 팔색조는 암컷이 눈에 잘 띄는 색인데도 개방된 장소에 둥지를 짓는다는 사실을 인정했다. 그는 검은바람까마귀는 매우 공격적이어서 자신을 스스로 지킬 수 있지만, 꾀꼬리는 개방된

*9 'The Journal of Travel,' edited by A. Murray(A. 머리), Vol. 1, 1868, p. 78.

*10 'The Journal of Travel,' edited by A. Murray(A. 머리), Vol. 1, 1868, p. 281.

*11 오듀본, 'Orinithological Biography,' Vol. 1, p. 233.

둥지를 세심한 주의를 기울여 숨긴다고 주장했는데, 이것은 일반적으로 적용되는 사례는 아닐 것이다.*12 또 팔색조의 암컷이 화려한 색을 띠고 있는 곳은 주로 몸 아랫부분이라고 설명했다. 이러한 사례 외에 대부분 늘 아름답고 때로는 눈이 휘둥그레질 만큼 화려한 색이어서 포식성 새에게 종종 습격을 받는 것으로 유명한 비둘기라는 커다란 그룹은, 이 법칙의 중대한 예외이다. 이 비둘기는 언제나 개방된 곳에 눈에 잘 띄도록 둥지를 짓기 때문이다. 또 다른 큰 그룹인 벌새는 모든 종이 개방된 곳에 둥지를 짓는데, 그 가운데 가장 화려한 색채의 종은 암수가 비슷하다. 이들의 암컷은 대부분 수컷만큼은 아니라도 매우 아름답게 장식되어 있다. 그러나 아름답게 장식된 벌새 암컷은 그 초록색 덕분에 포식당하지 않는 거라고 주장할 수는 없다. 왜냐하면 암컷들 가운데에는 깃 윗면이 빨강, 파랑, 그 밖의 색으로 장식되어 있는 것도 있기 때문이다.*13

구멍을 파거나 돔형 둥지를 짓는 새에게는 숨는 것 외에도 월리스의 말처럼 비와 이슬을 피할 수 있고 더 따뜻하며, 특히 더운 나라에서는 햇빛으로부터 보호되는 등의 이점이 있다.*14 따라서 양성이 모두 수수한 색깔을 한 많은 새들이 숨은 둥지를 짓는다 해도, 그의 견해에 대한 중대한 반론이 되지 않는 것은 확실하다.*15 이를테면 인도와 아프리카의 코뿔새속(Buceros)은 둥지 속에서 생활할 때는 수컷이 암컷을 특별히 세심하게 보호한다. 수컷은 암컷이 알을 품고 있는 나무의 구멍을 작은 통로만 남기고 막아버린 뒤, 그 통로를 통해 암컷에게 먹이를 갖다 준다.*16 그렇게 암컷은 알을 품는 기간 내내 거기에

---

*12 저딘, 'Birds of India,' Vol. 2, p. 108. 굴드의 'Handbook to the Birds of Australia,' Vol. 1, p. 463.

*13 이를테면 제비꼬리벌새(Eupetomena macroura) 암컷의 머리와 꽁지는 짙은 청색이고 허리는 붉다. *Lampornis porphyrurus* 암컷의 등은 검은 녹색이고, 눈과 부리 사이, 목 양쪽은 진홍색이다. 쥘부채벌새(*Eulampis jugularis*) 암컷의 정수리와 등은 녹색이지만, 허리와 꼬리는 진홍색이다. 이 밖에도 암컷이 매우 눈에 띄는 종류가 많이 있다. 이 과에 관한 굴드의 홀륭한 업적을 참조하기 바란다.

*14 샐빈은 과테말라에서 벌새가 햇빛이 쨍쨍 내리쬐는 무더운 날에는, 시원하고 흐리거나 비가 오는 날보다 둥지에서 잘 나가지 않는 것을 발견했다('Ibis,' 1864, p. 375).

*15 수수한 색을 한 새가 숨겨진 둥지를 짓는 예로서 굴드가 'Handbook to the Birds of Australia,' Vol. 1, pp. 340, 362, 365, 383, 387, 389, 391, 414에 설명한, 호주의 8개 속을 들 수 있다.

*16 저딘, 'Birds of India,' Vol. 1, p. 244.

간혀있는 것이다. 그렇다고 코뿔새 암컷이, 개방된 곳에 둥지를 짓는 비슷한 크기의 다른 새들에 비해 특별히 화려한 색채를 띠는 것은 아니다. 월리스의 견해에 대한 더욱 중대한 반론은, 그 자신이 인정한 것처럼 수컷이 화려하고 암컷은 수수한 색을 띠고 있는 데도 암컷이 돔형 둥지에서 알을 품는 종이 있다는 사실이다. 호주의 까치종다리속(Grallinae)과 요정굴뚝새속(Maluridae), 태양새속(Nectariniae), 그리고 역시 호주의 꿀빨이새속(Meliphagidae) 등의 몇 종도 그러하다.[17]

영국의 새를 살펴보면, 암컷의 몸 색깔과 암컷이 짓는 집의 성질 사이에 특별히 일반적인 관계는 없다는 것을 알 수 있다. 영국의 새 가운데 약 40종이 (스스로 몸을 보호할 수 있는 대형종은 제외하고) 강기슭, 바위, 나무 등의 구멍에 집을 짓거나 돔형의 집을 짓는다. 황금방울새, 멋쟁이새, 검은새 등의 암컷을 눈에 잘 띄는 암컷의 표준으로 보고 이 정도로는 알을 품고 있는 암컷에게 그다지 위험하지 않다고 가정한다면, 위의 40종 가운데 단 12종의 암컷만 위험할 정도로 눈에 띄고 나머지 28종은 그다지 눈에 띄지 않는다고 말할 수 있다.[18] 그리고 양성 사이의 차이가 어느 정도인가, 또 둥지가 어떠한 특징을 갖고 있는가 하는 것과도 긴밀한 연관성이 전혀 보이지 않는다. 집참새 (*Passer domesticus*) 수컷은 암컷과 매우 다르며, 참새 수컷(*P. montanus*)은 암컷과 거의 다르지 않은데도 둘 다 꽁꽁 숨어 있는 둥지를 짓는다. 흔히 볼 수 있

---

[17] 이 꿀빨이새속의 집짓기와 색깔에 대해서는 굴드의 'Handbook,' &c., Vol. 1, pp. 504, 527 참조.

[18] 이 문제에 대해 나는 맥길리브레이의 'British Birds'를 조사해 보았다. 몇몇 예에서는 둥지가 어느 정도 감춰져 있고 암컷이 얼마나 눈에 띄는지에 대해 의문이 남기는 하지만, 다음과 같은 새들은 모두 구멍 속이나 돔형 둥지에 알을 낳으며, 위에 말한 기준으로는 눈에 띄는 색이라고 말하기 어렵다. 참새속(Passer) 2종, 찌르레기속(Sturnus)은 암컷이 수컷보다 훨씬 덜 화려한 물까마귀속(Cinclus), *Motacilla boarula*(?), 유럽울새속(Erithacus)(?), Fruticola 2종, 검은딱새속(Saxicola), Ruticilla 2종, 검은머리휘파람새속(Sylvia) 3종, 박새속(Parus) 3종, Mecistura, Anorthura, 나무발바리속(Certhia), 동고비속(Sitta), Yunx, 솔딱새속(Muscicapa) 2종, 제비속(Hirundo) 3종, 그리고 Cypselus이다. 다음에 드는 12종류의 암컷은 같은 기준에 비춰 눈에 잘 띈다고 할 수 있을지도 모른다. 분홍찌르레기속(Pastor), 백할미새(*Motacilla alba*), 박새(*Parus major*), 푸른박새(*Parus caeruleus*), 후투티속(Upupa), 청딱따구리속(Picus) 4종, 유럽파랑새속(Coracias), 물총새속(Alcedo), 그리고 무지개벌잡이새속(Merops).

는 회색딱새(*Muscicapa grisola*)[*19]는 암수가 거의 구별이 되지 않고, 알락딱새 (*M. luctuosa*)[*20]는 암수가 많이 다르지만 둘 다 구멍 속에 둥지를 튼다. 검은 새(*Turdus merula*) 암컷은 수컷과 매우 다르지만, 목도리지빠귀(*T. torquatus*) 암 컷은 수컷과 별로 다르지 않다. 일반적인 붉은날개지빠귀(*T. musicus*)[*21]는 암 수가 거의 똑같다. 그런 데도 이들은 모두 개방된 장소에 집을 짓는다. 한편 그다지 먼 관계가 아닌 물까마귀(*Cinclus aquaticus*)는 돔형 둥지를 짓는데, 목 도리지빠귀 만큼이나 암수가 매우 다르다. 멧닭과 붉은뇌조(*Tetrao tetrix, T. scoticus*)는 둘 다 잘 숨겨진 장소에 개방된 둥지를 지으며, 멧닭은 암수가 매우 다르지만 붉은뇌조는 암수가 거의 같다.

이상과 같은 반론에도 불구하고 월리스의 훌륭한 논문을 읽은 뒤에는, 세계 의 새들 가운데 암컷이 눈에 띄는 색채를 띤 종의 대부분은(이 경우 드문 예 외를 제외하고 수컷도 마찬가지로 눈에 띄는 색깔이다) 보호를 위해 숨은 둥지 를 짓는다고 생각되었다. 월리스는 그 법칙이 성립되는 그룹의 사례를 수없이 들었지만,[*22] 여기서는 물총새, 큰부리새, 비단날개새, 오색조(Capitonidae), 나 이스투라코(Musophagae),[*23] 딱따구리, 그리고 앵무새처럼 잘 알려진 그룹만으 로도 충분할 것이다. 월리스는 이러한 그룹에서는 수컷이 성선택을 통해 서서 히 화려한 색채를 획득해 갔으며 그에 따라 암컷에게도 그것이 전달되었는데, 그들의 둥지는 이미 충분히 보호되고 있었기 때문에 암컷의 색채가 자연선택 에 의해 사라지는 일은 없었다고 생각하고 있다. 이 견해에 따르면 그들이 취 하게 된 영소(營巢)[*24] 양식은, 그들이 현재의 색채를 갖기 전에 획득되었음을 뜻한다. 그러나 나로서는 이러한 대부분의 경우에 암컷이 수컷의 색채를 물 려받음으로써 색깔이 점차로 화려해짐에 따라, 그들은 서서히 본능을 바꾸지 않을 수 없게 되어(그들이 본래 개방된 장소에 집을 지었다고 가정한다면) 돔형 의 집을 짓거나 숨은 장소에 집을 짓게 된 것이라고 생각하는 것이 좀 더 타 당할 것 같다. 이를테면 북아메리카와 남아메리카에서는 같은 종이 다른 집

---

*19 (역주) 지금의 학명은 *Muscicapa striata*.

*20 (역주) 지금의 학명은 *Ficedula hypoleuca*.

*21 (역주) 지금의 학명은 *Ficedula hypoleuca*.

*22 'Journal of Travel,' edited by A. Murray, Vol. 1, p. 78.

*23 (역주) 속명 Musophagae는 지금은 Tauraco로 되어 있다.

*24 (역주) 새나 개미 등 동물이 주로 번식을 위해 집을 짓는 일.

을 짓는다는 것을 보여준 오듀본의 논문*25을 읽으면, 새가(이 언어의 엄밀한 의미에서) 전적으로 우연히 습성을 바꿈으로써, 또는 본능의 자발적 변이에 대한 자연선택의 작용을 통해 영소 습성이 간단하게 바뀐다는 것을 인정하는 데 아무런 어려움이 없는 것으로 생각된다.

암컷의 화려한 색채와 영소 습성 사이의 관계를 이렇게 해석하는 것은 그 것이 성립되는 한, 사하라사막에서의 유사한 예를 통해 그것을 어느 정도 지 지할 증거가 있다고 할 수 있다. 사하라에서는 대부분의 다른 사막지대와 마 찬가지로 다양한 새와 많은 동물들이 자신들을 에워싸고 있는 환경의 색조에 맞도록 놀랄 만큼 잘 적응하고 있다. 그럼에도 트리스트람으로부터 들은 바로 는 여기에도 예외가 있는 듯하다. 이를테면 바다직박구리(*Monticola cyanea*)*26 수컷은 매우 눈에 잘 띄는 화려한 파란색이며, 암컷도 갈색과 하얀 반점이 있 는 깃털이지만 마찬가지로 눈에 잘 띈다. 검은꼬리사막딱새속(Dromolaea)*27의 2종은 암수 모두 광택이 있는 검은색이다. 그래서 이 3종의 새는 색채에 의해 보호되는 일은 거의 없지만, 그들은 위험이 닥쳐오면 지면의 구멍이나 바위 틈새에 몸을 숨기는 습성이 있어서 살아남을 수 있다.

암컷이 눈에 잘 띄는 색깔이고 숨은 곳에 둥지를 짓는, 위에서 특정한 그룹 의 새에 대해 개개의 종이 그 영소 본능을 특별히 변용시켰다고 가정할 필요 는 없다. 다만 각 그룹의 초기 조상이 서서히 돔형 또는 숨은 둥지를 짓도록 변화했으며, 나중에 그 본능을 화려한 색채와 함께 자손에게 물려주었다고 생각하면 된다. 이 결론을 신뢰해도 된다면 매우 흥미로운 일이다. 즉 성선택 이 양성에 동등하게 또는 거의 동등하게 전해지는 유전과 함께 어떤 그룹에 속한 새 전체의 영소습성을 간접적으로 결정한 것이 되기 때문이다.

월리스에 따르면 숨은 곳에 집을 지어 암컷이 보호받고 있기 때문에, 자연 선택에 의해 암컷의 화려한 색채가 제거되지 않은 것으로 알려진 그룹에서 도, 수컷은 종종 암컷과는 약간 다르며 가끔은 매우 다르다. 이것은 매우 중요

---

*25 'Ornithological Biography' 속의 많은 기술을 참조할 것. 또 이탈리아 조류의 집짓기에 관한 에우게니오 베토니(Eugenio Bettoni)의 놀라운 관찰도 참조할 것('Atti della Società Italiana,' Vol. 11, 1869, p. 487).

*26 (역주) 지금의 학명은 Monticola solitarius.

*27 (역주) 속명 Dromolaea는 지금은 Oenanthe로 되어 있다.

한 사실이다. 왜냐하면 색채의 그러한 차이는, 특히 그것이 매우 미미한 경우에는 도저히 암컷에게 보호 역할을 하고 있다고 주장할 수 없으므로, 그것은 수컷 사이의 변이의 유전이 처음부터 수컷에만 한정되어 있었다는 원리로 설명되어야 하기 때문이다. 아름다운 색깔을 한 트로곤속의 모든 종은 구멍 속에 둥지를 튼다. 굴드는*28 그 가운데 25종의 암수를 그림으로 그렸는데, 반쯤 예외적인 경우를 제외한 모든 종에서 암수의 색깔은 어떤 경우에는 약간, 또 어떤 경우에는 눈에 띄게 다르다. 암컷도 매우 아름답지만 수컷이 언제나 더 아름답다. 물총새속의 모든 종은 구멍 속에 집을 지으며 대부분 암수가 동등하게 아름답다. 여기까지는 월리스의 법칙이 잘 적용되고 있다. 그러나 호주의 종에는 암컷이 수컷보다 화려하지 않은 것이 있으며, 매우 아름다운 색깔의 한 종은 암수가 너무 달라서 처음에는 다른 종인 줄 알았을 정도였다.*29 이 그룹에 대해 특별히 연구한 R. B. 샤프는 수컷의 가슴에 검은 띠가 있는 아메리카 뿔호반새속(Ceryle)의 몇 종을 나에게 보여주었다. 그리고 띠새속(Carcineutes)*30은 암수의 차이가 뚜렷하다. 수컷은 등 쪽이 칙칙한 청색에 검은 줄무늬, 배의 일부는 엷은 황갈색, 머리 일부는 붉은색이다. 암컷의 등은 적갈색에 검은 줄무늬이고, 배는 흰 바탕에 검은 반점이 있다. 이것은 특징적인 동일한 유형의 성적 색깔이 종종 근연(近緣)한 종에 나타나는 공통적인 특징임을 보여주는 흥미로운 사실이다. 즉 웃음물총새(Dacelo) 3종은 수컷의 꽁지깃이 흐릿한 청색에 검은 줄무늬인데, 암컷은 갈색에 거무스름한 띠가 있다는 점에서만 암수가 다르다. 여기서 암수의 꼬리에서 볼 수 있는 색깔 차이는, 띠새속 암수의 배 전체에서 볼 수 있는 차이와 똑같다.

역시 구멍 속에 둥지를 트는 앵무새에서도 유사한 예를 볼 수 있다. 대부분의 종은 암수 모두 아름다운 색깔이어서 구별이 되지 않지만, 수컷이 암컷보다 더 화려하거나 암수가 색깔이 상당히 다른 종도 적지 않다. 큰장수앵무새(*Aprosmictus scapulatus*)*31 수컷은 매우 뚜렷한 다른 차이 외에 배쪽 전체가 진

---

*28 그의 'A Monograph of the Trogonidae,' 1st edition 참조.

*29 그것은 Cyanalcyon이다. 굴드의 'Handbook to the Birds of Australia,' Vol. 1. p. 133, 그리고 p. 130, 136 참조.

*30 (역주) 지금의 학명은 Loced.

*31 (역주) 지금의 학명은 *Alisterus scapularis*.

홍색이지만, 암컷은 목과 가슴이 붉은 빛이 도는 녹색이다. 진홍가슴도라지앵무(*Euphema splendida*)*32에서도 비슷한 차이를 볼 수 있다. 얼굴과 날개덮깃은 암컷이 수컷보다 더 엷은 청색이다.*33 박새과(*Parinae*)도 숨은 둥지를 짓는데 우리에게 친숙한 푸른박새(*Parus caeruleus*) 암컷은 수컷보다 '색깔이 훨씬 선명하다'. 인도에 사는 아름다운 술탄박새에서는 그 차이가 더욱 뚜렷하다.*34

따따구리의 큰 집단에서도 암수는 보통 거의 같다.*35 Orange-backed woodpecker*36(*Megapicus validus*)*37는 수컷의 머리, 목, 가슴이 모두 진홍색인 데 비해 암컷은 엷은 갈색이다. 따따구리 일부 종은 수컷의 머리가 화려한 붉은색인데 비해 암컷은 수수해서 암컷이 둥지를 튼 나무 구멍에서 고개를 내밀 때마다 수컷의 붉은색이 암컷을 눈에 잘 띄게 하여 위험하므로, 나는 월리스가 생각한 것처럼 제거되어버린 것이 아닌가 하고 생각되었다. 이 견해는 *Indopicus carlotta*에 대해 말레르브가 설명한 것으로 더욱 보강되었다. 즉, 이 종의 어린 암컷은 어린 수컷과 마찬가지로 머리에 붉은 부분이 조그맣게 있는데, 성체가 됨에 따라 암컷에서는 사라져버리지만 수컷은 그 빛깔이 더욱 선명해진다. 그럼에도 다음과 같은 것을 생각하면, 이 견해는 결코 타당성이 없는 것으로 생각된다. 그것은 수컷도 마찬가지로 알을 품기 때문에*38 암컷과 똑같은 위험에 노출된다고 생각할 수 있다는 것, 그리고 많은 종에서는 암수 머리가 똑같이 붉은색이며 다른 몇 종은 그 붉은색의 차이가 너무 미미하여, 그 차이가 위험에 대한 효과에 무슨 의미가 있으리라고는 도저히 생각할 수 없다는 것, 마지막으로 암수의 머리색은 그 밖의 점에서도 약간 다른 경우가 많다는 것 등이다.

일반적인 법칙으로는, 암수가 비슷한 집단의 내부에서 암수의 색깔에 미미

---

*32 (역주) 지금의 학명은 *Neophema splendida*.

*33 호주의 앵무새에서는 양성의 색채 차이에 완전한 연속성을 볼 수 있다. 굴드의 'Handbook,' &c., Vol.2, pp. 14-102 참조.

*34 맥길리브레이의 'British Birds,' Vol. 2, p. 433. 저딘의 'Birds of India,' Vol. 2, p. 282.

*35 다음에 드는 모든 사실은 말레르브(Malherbe)의 훌륭한 'Monographie des Picidées,' 1861에서 인용했다.

*36 (역주) 따따구리의 일종.

*37 (역주) 지금의 학명은 *Reinwardtipicus validus*.

*38 오듀본, 'Ornithological Biography,' Vol. 2, p. 75. 'Ibis,' Vol. 1, p. 268 참조.

한 차이와 연속된 차이가 있는 위의 예는 모두, 돔형 둥지를 짓거나 숨은 장소에 집을 짓는 종류이다. 그러나 일반적인 법칙으로서 암수가 닮았는데도 열린 장소에 집을 짓는 종류에서도 같은 연속적인 차이를 볼 수 있다. 앞에 호주에 서식하는 앵무새의 사례를 들었으므로 상세한 설명은 생략하고, 이번에는 호주의 비둘기를 사례로 들고자 한다.[39] 이러한 모든 예에서는 암수 깃털의 미미한 차이가 이따금 일어나는 커다란 차이와 일반적인 성질에서 같다는 것은 주목할 만한 사실이다. 그 좋은 예는 이미 소개했듯이 꼬리만 또는 깃털 윗부분 전체가 마찬가지로 암수가 서로 다른 물총새속의 2종이다. 앵무새와 비둘기에서도 비슷한 사례를 볼 수 있다. 같은 종의 수컷과 암컷 사이의 색채 차이는 같은 분류군에 속하는 다른 종 사이의 색채 차이와 그 성질에 있어서 같다. 즉 암수가 일반적으로는 같은 집단에서 수컷이 암컷과 눈에 띄게 다른 경우에는, 수컷은 완전히 새로운 방식으로 장식되어 있는 것이 아니다. 따라서 같은 집단 속에서는 암수가 비슷한 경우에 양성이 모두 갖고 있는 특별한 색, 수컷이 암컷과 약간 또는 상당히 다른 경우에 수컷이 가지고 있는 색은, 같은 일반적 원인이 작용하여 결정된 것이 아닌가 하고 생각할 수 있는데 그것이 바로 성선택이다.

암수 사이의 색채 차이가 미미할 때는 이미 말한 것처럼 그것이 암컷의 보호에 도움이 된다고는 도저히 생각하기 어렵다. 그러나 그것이 도움이 된다고 가정하면, 그것은 현재 변용 과정에 있는 사례라고 생각할 수 있을지도 모른다. 그러나 많은 종이, 어떤 시점에서 동시에 변화를 일으키고 있다고 생각하기는 어렵다. 그러므로 수컷과 색채가 아주 조금밖에 다르지 않은 수많은 암컷들이, 현재 일제히 보호를 위해 수수한 색깔로 변해가고 있는 과정이라고는 도저히 생각할 수 없다. 만약 좀 더 뚜렷한 차이를 생각해낸다 해도, 이를테면 푸른머리되새 암컷의 머리, 멋쟁이새 암컷의 붉은 가슴, 유럽방울새 암컷의 녹색, 상모솔새 암컷의 도가머리 등이 모두 보호를 위해 서서히 그 아름다움을 잃어가는 일이 있을 수 있을까? 나는 그렇게 생각하지 않는다. 숨은 곳에 집을 짓는 새들 가운데 암수의 차이가 적은 것의 경우는 더더욱 그렇지 않다고 생각한다. 암수 사이의 색깔 차이는, 그것이 크든 작든 성선택을 통해 수

---

[39] 굴드, 'Handbook to the Birds of Australia,' Vol. 2, pp. 109-149.

컷이 획득한 변이가 처음부터 많든 적든 암컷에게 유전이 제한되었기 때문이라는 것으로 설명이 될 것이다. 그 제한의 정도가 종에 따라 다른 것은 유전의 법칙을 연구한 사람들에게는 조금도 놀라운 일이 아니다. 유전은 매우 복잡하여 무지한 우리의 눈에는 그 작용이 매우 무질서해 보인다.*40

내가 조사한 바로는, 상당히 많은 종을 거느린 큰 집단에서 모든 종의 암수가 동등하게 아름답게 장식되어 있는 경우는 매우 드물다. 그러나 스클레이터로부터 들은 바로는 나이스투라코과(Musophagae)는 암수가 모두 아름답다고 한다. 또 그러한 큰 집단에 속하는 모든 종에서 암수의 색채가 크게 다른 것은 거의 없을 것이다. 월리스가 알려준 바로는 남아메리카의 장식새과(Cotingidae)가 가장 좋은 사례라고 하는데, 그 가운데 수컷의 가슴에 화려한 붉은색이 있는 종은 암컷의 가슴에도 약간 붉은 부분이 있다. 다른 종에서도 암컷은 수컷이 갖고 있는 화려한 녹색과 그 밖의 색채를 약간 드러내고 있다. 어쨌든 몇몇 집단에는 전체적으로 암수가 비슷한 것과 비슷하지 않은 것이 조금은 있는 셈이다. 이것은 유전의 법칙이 매우 변덕스럽다는 것을 생각하면 약간 놀라운 일이다. 그러나 동종 사이에 비슷한 유전의 법칙이 작용하는 것은 그리 놀라운 상황이 아니다. 가금류인 닭에는 수많은 품종과 변종이 만들어져 왔으며, 보통은 암수의 색채가 다르다. 그래서 어떤 변종에서 암수가 비슷하면 그것은 주목할 만한 일로 여겨져 왔다. 한편 가금류인 비둘기도 많은 다양한 품종과 변종이 태어났지만, 비둘기는 희귀한 예외를 제외하고 암수가 완전히 같다. 그러므로 꿩과와 비둘기과에서 다시 새로운 종을 가축화한다면, 어떤 경우에도 다른 유전양식에 따라 암수가 같은 것과 암수가 다른 것이 태어날 것이라고 예측해도 그리 성급한 판단은 아닐 것이다. 마찬가지로 같은 자연의 집단 안에서는 일반적으로 같은 유전양식이 우세한 것이 일반적이다. 물론 거기에는 놀라운 예외도 있으며, 같은 과 또는 같은 속에서도 암수가 같은 것도 있는가 하면 암수가 크게 다른 것도 있다. 참새, 딱새, 개똥지빠귀, 뇌조 등, 같은 속에 속하는 것에 대해서는 몇 가지 예를 이미 들었다. 꿩과의 거의 모든 종은 암수가 매우 다르지만, 푸른귀꿩(Crossoptilon auritum)은 암수가 매우 비슷하다. 기러기 종류인 회색머리기러기속(Chloephaga) 2종은 몸의 크기

___
*40 이 문제에 대해서는 나의 저작 《사육동식물의 변이》 제2권, 제12장을 참조할 것.

를 제외하면 암수가 거의 구별이 가지 않지만, 다른 2종은 암수가 매우 달라서 쉽게 별종으로 오인받을 정도이다.*⁴¹

암컷이 늦은 나이에 수컷의 고유한 형질을 획득하여 최종적으로는 수컷과 거의 구별이 가지 않을 정도가 되는 사례는, 유전 법칙에 따른 것이라고 설명할 수밖에 없다. 이때는 보호색이 거의 아무런 역할도 하지 않는다. 블라이스가 알려준 바로는 검은머리꾀꼬리(*Oriolus melanocephalus*)*⁴²와 그것과 동종의 암컷은 번식할 수 있을 만큼 성장하면 깃 색깔이 수컷과 매우 달라지지만, 두세 번 털갈이를 하고 부리가 아주 약간 녹색을 띠는 것을 제외하면 수컷과 거의 다르지 않게 된다. 리틀비턴(Ardetta)은 블라이스에 의하면, '수컷은 최초의 털갈이가 끝나면 최종적인 장식을 몸에 갖추는데, 암컷은 털갈이를 서너 번 거치지 않으면 그렇게 되지 않는다. 그 동안 암컷은 중간적인 장식을 거쳐 최종적으로 수컷과 같아진다'. 매(*Falco peregrinus*) 암컷도 수컷보다 늦게 푸른 깃을 획득한다. 스윈호(Swinhoe)에 따르면 검은바람까마귀(*Dicrurus macrocercus*) 수컷은 아직 새끼일 때 부드러운 갈색 깃털이 빠지고 나서 짙은 녹색이 감도는 검은색으로 온통 뒤덮이는데, 암컷은 오랫동안 겨드랑이깃에 하얀 줄무늬와 반점이 남아 있다가 3년이 지나야 수컷처럼 검은색 일색이 된다고 한다. 날카로운 관찰가인 그는 또, 중국의 노랑부리저어새속(Platalea) 암컷은 2년째 봄에 1년째 수컷과 비슷해지며 수컷이 훨씬 일찍 획득하는 성체의 깃털을 암컷이 획득하는 것은 적어도 3년째 봄 이후라고 말했다. *Bombycilla carolinensis* 암컷은 수컷과 거의 다르지 않지만 날개깃을 장식하고 있는 붉은 봉랍 구슬을 꿴 것 같은 돌기는, 암컷의 경우 수컷만큼 이른 시기부터 발달하지는 않는다. 알렉산더앵무(*Palaeornis Javanicus*) 수컷의 위턱은 아주 어릴 때부터 산호색이지만, 암컷은 블라이스가 사육하는 것과 야생하는 것 양쪽을 관찰한 바로는, 처음에는 검은색이며 적어도 한 살이 되어야 붉은색이 되어 비로소 암수가 같은 색이 된다고 한다. 야생칠면조는 최종적으로는 양성 모두 가슴에 가시처럼 억센 깃털다발이 자라지만, 두 살이 되면 수컷의 깃털다발은 약 10cm나 되는데 비해 암컷의 깃털다발은 거의 눈에 띄지 않는다. 이 암컷도 네 살이 되

＊41 'Ibis,' Vol. 6, 1864, p. 122.

＊42 지금의 학명은 *Oriolus xanthornus*.

면 깃털다발이 10~13cm로 자라게 된다.[43]

이러한 사례에서는 암컷은 정상적인 발달과정을 거쳐 최종적으로 수컷과 같아지며 병들거나 늙은 암컷이 수컷의 형질을 갖게 되는 경우나, 또는 완전한 번식력을 갖춘 암컷이 어릴 때 알 수 없는 원인으로 수컷의 형질을 변이로서 물려받는 경우와 혼동해서는 안 된다.[44] 그러나 이러한 예는 모두 서로 공통점이 많아서 판게네시스 가설의 제뮬에 기인하는 것인지도 모른다. 즉 수컷 몸의 각 부분에서 유래하는 제뮬이 암컷 속에도 잠재적으로 숨어 있다가, 암컷을 구성하고 있는 조직의 선호성에 약간의 변화가 일어나면 그것에 반응하여 발달하는 건지도 모른다.

1년 동안의 계절에 따른 깃털의 변화에 대해 한 가지 더 덧붙이고자 한다. 앞에서 말한 이유에 의해 백로와 해오라기, 그 밖의 새들에서 여름에만 발달하는 우아한 깃털, 길게 자라는 깃, 도가머리 등은 설령 양성이 함께 갖고 있다 해도 오로지 구애를 위한 장식인 것은 의심할 여지가 없을 것이다. 그래서 암컷은 겨울보다는 알을 품는 시기에 더욱 눈에 띄는 모습이 되는데, 해오라기와 백로, 그리고 많은 다른 새들은 스스로 자신을 보호할 수 있을 것이다. 그러나 장식깃은 겨울에는 방해만 될 뿐 전혀 쓰일 곳이 없으므로, 겨울에는 불필요한 장식을 떼어버리기 위해 1년에 두 번 털갈이를 하는 습성이 자연선택을 통해 서서히 획득되었다고 생각할 수도 있다. 그러나 이 설명을 겨울깃과 여름깃의 색채가 거의 비슷한, 많은 섭금류(涉禽類, 다리·목·부리가 긴 물새)에까지 확장할 수는 없다. 양성 또는 수컷만이 번식기에 매우 눈에 띄게 되어

---

[43] 리틀비턴에 대해서는 블라이스가 번역한 퀴비에의 'Le Règne Animal,' footnote, p. 159 참조. 매에 대해서는 찰스워스(Charlesworth)의 'Mag. of Nat. Hist.,' Vol. 1, 1837, p. 304에 실린 블라이스의 논문. *Dicrurus*에 대해서는 'Ibis,' 1863, p. 44. Platalea에 대해서는 'Ibis,' Vol. 6, 1864, p. 366. *Bombycilla*에 대해서는 오듀본의 'Ornitholog. Biography,' Vol. 1, p. 229 참조. 알렉산더앵무에 대해서는 저딘의 'Birds of India,' Vol. 1, p. 263 참조. 야생칠면조에 대해서는 오듀본의 '같은 책.,' Vol. 1, p. 15. 내가 저지 캐턴에게서 들은 바로는, 일리노이에서는 매우 드물게 암컷의 얼굴에 깃털이 자란다고 한다.

[44] 블라이스는 (퀴비에의 'Le Règne Animal', Translation p. 158), 때까치속(Lanius), Ruticilla, Linaria, 청둥오리속(Anas) 등에서 다양한 사례를 기록했다. 오듀본도 *Tyranga aestiva*에서 같은 예를 기록했다('Orinith. Biog.,' Vol. 5, p. 519).

무방비 상태가 되는 종이나, Pennant-winged Nightjar*45와 천인조속(Vidua)처럼 이 시기에 수컷의 날개와 꽁지깃이 너무 길어져서 비행에 방해가 되는 종은, 특히 이러한 장식을 버리기 위해 두 번째 털갈이 습성이 획득된 것이라고 처음에는 생각할 수 있다. 그러나 극락조, 청란, 공작 같은 새는 겨울에도 장식깃을 떼어내지 않는다는 사실을 잊어서는 안 된다.*46 적어도 꿩과에서는 이러한 새들이 1년에 두 번 털갈이하는 것을 불가능하게 하는 어떤 제한요인이 있다고 주장할 수는 없다. 왜냐하면 뇌조는 1년에 세 번이나 털갈이를 하기 때문이다.*47 그래서 겨울 동안 장식적인 깃을 떼어버리거나 화려한 색조를 잃는 많은 새들이 이 습성을 획득한 것은, 그렇게 하지 않으면 어떤 불편이나 위험이 생기기 때문이라는 생각은 의심스럽지 않을 수 없다.

그러므로 나는, 1년에 두 번 털갈이하는 습성은 거의 또는 모든 사례에서 더 따뜻한 겨울깃을 갖기 위한 것 등의 특별한 목적을 위해 먼저 획득되었으며, 그 뒤 여름에 일어나는 깃 색깔의 변이가 성선택에 의해 축적되어 그 자손에게 같은 시기에 나타나도록 전달된 것이라는 결론을 내리고 싶다. 이러한 변이가 양성에 전달되는지 수컷에만 전달되는지는, 그 종에 우세한 유전양식에 달려 있다. 이 설명이, 이러한 종은 모두 본디 겨울에도 장식깃을 유지하고 있었지만 그것이 불리하거나 위험해서 자연선택에 의해 그것을 버리게 되었다는 설명보다 더 타당하게 들린다.

이 장에서 나는 무기, 화려한 색채, 다양한 장식 등이 현재 수컷에만 한정되어 있는 것은, 형질이 양성에 동등하게 전달되는 경향이 자연선택에 의해 수컷에만 전달되도록 변했기 때문이라는 생각은 지지할 수 없음을 보여주고자 했다. 수많은 새들의 암컷이 가지고 있는 색채는 처음부터 암컷에게만 전달되는 유전양식이었던 변이가 보호색으로서 보존되고 있다는 생각도 마찬가지로 의심스럽다. 그러나 이것에 관한 더 이상의 논의는, 다음 장에서 어린 새끼와 성체의 깃털의 차이를 다룰 때로 미루는 것이 좋겠다.

---

*45 (역주) 쏙독새 종류.

*46 (역주) 공작이 겨울에 깃이 빠지지 않는다는 것은 잘못 안 것이다. 번식기가 끝나는 동시에 수컷 공작의 긴 윗꽁지덮깃은 빠지고, 이듬해 번식기가 시작되기 전에 새로운 깃이 자란다.

*47 굴드의 'The Birds of Great Britain' 참조.

제16장 조류(이어서)

암수 성체(成體)의 깃털 형질과 미성숙개체의 깃털—여섯 가지 범주(카테고리)의 분류—동종 또는 대표종 수컷의 성 차이—암컷이 수컷의 형질을 획득하는 것—성조의 겨울깃, 여름깃과 어린 개체의 깃털—조류의 아름다움이 더해가는 것에 대하여—보호색—눈에 잘 띄는 색깔의 새—새로운 변용에 대한 예찬—조류에 대한 4장의 요약

이제 형질 유전이 어떤 특정한 연령에 한정되어 있는 것과 그 성선택 사이의 관련성에 대해 논의해야 할 단계에 왔다. 연령에 따른 유전이 있다는 것과 그 중요성에 대해서는 이미 충분히 논했기 때문에 더 이상 이야기할 필요는 없을 것이다. 어린 새와 성체에 있어서 깃털의 모든 차이를 지배하는 비교적 복잡한 법칙과 다양한 사례의 분류에 대해 내가 아는 대로 기술하기 전에, 잠깐 잠정적인 지적을 해두는 것이 좋을 것 같다.

새끼와 성체의 색깔이 다른 모든 동물에서 우리가 보는 한 새끼의 색깔에서 어떤 특별한 역할을 찾아볼 수 없는 경우, 그것은 일반적으로 다양한 배(胚)의 구조와 마찬가지로 초기 조상의 형질이 어린 개체에 남아 있는 예라고 볼 수 있다. 그러나 이 견해를 자신 있게 지지할 수 있는 것은 일부 종의 새끼가 서로 닮았고, 마찬가지로 같은 집단에 속하는 다른 종의 성체와도 닮았을 때뿐이다. 이 후자의 사실이야말로 과거에 그러한 상태가 있을 수 있었음을 보여주는 산 증거이기 때문이다. 사자와 퓨마 새끼는 희미하나마 줄무늬와 반점이 늘어서 있는 무늬를 가지고 있고 많은 근연종의 새끼와 성체도 비슷한 무늬를 가지고 있으므로, 점진적인 종의 진화를 믿는 박물학자라면 아무도 사자와 퓨마의 조상 동물에게 줄무늬가 있었고 그 새끼가 줄무늬를 보존하고 있는 것임을 의심하지 않을 것이다. 그것은 검은고양이 새끼에게는 줄무늬가 있지만 성체가 되면 줄무늬가 완전히 사라져버리는 것과 같다. 많은 종류

의 사슴은 성체에는 반점이 없지만 새끼일 때는 하얀 반점으로 뒤덮여 있다. 그러나 소수의 종은 성체에도 반점이 있다. 마찬가지로 멧돼지과(Suidae) 전체와 그것과 약간 거리가 먼 맥(貘, 코가 뾰족한 멧돼지 비슷하게 생긴 초식 동물. 의외로 위험하다) 같은 동물은 새끼일 때 짙은 세로줄무늬로 뒤덮여 있는데, 이 형질은 멸종된 조상에게서 물려받은 것으로, 지금은 새끼에게만 나타나는 것으로 생각된다. 이러한 모든 예에서 성체는 시간과 함께 색깔이 변화하지만 새끼는 거의 변함없이 간직하고 있으며, 그것은 대응하는 연령에 나타나는 유전원리에 따라 일어나고 있다.

이와 같은 원리는, 어린 새는 서로 닮았지만 각각 자기 종의 성체와는 다른 다양한 집단에 속하는 많은 새들에도 적용된다. 꿩과의 거의 모든 종과 그와는 약간 거리가 먼 타조 같은 집단의 어린 새는 세로줄무늬의 솜털로 뒤덮여 있다. 그러나 이 형질은 너무나 먼 옛날로 거슬러 올라가기 때문에 여기서 우리가 해야 할 고찰과는 거의 관계가 없다. 솔잣새속(Loxia)의 어린 새는 처음에는 다른 피리새류처럼 곧게 뻗은 부리를 갖고 있으며, 깃털에는 가는 줄무늬가 있는 경우도 있어 홍방울새 성체나 검은머리방울새 암컷을 닮았다. 또 황금방울새와 유럽방울새, 그 밖의 근연종에 속하는 어린 새와도 닮았다. 멧새속(Emberiza)에 해당하는 많은 종의 어린 새들은 서로 비슷하며, 옥수수멧새(*E. miliaria*)[1] 성체와도 비슷하다. 큰 분류군인 종다리 종류에 속한 거의 모든 종의 어린 새는 가슴에 반점이 있는데, 많은 종에서는 그것이 일생동안 유지되지만 아메리카붉은가슴울새(*Turdus migratorius*) 같은 경우에는 완전히 사라지고 없다. 또 많은 종다리에서는 등에 있는 것에도 최초로 털갈이를 하기 전에는 반점이 있으며, 이 형질은 동방에서 서식하는 일부 종에서는 평생 동안 유지된다. 때까치속(Lanius)의 대부분이나 딱따구리의 일부, 그리고 에메랄드비둘기(*Chalcophaps Indicus*)는 어린 새의 몸 아래쪽에 가로줄무늬가 있으며, 그것과 근연한 종이나 속에는 같은 줄무늬를 가진 성체가 있다. 서로 근연관계에 있으며 화려한 색채를 가진 아메리카에메랄드뻐꾸기속(Chrysococcyx)에는, 성체끼리는 색깔이 크게 다르지만 어린 새끼들은 구별이 가지 않는다. 혹오리(*Sarkidiornis melanonotus*) 어린 개체의 깃털은 가까운 속인 자바유구오리

---

[1] 지금의 학명은 *E. calandra*.

(Dendrocygna) 성체와 비슷하다.[2] 이것은 몇몇 왜가리류의 경우도 마찬가지이다. 멧닭(*Tetrao tetrix*)의 어린 새는 붉은뇌조(*T. scoticus*) 같은, 다른 종의 어린 개체뿐만 아니라 성체와도 비슷하다. 마지막으로 이 문제를 자세히 연구해 온 블라이스가 적절하게 지적한 것처럼, 많은 종이 가진 본디의 유사성은 어린 새의 깃털에 가장 잘 나타나 있다. 그리고 모든 생물에 있어서 서로 얼마나 닮았는지는 공통조상으로부터 유래하므로, 이것은 어린 새의 깃털이 그 종의 과거 또는 조상의 상태를 거의 정확하게 보여준다는 견해를 강력하게 뒷받침하고 있다.

이렇게 하여 다양한 목에 속하는 새의 어린 개체가 그들의 먼 조상이 지녔던 깃털을 살짝 보여주는 셈인데, 색깔이 수수하든 화려하든 어린 새가 부모와 매우 닮은 종류도 많이 있다. 그러한 종에서는 다른 종에 속하는 어린 새끼들끼리 같은 종의 부모보다 더 닮는 일은 있을 수 없으며, 근연종(近緣種)의 성체와 매우 닮는 경우도 없다. 그래서 한 무리의 종 전체에서 어린 개체와 성체가 같은 일반적인 무늬로 장식되어 있어서 조상도 같은 색과 무늬를 갖고 있었을 것으로 추정되는 경우를 제외하고는, 그러한 종들에서 조상종의 깃털에 대해 알 수 있는 정보는 거의 없다.

여기서 양성 또는 한쪽 성에서만 어린 개체와 성체의 깃털이 다른 것과 닮은 것을 분류한 뒤에, 이를 지배하고 있는 법칙에 대해 생각해 보기로 하자. 이러한 법칙에 대해 최초로 명쾌하게 설명한 것은 퀴비에인데, 그 뒤로 지식이 축적됨에 따라 약간의 수정과 추가가 필요해졌다. 나는 다양한 경로를 통한 정보를 토대로 하여 지극히 복잡한 이 문제가 허락하는 범위 안에서 그것을 시도해 보았으나, 이 문제에 대해서는 유능한 조류학자가 더욱 상세하게 논문으로 쓸 필요가 있으리라고 본다. 각각의 법칙이 어느 정도 적용될지 확인하기 위해, 나는 다음 네 가지 위대한 연구를 토대로 사실들을 분류해 보았다. 그 네 가지는 맥길리브레이의 영국 새에 관한 연구, 오듀본의 북아메리카 새

---

[2] 개똥지빠귀, 때까치, 딱따구리에 대해서는 찰스워스의 'Mag. of Nat. Hist.,' Vol. 1, 1837, p. 304의 블라이스 참조. 또 퀴비에의 'Le Règne Animal,' Translation, p. 159, footnote 참조. Loxia 의 예는 블라이스의 정보에 따름. 개똥지빠귀에 대해서는 오듀본의 'Ornith. Biography,' Vol. 2, p. 195 참조. 아메리카에메랄드뻐꾸기속과 에메랄드비둘기속에 대해서는 저던의 'The Birds of India,' Vol. 3, p. 485에 인용된 블라이스의 글 참조. 흑오리속에 대해서는 블라이스의 'Ibis,' 1867, p. 175 참조.

에 관한 연구, 저던의 인도 새에 관한 연구, 그리고 굴드의 호주 새에 관한 연구 등이다. 여기서 나는 첫째로 몇몇 분류와 법칙은 서로 연속하고 있다는 것, 둘째로 어린 개체가 성체와 닮았다고 하는 것은 완전히 같다는 의미는 아니라는 것을 전제로 하고 싶다. 어린 개체의 색깔은 거의 언제나 성체만큼 화려하지는 않으며 깃은 부드럽고 모양도 다르다.

사례의 분류, 또는 법칙

1. 수컷 성체가 암컷 성체보다 아름답거나 눈에 띄는 색깔인 경우, 양성의 어린 개체에게 처음으로 나타나는 깃털은 암컷 성체와 비슷하다. 닭과 공작이 그 좋은 예이다. 또는 이 두 사례보다 훨씬 더 암컷과 비슷한 경우도 가끔 있다.

2. 드물기는 하지만 암컷 성체가 수컷 성체보다 눈에 띄는 경우, 양성의 어린 개체에게 나타나는 최초의 깃털은 수컷 성체와 비슷한 경우도 있다.

3. 수컷 성체와 암컷 성체가 유사한 경우, 양성의 어린 개체에게 나타나는 최초의 깃털은 다른 어떤 것과도 다른 독자적인 것이다. 유럽울새가 그 좋은 예이다.

4. 수컷 성체와 암컷 성체가 유사한 경우, 양성의 어린 개체에게 나타나는 첫 번째 깃털은 성체의 그것과 유사하다. 물총새, 많은 앵무새, 까마귀, 유럽의 바위종다리 등이 있다.

5. 양성의 성체가 뚜렷하게 다른 겨울깃과 여름깃을 갖고 있는 경우, 수컷과 암컷이 같든 다르든 어린 새는 양성의 겨울깃과 비슷하다. 또 매우 드물기는 하지만 여름깃과 비슷하거나 암컷하고만 비슷한 경우도 있다. 때로는 어린 새가 중간적인 성질을 나타내기도 한다. 어린 새가 성체의 겨울깃과 여름깃 모두와 매우 다른 경우도 있다.

6. 소수의 예에서는 어린 새의 최초의 깃털은 성에 따라 다르며, 어린 새 수컷은 성체 수컷과 어린 새 암컷은 성체 암컷과 다소 비슷하다.

제1분류

이 군에서는 양성의 어린 개체는 정도의 차이는 있더라도 암컷과는 비슷한데, 성체 수컷은 성체 암컷과 매우 다르다. 이에 대해서는 모든 목(目)에서 수

많은 예를 들 수 있지만, 매우 일반적으로 볼 수 있는 꿩, 오리, 집참새를 떠올리는 것만으로도 충분할 것이다. 이 군에 속하는 다양한 사례들은 다른 사례들과 연속적으로 이어져 있다. 즉 양성의 성체는 아주 약간 다르며, 어린 개체가 성체와 아주 약간 다를 뿐이므로 이 범주에 포함해도 되는 것인지, 아니면 제3 또는 제4분류에 들어가는 것인지 확실하지 않은 경우도 있다. 이와 마찬가지로 양성의 어린 개체가 지극히 비슷한 것이 아니라 제4분류처럼 약간 다를 뿐인 경우도 있다. 그러나 이러한 변용적인 사례는 수가 적으며, 이 카테고리에 그대로 적용되는 사례에 비하면 적어도 뚜렷이 존재하는 것은 아니다.

이 법칙의 강점은 일반적으로 말해 양성도 어린 개체도 모두 서로 매우 닮은 집단에서 잘 나타나 있다. 왜냐하면 그러한 집단 속에 수컷이 암컷과 다른 종류가 있는 경우에는, 어린 개체는 양성 모두 성체 암컷과 닮았기 때문이다.*³ 일종의 앵무새, 물총새, 비둘기 등이 그 예이다. 이 사실은 다음과 같은 기묘한 사례에서 더욱 뚜렷하게 나타난다. 즉 Black-eared Fairy(*Heliothrix auriculata*) 수컷은 암컷과는 달리 아름다운 목의 반점과 귀깃을 가지고 있지만, 암컷은 수컷보다 훨씬 긴 꽁지를 가지고 있는 것이 매우 특징적이다. 그런데 이 새의 어린 개체는 암수 모두 (가슴에 청동빛 반점이 있는 것을 제외하고) 꽁지의 길이도 포함하여 모든 점에서 성체 암컷과 꼭 닮았다. 그래서 이 새의 수컷은 성숙할수록 꽁지가 짧아지는데, 이것은 가장 비정상적인 상태라고 할 수 있다.*⁴ 또 수컷 비오리(Mergus merganser)는 암컷보다 색깔이 화려하고 어깨깃과 둘째날개깃이 암컷보다 훨씬 긴데, 내가 아는 한 다른 어떤 새와도 다르며 성체 수컷의 도가머리는 암컷보다 폭은 넓지만 길이는 훨씬 짧다. 수컷

---

*3 이를테면 굴드가 다룬('Handbook to the Birds of Australia,' Vol. 1, p. 133) Cyanalcyon(물총새의 일종) 어린 수컷은 성체 암컷과 비슷하지만, 그보다는 화려하지 않다. 웃음물총새속의 몇 종은 수컷의 꼬리는 푸른색이지만, 암컷의 꼬리는 갈색이다. 또 R. B. 샤프가 나에게 알려준 바에 의하면, Rufous-bellied Kookaburra(*D. Gaudichaudi*) 어린 수컷의 꽁지는 처음에는 갈색이라고 한다. 굴드는(같은 책., Vol. 2, pp. 14, 20, 37) 일종의 검은 앵무와 큰장수앵무새 양성과 어린 개체에서도 같은 법칙을 볼 수 있다고 기술했다. 저던도 ('The Birds of India,' Vol. 1, p. 260), *Palaeornis rosa*에서는 어린 새는 수컷보다 암컷과 비슷하다고 했다. 오듀본 ('Ornith. Biograph.,' Vol. 2, p. 475)의 Columba passerina 양성의 어린 개체에 대한 기술도 참조할 것.

*4 이 정보는 굴드에게서 얻은 것이며, 그는 나에게 그 표본을 보여주었다. 그의 'Introduction to the Trochilidae,' 1861, p. 120도 참조.

의 도가머리는 약 2.5cm밖에 안 되지만 암컷은 약 6.5cm나 된다. 이런 종류의 어린 개체는 암수가 모든 점에서 암컷을 닮았기 때문에, 어린 개체의 도가머리는 성체 수컷보다 폭은 좁지만 훨씬 길다.[*5]

어린 새와 암컷이 서로 비슷하고 수컷이 그 둘과 다를 때, 가장 확실한 결론은 수컷만 변용했다는 것이다. 선녀벌새속(Heliothrix)과 비오리속(Mergus) 같은 일반적이지 않은 예에서도 암수 모두 전자는 훨씬 긴 꽁지, 후자는 훨씬 긴 도가머리를 가지고 있었는데, 알 수 없는 이유로 성체 수컷에서만 그것이 부분적으로 사라졌으며, 그 작아진 형질이 일정한 성숙연령에 도달한 수컷 새끼에게만 나타나도록 전달된 것으로 추정된다. 다른 지역에 서식하는 동종에 관해 블라이스가 기록한 몇 가지 흥미로운 사실들은[*6] 수컷과 암컷 및 어린 개체 사이의 차이에 대해, 이 범위 안에서는 수컷만 변용했다는 생각을 강력하게 뒷받침한다. 즉 이러한 각 지역의 대표종 수컷의 일부에서는, 성체 수컷은 어느 정도 변화했기 때문에 서로 구별할 수 있지만 암컷과 어린 개체는 전혀 구별할 수 없다. 그것은 그들이 전혀 변하지 않았음을 말해준다. 인도의 딱새 종류(Thamnobia), 태양새속(Nectarinia), 떼까치속(Tephrodornis), 물총새속(Tanysiptera), 칼리지페즌트(Gallophasis), 그리고 타이완파트리지(Arboricola)[*7] 등이 그 예이다.

이것과 약간 비슷한 예로 다음과 같은 것이 있다. 여름깃과 겨울깃은 확연하게 다르지만 수컷과 암컷은 거의 같은 새로 매우 가까운 종들 가운데에는 여름깃 또는 혼인깃으로 서로 구별할 수 있지만, 겨울깃이나 어린 개체는 전혀 구별이 가지 않는 것이 있다. 서로 가까운 관계인 인도의 할미새속(Motacillae) 종류가 그것이다. 스윈호가 나에게 알려준 바에 의하면,[*8] 세 대륙의 대표적인 왜가리 종류인 흰날개해오라기속(Ardeola) 3종은 여름깃으로 장식되어 있을 때는 서로 완전히 다르지만, 겨울깃에서는 거의 또는 전혀 구별

[*5] 맥길리브레이, 'Hist. of Brit. Birds,' Vol. 5, pp. 207-214.

[*6] 그의 훌륭한 논문 'The Journal of the Asiatic Soc. of Bengal,' Vol. 19, 1850, p. 223 참조. 또 저던의 'The Birds of India,' Vol. 1, Introduction, p. 29도 참조. Tanysiptera에 관해서 슐레겔 교수는 성체 수컷을 보기만 해도 몇 가지 품종을 구별할 수 있다고 블라이스에게 말했다.

[*7] (역주) 타이완파트리지속은 지금은 *Arborophila*이다.

[*8] 스윈호(Swinhoe)의 'Ibis,' July, 1863, p. 131도 참조. 그 전의 논문인 블라이스의 노트에서 발췌한 개요가 있는 'Ibis,' January, 1861, p. 52도 참조.

이 되지 않는다. 또 이 3종의 어린 개체의 깃털은 성체의 겨울깃과 흡사하다. 이 예를 더욱 흥미롭게 만드는 사실은 흰날개해오라기속의 다른 2종에서는 암수 모두 겨울에도 여름에도 앞의 3종에서 나타나는 겨울깃이나, 어린 개체의 깃털과 거의 같은 깃털을 가지고 있다는 점이다. 이 깃털은 몇 개의 다른 종에서 다른 연령과 계절의 것과 공통되는 것으로 보아, 아마도 이 속의 조상이 지녔던 모습을 보여주고 있는 것 같다. 이러한 모든 사례에서는 혼인깃은 본디 번식기에 수컷에게만 획득되었다가 그 대응하는 계절에 암수의 성체에 전달되어 변용했지만, 겨울깃과 어린 개체의 깃털은 그대로 변화하지 않고 남았다고 추정할 수 있다.

그래서 이 후자의 경우에는 암수의 겨울깃이, 전자의 경우에는 성체 암컷과 어린 개체의 깃털이 왜 아무런 영향을 받지 않았는가 하는 의문을 당연히 품게 된다. 각 분포지를 대표하는 근연종은 언제나 어느 정도 다른 환경에서 살아왔을 것이고, 암컷과 어린 개체도 마찬가지로 그러한 환경에 노출되어 있었으면서도 아무런 영향도 받지 않은 것을 보면, 수컷만 변화해 온 원인이 이러한 환경의 차이에 있다고 보기는 어렵다. 선택을 통해 수많은 변이가 축적되어온 것에 비하면 생활조건의 직접적인 영향은 그다지 중요하지 않다는 것을 보여준다는 점에서는, 자연계에서 많은 조류의 수컷과 암컷이 이토록 놀라운 차이를 보여주고 있는 것만큼 그것을 여실히 보여주는 것은 아마 없을 것이다. 수컷과 암컷이 같은 먹이를 먹고 같은 기후에 노출되어온 것은 틀림없기 때문이다. 그렇다고 해서 시간이 지나면 새로운 조건이 무언가 직접적으로 영향을 미친다는 것을 생각에서 완전히 배제하려는 것은 아니다. 이것은 선택을 통해 축적되어온 것에 비하면 비중이 낮다고 생각할 뿐이다. 그러나 대표종이 형성되기 전에는 반드시 그 종이 새로운 지역으로 이주한 것이 틀림없는데, 그때 그들은 거의 어김없이 다른 환경에 노출되기 때문에 어느 정도의 폭을 가진 변이를 겪게 될 것이다. 그렇다면 그것을 통해 새로운 색조와 그 밖의 차이가 생겨나고 거기에 성선택이 작용하여 변이가 축적될 것이다. 성선택은 암컷의 취향과 선망 같은 특히 변동하기 쉬운 요소에 의존하고 있기 때문이다. 그리고 성선택은 늘 작용하고 있으므로, (인간이 의도하지 않고 행사한 선택의 결과, 가축에 무슨 일이 일어났는지 우리가 알고 있는 것에서 판단하면) 서로 다른 지역에 살면서 교잡하는 일은 없으며, 따라서 새롭게 획득된 형질을 서로 교환하는 일도 없는 동물들이 충분히 긴 시간을 거친 뒤에도 다른 것으로 변하지 않는다면 그것이야말로 놀라운 일이 아니고 무엇이겠는가. 이러한 지적은 수컷에만 한정되는 것과 암수에 공통되는 것도 포함하여 혼인깃과 여름깃에도 동일하게 적용된다.

앞에 언급한 근연종의 암컷들은 어린 개체와 함께 서로 거의 다르지 않고 수컷만 구별되는데, 그래도 대부분의 예에서는 같은 속에 속하는 종의 암컷들은 서로 뚜렷하게 다른 것이 보통이다. 그러나 그 차이가 수컷들의 차이만큼 큰 경우는 좀처럼 없다. 이것은 꿩과 전체에서 뚜렷하게 볼 수 있다. 이를테면 꿩의 어린 개체, 특히 금계와 은계의 어린 개체, 백한(白鷴)과 닭의 어린 개체는 색채가 서로 비슷하지만 수컷은 색채가 매우 다르다. 장식새과(Cotingidae), 되새과(Fringillidae)의 거의 모든 암컷과 그 밖의 많은 과에 속한 다른 새들도 마찬가지이다. 그러나 몇몇 새는 설명이 되지 않는 기묘한 예외를 보여준다. 이를테면 극락조(*Paradisea apoda*) 암컷과 레서극락조(*P. papuana*)[9] 암컷은 각각의 수컷들과 크게 다르다.[10] 레서극락조 암컷은 배가 하얗지만, 극락조 암컷은 갈색이다. 뉴턴(Newton) 교수에 따르면, 모리셔스 섬과 부르봉 섬의 대표종인 때까치(Oxynotus) 2종의 수컷은[11] 서로 색채가 거의 같지만, 암컷은 매우 다르다고 한다. 부르봉종의 암컷은 처음 보았을 때는 '모리셔스종의 어린 개체와 구별할 수 없는' 경우가 있어서, 이 암컷은 어린 개체의 깃털 일부를 유지하고 있는 것으로 보인다. 이러한 차이는 투계(鬪鷄) 품종에서 인위적인 선택과 관계없이, 뭔가 알 수 없는 이유로 수컷들은 거의 구별이 가지 않는데도 암컷만은 매우 다른 것과 같은 사례일지도 모른다.[12]

나는 근연한 종의 수컷들에게서 볼 수 있는 차이의 대부분을 주로 성선택으로 설명했는데, 일반적인 모든 예에서 암컷들이 서로 다른 것은 어떻게 설명할 수 있을까? 여기서는 다른 속에 속하는 종을 생각할 필요는 없다. 이 경우에는 다른 서식지에 대한 적응이나 다른 요소가 작용할 것이기 때문이다.

---

*9 (역주) 지금의 학명은 *Paradisaea minor.*

*10 월리스, 'The Malay Archipelago,' Vol. 2, 1869, p. 394.

*11 이러한 종에 대해서는 'Ibis,' 1866, p. 275에 F. 폴렌(F. Pollen)이 그림과 함께 설명한 것이 있다.

*12 《사육동식물의 변이》 제1권 251쪽.

같은 속에 속하는 종의 암컷들의 차이에 대해서는 다양한 큰 집단을 조사한 결과, 수컷이 성선택을 통해 획득한 형질이 많든 적든 암컷에게도 전해진 것이 주요 원인이라고 나는 생각한다. 영국의 피리새 일부는 양성이 아주 조금만 다른 경우도 있고, 크게 다른 경우도 있다. 유럽방울새, 푸른머리되새, 황금방울새, 멋쟁이새, 솔잣새, 참새 등의 암컷들을 비교하면, 그들이 서로 다른 점은 동종의 수컷과 부분적으로 닮은 점인 것을 알 수 있다. 수컷의 색채를 결정하는 것은 성선택이라고 결론지어도 좋을 것 같다. 꿩과의 많은 종에서는 공작, 꿩, 닭과 같이 암수가 극단적으로 다르지만, 다른 종에서는 수컷에서 암컷으로 형질이 부분적으로 또는 완전히 전해진 것도 있다. 공작속의 일부 종에서 암컷은 주로 꽁지에 동종 수컷이 지닌 아름다운 눈알무늬를 약간 수수한 형태로 가지고 있다. 유럽자고새 암컷이 수컷과 다른 점은 가슴의 붉은 반점이 수컷보다 작다는 것뿐이며, 칠면조 암컷이 수컷과 다른 점은 색채가 훨씬 수수하다는 것뿐이다. 호로새는 암수가 전혀 구별되지 않는다. 이 새의 독특하지만 단조로운 반점무늬 깃털이 성선택을 통해 수컷에게 획득되어, 나중에 암수에게 전달되는 것이 결코 있을 수 없는 일은 아니다. 이 깃털은 케벗트라고판 수컷만이 가지고 있는, 더욱 아름다운 반점이 있는 깃털과 본질적으로 다름이 없기 때문이다.

몇몇 예에서는 수컷에서 암컷으로 형질이 전달된 것은 아득한 옛날 일이고 수컷은 그 뒤에도 상당한 변용을 겪었지만, 그 동안 획득한 형질이 암컷에게 전달되지 않은 것으로 보이는 것이 있다는 점에 주목하기 바란다. 이를테면 멧닭(*Tetrao tetrix*) 암컷과 어린 개체는 붉은뇌조(*T. Scoticus*) 암수 및 어린 개체와 매우 비슷하다. 그래서 멧닭은 암수 모두 거의 같은 색조를 한, 붉은뇌조와 같은 조상종에서 진화했다고 추측할 수 있다. 붉은뇌조는 암수 모두 다른 어느 시기보다도 번식기에 줄무늬가 뚜렷해지며, 수컷은 붉은색과 갈색 색조가 더욱 강해져서 암컷과 미세하게 다르기 때문에*[13] 수컷의 깃털은 적어도 어느 정도 성선택의 영향을 받았다고 결론을 내릴 수 있다. 만약 그렇다면 멧닭 암컷의 수컷과 비슷한 그 깃털은, 과거의 어느 시기에 같은 방법으로 만들어졌다고 추측할 수 있을지 모른다. 그런데 멧닭 수컷은 그 뒤에 아름다운 검

---

*13 맥길리브레이, 'Hist. of Brit. Birds,' Vol. 1, pp. 172-174.

은 깃털과 홈이 파여 있고 바깥쪽으로 휘어진 꽁지를 획득했다. 그러나 이러한 형질들은 암컷의 꽁지깃에 희미하게 휘어진 홈이 있는 것 말고는 암컷에게 전혀 전달되지 않았다.

따라서 가깝지만 다른 종에 속하는 암컷들은 과거 또는 최근에 수컷이 성선택을 통해 획득한 형질을 다양하게 물려받음으로써 서로 달라졌다고 결론지어도 될 것이다. 그러나 화려한 색채는 그렇지 않은 색조보다 훨씬 드물게 전달된다는 것에 특별한 주의를 기울일 필요가 있다. 이를테면 흰눈썹울새(*Cyanecula suecica*)*14 수컷에는 짙푸른 가슴에 작고 붉은 삼각형 반점이 있다. 이것과 거의 같은 형태의 얼룩무늬가 암컷에게도 전달되었지만, 가운데 부분이 붉은 색이 아니라 황갈색이며 그 주위를 둘러싸고 있는 것은 푸른색이 아니라 얼룩무늬 깃털이다. 꿩과에 이와 비슷한 예가 많이 있다. 유럽자고새, 메추라기, 호로새 등, 수컷의 깃 색깔이 암컷에게도 대부분 전달된 종 가운데 화려한 색채를 띠고 있는 것은 하나도 없다. 이것은 일반적으로 수컷이 암컷보다 훨씬 화려한 꿩류에서도 흔히 볼 수 있다. 푸른귀꿩(*Crossoptilon auritum*)과 부채머리꿩(*Phasianus Wallichii*)은 암수가 매우 비슷하지만 양쪽 다 수수하다. 이 2종의 꿩에서 만약 수컷의 깃털 일부가 화려한 색채를 하고 있다면 그것은 암컷에게 전달되지 않은 것이 틀림없다고 생각된다. 이러한 사실들은 영소 시기에 커다란 위험에 노출되는 종의 경우, 수컷으로부터 암컷에게 화려한 색채가 전달되는 일이 자연선택에 의해 저지된다고 보는 월리스의 견해를 강력하게 뒷받침한다. 그러나 앞에 말한 다른 설명도 가능하다는 것을 잊어서는 안 된다. 즉 아직 어리고 경험이 없을 때 변이하여 화려한 색채를 획득한 수컷은 큰 위험에 노출되어 대부분 사멸했지만, 성숙하여 더욱 신중한 수컷이 같은 변이를 한 경우에는 생존할 수 있었을 뿐만 아니라 다른 수컷과의 경쟁에서도 유리했을 것이다. 그런데 늦은 나이에 일어난 변이는 동성에게만 전달되는 경향이 있으므로, 이 경우의 매우 화려한 색채는 암컷에게 전달되지 않았을 것이다. 또한 푸른귀꿩과 부채머리꿩이 가지고 있는 그다지 두드러지지 않은 장식은 위험하지 않았을 것이므로, 그것이 어릴 때 나타났다면 일반적으로 양성에게 전달되었을 것이 분명하다.

---

*14 (역주) 지금의 학명은 *Erithacus svecicus*.

수컷으로부터 암컷에게 형질이 부분적으로 전달되는 효과와 아울러 서로 가까운 종의 암컷 사이에서 볼 수 있는 차이의 일부는, 생활조건의 직접적인 영향이 작용한 것으로 생각할 수 있다.*[15] 수컷의 경우에 그러한 작용은 일반적으로 성선택을 통해 획득된 화려한 색채에 의해 가려지지만, 암컷은 그렇지 않다. 가금류에서 볼 수 있는 깃털의 무한한 다양성은 뭔가 뚜렷한 원인에 의한 것이며, 자연 속의 더욱 균일한 환경에서는 그것이 해를 미치지 않는 한 조만간 어느 하나의 색조가 전체를 차지하게 될 것이 틀림없다. 같은 종에 속한 많은 개체가 자유롭게 교잡하면, 어떠한 색채의 변화도 결국은 모든 개체에게 공통적인 형질이 될 것이다.

많은 새의 암수가 보호를 목적으로 그 색채를 띠고 있는 것을 의심할 사람은 아무도 없을 것이며, 몇몇 종은 암컷만 그런 식으로 색채를 변용해온 것은 가능한 일이다. 앞장에서 살펴본 것처럼 어느 하나의 유전 양식을 선택을 통해 다른 양식으로 바꾸는 것은 곤란하거나 아예 불가능하지만, 처음부터 암컷에게만 유전되는 변이가 축적되어 수컷의 색채와는 독립적으로 암컷의 색채를 주변 환경에 맞추도록 적응시키는 데는 아무런 어려움도 없었을 것이다. 만약 변이가 그렇게 한정되어 있지 않았더라면, 수컷의 화려한 색조는 감소하거나 사라졌을 것이다. 그렇다면 많은 종에서 암컷만이 그런 식으로 변용해왔는지는 현재로서는 매우 의심스러운 일이다. 나는 월리스에게 전적으로 찬성할 수 있기를 바란다. 그러면 몇 가지의 어려운 문제가 해결되기 때문이다. 암컷의 보호에 전혀 도움이 되지 않는 변이는 즉시 사라져버릴 것이다. 그것은 단순히 그것이 선택되지 않아서도 아니고 교배가 자유롭게 일어나서도 아니며, 그것이 수컷에게 전달되었을 때 수컷에게 나쁜 영향을 끼쳐서도 아니다. 그렇게 하여 암컷 깃털의 형질은 일정하게 유지되었을 것이다. 또 많은 종의 암수가 지니고 있는 수수한 색조가 보호색을 위해 획득되고 유지되어 왔다는 것을 인정할 수만 있다면 커다란 안도감을 느끼게 될 것이다. 이를테면 바위종다리(*Accentor modularis*)*[16]와 굴뚝새(*Troglodytes vulgaris*)*[17] 같은 종에서는 성선택이 작용하고 있다는 충분한 증거를 얻지 못했지만, 우리에게 수수하

---

*[15] 이 문제에 대해서는 《사육동식물의 변이》 제23장 참조.

*[16] (역주) 지금의 학명은 *Prunella modularis*.

*[17] (역주) 지금의 학명은 *Troglodytes troglodytes*.

게 보이는 색은 어떤 새의 암컷에게도 매력적이지 않다고 결론을 내리는 데는 신중하지 않으면 안 된다. 일반적인 집참새처럼 수컷이 암컷과 매우 다르지만, 색채가 조금도 화려하지 않은 예가 있음을 기억해야 한다. 개방된 지상에서 살고 있는 많은 꿩과 새들이 그 색채의 일부를 조금이라도 보호색으로 획득했다는 것에는 아마 아무도 반론하지 않을 것이다. 그들이 얼마나 교묘하게 몸을 숨기고 있는지는 우리 모두 잘 알고 있다. 뇌조는 여름깃도 겨울깃도 보호색이지만, 털갈이를 하는 시기에 많은 포식성 조류에게 희생되고 있음은 잘 알려진 사실이다. 그러나 멧닭과 붉은뇌조 암컷에서 볼 수 있는 아주 미세한 차이가 보호에 기여하고 있다고 생각할 수 있을까? 현재와 같은 색채를 띠고 있는 유럽자고새는 메추라기와 같은 색깔을 하고 있을 때보다 더 잘 보호되고 있다고 할 수 있을까? 꿩과 금계 암컷 사이의 약간의 차이가 그들의 보호에 기여하고 있을까? 아니면 서로 바뀌어도 전혀 해가 없는 것일까? 동양의 일부 꿩과 새의 습성을 관찰한 월리스는, 그러한 약간의 차이가 도움이 된다고 생각하지만, 나로서는 전혀 납득할 수 없다고 말할 수밖에 없다.

이전에 암컷이 그다지 화려하지 않은 것에 대한 설명으로서 내가 보호색 원리에 훨씬 무게를 두고 있었을 때, 다음과 같은 생각이 떠오른 적이 있었다. 즉 양성도 어린 개체도 본래 똑같이 화려한 색채였으나 나중에 암컷은 알을 품을 때 만나게 될 위험에서, 어린 개체는 경험이 없는 것으로 인한 위험에서 보호할 목적으로 수수한 색채를 획득하게 되었다는 것이다. 그러나 이 생각이 맞는다는 증거는 하나도 없고 또 있을 법하지도 않은 일이다. 과거에 암컷과 새끼들을 위험에 노출시켰고, 그 이후의 세대에서 자손을 변용시켜 그 위험에서 벗어나게 해야 한다고 상상해보자. 우리는 또 선택의 점진적인 과정을 통해 암컷과 새끼들을 거의 같은 색조와 무늬로 만들고, 같은 성의 같은 시기에 그것을 유전시켜야 한다. 또 암컷과 어린 개체가 그 변용 과정의 각 단계에서 수컷과 마찬가지로 화려한 색이 되는 경향을 공유하고 있다고 가정한다면, 어린 개체도 같은 변화를 입지 않고 암컷만이 수수한 색으로 변하는 일이 결코 없었다는 것은 기묘한 일이다. 그것은 내가 조사한 것으로는 암컷이 수수하면 새끼도 화려한 종이 없기 때문이다. 그러나 그것에 대한 부분적인 예외를 일종의 딱따구리 새끼에게서 볼 수 있다. 그들의 머리 상부 전체는 붉은 색이지만, 나중에 암수 성체에서는 그것이 단순한 붉은 원형으로 줄어들거나 암

컷에서는 완전히 사라져버리기 때문이다.[18]

마지막으로 이 범주에 대한 가장 그럴듯한 설명은 화려한 색채와 장식적인 형질의 다양한 변이는 수컷이 늦은 시기에 획득한 것만 보존되고, 그러한 변이의 대부분 또는 전부는 늦은 시기에 일어났기 때문에 처음부터 수컷새끼에게만 전달되었던 것이다. 반면에 암컷과 어린 개체에게 일어난 화려한 변이는 그들에게는 어떠한 역할도 하지 않으므로 그것이 선택되는 일은 없었을 것이다. 그리고 만약 그것이 위험하다면 이내 제거되었을 것이 분명하다. 그리하여 암컷과 어린 개체는 변하지 않고 남았거나, 수컷에 일어난 변이의 일부를 물려받음으로써 부분적으로 변용해 왔을 것이다. 양성 모두 오랫동안 자신들이 처해 있는 생활조건에서 직접 영향을 받아온 것이 틀림없다. 그러나 다른 요인에 의한 변용이 그다지 일어나지 않은 암컷은 그 영향을 더욱 강하게 받을 수 있다. 이러한 것을 포함한 모든 변화는 많은 개체가 자유롭게 교배함으로써 모두가 획득하게 되었을 것이다. 몇 가지 예를 들면, 지상에서 생활하는 새의 암컷과 어린 개체는 수컷과 상관없이 보호를 목적으로 변화하여 같은 수수한 색채를 띠게 되었다고 생각할 수도 있다.

제2분류 암컷이 수컷보다 눈에 띄는 색채일 때는 어린 암수 개체의 최초의 깃털은 성체 수컷과 비슷하다

이 범주는 암컷이 수컷보다 화려한 색채를 하고 있거나 눈에 잘 띄며 알려져 있는 한, 어린 개체는 성체 암컷이 아니라 수컷과 비슷하므로 앞의 범주와는 완전히 반대이다. 그러나 암컷과 수컷 사이의 차이는 전자의 많은 종류만큼 큰 경우는 결코 없으며, 그 수도 비교적 적다. 수컷이 더욱 수수한 색채를 하고 있는 것과 암컷이 알을 품는 것 사이에 특별한 관계가 있는 것을 최초로 지적한 것은 월리스인데, 그는 수수한 색채가 획득되는 것은 영소 시기에 보호할 필요가 있어서라는 주장에 대한 결정적인 검증으로서 이 점에 매우 큰 무게를 두었다.[19] 그러나 나는 그것과 다른 견해가 더 타당한 것으로 생각된다. 이러한 예는 매우 흥미로운 데다 그 수가 적어서 내가 조사한 모든 예를

---

[18] 오듀본, 'Ornith. Biography,' Vol. 1, p. 193. 맥길리브레이, 'Hist. of Brit. Birds,' Vol 3, p. 85. 또 앞에 언급한 *Indopicus carlotta*의 예도 참조.

[19] 'Westminster Review,' July, 1867과 A. 머리(A. Murray)의 'The Jounal of Travel, 1868, p. 83.

간략하게 설명하고자 한다.

메추라기와 비슷한 새인 세가락메추라기속(Turnix)의 일부는 어느 것이나 암컷이 수컷보다 큰데(호주의 한 종류는 약 두 배나 된다), 이것은 꿩과 새로서는 매우 특이한 현상이다. 대부분의 종은 암컷이 수컷보다 눈에 잘 띄고 아름답지만[20] 양성이 유사한 종도 몇 가지 있다. 인도에 사는 세가락메추라기 일종(*Turnix taigoor*)[21]의 수컷은 머리와 목에 검은 부분이 있고, 깃털 전체가 암컷보다 빛깔이 엷고 뚜렷하지 않다. 또한 암컷이 수컷보다 목소리가 큰 듯하며 확실히 수컷보다 호전적이다. 그래서 현지인이 투계처럼 키우고 있는 것은 수컷이 아니라 이 암컷이다. 영국의 새 사냥꾼이 덫 옆에 수컷을 미끼로 잡아두고 수컷의 경쟁심을 자극하여 수컷을 잡는 것처럼, 인도에서는 이 세가락메추라기 암컷이 미끼로 이용된다. 암컷은 그 미끼를 보면 즉시 크게 소리를 지르기 시작하는데, 그 소리가 멀리서도 들린다. 그러면 목소리가 들리는 범위 안에 있는 모든 암컷들이 그곳으로 날아와 새장에 있는 암컷과 싸우기 시작한다. 이런 방식으로 하루에 12~20마리나 되는 암컷을 잡을 수 있으며, 그것은 모두 번식상태에 있는 암컷이다. 암컷은 알을 낳은 뒤에는 암컷끼리 모여 있고, 그 알은 수컷이 품는다고 현지인은 주장한다. 스윈호가 중국에서 한 관찰이[22] 이 주장을 뒷받침하고 있으며, 그들의 주장에 의문을 품을 이유는 아무것도 없다. 블라이스는 어린 개체는 암수 모두 성체 수컷과 비슷하다고 믿고 있다.

호사도요속(Rhynchaea) 3종의 암컷은 수컷보다 몸이 클 뿐만 아니라 색채도 풍부하다. 기관(氣管)의 구조가 수컷과 암컷이 다른 새는 모두 수컷이 암컷보다 복잡하고 잘 발달되어 있지만, *Rhynchaea Australis*는 수컷이 단순하며, 암컷의 기관은 폐에 들어가기 전에 네 개의 뚜렷한 나선을 그리며 말려 있다.[23] 이처럼 이 종의 암컷은 수컷의 특징적인 형질을 갖추고 있다. 블라이스가 많은 표본에서 확인한 바로는 *R. Australis*와 매우 비슷하여 발가락이 짧은 것

---

[20] 호주의 종에 대해서는 굴드의 'Handbook,' Vol. 2, pp. 178, 180, 186, 188 참조. 대영박물관에 소장된 호주의 Plain wanderer(*Pedionomus torquatus*)의 표본에서도 비슷한 성 차이를 볼 수 있다.

[21] 지금의 학명은 *Turnix suscitator.*

[22] 저딘, 'The Birds of India,' Vol. 3, p. 596. 스윈호, 'Ibis,' 1865, p. 542 ; 1866, pp. 131, 405.

[23] 굴드, 'Handbook to the Birds of Australia,' Vol. 2, p. 275.

〈그림60〉 호사도요(브레엠의 그림)

을 제외하고는 거의 구별이 되지 않는 *R. Bengalensis*의 기관은 암수 모두 나선 모양으로 말려있지 않다. 이것은 극히 가까운 유형 사이에서도 이차성징이 크게 다른 경우가 종종 있다는 법칙의 좋은 예로, 차이가 암컷에서 나타나는 것은 매우 드문 일이다. *R. Bengalensis*의 어린 암수의 첫 깃털은 성체 수컷과 비슷한 것으로 알려져 있다.[24] 스윈호는[25] 여름이 끝나기 전에 암컷들이 세가락메추라기처럼 집단을 이루고 있는 것을 보았기 때문에, 이 종도 수컷이 알을 품는다고 생각하기에 충분한 근거가 있다.

 붉은배지느러미발도요(*Phalaropus fulicarius*)와 지느러미발도요(*P. hyperboreus*) 암컷은 수컷보다 크기가 크고, 여름깃은 수컷보다 훨씬 아름답게 장식되어 있다. 그러나 양성의 색채 차이는 그리 크지 않다. 붉은배지느러미발도요는 스틴스트럽(Steenstrup) 교수에 따르면 번식기를 맞이한 수컷의

---

[24] 'The Indian Field,' September, 1858, p. 3.
[25] 'Ibis,' 1866, p. 298.

가슴깃 상태에서 알 수 있듯이 포란(抱卵)은 수컷만이 한다. 흰눈썹물떼새 (Eudromias morinellus) 암컷은 수컷보다 크고 배는 붉은색과 검정색이며, 가슴에 하얀 반달부분이 있고 눈 위의 줄무늬가 수컷보다 훨씬 뚜렷하다. 수컷이 포란에 참여하는 것은 확실하며 암컷도 새끼를 보살핀다.*26 이런 종은 1년에 두 번 털갈이를 해서 비교하기 어려우므로, 어린 개체가 성체 암컷보다 수컷과 더 비슷한지는 아직 조사하지 못했다.

다음에는 타조에 대해 살펴보기로 한다. 화식조(Casuarius galeatus) 수컷은 몸이 작고 턱볏도 머리에 드러난 맨살도 색채가 훨씬 수수해서 누구든 암컷이라고 생각할 것이다. 바틀릿으로부터 들은 바로는, 런던동물원에서는 알을 품고 새끼를 돌보는 것은 확실히 수컷뿐이라고 한다.*27 T. W. 우드(T. W. Wood)에 따르면,*28 암컷은 번식기에 가장 호전적인 성격을 드러내며 턱볏이 커지고 색채가 매우 화려해진다. 에뮤(Dromoeus irroratus)도 암컷이 수컷보다 훨씬 크다. 암컷에 작은 도가머리가 있는 것 말고는 암수를 구별하기가 어렵다. 그러나 암컷이 훨씬 힘이 센 듯하며, 화가 나거나 흥분했을 때는 칠면조 수컷처럼 머리와 가슴의 깃털이 곤두선다. 이렇듯 암컷이 용감하고 호전적이다. 암컷은 특히 밤에 작은 징을 치는 것처럼 깊게 울리는 소리를 낸다. 이와 달리 수컷은 몸이 날씬하고 얌전하며, 화가 날 때는 안으로 삼키는 듯한 쉰 목소리를 낼뿐 울지 않는다. 수컷은 알을 전적으로 혼자서 품을 뿐만 아니라 어미로부터 새끼를 보호해야 한다. 암컷은 자신의 새끼를 보자마자 맹렬하게 흥분하여, 수컷의 만류도 듣지 않고 미친 듯이 새끼들을 죽이려 하기 때문이다. 그래서 그 뒤 몇 달 동안은 부모를 함께 두는 것이 위험하다. 그것은 어

---

*26 이러한 몇 가지 기술에 대해서는 굴드의 'Birds of Great Britain'을 참조할 것. 뉴턴 교수는 그 자신과 다른 사람들의 관찰을 통해, 위에 든 종류는 수컷이 알을 품는 일과 또는 대부분의 일을 맡고 있으며 새끼들에게 위험이 닥쳤을 때에도 암컷보다 훨씬 헌신적으로 행동한다는 것을 오래전부터 확신해오고 있었다고 나에게 말했다. 그가 나에게 알려준 바에 의하면, 큰되부리도요(Limosa lapponicask)나 암컷이 수컷보다 크고 선명한 색채를 띠는 몇몇 섭금류도 마찬가지라고 한다.

*27 세람의 원주민은 (월리스, 'The Malay Archipelago,' Vol. 2, p. 150) 수컷과 암컷이 교대로 알을 품는다고 했는데, 이 주장은 바틀릿이 생각한 것처럼 암컷이 알을 낳기 위해 둥지를 찾아오는 것을 가리키는 듯하다.

*28 'Student,' April, 1870, p. 124.

김없이 폭력적인 싸움이 일어나며 암컷이 대부분 이기기 때문이다.*29 그러므로 이 에뮤에서는 육아와 포란의 본능뿐만 아니라 암수의 도덕적 성질에서도 완전한 역전을 볼 수 있다. 암컷은 야만적이고 호전적이며 신경질적인 데 비해 수컷은 자애롭고 선량하다. 아프리카의 타조는 상황이 매우 다르다. 수컷이 암컷보다 약간 크고, 암컷보다 대비가 뚜렷한 색채를 띠고 있다. 그런데도 수컷만이 포란의 의무를 지고 있다.*30

어느 쪽이 알을 품는지에 대해서는 알려진 것이 없으나, 암컷이 수컷보다 눈에 잘 띄는 색채를 띠고 있는 다른 소수의 종들에 대해 좀 더 자세히 살펴보기로 한다. 포클랜드 제도의 갈색카라카라(*Milvago leucurus*)*31를 해부했을 때, 부리의 납막(蠟膜)과 다리는 오렌지색이고 색채가 매우 선명한 개체는 모두 암컷이라는 사실을 발견하고 매우 놀란 적이 있다. 깃털이 수수하고 다리가 잿빛인 것은 수컷이나 어린 개체였다. 호주의 붉은눈썹나무발바리(*Climacteris erythrops*) 암컷은 목에 아름답게 빛나는 적갈색 얼룩무늬가 있다는 점에서 수컷과 다르며, 수컷의 그 부분은 완전히 수수하다. 마지막으로 호주의 쏙독새는 암컷이 언제나 수컷보다 크고 색채도 화려하다. 수컷은 첫째날개깃에 암컷보다 선명한 흰 반점이 두 개 있을 뿐이다.*32

이렇게 암컷이 수컷보다 눈에 띄는 색채를 띠고 있고 어린 개체의 덜 자란

---

*29 사육하는 이 새의 습성에 관한 뛰어난 논문은 A. W. 베넷의 ʻLand and Water,ʼ May, 1868, p. 233 참조.

*30 Struthiones의 포란에 관해서는 스클레이터의 ʻProc. Zoo. Soc.,ʼ June 9, 1863 참조.──(역주) 타조는 암수 모두 알을 품으며, 주로 낮에는 암컷이 밤에는 수컷이 둥지에 머문다. 수컷만 알을 품는다고 한 부분은 잘못된 것이다.

*31 (역주) 지금의 학명은 *Milvago chimango*.

*32 갈색카라카라에 대해서는 ʻThe Zoology of the Voyage of the "beagle",ʼ 1841, p. 16 참조. 붉은눈썹나무발바리와 귀쏙독새(Eurostopodus)에 대해서는 굴드의 ʻHandbook to the Birds of Australia,ʼ Vol. 1, pp. 602, 97. 뉴질랜드황오리(Tadorna variegata)는 매우 예외적이다. 암컷의 머리는 순백색이며 등은 수컷보다 붉다. 수컷은 머리가 짙은 적동색이고 등은 연한 색으로 가장자리를 두른 회색이어서, 수컷이 비교적 아름답게 보인다. 수컷은 암컷보다 크고 호전적이며 포란은 하지 않는다. 따라서 모든 점에서 이 새는 앞의 제1군에 분류되어야 한다. 그런데 스클레이터(ʻProc. wool. Soc.,ʼ 1866, p. 150)는 암수의 어린 개체가 약 3개월이 되면 색깔이 짙은 머리와 목 부분이 성체 암컷보다 수컷을 더 닮은 것을 관찰하고 매우 놀랐다. 그래서 이 예에서는 수컷과 어린 개체는 조상의 깃털을 유지한 데 비해, 암컷은 변용한 것으로 추정된다.

깃털이 성체 암컷이 아니라 수컷을 닮은 이 범주는, 수는 적지만 다양한 목에 분포해 있음을 알 수 있다. 암수의 차이는 제1군에서 볼 수 있었던 것과는 비교가 안 될 만큼 작기 때문에, 그 차이의 원인이 무엇이든 이 범주에서 암컷에 작용해 온 요인은 제1군에서 수컷에 작용해온 것보다 힘이 약하거나 그다지 지속적이지 않았을 것이다. 월리스는 수컷의 색채가 수수해진 것은 포란 시기의 보호를 위해서라고 생각하지만, 이러한 예에서 볼 수 있는 암수의 차이는 어느 것이나 이 생각이 옳다고 인정할 수 있을 만큼 충분히 큰 것은 아니다. 몇몇 예에서는 암컷의 화려한 색채는 배 부분에만 한정되어 있어, 수컷이 만약 그런 색채를 갖고 있다고 해도 알 위에 앉아 있을 때 어떠한 위험에도 노출되지 않는다고 볼 수 있다. 또 수컷은 암컷보다 약간 수수한 색을 띠고 있을 뿐만 아니라 크기도 작고 힘도 약하다는 것을 염두에 두어야 한다. 그리고 그들은 모성본능을 획득했음은 물론, 암컷보다 호전적이지도 않고 목소리도 크지 않다. 또한 발성기관이 단순화되어 있다. 이렇게 본능, 습성, 성격, 색채, 크기, 그 밖의 몇몇 형태구조에서 암수 사이에 완전한 역전이 일어나고 있다.

따라서 이 범주에 속하는 수컷이 일반적인 수컷들이 지니는 특유한 성질을 어느 정도 잃어버렸다고 가정한다면, 그들은 더 이상 암컷을 적극적으로 찾지 않을 거라고 생각할 수 있다. 또는 암컷이 수컷보다 훨씬 수가 많아졌다고 가정할 수도 있다. 실제로 인도의 세가락메추라기는 암컷이 수컷보다 훨씬 많다.*33 그렇다면 이 범주에서는 수컷이 암컷에게 구애하는 것이 아니라, 암컷이 수컷에게 구애하게 되었다고 생각해도 좋을 것이다. 이것은 이미 공작, 칠면조, 일부 뇌조에서 본 것처럼 몇몇 조류에서는 어느 정도 적용되고 있다. 대부분의 조류 수컷이 보여주는 습성을 생각하면, 세가락메추라기와 에뮤 암컷이 덩치가 크고 힘이 세며 매우 호전적인 것은, 다른 암컷을 쫓아내고 수컷을 차지하기 위한 것임이 틀림없다. 그렇게 생각하면 모든 것은 분명해진다. 수컷들은 가장 화려한 색채와 장식을 가지고 있거나 가장 목소리가 큰 암컷에게 가장 매력을 느끼고 끌린다고 생각할 수 있다. 그러면 성선택이 작용하여 암컷의 매력은 서서히 커지고, 수컷과 새끼는 아주 조금밖에 변용하지 않고 남

---

*33 저던, 'The Birds of India,' Vol. 3, p. 598.

게 될 것이다.

제3분류 성체 수컷과 성체 암컷은 서로 비슷하고, 어린 개체는 그들만의 특징적인 깃털을 갖고 있다

이 분류의 범주에 속한 암수는 성체는 서로 닮았지만 새끼들과는 모습이 다르다. 이것은 많은 종류의 새에 적용된다. 유럽울새 수컷은 암컷과 거의 구별이 되지 않지만, 새끼는 칙칙한 올리브색과 갈색에 반점이 있는 깃털을 갖고 있어 매우 다르다. 아름다운 색깔의 주홍따오기는 암수가 매우 비슷하지만 새끼는 갈색이다. 암수에 공통적인 그 붉은 색은 성적인 형질임이 분명하다. 화려한 색채의 수컷이 흔히 그렇듯이, 그들을 가둬두면 그 색채가 충분히 발달하지 않기 때문이다. 여러 해오라기류의 새끼는 성체와 매우 다르며, 암수에게 공통으로 나타나는 여름깃은 확실히 결혼의 형질을 나타내고 있다. 어린 백조는 잿빛이지만 성체가 되면 순백색이 된다. 그러나 더 이상 예를 들 필요는 없을 것 같다. 어린 개체와 성체의 이와 같은 차이는, 앞의 두 범주와 마찬가지로 어린 개체는 조상의 깃털 상태를 보존하고 있지만 암수 성체에서는 새로운 변화가 일어난 때문인 것으로 보인다. 성체가 화려한 색채를 띠고 있는 경우, 주홍따오기와 많은 해오라기류에 대해 방금 말한 사실과 제1분류의 종에서 유추하여, 그러한 색채는 성체가 된 수컷이 성선택에 의해 획득한 것이라고 결론을 내려도 될 것이다. 그러나 앞의 두 범주와는 달리 그 색채의 전달은 같은 연령에 한정되지만 같은 성에 한정되지는 않는다. 그 결과, 성숙한 수컷과 암컷은 서로 비슷하지만 어린 개체와는 달라지는 것이다.

제4분류 성체 수컷과 성체 암컷이 비슷하고, 어린 개체의 첫 깃털은 성체와 비슷하다

이 범주의 어린 개체와 양성의 성체는 색채가 화려하든 수수하든 서로 매우 비슷하다. 내 생각에 이러한 예는 앞의 제3분류보다 더 많은 것 같다. 영국에서는 물총새, 딱따구리 일부, 어치, 까치, 까마귀, 그리고 바위종다리와 굴뚝새 등의 수수한 색채를 가진 새들이 그러하다. 그러나 성체와 어린 개체의 깃털의 유사성은 결코 완전하지는 않으며, 양쪽이 달라지기까지 변화하는 과정은 연속적이다. 즉 어떤 물총새는 어린 개체가 성체보다 색이 수수할 뿐만 아니라 배 부분의 깃털 끝에 갈색 테두리가 있다.*³⁴ 그것은 아마 조상의 형질일 것이다. 같은 분류군에 속하는 종이라도, 이를테면 호주의 Platycercus처럼 같은 속 안에서도 어떤 종의 어린 개체는 성체와 매우 비슷하지만, 다른 종의 어린 개체는 서로 많이 닮은 양성의 성체와 매우 다른 경우가 있다.*³⁵ 어치의 성체 양성과 어린 개체는 서로 매우 비슷하지만, 캐나다어치(*Perisoreus canadensis*)의 어린 개체는 그 부모와 너무 다른 모습이어서 별종으로 기재되었다.*³⁶ 앞으로 나아가기 전에 미리 말해두지만, 이 분류와 다음 두 분류의 범주는 여러 가지 사실이 너무 복잡하고 결론도 매우 의심스러운 점이 많아서, 이 문제에 특별한 흥미를 느끼지 않는 독자는 건너뛰고 읽는 편이 나을 거라고 생각한다.

이 분류에 포함되는 많은 새들이 지니고 있는 화려하고 눈에 띄는 색채는 그들을 보호하는 데 거의 도움이 되지 않을 것이다. 따라서 그것은 처음에는 성선택에 의해 수컷에게 획득되고 나중에 암컷과 새끼에게 전달된 것으로 생각된다. 그러나 수컷이 더욱 매력적인 암컷을 선택하기도 했을 것이므로, 그것이 양성의 새끼에게 전해졌다면 암컷이 더욱 매력적인 수컷을 선택하게 될 것이다. 그러나 양성이 매우 비슷한 이 범주의 새에서는 설령 이런 과정이 일어난다 해도 극히 드물었을 것으로 보이는 증거들이 몇 가지 있다. 그것은 차례차례 일어나는 변이 가운데 극소수라도 양성에게 동등하게 전달되지 않았더라면, 암컷이 수컷보다 조금이라도 더 아름다워졌을 것이다. 그런데 자연계에서는 그것과 완전히 반대되는 일이 일어나고 있다. 양성이 비슷한 큰 분류군의 거의 모든 것에, 수컷이 암컷보다 좀 더 아름다운 색을 띠고 있는 종이 일부 포함되어 있다. 암컷은 더욱 아름다운 수컷을 선택해 왔지만 수컷도 마찬가지로 더 아름다운 암컷을 선택해 왔을 가능성도 있다. 그러나 한쪽 성이 다른 쪽 성보다 더욱 열정적으로 상대를 찾는다고 생각하면 이 이중의 선택 과정이 작용했을지는 의심스러우며, 그것이 한쪽 성에만 작용하는 성선택보다 유효했다고 말할 수는 없다. 그러므로 이 분류에서는 장식적인 형질에 관

---

*34 저던, 'The Birds of India,' Vol. 1, pp. 222, 228. 굴드의 'Handbook to the Birds of Australia,' Vol. 1, pp. 124, 130.

*35 굴드, 같은 책, Vol. 2, pp. 37, 46, 56.

*36 오듀본, 'Orinith. Biography,' Vol. 2, p. 55.

해서의 성선택은 동물계 전체에 일반적으로 작용하고 있는 법칙에 따라 수컷에게 작용했다고 보는 것이 타당할 것이다. 그리하여 서서히 획득된 색채가 양성의 새끼에게 동등하게, 또는 거의 동등하게 전해졌다고 생각할 수 있다.

계속되는 변이가 거의 성숙에 도달한 수컷에게 최초로 나타났는가, 아니면 매우 어린 시기에 나타났는가 하는 점은 더욱 의구심을 불러일으킨다. 그러나 어느 경우라 하더라도 성선택은 수컷이 암컷을 자지하기 위해 서로 경쟁해야 할 때 작용한 것이 틀림없으며, 또 어느 경우에도 그렇게 해서 획득된 형질은 암수의 모든 연령에 전해져 오고 있다. 그러나 이와 같은 형질이 성체 수컷에게 획득되었다면, 처음에는 성체에게만 전달되다가 나중에 가서야 새끼에게도 전해졌을 것이다. 대응하는 연령에 전달되는 유전의 법칙이 적용되지 않을 경우, 새끼는 종종 그 형질을 부모보다 이른 시기에 물려받는다는 것은 잘 알려져 있는 사실이다.*37 이에 해당하는 예는 야생 속의 새에서도 발견되고 있다. 이를테면 블라이스는 큰부리때까치(*Lanius rufus*)*38와 큰아비(*Columbus glacialis*)의 표본에서 새끼 때부터 부모와 같은 깃털을 가지고 있는 새를 본 적이 있다.*39 또 흑고니(*Cygnus olor*)는 18개월 또는 2년이 지나기 전에는 그 거무스름한 깃털을 벗지 않는데, F. 포렐(F. Forel) 박사는 한배에서 태어난 새끼 네 마리 가운데 건강한 세 마리가 처음부터 흰색이었던 사례를 기록으로 남겼다. 이 새끼들의 부리와 다리의 색깔은 부모와 같았으므로 백화현상은 아니었다.*40

이 분류 범주에서 양성과 어린 개체가 비슷해진 위의 세 가지 양식에 대해, 참새목의 기묘한 사례를 들어 설명하는 것도 좋을 것 같다. 집참새(*P. domesticus*) 수컷은 암컷이나 어린 새끼와는 매우 다르다.*41 암컷과 새끼는 서로 많이 닮았으며, 또 팔레스타인 참새(*P. brachydactylus*)나 다른 근연종의 암수 새끼와도 각각 매우 비슷하다. 따라서 집참새 암컷과 새끼는 이 속

---

*37 《사육동식물의 변이》 제2권 79쪽.

*38 (역주) 지금의 학명은 *Schetba rufa*.

*39 찰스우드, 'Mag. of Nat. Hist.,' Vol. 1, 1837, pp. 305, 306.

*40 'Bulletin de la Soc. Vaudoise des Sc. Nat.,' Vol. 5, 1869, p. 132. 야렐이 보고한 폴란드고니(*Cygnus immutabilis*) 어린 새끼는 언제나 흰색이지만, 이것은 스클레이터에 따르면 가금류인 흑고니(*Cygnus olor*)의 변종에 지나지 않는다고 한다.

*41 이 속에 관한 정보는 블라이스에게서 얻었다. 팔레스타인의 참새는 Petronia 아속에 속한다.

(屬)의 조상의 깃털을 대략적으로 보여주고 있다고 생각할 수 있다. 참새(P. montanus)가 암수와 새끼 모두 집참새 수컷과 매우 비슷한 것을 보면, 그들은 모두 초기 조상의 전형적인 색깔로부터 멀어져서 같은 방식으로 변화해 온 것으로 보인다. 이에 대한 설명으로는 첫째, 참새의 수컷 조상이 거의 성숙에 도달한 무렵에 어떤 변이를 획득했거나 둘째, 아직 어렸을 때 획득하여 어느 경우에도 그 변이를 암컷과 새끼 양쪽에 전달함으로써 일어났다는 것이다. 또는 세 번째 가능성으로서 수컷은 성숙한 뒤에 변이를 획득했고 그것이 암수 성체에게 전달되었지만, 대응하는 연령에 전달된다는 유전 법칙이 적용되지 않고 나중에 어린 개체에게도 전달되었다고 생각할 수도 있다.

이 범주의 예에서 위의 세 가지 양식 가운데 어느 것이 주로 작용해 왔는지 결정하는 것은 매우 불가능하다. 그러므로 수컷이 어릴 때 변이를 획득하여 그것이 암수 새끼에게 전달되었다고 보는 것이 가장 가능성이 높을 것 같다. 여기서 덧붙여 두지만, 나는 많은 논문을 조사하여 조류에서 변이가 일어나는 시기와 그것이 한쪽 성 또는 양성에게 전달되는 것 사이에는 얼마나 일반적인 관계가 있는지 알아보았으나 확실한 것은 알 수 없었다. 흔히 인용되는 두 가지 법칙(즉 삶의 늦은 시기에 일어나는 변이는 같은 성에만 전달되지만, 이른 시기에 일어나는 변이는 양성에게 전달된다는 것)은 제1*42 제2, 제4분류의 범주에는 잘 적용되는 것처럼 보이지만 제3분류의 범주에는 적용되지 않으며, 제5분류의 일부*43 및 제6분류의 작은 범주에도 적용되지 않는다. 그러나 내가 판단하는 한, 이러한 법칙은 조류의 상당히 많은 종에 적용되고 있다고 할 수 있다. 그렇든 그렇지 않든 제8장에서 다룬 사실에서 변이가 나타나는 시기는, 유전양식을 결정하는 데 하나의 중요한 요소가 된다고 말할 수 있을 것이다.

새의 변이 시기가 이른가 늦는가를 판단하는 기준을 어디에 둘 것인가, 이

---

*42 이를테면 *Tanagra aestiva*와 *Fringilla cyanea* 수컷은 완전히 아름다운 깃털을 갖추기까지 3년이 걸린다(오듀본의 'Orinith. Biography,' Vol. 1, pp. 233, 280, 378). 흰줄박이오리도 3년 걸린다(같은 책., Vol. 3, p. 64). 제너 위어로부터 들은 바로는, 금계 수컷은 생후 3개월 만에 암컷과 구별할 수 있지만, 이듬해 9월이 되어야 완전히 아름다운 깃을 갖게 된다고 한다.

*43 이를테면 노랑부리황새(*Ibis tantalus*[지금의 학명은 *Mycteria ibis*])와 미국흰두루미(*Grus Americanus*)는 완전한 깃털을 획득하기까지 4년 걸리고, 플라밍고는 5, 6년, 삼색왜가리(*Ardea Ludoviciana*[지금의 학명은 *Egretta tricolor*])는 2년 걸린다. 오듀본의 같은 책., Vol. 1, p. 221, Vol. 3, pp. 133, 139, 211 참조.

를테면 수명에 대비한 연령, 번식력의 유무, 또는 털갈이의 횟수 가운데 어디에 기준을 두고 결정할 것인가 하는 것은 상당히 어려운 문제이다. 털갈이 횟수는 같은 과에 속하는 것들 사이에서도 매우 다르며, 그 원인을 잘 알 수 없는 경우가 많다. 새들 가운데에는 너무 일찍 털갈이를 해서 최초의 날개깃이 채 자라기도 전에 몸의 깃털이 다 빠져버리는 것도 있지만, 그 조상들의 상태까지 그리했으리라고는 생각되지 않는다. 털갈이 시기가 앞당겨지면, 성체의 깃털 색채가 맨 처음 나타난 연령이 실제보다 이른 것처럼 보일 것이다. 이것은 조류애호가가 새의 성별을 확인하기 위해 멋쟁이새 새끼의 가슴깃이나 어린 금계의 머리와 목의 깃을 조금 뜯어낼 때 잘 나타난다. 그렇게 했을 때 수컷이면 뜯어낸 부분에 곧 색깔 있는 깃이 돋아난다.[44] 실제 수명은 극소수의 새밖에 알려져 있지 않으므로, 이를 기준으로 판단하기란 거의 불가능하다. 그리고 번식력이 획득되는 시기라는 점에서는, 아직 미성숙한 깃이 남아 있는 동안 번식을 시작하는 새가 있다는 것은 놀라운 일이다.[45]

새가 미성숙한 깃을 남긴 채로 번식을 시작한다는 것은, 내가 생각하는 것처럼 수컷의 장식적인 색채와 깃이 획득되는 데는 성선택이 중요한 역할을 하고 있으며, 암수에게 동등하게 전달되는 유전을 통해 많은 종류의 암컷에게도 전달된다는 생각과 대립하는 것처럼 보인다. 장식을 그다지 갖고 있지 않은 어린 수컷이 성숙하고 더욱 아름다운 수컷과 마찬가지로 암컷을 유인할

---

*44 찰스워스의 'Mag. of Nat. Hist.,' Vol. 1, 1837, p. 300에 인용된 블라이스의 글 참조. 금계에 대해서는 바틀릿이 자료를 제공해주었다.

*45 나는 오듀본의 'Ornith. Biography'에서 다음과 같은 사례를 발견했다. "The American Redstart"(*Muscicapa ruticilla,* Vol. 1, p. 203). 노랑부리황새는 완전히 성숙하는 데 4년이 걸리지만, 때로는 2년째부터 번식한다(Vol. 3, p. 133). 미국흰두루미도 마찬가지로 완전한 성체의 깃을 획득하기 전에 번식을 시작하는 경우가 있다(Vol. 3, p. 211). 작은청왜가리(*Ardea caerulea*[지금의 학명은 *Egretta caerulea*]) 성체는 푸른색이고 새끼는 흰색이지만, 번식기에는 하얀 새, 얼룩무늬 새, 성체인 푸른 새 등 모두가 번식하는 것을 볼 수 있다(Vol. 4, p. 58). 그러나 블라이스에 따르면, 같은 연령에서도 푸른 개체와 하얀 개체를 볼 수 있기 때문에, 일부 해오라기에서 이형(二型)이 나타나는 것은 명백하다. 흰줄박이오리(*Anas histrionica*[지금의 학명은 *Histrionicus histrionicus*])는 완전한 깃을 획득하는 데 3년이 걸리지만, 많은 개체는 2년째부터 번식한다(Vol. 3, p. 614). 흰머리수리(*Falco leucocephalus,* Vol. 3, p. 210[지금의 학명은 *Haliaeetus leucocephalu*])도 마찬가지로 충분히 성숙하기 전부터 번식한다. 꾀꼬리류(블라이스와 스윈호의 'Ibis,' July, 1863, p. 68)도 마찬가지로 완전한 깃을 획득하기 전부터 번식한다.

수 있다면, 이 반론은 타당할 것이다. 그러나 그렇게 믿기에 충분한 증거는 아무것도 없다. 오듀본은 노랑부리황새(*Ibis tantalus*)의 미성숙한 수컷이 번식하는 것은 매우 드문 일이라고 했고, 스윈호도 꾀꼬리의 미성숙 수컷에 대해 같은 말을 했다.*46 어떤 종류의 새에서도 깃이 덜 자란 어린 개체가 성체보다 배우자 획득에 유리한 경우가 있다면, 덜 자란 깃을 가능한 한 오래 몸에 지니고 있는 수컷이 번성하게 될 것이므로, 성체 수컷의 깃은 조만간 사라지고 궁극적으로 그 종의 형질이 변하게 될 것이다.*47 한편 어린 개체가 짝짓기 상대인 암컷을 획득하는 것이 전혀 불가능하다면, 일찍부터 번식을 시작하려는 습성은 쓸데없는 힘의 낭비가 되므로 언젠가는 사라지게 될 것이다.

새들 가운데에는 완전하게 성숙한 뒤에도 세월이 지날수록 깃이 더욱 아름다워지는 것도 있다. 공작의 윗꽁지덮개와 삼색왜가리 같은 일부 왜가리류의 도가머리와 깃털이 그 예이다.*48 그러나 이러한 깃이 계속 발달하는 것이 시간이 지나도 더욱 유리한 변이에 선택이 작용하고 있기 때문인지는 크게 의심스러우며, 단순히 발달만 계속되고 있는 것인지도 모른다. 대부분의 물고기는 건강하고 먹이만 풍부하면 해마다 몸이 계속 커지는데, 새의 깃에도 같은 법칙이 작용하고 있는 것 같다.

제5분류 수컷과 암컷의 유사성과 관계없이 양성의 성체가 겨울깃과 여름깃 두 가지 깃털을 가지고 있을 때, 어린 개체는 양성 성체의 겨울깃과 비슷하다.

---

*46 앞의 주 45 참조.

*47 전혀 다른 강에 속하는 동물도, 어른의 형질을 완전히 획득하기 전에 보통 번식을 시작하거나 가끔 번식을 하기도 하는 것이 있기도 하다. 어린 연어 수컷이 그런 종류이다. 양서류 가운데에는 유생(幼生)의 구조를 가진 채로 번식하는 예가 알려져 있다. 프리츠 뮐러는 ('Facts and Arguments for Darwin,' English translation, 1869, p. 79), 갑각류 가운데 단각류에는 어릴 때부터 성적으로 성숙한 것이 있다고 했는데, 그것에는 파악기관이 완전히 발달하지 않았기 때문에 미성숙한 시기에도 번식을 시작하는 것으로 나는 생각한다. 이러한 사실은 모두 종의 형질이 크게 변용해 가는 하나의 과정을 보여주고 있어 매우 흥미롭다. 이것은 코프(Cope)가 '속(屬)의 형질에 있어서의 지연과 촉진'이라고 부른 것과 일치할지도 모르지만, 나는 이 뛰어난 박물학자의 생각을 완전하게 이해하지는 못했다. 코프의 'Proc. of Acad. Nat. Sc. of Philadelphia, October, 1868에 실린 논문 "On the Origin of Genera" 참조.

*48 공작에 대해서는 저던, 'The Birds of India,' Vol. 3, p. 507. 삼색왜가리에 대해서는 오듀본, 같은 책., Vol. 3, p. 139.

매우 드물기는 하지만 때로는 여름깃과 훨씬 비슷하거나 암컷과 비슷한 경우도 있다. 또 어린 개체가 중간적인 형질을 가지는 경우도 있으며, 성체 각각의 계절적 깃털과 크게 다른 경우도 있다

　이 범주에 포함되는 사례들은 참으로 복잡하기 짝이 없다. 이것은 많든 적든 세 가지 요소, 즉 성과 연령, 계절이라는 한정된 유전 양식에 따르기 때문에 복잡한 것이 당연하다. 몇 가지 예에서는 하나의 종에 속하는 개체가 다섯 가지 다른 깃털의 단계를 거친다. 수컷이 암컷과 여름깃의 깃털만 다른 종류 또는 더욱 희귀한 예로, 그 두 계절의 깃털과도 다른 종류[49]의 어린 개체는 보통 암컷과 비슷하다.[50] 북아메리카의 미국황금방울새와 호주의 아름답고 화려한 말루리가 그러하다. 암수의 여름깃과 겨울깃이 모두 비슷한 종의 어린 개체는 첫째, 성체의 겨울깃과 비슷하며 둘째, 드물게 여름깃과 비슷한 것도 있다. 셋째, 어린 개체는 그 두 가지 상태의 중간적인 형질을 보여주는 경우도 있다. 넷째, 어느 계절의 성체와도 매우 다른 경우가 있다. 이 네 가지 가운데 첫 번째 예로 인도 황로의 아종(*Buphus coromandus*)[51]을 들 수 있다. 이 종의 어린 개체와 성체는 겨울에는 흰색이지만 여름이 되면 성체가 금빛이 도는 황색으로 바뀐다. 인도의 아시아열린부리황새(*Anastomus oscitans*)도 같은 예인데 색깔은 그 반대이다. 양성의 성체와 어린 개체는 겨울 동안은 회색과 검은색이지만, 여름이 되면 성체만 새하얀 색이 된다.[52] 두 번째 경우의 예로는 레이저빌(*Alca torda*)을 들 수 있다. 어린 개체의 초기에 나타나는 깃은 성체의 여름깃과 같은 색깔이다. 또 북아메리카의 흰정수리북미멧새(*Fringilla leucophrys*)[53]는 막 알에서 깨어난 새끼 때부터 머리에 섬세한 흰 줄무늬가 있

＊49 이 두드러진 예에 대해서는 붉은발도요속(Tringa) 등은 맥길리브레이의 'Hist. of Brit. Birds,' Vol. 4, pp. 229, 271. 목도리도요는 p. 172. 흰죽지꼬마물떼새(*Charadrius hiaticula*)는 p. 118. *Charadrius pluvialis*는 p. 94 참조.

＊50 북아메리카의 미국황금방울새(*Fringilla tristis*)에 대해서는 오듀본의 'Orinith. Biography,' Vol. 1, p. 172. 말루리에 대해서는 굴드의 'Handbook to the Birds of Australia,' Vol. 1, p. 328 참조.

＊51 (역주) 지금의 학명은 *Bubulcus ibis coromandus*.

＊52 Buphus에 관한 정보는 블라이스가 제공해주었다. 저던의 'The Birds of India,' Vol. 3, p. 749 도 참조. 아시아열린부리황새에 대해서는 블라이스의 'Ibis' 1867, p. 173 참조.

＊53 (역주) 지금의 학명은 *Zonotrichia leucophrys*.

는데, 이것은 어린개체이든 성체이든 겨울깃에서는 사라져버린다.[*54] 어린 개체가 성체의 여름깃과 겨울깃의 중간적 형질을 가지고 있는 세 번째 사례에 대해, 야렐은 섭금류에서 볼 수 있다고 주장했다.[*55] 마지막으로 어린 개체가 암수 성채의 여름깃, 겨울깃 양쪽과 매우 다른 경우의 예로는, 어린 개체만 하얀 색을 띠는 인도와 북아메리카의 해오라기류를 들 수 있다.

이렇게 복잡한 예에 대해서는 몇 가지 사실을 덧붙이는 것으로 그치려고 한다. 어린 개체가 성체 암컷의 여름깃과 비슷한 경우와 암수 성체의 겨울깃과 비슷한 경우가 제1분류와 제3분류 아래 주어진 범주의 것과 다른 점은, 그 형질은 본래 번식기에 있는 수컷에게 획득되어 그것이 대응하는 계절에 한해 전달되고 있다는 것뿐이다. 성체가 겨울깃과 여름깃 두 가지를 가지고 있고, 어린 개체가 그 양쪽 모두와 다른 경우는 더욱 이해하기 어렵다. 어린 개체가 조상의 깃털 상태를 보존하고 있을지는 모른다. 성체의 여름깃 또는 혼인깃은 성선택을 통해 획득되었다고 설명할 수 있겠지만, 성체의 겨울깃이 다른 것은 어떻게 설명해야 할까? 만약 모든 경우에 이 깃털이 보호색 역할을 한다는 것을 인정할 수 있다면, 그것이 획득된 것에 대해서는 간단하게 설명할 수 있을 것이다. 그러나 그것을 인정하는 데 충분한 이유는 없는 것 같다. 겨울과 여름에는 생활조건이 매우 다르기 때문에, 그러한 조건들이 깃털에 직접적인 영향을 끼친 것이 아닌가 의견을 제시할지도 모른다. 그러나 약간의 영향은 미치겠지만 여름깃과 겨울깃이 매우 다른 경우에도 그 차이가 이러한 원인 때문이라고, 나는 자신 있게 말할 수는 없을 것 같다. 더욱 타당한 설명은 조상형의 깃털이 여름깃이 가지고 있는 형질의 전달을 통해 다소 변용되었으며, 그것이 성체의 겨울깃으로 보존되고 있다는 것이다. 마지막으로 이 범주에 속하는 모든 예에서는, 성체 수컷이 획득한 형질이 연령, 계절, 성에 따라 다양하게 한정적으로 유전하는 데서 나타나는 것처럼 보이지만, 이렇게 복잡한 사례를 더 이상 추구하는 것은 별 의미가 없을 것 같다.

[*54] 레이저빌에 대해서는 맥길리브레이, 'Hist. of Brit. Birds,' Vol. 5, p. 347. 흰정수리북미멧새에 대해서는 오듀본의 같은 책., Vol. 2, p. 89 참조. 앞으로는 해오라기류의 어린 개체는 하얗다는 사례에 대해 언급하게 될 것이다.

[*55] 'Hist. British Birds,' Vol. 2, 1839, p. 159.

제6분류 어린 개체의 최초의 깃은 성에 따라 다르다. 어린 수컷은 비교적 성체 수컷과 비슷하고, 어린 암컷은 비교적 성체 암컷과 비슷하다.

이 분류 범주의 사례들은 다양한 분류군에서 볼 수 있지만 그 수는 많지 않다. 그래도 경험이 우리에게 그 반대의 경우를 알려주지 않는다면, 어린 개체가 같은 성의 성체와 처음부터 어느 정도 비슷하고, 시간이 갈수록 더욱 유사성이 강해지는 것은 매우 자연스러운 일로 보일 것이다. 검은머리명금(Sylvia atricapilla) 성체의 경우, 수컷은 머리가 검지만 암컷의 머리는 적갈색이다. 블라이스가 알려준 바에 의하면, 어린 개체는 새끼 때부터 이 특징으로 암수를 구별할 수 있다고 한다. 개똥지빠귀과에서는 이와 비슷한 사례를 놀랄 만큼 많이 볼 수 있다. (유럽산) 검은새(Turdus merula) 수컷은 둥지에 있을 때부터 암컷과 구별할 수 있는데, 그것은 몸의 깃털처럼 일찍 털갈이를 하지 않는 주요한 날개깃이 두 번째 털갈이 때까지 갈색을 지니고 있기 때문이다.[56] 북부흉내지빠귀(Turdus polyglottos)[57]는 암수가 거의 다르지 않지만, 그래도 극히 어릴 때부터 수컷이 더욱 순결한 흰색에 가까워서 암컷과 구별할 수 있다.[58]

바다직박구리의 일종(Oroecetes erythrogastra)[59]과 바다직박구리(Petrocincla cyanea)[60] 수컷의 깃은 대부분 아름다운 파란색이지만, 암컷은 갈색이다. 그리고 2종 모두 수컷 새끼의 날개와 꽁지깃의 가장자리는 파란색인 데 비해 암컷은 갈색이다.[61] 즉 검은새의 어린 개체에서는 다른 깃보다 나중에 성숙한 형질이 나타나 검은색이 되는 그 깃이, 이 2종에서는 다른 깃보다 먼저 파란색을 띠게 되는 것이다. 이러한 예에 대한 가장 타당성이 있는 설명은 제1분류에서 나타난 것과는 달리, 수컷이 획득한 형질은 맨 처음 그 형질이 획득되었을 때보다 이른 시기에 수컷새끼에게 전해지고 있다는 것이다. 왜냐하면 그들이 아주 어렸을 때 변이했다면, 그러한 형질은 모두 암수 새끼에게 전해졌을 것이

---

* 56 찰스워스의 'Mag. of Nat. Hist.,' Vol. 1, 1837, p. 362에 인용된 블라이스의 글과 그가 나에게 알려준 정보에 의한다.

* 57 (역주) 지금의 학명은 *Mimus polyglottos*.

* 58 오듀본, 'Ornith. Biography,' Vol. 1, p. 113.

* 59 (역주) 지금의 학명은 *Monticola rufiventris*.

* 60 (역주) 지금의 학명은 *Monticola solitarius*.

* 61 C. A. 라이트(C. A. Wright), 'Ibis,' Vol. 6, 1864, p. 65. 저던, 'The Birds of India,' Vol. 1, p. 515.

기 때문이다.*62

실꼬리벌새(*Aithurus polytmus*)*63 수컷은 검은색과 녹색의 아름다운 색깔을 띠고 있고, 꽁지깃 가운데 두 개가 매우 길게 자라 있다. 암컷은 꽁지가 보통 길이이며 색깔은 수수하다. 그런데 수컷 새끼는 일반적인 법칙과 달리 성체 암컷과 비슷하지 않으며, 처음부터 성체 수컷과 같은 색으로 변하기 시작하여 곧 꽁지가 길어진다. 이 사실을 알려준 사람은 굴드인데, 그는 아직 발표하지 않은 더욱 놀라운 사례도 알려주었다. 후안페르난데스 제도의 작은 섬에 살고 있는 Eustephanus속의 벌새 2종은 매우 아름다운 색채를 띠고 있는데 오랫동안 별종으로 생각되어 왔다. 최근에 몸이 짙은 밤색에 머리는 금빛이 감도는 붉은 색인 것은 수컷이고, 녹색과 흰색의 섬세한 얼룩무늬가 있고 금속성의 초록색 머리를 가진 것은 암컷으로 밝혀졌다. 어린 새끼는 처음부터 같은 성의 성체와 깃이 비슷하며, 그 유사성은 갈수록 더해 간다.

예전과 같이 어린 개체의 깃을 단서로 생각하면, 마지막 이 예에서 암수는 각각 독립적으로 아름다워진 것이지 한쪽 성이 자기의 아름다움을 다른 쪽 성에게 전달한 것은 아니라고 생각된다. 수컷은 그 화려한 색채를 제1분류에서 살펴본 공작이나 꿩처럼 성선택을 통해 획득한 것으로 보인다. 그리고 암컷은 제2분류의 호사도요속과 세가락메추라기속의 암컷과 같은 방식으로 그 색채를 획득한 것 같다. 그러나 이러한 일이 동종의 수컷과 암컷에서 같은 시기에 어떻게 일어날 수 있었는지는 매우 이해하기 어렵다. 샐빈은 제8장에서 살펴본 것처럼 벌새류에는 수컷이 암컷보다 훨씬 많은 것이 있는 한편, 같은 지역에 살고 있는 다른 종은 암컷이 수컷보다 훨씬 많다고 했다. 그래서 후안페르난데스 제도에 서식하는 종은 과거 어느 시기에는 매우 오랫동안 수컷이 암컷보다 많았지만, 다른 시기에는 상당한 기간에 걸쳐 암컷이 수컷보다 더 많았다고 가정하면, 암수 모두 더욱 화려한 색채를 띤 개체를 선택하는 성선택을 통해 어느 시기에는 수컷이, 또 어느 시기에는 암컷이 더 아름다워졌다

---

*62 다음의 예들을 덧붙여둔다. *Tanagra rubra* 어린 수컷은 어린 암컷과 뚜렷이 구별되며(오듀본, 'Ornith. Biography,' Vol. 4, p. 392), 인도의 푸른동고비(*Dendrophila frontalis*) 새끼도 마찬가지이다(저딘, 'The Birds of India,' Vol. 1, p. 389). 블라이스는 유럽 검은딱새(*Saxicola rubicola*)도 아주 어릴 때부터 암수를 구별할 수 있다고 알려주었다.

*63 (역주) 지금의 학명은 *Trochilus polytmus*.

고 할 수 있을지도 모른다. 그리고 암수 모두 그 변이를 보통 때보다 이른 시기에 새끼에게 전했을 것이다. 다만 이 설명이 옳다고 주장할 생각은 없다. 그러나 이 사례는 너무나 특이해서 아무 언급 없이 그냥 지나칠 수가 없었다.

이제까지 여섯 가지의 모든 분류에 대해 많은 사례를 살펴본 결과, 어린 새의 깃털과 한쪽 성 또는 양성 성체의 깃털 사이에는 밀접한 관계가 있다는 것을 알 수 있다. 이러한 관계는 한쪽 성—대부분은 수컷이다—이 변이와 성선택을 통해 화려한 색채와 다른 장식을 획득하고, 그것이 지금까지 알려진 유전의 법칙에 따라 다양한 방법으로 이행된다는 원리로 잘 설명할 수 있다. 때로는 같은 분류에 속하는 종 사이에서도 변이가 왜 삶의 다른 시기에 다양하게 일어났는지 우리는 알 수 없다. 그러나 유전 양식에 관해서는, 그것을 결정하고 있는 하나의 중요한 원인은 변이가 최초로 나타났을 때의 연령인 것으로 생각된다.

대응하는 연령에서의 유전 원리와 어릴 때 수컷에게 생긴 색채의 변이는 선택하기에는 위험하기 때문에 제거하는 것이 보통인데 비해, 번식연령에 가까워졌을 때 생긴 같은 변이는 보존되는 것으로 보아, 어린 개체의 깃은 대부분 변화하지 않고 보존되는 것으로 생각할 수 있다. 그래서 현생종의 조상이 어떠한 색을 하고 있었는지에 대해 여기서 몇 가지 통찰을 얻을 수 있다. 앞의 여섯 범주 가운데 다섯 가지에 속하는 다수의 종에서는 한쪽 또는 양쪽 성의 성체가 적어도 번식기에는 화려한 색채를 띠지만, 어린 개체는 모두 성체처럼 화려하지 않거나 매우 수수한 색을 띠고 있다. 내가 아는 한, 수수한 색을 띠는 새들 가운데에서 어린 개체만이 화려한 색채를 띠거나, 또는 화려한 새들 중에 어린 개체가 성체보다 화려한 것은 하나도 없다. 그러나 어린 개체와 성체가 유사한 네 번째 분류에서는 많은 종이(결코 모든 종이 그런 것은 아니지만) 화려한 색채를 띠고 있고 분류군 전체가 그런 것도 있으므로, 그 경우에는 그들의 조상도 그렇게 화려한 깃털을 가지고 있었을 것으로 추론할 수 있다. 이 예외를 제외하면 전 세계의 조류는, 우리가 어린 개체의 깃에서 부분적으로 재구성할 수 있는 먼 옛날의 시대부터 오늘까지 점점 더 아름다워진 것으로 보인다.

깃의 색채와 보호색 관계에 대하여

　나는 암컷만이 수수한 색채를 띠고 있을 때는, 대부분의 경우 그것이 보호색이라는 특별한 목적을 위해 획득되었다고 보는 월리스의 생각에 찬성하지 않는 것처럼 보일지도 모르겠다. 그러나 앞에서도 말했듯이, 많은 새의 암수가 이 목적 때문에 색채를 변화시켜온 것에는 의심할 여지가 없다. 그리하여 그들은 적의 눈길에서 벗어날 수 있었으며, 다른 경우에는 올빼미가 깃을 부드럽게 하여 자신의 비행을 알아채지 못하게 하는 것처럼 먹잇감에 발각되지 않고 접근할 수 있게 되었다. 월리스는*64 '어떤 분류군 전체의 주된 색깔이 초록색인 새는, 1년 내내 잎이 떨어지지 않는 열대 삼림에 와야 비로소 볼 수 있다'고 말했다. 시험해 본 적이 있는 사람이라면 나뭇잎이 무성한 나무 속에서 앵무새를 찾는 것이 얼마나 어려운 일인지 인정할 것이다. 그런데도 많은 앵무새들이 빨강, 파랑, 오렌지 등의 색깔로 장식되어 있는데 그것은 대부분 보호색으로서는 도움이 되지 않는다. 딱따구리는 늘 나무에만 있지만, 녹색 띤 종 외에 검은색 또는 검은색과 흰색이 섞여 있는 종들도 많다. 그리고 모든 종은 같은 위험에 노출되어 있다. 따라서 나무에 사는 새가 눈에 띄는 색채를 획득한 것은 성선택에 의해서이지만, 녹색의 색조는 다른 색보다 보호색으로서 자연선택에 있어 유리했을 것이 분명하다.

　지상에 사는 새들의 색채는 그들 주변의 지표면과 비슷하다는 것은 누구나 인정하고 있다. 유럽자고새, 깍도요, 멧도요, 물떼새 일부, 종다리, 쏙독새 등이 땅 위에 웅크리고 앉아 있을 때 그들을 찾는 것은 얼마나 어려운 일인가. 사막에서 사는 동물이 가장 좋은 사례라고 할 수 있는데, 그들은 아무것도 없는 지면에서 몸을 숨길 곳이 전혀 없어서 작은 네발짐승과 파충류, 조류 등은 모두 몸의 안전을 색채에만 의존하고 있다. 트리스트람(Tristram)이 지적했듯이*65 사하라에서 서식하는 동물은 모두 '회황색이나 모래색'의 색깔로 보호되고 있다. 내가 남아메리카에서 본 사막의 새를 떠올려 보면, 영국의 지상에서 살고 있는 대부분의 새처럼 암수는 일반적으로 비슷한 모습을 하고 있다. 그래서 사하라의 새들에 대해 트리스트람에게 문의해 보았더니, 그는 친절하게도 다음과 같은 정보를 보내주었다. 사하라에는 명백하게 보호색으로

＊64 'Westminster Reviews,' July, 1867, p. 5.

＊65 'Ibis,' 1859, Vol. 1, p. 429 등.

생각되는 깃털색을 가진 새가 15속 26종이 있는데, 그 색채가 놀랍게도 다른 장소에 살고 있는 같은 속의 새들과는 매우 다르다고 한다. 이 26종 가운데 13종은 암수가 같은 색깔이다. 그러나 이러한 종은 어디서나 암수가 비슷한 속(屬)에 속하기 때문에, 사막에 사는 새들의 암수가 특별히 같은 보호색을 띠는지 어떤지에 대해서는 전혀 알 수 없다. 나머지 13종 가운데 3종은 보통은 암수가 서로 다른 속임에도 불구하고 암수가 비슷하다. 나머지 10종은 암수가 서로 다르지만 차이는 주로 배 부분에 한정되어 있으며, 이 부분은 새가 지면에 웅크리고 있을 때는 보이지 않는다. 머리와 등은 암수 모두 같은 모래색을 띠고 있다. 이렇게 이 10종은 암수의 등은 보호를 위한 자연선택이 작용함으로써 색채가 비슷하지만, 수컷의 배 부분만이 장식을 위해 성선택을 통해 다양해진 것이다. 이 경우에는 암수가 모두 동등하게 보호받고 있기 때문에, 암컷이 수컷 어버이의 색채를 물려받지 못하게 가로막는 것은 아무것도 없다고 생각된다. 따라서 앞에 설명한, 성에 한정된 유전 양식을 고려하지 않을 수 없게 된다.

　세계 어디서나 곤충을 먹는 데 적합하도록 부드러운 부리를 가진 새들, 그것도 특히 갈대밭이나 초원에서 살고 있는 종들은 수수한 색채를 띠고 있다. 그들의 색채가 더 화려했다면 적에게 쉽게 발견되었을 것은 의심의 여지가 없다. 그러나 내가 판단하기에는 수수한 색채가 특별히 보호색으로서 획득되었는지 의심스럽다. 이러한 수수한 색채가 장식을 위해 획득되었다는 것은 더더욱 생각하기 어려운 일이다. 그러나 수컷은 아무리 수수해도 암컷과는 매우 다른 경우가 많다는 것을 기억해야 한다. 흔히 볼 수 있는 참새가 그 대표적인 사례인데, 이를 통해 그러한 색채도 매력적이라는 점에서 성선택을 통해 획득된 것으로 생각할 수 있다. 부드러운 부리를 가진 새는 대부분 노래를 잘 부른다. 그리고 노래를 잘 부르는 새는 화려한 색채로 장식되는 경우가 거의 없다고 앞장에서 설명한 것을 잊지 말기 바란다. 일반적인 법칙으로서 암컷은 아름다운 노랫소리나 아름다운 색채로 짝짓기 상대를 선택하며, 그 양쪽의 매력을 다 갖추는 경우는 없는 듯하다. 꼬마도요, 멧도요, 쏙독새 등, 보호를 위한 색채임이 명백한 종도 우리의 기호에 비춰 보면 매우 세련된 무늬와 색채를 띠고 있다. 이러한 종은 보호와 장식 양쪽에 자연선택과 성선택이 함께 작용한 것이라고 결론지을 수 있을 것 같다. 어떠한 새도 이성을 끌어당길 수 있는 매력을 갖추지 않은 것이 있는지는 의심스럽다. 암수가 모두 너무 수수한 색채를 띠고 있기 때문에 성선택이 작용했다고 가정하는 것은 성급한 일이다. 그러한 색채가 보호색의 역할을 하고 있다는 것을 보여주는 직접적인 증거가 없는 경우에는 그 원인을 전혀 알 수 없다고 보는 것이 가장 바람직하지만, 생활조건의 직접적인 영향으로 생각할 수도 있다.

많은 새의 암수는 뛰어나게 화려하다고는 할 수 없어도 검정, 흰색, 줄무늬 등의 눈에 띄는 색채를 하고 있는데, 이러한 색채도 아마 성선택의 결과로 생각된다. 검은새, 큰뇌조, 검둥오리(Oidemia)*⁶⁶와 어깨걸이극락조(Lophorina atra)*⁶⁷도 수컷만 새까만 색이고, 암컷은 갈색이나 얼룩무늬이다. 이러한 종의 검은색은 성선택으로 선택된 형질이라고 생각할 수밖에 없다. 따라서 까마귀, 호주의 앵무새 일부, 황새, 흑고니, 그리고 많은 바다새들처럼 암수가 완전히 검은색이거나 부분적으로 검은색인 것도 성선택을 통해 획득된 것이며, 그것이 양성에게 전해지는 것도 아예 불가능한 일은 아닐 것이다. 왜냐하면 검은색이 보호에 도움이 된다고는 도저히 생각할 수 없기 때문이다. 수컷만이 검은색인 새나, 암수가 검은 새의 일부는 부리와 머리 주위의 피부가 선명한 색채를 띠고 있는 경우가 있는데, 그 대비가 그들의 아름다움을 더욱 돋보이게 하고 있다. 이것은 검은새 수컷의 선명한 황색 부리와, 멧닭과 큰뇌조의 눈 위에 있는 붉은 피부, 검둥오리 수컷의 다양하게 화려한 색채의 부리, 붉은부리 까마귀(Corvus graculus, Linn)*⁶⁸ 흑고니, 먹황새의 붉은 부리 등에서 볼 수 있다. 이 점에서 볼 때 큰부리새의 부리가 유별나게 큰 것은 성선택 때문이며, 부리의 다양한 색채를 띤 줄무늬를 과시하면서 발달해 온 것도 전혀 불가능한 일은 아니라고 생각되었다.*⁶⁹

---

* 66 (역주) 지금의 학명은 *Melanitta*.

* 67 (역주) 지금의 학명은 *Lophorina superba*.

* 68 (역주) 지금의 학명은 *Pyrrhocorax graculus*.

* 69 큰부리새 부리의 유별난 크기에 대해, 또 그 화려한 색채에 대해 지금까지 만족할 만한 설명은 나오지 않고 있다. 베이츠(Bates)는 ('The Naturalist on the River Amazons,' Vol. 2, 1863, p. 341), 그들은 그 부리로 가지 끝에 달린 열매를 따먹거나, 다른 연구자가 말했듯이 다른 새의 둥지에서 알과 새끼를 꺼낸다고 했다. 그러나 베이츠도 '부리가 그러한 목적에 사용하기에는 완벽한 형태를 하고 있다고 볼 수 없다'는 것을 인정하고 있다. 길이뿐만 아니라 폭과 깊이도 매우 큰 부리는 단순히 무언가를 붙잡기 위한 파악 기관(把握器官)의 역할을 한다고는 도저히 생각할 수 없는 것이다.

부리가 시작되는 부분과 눈 주위의 맨살도 종종 화려한 색을 띠고 있는데, 굴드는 어떤 종에 대해*[70] 부리의 색은 '번식기에 가장 아름답고 화려한 것이 틀림없다'고 말했다. 그 색채를 과시하는 것이 우리 눈에만 그리 중요하지 않게 보일 뿐인 그 거대한 부리도, 청란이나 다른 수컷 새들의 큰 꽁지깃이 날아다니는 데 방해가 되는 것처럼, 다공질 조직으로 되어 있어서 가볍기는 하지만 그래도 상당히 거추장스러울 것이다.

많은 종이 수컷만 검은색이고 암컷은 수수한 색을 띠고 있는 것처럼, 남아메리카의 방울새(Chasmorhynchus),*[71] 남극의 기러기(*Bernicla antarctica*), 백한(꿩과의 흰 꿩) 같은 일부 예에서는 수컷만이 흰색 또는 부분적으로 흰색이며, 암컷은 갈색이나 수수한 얼룩무늬를 갖고 있다. 그래서 위와 같은 원리에 따라 호주의 흰 앵무새, 아름다운 깃장식을 가진 일부 백로류, 따오기류, 갈매기, 제비갈매기 등 많은 종의 암수는 많든 적든 완벽하게 하얀 깃을 성선택을 통해 획득했다고 생각할 수 있다. 눈이 오는 지역에서 살고 있는 종들은 물론 이것과는 다르게 설명해야 할 것이다. 여기에서 말한 몇몇 새들의 흰색 깃은 암수 모두 성체가 되어서야 비로소 나타난다. 그것은 일부 갈색얼가니새, 열대조 등과 흰기러기(*Anser hyperboreus*)*[72]도 마찬가지이다. 흰기러기는 눈이 내리지 않을 때 '허허벌판'에서 알을 낳아 키우고 겨울이 오면 남쪽으로 이동하므로, 성체의 새하얀 깃이 보호에 도움이 된다고 생각할 근거는 전혀 없다. 위에 말한 아시아열린부리황새(*Anastomus oscitans*)의 하얀 깃은 여름깃에만 발달하므로, 그것이 혼인깃이라는 훌륭한 증거가 될 수 있다. 어린 개체의 깃과 성체의 겨울깃은 회색과 검은색이다. 갈매기(Larus)는 대부분, 머리와 목은 여름에는 새하얗지만 겨울이나 어릴 때는 회색 또는 얼룩무늬이다. 반면에 아비속(Gavia) 일부와, 소형 갈매기와 제비갈매기(Sterna)에서는 완전히 반대현상이 일어나고 있다. 즉 1년이 되지 않은 어린 개체의 머리와 겨울철 성체의 머리가 새하얗거나 번식기의 색채보다 훨씬 옅어지는 것이다. 이 후자의 예는 성선택의 작용이 얼마나 변덕스러운지를 보여주는 또 다른 예증이라고 할 수 있

---

*70 *Ramphaston carinatus*. 굴드의 'A Monograph of The Ramphastidae.

*71 (역주) 속명 Chasmorhynchus는 지금은 Procnias로 되어 있다.

*72 (역주) 지금의 학명은 *Anser caerulescens*.

다.[73]

물새가 지상에서 사는 새에 비해 훨씬 자주 하얀 깃을 획득할 수 있는 것은, 아마 그들의 몸이 크고 비상력이 강해서 포식자로부터 달아나는 자기 방어 능력이 뛰어나기 때문이거나, 그러한 위험에 노출되는 일이 적기 때문일 것이다. 그 결과, 그들 사이의 성선택은 보호라는 목적에 간섭받는 일이 그다지 많지 않았다. 그러므로 탁 트인 대양 위를 날아가는 새는 새하얗거나 새까만 색깔이라서 눈에 잘 띄는 암수가 서로를 훨씬 쉽게 발견할 수 있을 것이다. 그래서 이러한 색채는 지상에 사는 새의 울음소리와 같은 목적을 갖고 있을 것이다. 흰색 또는 검은 새가, 바다 위에 떠 있거나 해안으로 밀려 올라온 죽은 물고기를 발견하고 그것을 향해 급강하할 때는 멀리서도 잘 보이기 때문에, 동종이나 다른 종의 개체를 먹이가 있는 곳으로 불러들이게 된다. 이것은 맨 처음 먹잇감을 발견한 새에게는 불리한 일이므로, 가장 하얗거나 가장 검은 개체가 색깔이 있는 개체보다 먹이를 더 많이 확보할 수 있다고는 볼 수 없다. 따라서 이렇게 눈에 띄는 색채가 이 목적을 위해 자연선택에 의해 획득된 것이라고는 도저히 생각할 수 없는 것이다.[74]

성선택은 취향처럼 변하기 쉬운 요소의 지배를 받기 때문에, 같은 분류군에 속하고 생활습성도 거의 같은 조류 사이에 앵무새, 황새, 따오기, 흑고니, 백조, 제비갈매기, 슴새 등에서 볼 수 있는 것처럼 새하얀 종류, 거의 하얀 종류, 새까만 종류, 거의 까만 종류가 뒤섞여 있는지 이해할 수 있다. 같은 분류군 속에서 흑백 얼룩무늬 동물이 태어나는 경우도 있다. 이를테면 검은목고니, 제비갈매기류, 까치 등이다. 어떠한 것도 매우 많은 표본을 늘어놓고 연속적으로 변화하는 색판을 함께 배열하면, 수컷과 암컷이 다를 때는 수컷은 색이 옅은 부분에서는 암컷보다 훨씬 흰색에 가깝고, 또 여러 가지 색깔이 짙게 나타나는 부분에서는 암컷보다 훨씬 색이 짙은 경향을 볼 수 있는 것으로 보

---

[73] 갈매기, 아비, 제비갈매기에 대해서는 맥길리브레이의 'Hist. of Brit. Birds,' Vol. 5, pp. 515, 584, 626. *Anser hyperboreus*에 대해서는 오듀본, 'Orinith. Biography,' Vol. 4, p. 562. *Anastomus*에 대해서는 블라이스, 'Ibis,' 1867, p. 173 참조.

[74] 물새가 바다 위를 나는 것처럼 높은 하늘을 멀리까지 나는 독수리는, 깃털이 전체적으로 흰색인 종이 3, 4종 있지만, 다른 많은 종들은 모두 검은색이라는 점에 주목해야 한다. 이 사실은 이렇게 눈에 띄는 색채가 번식기 동안에 서로를 쉽게 발견하기 위한 것이라는 생각을 지지해 준다.

아, 새의 경우에는 강한 색채의 대비가 선호되고 있다고 결론내릴 수 있다.

　새의 암컷은 우리가 유행을 따르는 것과 마찬가지로 단순히 신기한 것을 좋아하거나 변화를 위한 변화를 즐기는 것 같다. 아가일 공작은*75 '나는 갈수록 다양성, 그것도 단순한 다양성이 자연의 커다란 목적이라는 것을 인정하지 않을 수 없다고 생각하게 되었'고 썼는데, 아주 잠시라도 그의 발자취를 더듬을 수 있다는 것은 나에게는 둘도 없는 기쁨이다. 아가일 공작이 '자연'이라는 말로 무엇을 의미하려고 했는지 더욱 명확하게 설명해 주었으면 하는 마음뿐이다. 그것은 조물주가 자신의 즐거움을 위해 자연계를 다양하게 만들었다는 뜻일까, 아니면 인간의 즐거움을 위해 그렇게 만들었다는 뜻일까? 나로서는 전자라면 외경심이 결여되어 있고, 후자 역시 확률이 낮은 것으로 생각된다. 새 자신의 변덕스러운 취향이라는 것이 매우 적절한 설명일 것이다. 이를테면 어떤 종류의 앵무새 수컷은 목둘레에 장밋빛 목걸이를 지니고 있고, 암컷은 반짝이는 에메랄드빛 좁은 목걸이를 지니고 있다는 점에서 다르거나, 수컷은 가슴 앞에 노란 목테 대신 검은 목걸이를 지니고 있고, 청자색 머리 대신 옅은 장밋빛 머리를 지니고 있는 것처럼*76 암컷과 다르지만, 적어도 우리의 취향으로 판단해 보면 도저히 암컷보다 아름답다고 할 수 없는 경우도 있다. 매우 많은 수컷이 길게 자란 꽁지깃이나 긴 도가머리를 주요 장식으로 가지고 있기 때문에, 앞에 말한 일종의 벌새 수컷이 짧은 꽁지를 가지고 있는 것이나 비오리 수컷의 도가머리가 암컷보다 짧은 것은, 우리 인간의 패션에서 역방향의 변화가 종종 인기를 끄는 것을 방불케 한다.

　해오라기의 일부 종은, 색채의 신기한 변화가 단순히 그 변화 때문에 선호되는 더욱 기묘한 사례를 보여준다. 웨스턴리프왜가리(*Ardea asha*)의 어린 개체는 하얗지만, 성체는 짙은 회색이다. 그것과 근연한 *Buphus coromandus*는 어린 개체뿐만 아니라 성체의 겨울깃도 흰색인데, 번식기가 되면 짙은 금갈색으로 변한다. 이 두 종의 어린 개체가 그것과 같은 과에 속하는 몇몇 종과 함께 특별히 흰색으로 변하여*77 적에게 발견되기 쉬워졌다고 생각하는 것은 논외

---

*75 'The Journal of Travel,' edited by A. Murray, Vol. 1, 1868, p. 286

*76 Palaeornis속에 대해서는 저던의 'The Birds of India,' Vol. 1, pp. 258–260

*77 미국의 붉은몸검은머리해오라기(*Ardea rufescens*[지금의 학명은 *Egretta rufescens*])와 작은청왜가리(*Ardea coerulea*[지금의 학명은 *Egretta caerulea*])의 어린 개체는 마찬가지로 흰색이지만,

이다. 또 이 두 종 가운데 한 종의 성체가 겨울에 눈이 전혀 오지 않는 지역에서 겨울깃이 특별히 흰색이 되도록 일부러 변화했다는 것도 믿을 수 없다. 한편 흰색은 많은 새의 경우, 성적 장식으로 획득된 것으로 여겨지는 근거가 있다. 따라서 웨스턴리프왜가리와 Buphus의 조상은 혼인을 위해 하얀 깃을 획득했고 그 색채를 새끼에게 전했기 때문에, 어린 개체와 성체가 모두 지금의 백로류 일부에서 볼 수 있는 것처럼 흰색이 된 시기가 있었지만, 그 뒤 흰색은 어린 개체에서는 보존되었지만 성체에서는 더욱 짙은 색채로 변했다고 결론내릴 수 있다. 그러나 더욱 먼 과거로 거슬러 올라가 이 두 종의 더욱 오래된 조상을 볼 수 있다면, 아마 성체는 틀림없이 짙은 색이었을 것이다. 내가 그렇게 추론하는 것은 어릴 때는 색깔이 짙지만 성체가 되면 흰색이 되는 많은 조류에서 유추한 것이며, 특히 웨스턴리프왜가리와는 정반대로 어릴 때는 색깔이 짙지만 성체가 되면 흰색이 되는 *Ardea gularis*의 예에 따른 것인데, 이 새는 어린 개체가 조상의 깃을 보존하고 있는 것으로 보인다. 그러므로 웨스턴리프왜가리, Buphus, 또 그것과 근연한 일부 종의 조상형은 긴 계통의 역사 속에서 다음과 같은 색채의 변화를 거쳐온 것으로 생각된다. 즉 처음에는 어두운 색채였다가 다음에는 순백색이 되고, 세 번째로 유행의 변화에 의해(이런 말을 사용해도 된다면) 지금과 같은 회색, 적색, 금갈색 등의 색채가 되었을 것이다. 이러한 연속적인 변화는 새가 새로움 자체를 좋아한다는 원리 말고는 이해할 수 없다.

새에 대한 네 장의 요약

대부분의 조류 수컷은 번식기에는 매우 호전적이며, 특별히 경쟁자와 싸우는 데 좋은 무기를 갖추고 있는 종류도 있다. 그러나 가장 호전적이고 가장 좋은 무기를 갖춘 수컷도, 그 성공을 경쟁자를 쫓아내거나 죽이는 능력에만 의존하는 것은 아니며 암컷을 매료하는 특별한 수단이 되기도 한다. 그것은 노랫소리일 때도 있고 기묘한 울음소리일 때도 있으며, 악기를 이용한 음악연주일 때도 있다. 그래서 수컷의 발성기관과 일부 깃의 구조가 암컷과는 다른 것이다. 여러 가지 소리를 내기 위한 기묘한 수단이 매우 다양하게 발달한 점에

성체는 각각 이름과 같은 색깔이다. 오듀본은 ('Ornith. Biography,' Vol. 3, p. 416 ; Vol. 4, p. 58) 이 깃의 두드러진 변화는 '분류학자들을 매우 당혹시킬 것'이라고 생각하는 듯하다.

서, 그것이 구애를 위한 중요한 수단이 되는 것은 틀림없는 것 같다. 많은 새들이 지상과 공중, 때로는 특별히 마련된 장소에서 암컷을 유혹하기 위해 사랑의 춤과 곡예를 연출한다. 또한 다양한 종류의 장식, 가장 화려한 색채, 볏과 턱볏, 아름다운 장식깃, 유난히 긴 깃, 도가머리 등은 가장 흔히 볼 수 있는 수단이다. 반면에 단순히 개성이 매력으로 작용하는 경우도 있다. 수컷의 장식은 적에게 발견될 위험이 높아지고 경쟁자와 투쟁할 힘이 약해지는 손실을 무릅쓰면서까지 획득되는 경우가 적지 않기 때문에 수컷에게는 매우 중요한 것임이 분명하다. 매우 많은 종의 수컷들 가운데 성숙에 도달하기 전에는 몸에 장식을 갖지 않고, 번식기에만 장식을 갖추거나 색채가 화려해지는 종도 있다. 장식적인 부속물 가운데에는 구애행동을 하는 동안 커지거나 부풀어 오르고 화려한 색채로 변하는 것도 있다. 수컷은 암컷 앞에서 정성을 다해 자신의 매력이 최대한 돋보이도록 과시한다. 구애는 때로는 매우 오래 걸리며, 많은 수컷과 암컷이 정해진 장소에 모이는 경우도 있다. 암컷이 수컷의 아름다움에 무관심하다면 수컷의 아름다운 장식과 화려함, 과시는 모두 쓸모없다는 것을 인정해야겠지만, 그것은 있을 수 없는 일이다. 조류는 높은 식별능력과 아름다움에 대한 기호를 가지고 있음을 보여주는 예도 몇 가지 있다. 암컷은 종종 특정한 수컷을 특별히 좋아하거나 싫어하는 경우도 있음을 보여준다.

암컷이 더욱 아름다운 수컷을 좋아하거나 무의식적으로 그러한 수컷에게 가장 흥분한다는 사실을 인정한다면, 수컷은 성선택을 통해 서서히, 그러나 확실하게 점점 더 아름다워질 것이다. 변화를 이루는 것이 주로 수컷인 것은, 수컷과 암컷이 다른 거의 모든 속에서 암컷보다 수컷들이 서로 다르다는 사실에서 추론할 수 있다. 이것은 서로 가까운 몇몇 대표종에서 암컷들은 거의 구별이 가지 않지만 수컷들은 서로 확실하게 다르다는 사실에 의해 잘 알 수 있다. 야생 새들 사이에는 성선택이 작용하는 데 충분할 만큼 개체차가 있다. 그러나 이미 살펴보았듯이 새들에게는 더욱 현저한 변이도 가끔 발생하는데, 그것은 매우 빈번히 되풀이해서 나타나기 때문에, 그것이 암컷을 끌어들이는 데 도움이 된다면 곧 고착되었을 것이다. 맨 처음에 어떤 변화가 일어나고 최종적으로 어떠한 결과가 나타나는지는 변이의 법칙에 크게 지배받고 있다. 가까운 종의 수컷들 사이에서 볼 수 있는 연속성이 어떠한 과정을 거쳐 왔는지 보여주는 것으로, 공작의 꽁지깃에 있는 오목한 눈알무늬와, 청란의 아름다운

음영으로 채색된 눈알무늬에서 볼 수 있듯이 어떤 형질이 어떻게 만들어졌는지에 대한 흥미로운 설명을 제공해 준다. 많은 수컷의 화려한 색채, 볏, 아름다운 장식깃 등이 보호를 위해 획득된 것이 아님은 명백하며, 실제로 그것은 종종 위험으로 이끌기도 한다. 그것이 생활조건의 직접적이고 한정적인 영향에 의한 것이 아님은, 암컷도 같은 조건에 노출되었지만 종종 수컷과 매우 다른 것을 보면 명백한 것 같다. 상당히 오랜 기간에 걸쳐 삶의 조건들에 대응해 왔기 때문에, 이러한 변화된 삶의 조건들은 모두에게 몇 가지 한정적인 영향을 미치겠지만 그에 따른 더욱 중요한 귀결, 변이의 폭이 커지는 경향과 개체차이가 더욱 증폭됨으로써 그 차이는 성선택이 작용하기 위한 가장 좋은 토대가 되었을 것이다.

유전의 법칙은 선택과는 상관없이 수컷이 장식으로서나 다양한 소리를 발생시키기 위해서, 또 서로 싸우기 위해서 획득한 형질이 수컷에게만 전해지는지, 양성에게 전해지는지, 1년의 어느 시기에만 계절적으로 전해지는지, 일생에 걸쳐 전해지는지를 결정하고 있는 것 같다. 왜 다양한 형질이 어느 때는 어떤 방식으로 전해지고, 다른 경우에는 다른 방식으로 전해지는지는 대부분 알려져 있지 않다. 그러나 변이가 일어나는 시기가 종종 그것을 결정하는 요인이 되는 것 같다. 모든 형질을 양성이 모두 물려받는 경우에는 양성은 필연적으로 서로 닮게 되는데, 이후에 연속하여 일어난 변이는 각각 다른 양식으로 전해질 수도 있기 때문에, 같은 속에 속하는 종 사이에서도 암수가 거의 같은 것에서 완전히 다른 것까지 연속되는 모든 단계를 볼 수 있다. 비슷한 생활습관을 가지고 있는 많은 가까운 종에서는 수컷은 주로 성선택에 의해 서로 달라졌지만, 암컷은 수컷이 그렇게 획득한 형질을 많든 적든 물려받음으로써 서로 달라지게 되었다. 생활조건의 한정적인 영향은 암컷에서는 사라지지 않고 남을지도 모르지만 수컷에서는 성선택에 의해 축적되는 강한 색채와 장식에 의해 지워지고 만다. 어떤 영향을 받든 양성의 많은 개체가 자유롭게 교배함으로써 오랜 기간에 걸쳐 거의 일정하게 유지될 것이다.

수컷과 암컷의 색채가 다른 종에서는 처음에는 여러 가지 변이가 양성에게 동등하게 전해지는 경향이 있었지만, 나중에 암컷이 알을 품고 있을 때 노출되는 위험 때문에 수컷의 아름다운 색채를 물려받는 것이 저지되었다고 생각할 수는 있다. 그러나 내가 보는 한, 하나의 유전양식을 자연선택을 통해 다른 유전양식으로 바꾸는 것은 매우 어려운 일인 것 같다. 한편 변이가 처음부터 동성의 개체에만 전해지도록 한정되어 있었다고 생각하면, 변이에 선택이 작용함으로써 수컷은 아름다운 상태로 남아 있고 암컷만 수수한 색을 획득하는 것에 아무런 어려움도 없을 것이다. 많은 종의 암컷이 실제로 그런 과정을 거쳐 변용해 온 것인지 현재까지는 확실하지 않다. 형질이 암수에게 동등하게 유전되는 법칙을 통해 암컷도 수컷처럼 눈에 띄는 색채를 갖게 되는 경우에는, 암컷의 본능이 변화하여 돔 모양의 둥지나 숨은 둥지를 짓게 되어 있다.

드문 일이기는 하지만 어떤 기묘한 집단에서는 양성이 완전히 역전되어 암컷이 수컷보다 몸이 크고, 힘이 세며, 호전적인 데다 색깔도 아름답다. 그 암컷들은 매우 공격적이어서 가장 호전적인 종의 수컷들처럼 암컷끼리 싸우기도 한다. 암컷들은 상습적으로 서로 경쟁자를 몰아내고, 자신들의 화려한 색채와 장식을 과시하면서 수컷을 유혹하고 있다면(실제로 그런 것처럼 보이지만), 성선택과 성에 한정된 유전을 통해 암컷은 점점 더 아름다워지지만, 수컷은 거의 또는 전혀 변화하지 않고 남게 될 것이다.

대응하는 연령에서의 유전 법칙은 우세하게 작용하면서 성에 한정된 유전은 일어나지 않는 경우에는, 부모가 삶의 늦은 시기에 변이를 일으키면 어린 새끼는 그 영향을 받지 않지만, 암수 성체는 변화하게 될 것이다. 삶의 늦은 시기에도 늘 변이가 일어난다는 것은 닭과 다른 새의 예를 통해서도 잘 알려져 있다. 만약 이 두 가지 유전 법칙이 작용하여 어느 한쪽 성이 삶의 늦은 시기에 변이한 경우에는 그 성만 변용하고, 다른 쪽 성과 새끼는 그 영향을 받지 않을 것이다. 화려한 색채와 눈에 띄는 형질의 변이가 삶의 이른 시기에 일어날 경우에는(그것이 종종 일어난다는 것은 잘 알려져 있지만), 번식기가 되기 전까지는 성선택의 대상이 되지 않을 것이다. 그 결과, 그것이 어린 개체에게 위험하다면 자연선택을 통해 제거될 것이 틀림없다. 삶의 늦은 시기에 일어난 변이는 종종 수컷의 장식으로 보존되지만, 암컷과 새끼는 영향을 받지 않고 남아서 어떻게 서로 유사한지를 우리는 이해할 수 있다. 여름깃과 겨울깃이 뚜렷하게 다른 종류의 수컷은 두 계절 모두, 또는 여름에만 암컷과 같을 수도 있고 다를 수도 있다. 그리고 어린 개체와 성체가 닮은 정도의 관계는 매우 복잡하다. 이러한 복잡함은 맨 처음 수컷에 의해 획득된 형질이 연령과 성, 계절에 따라 다양한 정도로 어떻게 전달되는지에 따라 결정되는 것처럼 보인다.

매우 많은 종의 어린 개체가 색채와 다른 장식에 있어서 거의 변화를 겪지 않았기 때문에, 그들의 조상이 갖고 있었던 깃에 대해 어느 정도 판단을 내릴 수 있다. 조류 전체를 살펴보면, 어린 개체의 깃이 간접적으로 보여주는 조상의 상태에 비하면 현존하는 종은 훨씬 아름다워졌다고 추론할 수 있다. 많은 조류, 특히 거의 지상에서 생활하는 종류가 보호를 위해 수수한 색을 띠고 있는 것은 틀림없는 사실이다. 몇몇 종에서는 밖으로 노출되는 등의 깃은 암수 모두 그런 색깔을 띠고 있지만, 수컷의 배 부분은 성선택에 의해 다양하게 장식되어 있다. 마지막으로 이 네 장에서 제시한 사실에서 투쟁을 위한 무기, 소리를 발생시키는 기관, 많은 종류의 장식, 화려하고 눈에 띠는 색채 등은 일반적으로 변이와 성선택을 통해 수컷에게 획득되어 몇 가지의 유전 법칙 아래 다양한 방식으로 전해지고 있는데, 암컷과 어린 개체는 비교적 변화를 받지 않고 그대로 남아 있다고 결론지을 수 있다.*78

---

*78 새에 관한 이 네 장과, 다음의 포유류에 관한 두 장을 주의 깊게 읽어준 스클레이터에게 감사드린다. 그 덕분에 나는 종명(種名)을 잘못 말하거나, 이 위대한 박물학자가 오류로 생각하는 사실을 인용하는 실수를 범하지 않을 수 있었다. 그러나 물론 다양한 분야의 저자들로부터 내가 인용한 글들의 정확성에 대해서는 모두 나에게 책임이 있다.

제17장 포유류의 이차성징

투쟁의 법칙—수컷에 한정된 특별한 무기—암컷에게는 무기가 없는 이유—양성이 가지고 있지만 애초에는 수컷이 획득한 무기—무기의 다른 효용—그 중요성—수컷의 큰 체구—방어수단—네발짐승의 짝짓기에서 어느 한쪽 성이 보여주는 기호

포유류 수컷은 자신의 매력을 과시하는 것보다는 투쟁의 법칙을 통해 암컷을 획득하는 경우가 훨씬 많은 것 같다. 투쟁을 위한 특별한 무기를 갖지 않은 매우 겁이 많은 동물도 사랑의 계절이 되면 맹렬한 투쟁을 벌인다. 산토끼 수컷 두 마리가 어느 한쪽이 죽을 때까지 싸우기도 하고, 두더지 수컷들도 종종 싸우다가 치명적인 결과를 부르기도 한다. 또 다람쥐 수컷은 빈번하게 투쟁하면서 서로 심하게 상처를 입히는 일도 있다. 비버 수컷도 마찬가지로 상처가 없는 피부를 거의 볼 수 없을 정도이다.*[1] 나는 파타고니아의 과나코 표피에서도 같은 현상을 본 적이 있다. 또 한 번은 과나코 몇 마리가 치열하게 싸우다가 바로 내 옆을 무서워하지도 않고 지나갔을 정도였다. 리빙스턴은 남아프리카에 사는 동물 수컷들은 거의 모두 이전 싸움에서 얻은 상처를 갖고 있다고 말했다.

투쟁의 법칙은 지상의 포유류뿐만 아니라 수생 포유류에서도 널리 볼 수 있다. 번식기가 되면 바다표범 수컷들이 이빨과 발톱을 이용하여 얼마나 필사적으로 싸우는지는 잘 알려져 있으며, 그들의 표피에서도 종종 많은 상처를 볼 수 있다. 향유고래는 이 계절에는 질투심이 매우 강해, 투쟁할 때는 서로

---

*1 산토끼의 투쟁에 대해서는 워터턴, 'Zoologist,' Vol. 1, 1843, p. 211. 두더지에 대해서는 벨, 'Hist. of British Quadrupeds,' 1st edition, p. 100. 다람쥐에 대해서는 오듀본과 바흐만, 'The Viviparous Quadrupeds of N. America,' 1846, p. 269. 비버에 대해서는 A. H. 그린(A. H. Green), 'Journal of Lin. Soc. Zoolog.,' Vol. 10, 1869, p. 362 참조.

턱을 물어뜯고 엎치락뒤치락하면서 상대의 몸을 비틀어 돌리려고 한다. 그래서 그들의 아래턱에 이상이 자주 보이는 것은, 그러한 싸움 때문이라고 생각하는 박물학자도 있다.*2

투쟁을 위한 특별한 무기를 갖고 있는 동물 수컷은 모두 격렬한 투쟁을 벌인다는 것은 잘 알려져 있다. 수사슴의 용기와 필사적인 투쟁에 대해서는 많은 사례들이 보고되어 있다. 세계 각지에서 도저히 풀 수 없을 만큼 뿔이 서로 단단하게 얽혀 있는 수컷 두 마리의 뼈가 발견되었는데, 승자와 패자 모두 얼마나 처참한 상태로 죽었을지 짐작할 수 있다.*3 또한 번식기의 코끼리 수컷만큼 위험한 동물은 없을 것이다. 탱커빌(Tankerville) 백작은 칠링엄 공원에서 거대한 오로크스(*Bos primigenius*)가 소형화한 자손이지만, 용기에서는 조금도 뒤지지 않는 들소 수컷들의 투쟁을 목격했을 때의 광경을 생생하게 재현해 주었다. 1861년 몇 마리의 수컷들은 지배권을 둘러싸고 싸움을 벌였는데, 어린 두 마리가 함께 늙은 하렘의 지도자를 공격하여 상처를 입혔다. 관리인들은 늙은 지도자가 가까운 숲 속에 누워 죽음을 기다리고 있을 거라고 생각했다. 그런데 며칠 뒤 어린 수컷 한 마리가 혼자 숲으로 다가가자, 복수심에 불타던 '투쟁의 왕자'가 숲속에서 달려 나와 눈 깜짝할 사이에 그 도전자를 죽이고 말았다. 그러고는 천천히 무리로 돌아와 오랫동안 흔들림 없는 지위를 누렸다고 한다. B. J. 설리번(B. J. Sulivan) 제독은 포클랜드 제도에 살고 있었을 때 영국산 어린 말을 수입했던 경험을 이야기해 주었다. 그는 수컷 한 마리와 암컷 여덟 마리를 수입하여 포트 윌리엄 근처의 언덕에 풀어두었다. 그 언덕에서는 야생말 수컷 두 마리가 각각 몇 마리의 암컷을 거느리고 있었다. "이 수컷들은 만나기만 하면 서로 싸웠다고 한다. 두 마리 다 영국산 수컷과 각각 단독으로 싸워 그의 암말들을 떼어놓으려고 했지만 번번이 실패했다. 어느 날 야생말 수컷 두 마리가 함께 찾아와 영국말을 공격했다. 말을 돌보고 있던 대위

---

*2 바다표범의 투쟁에 대해서는 C. 애벗(C. Abbott) 대위의 'Proc. Zool. Soc.,' 1868, p. 191. 또 R. 브라운(R. Brown)의 같은 책, 1868, p. 436 ; L. 로이드(L. Lloyd), 'The Game Birds and Wild Fowl of Sweden and Norway,' 1867, p. 412 ; 페넌트(Pennant)도 참조

*3 붉은사슴(*Cervus elaphus*)의 뒤엉킨 뿔에 대해서는 스크로프(Scrope) ('The Art of Deer Stalking', p. 17) 참조. 리처드슨(Richardson)은 ('Fauna Bor. Americana,' 1829, p. 252), 와피티, 말코손바닥사슴, 순록도 그렇게 뿔이 뒤엉키는 일이 있다고 했다. A. 스미스경은 희망봉의 누 두 마리의 뼈대가 같은 상태에 있는 것을 보았다.

가 그 광경을 보고 달려갔더니, 야생말 한 마리가 영국말을 공격하는 동안 다른 한 마리가 암컷들을 쫓아내어 이미 그 가운데 네 마리를 무리에서 떼어놓은 뒤였다. 대위는 무리 전체를 우리 안에 몰아넣어 사태를 수습했는데, 그것은 야생말이 절대로 암말에게서 떠나려 하지 않았기 때문이었다.”

　식육목, 식충목, 설치목처럼 일상 생활을 위해 끊거나 찢을 수 있는 이빨을 갖추고 있는 동물의 수컷은, 경쟁자와 투쟁하는 데 특별히 다른 무기를 준비하는 일은 거의 없다. 그러나 다른 많은 동물들은 이 경우와는 매우 다르다. 그것은 사슴이나 영양 암컷은 뿔이 없는데 수컷은 뿔을 가지고 있는 것에서 알 수 있다. 많은 동물들의 경우, 수컷의 위턱이나 아래턱, 또는 양쪽의 송곳니가 암컷보다 크다. 또 암컷은 송곳니가 없거나 흔적으로만 남아 있는 경우도 있다. 영양의 일부, 사향노루, 낙타, 말, 멧돼지, 많은 유인원, 물개, 그리고 바다코끼리가 그 예이다. 또 바다코끼리 암컷 중에는 엄니가 전혀 없는 개체도 있다.[4] 인도코끼리 수컷과 듀공 수컷은 위턱의 앞니가 강력한 무기 역할을 한다.[5] 일각고래 수컷은 위턱의 이빨 가운데 하나가 유난히 발달하여 나선상으로 꼬인 ‘뿔’이라 불리고 있는데, 이 유명한 이빨은 때로는 약 2.7~3m나 된다. 수컷은 그것을 이용하여 서로 싸우는 것으로 알려져 있다. 왜냐하면 뿔이 부러지지 않은 개체가 발견되는 일은 매우 드문 일이며, 때로는 부러진 자리에 다른 고래의 뿔 조각이 박혀 있는 경우도 있기[6] 때문이다. 머리 반대쪽에 있는 이빨은 수컷의 경우 거의 25cm 정도의 흔적으로 턱 속에 묻혀 있다. 그러나 그 양쪽 이빨이 모두 잘 발달하여 두 개의 뿔을 가지고 있는 일각고래 수컷도 드물지 않다. 암컷은 양쪽 이빨 모두 흔적으로만 남아 있다. 향유고래 수컷은 암컷보다 머리가 큰데, 그것은 그들이 물속에서 싸울 때 유리하게 작용할 것이 틀림없다. 마지막으로 오리너구리 수컷 성체는 놀라운 부속물을 가지고 있다. 그것은 앞다리에 있는 며느리발톱 같은 것인데, 독사의 독니와 매우 비슷하다. 그것이 무엇에 사용되는지는 알 수 없지만 공격용 무기로 생

─────────────

[4] 라몬트(Lamont)는 (‘Seasons with the Sea-Horses,’ 1861, p. 143) 바다코끼리 수컷의 엄청난 엄니는 무게가 약 1.8kg이나 되고 암컷보다 길며, 암컷은 무게가 약 1.4kg 이라고 했다. 수컷은 맹렬하게 싸운다고 기술했다. 암컷에게 이따금 엄니가 없는 것에 대해서는 R. 브라운(R. Brown)의 ‘Proc. Zool. Soc.,’ 1868, p. 429 참조

[5] 오언, ‘Anatomy of Vertebrates,’ Vol. 3, p. 283.

[6] R. 브라운, ‘Proc. Zool. Soc.,’ 1869, p. 553.

각해도 될 것 같다.*7 암컷에게는 단순한 흔적으로만 남아 있다.

암컷이 갖고 있지 않은 무기를 수컷이 갖고 있을 때는, 그것이 수컷끼리의 투쟁에 사용되고 있으며 성선택으로 획득된 것임은 의심할 여지가 없다. 적어도 대부분의 암컷이 그런 무기를 갖고 있지 않은 것은, 그것이 쓸모가 없거나 어떤 위험을 부를 수도 있기 때문이라고 생각하는 것은 그다지 타당성이 없는 것 같다. 오히려 많은 동물의 수컷이 이따금 그렇게 하듯이 그것은 다양한 용도로 사용할 수 있고, 특히 적으로부터 몸을 보호하는 데 사용할 수 있기 때문에, 암컷에게는 빈약하게만 발달되어 있거나 전혀 보이지 않는 것은 놀라운 일이다. 암사슴의 경우, 해마다 그 계절만 되면 가지가 갈라진 커다란 뿔이 자라는 것이 아무런 도움도 되지 않는다면, 그것은 생명력의 엄청난 낭비임에 틀림없다. 그 결과 그러한 기관의 크기에 변이가 일어나면 자연선택이 작용하여 그 발달을 저지할 것이고, 암컷 새끼에 대한 유전이 제한되면 성선택을 통해 그것이 수컷에게 발달하는 것을 방해하는 일도 없을 것이다. 그러나 그렇게 생각했을 때는 일부 영양 암컷이 뿔을 가지고 있는 것과, 많은 포유류 암컷에게 수컷보다 약간 작은 엄니가 있는 것에 대해 어떻게 설명할 수 있을까? 이러한 대부분의 예에서 볼 때 그 설명은 유전의 법칙 속에 있다고 나는 생각한다.

모든 사슴 가운데 순록만 암컷도 뿔을 가지고 있다. 암컷의 뿔은 수컷보다 약간 작고 가늘며 가지도 적지만, 그런대로 암컷에게 무언가 도움이 되고 있을 거라고 생각한다. 그러나 그 반대임을 보여주는 증거가 몇 가지 있다. 암컷은 뿔이 충분히 발달하는 9월부터 겨울을 넘기고 5월에 새끼를 낳을 때까지 계속 뿔을 보존하고 있다. 그런데 수컷은 그보다 훨씬 이른 11월 말이면 뿔이 떨어진다고 한다. 수컷과 암컷은 필요한 생활 조건이 같고 습성도 같아서, 수컷이 겨울에 뿔을 떨어뜨리는 것으로 보아 암컷이 뿔을 가지고 있는 기간의 대부분인 겨울 동안 뿔이 암컷에게 특별한 역할을 하고 있을 거라고 보기는 어렵다. 또 순록의 암컷이 그 뿔을 사슴 전체의 조상으로부터 물려받았다고 생각하기도 어렵다. 지구상에서 뿔을 갖고 있는 사슴의 대부분이 수컷만 가지고 있으므로, 이 분류군 전체에 있어서 그것이 바로 조상의 특징이었다고 생

---

*7 향유고래와 오리너구리에 대해서는 오언의 같은 책, Vol. 3, pp. 638, 641 참조.

각할 수 있기 때문이다. 그래서 뿔은 여러 가지 종이 공통조상으로부터 갈라진 뒤 어느 시점에서 암컷에게도 전해진 것으로 생각할 수 있지만, 그렇다고 그것이 암컷에게 특별한 이익이 있었기 때문은 아닐 것이다.[8]

순록의 뿔은 특이하게 이른 시기부터 발달한 것으로 알려져 있는데, 그 원인은 아직 밝혀지지 않고 있다. 그러나 그 결과로서 뿔이 양성에게 전해진 듯하다. 판게네시스 가설을 응용하면, 수컷 앞머리의 조직 또는 뿔의 제물이 아주 약간 변화한 것이 그 조기 발달을 촉진했다고 이해할 수 있다. 그리고 양성의 어린 개체는 번식 전에는 구조가 거의 같기 때문에, 뿔이 이른 시기에 수컷에게 발달한다면 양성에 동등하게 발달하는 경향을 보여줄 것이다. 이 견해를 지지하는 것으로서 뿔은 언제나 암컷을 통해 유전하며, 늙거나 병든 암컷에게서 볼 수 있듯이[9] 암컷에게도 뿔을 발달시키는 잠재적 능력이 있다는 것에 주목해야 할 것이다. 다른 종의 암사슴에는 일반적인 상태 또는 가끔씩 흔적으로서 뿔이 있는 것이 있다. 예를 들어 사향영양(Cervulus moschatus)[10] 암컷은 뿔 대신 끝이 혹처럼 생긴 단단한 털뭉치 같은 것이 있고, 와피티사슴 (Cervus Canadensis) 암컷의 거의 모든 표본에는 뿔이 있을 자리에 뾰족한 돌기가 있는 것을 볼 수 있다.[11] 이러한 사항을 고려해 본다면, 순록 암컷의 뿔이 잘 발달한 것은 수컷이 맨 처음 그것을 다른 수컷과 싸우기 위한 무기로서 획득한 뒤, 뭔가 알 수 없는 원인으로 상당히 이른 시기에 발달하기 시작하여 양성에게 전해지게 되었다고 결론지을 수 있다.

---

[8] 순록 뿔의 구조와 교체에 대해서는 호프버그(Hoffberg)의 'Amoenitates Acad.,' Vol. 4, 1788, p. 149. 미국의 종 또는 변종에 대해서는 Richardson(리처드슨), 'Fauna Bor. Americana,' p. 241 참조. 또 W. 로스 킹 소령(W. Ross King)의 'The Sportsman and Naturalist in Canada,' 1866, p. 80 참조.

[9] Isidore Geoffroy St.-Hilaire(이시도르 조프루아 생틸레르), 'Essais de Zoolog. Générale,' 1841, p. 513. 뿔 이외의 수컷의 형질도 가끔 암컷에게 전달되는 일이 있다. 보너(Boner)는 나이를 먹은 샤무아 암컷의 머리가 수컷과 같을 뿐만 아니라, 보통 수컷에게서만 볼 수 있는 등을 따라 자라는 긴 털이 나 있음'을 보고했다('Chamois Hunting in the Mountains of Bavaria,' 1860, 2nd edition, p. 363).

[10] (역주) 지금의 학명은 Neotragus moschatus.

[11] 사향영양에 대해서는 그레이(Gray) 박사의 'Catalogue of the Specimens of Mammalia in British Museum,' Part 3, p. 220. 와피티사슴에 대해서는 J. D. Caton(J. D. 케이턴), 'Ottawa Acad. of Nat. Sciences,' May, 1868, p. 9 참조.

그렇다면 대각(袋角)을 가진 반추동물에게로 눈을 돌려보자. 영양의 암컷은 뿔이 전혀 없는 것부터 가지뿔영양(*Antilocapra Americana*)처럼 암컷의 뿔이 너무 작아서 흔적기관이라고밖에 부를 수 없는 것이 있고, 수컷보다 확실히 작고 가늘며 때로는 모양도 다르지만 상당히 잘 발달된 뿔을 가진 것을 거쳐,*12 마지막으로 암수 모두 같은 크기의 뿔을 가진 것까지 점진적인 연속성을 볼 수 있다. 순록과 마찬가지로 영양도 뿔이 발달하기 시작하는 시기와 그것이 한쪽 또는 양쪽 성에 전달되는 유전 사이에는 서로 관련성이 있다. 그래서 어떤 종의 암컷에 뿔이 있는지 없는지와, 어떤 종에서는 그것이 더욱 잘 발달하는지의 여부는, 그것이 무언가 도움이 되기 때문이 아니라 그 종에서 널리 볼 수 있는 유전 양식에 따라 결정된다고 생각할 수 있다. 어느 하나의 속만 보아도 암수 모두 뿔이 있거나 수컷에만 있는 것은 이 견해를 뒷받침하고 있다. 팜파스사슴(*Antilope bezoartica*)*13 암컷은 보통 뿔이 전혀 없지만, 블라이스는 뿔이 있는 암컷을 적어도 세 마리는 보았는데, 그들이 특별히 늙은 암컷이나 병든 암컷이 아니었다는 것은 놀라운 일이다. 이 종의 수컷은 나선형으로 구부러진 뿔이 서로 거의 평행하게 뒤를 향하고 있다. 암컷에게 뿔이 있는 경우에는 나선형이 아니라 앞을 향해 평평하게 뻗어 있어서 수컷의 뿔과는 모양이 매우 다르다. 블라이스가 나에게 알려준 것처럼 거세한 수컷의 뿔은 암컷처럼 기묘한 형태가 되는데, 암컷보다 길고 굵다는 것은 더욱 흥미로운 사실이다. 이러한 모든 예에서 암수에 나타나는 뿔의 차이 및 보통 수컷과 거세한 수컷의 차이는, 수컷의 형질이 얼마나 완전하게 암컷에게도 전달되는지와 이 종의 조상이 어떠한 상태에 있었는지 등의 많은 요인에 의해 결정될 것이다. 그리고 일부는 뿔로 가는 양분이 서로 다른 것에도 영향이 있을 것이다. 그것은 가금류인 닭의 며느리발톱을 볏이나 몸의 다른 부분에 묻어놓으면, 양분이 흡수되는 방법이 달라서 다양하게 기이한 형태가 나타나는 것과 같은 현상일 것이다.

　야생염소와 양의 모든 종에서 수컷은 암컷보다 뿔이 크며 일부 종의 암

---

*12 이를테면 스프링복(Ant. Euchore) 암컷의 뿔은 다른 종인 Ant. Dorcas var. Corine의 뿔과 매우 비슷하다. 데스마레(Desmarest)의 'Mammalogie,' p. 455 참조.

*13 (역주) 지금의 학명은 *Odocoileus bezoartica*.

컷은 뿔이 전혀 없다.*[14] 일부 사육되는 양과 염소의 품종은 수컷에만 뿔이 있다. 그렇게 사육되는 양의 한 예로, 기니 해안에 사는 종은 윈우드 리드 (Winwood Reade)가 나에게 알려준 바로는 거세한 수컷에게는 뿔이 나지 않는다고 하는데, 이것은 매우 중요한 사실이다. 즉 이 사례에서의 뿔은 사슴뿔과 같은 영향을 받고 있다고 할 수 있다. 양성 모두 뿔을 갖고 있는 북웨일스 품종처럼 암컷이 뿔을 잃기 쉬운 품종도 있다. 이러한 양의 품종은 새끼양이 태어나는 시기에 특별히 주의 깊게 조사한 사람의 신뢰할 만한 증언에 의하면, 태어날 때부터 수컷의 뿔이 암컷보다 잘 발달해 있다고 한다. 사향소(*Ovibos moschatus*) 성체 수컷의 뿔은 암컷보다 크며, 암컷의 좌우 뿔은 기저부가 서로 붙어있지 않다.*[15] 블라이스(Blyth)에 의하면 '야생소과의 대부분은 수컷이 암컷보다 뿔이 길고 굵으며, 밴팅(*Bos sondaicus*)*[16] 암컷은 뿔이 놀랄 만큼 작고 뒤로 상당히 휘어져 있다. 사육소의 여러 품종에서는 혹이 있든 없든 수컷의 뿔은 짧고 굵지만, 암컷과 새끼는 더 길고 가늘다. 인도물소 수컷의 뿔은 더 짧고 굵지만 암컷은 더 길고 가늘다. 야생 가우르(*B. gaurus*)는 대부분 수컷의 뿔이 암컷보다 길고 굵다*[17]고 설명했다. 그래서 대각을 가진 반추동물은 대부분 수컷의 뿔이 암컷보다 길거나 더 강하게 만들어져 있다. 여기에 덧붙인다면, 흰코뿔소(*Rhinoceros simus*)*[18] 암컷의 뿔은 수컷보다는 길지만 힘은 약한 것이 보통이다. 다른 몇 종의 코뿔소는 암컷의 뿔이 짧다고 한다.*[19] 이러한 다양한 사실에서 생각해 보면, 뿔은 어느 것이나 양성에 동등하게 발달한 경우조차 처음에는 다른 수컷을 제압하기 위해 수컷이 획득했으며, 그것이 양성에게 동등한 유전 양식의 힘과의 관계를 통해 어느 정도 암컷에게도 전달된 것이라고 결론지어도 될 것 같다.

다른 종 또는 품종에 속하는 코끼리의 엄니는 반추동물의 뿔과 거의 마찬가지로 암수가 다르다. 인도와 말라카에서는 수컷에만 잘 발달한 엄니가 있

*14 그레이, 'Catalogue of the Mamm. Brit. Mus.,' Part 3, 1852, p. 160.

*15 리처드슨, 'Fauna Bor. Americana,' p. 278.

*16 (역주) 지금의 학명은 *Bos javanicus*.

*17 'Land and Water,' 1867, p. 346.

*18 (역주) 지금의 학명은 *Ceratotherium simus*.

*19 Andrew Smith(앤드류 스미스)경, 'Zoology of S. Africa,' Pl. 19. 오언, 'Anatomy of Vertebrates,' Vol. 3, p. 624.

다. 대부분의 박물학자들은 실론의 코끼리를 다른 품종으로 생각하지만 어떤 박물학자들은 다른 종으로 생각하고 있는데, '엄니가 있는 것은 100마리에 한 마리도 되지 않으며, 그것도 수컷만이 지니고 있다.'[20] 아프리카코끼리는 암컷에게도 잘 발달된 커다란 엄니가 있으나 수컷만큼 크지는 않다. 이렇게 일부 코끼리의 종과 품종 사이에 엄니가 다른 것, 야생순록에서 볼 수 있듯이 사슴뿔에는 커다란 변이가 있는 것, 팜파스사슴 암컷이 이따금 뿔을 가지고 있는 것, 일각고래 수컷이 때로는 두 개의 뿔을 가지고 있는 것, 그리고 바다코끼리 암컷 가운데에는 엄니가 전혀 없는 개체도 있는 것 등은, 모두 이차성징이 얼마나 변이가 풍부한지, 또 근연한 종 사이에서도 얼마나 극단적으로 변화하는지를 생생하게 보여주고 있다.

모든 예에서 엄니와 뿔은 처음에는 성적인 무기로 발달한 것처럼 보이지만 종종 다른 용도로도 사용된다. 코끼리는 그 엄니를 호랑이를 공격할 때 사용한다. 브루스(Bruce)에 의하면, 코끼리는 나무가 쉽게 쓰러질 때까지 엄니로 나무에 금을 내며, 같은 방법으로 야자나무에서 전분질의 수액을 추출한다고 한다. 아프리카코끼리는 언제나 같은 쪽 엄니를 사용하여 지면이 자신의 무게를 견딜 수 있을지 어떨지 확인한다. 수소는 뿔로 자신의 무리를 보호하며, 로이드에 의하면 스웨덴의 말코손바닥사슴은 그 커다란 뿔로 단 한 번 공격하여 늑대를 죽일 수도 있다고 한다. 그밖에도 비슷한 예를 얼마든지 들 수 있다. 많은 동물들이 뿔을 이차적인 용도로 사용한다는 사실에서 가장 기묘한 부분은 허턴(Hutton) 대위[21]가 관찰한 히말라야의 야생염소(*Capra aegagrus*)일 것이다. 그 수컷은 가끔 높은 데서 떨어질 때, 머리를 안쪽으로 숙여 그 커다란 뿔이 먼저 땅에 닿게 해서 충격을 줄인다고 한다. 아이벡스도 이와 비슷한 행동을 하는 것으로 알려져 있다. 암컷은 뿔이 작아서 그런 용도로 사용할 수는 없지만, 성질이 온순해서 뿔을 그렇게 기묘한 방패로 사용해야 할 일이 아예 없다.

모든 동물 수컷은 자신의 무기를 저마다 독특한 방법으로 사용한다. 숫양은 서로 마주 달려가서 뿔의 기저부를 엄청난 힘으로 부딪치는데, 언젠가 매

---

*20 J. Emerson Tennent(J. 에머슨 테넌트)경, 'Ceylon,' 1859, p. 274. 말라카에 대해서는 'Journal of Indian Archipelago,' Vol. 4, p. 357.

*21 'Calcutta Journal of Nat. Hist.,' Vol. 2, 1843, p. 526.

우 건장한 남성이 마치 어린아이처럼 가볍게 받혀서 나가떨어지는 모습을 본 적이 있다. 염소나 아프가니스탄의 우리알(*Ovis cycloceros*)[*22] 같은[*23] 양의 일종은 뒷다리로 서서 서로 뒤엉켜, 낫처럼 생긴 뿔의 앞쪽을 칼처럼 사용하여 상대를 공격한다. 우리알 수컷이 난폭하기로 유명한 덩치 큰 사육양의 수컷을 습격할 때는, 언제나 적에게 재빨리 접근하여 머리를 살짝 뒤로 물린 뒤 상대의 얼굴과 코에 세게 부딪치고는, 반격이 돌아오기 전에 잽싸게 물러나는 새로운 전법을 사용하여 상대를 정복한다. 펨브룩셔에서는 여러 세대 동안 야생 상태로 돌아다니던 집단의 우두머리 숫염소가 단 한 번의 싸움으로 수컷 여러 마리를 죽인 사실이 알려져 있다. 이 염소는 끝에서 끝까지 너비가 약 1미터나 되는 거대한 뿔을 가지고 있었다. 보통 수소는 널리 알려져 있듯이, 적을 들이받아 내동댕이친다. 그러나 이탈리아 들소는 절대로 뿔을 사용하지 않으며, 볼록하게 튀어나온 이마로 상대에게 매우 큰 타격을 준 뒤 쓰러진 적을 무릎으로 찍어 누른다고 한다. 보통 수소에게는 그러한 본능이 없다.[*24] 만일 개가 겁도 없이 들소 코끝까지 바짝 다가가 대들었다가는 그 자리에서 짓밟혀버리고 만다. 그러나 이탈리아들소는 오랫동안 가축화되어 왔기 때문에, 그 조상종에도 같은 형태의 뿔이 있었는지 확신할 수 없다는 사실을 기억해 둘 필요가 있다. 바틀릿은 아프리카물소(*Bubalus caffer*)[*25] 암컷을 동종의 수컷과 함께 우리에 넣자, 암컷이 수컷을 공격했고 수컷도 암컷에게 똑같이 거센 반격을 가했다고 말했다. 그러나 바틀릿은, 이 수컷이 만약 위엄을 가지고 관용의 정신을 베풀지 않았더라면, 그 거대한 뿔로 옆에서 한번 들이받는 것만으로도 암컷을 쉽게 죽였을 거라고 확신했다. 기린의 뿔은 털로 뒤덮여 있는데, 수컷은 암컷보다 긴 뿔을 기묘한 용도로 사용하고 있다. 수컷은 그 긴 목을 머리가 거의 거꾸로 뒤집힐 만큼 한쪽으로 구부려 세차게 흔드는데, 그 일격에도 단단한 판자가 반으로 쪼개지는 것을 나는 본 적이 있다.

영양 가운데에는 그 기묘한 모양의 뿔을 도대체 어떻게 사용하고 있는지 상

[*22] (역주) 지금의 학명은 *Ovis orientalis*.

[*23] 블라이스, 'Land and Water,' March, 1867, p. 134에, 허턴 대위와 그 밖의 신뢰할 만한 관찰 인용. 펨브룩셔의 야생염소에 관해서는 'Field,' 1869, p. 150 참조.

[*24] E. M. Bailly(E. M. 바이), "Mémoire sur l'usage des Cornes," &c., 'Annal. des Sc. Nat.,' tome 2, 1824, p. 369.

[*25] (역주) 지금의 학명은 *Syneros caffer*.

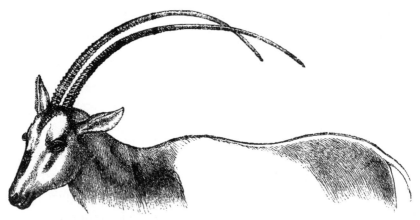

〈그림61〉 아라비아오릭스 수컷(노즐리 동물원에서)

상하기조차 어려운 경우가 있다. 스피링복(*Ant. euchore*)[26]은 위를 향하고 있는 비교적 짤막한 뿔을 가지고 있는데, 그 뾰족한 끝이 안쪽으로 거의 직각으로 휘어져 서로 마주보고 있다. 바틀릿은 그들이 그 뿔을 어떻게 사용하는지는 알 수 없지만, 적의 얼굴 어느 쪽에도 무서운 상처를 입힐 수 있을 것으로 생각하고 있다. 아라비아오릭스(*Oryx leucoryx.* 〈그림61〉)의 약간 구부러진 뿔은 뒤로 매우 길게 뻗어, 그 끝이 거의 평행선을 그리며 등 한복판을 지나간다. 따라서 이 뿔은 투쟁에는 전혀 쓸모가 없는 것으로 보인다. 그러나 이런 종의 수컷 두 마리가 싸울 때는, 무릎을 접고 머리를 앞다리 사이에 집어넣으면 뿔이 거의 평행으로 앞쪽 위를 향해 서게 된다고 바틀릿은 알려 주었다. 그렇게 하여 대결자들은 천천히 상대를 향해 걸어가서 뒤로 휘어진 뿔을 상대의 몸에 집어넣으려고 한다. 그러다가 성공하면 즉시 일어나면서 머리를 위로 치켜들어 상대에게 상처를 주거나 찌를 수 있게 되는 것이다. 그러나 양쪽 다, 가능한 한 이 작전에서 몸을 보호하기 위해 언제나 무릎을 구부리고 있어야 한다. 이러한 영양의 일종이 뿔을 사용하여 사자와 대항한 사실이 기록으로 남아 있다. 그래도 그들은 뿔 끝부분이 앞으로 가게 하기 위해서는 머리를 다리 사이에 집어넣어야 하기 때문에, 다른 동물의 공격을 받았을 때는 매우 불리할 수밖에 없다. 그래서 뿔이 지금과 같은 길이로 기묘한 위치에 있게 된 것은

*26 (역주) 지금의 학명은 *Antidorcas marsupialis*.

포식자로부터 몸을 보호하기 위해서였다고 생각하기는 어렵다. 그러나 먼 옛날에 살았던 오릭스의 조상 수컷은 약간 뒤로 휘어진 어느 정도 긴 뿔을 획득하자마자, 지금의 수컷들처럼 경쟁자와의 투쟁에서 머리를 숙이지 않을 수 없게 되었을 것이다. 그리고 무릎을 꿇는 행동은 처음에는 어쩌다가 볼 수 있는 정도였으나 점차 습관적으로 그렇게 하게 되었다고 생각할 수 있다. 이 경우, 가장 긴 뿔을 가진 수컷이 짧은 뿔을 가진 수컷보다 훨씬 유리했던 것은 확실하며, 뿔의 길이는 성선택을 통해 서서히 길어지거나 지금처럼 극단적인 길이와 위치에 이르게 된 것으로 보인다.

많은 종류의 수사슴 뿔이 가지가 갈라져 있는 것은 매우 설명하기 어려운 기묘한 현상이다. 여러 개로 갈라진 뿔보다는 똑바로 뻗은 하나의 뿔이 훨씬 치명적인 상처를 줄 수 있기 때문이다. 필립 에거턴(Philip Egerton) 경의 박물관에는 약 75cm 길이에 '가지가 열다섯 개가 넘는' 붉은사슴의 뿔이 있다. 모리츠부르크에는 1699년 프리드리히1세가 사냥한 붉은사슴의 뿔이 아직도 보존되어 있는데, 좌우 각각 33개나 되는 놀랍도록 많은 가지로 갈라져 있다. 리처드슨은 29개의 가지를 가진 야생순록에 대한 기록을 남겼다.[27] 바이(Bailly)는 사슴뿔이 여러 갈래로 갈라진 것과 특히 사슴이 이따금 앞발로 발길질하면서 싸우는 것을 보고,[28] 뿔은 그들에게 도움이 되기는커녕 피해만 줄 뿐이라는 결론을 내리고 말았다! 그러나 이 저자는 경쟁자인 수컷들의 치열한 싸움을 대수롭지 않게 생각했다. 나는 가지뿔의 효용에 대해 잘 납득이 되지 않아서 오랫동안 붉은사슴의 행동을 주의 깊게 관찰해 온 콜론세이의 맥닐(McNeil)에게 문의해 보았다. 그는 일부 가지는 사용되는 것을 본 적이 없지만, 가장 밑에 있는 가지는 약간 아래쪽을 향하고 있어서 이마를 보호하는 역할을 하고 있으며, 공격에도 사용된다고 말했다. 또한 필립 에거턴 경은 붉은사슴과 다마사슴[29]에 대해, 그들이 싸울 때는 서로를 향해 갑자기 돌진하여

---

[27] 붉은사슴의 뿔에 대해서는 오언, 'A History of British Fossil Mammals,' 1846, p. 478. 찰스 보너(Charles Boner)의 'Forest Creatures,' 1861, pp. 62, 76. 순록의 뿔에 대해서는 리처드슨, 'Fauna Bor. Americana,' 1829, p. 240 참조.

[28] J. D. 케이턴(J. D. Caton)은 ('Ottawa Acad. of Nat. Sciences,' May, 1868, p. 9) 미국 사슴은 '누가 강한지 일단 결정되어 무리 속에서 인정받은' 뒤에는 앞발로 싸운다고 설명했다. Bailly(바이), "Mémoire sur l'usage des Cornes," 'Annales des Sc. Nat.,' tome 2, 1824, p. 371 참조.

[29] (역주) 등에 흰 점이 있는 유럽산 작은 사슴.

상대를 향해 뿔을 들이대면서 필사적으로 싸운다고 알려 주었다. 어느 한쪽이 패하여 물러나려고 하면, 승자는 가장 아래쪽에 있는 가지뿔로 패자의 몸을 찌른다. 따라서 위쪽에 있는 가지뿔은 주로, 또는 오로지 상대를 밀어내거나 방어하는 데 사용되는 것 같다. 그래도 일부 종에서는 상부의 가지뿔도 공격 무기로 사용하고 있다. 케이턴 판사의 오타와 공원에서 어떤 사람이 와피티사슴(*Cervus Canadensis*)의 습격을 받은 적이 있는데, 몇 사람이 구조하러 달려갔을 때 수사슴은 '결코 머리를 지면에서 높이 쳐들려고 하지 않았다. 실제로 그는 다음에 돌격하기 전에 주위를 둘러보기 위해 머리를 한쪽으로 기울인 것 말고는 내내 얼굴을 거의 지면에 박고 코를 앞다리 사이에 넣고 있었다'. 이 자세를 하고 있으면 뿔이 완전히 적을 향하게 된다. '고개를 돌릴 때는 머리를 조금 쳐들었는데, 그것은 뿔이 너무 커서 머리를 쳐들지 않고는 고개를 옆으로 돌릴 수 없었기 때문이다. 이때 반대쪽 뿔은 지면에 닿았다.' 수사슴은 그런 식으로 해서 구조대를 45~60m나 멀리 쫓아버렸고, 습격을 당한 사람은 목숨을 잃고 말았다.[30]

수사슴의 뿔은 충분히 효과적인 무기이기는 하지만, 나는 하나의 뿔이 가지뿔보다 훨씬 더 위험하다고 생각한다. 사슴에 대해 오랜 경험을 가진 케이턴 판사도 이 결론에 전적으로 동의했다. 가지가 갈라진 뿔이 경쟁상대인 수컷의 공격으로부터 몸을 보호하는 데 매우 중요한 것은 사실이지만, 뿔이 서로 뒤엉켜서 풀지 못하는 경우도 있기 때문에 그 목적에 완전히 적응했다고 할 수는 없을 것 같다. 그래서 이것은 어쩌면 장식 역할도 하고 있는 것이 아닌가 하는 생각이 뇌리를 스치고 지나갔다. 수사슴의 가지뿔이나 일부 영양에서 두 개의 홈이 나있는 하프 모양의 우아한 뿔(〈그림62〉)이, 우리의 눈에 아름답게 보인다는 것에 이의를 제기할 사람은 아마 없을 것이다. 그래서 뿔이 옛날 기사의 화려한 의상과 마찬가지로 사슴과 영양의 외모에 우아함을 더해주고 있다면, 처음에는 투쟁을 위한 것이었을지라도 이 목적을 위해 부분적으로 변용한 것일지도 모른다. 그러나 이러한 생각을 뒷받침하는 증거는 어디에도 없다.

최근에 미국의 어느 지방에서 사슴뿔이 성선택과 자연선택에 의해 변해

---

*30 J. D. 케이턴의 논문 부록에 실린, 가장 흥미로운 기사 참조.

온 것으로 보인다는 흥미로
운 논문이 발표되었다. 미
국의 우수한 학술지에서[31]
저자는 흰꼬리사슴(*Cervus
Virginianus*)[32]이 많이 서식
하고 있는 애디론댁 산속에
서 지난 21년 동안 사슴사
냥을 해왔다고 말했다. 14년
전쯤 그는 처음으로 '스파이
크뿔의 수사슴'에 대한 이야
기를 들었다. 그 종은 5년
전에 자신도 한 마리를 쏜
적이 있는데, 그 뒤로 개체
수가 점점 늘어나 그 수사
슴을 쏠 기회가 많아졌다.

'스파이크뿔'은 일반 흰꼬
리사슴의 뿔과 매우 다르다.
일반 가지뿔과 다른 가느다
란 하나의 뿔로, 길이도 반
밖에 되지 않는다. 그것은
눈썹 위에서 앞쪽으로 뻗어
있으며, 끝이 날카롭고 뾰
족하다. 이 뿔의 주인은 일
반 수컷보다 훨씬 유리하다

〈그림62〉 그레이터쿠두(Strepsiceros Kudu, 앤드루 스미
스(Andrew Smith)의 'Zoology of South Africa'에서)

고 볼 수 있다. 무성한 수풀이나 덤불 속을 더 빠른 속도로 달릴 수 있을 뿐
만 아니라(사냥꾼이라면 누구나 알고 있듯이, 커다란 가지뿔을 가진 수사슴보다
암컷이나 새끼가 훨씬 빨리 달릴 수 있다), 스파이크뿔은 일반 가지뿔보다 효과
적인 무기가 될 수도 있다. 그 유리한 점 때문에 스파이크뿔을 가진 수컷은 일

---

[31] 'The American Naturalist,' December, 1869, p. 552.
[32] (역주) 지금의 학명은 *Odocoileus virginianus*.

반 수컷을 능가하고 있어, 언젠가 애디론댁에는 스파이크뿔을 가진 수컷만 남게 될지도 모른다. 맨 처음 나타난 스파이크뿔의 수컷은 틀림없이 자연계에 우연히 태어난 기형이었을 것이다. 그러나 스파이크뿔이 유리했기 때문에 그 기형이 널리 퍼져가게 되었다. 이것은 그 자손에게도 마찬가지로 유리하게 작용하여 그 기묘한 형질은 서서히 비율이 높아졌고, 그 서식지에 살고 있던 가지뿔을 가진 사슴보다 수적으로 더 많아졌을 것이다.'

엄니를 가진 네발짐승 수컷은 그것을 뿔처럼 여러 가지 방식으로 사용한다. 멧돼지는 그것으로 측면과 위쪽을 공격한다. 사향노루는 그것으로 아래쪽을 매우 효과적으로 공격한다.[33] 바다코끼리는 목이 짧고 매우 볼품없이 생겼지만 위, 아래, 옆, 어느 방향으로도 능숙하게 공격할 수 있다.[34] 고(故) 팰코너(Palconer) 박사로부터 들은 바로는, 인도코끼리는 자신의 엄니가 향하고 있는 위치와 구부러진 정도에 따라 공격방법을 달리한다고 한다. 엄니가 앞쪽과 위쪽을 향하고 있으면 호랑이도 내던질 수 있는데, 약 9m나 날려보내기도 했다고 보고되어 있다. 엄니가 짧고 아래를 향하고 있을 때는 그것으로 호랑이를 재빨리 지면에 찍어 누른다. 이러한 행동을 할 때는 등에 타고 있는 사람도 떨어지기 때문에 매우 위험하다.[35]

네발짐승 수컷이 경쟁 상대와 싸우기 위해 각각 뚜렷이 다른 목적에 사용할 두 개의 무기를 갖고 있는 경우는 거의 없다. 그러나 문착(Cervulus) 수컷은 예외로, 그들은 뿔과 돌출된 송곳니를 둘 다 가지고 있다. 그러나 다음의 사실에서 추측하건대, 어떤 형태의 무기는 세월의 흐름과 함께 종종 다른 형태의 무기로 대체되는 듯하다. 반추동물에서는 뿔과 조금이나마 발달된 송곳니는 서로 반대의 관계에 있는 것이 일반적이다. 이를테면 낙타, 라마, 애기사슴, 사향노루에게는 뿔이 없는 대신 잘 발달된 송곳니가 있다. 이 송곳니는 언제나 암컷이 수컷보다 작다. 낙타과의 위턱에는 진짜 송곳니 외에 송곳니처럼 생긴 한 쌍의 앞니도 있다.[36] 한편 사슴과 영양 수컷에는 뿔이 있지만 송곳니

---

[33] Pallas(팔라스), 'Spicilegia Zoologica,' Fasc. 13, 1779, p. 18.

[34] Lamont(라몬트),, 'Seasons with the Sea−Horses,' 1861, p. 141.

[35] 엄니가 짧은 무크나종(種) 코끼리가 다른 코끼리들을 공격하는 방법에 대해서는, Corse('Philosoph. Transact.,' 1799, p. 212) 참조.

[36] 오언, 'Anatomy of Vertebrates,' Vol. 3, p. 349.

가 있는 경우는 거의 없다. 있다 해도 작아서 투쟁에 어떤 역할을 하리라고는 도저히 생각할 수 없을 정도이다. *Antilope montana*의 어린 수컷에게는 송곳니가 흔적으로 남아 있다가*[37] 나이와 함께 사라진다. 암컷은 어느 연령이든 송곳니가 없다. 그러나 다른 영양이나 사슴 가운데에는 암컷에 때때로 송곳니가 흔적으로 남아 있는 경우가 있다. 수말은 작은 송곳니를 가지고 있지만 암말은 전혀 없거나 그 흔적만 가지고 있는 것이 보통이다. 그러나 수말은 앞니로 물어뜯고 낙타와 과나코처럼 입을 크게 벌리지 않기 때문에 송곳니를 투쟁에 사용하는 일은 없는 것 같다. 현재 수컷에게 불완전한 상태의 송곳니가 있고 암컷에게는 없거나 흔적으로만 있는 경우에는, 그 종 가운데 초기 조상의 수컷이 충분히 큰 송곳니를 가지고 있었고 그것을 부분적으로 암컷에게도 전달한 것으로 볼 수 있다. 그래서 수컷의 송곳니가 작아진 것은 새로운 무기가 발달함으로써(말의 경우는 그렇지 않지만) 투쟁의 방식이 바뀌었기 때문일 것이다.

엄니와 뿔은 그것이 발달하는 데 많은 영양분이 필요하기 때문에, 그 소유자에게는 매우 중요한 것임에 틀림없다. 아시아코끼리, 굵은 털을 지녔던 멸종한 아시아코끼리의 일종, 그리고 아프리카코끼리의 엄니는 그 무게가 각각 약 68kg, 72kg, 82kg이며, 더 무거운 것을 기록한 저자도 있다.*[38] 계절적으로 뿔을 새로 교체하는 사슴은 그것을 위해 더 많은 영양을 빼앗기게 된다. 이를테면 말코손바닥사슴의 뿔은 약 23~27kg이며, 멸종한 아일랜드엘크의 뿔은 약 27~32kg이나 되었다. 후자의 두개골 평균무게는 겨우 2.4kg밖에 되지 않는다. 양의 뿔은 계절적으로 새로 나지는 않지만, 많은 사육가들의 의견으로는 뿔의 발달은 상당한 손실을 가져다주고 있다. 수사슴이 포식자로부터 달아날

_____

*37 사슴과 영양의 송곳니에 대해서는 뤼펠(Rüppell) ('Proc. Zoolog. Soc.,' January 12, 1836, p. 3) 참조. 여기에는 마틴(Martin)의 미국사슴 암컷에 관한 기술도 있다. 성체 암사슴의 송곳니에 대해서는 펠코너 ('Palaeont. Memoirs and Notes,' Vol. 1, 1868, p. 576) 참조. 사향노루의 나이든 수컷의 송곳니는 (Pallas, 'Spic. Zoolog.,' Fasc. 13, 1779, p. 18) 때로는 약 8cm까지 자라지만, 나이든 암컷은 1.5cm도 안 되는 이빨이 흔적 기관으로서 잇몸 위로 약간 솟아 있을 뿐이다.

*38 Emerson Tennent(에머슨 테넌트), 'Ceylon,' 1859, Vol. 2, p. 275 ; 오언, 'British Fossil Mammals,' 1846, p. 245.

때는 여분의 짐을 지고 뛰는 것과 같아서 숲 속을 통과할 때 속도가 매우 느려진다. 이를테면 뿔의 좌우 끝에서 끝까지의 너비가 약 1.7m나 되는 말코손바닥사슴은 천천히 걸을 때는 나뭇가지를 건드리거나 부러뜨리지 않도록 조심해서 걸을 수 있지만, 늑대떼로부터 달아날 때는 장애물을 능숙하게 피할 수 없을 것이다. '수컷이 달릴 때는 코를 높이 쳐들어 뿔이 뒤를 향해 수평으로 기울어지게 하는데, 그런 자세에서는 지면이 잘 보일 리가 없다.'[39] 아일랜드엘크의 뿔은 좌우 너비가 무려 2.5m나 되었다! 아직 단단하지 않은 대각의 상태일 때 뿔은 매우 손상을 입기 쉬운데, 붉은사슴은 그 상태가 12주일 정도나 계속된다. 그래서 독일에서는 이 시기의 수컷은 평소의 습성을 바꿔 무성한 숲은 피하고 어린 나무나 나지막한 풀숲에 나타난다.[40] 이러한 일들은 새의 수컷이 비행에 지장을 초래하게 되는 손실을 무릅쓰면서까지 장식적인 깃털을 보존하고 있는 것이나, 다른 장식이 경쟁자들의 전투에서 힘을 빼앗아가고 있는 것을 연상시킨다.

네발짐승에서는 종종 암수의 몸 크기가 다른 경우가 많은데, 그럴 때마다 나는 수컷이 암컷보다 크고 힘이 세다고 생각한다. 굴드에게서 들은 바에 의하면, 그것은 호주에 사는 유대류에도 잘 적용되고 있는데, 수컷은 상당히 나이를 먹을 때까지 계속 성장하는 것 같다. 그러나 누가 뭐래도 가장 놀라운 사례는, 성체 암컷이 성체 수컷 몸무게의 6분의 1밖에 되지 않는[41] 북방물개(*Callorhinus ursinus*)일 것이다. 헌터(Hunter)가 몇 년 전에 지적한 것[42]처럼 수소컷의 굵고 튼튼한 목 등, 경쟁자인 수컷들의 전투에서 사용하는 신체의 부분에는 어디든 수컷의 위대한 힘이 분명하게 드러나 있다.

네발짐승 수컷은 암컷보다 용감하고 호전적이다. 이러한 형질은 부분적으로는 더욱 강하고 용기 있는 수컷이 약한 수컷을 이기는 일이 오랫동안 거듭된

---

[39] 리처드슨, 'Fauna Bor. Americana.' 말코손바닥사슴에 대해서는 pp. 236, 237. 뿔의 폭에 대해서는 'Land and Water,' 1869, p. 143. 아일랜드 말코손바닥사슴에 대해서는 오언, 'British Fossil Mammals,' pp. 447, 455 참조.

[40] C. 보너, 'Forest Creatures,' 1861, p. 60.

[41] J. A. 앨런(J. A. Allen)의 매우 흥미로운 논문 'Bull. of Mus. Comp. Zoolog. of Cambridge, United States,' Vol. 2, No. 1, p. 32 참조. 주의 깊은 관찰자인 브라이언트 대위가 무게를 확인했다.

[42] 'Animal Economy,' p. 45.

결과, 성선택을 통해 획득된 것임은 의심할 여지가 없다. 또 일부는 사용 효과의 유전에 의한 것으로 보인다. 강한 힘, 큰 체격, 용기 등의 형질에 자발적으로 일어나든 사용효과에 의한 것이든 차례차례 일어난 변이가 축적되어 지금의 네발짐승 수컷이 가지고 있는 형질을 획득하게 되었으나, 그 변이는 삶의 늦은 시기에 나타났기 때문에 결과적으로 수컷에만 유전이 한정된 것이라고 생각한다.

　이 문제에 대해 생각하면서 나는, 스코티시 디어하운드에 관한 정보를 알고 싶었다. 이 품종은 다른 어떤 품종보다도 암수의 크기가 매우 달라서(블러드하운드도 상당히 다르지만), 내가 아는 한 야생 개과 동물에서는 가장 차이가 크기 때문이다. 그래서 개 사육가로 유명하며, 자신의 많은 개들을 측정해 온 커플스(Cupples)에게 문의했더니, 고맙게도 다양한 출처들로부터 다음과 같은 사실들을 수집해 주었다. 훌륭한 이 사냥개 수컷의 어깨높이는 최저 70cm에서 최고 84~86cm나 된다. 무게는 작은 것이 약 36kg이며 55kg이나 그 이상 되는 개체도 있다. 암컷은 어깨높이가 약 58~69cm이며 때로는 70cm가 넘고, 무게는 23~32kg, 때로는 36kg에 이르기도 한다.[43] 커플스는 수컷은 43~45kg, 암컷은 약32kg이 평균 무게일 것으로 보고 있다. 그러나 암수 모두 이른 시기부터 무거운 체중을 획득했다고 생각할 수 있는 증거가 있다. 커플스는 생후 2주가 지난 새끼의 체중을 측정했는데, 한 배에서 난 새끼 가운데 수컷 네 마리의 평균 무게가 암컷 두 마리의 평균보다 약 184g 무거웠으며, 다른 배에서 난 수컷 네 마리의 평균 무게는 암컷 한 마리의 평균보다 약 28g 더 나갔다. 같은 수컷들이 생후 3주가 지났을 때는 그 암컷보다 약 210g 무거웠고, 6주가 지났을 때는 약 400g이나 더 무거웠다. 엘더슬레이 하우스의 라이트는 커플스에게 보낸 편지에 다음과 같이 썼다.

　"나는 수많은 개와 강아지들의 크기와 무게를 측정해 왔는데, 나의 경험으로는 일반적으로 수컷새끼는 생후 5, 6개월까지는 암컷 새끼와 거의 차이가 없었다. 그 뒤로 수컷은 성장하기 시작하여 무게도 크기도 암컷을 추월하게

---

[43] 리처드슨의 'Manual on the Dog,' p. 59도 참조. 스코티시 디어하운드에 관한 이 정보는 품종의 암수의 체격이 매우 다른 것에 최초로 주목한 맥닐(McNeill)이 스크로프(Scrope)의 'The Art of Deer-Stalking'에 게재한 것. 나는 커플스가 이 유명한 품종에 관한 상세한 논문을 발표해 주기를 바라고 있다.

〈그림63〉 성숙기에 이른 멧돼지의 머리(브레엠의 그림)

된다. 출생시와 생후 몇 주일 동안은 암컷이 수컷보다 큰 경우도 있지만, 나중에는 반드시 수컷이 커진다."

콜론세이의 맥닐은 '수컷은 생후 2년이 되어야 다 자라지만, 암컷은 그보다 훨씬 빨리 성장을 마친다'고 결론짓고 있다. 커플스의 경험으로는 수컷은 생후 12~18개월 정도까지 키가 계속 자라고, 무게는 생후 18~24개월까지 계속 늘지만, 암컷은 생후 9~14, 15개월 정도에 키의 성장이 멈추고, 생후 12~15개월에 무게의 증가도 멈춘다. 이러한 다양한 사실에서 스코티시 디어하운드 암수의 크기 차이가 완전해지는 것은 삶의 후반기에 이르러서임을 알 수 있다. 사냥감을 모는 데 이용되고 있는 것은 수컷인데, 맥닐에 따르면 그 이유는 암컷에게는 완전히 성장한 사슴을 쓰러뜨릴 만한 힘과 무게가 없기 때문이다. 커플스로부터 들은 바로는 옛 전설 속에 등장하는 이름에서 판단하건대, 고대에서는 수컷은 가장 높은 찬사를 받지만 암컷은 유명한 수컷의 어미로서 언급될 뿐이라고 한다. 이렇게 여러 세대에 걸쳐 힘과 체격, 속도, 용기 등을 시험하여 가장 뛰어난 것을 번식시켜 온 것은 수컷이었다. 그러나 수컷은 상당히 시간이 지나지 않으면 완전한 크기에 이르지 않기 때문에, 이미 자주 등장했던 법칙에 따라 그 형질이 수컷 새끼에게만 전달되었을 것이다. 이로써 스코티시 디어하운드 암수의 크기가 다른 것에 대해 설명할 수 있을 것이다.

네발짐승 가운데에는 수는 적지만 수컷이 다른 수컷들의 공격에 대비하여 방어수단으로만 발달한 기관과 신체 부위들을 가지고 있는 경우가 있다. 이미 살펴본 것처럼 가지뿔 상부의 가지를 오로지 방어만을 위해 사용하는 사슴들이 있는데 바틀릿으로부터 들은 바로는, 오릭스는 우아하게 구부러진 긴 뿔로 상대의 공격을 매우 능숙하게 피한다고 한다. 그러나 이 뿔은 공격기관으로도 사용되고 있다. 그는 또 코뿔소는 상대의 측면공격을 뿔로 막아내는데,

〈그림64〉 바비루사의 두개골(월리스(Wallace)의 'Malay Archipelago'에서)

뿔이 서로 부딪치면서 멧돼지의 엄니가 부딪칠 때처럼 커다란 소리가 난다고
했다. 브레엠에 의하면 야생 멧돼지는 매우 난폭하게 싸우지만, 치명상을 입
는 일은 거의 없다. 왜냐하면 공격을 대개 엄니나 독일 사냥꾼들이 '방패'라고
부르는, 어깨를 덮고 있는 연골질의 피부층으로 받아내기 때문이다. 이것은 특
별히 방어를 위해 변화한 부위이다. 성숙기의 멧돼지 수컷(〈그림63〉)은 아래턱
의 엄니를 공격에 사용하는데, 브레엠이 지적한 것처럼 나이를 먹으면 이 엄
니는 코 위까지 자라 안쪽으로 구부러지기 때문에, 더는 공격하는 데 사용할
수 없게 된다. 어쨌든 멧돼지도 6, 7세가 되면 더 이상 사람에게 위협이 되지
않는다.*44

　셀레베스 섬[지금의 술라웨시 섬]에 사는 완전히 성숙한 바비루사 수컷(〈그
림64〉)의 아래턱 엄니는 유럽 멧돼지와 마찬가지로 한창 성숙한 시기에는 무

---

*44 브레엠, 'Thierleben,' Bd. 2, S. 729-732.

〈그림65〉 사막혹멧돼지의 머리('Proc. Zool. Soc.,' 1869에서)(이 그림은 암컷의 머리이지만,
그래도 수컷의 특징을 축소한 형태로 보여준다)

서운 무기가 되지만, 위턱의 엄니는 너무 긴 데다 끝이 안쪽으로 휘어져 있어
이마에 닿을 정도이기 때문에 공격무기로는 전혀 도움이 되지 않는다. 그것
은 이빨이라기보다 뿔에 가까워서 이빨로서의 역할을 하지 않는다는 것이 너
무나 명백하므로, 옛날에는 그것을 가지에 걸쳐놓고 머리를 쉬게 하는 용도로
생각했을 정도이다. 그러나 머리를 조금 옆으로 돌렸을 때는 이 엄니의 구부
러진 면은 방어에 매우 뛰어난 역할을 한다. 대체로 나이가 든 수컷의 경우에
는 '마치 그것을 싸움에 사용한 것처럼 대부분 부러져 있는 것*45은 그 때문
일지도 모른다. 그래서 바비루사의 위턱에 있는 엄니는 성숙기에 그러한 형태
로 방어 역할을 하고 있는 기묘한 예일 것이다. 한편 유럽멧돼지의 아래 위턱
의 엄니는 어느 정도 나이를 먹은 뒤에만 거의 같은 형태가 되어, 마찬가지로
오로지 방어를 위해 사용된다.

　사막혹멧돼지(*Phacochoerus aethiopicus*, 〈그림65〉) 수컷의 위턱의 엄니는 전성
기에는 위로 휘어져 있고 끝이 뾰족하기 때문에 무서운 무기로 작용한다. 아
래턱 엄니는 위턱 엄니보다 날카롭지만 길이가 짧아서 공격 무기로 사용할
수 있다고는 볼 수 없다. 그러나 위턱 엄니를 아래에서 단단히 받치고 있기 때

＊45 이 동물에 관한 월리스의 흥미로운 관찰('Malay Archipelago,' Vol. 1, 1869, p. 436) 참조.

문에 위턱 엄니를 충분히 보강하고 있다. 위턱의 엄니와 아래턱의 엄니가 방어를 위해 특별히 변형한 것 같지는 않지만, 어느 정도 방어에 사용되고 있는 것은 분명하다. 그러나 사막혹멧돼지에게 다른 방어수단이 없는 것은 아니다. 그것은 얼굴 양쪽 눈 밑에 있는 뻣뻣하면서도 유연한 연골질의 타원형 패드(《그림65》)로, 그것이 얼굴 바깥쪽으로 5~7.5cm나 부풀어올라 있기 때문이다. 그리고 바틀릿과 내가 살아있는 사막혹멧돼지를 본 바로는, 상대가 엄니로 아래쪽에서 공격해 왔을 때는 이 패드가 위쪽으로 뒤집혀서 조금 튀어나온 눈을 이상적으로 보호하는 역할을 하는 것이 틀림없을 것으로 보였다. 바틀릿에 의하면, 이 사막혹멧돼지들은 정면으로 마주서서 싸운다고 한다.

마지막으로 아프리카의 덤불멧돼지(*Potamochoerus penicillatus*)*⁴⁶의 얼굴 양쪽 눈 밑에는 사막혹멧돼지의 유연한 패드와 같은 연골질의 단단한 혹이 있다. 또 위턱의 콧구멍 위에도 두 개의 골질 돌기가 있다. 런던동물원에 있는 이 종의 수컷이 최근에 사막혹멧돼지의 우리에 쳐들어간 적이 있었다. 그들은 밤새도록 싸운 끝에 이튿날 매우 지쳐 있는 상태로 발견되었는데, 둘 다 심한 부상은 입지 않았다. 그러나 위에 설명한 돌기와 패드가 온통 피투성이가 되어 상처로 뒤덮여 있었던 사실은, 이 기관이 하고 있는 역할에 대한 위의 추측을 명백하게 뒷받침해준다.

사자의 갈기는 사자임을 드러내는 유일한 위험요소로서, 다른 사자의 공격에 대한 효과적인 방어 역할을 하고 있다. A. 스미스 경이 알려준 것처럼, 수컷들은 무섭게 투쟁을 벌이기 때문에 어린 사자는 나이 든 사자 곁에 얼씬도 하지 않는다. 1857년 브롬위치의 호랑이가 사자 우리에 들어갔을 때는 끔찍한 광경이 펼쳐졌다. "사자의 갈기는 목과 머리에 중상을 입는 것을 방지하는 데는 도움이 되었지만, 마침내 호랑이가 사자의 배를 찢어놓자 사자는 몇 분 뒤에 죽고 말았다.*⁴⁷ 캐나다스라소니(*Felis Canadensis*)*⁴⁸의 목과 턱 주위에 나 있는 넓은 목도리 모양의 털은 수컷이 암컷보다 훨씬 길지만, 그것이 방어에 도움이 되는지 어떤지는 나는 잘 모른다. 바다표범 수컷은 서로 치열하

---

*46 (역주) 지금의 학명은 *Potamochoerus porcus*.

*47 'The Times,' November 10, 1857.

*48 (역주) 지금의 학명은 *Lynx canadensis*. 오듀본과 바흐만, 'The Viviparous Quadrupeds of N. America,' 1846, p. 139 참조.

게 싸우는 것으로 유명하다. 큰바다사자(*Otaria jubata*)*[49] 수컷에게는 풍성한 갈기털이 있는데, 암컷에는 그것이 작거나 아예 없다. 희망봉의 개코원숭이 (*Cynocephalus porcarius*) 수컷에게는 암컷보다 훨씬 긴 갈기털과 긴 송곳니가 있다. 수컷의 갈기털은 아마 방어역할을 하고 있을 것이다. 런던동물원의 사육사에게 나의 의도를 밝히지 않고, 원숭이들이 특별히 목 뒤를 서로 공격하는 일이 있는지 물었더니, 그런 일은 거의 없으며 다만 개코원숭이만은 그렇게 한다는 대답이었다. 에렌베르크는 망토개코원숭이 성체 수컷의 갈기털은 어린 사자의 갈기와 같은 것이라고 말했지만, 망토개코원숭이의 암수 새끼와 성체 암컷에게는 갈기털이 거의 없다.

미국들소 수컷의 거대한 갈기털은 거의 땅에 닿을 정도로 암컷보다 훨씬 발달해 있는데, 나는 이것이 수컷들의 무서운 투쟁에서 방어 역할을 할 가능성이 있다고 생각한다. 그러나 경험이 풍부한 사냥꾼이 케이턴 판사에게 알려준 바로는, 이 생각을 뒷받침하는 일은 한 번도 관찰된 적이 없다는 것이었다. 수말의 갈기는 암말보다 굵고 풍성하다. 내가 많은 말을 담당했던 숙련된 조련사와 사육사에게 물어보았더니, '그들은 서로 상대의 목을 물어뜯으려 한다' 고 대답해서 적잖게 만족스러웠다. 그러나 목의 털이 방어 역할을 하고 있다고 해서, 그것이 처음부터 특별히 그런 목적을 위해 발달했다는 뜻은 아닐 것이다. 그러나 사자처럼 몇몇 사례에서는 확실히 그렇다고 생각할 수 있다. 맥닐은 붉은사슴(*Cervus elaphus*) 수컷의 목에 있는 긴 털은, 사냥할 때 훌륭한 방어물로 작용하고 있다고 알려 주었다. 왜냐하면 개는 보통 목을 물어 사슴을 잡으려 하기 때문이다. 그러나 이러한 털이 그런 목적을 위해 발달했다고 보기는 어렵다. 만약 그렇다면, 암컷과 어린 새끼도 같은 방법으로 보호받아야 할 것이기 때문이다.

네발짐승이 짝짓기에서 보여주는 취향에 대하여

다음 장에서 수컷과 암컷의 목소리, 냄새, 장식에 관한 차이를 설명하기 전에, 양성이 짝짓기 때 무언가 취향을 나타내는지에 대해 검토해 보는 것이 좋

---

*49 큰바다사자에 대해서는 Murie(뮈리) 박사, 'Proc. Zoolog. Soc.,' 1869, p. 109. J. A. 앨런(J. A. Allen)은 위에 인용한 논문(p. 75)에서 암컷보다 수컷의 긴 목털을 갈기라고 불러도 되는지에 대해 의문을 던지고 있다. (역주) 지금의 학명은 *Eumetopias jubatus*.

을 것 같다. 수컷들이 우위를 차지하기 위해 싸우기 전이나 싸우고 난 뒤에, 암컷이 특정한 수컷에게 호감을 나타내는가? 또 수컷은 일부다처가 아닐 때 특정한 암컷을 선택하는가? 육종가들이 전체적으로 받는 인상은, 수컷은 아무 암컷이나 받아들인다는 것이다. 수컷의 적극성을 생각하면 대부분의 경우 그것은 아마도 타당한 견해로 보일 수도 있다. 그러나 암컷도 일반적으로 아무 수컷이나 받아들이는지는 좀 더 의구심을 가지지 않을 수 없다. 새에 관한 제14장에서 암컷이 짝짓기 상대를 선택하는 직간접적인 증거를 많이 제시했지만, 분류상으로도 상위에 있고 더 높은 정신적 능력을 갖춘 네발짐승의 암컷이 거의 아무런 기호도 갖지 않는다면 오히려 이상한 일이라고 할 수 있다. 암컷은 마음에 들지 않는 수컷이나 자신을 흥분시키지 않는 수컷에게 구애를 받았을 때는 대부분의 사례에서는 달아난다. 종종 일어나는 일이지만 여러 마리의 수컷에게 구애를 받았을 때는, 수컷끼리 싸우는 동안 그 가운데 한 마리와 함께 사라질 수도 있고 잠시 동안 함께 있을 수도 있다. 후자의 예는 필립 에거턴 경으로부터 들은 바에 의하면, 스코틀랜드의 붉은사슴 암컷에게서 종종 관찰되고 있다.[50]

네발짐승 암컷이 야생상태에서 짝짓기를 할 때 뭔가 기호를 보여주는지에 대해 자세히 아는 것은 거의 불가능하다. 브라이언트 (Bryant) 대위는 북방물개(*Callorhinus ursinus*)의 구애에 대해 다음과 같이 호기심을 가지고 상세하게 관찰할[51] 수 있는 귀한 기회를 얻을 수 있었다. "번식을 위해 섬에 도착한 많은 암컷들은 특정한 수컷을 찾고 싶어서인지 종종 집단번식지를 내려다볼 수 있는 높은 바위 위에 올라가 소리를 지른 뒤, 익숙한 목소리를 찾는 듯이 귀를 기울인다. 그리고 나서는 장소를 바꿔 같은 행동을 되풀이한다. ……암컷이 물가에 도착하면, 가장 가까운 곳에 있던 수컷은 암컷이 새끼를 부르는 듯한 소리를 내면서 암컷에게 다가간다. 수컷은 암컷에게 인사를 하고, 어떻게든 암컷과 바다 사이를 오가며 암컷이 달아나지 못하게 한다. 그리고 나서 수

---

[50] 보너(Boner)는 독일에 서식하는 붉은사슴의 습성에 대한 뛰어난 논술 속에서('Forest Creatures,' 1861, p. 81), '수사슴이 한 마리의 침입자와 싸우는 사이에, 다른 사슴이 그의 성역인 하렘에 침입하여 한 마리씩 전리품으로 채어간다'고 했다. 바다표범에게도 똑같은 일이 일어난다. J. A. 앨런의 같은 책., p. 100 참조.

[51] J. A. 앨런, 'Bull. Mus. Comp. Zoolog. of Cambridge, United States,' Vol. 2, No. 1, p. 99.

컷은 태도를 바꿔 크게 소리를 지르면서 암컷을 자신의 하렘 안에 몰아넣는다. 이러한 행위는 하렘에서 바다와 가장 가까운 곳이 암컷들로 가득 찰 때까지 계속된다. 그리고 지위가 높은 수컷은, 자기보다 운이 좋은 이웃 수컷이 한눈팔고 있을 때를 노려 그의 암컷들을 훔쳐간다. 그들은 어미고양이가 새끼고양이를 물고 가듯이 다른 암컷의 머리 너머로 암컷을 물어가서는 자신의 하렘에 가만히 내려놓는다. 지위가 더 높은 수컷도 같은 방법을 되풀이하여 자신의 하렘이 암컷들로 가득 찰 때까지 암컷을 그러모은다. 종종 한 마리의 암컷을 둘러싸고 수컷 두 마리가 싸우기도 하는데, 수컷들이 양쪽에서 암컷을 물고 잡아당기는 바람에 암컷이 그들의 이빨에 심한 상처를 입는 일도 있다. 하렘이 가득 차면, 나이든 수컷은 만족스러운듯이 자신의 가족들을 둘러보면서, 다른 개체를 괴롭히고 방해하는 개체가 있으면 꾸짖고, 침입자는 누구든지 쫓아버린다. 그는 그렇게 감시하고 다니느라 잠시도 쉴 틈이 없다."

자연상태에서의 동물의 구애에 대해 알려져 있는 것이 너무나 부족해서, 나는 가축화한 네발짐승들이 짝짓기를 할 때 얼마나 취사선택을 하는지에 대해 살펴 보았다. 개는 자세한 관찰을 통해 이미 많은 사실들이 알려져 있기 때문에 가장 좋은 관찰대상이라고 할 수 있다. 많은 사육가들이 이 문제에 대해 강한 의견을 제시하고 있다. 메이휴(Mayhew)는 이렇게 말했다.

"암컷은 마음껏 애정을 바칠 수 있다. 고등동물에 대한 다른 여러 사례를 통해 잘 알려져 있듯이, 즐거운 기억은 암컷들에게 커다란 영향을 미치고 있다. 암캐는 애정문제에 있어서 언제나 신중한 편은 아니어서 형편없는 들개에게도 쉽게 몸을 허락하는 경향이 있다. 품종이 없는 잡종견과 함께 키우다 보면, 나중에 무슨 일이 있어도 떼어놓을 수 없을 만큼 강한 애정이 두 마리 사이에 싹튼다. 그것은 바로 열정이라고 부를 만한 것으로, 로맨틱한 것 이상으로 오래 간다."

주로 소형견을 사육해 온 메이휴는 암컷은 커다란 수컷에게 강하게 끌리는 것으로 생각했다.[52] 저명한 수의사인 블레인(Blaine)[53]은 자신이 키우고 있던 퍼그 암컷은 스파니엘에게 완전히 반해버렸고, 세터 암컷은 들개에게 푹 빠져

---

[52] E. Mayhew(E. 메이휴), 'Dogs : Their Management,' M. R. C. V. S., 2nd edition, 1864, pp. 187–192.

[53] 알렉산더 워커(Alex. Walker), 'On Intermarriage,' 1838, p. 276에서 인용. p. 244도 참조할 것.

서 몇 주일이 지나기 전에는 어느 쪽도 자신과 같은 품종의 수컷과는 교배하지 않았다고 했다. 나 역시 리트리버와 스파니엘 암컷이 동시에 테리어 수컷에게 완전히 빠져버린 믿을 만한 사례를 들은 적이 있다.

커플스가 절대적인 확신을 가지고 나에게 알려준 것인데, 가치도 높고 매우 영리한 테리어 암컷이 이웃인 리트리버에게 얼마나 강한 애착을 보이는지, 종종 강제로 떼어놓아야 할 정도였다고 한다. 그들이 완전히 갈라진 뒤 암컷의 젖꼭지에서 여러 번 젖이 나오는 듯한 기미가 보였는데, 그 뒤로 이 암컷이 다른 수컷의 구애를 전혀 받아들이지 않아 새끼를 낳지 못하게 되자 사육주는 크게 후회했다고 한다. 커플스는 또 현재(1868년) 그의 개 사육장에 있는 디어하운드 암컷은 과거 세 번에 걸쳐 새끼를 낳았는데, 늘 함께 지내던 네 마리의 디어하운드 가운데 가장 크고 핸섬한 수컷을 선택했으나 열정적인 수컷은 아니었다고 한다. 커플스는 암컷은 대개 함께 지내며 잘 알고 있는 수컷을 선호하며, 수줍음이 많아서 처음 보는 수컷은 좋아하지 않는다는 것을 관찰했다. 반대로 수컷은 비교적 낯선 암컷을 더 좋아하는 것 같았다. 수컷이 암컷을 거부하는 일은 거의 없지만, 옐더슬레이 하우스의 저명한 개 사육가인 라이트가 나에게 알려준 바로는, 그런 사례도 몇 가지 있다고 한다. 그가 키우고 있었던 디어하운드가 마스티프 암컷에게 도무지 관심을 보이지 않아서 다른 디어하운드 암컷을 데리고 와야만 했다. 더 이상 많은 예를 드는 것은 무의미할 것이므로 많은 블러드하운드를 주의 깊게 키워온 바(Barr)가, 거의 모든 경우에 이성은 서로 특정한 상대에게만 강하게 끌린다고 말했다는 것을 덧붙이기로 한다. 마지막으로 커플스는 이 문제에 대해 1년 동안 관찰을 더 한 뒤, '번식하는 개들은 서로 상대에게 강한 호감을 품으며, 그 호감은 이전에 잘 알던 사이인가 하는 것과 함께, 몸의 크기, 화려한 색채, 그리고 개성에 의해 종종 영향을 받는다고 했던 나의 지난 발언이 충분히 확인되었다'고 쓴 편지를 보내왔다.

말에 관해서는 세계적으로 저명한 경주마 사육가인 블렌키론(Blenkiron)은 암말에 대한 수말의 취향이 어찌나 변덕스러운지, 어떤 암말은 거부하면서도 다른 암말은 뚜렷한 이유도 없이 받아들이곤 해서 언제나 온갖 계략을 다 써야 한다고 말했다. 이를테면 유명한 모나크 품종은 글라디아토르 품종 암말에게 전혀 관심을 보이지 않아서 속임수를 쓰지 않으면 안 되었다고 한다. 우리는 수요가 매우 높아 가격이 비싼 경주마 수컷이 왜 이토록 취향이 까다로운지 그 이유를 조금은 이해할 수 있을 것이다. 암말이 수말을 거부하는 것을 본 적이 없는 블렌키론은, 라이트의 마구간에서 그런 일이 일어나자 암말을 속이지 않을 수 없었다. 프로스퍼 루카스(Prosper Lucas)는*54 프랑스 사육가들의 다양한 발언을 인용하여 이렇게 말했다. "종마는 어떤 암말에게 열중하면 다른 암컷은 조금도 돌아보지 않는다." 그는 바엘렌(Baëlen)의 말을 인용하여 소에서도 똑같은 일이 일어난다고 말했다. 호프버그(Hoffberg)는 라플란드의 가축화된 순록에 대해 '암컷은 몸이 크고 힘이 센 수컷을 받아들인다. 어린 수컷들이 얼쩡거리면 강한 수컷에게 다가가 알려서, 그 수컷으로 하여금 어린 수컷들을 쫓아내게 한다.*55'고 말했다. 많은 돼지를 사육해온 어느 목사는 암퇘지는 어떤 수컷은 거부한 뒤 곧 다른 수컷을 받아들인다고 알려주었다.

이러한 사실에서 우리의 가축동물은 대부분 특정한 개체를 싫어하거나 좋아하는 취향을 종종 보이며, 그것은 수컷보다 암컷에게서 훨씬 많이 나타나는 현상임에 틀림없다. 그렇다면 야생상태에서 네발짐승의 짝짓기가 우연으로 이루어진다고는 도저히 생각할 수 없다. 암컷은 다른 수컷보다 뛰어난 특정한 수컷에게 끌리거나 더 흥분한다는 것이 가능성이 높은 설명이다. 그러나 그것이 어떤 특징들인지에 대해서 확실히 밝혀진 것은 아직 없다.

---

*54 'Traité de l'Héréd. Nat.,' tome 2, 1850, p. 296.

*55 'Amoenitates Acad.,' Vol. 4, 1788, p. 160.

제18장 포유류의 이차성징(이어서)

목소리—바다표범의 특이한 성적 특징—냄새—털의 발달—털과 피부의
색깔—암컷이 수컷보다 장식이 특이한 경우—성선택에 의한 색채와 장식
—보호를 위해 획득한 색채—암수에 공통적이지만 성선택을 통해 획득된
색채—성숙한 네발짐승에게서 반점과 줄무늬가 사라지는 현상—사수류의
색채와 장식—요약

네발짐승은 위험을 알리고 집단 속의 개체가 다른 개체를 부르거나 어미
가 새끼를 부를 때, 새끼가 어미에게 보호를 요청할 때 등, 목소리를 다양하
게 사용하고 있는데, 이러한 용도에 대해서는 여기서 고찰할 필요는 없을 것
같다. 여기서 문제가 되는 것은 사자와 소의 암컷과 수컷처럼, 암수 사이에 나
타나는 목소리의 차이에 대해서이다. 거의 모든 포유류 수컷은 다른 어떠한
계절보다 번식기에 목소리를 많이 사용하며, 기린과 호저의 경우에는 번식기
때 말고는 전혀 소리를 내지 않는 것으로 알려져 있다.[1] 수사슴의 목(인후와
갑상샘)[2]은 번식기가 시작되자마자 주기적으로 커지는 것으로 보아 수사슴
의 힘찬 목소리는 아마도 그들에게 매우 중요한 역할을 하는 것으로 생각된
다. 그러나 다음의 이야기가 사실인지는 매우 의심스럽다. 경험이 풍부한 관찰
가인 맥닐과 P. 에거턴 경으로부터 들은 정보에 따르면, 세 살 이하의 어린 수
사슴은 소리를 지르거나 신음소리를 내지 않는다고 한다. 성숙한 개체는 번
식기의 시작과 함께 소리를 지르는데, 처음에는 애타게 암컷을 찾아다니면서
가끔 가볍게 소리를 낼 뿐이다. 그들은 투쟁을 벌이기 전에는 큰 소리로 길게
포효하는데 실제로 싸우는 동안에는 소리를 전혀 내지 않는다. 목소리를 습
관적으로 사용하는 모든 종류의 동물은 화가 날 때나 싸울 때처럼 어떤 강렬

---

[1] 오언, 'Anatomy of Vertebrates,' Vol. 3, p. 585.
[2] 같은 책., p. 595.

한 감정 상태에서 다양한 소리를 낸다. 그러나 그것은 단순히 신경이 흥분되어서, 사람이 분노와 고뇌로 이를 갈거나 주먹을 부르쥘 때처럼 온몸의 근육이 경련하듯이 수축하기 때문에 일어나는 현상일지도 모른다. 수사슴이 포효하는 것으로 서로 필사적인 투쟁을 선포한다는 것은 의심할 여지가 없다. 그러나 이 습성이 성선택에 의한 것이라고 보기에는 어렵다. 즉 가장 크게 소리치는 수컷이 투쟁에서 가장 승리하기 쉽기 때문에 발성기관이 주기적으로 커졌다고 생각하기는 어렵다는 것이다. 가장 큰 소리로 짖을 수 있는 수컷이라도 동시에 가장 힘이 세고 가장 강력한 무기와 용기를 갖추지 않으면, 목소리가 약한 경쟁상대보다 특별히 도움될 것이 없기 때문이다. 또 목소리가 약한 수컷도 다른 수컷에게 도전하기가 그다지 쉽지 않을지도 모르지만, 목소리가 큰 수컷과 마찬가지로 어김없이 투쟁에 끼어들 것이다.

수사자의 포효는 적을 두렵게 할 수 있기 때문에 실제로 도움이 될 가능성이 있다. 수사자가 화가 났을 때는 갈기를 세우고 본능적으로 최대한 자신을 무섭게 보이려고 한다. 그러나 수사슴이 소리치는 것은, 그것이 아무리 도움이 된다고 해도 목을 주기적으로 크게 부풀릴 만큼 중요하다고 보기는 어렵다. 이 포효가 암컷을 부르는 역할을 한다고 생각하는 사람들도 있다. 그러나 앞에서 언급한 저명한 관찰가들은 수사슴은 암사슴을 찾지만 암사슴은 수사슴을 찾지 않는다고 나에게 알려주었는데, 다른 네발짐승 수컷의 습성에 대해 우리가 알고 있는 것으로부터 유추하면 맞는 말일 것이다. 한편 야생지역의 사냥꾼들은 암사슴이 소리를 지르면 곧 수사슴들이 모여든다는 사실을[*3] 잘 알고 있어서 암컷의 소리를 흉내낸다고 한다. 수컷이 그 목소리로 암컷을 유인하거나 흥분시킬 수 있다는 충분한 증거가 있다면, 수컷의 발성기관이 주기적으로 커지는 것은 성선택의 원리에 의해 획득되어 같은 성에게만 1년의 어느 계절에 한해 유전되어 온 것이라고 이해할 수 있다. 그러나 그것을 지지할 만한 증거는 아직 없다. 지금은 수사슴의 큰 목소리는 구애와 투쟁, 그 밖의 어떤 의미에서도 수컷에게 아무런 도움도 되지 않는 것으로 생각된다. 그러나 사랑, 질투, 분노 등의 강한 흥분 속에서 종종 소리를 지르는 일이 몇 세대에 걸쳐 계속된다면, 결국은 수사슴과 다른 동물 수컷의 발성기관에 유전적인 효과

---

*3 이를테면 말코손바닥사슴과 야생순록의 습성에 대해서는 W. 로스 킹(W. Ross King) 소령의 'The Sportsman and Naturalist in Canada,' 1866, pp. 53, 131 참조.

를 미칠 수 있지 않을까? 지금 우리가 알고 있는 지식으로 본다면, 그것이 가장 가능성이 높은 견해일 것 같다.

고릴라 수컷은 오랑우탄 수컷처럼 성체가 되면 목주머니를 갖게 되어 어마어마하게 큰 소리를 낼 수 있다.*⁴ 긴팔원숭이는 원숭이 가운데에서도 가장 시끄러운 종류인 수마트라의 주머니긴팔원숭이(*Hylobates syndactylus*)도 목주머니를 가지고 있다. 그러나 그들을 관찰할 기회가 있었던 블라이스는 수컷이 암컷보다 시끄럽다고는 생각하지 않았다. 따라서 이 원숭이는 그 목소리를 서로를 부르는 데 사용하고 있는 것 같다. 이를테면 비버*⁵ 같은 다른 일부 네발 짐승들은 확실히 그런 용도로 사용하고 있다. 긴팔원숭이의 다른 종류인 검은손긴팔원숭이(*H. agilis*)는 놀랍게도 옥타브의 음계를 정확하게 낼 줄 알기 때문에,*⁶ 그것이 성적 매력으로 작용하고 있다고 보아도 무리가 없을 것 같다. 그러나 이것에 대해서는 다음 장에서 다시 한 번 살펴보기로 하겠다. 미국의 검은고함원숭이(*Mycetes caraya*)*⁷ 수컷의 발성기관은 암컷보다 3분의 1 정도 크고 놀랄 만큼 소리가 크다. 이 원숭이는 기후가 따뜻할 때는 아침저녁으로 숲속에 메아리칠 만큼 큰 소리를 지른다. 이 굉장한 음악회를 시작하는 것은 수컷이지만, 때로는 암컷도 목소리의 힘은 약하지만 반응을 할 때가 있는데, 이는 종종 몇 시간씩 계속된다. 훌륭한 관찰가인 렝거(Rengger)*⁸는 어떤 특별한 계기로 이 음악회가 시작되는지는 알아내지 못했다. 그는 많은 새들과 마찬가지로 그들이 자신의 목소리를 좋아하여 서로 상대를 이기려고 경쟁하는 것으로 생각했다. 이런 원숭이들은 경쟁자를 물리치고 암컷을 유혹하기 위해 강한 목소리를 획득한 것인지, 특별히 유리한 점이 있는 것은 아니지만 오랫동안 사용함으로써 유전으로 획득한 것인지 나로서는 알 수 없다. 그러나 적어도 검은손긴팔원숭의 경우에는 전자의 생각이 가장 타당한 것으로 보인다.

여기서 바다표범에게서 볼 수 있는 매우 기묘한 성적 특징에 대해 살펴보려

---

*4 오언, 'Anatomy of Vertebrates,' Vol. 3, p. 600.

*5 Green(그린), 'Journal of Linn. Soc.,' Vol. 10, Zoology, 1869, p. 362.

*6 C. L. Martin(C. L. 마틴), 'A General Introduction to the Nat. Hist. of Mamm. Animals,' 1841, p. 431.

*7 (역주) 지금의 학명은 *Alouatta caraya*.

*8 'Naturgeschichte der Säugethiere von Paraguay,' 1830, S. 15, 21.

고 한다. 왜냐하면 그러한 성적 특징이 목소리에 영향을 주고 있다고 생각하는 연구자들이 꽤 있기 때문이다. 북방코끼리물범(*Macrorhinus proboscideus*)[*9] 수컷은 세 살 무렵부터 번식기가 되면 코가 매우 커지고 심지어 부풀릴 수도 있는데, 그럴 때는 길이가 약 30cm나 된다. 그러나 암컷은 일생의 어느 시기에도 그런 일이 없으며 목소리도 수컷과 다르다. 수컷의 목소리는 거칠게 으르렁거리는 쉰 소리여서 매우 멀리서도 들리는데, 이것은 부풀어 오른 코를 통해 소리가 증폭되기 때문인 것 같다. 레송은 코의 팽창을 꿩과 수컷의 턱볏이 암컷에게 구애할 때 부풀어 오르는 것과 같은 현상으로 보았다. 다른 근연한 종인 두건물범(*Cystophora cristata*)[*10]은 머리가 커다란 후드(또는 주머니)로 덮여 있다. 그 속을 비중격(코 가로막)이 받치고 있는데, 이 비중격은 훨씬 뒤쪽에 있으며 높이가 약 18cm나 되는 반월판을 이루고 있다. 근육질의 후드에는 짧은 털이 나 있으며, 그것은 머리 전체보다 더 크게 부풀어 오를 수도 있다. 번식기의 수컷은 얼음 위에서 치열한 투쟁을 벌이는데, 그들이 지르는 포효가 어찌나 큰지 6km 이상 떨어진 곳에서도 들린다고 한다. 인간의 습격을 받았을 때도 그들은 마찬가지로 포효하며, 화가 났을 때는 언제나 후드가 부풀어 오른다. 박물학자 가운데에는 후드 때문에 소리가 커진다고 생각하는 사람도 있지만, 이 특별한 구조에는 여러 가지 다양한 기능들도 추측되고 있다. R. 브라운은 그것이 일어날 수 있는 모든 종류의 사고에 대비해 보호 역할을 한다고 생각했다. 바다표범 사냥꾼이 오랜 세월 동안 믿어온 것이 정확하다면, 이 생각은 틀린 것이다. 이 후드(또는 주머니)는 암컷과 새끼에게는 거의 발달해 있지 않기 때문이다.[*11]

냄새

미국의 악명 높은 스컹크처럼, 일부 동물이 풍기는 강렬한 냄새는 단지 방

---

*9 (역주) 지금의 학명은 *Mirounga angustirostris*.

*10 (역주) 지금의 학명은 *Mirounga angustirostrs*.

*11 (역주) 북방코끼리물범에 대해서는 레송의 논문 'Dict. Class. Hist. Nat.,' tome 13. p. 418 참조. *Cystophora* 또는 *Stemmatopus*에 대해서는 디케이(Dekay) 박사의 'Annals of the Lyceum of Nat. Hist. New York,' Vol. 1, 1824, p. 94 참조. 페넌트도 바다표범 사냥꾼들로부터 정보를 수집했다. 가장 상세한 논문은 암컷의 주머니가 흔적기관인 것을 의심하는 브라운(Brown)의 것이다('Proc. Zoolog. Soc.,' 1868, p. 435).

어 역할을 하고 있는 것 같다. 들쥐(Sorex)는 암수 모두 복부에 냄새 샘을 가지고 있는데, 새와 포식동물이 그들을 싫어하는 것으로 보아 그 냄새가 보호 역할을 하고 있는 것은 명백하다. 그런데도 이 샘은 번식기의 수컷에서는 더욱 커진다. 많은 네발짐승의 경우, 샘의 크기는 암수가 같지만[12] 그 용도는 잘 알려져 있지 않다. 다른 종에서는 샘이 수컷에게만 한정되어 있거나 수컷이 암컷보다 더욱 잘 발달해 있으며, 대부분 번식기에 활동이 더욱 활발해진다. 번식기에 코끼리 수컷의 얼굴 양쪽에 있는 샘은 더욱 비대해져서 사향과 같은 강렬한 냄새가 나는 물질을 분비한다.

염소 수컷이 악취를 발산한다는 것은 널리 알려져 있으며, 어떤 종류의 사슴 수컷의 냄새도 놀랄 만큼 독하고 오래 남는다. 나는 라플라타의 강기슭에서 공기 전체가 팜파스사슴(Cervus campestris)[13]의 냄새로 가득한 것을 느낀 적이 있다. 그곳은 무리로부터 바람이 불어가는 쪽으로 약 800미터나 떨어진 곳이었는데도 냄새가 풍겼다. 내가 그 가죽을 싸가지고 왔던 비단 손수건은 수없이 빨아서 사용했지만 1년 7개월 동안 그것을 펼칠 때마다 옅긴 했지만 계속 냄새가 났다. 이 동물은 한 살이 되기 전에는 냄새를 풍기지 않으며, 어릴 때 거세하면 평생 냄새가 나지 않는다.[14] 번식기의 반추동물이 몸 전체로 발산하는 것으로 보이는 일반적인 냄새 외에 많은 사슴과 영양, 양, 염소는 다양한 몸의 각 부분, 특히 얼굴에 특별한 냄새 샘을 가지고 있다. 흔히 눈물주머니라고 불리는 눈밑샘이 바로 그런 것의 하나이다. 이 샘은 냄새가 강한 반액체성 물질을 때로는 대량으로 분비하기 때문에, 내가 영양의 일종에서 보았듯이 얼굴 전체가 더러워질 정도이다. 그것은 '대개 수컷이 암컷보다 크며, 거세하면 그 발달이 저해된다.[15] 데스마레에 의하면, 갑상선가젤(Antilope

---

*12 비버의 해리향(海狸香)에 대해서는 l. H. 모건(L. H. Morgan)의 매우 흥미로운 저작 'The American Beaver,' 1868, p. 300 참조. 팔라스(Pallas)('Spic. Zoolog.,' Fasc. 8, 1779, p. 23)는 포유류의 냄새 샘(臭腺)에 대해 상세하게 논했다. 오언('Anat. of Vertebrates,' Vol. 3, p. 634)도 코끼리와 뒤쥐(p. 763)를 포함한, 이러한 샘에 대해 기술하고 있다.

*13 (역주) 지금의 학명은 *Ozotoceros bezoarticus*.

*14 렝거, 'Naturgeschichte der Säugethiere von Paraguay,' 1830, S. 355. 그는 또 이 냄새의 기묘한 특징에 대해서도 기술했다.

*15 오언, 'Anatomy of Vertebrates,' Vol. 3, p. 632. 냄새 샘에 대해서는 뮈리(Murie) 박사의 관찰도 참조('Proc. Zoolog. Soc.,' 1870, p. 340). Antilope subgutturosa에 관해서는 데스마레(Desmarest)의 'Mammalogie,' 1820, p. 455 참조.

subgutturosa)*¹⁶ 암컷에는 이 냄새 샘이 전혀 없다고 한다. 따라서 이것은 번식 기능과 어떤 관계가 있다고 볼 수 있다. 근연한 종에는 냄새 샘이 있는 것도 있고 없는 것도 있다. 시베리아사향노루(*Moschus moschiferus*) 성체 수컷은 꼬리 주위의 털이 없는 피부에서 냄새가 강한 액체가 분비되는데, 성체 암컷과 두 살이 안 된 수컷의 이 부위에는 털이 나 있고 냄새가 나지 않는다. 본래 이 사 향샘은 그 위치로 보아 수컷에만 있을 수 있으며, 따라서 또 하나의 냄새기관 인 셈이다. 팔라스에 의하면 이 사향샘에서 분비되는 물질은 번식기에도 농도 가 변하지 않고 양도 증가하지 않는다고 하니 정말 이상한 일이다. 이 박물학 자는 이 샘의 존재가 번식행동과 무슨 관계가 있다는 것은 인정하고 있지만 그 용도에 대해서는 만족할 만한 추론을 제시하지 못했다.*¹⁷

대부분 번식기에는 수컷이 강한 냄새를 발산하는데, 그것은 아마도 암컷 을 유인하거나 흥분시키는 역할을 하는 것 같다. 이 문제에 대해 우리는 인간 의 취향에 따라 판단해서는 안 된다. 시궁쥐는 특정한 정유(精油)에 이끌리고 고양이는 쥐오줌풀에 매료되는데, 그것은 우리 인간에게는 그리 좋은 냄새로 느껴지지 않기 때문이다. 또 개는 썩은 고기를 먹지는 않지만 그 냄새를 맡고 거기에 몸을 문지른다. 수사슴의 목소리에 대해 설명한 부분에서 제시한 이 유들에 의해, 냄새는 멀리서 암컷을 유인하기 위한 것이라는 견해는 배제해 도 될 것 같다. 장기간의 활발한 사용은 이 경우, 음성기관의 경우처럼 작용하 지는 않는 것으로 생각된다. 이렇게 크고 복잡한 냄새 샘은 그 주머니 부분을 뒤집거나 입구를 여닫을 수 있는 근육도 발달되어 있는 것으로 보아, 그 냄새 가 수컷에게 매우 중요한 것임은 틀림없다. 만약 냄새가 강한 수컷이 암컷을 가장 잘 유인할 수 있고, 그 샘과 냄새를 더욱더 완성시킨 자손을 남겼다면, 이러한 기관은 성선택을 통해 발달했다고 보는 것이 타당할 것이다.

털의 발달

네발짐승의 수컷이 종종 목과 어깨에 암컷보다 털이 잘 발달해 있는 것 은 이미 살펴보았지만, 더 많은 사례를 제시할 수도 있다. 이것은 수컷이 싸

---

*16 (역주) 지금의 학명은 *Gazella subgutturosa*.

*17 팔라스, 'Spicilegia Zoolog.,' Fasc. 1, 1779, p. 24 ; Desmoulins(데물랭), 'Dict. Class. d'Hist. Nat.,' tome 3, p. 586.

울 때 방어로 작용하는 것은 사실이지만 대부분의 경우, 털이 그런 목적을 위해 발달한 것인지는 매우 의심스럽다. 가늘고 폭이 좁은 갈기가 등의 전체길이를 달리고 있는 경우에는 아마 그렇지 않다고 생각해도 좋을 것이다. 왜냐하면 그런 갈기는 방어에 거의 도움이 되지 않을 뿐만 아니라, 등 자체가 일반적으로 공격을 받는 부위가 아니기 때문이다. 그런데도 이러한 갈기가 때로는 수컷에만 한정되어 있고 암컷에서는 발달이 좋지 않은 경우도 있다. 부시벅(*Tragelaphus scriptus*. 〈그림68〉 참조)*[18]과 닐가이영양(*Portax picta*)*[19]이 그 사례이다. 어떤 종의 사슴과 야생염소 수컷은 화가 나거나 두려움을 느끼면 갈기를 세운다.*[20] 그러나 그것으로 적에게 겁을 주기 위해 갈기가 획득되었다고는 도저히 생각할 수 없다. 닐가이영양에는 목에 뚜렷하고 무성한 검은 털이 있는데, 그것은 수컷이 암컷보다 훨씬 잘 발달해 있다. 북아프리카에 사는 바바리양(*Ammotragus tragelaphus*)*[21]은 양의 일종이지만, 목과 앞다리 윗부분부터 극단적으로 긴 털이 자라고 있어서 앞다리가 털에 가려 거의 보이지 않을 정도이다. 이 털은 수컷이 암컷보다 훨씬 잘 발달해 있는데, 바틀릿은 그것이 수컷에게 무언가 기여하고 있다고는 생각하지 않는다.

많은 종류의 네발짐승 수컷은 암컷보다 털이 많거나 얼굴의 특정한 부분에 성질이 다른 털을 가지고 있다. 소는 수컷만 이마에 곱슬거리는 털이 있다.*[22] 염소의 서로 가까운 세 아속에는 수컷만 수염이 있으며, 때로는 그 수염이 매우 발달한 경우도 있다. 다른 두 아속에는 암수 모두 수염이 있지만, 가축화된 염소의 일부 품종에서는 사라지고 없다. 타르 속(Hemitragus)은 암수 모두 수염이 없다. 아이벡스는 여름에는 수염이 자라지 않으며, 다른 계절에도 매우 빈약하기 때문에 거의 흔적 기관이라고 봐도 좋을 것이다.*[23] 원숭이류 가운데에는 오랑우탄처럼 수컷만 수염이 있는 것도 있고, 검은고함원숭이나 검

＊18 그레이 박사, 'Gleanings from Menagerie at Knowsley,' Pl. 28.

＊19 (역주) 지금의 학명은 *Boselaphus tragocamelus*.

＊20 와피티사슴에 대해서는 케이턴 판사, 'Transact. Ottawa Acad. of Nat. Sciences,' 1868, pp. 36, 40. Capra aegagrus에 대해서는 블라이스, 'Land and Water,' 1867, p. 37 참조.

＊21 (역주) 지금의 학명은 *Ammotragus lervia*.

＊22 헌터의 'Essays and Observations,' edited by Owen, 1861, Vol. 1, p. 236.

＊23 그레이 박사의 'Cat. of the Specimens of Mammalia in British Museum,' Part 3, 1852, p. 144 참조.

〈그림66〉 검은수염사키원숭이 수컷(브레엠의 그림)

은수염사키원숭이(*Pithecia satanas*)*24 〈그림66〉)처럼 수컷이 암컷보다 수염이
발달한 것도 있다. 일부 마카크속의 구레나룻*25과 이미 살펴본 것처럼 몇몇
개코원숭이의 갈기털도 마찬가지이다. 그러나 원숭이류의 얼굴과 머리 주위에
자라는 다양한 털은 대부분 암수에게 똑같이 나타난다.

소과(Bovidae)의 많은 종류와 일부 영양 수컷은 목에 흉수(胸垂)라고 하는
커다란 피부 주름이 늘어져 있는데, 암컷에는 그다지 발달해 있지 않다.

이러한 성 차이에 대해 어떤 결론을 이끌어낼 수 있을까? 숫염소의 수염,
수소의 흉수, 영양 수컷의 등줄기를 타고 자라는 갈기 등이 그들에게 직접적
으로 어떤 역할을 하고 있다고 생각하는 사람은 아무도 없을 것이다. 런던동
물원의 사육사가 나에게 알려준 바로는, 많은 원숭이류가 상대의 목덜미를 공
격한다고 하니 사키원숭이속(Pithecia)과 오랑우탄 수컷의 거대한 수염은 수컷

---

*24 (역주) 지금의 학명은 *Chiropotes satanas*.

*25 렝거, 'Säugethiere,' &c., S. 14 ; Desmarest(데스마레), 'Mammalogie,' p. 66.

들이 싸울 때 목을 보호하는 데 도움이 될지도 모른다. 그러나 이러한 수염이 발달한 이유가 구레나룻, 콧수염 등, 얼굴에 있는 털이 발달한 이유와 특별히 다를 거라고는 생각하기 어려우며, 후자가 방어에 도움이 된다고 생각하는 사람도 없을 것이다. 그렇다면 이러한 털과 피부의 부속물은 특별한 의미가 없는 수컷의 변이로 생각해야 할까? 그것을 완전히 부정할 수는 없다. 왜냐하면 가축화한 많은 네발짐승은 야생 상태의 종에서 격세유전을 통해 얻은 것과는 명백하게 다른 형질이 수컷에만 나타나거나 또는 보다 강하게 나타나는 일이 있기 때문이다.

이를테면 인도혹소 수컷의 등에 있는 혹, 숫양의 두툼한 꼬리, 일부 숫양의 아치형 이마, 아프리카 품종 숫양의 갈기, 베르부라 염소 수컷에만 볼 수 있는 갈기와 뒷다리의 긴 털, 흉수 등이 그 예이다.[26] 위에 언급한 아프리카 품종의 양은 수컷에만 갈기가 있는데, 그것은 윈우드 리드로부터 들은 바에 의하면 거세당한 수컷에서는 발달하지 않기 때문에 진정한 이차성징이라고 말할 수 있다. 내가 《사육동식물의 변이》에서 제시한 것처럼 설령 반(半)문명화한 사람들이 사육하는 동물이라고 하더라도, 어떤 인위적 선택에 의해 변이가 축적된 일은 없다고 단언하는 데는 상당한 주의가 필요하지만, 그래도 지금 여기에 제시한 사례에서는 인위적 선택의 결과라고 생각하기는 어렵다. 특히 형질이 수컷에만 한정되어 있거나 암컷보다 수컷에 더 잘 발달해 있는 경우는 더욱 그렇다고 할 수 있다. 수컷에 갈기가 있는 아프리카 염소의 품종이, 다른 양의 품종과 같은 원시적인 양의 계통에서 유래했음을 확실하게 안다면, 또 수컷에 갈기와 흉수가 있는 베르부라 염소가 다른 염소와 같은 원종(原種)에서 유래했음을 안다면, 그리고 이러한 형질에 대해 선택이 작용하지 않았음을 안다면, 그것은 단순한 변이의 하나로, 성에 한정되어 유전하는 것이 틀림없다.

그렇다면 자연상태의 동물이 갖고 있는 같은 형질에 대해서도 같은 설명을 적용하는 것이 타당할 것이다. 그럼에도 불구하고 바바리양 수컷의 목과 앞다리에 극도로 발달한 털과 사키원숭이 수컷의 거대한 수염 등 많은 사례에 대

---

[26] 이러한 동물들에 대해서는 《사육동식물의 변이》 제1권의 관련된 장과 제2권 73쪽 참조. 반(半)문명화한 사람들에 의한 인위선택에 대해서는 제2권, 제20장 참조. 베르부라 염소에 대해서는 그레이 박사의 'Catalogue,' 같은 책., p. 157 참조.

해, 이 설명이 적용된다는 것은 나로서는 아무래도 수긍하기가 힘들다. 성숙했을 때 암컷보다 수컷이 색채가 화려한 영양과 원숭이류, 그리고 얼굴 주위의 털이 머리의 다른 부분과 색깔이 다르고 다양한 무늬로 섬세하게 장식된 원숭이류 등의 갈기와 털뭉치는 장식용으로 획득된 것일지도 모른다. 박물학자 가운데에는 이 생각에 찬성하는 사람도 있다는 것을 나는 알고 있다. 만약 이 생각이 옳다면 그것이 성선택으로 획득되었고, 적어도 성선택에 의해 변용되어 왔다는 것은 의심할 여지가 없다.

털과 피부의 색깔

먼저 네발짐승 가운데 암수의 색깔이 다른 경우에 대해 내가 알고 있는 모든 사례를 들어보겠다. 유대류는 굴드에게서 들은 바로는 암수의 색깔이 거의 같다고 한다. 그러나 대형 붉은캥거루는 확실한 예외로, 암컷에서는 우아한 푸른색이 두드러진 부분이 수컷에서는 붉은색[27]으로 나타난다. 카옌에 서식하는 회색네눈주머니쥐(*Didelphis opossum*)[28]는 암컷이 수컷보다 조금 붉다고 한다. 설치류에 대해서는, 그레이 박사가 '특히 열대지방에서 볼 수 있는 아프리카 다람쥐는 1년 중 특정한 계절에 다른 계절보다 털 색깔이 밝고 선명해지며, 또 수컷의 털 색깔은 일반적으로 암컷보다 선명하다[29]고 설명했다. 그레이 박사는 아프리카 다람쥐는 색깔이 매우 화려하기 때문에, 색깔로 종을 분류할 수 있다고 나에게 알려 주었다. 러시아 들쥐는 수컷보다 암컷이 색이 엷고 칙칙하다. 박쥐 가운데에도 암컷보다 수컷이 색이 밝고 선명한 것이 있다.[30]

지상에서 사는 식육(食肉)목에는 성 차이가 거의 없어 암수의 색깔이 대부분 같다. 그러나 오실롯(*Felis pardalis*)만은 예외여서 암컷의 색깔이 수컷에 비해 선명하지 않다. 이 암컷이 지닌 황갈색은 흐릿하고 흰색은 수컷만큼 순수

---

*27 붉은캥거루(*Osphranter rufus*)에 대해서는 굴드, 'Mammals of Australia,' Vol. 2, 1863. 회색네눈주머니쥐에 대해서는 데스마레의 'Mammalogie,' p. 256 참조.

*28 (역주) 지금의 학명은 *Philander opossum*.

*29 'Annals and Mag. Nat. Hist.,' November, 1867, p. 325. 들쥐(*Mus minutus*)에 대해서는 데스마레, 'Mammalogie,' p. 304 참조.

*30 J. A. Allen(J. A. 앨런), 'Bulletin of Mus. Comp. Zoolog. of Cambridge, United States,' 1869, p. 207.

하지 않으며, 줄무늬는 폭이 좁고 반점은 작다.*31 그것과 근연한 *Felis mitis*는 암수가 다르지만 그 차이는 더욱 작으며, 전체적인 색조는 암컷이 엷고, 반점의 검은색도 그리 진하지 않은 정도이다. 한편, 바다표범 같은 해생(海生) 식육류는 암수의 색깔이 매우 다른 경우가 있으며, 이미 보았듯이 그밖에도 뚜렷한 성 차이를 보여주는 것이 많다. 이를테면 남반구의 오타리아(*Otaria nigrescens*) 수컷은 등이 짙은 갈색이고, 암컷은 수컷보다 성체의 색깔을 일찌감치 획득하지만 그 색깔은 회색이며, 새끼는 암수 모두 매우 짙은 밤색이다. 북반구의 하프물범(*Phoca groenlandica*) 수컷은 노르스름한 빛이 감도는 회색으로, 등에 기묘한 안장 모양의 검은 무늬가 있다. 암컷은 몸이 훨씬 작고 칙칙한 흰색 또는 담황색에 등은 누르스름하여, 암수 색깔이 매우 다르다. 새끼는 처음에는 하얀 색으로서, 이는 얼음 언덕이나 눈과 거의 구별할 수 없을 만큼 보호색으로 작용하고 있다.*32

반추동물에서는 색깔의 성 차이가 다른 어떠한 목보다 잘 나타나 있다. 이러한 차이는 Strepsicerene antelope류에서는 일반적이다. 이를테면 닐가이영양(*Portax picta*) 수컷은 청회색으로 암컷보다 훨씬 색이 짙으며, 목의 하얗고 네모난 부분, 발굽 뒤의 흰털, 귀의 검은 반점 등이 모두 암컷보다 뚜렷하다. 이 종에서는 갈기와 털다발도 수컷이 잘 발달해 있다는 것은 이미 살펴본 바와 같다. 암컷에는 뿔이 없다. 블라이스로부터 들은 바로는, 수컷은 털갈이를 하지 않으며 번식기가 되면 색깔이 짙어진다고 한다. 어린 수컷은 생후 12개월 까지는 어린 암컷과 구별이 가지 않는다. 또 그에 따르면, 이 시기 이전에 거세당한 수컷은 색깔도 바뀌지 않는다. 이 마지막 사실은 성적 색채의 중요한 특징이다. 그 중요성은, 흰꼬리사슴의 붉은 여름 털과 푸른 겨울 털이 거세에도 아무런 영향을 받지 않는다는 사실에 비추어보면*33 더욱 확실해진다. 부시벅 속(Tragelaphus)에 속하는, 아름답게 장식된 종의 거의 또는 전부 또는 수컷이 뿔이 없는 암컷보다 색깔이 짙고 갈기도 잘 발달해 있다. 멋진 자이언트

---

*31 데스마레, ‘Mammalogie,’ 1820, p. 233. *Felis mitis*에 대해서는 렝거, 같은 책, S. 194.

*32 오타리아에 대해서는 뮈리 박사의 ‘Proc. Zool. Soc.,’ 1869, p. 108. 하프물범에 대해서는 R. 브라운의 같은 책, 1868, p. 417 참조. 바다표범의 색깔에 대해서는 데스마레의 같은 책, pp. 243, 249도 참조.

*33 케이턴, ‘Trans. Ottawa Acad. of Nat. Sciences,’ 1868, p. 4.

일런드영양 수컷은 암컷보다 몸 전체가 붉고, 목은 검으며, 이 두 가지 색깔의 경계를 이루는 하얀 띠는 폭이 넓다. 케이프일런드영양도 수컷이 암컷보다 아주 약간 색이 짙다.[*34]

다른 영양의 그룹에 속하는 인디아영양(*A. bezoartica*)[*35] 수컷은 거의 새까맣지만 뿔이 없는 암컷은 황갈색이다. 블라이스에 따르면, 이 종의 수컷은 번식기가 되면 색깔이 변한다는 사실, 이것에 대한 거세의 영향, 새끼는 암수가 구별되지 않는다는 사실 등에서, 닐가이영양과 똑같은 현상을 보여준다고 한다. 검은영양(*Antilope niger*)[*36] 수컷은 검은색이고 암컷과 새끼는 갈색이다. *A. sing-sing*의 수컷은 뿔이 없는 암컷보다 훨씬 선명한 색깔이지만, 가슴과 배는 색이 더욱 짙다. 붉은하테비스트(*A. caama*)[*37] 수컷은 몸의 여러 부분이 검은색인데 암컷은 갈색이다. 누(*A. gorgon*)[*38]의 경우, '수컷은 색깔이 암컷과 거의 같지만 암컷보다 짙고 밝은 색조이다.'[*39] 그 밖에도 많은 사례를 들 수 있다.

말레이반도에 있는 반텡(*Bos sondaicus*) 수컷은 다리와 엉덩이는 흰색이고 나머지는 거의 검은색이다. 암컷은 밝은 회갈색이지만, 수컷도 세 살까지는 같은 색이다가 그 뒤 급격하게 색이 변한다. 거세당한 수컷은 암컷의 색깔로 돌아간다. 케마스 염소 암컷은 색이 연하고, 수컷보다 몸 전체의 색조가 단조롭다고 한다. 사슴에는 색채의 성 차이가 거의 없다. 그러나 케이턴이 알려준 바에 따르면, 와피티사슴(*Cervus Canadensis*) 수컷의 목, 배, 다리는 암컷보다 훨씬 색이 짙지만, 겨울 동안 색이 점차로 엷어지다가 사라진다고 한다. 케이턴은 자신의 정원에 색깔이 조금씩 다른 흰꼬리사슴 세 품종을 키우고 있는데,

---

[*34] 그레이 박사, 'Cat. of Mamm. in Brit. Mus.,' Part 3, 1852, pp. 134–142. 또 그레이 박사, 'Gleanings from the Menagerie at Knowsley'에는 자이언트일런드영양의 멋진 삽화가 있다. 부시벅에 관한 기술 참조. 케이프일런드영양(Oreas canna)에 대해서는 앤드루 스미스의 'Zoology of S. Africa,' Pls. 41, 42 참조. 런던동물원에는 이러한 영양들이 많이 사육되고 있다.

[*35] (역주) 지금의 학명은 *Antilope cervicapra*.

[*36] (역주) 지금의 학명은 *Hippotragus nigar*.

[*37] (역주) 지금의 학명은 *Alcelaphus buselaphus caama*.

[*38] (역주) 지금의 학명은 *Connochaetes taurinus*.

[*39] 검은영양에 대해서는 'Proc. Zool. Soc.,' 1850, p. 133 참조. 색채에 동등한 성 차이가 있는 근연종에 대해서는 S. 베이커(S. Baker)의 'The Albert Nyanza,' 1866, Vol. 2, p. 327. A. sing-sing에 대해서는 그레이의 'Cat. B. Mus.,' p. 100. 붉은하테비스트에 대해서는 데스마레, 'Mammalogie,' p. 468. 누에 대해서는 앤드루 스미스의 'Zoology of S. Africa.'

그 차이는 어느 것이든 겨울 번식기에만 볼 수 있다. 그래서 이 예는 앞 장에서 살펴본 근연한 대표종에 속하는 새들이 혼인깃만으로 구별할 수 있는 예와 유사할지도 모른다.[*40] 남아메리카의 *Cervus paludosus* 암컷에는 암수 새끼와 마찬가지로 코에 검은 줄무늬와 가슴에 흑갈색 선이 있는데, 이것은 수컷 성체가 지닌 특징들이다.[*41] 마지막으로 액시스사슴 성체 수컷은 매우 아름다운 색채를 띠고 있으며, 블라이스에 의하면 수컷이 암컷보다 색깔이 상당히 짙지만 거세당한 수컷에는 그런 색깔이 나타나지 않는다고 한다.

마지막으로 검토해야 할 것은 영장목이다. 포유류에서 그 밖에 색채의 성 차이가 있는 그룹을 나는 알지 못한다. 검은여우원숭이(Lemur macaco) 수컷은 검은색, 암컷은 적황색이며 매우 변이가 풍부하다.[*42] 신대륙의 원숭이 가운데 검은짖는원숭이 암컷과 새끼는 회황색(灰黃色)으로 서로 닮았지만, 2년째가 되면 수컷은 적갈색이 되고 3년째에는 배를 제외하고 모두 검은색이 되며, 4,5년째에는 거의 검은색이 된다. 베네수엘라붉은짖는원숭이(*Mycetes seniculus*)[*43]와 흰머리카푸친(*Cebus capucinus*)에도 양성 사이에 매우 뚜렷한 색깔 차이가 있지만 전자의 새끼는 암컷과 비슷하며, 후자의 종도 그렇다고 나는 생각한다. 흰얼굴사키원숭이(*Pithecia leucocephala*)[*44]의 새끼도 암컷과 비슷하여, 등은 회갈색, 배는 적청색이지만 성체 수컷은 검은색이다. 검은머리거미원숭이(*Ateles marginatus*)[*45]의 얼굴 주변을 감싸고 있는 털은, 수컷은 노르스름한 색이지만 암컷은 흰색이다. 구대륙으로 눈을 돌리면 훌록(*Hylobates hoolock*) 수컷은 언제나 검은색이고 눈썹 위만 흰색인데, 암컷은 희끗한 갈색에서 검은색까지 변이가 풍부하다. 그러나 완전히 검은색인 경우는 결코 없다.[*46] 아름다운 다이애나원숭이(*Cercopithecus diana*) 성체 수컷의 머리는 검

[*40] 'Ottawa Academy of Nat. Sciences,' May 21, 1868, pp. 3, 5.

[*41] 반텡에 대해서는 S. 뮐러(S. Müller)의 'Zoog. Indischen Archipel.,' 1839~1844, Tab. 35. 블라이스의 'Land and Water,' 1867, p. 476에 인용된 래플스(Raffles)의 글도 참조. 염소에 대해서는 그레이 박사의 'Cat. Brit. Mus.,' p. 146 ; 데스마레, 'Mammalogie,' p. 482. Cervus paludosus에 대해서는 렝거, ibid., S. 345.

[*42] Sclater(스클레이터), 'Proc. Zool. Soc.,' 1866, p. 1. 폴렌과 댐도 이 사실을 확인했다.

[*43] (역주) 지금의 학명은 *Alouatta seniculus*.

[*44] (역주) 지금의 학명은 *Pithecia pithecia*.

[*45] (역주) 지금의 학명은 *Ateles fusciceps*.

[*46] 검은짖는원숭이에 대해서는 렝거의 같은 책, S. 14 및, 브레엠의 'Illustrirtes Thierleben,' Bd.

은색이고 암컷의 머리는 짙은 회색이다. 수컷의 넓적다리 사이의 털은 우아한 황갈색이지만 암컷은 더 엷은 색이다. 기묘한 콧수염을 지닌 아름다운 콧수염원숭이(*Cercopithecus cephus*)에게서 볼 수 있는 양성의 차이는 수컷 꼬리는 밤색이지만 암컷 꼬리는 회색이라는 것뿐이다. 그러나 바틀릿이 알려준 바에 따르면, 이러한 색채는 성체 수컷에서는 더욱 뚜렷해지며 암컷은 새끼 때의 상태를 그대로 유지한다고 한다. 살로몬 뮐러(Salomon Müller)의 색채화를 보면 *Semnopithecus chrysomelas* 수컷은 거무스름한 색을 띠고 있지만, 암컷은 연한 갈색이다. 파타스원숭이(*Cercopithecus cynosurus*)[*47]와 버빗원숭이(*C. griseo-viridis*)[*48]는 수컷에만 있는 몸의 일부가 선명한 청색 또는 녹색으로, 엉덩이의 털이 없는 피부가 진홍색인 것과 강한 대조를 이루고 있다.

마지막으로 개코원숭이를 보면, 망토개코원숭이(*Cynocephalus hamadryas*)[*49] 성체 수컷은 커다란 갈기를 갖고 있을 뿐만 아니라, 털색과 엉덩이 피부의 색깔도 암컷과 약간 다르다. 드릴개코원숭이(*Cynocephalus leucophaeus*)[*50] 암컷과 새끼는 색깔이 훨씬 엷어서, 성체 수컷보다 엷은 녹색을 띤다. 포유류 가운데 맨드릴개코원숭이(*Cynocephalus mormon*)[*51] 성체 수컷만큼 기발한 무늬로 장식된 동물은 없을 것이다. 성체의 얼굴은 아름다운 푸른색이고 가장자리와 코끝은 가장 화려한 붉은색이다. 어떤 저자에 의하면, 얼굴에 흰 줄무늬가 있고 부분적으로 검은빛을 띠기도 하지만, 색깔의 변이가 풍부하다. 정수리에는 도가머리가 있고 턱 아래는 노란 수염으로 뒤덮여 있다. '넓적다리 상부 전체와 털이 나지 않은 엉덩이의 넓은 피부는 한결같이 가장 화려한 색으로 채색되어 있으며, 거기에 푸른색이 섞여 있어 그저 아름답다고밖에 표현할 길이 없다.[*52] 그들이 흥분했을 때는 털이 없는 부분의 피부는 색깔이 더욱 선명해진

1, S. 96, 107. 거미원숭이에 대해서는 데스마레, 'Mammalogie,' p. 75. 긴팔원숭이에 대해서는 블라이스의 'Land and Water,' 1867, p. 135. Semnopithecus에 대해서는 S. 뮐러의 'Zoog. Indischen Archipel.,' Tab. 10 참조.

[*47] (역주) 지금의 학명은 *Erythrocebus patas*.

[*48] (역주) 지금의 학명은 Cercopithecus aethiops.

[*49] (역주) 지금의 학명은 *Papio hamadryas*.

[*50] (역주) 지금의 학명은 *Mandrillus leucophaeus*.

[*51] (역주) 지금의 학명은 *Mandrillus sphin*.

[*52] Gervais(제르베), 'Hist. Nat. des Mammifères,' 1854, p. 103. 수컷의 두개골 그림이 실려 있다. 데스마레, 'Mammalogie,' p. 70. 조프루아 생틸레르와 F. 퀴비에, 'Hist. Nat. des Mamm.,'

다. 몇 명의 저자들이 지극히 아름다운 그 색깔에 대해 이야기했는데, 가장 아름다운 새의 빛깔과 비교한 사람도 있다. 또 하나 매우 기묘한 점은, 커다란 송곳니가 완전히 발달하면 양쪽 뺨에 세로로 깊은 주름이 새겨진 거대한 뼈돌기가 형성되며, 그 위의 맨살이 위에 묘사한 것과 같은 선명한 색깔이 된다는 것이다(〈그림67〉). 성체 암컷과 암수 새끼에서는 이러한 돌기가 거의 보이지 않는데, 얼굴은 거의 검은색으로 약간 푸른빛을 띠며, 맨살은 훨씬 더 칙칙한

〈그림67〉 맨드릴원숭이 수컷의 머리(제르베의 'Hist. Nat. des mammifère'에서)

색이다. 그러나 성체 암컷의 코는 규칙적으로 붉어진다.

이제까지 소개한 모든 사례에서는 수컷이 암컷보다 짙거나 선명한 색을 띠고 있으며, 암수 새끼와도 매우 다르다. 그러나 몇몇 새에서 몸 색깔이 암수 사이에 역전한 것처럼, 레서스원숭이(*Maecacus rhesus*)[*53]의 경우도 암컷은 꼬리 주위의 털이 없는 넓은 부분이 선명한 진홍색이며, 런던동물원의 사육사에게서 들은 바로는 정기적으로 색깔이 짙어진다고 한다. 암컷의 얼굴도 연한 붉은색이다. 한편 성체 암컷과 암수 새끼는 런던동물원에서 내가 직접 본 바

1824, tome 1 참조.

*53 (역주) 지금의 학명은 *Macaca mulatta*.

로서는 엉덩이의 맨살에도 얼굴에도 붉은 색의 징후가 전혀 없다. 그러나 이제까지 발표된 바에 의하면, 수컷도 이따금 특정한 계절에 붉은 색을 띠는 경우도 있는 듯하다. 이렇게 수컷은 암컷보다 장식적이지는 않지만, 몸의 크기는 암컷보다 크고 송곳니가 잘 발달해 있으며, 턱수염이 길고 안와상융기(眼窩上隆起)도 발달했기 때문에 수컷이 암컷을 능가하는 일반적인 패턴에는 일치한다고 볼 수 있다.

이것으로 포유류 암수 사이에 나타나는 색깔의 차이에 대해, 내가 아는 모든 예를 소개했다. 암컷의 색깔은 수컷과 크게 다르지 않으며 보호색으로 작용하지도 않기 때문에, 이러한 원리로 설명될 수는 없다. 일부 또는 많은 예에서 암수의 차이는 한쪽 성에 한정된 변이가 그 성에만 전달되었고, 특별히 유리한 점이 없는 것으로 보아 선택이 작용한 것은 아닌 듯하다. 이러한 예는 고양이 가운데 수컷은 붉은 빛이 도는 갈색이 있고, 암컷은 삼색(三色)인 것이 있듯이 가축동물에서 볼 수 있다. 또 자연 상태에서도 같은 현상을 볼 수 있다. 바틀릿은 재규어, 표범, 쿠스쿠스, 웜뱃 등 다수의 동물에서 검은색의 변이를 많이 보았는데, 그는 그 대부분 또는 모두가 수컷이라고 확신하고 있다. 한편 늑대, 여우, 그리고 어쩌면 미국다람쥐에서도 가끔 암수 모두 검은 개체가 태어난다. 그래서 하나 또는 그 이상의 포유류 수컷이 검은색인 것은, 특히 그것이 선천적일 때는 선택 때문이 아니며, 하나 또는 그 이상의 변이가 처음부터 성에 한정되어 일어났고, 그것이 그 성에만 전해졌을 가능성이 높다. 어쨌든 위에서 말한 몇몇 원숭이와 영양 등의 다양하고 화려하며 대조적인 색채는 도저히 그런 식으로는 설명할 수가 없다. 이러한 색깔은 대부분의 일반변이처럼 태어날 때부터 수컷에게 나타나는 것이 아니라 성숙에 가까워져서야 비로소 나타난다는 것과, 일반 변이와는 달리 수컷을 거세하면 나타나지 않거나 그 뒤로 사라져버린다는 것에 주목해야 한다. 네발짐승 수컷이 가지고 있는 매우 확실한 색채와 장식적인 형질은 다른 수컷과의 경쟁에서 유리하므로, 성선택을 통해 획득된 것이라고 보는 편이 훨씬 타당한 결론이라고 할 수 있다. 이 견해가 옳다는 것은 위에 든 사례를 자세히 조사해 보면 알 수 있듯이, 암수 사이에 색깔이 다른 것은, 그 이외의 뚜렷한 이차성징도 갖고 있는 포유류의 그룹에 거의 한정되어 있다는 사실이 더욱 잘 말해 주고 있다. 이러한 이차성징도 마찬가지로 성선택의 작용에 의한 것이다.

네발짐승이 색깔을 식별할 수 있다는 것은 명백한 사실이다. S. 베이커 경은 아프리카코끼리와 코뿔소가 흰말과 잿빛 말을 맹렬하게 분노를 드러내며 공격하는 것을 관찰했다. 나는 다른 저서*[54]에서 반(半)야생 양이 자신과 같은 색깔의 상대와 짝짓기하는 것을 좋아한다는 것과, 다마사슴은 아무리 오랫동안 함께 살아도 각각의 다른 색채가 보존된다는 사실에 대해 언급했다. 더욱 중요한 것은 당나귀 수컷의 구애에 전혀 응하지 않던 얼룩말 암컷이, 당나귀에 페인트로 줄무늬를 그려 넣자마자, 존 헌터(John Hunter)가 기술했듯이 곧바로 수컷을 받아들였다는 사실이다. 이 기묘한 현상으로부터 우리는 단순한 색채가 본능을 불러일으키며, 그 효과는 다른 어떠한 것보다도 강력하다는 것을 알 수 있다. 그러나 수컷에게는 이렇게 할 필요가 없다. 암컷이 자신과 조금만 비슷하면 충분히 흥분하기*[55] 때문이다.

앞부분에서 나는 고등동물의 정신적 능력은 인간, 특히 미개하고 하등한 인종과 정도는 매우 달라도 성질에서는 거의 다르지 않다는 것을 보여주었다. 아름다움에 대한 그들의 취향도 사수류(四手類)의 취향과 크게 다르지 않은 것으로 생각된다. 아프리카 흑인은 얼굴 피부에 평행한 사선 또는 흉터를 만들어, 자연적인 상태보다 높게 부풀어 오르게 한다. 그 추한 변형은 그들 사이에서는 훌륭한 개인적 매력으로 여겨지고 있다.*[56] 흑인과 전 세계 다양한 지역의 미개인들이 얼굴에 빨강, 파랑, 하양, 검정 등의 줄무늬를 그려 넣는 것으로 보면 아프리카 맨드릴개코원숭이 수컷의, 깊은 주름이 새겨지고 화려한 색채로 채색된 얼굴도 암컷에게 매력적으로 보이기 위해 획득된 것인 듯하다. 얼굴보다 엉덩이를 더 화려하게 장식하는 것은 우리에게는 말할 것도 없이 기괴하게 여겨지지만, 이는 실제로 많은 새의 꽁지깃이 특별히 아름답게 장식되어 있는 것과 비교하면 그렇게 이상한 일은 아닌 것 같다.

포유류는 현재로서는 수컷이 암컷에게 자신의 매력을 애써 과시한다는 증거는 없다. 조류 수컷이 세련된 방법으로 그것을 보여주는 것은, 암컷이 자신 앞에서 과시하는 장식과 색채를 감상할 줄 알고, 그것에 의해 흥분하는 것에

---

*54 《사육동식물의 변이》 제2권, 1868년, 102, 103쪽.

*55 'Essays and Observations by J. Hunter,' edited by Owen, 1861, Vol. 1, p. 194.

*56 S. 베이커 경, 'The Nile Tributaries of Abyssinia,' 1867.

대한 가장 강력한 논거가 된다. 그러나 포유류와 조류는 모든 이차성징, 즉 경쟁자인 수컷과 싸우기 위한 무기, 장식적인 부속물, 색채 등에 있어서 강한 유사성을 지니고 있다. 두 강(綱) 모두 수컷이 암컷과 다른 경우, 양성의 새끼는 서로 비슷하며 많은 경우에 성체 암컷과도 비슷하다. 또한 두 강 모두 수컷이 고유한 형질을 갖추게 되는 것은 번식 연령에 이르기 직전이다. 거세당한 수컷은 그러한 형질을 나타내지 않거나 가지고 있던 형질도 잃어버린다. 두 강 모두 색채 변화가 계절적으로 일어나는 일이 있으며, 털이 없는 맨살 피부의 색깔은 구애 과정에서 더욱 선명해지기도 한다. 두 강 모두 거의 언제나 수컷이 암컷보다 화려한 색채를 띠며, 갈기와 도가머리 같은 부속물도 크다. 또한 두 강의 몇몇 예외적인 종에서는 암컷이 수컷보다 고도로 장식적인 경우가 있다. 많은 포유류와 적어도 한 종의 새에서는 수컷이 암컷보다 냄새가 강하다. 두 강 모두 수컷이 암컷보다 목소리가 크다. 이러한 유사성을 고려하면, 그게 무엇이든 포유류와 조류에는 같은 원인에 의한 힘이 작용해 왔음이 틀림없으며, 장식적인 형질에 관한 한, 한쪽 성이 다른 성의 특정한 개체를 오랫동안 선호하여 더 많은 자손을 남기고 뛰어난 매력을 후세에 전함으로써 일어난 결과라고 생각해도 좋을 것 같다.

장식적인 형질이 양성에 동등하게 전달되는 것에 대하여

많은 새들에서, 본디는 수컷이 획득한 장식이 동등하게 또는 거의 동등하게 양성에 전달되는 경우가 있음을 유추를 통해 알 수 있다. 그렇다면 포유류에도 얼마나 그것을 적용할 수 있을지 여기서 검토해 보기로 하자. 상당히 많은 종, 특히 소형 종류에서 양성 모두 성선택과는 독립적으로 보호에 도움이 되는 색채를 띠고 있다. 그러나 내가 판단하는 한 그 수는 결코 많지 않으며, 대부분의 하등동물에 비하면 그 정도는 놀라울 만큼 미미하다. 오듀본은 탁류가 흐르는 강변에 가만히 앉아 있는 사향쥐는 종종 흙덩이와 분간이 가지 않는다고 했다. 그만큼 유사성이 완벽하기 때문이다.*57 산토끼의 색깔은 이러한 은폐색의 대표라고 할 수 있다. 그래도 이 원리는 근연한 종류에는 적용되지 않는다. 즉 토끼는 굴을 향해 달릴 때, 세우고 있는 꼬리 뒤쪽의 흰색 때문

---

*57 사향쥐(*Fiber zibethicus*)에 대해서는 오듀본과 바흐만, 'The Viviparous Quadrupeds of N. America,' 1846, p. 109 참조.

에 사냥꾼의 눈에 잘 띄게 되는데, 이것은 모든 포식동물에 대해서도 마찬가지이다. 눈 덮인 지역에 사는 네발짐승이 적으로부터 몸을 보호하거나 먹잇감에게 들키지 않도록 하기 위해 하얀 색을 하고 있다는 것을 의심하는 사람은 아무도 없을 것이다. 그러나 눈이 지상을 뒤덮는 일이 그다지 없는 지역에서는 하얀 털은 불리해질 수밖에 없다. 그 결과, 세계의 더운 지방에는 흰색 동물이 매우 드물다. 약간 추운 지역에 사는 많은 네발짐승들은 겨울에 털이 흰색이 되는 일은 없더라도 조금은 색깔이 엷어진다는 것은 주목할 만한 사실이다. 그리고 바로 이것이 그들이 오랫동안 노출되어온 환경에 의한 직접적인 결과일 것이다. 팔라스(Pallas)*58에 의하면, 시베리아에서는 이런 현상을 늑대와 족제비(Mustela) 2종, 가축말, 아시아당나귀(*Equus hemionus*), 가축소, 영양 2종, 사향노루, 유럽노루, 말코손바닥사슴, 순록에서 볼 수 있다고 한다. 이를테면 유럽노루의 털은 여름에는 붉은색, 겨울에는 회백색인데, 후자는 아마 나뭇잎이 떨어져 눈과 서리로 뒤덮여 있는 수풀 속을 걸을 때 보호색 역할을 해주었을 것이다. 위에 든 동물들이 서서히 생식영역을 넓혀 언제나 눈으로 덮여 있는 지역까지 확장된다면, 그들의 색깔이 엷은 겨울털은 자연선택에 의해 점차로 더 엷어져서 결국 눈처럼 새하얗게 될 것이다.

우리는 많은 네발짐승들이 보호를 위해 현재의 색조를 띠게 된 것은 인정해야 하지만, 그래도 많은 종에서 그것을 목적으로 획득되었다고 생각하기에는 색채가 너무나 뚜렷하고 그 배열이 특징적이다. 그 예로서 영양 종류들을 살펴보자. 닐가이영양 수컷에서, 목의 네모난 흰색 부분과 갈기의 하얀 무늬, 귀에 있는 검은 둥근 점들은 모두 암컷보다 뚜렷하다. 자이언트일런드영양의 색깔은 수컷이 암컷보다 화려하며, 옆구리의 가느다란 흰색 선과 어깨의 넓은 흰색 줄무늬 또한 수컷이 암컷보다 뚜렷하다. 기묘한 장식을 가진 부시벅(〈그림68〉)도 양성 사이에 비슷한 차이가 있다. 이것을 보면 이러한 색채와 다양한 얼룩무늬는 적어도 성선택에 의해 강조되어 왔다고 결론내릴 수 있다. 이러한 색채와 무늬가 동물의 일상생활에 무언가 직접적인 도움을 주고 있다고 생각하기는 아무래도 어려울 것 같다. 그것이 성선택에 의해 강조되어 온 것은 거의 확실하며, 본디 그러한 과정을 통해 획득되어 부분적으로 암컷에게도 전달

---

*58 'Novae species Quadrupedum e Glirium ordine,' 1778, p. 7. 내가 유럽노루라 부르고 있는 것은 팔라스의 *Capreolus Sibiricus subecaudatus*이다.

〈그림68〉 부시벅 수컷(노즐리 동물원에서)

된 것이라고 볼 수 있다. 만약 이 견해를 인정한다면, 다른 많은 영양의 암수
가 공통적으로 가지고 있는 독특한 색채와 무늬도 같은 방식으로 획득되고
전달되어 왔다고 봐도 좋을 것이다. 이를테면 쿠두(*Strepsiceros Kudu*,*⁵⁹ 〈그림
62〉)의 암수에는 뒷옆구리에 좁은 흰색 줄무늬가 있고, 이마에는 우아하게 휘
어진 하얀 무늬가 있다. Damalis속은 암수 모두 매우 기묘한 색을 띠고 있다.
본테복(*D. pygarga*)*⁶⁰의 등과 목에 있는 적자색 털은 옆구리로 가면 점점 검
어진 뒤, 복부에서 갑자기 흰색이 되고 엉덩이에도 커다란 흰색 부분이 드러
난다. 머리에는 커다란 타원형의 하얀 마스크가 있고 그 가장자리를 가느다
란 검은 테두리가 감싸고 있으며, 그것이 눈 아래까지 덮고 있어 더욱 기묘한
색채를 보여주고 있다(〈그림69〉). 이마에는 세 개의 흰 줄이 있고, 귀에도 흰 부

---

*59 (역주) 지금의 학명은 *Tragelaphus strepsiceros*.
*60 (역주) 지금의 학명은 *Damaliscus dorcas dorcas*.

분이 있다. 이 종의
새끼는 전체가 황
갈색이다. 블레스복
(*Damalis albifrons*)*[61]
은 세 개의 흰 줄 대
신 줄이 한 개뿐이
며, 귀 전체가 희다
는 점에서 머리의 색
채가 전자와 다르
다.*[62] 모든 동물의
성 차이를 나의 능력
이 닿는 데까지 조사
한 결과, 많은 영양에
서 기묘하게 배치되
어 있는 색채는 양성
에 공통되는 것이라
해도, 본디는 수컷이
성선택을 통해 획득
한 것이라는 결론에

〈그림69〉 본테복 수컷(노즐리 동물원에서)

이르지 않을 수가 없다.

아마 세계에서 가장 아름다운 동물의 하나로, 야생동물을 매매하는 상인
도 그 색깔을 보고는 암수를 구별할 수 없다고 하는 호랑이에게도 같은 결론
을 적용할 수 있을 것이다. 월리스*[63]는, 호랑이의 세로줄무늬는 '대나무 줄기
와 너무나 흡사해서 사냥감에 다가갈 때 완벽하게 몸을 숨겨주는 역할을 한
다'고 말했다. 그러나 나에게는 이 생각이 전적으로 만족스러운 것은 아니다.
우리는 호랑이의 아름다움이 성선택을 통해 획득된 것임을 시사하는 작은 증

---

*61 (역주) 지금의 학명은 *Damaliscus dorcus phillipsi*.

*62 A. 스미스의 'Zoology of S. Africa'와 그레이 박사의 'Gleanings from the Menagerie at
   Knowsley'에 실려 있는 아름다운 그림 참조.

*63 'Westminster Review,' July 1, 1867, p. 5.

거를 가지고 있다. 그것은 고양이과 2종의 똑같은 무늬와 색채가 암컷보다 수컷이 더 선명하기 때문이다. 얼룩말은 뚜렷한 줄무늬를 띠고 있지만, 남아프리카의 평원에서는 줄무늬가 보호역할을 하지 않는다. 버첼(Burchell)[64]은 그 집단에 대해 '햇빛에 빛나는 그들의 매끄러운 늑골과 선명하고 규칙적인 줄무늬는 비할 데 없이 아름다운 모습으로, 아마도 네발짐승 가운데 그 어떤 것보다도 뛰어날 것'이라고 말했다. 모든 말은 암수의 색채가 같기 때문에 여기에는 성선택의 증거가 전혀 없다. 그런데도 다양한 영양의 옆구리에 있는 희고 검은 줄무늬가 성선택을 통해 획득되었다고 생각하는 사람은, 멋진 동물인 호랑이와 아름다운 얼룩말에도 아마 똑같은 견해를 적용할 것이다.

앞장에서 새끼가 부모와 거의 같은 생식습성을 갖고 있으면서도 부모와 색채가 다를 때, 그들은 지금은 멸종한 조상의 색채를 간직하고 있는 것이라는 견해에 대해 살펴보았다. 돼지와 맥 종류의 새끼에는 몸에 세로줄무늬가 있는데, 이것은 두 분류군에서 현존하고 있는 어떠한 종류의 성체와도 다르다. 많은 사슴 종류의 새끼에게는 우아한 반점이 있지만 부모에게는 없다. 양성의 개체가 어느 연령에서도, 1년 내내 아름다운 반점으로 뒤덮여 있는 액시스사슴(수컷이 암컷보다 색깔이 약간 짙다)부터 성체와 새끼 모두 반점이 없는 것까지 연속적인 모든 형태가 존재한다. 이 연속적인 몇 가지 단계를 살펴보기로 하자. 대륙사슴(*Cervus Mantchuricus*)에는 1년 내내 반점이 있는데, 내가 런던동물원에서 본 바로는, 털 전체의 색깔이 밝은 여름에는 전체의 색이 짙고 뿔이 충분히 발달하는 겨울에 비해 반점의 색깔도 훨씬 밝다. 돼지사슴(*Hyelaphus porcinus*)[65]의 반점은 털이 적갈색인 여름에는 훨씬 뚜렷하지만, 털이 갈색이 되는 겨울에는 완전히 사라져버린다.[66] 두 종 모두 새끼에게는 작은 반점 무늬가 있다. 흰꼬리사슴 새끼에게는 그러한 반점이 있는데 케이턴으로부터 들은 바로는, 그의 정원에 살고 있는 성체의 약 5%에서 붉은 여름털이 푸른 겨울털로 갈아입는 시기가 되면 옆구리에 여러 줄의 반점이 일시적으로 나타난

---

[64] 'Travels in the Interior of South Africa,' 1824, Vol. 2, p. 315.

[65] (역주) 지그의 학명은 *Cervus Porcinus*.

[66] 그레이 박사, 'Gleanings from the Menagerie at Knowsley,' p. 64 참조. 실론의 돼지사슴에 대해 블라이스는 ('Land and Water,' 1869, p. 42), 뿔을 가는 계절에는 다른 일반 돼지사슴보다 선명한 흰색 반점이 나타난다고 말했다.

다. 그 선명도는 다르지만 반점의 수는 언제나 동일하다고 한다. 이러한 상태에서 성체가 1년 내내 반점이 완전히 보이지 않을 때까지는 겨우 몇 단계에 지나지 않는다. 마지막에는 일부 종에서처럼 모든 연령의 개체가 반점을 잃어버렸을 것이다. 이렇게 완전한 연속성을 볼 수 있다는 것과, 특히 매우 많은 종의 새끼사슴에 작은 반점이 있다는 점에서, 현생 사슴과 동물은 액시스사슴처럼 어느 개체나 1년 내내 반점이 있었던 조상종으로부터 진화한 것이라고 결론내릴 수 있다. 그리고 오래된 조상은 물애기사슴(*Hyemoschus aquaticus*)과 어느 정도 닮았을 것이다. 그것은 이 동물에는 반점이 있고 수컷에는 뿔이 없는 대신, 일부 사슴류가 흔적기관으로 간직하고 있는 송곳니를 커다랗게 돌출한 형태로 가지고 있기 때문이다. 이것은 또 후피동물과 반추동물의 중간형을 나타내는 골학적(骨學的) 특징을 갖고 있기 때문에, 과거에는 전혀 다르다고 생각되었던 이 두 계통을 이어주는 매우 흥미로운 예를 보여주는 것이기도 하다.[67]

여기서 묘한 어려움이 발생한다. 만약 색깔이 있는 반점과 줄무늬가 장식으로 획득되었다고 생각한다면, 현존하는 많은 종류의 사슴이 본디는 반점이 있는 종류의 자손인데도 왜 지금은 반점이 사라지고, 현존하는 많은 종류의 돼지와 맥이 본디는 줄무늬가 있는 종류의 자손인데도 왜 지금은 줄무늬가 사라진 것일까? 나는 이 의문에 대해 만족할 만한 대답을 제시할 수가 없다. 현존하는 종의 조상은 성숙에 거의 이르렀을 때 반점과 줄무늬를 잃었기 때문에 새끼에게는 그것이 남아 있고, 대응하는 연령에서의 유전 법칙에 따라 이어지는 세대에서도 새끼한테는 남게 되었다고 생각할 수 있다. 드넓은 초원에서 살아가는 사자와 퓨마에게서 줄무늬가 사라진 것은, 먹잇감으로부터 몸을 더욱 잘 숨길 수 있다는 점에서 커다란 이점이 되었을 것이다. 이 목적을 수행할 수 있는 바탕이 된 여러 가지 변이가 삶의 늦은 시기에 나타났다면, 현재 볼 수 있듯이 새끼는 줄무늬를 보존했을 것이 틀림없다. 프리츠 뮐러는 사슴, 돼지, 맥에 대해, 이러한 동물들은 자연선택에 의해 줄무늬와 반점을 잃음으로써 적에게 쉽게 발각되지 않았을 것이며, 제3기(第三紀)에 이르러 육식동물의 수가 늘어나고 크기도 커졌을 때, 그들은 특별히 그런 식으로 몸

*67 Falconer and Cautley(펠코너와 코틀리), 'Proc. Geolog. Soc.,' 1843. 펠코너의 'Pal. Memoirs,' Vol. 1, p. 196.

을 보호할 필요가 있었을지도 모른다고 나에게 시사했다. 이것은 타당한 설명일지도 모르지만 새끼도 마찬가지로 보호되고 있지 않은 것은 이상한 일이며, 성체가 1년의 어느 시기에 부분적으로, 또는 완전히 반점을 보존하고 있는 종도 있다는 것은 더욱 이상한 일이다. 우리는 가축 당나귀에게 변이가 일어나서 붉은 갈색, 회색 또는 검은색이 되었을 때는, 이유는 모르지만 어깨의 줄무늬와 등뼈 위의 줄무늬마저 사라져버리는 것을 알고 있다. 흰색에 짙은 갈색 털이 섞인 종류를 제외하고, 말은 몸의 어느 부분에도 줄무늬가 거의 없지만, 말의 조상은 다리, 등, 그리고 어쩌면 어깨에도 줄무늬가 있었다고 생각하기에 충분한 이유가 있다.*68 그러므로 현존하는 사슴, 돼지, 맥에서 줄무늬와 반점이 사라져버린 것은 그들의 털색이 전체적으로 변화한 것 때문일지도 모른다. 그러나 이런 변화가 성선택 또는 자연선택에 의한 것인지, 생활조건의 직접적인 작용에 의한 것인지, 아니면 또 다른 미지의 원인에 의한 것인지를 결정하는 것은 불가능하다. 스클레이터의 관찰은 줄무늬가 나타나고 사라지는 것을 제어하고 있는 유전에 대해 우리가 얼마나 무지한지를 잘 이야기해주고 있다. 아시아 대륙에 살고 있는 당나귀에는 줄무늬가 전혀 없고 어깨에 교차하는 줄무늬도 없지만, 아프리카에 살고 있는 종에는 어느 것이나 뚜렷한 줄무늬가 있다. 어깨에 교차하는 줄무늬만 있고 다리에는 희미한 줄무늬만 있을 뿐인 드릴개코원숭이(A. taeniops)*69는 예외인데, 이 종은 이집트 상부와 아비시니아의 중간지대에서 살고 있다.*70

사수류(四手類)

결론에 이르기 전에, 영장류의 장식적 형질에 대해 이미 언급한 것 외에 몇 가지 더 보충해 두는 것이 좋을 듯하다. 대부분의 종에서는 암수의 색깔이 비슷하지만, 이미 살펴보았듯이 몇몇 종에서는 수컷과 암컷이 다르며, 특히 털이 나지 않은 피부와 턱수염, 구레나룻, 갈기 등의 발달이 다르다. 많은 종이 매우 기묘하거나 아름다운 색채로 장식되어 있고, 지극히 특징적이고 고상한 도가머리를 갖고 있는 것으로 보면, 이러한 형질은 장식을 위해 획득된 것이

---

*68 《사육동식물의 변이》 제1권, 1868년, 61−64쪽.
*69 (역주) 지금의 학명은 *Mandrillus leucophaeus*.
*70 'Proc. Zool. Soc.,' 1862, p. 164. 하트먼(Hartman) 박사의 'Ann. d. Landw.,' Bd. 43, S. 222도 참조.

틀림없다고 생각하지 않을 수 없다. 여기에 실린 그림(〈그림 70~74〉)은 몇 가지 종에서 얼굴과 머리의 털이 어떻게 배치되어 있는지를 보여주고 있다. 이러한 머리의 도가머리나 외피와 피부에서 강한 대비를 이루고 있는 색채가, 선택과 상관없이 일어난 단순한 변이라고 생각하는 것은 도저히 불가능할 것 같다. 그리고 이러한 형질이 무언가 일상적인 역할을 하고 있다고도 도저히 생각되지 않는다. 그렇다면 형질이 암컷과 수컷에게 동등하거나 거의

〈그림 70〉 마룬잎원숭이(*Semnopithecus ruvicundus*)[지금의 학명은 *Presbytis ruvicunda*]의 머리
이 그림과 다음 그림(제르베 교수에 따름)에는 머리의 털이 기묘한 형태로 발달했음이 잘 나타나 있다.

동등하게 전달되고 있다 해도, 그것은 성선택에 의해 획득된 것으로 보인다. 많은 사수류에 대해, 수컷이 암컷보다 몸이 크고 힘이 센 것과, 송곳니가 잘 발달해 있는 것 등, 성선택이 작용한 증거를 더욱 제시할 수 있다.

일부 종에서는 양성 모두 매우 기묘한 색깔을 띠고 있는 것과, 다른 종에서는 색깔이 매우 아름다운 것에 대해서는 몇 가지 예를 드는 것으로 충분할 것이다. 작은흰코원숭이(*Cercopithecus petaurista*. 〈그림75〉)의 얼굴은 검은색이고, 수염과 구레나룻은 흰색이며, 코 위에는 짧고 하얀 털로 뒤덮인, 윤곽이 뚜렷한 흰점이 있다. 그 때문에 이 원숭이의 얼굴은 거의 우스꽝스럽게 보일

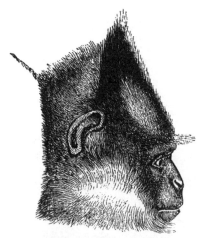

〈그림71〉 자바잎원숭이(*Semnopithecus comatus*)
[지금의 학명은 *Presbytis comata*]의 머리

〈그림72〉 흰머리카푸친(*Cebus capucinus*)의 머리

〈그림73〉 검은머리거미원숭이(*Atelesmarginatus*)
[지금의 학명은 *Ateles belzebuth*]의 머리

〈그림74〉 울보꼬리감는원숭이(*Cebus vellerosus*)
[지금의 학명은 *Cebus nigrivittatus*]의 머리

정도이다. 흰이마잎원숭이(*Semnopithecus frontalis*)[*71]도 마찬가지로 얼굴은 검고, 길고 검은 수염이 나 있으며, 이마에는 파르스름한 색을 띤 맨살의 점이 있다. *Macacus lasiotus*의 얼굴은 지저분한 살색으로, 양쪽 뺨에 뚜렷한 붉은 점이 있다. 사바나원숭이(*Cercocebus aethiops*)[*72]의 얼굴이 검고, 구레나룻과 목둘레는 흰색, 머리는 밤색이며, 두 눈 위의 눈꺼풀에 커다란 흰점이 있어서 모습이 기괴하게 보인다. 많은 종에서는 턱수염, 구레나룻, 얼굴 주위의 털이 머

---

*71 (역주) 지금의 학명은 *Presbytis frontata*.
*72 (역주) 지금의 학명은 *Cercopithecus aethiops*.

〈그림75〉 작은흰코원숭이(브레엠의 그림)

리의 다른 부위와 다른 색깔을 띠고 있으며, 그 밖의 경우에는 반드시 얼굴 주위의 털 색깔이 옅어서[73] 새하얗거나 밝은 노랑, 때로는 붉은색이다. 남아 메리카의 대머리우아카리(*Brachyurus calvus*)[74]의 얼굴은 전체가 반짝이는 붉은색인데, 이 색은 거의 완전히 성숙해야만 나타난다.[75] 얼굴에서 털이 나지 않은 피부는 종마다 놀랄 만큼 다른 색을 띠고 있다. 그것은 흔히 갈색이나 살색이며, 일부는 새하얗지만 가장 색이 짙은 흑인종처럼 새까만 경우도 있다. 우아카리속(Brachyurus)[76]의 붉은 얼굴은 코카서스 인종 여성이 얼굴을 붉힐 때보다 더욱 화사하다. 몽고인종의 피부보다 선명한 오렌지색인 경우도 있으며, 일부 종에는 보라색이나 잿빛을 띤 푸른색도 있다. 암수 성체의 얼굴이 뚜렷한 색깔로 물들어 있는 종이라도, 바틀릿이 아는 한 새끼일 때는 그런 얼굴색이 아니거나 옅은 색이다. 그것은 한쪽 성만 얼굴과 엉덩이가 선명한 색채를 띠고 있는 맨드릴개코원숭이와 히말라야원숭이도 마찬가지이다. 이 후자의 예에서는 그 색깔이 성선택으로 획득된 것이 거의 틀림없다. 그래서 암수 성체의 얼굴색이 동일하게 채색되어 있어도, 그러한 종에 같은 견해를 적용하려는 것은 매우 자연스러운 일로 생각된다.

우리의 취향으로 보더라도 많은 원숭이류는 아름다움과는 매우 거리가 멀지만, 그 가운데에는 우아한 외견과 아름다운 색채로 어디서나 찬사를 듣는 종류도 있다. 두크마른원숭이(*Semnopithecus nemaeus*)[77]는 기묘한 색을 띠고 있지만, 오렌지빛이 감도는 얼굴 주위를 새하얗고 긴 구레나룻이 감싸고 있고, 눈꺼풀 위에는 적갈색 선이 있어서 매우 귀여운 용모로 여겨지고 있다. 등의 털은 섬세한 회색이고, 허리에는 네모난 반점이 있으며, 엉덩이와 앞발은 모두 흰색이다. 또한 가슴은 밤색털로 장식되어 있다.

원숭이류의 아름다움에 대해서는 두 가지 예를 더 소개할 텐데 그 이유는, 그것이 색채에 있어서 약간의 성 차이를 보여주고 있고, 양성이 모두 성선택을 통해 아름다운 외견을 획득한 것으로 보이기 때문이다. 콧수염원숭이

---

*73 나는 이것을 런던동물원에서 관찰했는데, 조프루아 생틸레르와 F. 퀴비에의 'Hist. Nat. des Mammifères,' tome 1, 1824의 색채도판에서 많은 사례를 볼 수 있다.

*74 (역주) 지금의 학명은 *Cacajao calvus.*

*75 Bates(베이츠), 'The Naturalist on the River Amazons,' 1863, Vol. 2, p. 310.

*76 (역주) 지금의 속명은 Cacajao.

*77 (역주) 지금의 학명은 *Pyathrix nemaeus.*

〈그림76〉 다이애나원숭이(브레엠의 그림)

(*Cercopithecus cephus*)는 털 전체가 얼룩덜룩한 녹색이고 목이 희다. 수컷의 꼬리 끝은 밤색이다. 그러나 가장 장식적인 것은 얼굴로, 피부는 주로 청회색이고 눈 아래에 검은 그림자가 있으며, 입술 위는 우아한 청색을 띠고, 그 아래에 검은 콧수염이 나 있다. 구레나룻은 오렌지색이고 상부가 검으며, 그것이 띠를 형성하면서 귀 뒤까지 이어진다. 귀 뒤는 흰털로 덮여 있다. 런던동물원에서 나는 종종 다이애나원숭이(*Cercopithecus Diana.* 〈그림76〉)를 본 관객이 그 아름다움에 감탄하는 것을 본 적이 있는데, 이 원숭이는 그 이름이 결코 무색하지 않을 정도이다. 털은 전체적으로 잿빛이지만 가슴과 앞다리 안쪽은 흰

색이다. 등의 후반부에는 선명한 밤색을 띤 커다란 삼각형 무늬가 있다. 수컷은 넓적다리 안쪽과 복부가 연한 적갈색이고 정수리는 검은색이다. 새까만 얼굴과 귀는, 눈썹 위를 가로지르는 하얀 도가머리, 길고 뾰족한 흰수염과 선명한 대조를 이루고 있다. 수염의 뿌리 쪽은 검은색이다.*78

　이러한 원숭이와 다른 많은 원숭이류의 아름다움과 색채의 독특한 배치, 나아가서는 머리의 털과 도가머리의 다양하고 우아한 배치를 보면, 이러한 형질은 오로지 장식을 위해서 성선택을 통해 획득된 것이라고 생각할 수밖에 없다.

요약

　포유류 전체에 암컷의 소유를 둘러싼 투쟁의 법칙이 널리 지배하고 있는 것 같다. 대부분의 박물학자들은, 수컷의 몸이 크고 힘이 세며, 용기가 있고 호전적인 성향, 공격을 위한 특별한 무기, 방어를 위한 특별한 수단 등이, 내가 성선택이라고 말하는 종류의 선택에 의해 획득되었거나 변용되어 왔다는 점을 인정할 것이다. 이것은 존속을 위한 일반적인 투쟁에서 우세했기 때문이 아니라, 한쪽 성에 속하는 개체가 다른 개체와의 투쟁에서 이겨 패배한 개체보다 많은 자손을 남김으로써, 그 성질을 자손에게 전달하여 일어나는 선택이다. 그 한쪽 성이란 대개 수컷이다.

　그 밖에도 더욱 평화적인 투쟁이 있는데, 그것은 수컷이 다양한 매력을 통해 암컷을 흥분시키거나 매료시키려고 하는 경쟁이다. 번식기에 수컷이 강렬한 냄새를 발산하여 암컷을 유혹하려 함으로써, 냄새 샘이 성선택에 의해 획득되는 일도 있다. 그러나 목소리에도 이와 같은 견해를 적용할 수 있을지는 의심스럽다. 왜냐하면 수컷의 발성기관은 성숙한 뒤에는 사랑, 질투, 분노 같은 격렬한 흥분과 함께 사용됨으로써 강화되어, 그것이 동성에게 전달되었을지도 모르기 때문이다. 수컷만이 가지고 있거나 암컷보다 잘 발달된 다양한 도가머리와 털 다발, 갈기 등은, 때로는 경쟁자인 수컷과의 투쟁에서 방어 역할을 하는 경우도 있지만 대부분 단순한 장식으로 보인다. 수사슴의 가지가 갈라진 뿔이나 일부 영양 수컷의 우아한 뿔도 공격이나 방어를 위한 무기로

---

*78 나는 여기에 든 원숭이들을 대부분 런던동물원에서 보았다. 두크마른원숭이에 대한 기술은 W. C. 마틴(W. C. Martin)의 'Nat. Hist. of Mammalia,' 1841, p. 460. 00. 475, 523 참조.

작용하고 있지만, 부분적으로는 장식으로 작용하도록 변용되었다고 생각할 만한 근거가 있다.

수컷의 색깔이 암컷과 다른 경우에는, 일반적으로 수컷의 색깔이 짙어서 강한 대비를 이룬다. 포유류에서는 조류와 다른 많은 동물 수컷에서 흔히 볼 수 있는 선명한 빨강, 파랑, 노랑, 초록색은 볼 수 없다. 그러나 일부 사수류의 털이 없는 피부는 예외이다. 그것은 기묘한 부위에 있는데, 몇몇 종은 매우 화려한 색채를 띠고 있다. 다른 사례에서 수컷의 색깔은 선택과 상관이 없는 단순한 변이일지도 모른다. 그러나 색깔이 다양하고 강렬하게 나타나는 경우, 성숙에 가까워지기 전에는 잘 발달하지 않거나 거세당해 잃어버릴 때는, 그것이 장식으로서 성선택에 의해 획득되어, 완전히 또는 거의 한쪽 성의 개체에만 전달되어왔다는 결론을 피하기 어려울 것 같다. 양성의 색깔이 같고, 그것이 눈에 띄는 색이거나 기묘하게 배치되어 있으며, 보호 역할을 하고 있다는 명백한 증거가 없을 때, 특히 그것이 다른 장식적인 부속물과 함께 존재하는 경우에는 유추를 통해 그것도 성선택에 의해 획득되었지만, 양성에 동등하게 전달되었다는 동일한 결론에 도달할 수 있다. 수컷에만 한정되어 있든 양성에 공통이든 눈에 띄게 다양한 색채는, 일반적인 법칙으로서 같은 분류군과 그 하위 분류군에서 무기와 장식 역할을 하는 다른 이차성징들과 함께 나타난다는 것은, 이 장과 앞 장에서 언급한 많은 사례를 되짚어 보면 명백해질 것이다.

색채와 다른 장식에 관한 한, 형질이 양성에 동등하게 전달되는 법칙은 조류보다 포유류에서 훨씬 광범위하게 볼 수 있다. 그러나 뿔이나 엄니 같은 무기는 수컷에게만 전달되거나, 수컷에서 훨씬 잘 발달하게 되어 있다. 이것은 매우 놀라운 일이다. 왜냐하면 수컷은 그러한 무기를 어떤 종류의 적에게도 사용하는 것이 일반적이므로, 암컷에게도 무기가 있으면 크게 도움이 될 것이기 때문이다. 암컷이 뿔이나 엄니를 갖고 있지 않은 것은 우리가 아는 한, 거기에 작용하고 있는 유전 양식 때문일 것이다. 마지막으로 네발짐승의 동성간의 투쟁은 그것이 아무리 평화적인 것이든 피비린내 나는 것이든, 아주 희귀한 예외를 제외하고는 수컷에 한정되어 있다. 따라서 이러한 형질은 싸우거나 이성을 유혹하기 위한 성선택이 암컷보다 수컷에게 훨씬 널리 작용했기 때문에 변용해 온 것으로 생각된다.

제19장 인간의 이차성징

남성과 여성의 차이—차이의 원인과 양성에 공통되는 일부 형질—투쟁의 법칙—정신적 능력의 차이—그리고 목소리—인간의 짝짓기를 결정하는 데 아름다움이 미치는 영향—장식에 대한 미개인의 관심—여성의 아름다움에 대한 그들의 생각—자연적인 개성을 강조하는 경향

인간의 성적 차이는 대부분의 사수류(四手類)보다 크지만 맨드릴개코원숭이 같은 종만큼 크지는 않다. 남성은 평균적으로 여성보다 상당히 키가 크고 무겁고 힘이 세며 어깨가 벌어지고 근육이 잘 발달해 있다. 근육의 발달과 눈썹뼈 돌출 사이의 관계에서는[1] 남성이 여성보다 상안와융기(上眼窩隆起)가 잘 발달해 있다. 남성의 몸, 특히 얼굴에는 여성보다 털이 많고, 목소리도 여성과 다르며 힘이 있다. 남성과 여성의 피부색이 약간 다른 부족도 있다고 하지만 그 진위에 대해서는 아는 바가 없다. 유럽 인은 양성이 똑같이 햇볕에 노출되었을 때 알 수 있듯이 아마도 여성의 피부색이 더 밝은 것 같다.

남성이 여성보다 용기가 있고 호전적이며 활기차고 창의력도 뛰어나다. 남성 뇌의 절대적인 크기는 여성보다 크지만, 몸의 크기에 비해 상대적으로 비교해도 여성보다 큰지는 확실하지 않다고 나는 생각한다. 여성의 얼굴은 남성보다 둥그스름하고 턱과 두개골의 기부가 작으며, 몸의 선도 둥근 편이면서 돌출된 부분도 있고 골반 폭이 넓다.[2] 그러나 이 마지막 형질은 이차성징이라기보다 일차성징으로 보는 것이 타당할 것이다. 여성은 남성보다 이른 나이에 성숙한다.

---

[1] Schaffhausen(샤프하우젠), 'The Anthropological Review,' October, 1868, Translation. pp. 419, 420, 427.

[2] Ecker(에커), 'The Anthropological Review,' October, 1868, Translation, pp. 351–356. 남성과 여성의 두개골 형태에 대해 벨커가 주의깊게 비교 시험한 내용이 있다.

다른 모든 강(綱)의 동물과 마찬가지로 인간에서도 남성의 특유한 형질은 대부분 완전히 성숙되기 전에는 나타나지 않으며, 거세당하면 전혀 나타나지 않는다. 이를테면 수염은 이차성징이며, 남자아이는 이른 시기부터 머리카락은 많이 자라지만 수염은 나지 않는다. 남성의 형질이 획득된 것은 삶의 늦은 시기에 나타난 변이의 축적에 의한 것으로 생각되며, 따라서 남성에만 전달되었을 것이다. 성체 수컷과 암컷이 다른 많은 동물의 새끼와 마찬가지로, 인간의 남녀 어린이도 서로 매우 비슷하며, 성인 남성보다 성인 여성과 더 많이 비슷하다. 여성도 최종적으로는 여성의 특유한 형질이 약간 발달하지만, 여성의 두개골은 남성과 어린이의 중간형이라고 한다.*³ 그리고 근연관계에 있는 다른 종의 새끼들이 그 성체만큼 다르지는 않은 것처럼, 다른 인종에 속하는 어린이들도 서로 매우 비슷하다. 어린이의 두개골에서는 인종간의 차이를 인정할 수 없다고 생각하는 사람도 있을 정도이다.*⁴ 피부색에 대해서는 갓 태어난 흑인 아이는 붉은 빛이 도는 밤색이지만 곧 검어진다. 수단에서는 1년 이내에 어른과 같은 검은색이 되는데, 이집트에서는 3년 정도 지나야 그렇게 된다. 흑인의 눈은 처음에는 파랗고, 머리카락은 검다기보다 밤색이며 끝부분만 말려 있을 뿐이다. 호주인 신생아의 피부색은 황갈색이지만 점차로 검은색이 된다. 파라과이 과라니족의 신생아는 황백색이지만, 몇 주가 지나면 부모와 같은 황갈색이 된다. 아메리카의 다른 지역에서도 같은 현상이 관찰되고 있다.*⁵

내가 이제까지 널리 알려져 있는 인간 남녀의 차이에 대해 앞에서 구체적으로 열거한 것은, 그것이 사수류(四手類)의 차이와 기묘하게 같기 때문이다. 사수류는 암컷이 수컷보다 빨리 성숙에 도달한다. 적어도 그것은 Cebus azarae*⁶

---

*3 에커와 벨커, ibid., pp. 352, 355, 포크트(Vogt), 'Lectures on Man,' English translation, p. 81.

*4 샤프하우젠, 'Anthropological Review,' October, 1868, p. 429.

*5 프루너 베이(Pruner-Bey). 포크트(Vogt)의 'Lectures on Man,' English translation, 1864, p. 189에 흑인 유아에 관해 인용. 윈터바텀과 캠퍼(Winterbottom and Camper)의 흑인 유아에 관해 더욱 상세한 것은 로렌스(Lawrence)의 'Lectures on Physiology,' &c., 1822, p. 451 참조. 과라니족 유아에 대해서는 렝거(Rengger)의 'Säugethiere,' &c., S. 3 참조. 고드론(Godron)의 'De l' Espèce,' tome 2, 1859, p. 253도 참조. 호주인에 대해서는 바이츠(Waitz)의 'Introduct. to Anthropology,' English translation, 1863, p. 99 참조.

*6 (역주) 아마 *Aotus azarai*라는 원숭이를 가리키는 듯하다. 이것은 올빼미원숭이(Aotus teivirgotus)로 지금은 한 종뿐이지만, 옛날에는 *azarai*라는 변종이 있었다.

에서는 확실하다.*7 대부분의 종은 수컷이 암컷보다 몸이 크고 힘이 훨씬 센데, 그것은 고릴라에 가장 잘 나타나 있다. 상안와융기의 돌출이라는 사소한 점에서도 원숭이 수컷은 암컷과 다르며, 그것은 인간에게도 적용된다.*8 고릴라와 다른 일부 원숭이류는 성체 수컷의 두개골에 뚜렷한 시상능(矢狀稜)이 있지만, 암컷에는 없다. 에커(Ecker)는 호주인종의 남녀에게서 그와 비슷한 차이가 있는 흔적을 발견했다.*9 원숭이류에서 목소리에 성 차이가 있을 때는 수컷의 목소리가 크다. 일부 원숭이류의 수컷은 매우 발달한 수염을 가지고 있지만, 암컷에게는 없거나 그다지 발달하지 않았다는 것은 이미 살펴보았다. 영장류에서 암컷이 수컷보다 턱수염, 콧수염, 구레나룻이 발달한 것은 아무 것도 없다. 수염의 색깔에 대해서도 사수류와 인간 사이에 기묘한 유사성을 볼 수 있다. 즉 인간도 수염의 색깔이 머리카락의 색깔과 다를 때는, 언제나 수염은 색이 엷고 종종 붉은색이 감돈다고 나는 생각한다. 이런 현상은 영국에서는 거의 확실하며, 이런 사소한 점에 대해 러시아에서는 어떠한지 조사한 후커(Hooker) 박사에 의하면 거기도 예외가 아니라고 한다. 식물원의 J. 스콧(J. Scott)은 캘커타에서 볼 수 있는 많은 인종에 대해 관찰하고, 그 밖의 인도 각지에서도 시킴의 두 인종, 보테아스, 힌두, 버마인, 중국인에 대해 관찰해 주었다. 이들 인종의 대부분은 얼굴에 털이 거의 나지 않는데, 그는 얼굴의 털과 머리카락 사이에 차이가 있을 때는 반드시 수염의 색깔이 엷다는 것을 발견했다. 그런데 원숭이류에서는 이미 말한 것처럼 수염은 머리의 털과 색깔이 매우 다른 경우가 있으며, 그런 경우에는 언제나 수염은 색이 엷어서 흔히 순백색, 황색 또는 붉은색이다.*10

---

*7 렝거, 'Säugethiere,' &c., 1830, S. 49.

*8 필리핀원숭이(데스마레의 'Mammalogie,' p. 65)와, 검은손긴팔원숭이(조프루아 생틸레르와 F. 퀴비에의 'Hist. Nat. des Mamm.,' 1824, tome 1, p. 2).

*9 'Anthropological Review,' October, 1868, p. 353.

*10 블라이스는 인간의 수염이 나이가 들수록 희어지는 것처럼, 원숭이류의 턱수염, 구레나룻, 그 밖의 털이 나이를 먹을수록 희어지는 예는 한 번도 본 적이 없다고 알려주었다. 그러나 오랫동안 사육되고 있었던 필리핀원숭이(*Macacus cynomolgus*[지금의 학명은 *Macaca fascicularis*]) 에게서는 그런 변화가 일어난 적이 있는데, 그 콧수염은 매우 길어져 인간의 수염과 흡사했다. 이 늙은 원숭이는 우스꽝스러울 만큼 유럽의 어느 국왕과 닮았기 때문에, 그런 별명으로 불리고 있었다. 인종 중에는 머리카락이 거의 희어지지 않는 사람도 있다. 포브스는 남아메리카의 아이마라족과 케추아족에서는 그런 사람을 본 적이 없다고 말했다.

몸 전체 체모의 양은 어느 인종이나 여자가 남자보다 적고, 일부 사수류는 몸 아랫면의 털이 수컷보다 암컷이 적다.*11 마지막으로 원숭이 수컷은 인간 남자와 마찬가지로 암컷보다 대담하고 공격적이다. 그들은 무리를 이끌고 다니며 위험이 닥쳤을 때는 전면에 나서서 싸운다. 이렇게 사수류와 인간의 성 차이에는 강한 유사성을 볼 수 있다. 그러나 개코원숭이, 고릴라, 오랑우탄 등, 일부 종에서는 송곳니의 크기, 털의 발달과 색깔, 특히 털이 나지 않는 피부의 색깔에서 인간보다 훨씬 뚜렷한 성 차이를 볼 수 있다.

인간의 이차성징은 같은 인종 안에서도 변이가 매우 풍부하며, 일부 인종 사이에서는 크게 다르다. 이러한 두 가지 법칙은 동물계 전체에 잘 적용되고 있다. 노바라 호 선상에서 실시된 훌륭한 관찰에 따르면*12 호주인종 남자는 여자보다 평균 65mm밖에 키가 크지 않지만, 자바 인은 평균 218mm나 크다. 그래서 자바 인의 키의 성 차이는 호주인의 세 배나 된다. 다양한 인종의 키, 목둘레와 가슴둘레, 등뼈 길이와 팔 길이 등을 주의 깊게 계측한 결과를 보면 거의 모두 남자가 여자보다 변이가 훨씬 큰 것을 알 수 있다. 이것은 적어도 그러한 형질에 관한 한 인종이 공통 조상으로부터 갈라진 뒤로, 주로 변화를 이룩한 것은 남자임을 보여주고 있다.

수염의 발달과 몸 전체 체모의 양은 서로 다른 인종에 속하는 남자들 사이에서는 뚜렷이 다르며, 같은 인종에 속하는 다른 민족 사이에서도 다른 경우가 있다. 우리 유럽 인 중에도 그런 경우를 얼마든지 볼 수 있다. 마틴(Martin)에 의하면,*13 세인트 킬다 섬의 남자는 서른 살이 되기 전에는 수염이 나지 않으며, 나더라도 숱이 매우 적다고 한다. 유라시아 대륙에서는 인도를 넘어서 그 일대까지는 짙은 턱수염을 볼 수 있다. 그러나 고대에 디오도로스가 지적한 것처럼,*14 실론의 원주민에게는 자주 수염이 보이지 않는다. 인도 너머 샴

---

*11 긴팔원숭이의 일부 암컷이 이에 해당한다. 조프루아 생틸레르와 F. 퀴비에의 'Hist. Nat. des Mamm.,' tome 1 참조. 흰손긴팔원숭이에 대해서는 'The Penny Cyclopedia,' Vol. 2, pp. 149, 150도 참조.

*12 이러한 결과는 K. 슈어저 박사와 슈바르츠 박사(K. Scherzer and Schwarz)의 계측으로부터 바이스바흐(Weisbach) 박사가 이끌어낸 것이다. 'Reise der Novara : Anthropolog. Theil,' 1867, S. 216, 231, 234, 236, 239, 269 참조.

*13 'Voyage to St. Kilda' (3rd edition, 1753), p. 37.

*14 J. E. Tennent(J. E. 테넌트) 경, 'Ceylon,' Vol. 2, 1859, p. 107.

인, 말레이 인, 칼미크 인, 중국인, 일본인에게는 수염이 없지만, 일본열도 북쪽 끝에 있는 섬에 살고 있는 아이누 인*15은 세계에서 가장 털이 많은 인종의 하나이다. 흑인은 수염이 매우 적거나 없으며 구레나룻도 나지 않는다. 그리고 양성 모두 몸에 솜털도 거의 없다.*16 한편, 말레이 제도의 파푸아 인은 흑인과 거의 비슷하게 피부가 검고 잘 발달된 수염을 가지고 있다.*17 태평양의 피지 제도 주민은 크고 덥수룩한 수염을 기르고 있는데, 그곳에서 아주 가까운 퉁가와 사모아 제도 주민에게는 수염이 없다. 그러나 이들은 다른 인종에 속한 사람들이다. 엘리스 제도[지금의 투발루] 주민들은 모두 같은 인종에 속하는데도, 누네마야라고 하는 섬의 주민인 남자들은 멋진 수염을 기르고 있지만 다른 섬들에서는 그저 몇 가닥 안 되는 털이 드문드문 자라고 있는 것이 보통이다.*18

아메리카 대륙 전체를 통해 남자에게 수염이 없다고 할 수 있지만, 거의 모든 부족에서, 특히 노령이 되었을 때 얼굴에 소량의 짧은 털이 돋아난다. 북아메리카의 부족에 대해, 캐틀린(Catlin)은 20명 가운데 18명의 남자에게 수염이라 부를 만한 것이 전혀 없다고 추정하지만, 사춘기 때 수염을 제거하지 않은 남자 가운데 간혹 2.5~5cm 정도의 부드러운 수염이 나 있는 사람이 있다. 파라과이의 과라니족은 약간의 수염을 기르고 있고 체모도 약간 발달해 있다는 점에서 주변의 모든 부족과 다르다. 그러나 그들에게도 구레나룻은 없다.*19 이 문제에 대해 특별히 연구한 D. 포브스(D. Forbes)로부터 들은 바로는, 코르디렐라의 아이마라족과 케추아족은 놀랄 만큼 체모가 적은데, 그래도

---

*15 Quatrefages(콰트르파주), 'Revue des Cours Scientifiques,' August 29, 1868, p. 630 : 포크트, 'Lectures on Man,' English translation, p. 127.

*16 흑인의 수염에 대해서는 포크트, 'Lectures,' &c., 같은 책, p. 127 : 바이츠, 'Introduct. to Anthropology,' English translation, 1863, Vol. 1, p. 96 참조. 미국에서는 ('Investigations in Military and Anthropological Statistics of American Soldiers,' 1869, p. 569), 순수 흑인도 그 혼혈 자손도 유럽 인과 마찬가지로 털이 많다는 것은 놀라운 일이다.

*17 월리스, 'The Malay Arch.,' 1869, Vol. 2, p. 178.

*18 태평양제도의 인종에 대해서는 J. 바너드 데이비스(J. Barnard Davis) 박사의 'Anthropological Review,' April, 1870, pp. 185, 191 참조.

*19 Catlin(캐틀린), 'North American Indians,' 3rd edition, 1842, Vol. 2, p. 227. 과라니족에 대해서는 아자라(Azara)의 'Voyages dans l'Amérique Mérid.,' tome 2, 1809, p. 58. 또 렝거, 'Säugethiere von Paraguay,' S. 3 참조.

나이를 먹으면 턱에 털이 약간 돋아나기 시작한다고 한다. 이 두 부족의 남자에게는, 유럽 인이라면 많은 털이 나는 부위에 거의 털이 없으며, 여자의 그 부위에는 털이 전혀 나지 않는다. 그러나 남녀 모두 머리카락은 풍성하며 때로는 땅에 닿을 만큼 길게 자라는 경우도 있다. 이것은 몇몇 북아메리카의 부족에서도 마찬가지이다. 머리카락의 양과 전체적인 몸의 형태에서, 아메리카 원주민들은 다른 대부분의 인종에 비해 남녀의 차이가 크지 않다.[20] 이것은 예를 들면 침팬지에서는 고릴라나 오랑우탄만큼 암수차가 크지 않은 것처럼 몇몇 원숭이류에서 볼 수 있는 현상과 비슷하다.[21]

이제까지 포유류, 조류, 어류, 곤충 등에서, 본디는 수컷이 성선택을 통해 획득한 것으로 보기에 충분한 이유가 있는 형질이, 양성에게도 전달되는 일이 있는 것을 살펴보았다. 이와 같은 유전양식이 인간에게도 널리 적용되는 것처럼 보이므로 남자에게만 있는 형질과, 그 밖의 남녀 모두에게 있는 형질을 함께 고찰한다면, 더 이상 쓸데없는 반복을 하지 않아도 될 것이다.

투쟁의 법칙

이를테면 호주 원주민 같은 미개한 집단에서는, 같은 부족에 속하는 개인 사이나 다른 부족과의 사이에서 투쟁이 일어나는 것은 언제나 여자 때문이었다. 고대에는 더 말할 것도 없었다. "헬레네 이전부터 여자만큼 혐오스러운 전쟁 원인은 없었다." 북아메리카의 인디언 사회에는 경쟁이 시스템에 도입되어 있다. 뛰어난 관찰가인 헌(Hearne)은[22] 다음과 같이 말했다. "그들 사이에서는 남자들이 좋아하는 여자를 둘러싸고 격투를 벌이는 것이 옛날부터의 관습이었다. 물론 가장 강한 자가 그 포상을 가져간다. 사냥을 뛰어나게 잘하지 못하거나 모든 여자의 사랑을 받지 못하는 허약한 남자는, 강자가 마음에 둔 여

---

[20] 아가시 교수(Agassiz)는 ('A Journey in Brazil,' p. 530), 아메리카 인디언 남녀는 흑인과 더 고등한 인종의 남녀보다도 성 차이가 적다고 지적했다. 과라니족에 대해서는 렝거의 같은 책, S. 3도 참조.

[21] Rütimeyer(뤼티마이어), 'Die Grenzen der Thierwelt : eine Betrachtung zu Darwin's Lehre,' 1868, S. 54.

[22] 'A Journey from Prince of Wales's Fort,' 8 vo. edition, Dublin, 1796, p. 104. J. 러벅 경은('The Origin of Civilisation,' 1870, p. 69) 북아메리카에서 볼 수 있는 이와 비슷한 다른 사례들을 들었다. 남아메리카의 과나족에 대해서는 아자라(Azara)의 'Voyages,' &c., tome 2, p. 94 참조.

자를 아내로 맞이하는 것은 거의 불가능하다. 이 관습은 모든 부족에서 시행되고 있으며, 젊은이들이 어릴 때부터 격투 기술과 힘을 연마하게 하는 열정의 원천이 되고 있다." 아자라(Azara)는 남아메리카의 과나스에서는 스무 살이 넘지 않은 남자는 좀처럼 결혼할 수 없는데, 그 이전에는 경쟁자를 이길 수 없기 때문이라고 했다.

그 밖에도 비슷한 예가 있지만, 우리가 이 점에 대해 아무런 증거를 갖고 있지 않다 해도 고등한 사수류와 유사하다는 점에서,*23 인간의 진화 초기 단계에서 투쟁의 법칙이 널리 작용되고 있었던 것은 거의 확실하다고 볼 수 있다. 간혹 현대인에게도 송곳니가 다른 이보다 돌출하는 경우가 있으며, 치간이개(齒間離開)라고 불리는, 반대쪽 송곳니가 들어갈 수 있는 공간의 흔적이 이 사이에 나타나는 일이 있는 것은, 인간의 조상이 현생의 수많은 사수류와 마찬가지로 그런 무기를 가지고 있었던 상태에 대한 격세유전의 예라고 생각해도 좋을 것이다. 앞 장에서 인간이 서서히 직립하게 된 이래, 막대기나 돌을 들고 싸우거나 그 밖의 목적을 위해 끊임없이 손과 팔을 사용하게 됨에 따라 턱과 치아는 점차로 사용하지 않게 되었을 거라고 설명한 바 있다. 턱은 그 근육과 함께 사용되지 않음으로써 축소되고, 치아도 아직 알려지지 않은 상관 원리와 성장의 경제를 위해 점차 축소되어 갔다. 더 이상 쓸모가 없는 신체 부위는 크기가 점점 작아지는 현상은 어디에서나 볼 수 있다. 그러한 단계를 거쳐 본디 인류의 남녀 사이에 있었던, 턱과 이에 나타난 성 차이는 마지막에는 거의 사라져버렸을 것이다. 그것은 뿔이 발달하자 송곳니는 단순히 흔적기관으로만 남게 되거나 완전히 사라져버린 반추동물의 예와 비슷하다. 고릴라와 오랑우탄 암수의 두개골에서 볼 수 있는 커다란 차이는, 수컷에게 거대한 송곳니가 발달한 것과 밀접한 관계가 있기 때문에, 인간 조상의 남자에게서 턱과 치아의 크기가 축소된 것은 그들의 외견에 매우 뚜렷하고 바람직한 변화를 가져다주었다고 할 수 있다.

여자에 비해 남자가 체구가 크고 힘이 센 것은, 어깨가 넓고 근육이 잘 발달해 있으며 우락부락한 체형, 용감하고 호전적인 것과 함께, 주로 현생 유인

---

*23 고릴라 수컷들의 투쟁에 대해서는 새비지(Savage) 박사의 'Boston Journal of Nat. Hist.,' Vol. 5, 1847, p. 423 참조. 하누만랑구르원숭이(Presbytis entellus)에 대해서는 'Indian Field,' 1859, p. 146 참조.

원과 같은 형질을 가지고 있었던 인류의 조상으로부터 물려받은 것임은 의심할 여지가 없다. 그러나 이러한 형질은, 인간이 아직 미개한 상태에 있었던 오랜 세월 동안 일반적인 존속을 위한 투쟁이나, 아내를 획득하여 많은 자손을 남기기 위한 투쟁에서 더 강한 남자나 더 대담한 남자가 이김으로써 보존되고 더욱 증폭되었을 것이다. 남자의 강한 힘은, 자기 자신과 가족의 생존을 위해 남자가 여자보다 열심히 일했기 때문에 그 유전적 효과에 의해 가장 먼저 획득되었다고는 생각되지 않는다. 왜냐하면 모든 미개인 사회에서는 여자도 남자와 다름없이 고되게 일하고 있기 때문이다. 문명인 사이에서 여자를 소유하려고 남자들이 전투를 벌이는 것은 오래 전에 사라진 한편, 일반적으로 남자는 여자보다 서로의 생존을 위해 열심히 일해야 했기 때문에 강한 힘이 계속 유지되었을 것이다.

양성의 정신적 능력의 차이에 대하여

남자와 여자 사이의 정신적 능력의 차이에 있어서는 성선택이 매우 큰 역할을 했을 가능성이 높다. 연구자들 가운데에는 그러한 점에서 본질적인 차이가 있는가 하는 문제 자체에 의문을 품고 있는 사람이 있다는 것을 나는 알고 있지만, 다른 이차성징을 보여주고 있는 하등동물과 비교해서 적어도 그런 일이 있을 수 있다고 생각한다. 수소와 암소, 수퇘지와 암퇘지, 수말과 암말 등의 성격이 서로 다르다는 것에 반대할 사람은 아무도 없을 것이며, 동물원의 사육사는 대형유인원 수컷의 성격이 암컷과는 다르다는 것을 잘 알고 있다. 여자는 더 온화하고 자기희생적이라는 점에 있어서 남자와 다른 것 같다. 그리고 이것은 유명한 멍고 파크의 여행기와 다른 여행가들의 기록으로도 잘 알려져 있듯이, 미개인의 경우에도 마찬가지이다. 여자는 모성본능으로 인해 자신의 아이에게 그러한 심정을 혼신을 다해 쏟을 뿐만 아니라, 종종 타인에게도 확장하여 그것을 표시한다. 남자는 다른 남자의 경쟁자이고, 경쟁을 즐기며, 그것이 야심을 불러일으켜 쉽게 이기적이 된다. 이 후자의 성질은 남자가 선천적으로 가지고 태어나는 불행이라고 할 수 있다. 직관, 빠른 인지, 그리고 아마도 모방 능력은 남자보다 여자가 더 뛰어난 것으로 흔히 인식되고 있다. 그러나 이러한 능력의 일부는 미개한 인종의 특징으로, 과거에 문명이 발달하지 않았던 시절의 상태일지도 모른다.

남녀 사이의 지적능력의 중요한 차이는 깊은 사고, 이성, 상상력을 필요로 하는 것이든, 단순한 감각과 손놀림을 필요로 하는 것이든, 어떠한 일에서나 남자가 뛰어난 업적을 올리는 것에 나타난다. 시, 그림, 조각, 작곡과 연주 양쪽의 음악, 역사, 과학, 그리고 철학의 각 분야에서 가장 뛰어난 남자와 여자의 리스트를 만들어, 각각 대여섯 명의 이름을 들어본다면 비교가 되지 않을 정도이다. 골턴(Galton)이 자신의 저서 《유전성의 천재와 그 법칙(*Hereditary Genius*)》에서 명확하게 제시한 평균 일탈의 법칙에서처럼, 많은 활동에서 남자가 여자보다 월등하게 뛰어나다면, 남자의 평균적인 정신적 능력은 여자보다 높다고 생각해도 좋을 것이다.*24

반쯤 인간이 되어가던 시대의 인간의 조상과 미개인 사이에서는, 몇 세대에 걸쳐 여자를 소유하려는 남자들의 경쟁이 계속되었다. 그러나 단순히 몸이 크고 힘만 셀 뿐, 용기, 인내, 강한 의지력이 없다면 승리를 차지하지 못했을 것이다. 사회성을 지닌 동물의 어린 수컷은 암컷을 소유할 때까지 수많은 경쟁을 헤쳐나가지 않으면 안 되며, 성숙한 수컷도 자신의 암컷을 잃지 않기 위해서는 언제나 새로운 싸움을 거쳐야 한다. 또 인간은 자신의 여자와 새끼를 온갖 종류의 적으로부터 보호해야 할 뿐만 아니라, 가족 모두의 생존을 위해 사냥을 해야 한다. 그러나 적을 피하거나 공격하고, 야생동물을 사냥하고, 무기를 발명하려면 관찰력과 이성, 발명의 재능과 상상력 같은 높은 정신적 능력의 도움이 필요하다. 이런 다양한 능력은 그렇게 언제나 시련에 처하면서, 성인 남자들 사이에서 강한 선택의 작용을 받았을 것이다. 게다가 그것은 인생의 같은 시기에 많이 사용됨으로써 강화되었을 것이다. 그렇다면 이제까지 자주 다뤄왔던 원리에 따라, 주로 남자아이만이 대응하는 시기에 그것을 물

─────────

*24 (역주) 남자와 여자의 정신적 능력에 차이가 있는지에 대해서는 크게 논란의 여지가 있으며, 그것을 검토하는 데는 다양한 요인을 고려해야 한다. 다윈은 남자와 여자가 처해 있는 문화적 상황의 차이와 교육의 차이, 여성 차별 등을 전혀 고려하지는 않았지만, 그러한 사회적 상황의 차이에 따라 겉으로 드러나는 남녀의 정신적 능력의 발현에 큰 차이가 생기는 것은 말할 것도 없다. 그것이 그대로 남녀의 생물학적 차이라고 말할 수는 없다. 그러나 모든 남녀의 차이는 사회적으로 만들어진 것이라는 주장도, 현재 우리가 볼 수 있는 성 차이를 진정한 생물학적 차이로 보는 단편적인 논의와 마찬가지로 설득력이 없고 비과학적이다. 성 차이를 포함하여 인간의 행동과 심리의 생물학적 기반에 대해서는 최근에 인간행동생태학, 진화심리학 분야에서 연구가 시작되고 있다. 그것은 다윈이 이 책에서 생각했던 것보다도 훨씬 더 분석이 복잡하다.

려주는 경향이 있었을지도 모른다.

그런데 똑같은 정신적 능력을 가지고 있는 두 남자, 또는 남자와 여자가 경쟁하게 되었을 때 어느 한쪽이 활력과 인내, 용기가 더욱 뛰어나다면, 무엇을 하든 그쪽이 더 훌륭한 결과를 낳아 승리를 거둘 것이다.*25 사람들은 그를 천재라고 부를지도 모른다. 왜냐하면 많은 뛰어난 사람들이 천재는 끈기의 결과라고 말했고, 이 경우에 있어서 끈기란 무엇에도 지지 않는 굳건한 인내력이기 때문이다. 그러나 천재란 그것만이 아닐 것이다. 많은 활동에서 성공을 거두는 데는 상상력과 이성 등의 높은 정신적 능력이 불가결하다. 이 후자의 능력은 전자의 능력과 마찬가지로 일부는 성선택에 의해, 즉 경쟁자인 남자들의 경쟁을 통해 획득된 것이며, 또 일부는 존속을 위한 일반적인 투쟁에서 승리함으로써 자연선택을 통해 획득된 것이다. 그리고 그 어느 경우에도 경쟁은 성인이 된 뒤에 일어나며, 그리하여 획득되는 형질은 여자아이보다 남자아이에게 완전한 형태로 유전되었을 것이다. 많은 사람들이 정신적 능력은 사춘기 때 크게 변화한다고 인정하고 있지만 거세한 사람이 평생 그런 능력에서 뒤떨어지는 것은, 정신적 능력이 성선택에 의해 변용되거나 강화되어 왔다는 견해와 일치한다. 그리하여 남자는 궁극적으로 여자보다 뛰어난 존재가 되었다. 실제로 양성에 동등한 형질 유전의 법칙이 포유류 전체에 널리 작용하고 있었던 것은 다행이라고 할 수 있다. 그렇지 않았다면, 공작 수컷이 암컷보다 훨씬 아름답게 장식되어 있듯이 남자가 여자보다 정신적 능력에서 훨씬 더 뛰어났을 것이다.

삶의 늦은 시기에 어느 한쪽 성에 의해 획득된 형질은 대응하는 연령의 동성에게만 전달되며, 삶의 이른 시기에 획득된 형질은 양성에게 동등하게 전달된다는 두 가지 법칙은, 일반적으로 적용되기는 하지만 언제나 성립되는 것은 아니라는 점에 유의해야 한다. 만약 그것이 언제나 성립한다면, 남자아이와 여자아이 양쪽의 초기교육을 통해 얻은 유전적 효과는(그러나 이 문제는 나의 여기서의 논점에서 벗어나는 것이다) 양성에게 동등하게 전달되었을 거라는 결론을 내려야 할지도 모른다. 그래서 현재 양성 사이에 볼 수 있는 정신적 능력

---

*25 J. 스튜어트 밀(J. Stuart Mill) ('The Subjection of Women,' 1869, p. 122)은 '남자가 여자보다 가장 뛰어난 것은, 하나의 사고를 오랫동안 열심히 붙들고 있는 것'이라고 말했다. 이것이 바로 에너지와 인내가 아니고 무엇이겠는가?

의 차이는, 이른 시기에 남자아이와 여자아이에게 같은 교육을 받게 함으로써 없앨 수도 없고, 또 초기 교육과정이 달라서 이 차이가 생기는 것도 아니라고 할 수 있다. 여자도 남자와 같은 수준의 능력을 얻기 위해서는, 거의 성인에 가까워졌을 때 활력과 인내심을 기르고 이성과 상상력을 최고로 발휘할 수 있도록 교육을 받아야 한다. 그러면 여자도 그런 능력을 주로 성인이 된 자기 딸에게 전할 수 있을 것이다. 그러나 몇 세대에 걸쳐 이러한 능력이 뛰어난 여자가 결혼하여 다른 여자보다 많은 자식을 키우지 않는 한, 여자 전체를 그렇게 키워낼 수는 없다. 앞에서 체력에 대해 지적한 것처럼, 남자는 더 이상 아내를 획득하기 위해 힘으로 투쟁하지 않기 때문에 그러한 선택은 작용하지 않게 되었지만, 지금도 자신과 가족을 부양하기 위해서는 성인으로 있는 기간 내내 치열하게 싸우지 않으면 안 된다. 이것은 남자의 정신적 능력을 유지하고 증진시키도록 작용하여, 그 결과 현재의 양성 사이에서 볼 수 있는 정신적 능력의 불균형이 생긴 것이다.*26

목소리와 음악적 재능

사수류(四手類) 가운데에는 성체 수컷과 암컷 사이에 목소리의 힘과 발성기관의 발달에 있어서 큰 차이를 보이는 것이 있는데, 인간도 먼 조상으로부터 이 형질을 물려받은 것 같다. 성인 남자의 성대는 성인 여자나 남자아이의 성대보다 약 3분의 1 정도 길다. 거세하면 성대를 길어지게 하는 갑상선과 그 밖에 다른 기관의 발달이 저해되기*27 때문에, 하등동물에서와 같은 현상이 일어난다. 양성 사이에 이러한 차이가 나타나는 원인에 대해서는, 앞장에서 지적한 사랑, 질투, 분노 같은 흥분 상태에서 원숭이류 수컷이 발성기관을 오래 사용한 결과라는 것 외에는 덧붙일 것이 없다. 던칸 깁(Duncan Gibb) 경*28에 의

---

*26 포크트(Vogt)의 관찰이 이 문제와 관련되어 있다. 그는 '두개골 용량의 성 차이가 인종이 발달할수록 커지는 것은 매우 흥미로운 사실이다. 유럽 인 남성이 여성보다 두개골 용량이 큰 비율은 흑인 남성이 흑인 여성보다 큰 비율보다 크다. 후쉬케가 이렇게 말한 것을, 벨커가 흑인과 독일인의 두개골을 계측하여 확인했다'고 한다. 그러나 포크트는 이 점에 대해서는 더욱 연구가 필요하다는 것을 인정하고 있다('Lectures on Man,' English translation, 1864, p. 81).

*27 오언, 'On the Anatomy of Vertebrates,' Vol. 3, p. 603.

*28 'Journal of the Anthropolog. Soc.,' April, 1869, pp. lvii and lxvi.

하면, 목소리는 인종에 따라 다르며 타타르와 중국 등의 원주민은 다른 대부분의 인종만큼 남녀 사이의 차이가 크지 않다고 한다.

노래를 부르는 것이나 음악에 관한 능력과 기호가 남자의 성적 형질은 아니지만, 여기서 언급하지 않고 넘어갈 수는 없다. 동물이 내는 소리에는 다양하고 많은 목적이 있지만, 발성기관은 주로 번식을 위해 사용되고 있으며 이것 때문에 발달해왔음을 강하게 시사하는 예가 많다. 곤충과 거미류는 자발적으로 소리를 내는 가장 하등한 동물로, 그들은 아름다운 구조를 가진 마찰기관의 도움을 얻어 여러 가지 소리를 내며, 그것은 대개 수컷에만 한정되어 있다. 그렇게 해서 나오는 소리는 모든 예에서 같은 음계의 소리가 여러 번 규칙적으로 되풀이되며,[29] 때로는 사람의 귀에도 듣기 좋은 소리이다. 그것은 또 주로 이성을 부르거나 유혹하기 위해 사용되며, 때로는 오로지 이 목적만을 위해 사용되는 경우도 있다.

물고기가 내는 소리 가운데에는 번식기의 수컷들만 내는 것도 있다. 공기호흡을 하는 척추동물은 모두 끝부분을 닫을 수 있는 관으로 된, 공기를 들이쉬고 내쉬는 장치를 가지고 있다. 그래서 이 강의 조상이 격렬하게 흥분하여 근육이 강하게 수축하면, 거의 언제나 아무런 의미도 없는 목소리가 발생했을 것이다. 그리고 그것이 무언가 유리하게 작용하는 일이 있었으면, 거기에 적응한 변이가 보존됨으로써 재빨리 변화해 갔을 것이다. 양서류는 공기호흡을 하는 가장 하등한 척추동물인데, 거기에 속하는 많은 동물, 즉 개구리류는 발성기관을 가지고 있다. 그들은 번식기가 되면 그 발성기관을 쉬지 않고 사용하며, 그것은 암컷보다 수컷에게 더 잘 발달하는 경우가 많다. 땅거북도 수컷만 우는데, 그것은 사랑의 계절에만 그러하다. 악어 수컷도 같은 계절에 소리를 잘 지르며 포효한다. 새가 발성기관을 구애수단으로 얼마나 잘 사용하고 있는지는 잘 알려져 있지만, 그 가운데에는 악기 연주라고 할 정도로 소리를 내는 것도 있다.

여기서 특히 관심의 대상이 되고 있는 포유류는, 거의 모든 종류의 수컷이 다른 어떤 시기보다도 번식기에 목소리를 많이 사용하고 있으며, 그 밖의 계절에는 전혀 소리를 내지 않는 종류도 있다. 어떤 종은 사랑을 찾는 소리로서

---

*29 스커더(Scudder) 박사, "Notes on Stridulation," 'Proc. Boston Soc. of Nat. Hist.,' Vol. 11, April, 1868.

암수 둘 다 울거나 암컷만 우는 것도 있다. 이러한 사실과 함께 네발짐승 가운데에는 평생 동안 또는 번식기에만 수컷이 암컷보다 발성기관이 훨씬 잘 발달한 경우가 있는 것을 고려한다면, 또 대부분의 하등동물 수컷이 내는 목소리는 암컷을 부를 뿐만 아니라 유혹하는 역할도 하고 있다는 것을 고려한다면, 포유류 수컷이 암컷을 매혹하기 위해 목소리를 사용하는 증거를 우리가 아직도 손에 넣지 못한 것은 놀라운 일이다. 아메리카에 서식하는 검은짖는 원숭이(*Mycetes caraya*)는 아마도 그 예외라고 할 수 있는데, 그것보다 더욱 인간과 가까운 유인원의 일종인 검은손긴팔원숭이(*Hylobates agilis*) 또한 그러하다. 이 긴팔원숭이는 매우 크지만 음악적인 목소리를 가지고 있다. 워터하우스(Waterhouse)*30는 다음과 같이 말했다. "이들이 음계를 오르내리며 소리를 낼 때, 나에게는 그 소리가 언제나 반음계씩 간격을 가지고 있는 것처럼 들렸다. 그리고 가장 높은 음과 가장 낮은 음 사이가 정확하게 한 옥타브인 것은 확실하다. 목소리의 크기 말고는, 소리가 매우 음악적이어서 뛰어난 바이올리니스트는 긴팔원숭이가 작곡한 곡을 정확하게 전달할 수 있을 것이다." 워터하우스는 실제로 그 소리를 악보에 기록했다. 음악가이기도 한 오언 교수는 이 기록에 찬성하고, '야만적인 포유류 가운데 긴팔원숭이만이 노래를 부를 줄 안다고 봐도 될 것'이라고 말했다. 그들은 노래를 끝낸 뒤에는 매우 흥분한 상태에 있는 것 같았다. 유감스럽게도 그들의 습성은 야생상태에서는 잘 관찰되지 않지만, 거의 모든 동물과의 비교를 통해 그들이 특별히 번식기에 노래를 부를 가능성은 매우 높다.

음악적인 음계와 리듬을 즐기는 것까지는 아니더라도 그것을 감지하는 능력은 모든 동물에게 공통적으로 나타나는 듯하며, 이는 그들의 신경 시스템이 공통적인 생리적 특징을 가지고 있기 때문으로 보인다. 스스로는 어떠한 소리도 낼 수 없는 갑각류도 일종의 청각기관으로 작용하는 털을 가지고 있어, 실제로 음악적인 소리를 들려주면 그 털이 떠는 것이 관찰된 바 있다.*31 특정한 소리를 들으면 늑대처럼 길게 소리내어 짖는 개도 있다고 알려져 있다. 바다표범은 음악을 즐기는 것이 확실하며, 이러한 사실은 '고대 때부터 잘

＊30 W. C. L. 마틴(W. C. L. Martin)의 'A General Introduct. to the Nat. Hist. of Mamm. Animals,' 1841, p. 432에서 인용. 오언, 'On the Anatomy of Vertebrates,' Vol. 3, p. 600.

＊31 헬름홀츠(Helmholtz), 'Théorie Phys. de la Musique,' 1868, p. 187.

알려져 있었고, 현재의 바다표범 사냥도 이를 이용하고 있다.[*32] 곤충, 양서류, 조류 가운데에서 수컷이 번식기 내내 쉬임 없이 음악적이거나 단순히 규칙적인 소리를 내는 모든 동물의 경우 암컷은 그 소리를 이해할 수 있으며, 그것에 의해 흥분되거나 매혹된다고 생각해야 할 것이다. 그렇지 않으면 수컷이 이토록 많은 에너지를 쏟아붓는 노력과, 종종 수컷만이 지니고 있는 이 복잡한 구조는 아무 의미도 없는 것이 되고 만다. 인간의 경우, 일반적으로 악기연주의 기초 또는 기원은 노래에 있다고 알려져 있다. 음악을 즐기거나 창조하는 능력이 인간의 일상생활에 직접적인 도움을 주는 것은 아니므로, 이것은 인간에게 갖춰져 있는 능력 가운데 가장 신비로운 것의 하나라고 할 수 있다. 이 능력은 설령 매우 거칠거나 숨겨져 있는 형태로라도, 가장 미개한 인종을 비롯하여 모든 인종에게 갖춰져 있다. 그러나 인종에 따라 음악적 취향이 매우 다르므로, 우리의 음악이 미개인에게는 어떠한 기쁨을 주지 않는 것처럼, 그들의 음악도 우리에게 아무런 의미도 없는 끔찍한 것으로 느껴진다. 시먼(Seeman) 박사[*33]는 이 문제에 대한 흥미로운 지적 속에서 '빈번하게 친근한 교류를 통해 밀접한 관계를 맺고 있는 서유럽 국민들 사이에서도, 한 나라의 음악이 다른 나라 사람들에게도 똑같이 해석되고 있는지는 의심스럽다. 동방으로 여행해 보면 그곳에는 명백하게 다른 음악의 언어가 있다. 기쁨의 노래와 춤에 곁들이는 노래는, 우리의 음악처럼 장조가 아니라 언제나 단조였다'고 말했다. 반쯤 인간이 되어가던 인간의 조상이, 앞에 말한 긴팔원숭이처럼 음악적인 가락을 만들어 내거나 그것을 이해하는 능력을 갖추고 있었는지에 대해서는, 아주 먼 옛날부터 그 능력을 갖추고 있었다고 생각할 만한 충분한 근거가 있다. 노래와 음악은 매우 오래된 예술이기 때문이다. 시는 노래 다음에 나타난 것으로 생각할 수 있는데, 이 역시 사람들을 깜짝 놀라게 할 만큼 기원이 매우 오래되었으므로, 문자로 기록할 수 있게 된 가장 초기 무렵부터 이미 쓰여진 것이 틀림없다.

음악적 재능이 전혀 없는 인종은 하나도 없으며, 그것은 매우 빠르게 높은 수준까지 발달할 수 있다. 그것은 호텐토트족이나 흑인들이 그들의 고향에서

[*32] R. 브라운, 'Proc. Zoo. Soc.,' 1868, p. 410.

[*33] 'Journal of the Anthropolog. Soc.,' October, 1870, p. clv. 미개인의 관습에 대해 훌륭하게 설명한, 존 러벅 경의 'Prehistoric Times,' 2nd edition, 1869 끝부분의 여러 장 참조.

는 우리가 음악이라고 일컫는 것은 전혀 연습하지 않았음에도 불구하고, 이
내 매우 뛰어난 음악가가 되는 것을 보면 알 수 있다. 이것은 조금도 신기한
일이 아니다. 자연상태에서는 전혀 노래하지 않는 새도, 가르쳐 주면 쉽게 노
래하는 종류가 있기 때문이다. 집참새는 그렇게 해서 홍방울새의 노래를 배운
다. 이 두 종은 근연관계에 있으며, 둘 다 세계의 명금류가 대부분 들어 있는
연작(燕雀)목에 속하기 때문에, 참새의 조상도 노래하는 새였을 가능성이 있
으며, 아마도 그러했을 것이다. 연작목과는 다른 그룹에 속해 있으며, 발성기
관도 완전히 다른 앵무새 종류가 말하는 것을 배울 뿐만 아니라, 인간이 만든
곡을 부를 수도 있다는 것은 더욱 놀라운 일이다. 따라서 그들도 일종의 음악
적 재능을 갖고 있는 것이 틀림없다. 그럼에도 앵무새 또한 노래하는 새의 집
단에서 진화했을 거라고 가정하는 것은 경솔한 생각일 수 있다. 본디 한 가지
목적을 위해 적응한 기관이나 본능이 완전히 다른 목적으로도 사용되는 것에
대한 많은 사례들이 있다.*34 그래서 미개한 인종이 고도로 발전할 수 있는
음악적 재능을 갖고 있는 것은, 반쯤 인간이 된 단계의 조상이 조악한 형태의
음악을 표현하고 있었거나, 그들이 전혀 다른 목적에 적합한 발성기관을 획득
하고 있었기 때문일 것이다. 그러나 이 후자의 경우에는, 앞에 든 앵무새의 사
례나 다른 많은 동물들처럼 이미 어느 정도 음악적 선율에 관한 감각을 획득
했다는 전제가 있어야 한다.

　음악은 모든 감정에 영향을 주지만, 그것 자체로는 공포와 분노 같은 두려
운 감정을 불러일으키지 않는다. 그것은 부드러움과 사랑 같은 조용한 감정을
불러일으키며 헌신의 감정으로 이어지기도 한다. 또 승리와 전쟁의 영광 같
은 감정도 부추긴다. 이러한 다양한 것이 뒤섞인 강력한 감정은 숭고한 감각
을 불러일으킨다. 우리는 시먼 박사가 관찰한 것처럼, 몇 쪽에 이르는 글보다
한 곡의 음악에 더 강렬한 감정을 집약시킬 수 있다. 조류 수컷이 암컷을 매

---

*34 이 장이 인쇄에 들어간 뒤, 나는 촌시 라이트(Chauncey Wright)의 귀한 논문을 만났다('The
North Amer. Review,' October, 1870, p. 293). 그는 위의 주제를 논하면서 다음과 같이 지적했
다. '자연에는 궁극적인 법칙 또는 통일성이 있다. 하나의 유효한 힘을 획득하면 많은 이익
이 따라오는 동시에, 실제로 또는 잠재적으로 어떤 종의 불이익까지도 따라오는 예를 수
없이 볼 수 있는데, 유용성의 원리가 작용하고 있음이 확실하지 않은 경우도 있다.' 이 책
의 제2장에서 내가 밝히고자 한 것처럼, 이 원리는 인간이 몇 가지 정신적 능력을 획득한
것과 관련하여 중요한 의미를 지닌다.

혹하기 위해 다른 수컷과 경쟁하면서 있는 힘을 다해 자신의 노래를 부를 때는 이와 비슷하지만, 좀 더 약한 감정을 느낄 것이다. 우리 인간의 노래에서는 아직도 사랑이 가장 잘 널리 표현되는 주제이다. 하버드 스펜서가 지적한 것처럼 음악은 '우리 자신은 깨닫지 못한 채 잠자고 있던 감정, 우리도 그 의미를 이해하지 못하는 감정을 불러일으킨다. 또는 리히터(Richter)가 말했듯이 우리가 본 적도 없고, 또 앞으로도 보는 일이 없을 것 같은 것에 대해 가르쳐 준다.*35 그것과는 반대로 변론이나 일반 연설에도 감정이 담겨 있을 때는 자연히 음악적인 억양과 리듬이 붙게 마련이다. 원숭이들도 분노와 초조함은 낮은 음정으로, 또 공포와 고통은 높은 음정으로 강렬한 감정들을 다르게 표현한다.*36 음악과 열정적인 웅변의 억양을 통해 우리 속에 깨어나는 감각이나 생각은 뚜렷이 알 수 없는 어딘가 깊은 곳에서 일어나는 듯한, 먼 과거의 감정이나 사고에 대한 정신적인 격세유전인 듯하다.

음악에 대한 이 모든 사실은, 음악적 가락이나 리듬은 반인간 상태에 있었던 시대의 인간 조상이, 그것을 모든 동물들이 뜨거운 열정으로 흥분하는 구애의 계절에 사용했을 거라고 생각한다면, 어느 정도 이해할 수 있을지도 모른다. 이 경우에는 뿌리 깊은 유전적인 연결에 의해, 음악적 가락은 과거의 강한 감정을 모호하고 확실하지 않은 형태로 불러일으킬 것이다. 사수류 수컷 가운데에는 암컷보다 발성기관이 훨씬 잘 발달한 종들이 있으며, 유인원의 일종이 완전히 1옥타브에 이르는 음악적 가락을 힘차게 노래한다고 볼 수 있음을 생각하면, 인간 조상의 남자, 여자, 또는 양성이 음절화한 언어로 서로 사랑을 표현하는 능력을 획득하기 전에, 이미 음악적 가락과 리듬을 통해 서로를 매혹시키려 하고 있었다는 것은 전혀 있을 수 없는 일은 아닐 것이다. 사수

＊35 하버드 스펜서(Herbert Spencer)가 쓴 'Essays,' 1858, p. 359의 음악의 기원과 기능에 관한 흥미로운 논술 참조. 스펜서는 내가 도달한 것과는 정반대의 결론에 이르렀다. 그는 감정적인 연설에서 사용되는 음악적인 억양을 바탕으로 음악이 발달했다고 생각하지만, 나는 음악적 음계와 리듬이야말로 인간의 남녀 조상이 이성을 매혹하기 위해 획득한 것이라고 생각한다. 음악적인 가락은 동물이 느낄 수 있는 가장 강한 열정과 밀접하게 결부되어 있기 때문에, 연설에서 강한 감정이 표현될 때는 본능적으로 함께 사용되었던 것이다. 스펜서도 나도, 왜 인간이나 하등동물에게는 높은 음 또는 낮은 음이 특정한 감정을 표현하는 데 사용되는지 만족할 만한 설명을 제시하지 못하고 있다. 스펜서는 또 시와 서창((敍唱, 말하듯이 노래하는 것)과 노래의 관계에 대해 흥미로운 고찰을 했다.

＊36 렝거, 'Säugethiere von Paraguay,' S. 49.

류가 사랑의 계절에 목소리를 어떻게 사용하는지에 대해서는 거의 알려진 것이 없기 때문에, 인간 조상의 남녀 가운데 어느 쪽이 먼저 노래를 부르는 습성을 획득했는지에 대해서는, 그것을 판단할 수 있는 자료가 없다고 할 수 있다. 일반적으로 여자가 남자보다 목소리가 달콤하므로, 이 점에서 생각하면 여자가 먼저 이성을 유혹하기 위해 음악적 재능을 획득했다고 추측할 수 있다.*37 만약 그렇다면 그것은 인간 조상이 충분히 인간다워지고, 여자를 단순히 유용한 노예로만 여기고 평가하기 시작한 훨씬 이전의 일이었을 것이다. 열정적인 웅변가, 음유시인, 음악가 등이 그 음악적 가락을 통해 듣는 자에게 강한 감정을 불러일으킬 때, 그들의 인간 조상이 먼 옛날 구애와 경쟁에서 서로의 열정을 자극하기 위해 사용했던 것과 같은 수단을 사용하고 있다는 것은 의심할 여지가 없는 사실이다.

아름다움이 인간의 짝짓기에 미치는 영향

문명인의 생활에서 남자가 아내를 고를 때는, 물론 그것이 전부는 아니지만 여자의 외모가 큰 영향을 미친다. 그러나 여기서는 주로 원시시대에 대해 고찰하고 있으며, 이 문제에 대해 판단을 내리기 위해 우리가 구할 수 있는 자료는 현재 남아 있는 반(半)문명화한 미개인들의 습관에 대한 지식뿐이다. 만약 다른 인종에 속하는 남자가 특정한 형질을 가진 여자를 좋아하고, 또는 반대로 여자가 특정한 형질을 가진 남자를 좋아한다면, 그러한 취향이 여러 세대 동안 계속된 결과 그 인종의 어느 한쪽 성 또는 양성에 대해 뭔가 의미 있는 영향을 불러일으켰는지를 검토해야 한다. 어느 한쪽 성에만 영향이 있는지의 여부는 거기에 작용하고 있는 유전양식에 달려 있다.

먼저 미개인이 자신들의 외모에 매우 관심을 기울인다는 것*38에 대해 자

---

*37 헤켈(Häckel)이 이 문제에 대해 쓴 흥미로운 논고 참조('Generelle Morph.,' Bd. 2, 1868, S. 246).

*38 전 세계에서 미개인이 자신의 몸을 어떻게 장식하는지에 대해 쓴 가장 상세하고 훌륭한 글은 이탈리아 여행가 만테가자(Mantegazza) 교수의 'Rio de la Plata e Tenerife, Viaggi e Studi,' 1867, pp. 525~545이다. 이후의 모든 기술은 다른 출전이 기록되어 있지 않은 한 이 책에서 인용한 것이다. 또 바이츠(Waitz)의 'Introduct. to Anthropolog.,' English translation., Vol. 1, 1863, p. 275 등도 참조. 로렌스(Lawrence)는 그의 'Lectures on Physiology,' 1822에서 많은 예를 소개했다. 이 장을 다 쓴 뒤에 J. 러벅 경이 'Origin of Civilisation,' 1870을 출판했

세히 이야기해 두는 것이 좋을 것 같다. 그들은 장식을 좋아하기로 유명하여, 영국 철학자 가운데에는 옷은 본디 장식을 위해 발명된 것이지 보온을 위한 것이 아니었다고 주장하는 사람까지 있을 정도이다. 바이츠 교수는 '사람은 아무리 가난하고 비참해도 자신의 몸을 장식하는 것에서 기쁨을 느낀다'고 지적했다. 남아메리카의 벌거숭이 인디언이 자신의 몸을 장식하기 위해 얼마나 아낌없이 사치하는지는 '거구의 사내가 2주일 동안 고된 노동으로 번 것을 자신의 몸을 붉게 칠하는 데 필요한 치카와 교환해버리는'[*39] 것에 잘 나타나 있다. 순록기(馴鹿期)에 유럽의 미개인은 우연히 아름다운 것이나 진귀한 것을 발견하면 모두 동굴 속으로 가지고 돌아갔다. 그러나 현대의 미개인은 전 세계 어디서든 깃털, 목걸이, 팔찌, 귀걸이 등으로 몸을 장식한다. 그들은 참으로 다양한 방법으로 몸에 색칠을 한다. 그들을 관찰한 훔볼트는 '몸에 물감을 칠한 사람을 옷을 입은 사람과 같은 시각으로 바라본다면, 물감을 칠하는 것에도 옷과 마찬가지로 풍부한 상상력이 작용하며, 가장 자유분방한 변화가 패션을 완성하고 있음을 알 수 있다'라고 말했다.

아프리카의 어느 지역에서는 눈꺼풀을 검은색으로 칠하고, 다른 지역에서는 손톱을 노란색이나 자주색으로 칠한다. 많은 지역에서 머리카락을 여러 가지 색으로 물들인다. 여러 나라에서 이를 빨강, 검정, 파랑 등으로 물들이는데, 말레이 제도에서는 개처럼 새하얀 이를 수치스러운 것으로 여긴다. 북쪽으로는 북극지역에서 남쪽으로는 뉴질랜드까지, 원주민이 몸에 문신을 하지 않는 지역이 없다. 이 풍습은 옛 유대인과 고대의 브리튼인도 갖고 있었다. 아프리카에는 문신을 하는 부족도 있지만, 더 흔히 볼 수 있는 것은 몸의 다양한 부위에 상처를 내고 거기에 소금을 문질러 살이 부풀어 오르게 하는 것이다. 코르도판과 다르푸르 주민은 그것을 '가장 큰 개인적 매력이라고 여긴다.' 아랍제국에서는 '뺨이나 관자놀이에 깊은 상처를 내어야만 비로소 아름다움이 완성된다.'[*40] 훔볼트는, 남아메리카에서는 '어머니가 인위적인 수단을 이용하

는데, 거기에는 여기서 논한 것과 관련된 흥미로운 장이 들어 있다. 거기서 나는 미개인이 자신의 이와 머리카락을 물들이거나 이에 구멍을 뚫는 사실을 인용했다(pp. 42, 48).

[*39] 훔볼트(Humboldt), 'Personal Narrative,' English translation, Vol. 4, p. 515. 몸에 물감을 칠하는 것에서 나타나는 상상력에 대해서는 p. 522. 장딴지를 변형시키는 것에 대해서는 p. 466 참조.

[*40] 'The Nile Tributaries,' 1867 ; 'The Albert N'yanza,' 1866, Vol. 1, p. 218.

여 아이의 종아리를 그 나라에서 유행하고 있는 모양으로 변형시키지 않으면, 자식에 대해 무관심한 부끄러운 어미라고 비난을 받는다'고 지적했다. 구대륙과 신대륙에서는 옛날, 유아기에 두개골을 매우 기묘한 형태로 변형시키는 관습이 있었는데, 지금도 그런 관습이 남아 있는 지역이 많고, 그러한 기형을 장식적인 것으로 여기고 있다. 이를테면 콜롬비아의 미개인*⁴¹은 매우 납작한 머리를 '미의 필수 조건'으로 여긴다.

어느 나라에서나 머리카락에는 특별히 관심을 기울이고 있어, 땅바닥에 닿을 정도로 길게 기르기도 하고, '자잘하게 묶은 곱슬머리는 파푸아인의 자랑이자 영광'*⁴²이라는 듯이 빗으로 정성스럽게 다듬는 곳도 있다. 북아프리카에서는 남자가 자신의 머리스타일을 완성하는 데 8년에서 10년이나 걸린다.' 그 밖의 나라에서는 머리를 깎고 남아프리카와 아프리카 일부에서는 눈썹까지 뽑아버린다. 나일 강 상류 지방의 원주민들은 야만적인 인종과 다르게 보이고 싶어서 앞니 네 개를 부러뜨린다. 남쪽으로 더 내려가면, 위턱의 앞니 두 개를 부러뜨리는 바토카족이 있는데, 리빙스턴이 지적한 것처럼*⁴³ 그들은 아래턱이 튀어나와 있어서 그렇게 하면 무서운 얼굴이 된다. 그러나 그들은 위턱에 앞니가 있는 것을 가장 추한 모습으로 여기고 유럽 인을 보면, "저 커다란 이를 보라!"고 소리쳤다. 대추장 세비투아니는 이 풍습을 바꾸려고 애썼지만 허사였다. 아프리카의 다양한 지역과 말레이 제도의 원주민은 앞니를 갈아서 톱니처럼 만들거나, 이에 구멍을 뚫어 장식못을 박기도 한다.

우리가 주로 아름다운 얼굴을 사랑하듯이, 미개인은 얼굴의 여러 부분에 칼집을 내거나 구멍을 뚫기도 한다. 전 세계 어디서나 비중격(코 안을 두 부분으로 가르는 세로벽)에 구멍을 뚫거나 더 드물게는 콧방울에 구멍을 뚫어, 거기에 고리, 막대기, 깃털 등의 장식을 꽂는 것을 볼 수 있다. 귀에 구멍을 뚫어 마찬가지로 장식하는 것도 전 세계에서 볼 수 있다. 남아메리카의 보토쿠도족과 렌구아스족은 귀에 낸 구멍을 서서히 늘려서 마침내 귀가 어깨에 닿게 한

---

*41 Prichard(프리처드), 'Phys. Hist. of Mankind,' 4th edition, Vol. 1, 1851, p. 321.

*42 파푸아인에 대해서는 월리스의 'The Malay Archipelago,' Vol. 2, p. 445. 아프리카인의 머리형에 대해서는 S. 베이커 경의 'The Albert N'yanza,' Vol. 1, p. 210 참조.

*43 'Missionary Travels,' p. 533.

다. 남북 아메리카와 아프리카에서는 아래위 입술에 구멍을 뚫는다. 보토쿠도족은 아랫입술에 매우 큰 구멍을 뚫어 거기에 지름이 10cm나 되는 나무판을 끼워 넣는다. 만테가자(Mantegazza)는, 남아메리카의 한 원주민이 템베타라고 하는 입술에 끼우는 커다란 채색 나무판을 팔아버렸을 때 느꼈던 수치심과, 주위 사람들의 멸시에 관한 재미있는 이야기를 썼다. 중앙아프리카에서는 여성이 아랫입술에 구멍을 뚫어 수정을 끼우는데, 말을 할 때 혀의 움직임에 따라 '입술이 덜렁덜렁 흔들리는 말할 수 없이 우스꽝스러운 광경을 연출한다.' 라투카족 추장의 아내는 S. 베이커 경에게, 그의 아내가 앞니를 네 개 부러뜨리고 입술에 뾰족한 수정을 끼우면 훨씬 더 아름다워 보일 거라고 말했다.*44 더 남쪽으로 내려가면 마칼롤로족이 살고 있는데, 그들은 윗입술에 구멍을 뚫고 펠레레라고 하는 커다란 금속과 대나무로 만든 고리를 끼운다. '그렇게 하면 때로는 입술 끝이 코보다 약 5cm나 앞으로 나오게 되며, 여성이 웃으면 근육이 수축되어 입술이 위로 들려서 눈을 가리게 된다. 추장 친수르디에게 왜 여자들이 그런 것을 달고 있는 거냐고 물었을 때, 그는 너무나 어리석은 그 질문에 놀라움을 감추지 못하면서 이렇게 대답했다고 한다. "물론 아름다움을 위해서지! 그건 여성이 가지고 있는 유일한 아름다움이라네. 남자에게는 수염이 있지만 여자에게는 없지 않은가. 그러니 펠레레가 없으면 여자는 어떻게 되겠는가? 수염이 없는데도 남자와 똑같은 입을 갖고 있는 건 여자라고 할 수 없다네."*45

신체 부위에서 이렇게 부자연스러운 변용을 면한 곳은 거의 없다고 보면 된다. 그렇게 변용되기까지는 보통 몇 년씩 걸리는 일이 많기 때문에, 그로 인한 고통과 불행은 엄청날 것임에 틀림없다. 그럼에도 그것이 절대적으로 필요하다는 감정이 매우 강한 것 같다. 그 동기는 다양하다. 남자는 전쟁에서 자기 자신을 무섭게 보이기 위해 몸에 물감을 칠한다. 어떤 종류의 신체 절단이나 절개는 종교적인 의식과 결부되어 있는 경우도 있다. 또는 그것이 사춘기를 표시하는 경우도 있고, 남자의 계급과 부족을 표시하는 경우도 있다. 미개 사회에서는 같은 방법이 오랫동안 지속적으로 사용되고 있으며*46 몸의 절단과 절

---

*44 'The Albert N'yanza,' 1866, Vol. 1, p. 217.

*45 리빙스턴, 'British Association,' 1860. 'Athenaeum,' July, 1860, p. 29에 기고된 레포트도 참조.

*46 S. 베이커 경은(같은 책, Vol. 1, p. 210), 중앙아프리카의 원주민에 대해 '모든 부족이 머리를

개는 맨 처음 그것이 어떤 까닭으로 시작되었든, 곧 소중한 표시로서 그 가치를 인정받게 된다. 그러나 자화자찬, 허영심, 타인의 칭찬들이 가장 일반적인 동기인 것 같다. 문신에 대해서 나는 뉴질랜드의 선교사로부터 이야기를 들었는데, 그것을 그만두도록 소녀들을 설득하자 그녀들은 '우리는 입술에 여러 개의 선을 만들어야 해요. 그렇게 하지 않으면 어른이 되었을 때 몹시 추한 모습이 될 거예요' 라고 대답했다 한다. 뉴질랜드 원주민 남자에 대해서는 그들을 가장 잘 알고 있는 테일러 목사*47가 '얼굴에 멋진 문신을 하는 것은 젊은 이들의 가장 큰 소망으로, 여성들에게 매력적으로 보이고 전쟁터에서 돋보이게 하는 두 가지 역할을 하고 있다'고 말했다. 아프리카 일부에서는 여자의 이마와 턱에 새겨넣은 별 모양의 문신을 더 없는 매력으로 여기고 있다.*48 세계의 모든 곳은 아니라도 대부분의 지역에서는 남자가 여자보다 더 많은 장식을 하고 있으며, 게다가 종종 매우 다른 방식으로 장식하기도 한다. 때로는 드물게 여자가 거의 아무런 장식도 하지 않는 경우도 있다. 미개인 여자는 매우 많은 노동을 하면서도 질 좋은 음식을 먹지 못하기 때문에, 여자들이 아름다운 장식을 손에 넣거나 몸에 치장하는 것이 허락되지 않는 것은 미개인 남자의 전형적인 이기심의 발현인 듯하다. 마지막으로, 앞에 든 인용에서 알 수 있듯이 두개골을 변형하거나 머리카락을 장식하고, 몸에 물감을 칠하거나 문신을 하며, 코와 입술, 귀에 구멍을 뚫고, 이를 뽑고, 이에 구멍을 뚫는 방식들이 가장 멀리 떨어진 지방에서도 오랫동안 똑같이 행해져 왔다는 것은 참으로 놀라운 사실이다. 이토록 많은 나라에서 이루어지고 있는 이러한 관습이 모두 어떤 공통되는 전통에서 파생된 것이라고 보는 것은 도저히 수긍이 가지 않는다. 그보다도 이것은 어떤 인종이든 인류는 모두 비슷한 마음을 가지고 있음을 보여주고 있으며, 이는 세계 어디서나 춤, 가장(假裝), 조잡한 행위 등을 볼 수 있는 것과 유사하다.

우리의 눈에는 매우 추하게 보이는 다양한 장식과 몸의 변형에 대해 미개인들이 보여주는 찬탄에 대해 잠정적으로 몇 가지 사례를 살펴보았으므로, 이

장식하는 자신들의 방식을 변함없이 고수하고 있다'고 말했다. 아마존 인디언의 문신 방법이 변하지 않는 것에 대해서는 아가시(Agassiz) ('A journey in Brazil,' 1868, p. 318) 참조.

*47 R. 테일러(R. Taylor), 'New Zealand and Its Inhabitants,' 1855, p. 152.

*48 만테가자, 'Viaggi e Studi,' p. 542.

제 남자는 여자의 외모에 얼마나 매혹되는지, 또 그들의 아름다움에 대한 개념은 어떤 것인지 검토해 보기로 하자. 미개인은 여자의 아름다움에 대해 전혀 무관심하며, 단지 노예로서만 평가한다는 주장을 들은 적이 있는데, 이 주장은 여자가 자신들을 장식하는 데 기울이는 지대한 관심이나 그녀들의 허영심과 전혀 양립하지 않는다는 것을 지적하고 싶다. 버첼(Burchell)[49]은 어느 부시먼 여자가 기름과 붉은 염료와 반짝이는 가루를 어찌나 많이 사용하는지 '아무리 돈이 많은 남편이라도 파산해 버릴 것 같았다'고 하는 흥미로운 이야기를 썼다. 그녀는 또 '허영심이 강하고 자신의 아름다움을 잘 알고 있는 것 같았다'. 윈우드 리드의 말로는 서아프리카 해안의 흑인들은 종종 여자의 아름다움에 대해 토론한다고 한다. 어느 뛰어난 관찰자는, 흔히 자행되고 있는 끔찍한 관습인 영아살해의 이유에는 여자가 자신의 아름다움을 간직하고 싶어하는 욕구도 있다고 말했다.[50] 일부 지역에서는 여자는 남자를 유혹하기 위해 부적을 몸에 지니기도 하고 사랑의 묘약을 쓰기도 한다. 브라운은 북서아메리카의 여자가 그런 목적에 사용하고 있는 식물을 네 종류나 소개했다.[51]

아메리카 인디언과 몇 년 동안 함께 생활했던 뛰어난 관찰자 헌(Hearne)[52]은, '북방 인디언에게 어떤 여자가 미인이냐고 물으면 넓고 납작한 얼굴, 작은 눈, 높은 광대뼈, 양쪽 뺨에 새겨진 서너 개의 굵고 검은 선, 낮은 이마, 크고 넓은 턱, 어색한 매부리코, 황갈색 피부, 그리고 허리춤 아래까지 늘어진 유방이라고 대답할 것'이라고 말했다. 중국 북부를 방문한 팔라스(Pallas)는 '여기서는 넓은 얼굴, 높은 광대뼈, 폭이 매우 넓은 코, 그리고 거대한 귀[53]를 가진 만주형 여자들이 인기가 있다'고 말했다. 포크트는, 중국인과 일본인의 특징적

---

[49] 'Travels in the Interior of S. Africa,' 1824, Vol. 1, p. 414.

[50] 인용문헌에 대해서는 Gerland, 'Über das Aussterben der Naturvölker,' 1868, S. 51, 53, 55. 아자라의 'Voyages,' &c., tome 2, p. 116 참조.

[51] 북서아메리카 인디언이 사용하고 있는 식물성 물질에 대해서는 'Pharmaceutical Journal,' Vol. 10 참조.

[52] 'A Journey from Prince of Wales's Fort,' 8 vo. edition, 1795, 0. 89.

[53] 프리처드(Prichard)가 'Phys. Hist. of Mankind,' 3rd edition, Vol. 4, 1844, p. 519에서 인용. 포크트(Vogt)의 'Lectures on Man,' English translation, p. 129. 신할리족에 대한 중국인의 의견에 대해서는 E. Tennent(E. 테넌트), 'Ceylon,' Vol. 2, 1859, p. 107 참조.

인, 위로 찢어진 눈은 '붉은 털을 지닌 미개인의 눈과 대비(對比)하여 그 아름다움을 강조하듯이' 그들의 그림에 매우 과장되게 그려져 있다고 지적했다. 후크(Huc)가 되풀이해 말한 것처럼, 오지에 사는 중국인이 유럽 인의 하얀 피부와 높은 코를 무섭고 추하게 여기고 있다는 것은 유명한 이야기이다. 실론인의 코는 우리가 보기에는 조금도 높지 않지만, 몽골인의 납작한 얼굴에 익숙한 7세기의 중국인은 신할리족의 높은 코에 놀라, 창(Thsang)은 그들을 '새의 부리와 인간의 몸'을 가지고 있다고 묘사했다'.

핀레이슨(Finlayson)은 코친차이나(베트남 남부) 사람들에 대해 상세히 묘사한 뒤, 둥근 머리와 둥근 얼굴은 그들의 중요한 특징이라고 말하고, '전체적으로 둥근 느낌은 여자 쪽이 더 강하며, 여자의 얼굴은 둥글면 둥글수록 아름답게 여겨진다'고 덧붙였다. 샴인은 작은 코, 크게 벌어진 콧구멍, 커다란 입, 비교적 두꺼운 입술, 놀랄 만큼 큰 얼굴, 매우 높고 넓은 광대뼈를 가지고 있다. 따라서 '우리의 미의 기준과는 거리가 멀다. 그들은 자신들의 여자가 유럽 여자보다 훨씬 아름답다고 생각한다.'[54]는 말을 들어도 그리 놀랄 일이 아니다.

호텐토트족 여자들은 엉덩이가 몹시 튀어나온 것으로 유명하다. 그것은 지둔(脂臀)이라고 불리고 있으며, 앤드루 스미스 경은 이 기묘한 특징이 남자에게 매우 선호되고 있음을 확인했다.[55] 그는 언젠가 미인으로 알려져 있는 여자를 만난 적이 있는데, 그녀는 엉덩이가 너무 크게 발달해 있어서 평평한 곳에 앉으면 일어날 수가 없었기 때문에, 어딘가 비스듬한 곳으로 자신의 몸을 밀어 옮겨야만 했다. 몇몇 흑인 부족의 여자들도 같은 특징을 갖고 있다. 버턴(Burton)에 따르면, 소말리아인 남자들은 '여자들을 일렬로 세워놓고 아내를 고르는데, 그 가운데에서 엉덩이가 가장 많이 튀어나온 여자를 선택했으며, 흑인에게는 그렇지 않은 여자만큼 싫은 것은 없었다.'[56]고 한다.

---

[54] 프리처드가 'Phys. Hist. of Mankind,' Vol. 4, pp. 534, 535에서 인용한 크로퍼드와 핀레이슨(Crawfurd and Finlayson)의 말.

[55] 이 저명한 여행가는 나에게, 여성의 앞치마 또는 널빤지라 불리는 이것이 우리에게는 매우 흥하게 보이지만, 이 부족의 남자들에게는 얼마나 높은 평가를 받고 있는지에 대해 이야기해 준 적이 있다. 이제는 사정이 바뀌어 남자들이 그러한 형상을 선호하는 경우는 매우 드물다고 한다.

[56] 'The Anthropological Review,' November, 1864, p. 237. 더 많은 문헌에 대해서는 바이츠

색깔에 대해서는 멍고 파크의 하얀 피부와 높은 코를 본 흑인들은 '매우 부자연스럽고 못생겼다'고 말하며 조롱했다. 그럼에도 그는 흑인들의 까만 피부와 귀엽게 퍼진 코를 칭찬해 주었다. 그들은 이것이 '빈말'인 줄 알고 있었지만 그래도 그에게 음식을 대접했다. 아프리카의 무어인도 그의 하얀 피부를 보고 '놀란 듯이 눈썹을 찌푸렸다.' 동쪽 해안에서는 버턴을 본 흑인 소년이 "이 하얀 사람 좀 봐, 하얀 원숭이 같지 않니?" 하고 소리쳤다. 윈우드 리드가 나에게 알려준 바에 따르면, 서쪽 해안에 사는 흑인들은 엷은 색깔의 피부보다 새까만 피부에 감탄한다고 한다. 그러나 그들이 하얀 피부를 두려워하는 것은, 그의 말처럼 많은 흑인들이 악마와 정령은 하얗다고 믿고 있기 때문일지도 모른다.

아프리카 대륙의 더 남쪽에 살고 있는 바냐이족도 흑인이기는 하지만 사람들은 대부분 밀크커피 같은 색을 띠고 있으며, 그 나라에서는 이 색깔을 가장 매력적이라고 생각한다. 즉 여기서는 취향의 기준이 다른 것이다. 흑인과는 매우 다른 카피르인은, 델라고아만(灣) 근처에 살고 있는 부족을 제외하고는 피부색이 일반적인 검은 색이 아니라, 검은색과 붉은색이 섞인 듯한 초콜릿색이 대부분이다. 가장 흔히 볼 수 있는 짙은 피부 색깔을 그곳 사람들은 가장 선호하고 있다. 카피르족에게는 피부색이 엷다거나 백인 같다는 말은 매우 나쁜 평가이다. 한 남자는 피부색이 너무 엷어서 아무도 그와 결혼하려 하지 않았다고 한다. 줄루족 왕을 부르는 칭호의 하나는 '그대, 검은 자여'[57]이다. 골턴은 남아프리카의 부족에 대해, 그들이 지닌 미의 개념은 우리와는 너무 달라 보였으며, 어떤 부족에게 호리호리하고 가냘픈 몸매의 처녀가 두 명 있었는데, 현지인들은 어느 누구에게도 매력을 느끼지 못하는 것 같았다고 말했다.

이제 세계의 다른 지역으로 눈을 돌려보자. 파이퍼(Pfeiffer) 부인에 따르면, 자바에서는 피부가 흰 여성이 아니라 노란 여성을 아름답게 여긴다. 코친차이나 지방의 남자는 '영국대사 부인에 대해 이는 개처럼 희고 피부는 감자꽃

(Waitz)의 'Introduct. to Anthropology,' English translation, 1863, Vol. 1, p. 105 참조.

[57] 'Mungo Park's Travels in Africa,' 4 to., 1816, pp. 53, 131. 샤프하우젠의 'Archiv für Anthropolog.,' 1866, S. 163에 인용된 버턴의 말이다. 바냐이에 대해서는 리빙스턴의 'Travels,' p. 624. 카피르인에 대해서는 J. 슈터(J. Shooter)의 'The Kafirs of Natal the and Zulu Country,' 1857, p. 1 참조.

처럼 분홍색이라고 경멸을 담아 이야기했다.' 중국인은 우리처럼 하얀 피부를 좋아하지 않으며, 북아메리카인도 '황갈색 피부'를 좋아한다는 것은 널리 알려져 있다. 남아메리카의 유라카라족은 코르디예라 산맥 동쪽의 습한 경사지에 살고 있는데, 그들의 피부는 놀랍도록 색깔이 엷다. 그것은 그들 고유의 언어로 자신들을 가리키는 말에 잘 나타나 있다. 그럼에도 그들은 유럽 인 여자는 자신들의 여자보다 훨씬 못하다고 생각한다.[*58]

북아메리카의 일부 부족은 머리카락이 놀랄 만큼 길게 자란다. 캐틀린 (Catlin)은 그들이 그것을 얼마나 높이 평가하고 있는지를 보여주는 기묘한 증거를 소개했다. 크로족 추장은 부족 사람들 가운데에서 가장 머리가 길었기 때문에 그 자리에 올랐다고 하는데, 그의 머리카락 길이는 약 3.2m나 되었다. 남아메리카의 아이마라족과 케추아족도 마찬가지로 머리가 길다. D. 포브스가 알려준 바로는, 그들은 그것을 대단한 매력으로 생각하기 때문에, 머리카락을 자르는 것은 그들에 대한 가장 가혹한 처벌이라고 한다. 이 두 대륙의 원주민은 머리카락에 섬유질의 것을 붙여 엮어서 머리를 더욱 길어보이게 한다. 북아메리카의 인디언들은, 머리카락은 이렇게 소중히 여기지만 얼굴의 털은 매우 비천한 것으로 생각하여 일일이 뽑아버린다고 한다. 이 관습은 북쪽으로는 밴쿠버 제도에서 남쪽으로는 티에라 델 푸에고에 이르기까지 아메리카 대륙의 모든 곳에서 흔히 볼 수 있다. 비글호에 승선했던 푸에고 사람 요크 민스터가 자기나라로 돌아갔을 때, 현지인들은 그에게 얼굴에 몇 가닥 자라고 있던 짧은 털을 몽땅 뽑아버려야 한다고 말했다. 그들은 또 한동안 그들과 함께 생활했던 젊은 선교사의 옷을 벗기고 몸과 얼굴의 털을 모두 뽑아버리겠다고 위협했는데, 사실 그는 털이 많은 편도 아니었다. 이 취향은 파라과이의 인디언에서는 극한에 달하는데, 그들은 말처럼 보이기 싫다는 이유로 눈썹과 속눈썹도 모두 뽑아버린다.[*59]

전 세계 어디서나 수염이 거의 나지 않는 인종은 몸과 얼굴의 털을 싫어하

*58 자바인과 코친차이나인에 대해서는 바이츠의 'Introduct. to Anthropology,' English translation, Vol. 1, p. 305. 유라카라에 대해서는 프리처드의 'Phys. Hist. of Mankind,' Vol. 5, 3rd edition, p. 476에 인용된 A. 도르비니(A. d'Orbigny) 참조.

*59 G. 캐틀린의 'North American Indians,' 3rd edition, 1842, Vol. 1, p. 49 ; Vol. 2, p. 227. 밴쿠버 제도의 원주민에 대해서는 스프로트(Sproat)의 'Scenes and Studies of Savage Life,' 1868, p. 25. 파라과이의 인디언에 대해서는 아자라의 'Voyages,' tome 2, p. 105 참조.

여, 애써 그것을 없애려 하는 것은 매우 흥미로운 사실이다. 카르마크인에게는 수염이 없으며, 그들도 아메리카인디언과 마찬가지로 털을 모두 뽑아버린다. 그것은 폴리네시아인, 말레이인의 일부, 샴인도 마찬가지이다. 베이치(Beitch)는 일본 여자는 '우리의 구레나룻을 매우 추하다고 말하면서 우리에게 일본남자처럼 그것을 모두 깎으라고 했다'고 말했다. 뉴질랜드인에게도 수염이 없는데, 그들의 속담에는 '여자는 털이 많은 남자를 가까이 하지 않는다'[60]는 말이 있다.

한편, 수염이 나는 인종은 수염을 칭송하면서 높은 가치를 둔다. 앵글로색슨인들은 '수염을 잃으면 20실링, 대퇴골이 부러지면 단돈 12실링[61]' 하는 식으로 법률에 따라 몸의 모든 부위에 가격을 매겼다. 동방의 남자들은 수염에 걸고 엄숙하게 맹세한다. 아프리카 마카롤로족의 추장인 친수르디가 수염을 가장 멋진 장식으로 생각하는 것에 대해서는 이미 언급한 바 있다. 태평양의 피지 섬 사람들은 숱이 많고 덥수룩한 수염을 자랑으로 여긴다. 한편, 그 근처인 통가와 사모아 제도 주민에게는 수염이 없는데, 이들은 수염이 난 턱을 매우 싫어한다. 엘리스제도에서는 한 섬만이 남자에게 수염이 많으며, 그들은 그것을 매우 자랑으로 여긴다.[62]

지금까지 인종에 따라 아름다움에 대한 기호가 얼마나 다른지 살펴보았다. 자신들이 숭배하는 신이나 신격화된 지배자의 상을 만들 만큼 진보된 나라에서는, 조각가들은 말할 것도 없이 그들이 생각하는 이상적인 미와 영광을 거기에 표현해 왔다.[63] 이러한 관점에서 보면, 그리스의 주피터와 아폴로를 이집트 아시리아의 조상과 비교해 보는 것도 좋을 것이다. 또 그것을 중앙 아메리카의 폐허에 남아 있는 무시무시한 돋을새김 장식과도 비교해 보기 바

---

*60 샴인에 대해서는 프리처드의 같은 책, Vol. 4, p. 533. 일본인에 대해서는 베이치의 'Gardners, Chronicle,' 1860, p. 1104. 뉴질랜드인에 대해서는 만테가자의 'Viaggi e Studi,' 1867. p. 526 참조. 여기에 든 그 밖의 나라 사람들에 대해서는 로렌스(Lawrence)의 'Lectures on Physiology,' &c., 1822, p. 272의 인용 참조.

*61 러벅, 'Origin of Civilisation,' 1870, p. 321.

*62 버나드 데이비스(Barnard Davis) 박사는 'Anthropological Review,' April, 1870, pp. 185, 191에서 폴리네시아인에 대한 프리처드의 글 등을 인용했다.

*63 Ch. 콩테(Ch. Comte)는 'Traité de la Législation,' 3rd edition, 1837, p. 136에서, 이 문제에 대해 논한 바 있다.

란다.

나는 결론에 대한 반론은 거의 들어본 적이 없다. 그러나 아프리카 서해안의 흑인뿐만 아니라 내륙지방의 흑인에 이르기까지, 유럽 인과 접촉한 적이 전혀 없는 인종도 관찰할 기회가 많았던 윈우드 리드는, 그들의 미적 감각은 대체로 우리와 같다고 확신하고 있다. 그는 종종 현지인 소녀의 아름다움에 대해 흑인들과 의견이 일치했으며, 유럽 여자에 대한 그들의 평가도 우리의 것과 일치한다는 사실을 알았다. 그들은 긴 머리를 좋아하며 인공적인 수단을 이용하여 머리가 풍성해 보이도록 한다. 그들은 또 자신들에게는 수염이 거의 없는데도 수염을 선호한다. 리드는 그들이 어떻게 생긴 코를 좋아하는지에 대해서는 잘 몰랐다. 그는 한 소녀가 "그 사람하고는 결혼하고 싶지 않아요, 코가 없는 걸요" 하고 말하는 것을 들었는데, 이것은 납작한 코는 선망의 대상이 아니라는 것을 보여준다. 그러나 서쪽 해안에 사는 흑인의 매우 넓은 코와 튀어나온 턱은 아프리카 주민들 가운데에서는 예외적이라는 것을 유념해야 한다. 지금까지 말한 사실에도 불구하고, 리드는 흑인들이 '단순히 육체적인 매력을 이유로 예쁜 흑인 여자보다 가장 아름다운 유럽 여자를 선호하게 되지는*[64] 않을 거라고 말했다.

훔볼트(Humboldt)*[65]는 오래 전에, 사람은 무엇이든 자연이 자신들에게 준 성질을 칭송하며 흔히 그것을 강조하려 한다고 주장한 원리가 진실이라는 것을 다양한 면에서 관찰할 수 있다. 수염이 없는 인종이 수염을 모두 뽑아버리고 체모까지 몽땅 제거하려 하는 것이 그것을 잘 보여주는 일례이다. 많은 나라에서 과거에는 물론이고 지금도 두개골을 크게 변형시키는 관습이 있는데, 특히 남북 아메리카 대륙에서는, 그것이 선천적으로 존재하는 바람직한 특징을 과장하기 위한 것임에는 의심할 여지가 없다. 많은 아메리카 인디언이, 우

---

*64 푸에고 섬 사람과 오랫동안 함께 생활해온 선교사로부터 들은 이야기로는, 그들은 유럽 여자를 매우 아름답다고 생각하고 있는 것 같지만, 우리가 다른 아메리카 원주민의 평가를 들은 바에 따르면, 유럽 인과 함께 산 적이 있고 유럽 인을 우수하다고 생각하는 푸에고 사람이 아닌 한, 이것은 아무래도 뭔가 잘못되었다는 생각이 든다. 그러나 경험이 매우 풍부한 관찰자인 버턴 대위는, 우리가 아름답다고 생각하는 여자는 전 세계 어디서나 그렇게 칭송받고 있다는 사실도 덧붙여 둔다('Anthropological Review,' November, 1864, p. 245).

*65 'Personal Narrative,' English translation, Vol. 4, p. 518 등. 만테가자는 'Viaggi e Studi,' 1867에서 같은 원리를 강조하여 주장했다.

리에게는 백치처럼 보일 만큼 납작한 머리를 바람직하게 생각한다는 것은 널리 알려진 사실이다. 북서 해안의 주민들은 머리를 압축하여 뾰족한 원통형으로 만드는데, 그렇게 한 다음 머리카락을 정수리에 모아 매듭을 짓는 것이 그들의 오랜 관습이다. 그것은 윌슨 박사가 지적한 것처럼 바람직한 원통형을 더욱 강조하기 위한 것이다. 아라칸의 주민들은 넓고 편평한 이마를 좋아하며, 그런 이마로 만들기 위해 신생아의 머리에 납판을 붙인다. 한편, 피지섬의 원주민들은 넓고 둥근 후두부를 매우 아름답다고 생각한다.*66

두개골과 마찬가지로 코도 변형시킨다. 아틸라 시대의 고대 훈족은 '선천적인 성질을 과장하기 위해' 아이가 어릴 때 코를 붕대로 묶는 관습이 있었다. 타히티 사람에게 코가 높다는 말은 모욕이다. 그들은 아이를 아름답게 보이기 위해 코와 이마를 압박한다. 그것은 수마트라의 말레이인, 호텐토트인, 일부 흑인, 브라질 원주민도 마찬가지이다.*67 중국인은 본디 발이 매우 작은데도 상류층 여자들이 발을 변형시켜 더욱 작게 만드는 것으로 유명하다.*68 마지막으로 홈볼트는 아메리카 인디언이 자신들의 몸을 붉게 칠하는 것을 좋아하는 것은 그들의 자연적인 색을 강조하기 위함이며, 이런 까닭으로 유럽 여자들도 최근까지 자신들의 선천적인 하얀 피부에 붉은색과 흰색 화장품을 바른다고 보았다. 그러나 나는 많은 미개인들이 정말 그러한 의도로 자신의 몸에 색칠을 하는지는 의심스럽다고 생각한다.

우리 자신이 입는 옷의 유행에서도 같은 원리와 같은 욕망이 극에 달한 형태를 볼 수 있다. 또한 우리는 같은 유형의 자기만족을 보여주고 있다. 그러나 미개인의 유행이 우리의 것보다 훨씬 오래 지속되고 있는데, 그것은 그들

---

*66 아메리카 원주민의 두개골에 대해서는 노트와 글리든(Nott and Gliddon)의 'Types of Mankind,' 1854, p. 440. 프리처드, 'Phys. Hist. of Mankind,' Vol. 1, 3rd edition, p. 321 참조. 아라칸 원주민에 대해서는 같은 책, Vol. 4, p. 537. 윌슨의 "Physical Ethnology," 'Smithsonian Institution,' 1863, p. 288 참조. 피지섬 사람들에 대해서는 p. 290. J. 러벅 경은 'Prehistoric Times,' 2nd edition, 1869, p. 506에 이 문제에 대한 뛰어난 요약을 실었다.

*67 훈족에 대해서는 고드론(Godron), 'De l'Espèce,' tome 2, 1859, p. 300. 타히티인에 대해서는 바이츠, 'Anthropolog.,' English translation, Vol. 1, p. 305 참조. 프리처드의 'Phys. Hist. of Mankind,' 3rd edition, Vol. 5, p. 67에 인용된 마스던(Marsden)의 글. 로렌스(Lawrence)의 'Lectures on Physiology,' p. 337 참조.

*68 이것은 바이스바흐(Weisbach) 박사에 의해 'Reise der Novara: Anthropolog. Theil,' 1867, S. 265에서도 확인된 바 있다.

의 몸 자체를 변형시키기 때문에 그렇게 될 수밖에 없는 것이다. 나일강 상류 지역의 아랍 여자는 머리를 땋는 데 사흘이나 걸린다. 그들은 다른 부족을 흉내내는 일은 결코 없으며, 자신들만의 스타일의 우월성을 두고 서로 경쟁하고 있다. 아메리카의 다양한 부족들이 행하고 있는 두개골의 편평화에 대해, 윌슨 박사는 "그러한 관습은 근절하기가 매우 어려우며, 왕조가 무너지는 혁명의 충격 속에서도 사라지지 않고 그 국민에게 더 중요한 특수 상황에도 무관심하게 만들어버린다"[69]고 말했다. 이같은 원리는 인위선택의 방식에도 적용되고 있어 내가 다른 책에서 말한 것처럼,[70] 단지 장식적인 가치를 위해 사육한 놀랄 만큼 많은 동식물의 품종이 있다는 것도 그렇게 해서 비로소 이해할 수 있다. 애호가들은 언제나 각각의 특징을 좀 더 증폭시키려고 애써 왔다. 그들은 적당한 기준을 좋아하지 않으며, 자신이 소유하고 있는 품종의 특징이 급격히 변화하는 것도 바라지 않는다. 그들은 자신에게 익숙한 것을 좋아하지만, 언제나 그 특징이 좀 더 잘 개선되기를 원한다.

인간과 하등동물의 감각능력이 화려한 색채와 또 어떤 특정한 형태, 그리고 음악적 가락과 리듬에 대해 기쁨을 느끼고, 그것을 아름답다고 여기도록 되어 있는 것은 분명하다. 그러나 왜 그런지는, 왜 어떤 육체적 감각은 기분이 좋고 다른 감각은 그렇지 않은가 하는 것과 마찬가지로 거의 알려져 있지 않다. 인간 신체의 아름다움에 대해, 사람들의 마음속에 미의 보편적인 기준이 있다고 보는 것은 확실히 잘못된 생각이다. 어떤 취미는 시대를 거치면서 유전되었을지도 모르지만, 그것을 뒷받침하는 증거는 없다. 만약 그렇다면 각각의 인종은 저마다에게 고유한 미의 이상적인 기준을 본능적으로 갖추고 있게 된다. 하등동물의 구조에 다가갈수록 추하게 느껴진다는 주장도 제기되어 왔다.[71] 더욱 문명화한 국민이 지성을 높이 평가한다는 점에서는 적용될지도 모르지만, 코가 지금의 두 배나 높거나 눈이 지금의 두 배나 크더라도, 하등동물에 접근한 것은 아니지만 역시 매우 추하게 느낄 것이 틀림없다. 어떤 인종이든 자신들에게 익숙한 것을 좋아하며 큰 변화는 견디지 못한다. 그러나

*69 'Smithsonian Institution,' 1863, p. 289. 아랍 여자의 복장에 대해서는 베이커 경, 'The Nile Tributaries,' 1867, p. 121 참조.

*70 《사육동식물의 변이》제1권 214쪽, 제2권 240쪽.

*71 샤프하우젠, 'Archiv für Anthropologie,' 1866, S. 164.

사람은 다양성을 좋아하며, 어떠한 형질도 허용범위 안에서 극한까지 과장된 것을 좋아한다.[72] 우리 유럽 인들이 잘 알고 있는 것처럼, 달걀형 얼굴, 단정한 이목구비, 밝은 피부색에 익숙한 남자는 그런 점이 강조된 얼굴을 좋아한다. 반면에 폭이 넓고 광대뼈가 높으며, 코가 낮고 검은 얼굴에 익숙한 남자는 그런 특징이 강조된 얼굴을 좋아한다. 이러한 특징들이 아름다운 것과는 거리가 멀 정도로 강조되는 경우도 종종 있는 것은 사실이다. 따라서 완전한 미는 많은 형질이 어떤 특정한 방식으로 변용되어 있어야 하는데, 그것은 어느 인종에서도 좀처럼 보기 어렵다. 위대한 해부학자인 비샤(Bichat)가 오래 전에 지적했듯이, 만약 모든 사람이 똑같은 형태로 만들어졌다면 아름답다는 개념은 아예 존재하지도 않았을 것이다. 우리의 모든 여성이 메디치의 비너스처럼 아름답다면 우리는 한동안 그것에 넋을 잃겠지만, 곧 새로운 변화를 찾게 될 것이다. 그리고 변화를 얻은 순간, 또 우리는 일반적인 기준을 조금 넘어서서 과장된 특징을 가진 여성을 원하게 될 것이다.

---

[72] 베인(Bain)은 ('Mental and Moral Science,' 1868, pp. 304-314), 미에 관한 여러 다양한 이론들을 소개했지만, 어느 것 하나도 여기에 주어진 것과 완전히 일치하는 것은 없었다.

제20장 인간의 이차성징(이어서)

각각의 인종이 미에 대한 서로 다른 기준에 따라 계속 여성을 선택해온 영향—문명인과 미개인의 성선택을 방해하는 원인—원시시대의 성선택에서 선호된 조건—성선택이 인간에게 작용하는 방식—미개인 부족의 여자가 남편감 선택에 발휘할 수 있는 힘—체모가 없는 것과 수염의 발달—피부색—요약

앞 장에서는 모든 미개한 인종에서 장식, 의복, 외모가 높이 평가되고 있는 것과, 남자는 여자의 미를 매우 다른 기준으로 판단하고 있다는 것을 살펴보았다. 다음은 이러한 취향에 따라 각 인종의 남자가 자신들에게 가장 매력적으로 보이는 여자를 몇 세대에 걸쳐 선택함으로써, 여자만의, 또는 양성 모두의 형질이 실제로 변화해 왔는지에 대해 검토해 보기로 하자. 포유류에서는 어떠한 형질도 양성에 동등하게 전달되는 것이 일반적인 법칙이므로, 인간의 경우에도 여자가 성선택을 통해 획득한 형질은 남녀 양성에게 전달되는 것이 일반적이라고 생각해도 될 것이다. 만약 그러한 변화가 있었다면, 각각의 인종은 저마다 다른 미의 기준을 가지고 있으므로 서로 다른 방향으로 변화했을 거라고 생각할 수 있다.

인간, 특히 미개인은 몸의 형태에 관한 한, 많은 요인들이 성선택의 작용을 방해하고 있다. 문명인은 여자의 정신적 매력과 재산, 그리고 특히 사회적 지위에 끌리므로 자기보다 지위가 훨씬 낮은 여자와 결혼하는 일은 좀처럼 없다. 아름다운 여자를 아내로 얻은 남자가 추한 여자를 아내로 얻은 남자보다 오랜 기간에 걸쳐 많은 자손을 남길 기회는, 장자상속에 따라 재산을 남기는 소수의 인간을 제외하고는 거의 없을 것이다. 그 반대의 선택, 즉 여자가 더 매력적으로 생각하는 남자를 선택하는 경우도 있는데, 미개인 부족의 여자에게는 남편을 스스로 고를 자유가 없고 문명인 여자에게는 많든 적든 그럴 자유

가 있지만, 그래도 그녀들의 취향은 남자의 사회적 지위와 재산에 크게 영향을 받는다. 그리고 남자가 인생에서 성공할지의 여부는 주로 지적 능력과 에너지, 또는 그들의 조상에게 있었던 그러한 능력의 결과에 크게 의존하고 있다.

그러나 문명인과 반문명인들에게 성선택이 작용해 왔다고 생각할 만한 근거는 있다. 많은 사람들은 우리 사회의 귀족 및 장자상속을 오랫동안 유지해온 부유한 가족은, 많은 세대에 걸쳐 모든 계급에서 더욱 아름다운 여성을 아내로 맞아들였기 때문에 유럽의 기준으로 보아 중산계급보다 더 아름다워졌다고 생각하고 있고, 내 생각도 마찬가지이다. 쿡(Cook) 선장은 태평양의 어느 섬에서나 귀족들의 훌륭한 얼굴을 볼 수 있으며 그것은 샌드위치 제도에서도 마찬가지라고 지적했는데, 그 까닭은 주로 귀족들이 더 좋은 음식을 먹고 생활조건도 양호하기 때문일 것이다.

옛날의 여행자인 샤르댕(Chardin)은 페르시아인에 대해 이렇게 설명했다. "그들의 혈통은 최근에 세계에서 가장 아름다운 두 인종인 그루지아인, 체르케스인과 혼혈함으로써 매우 세련되었다. 페르시아인 상류계층 남자로서 어머니가 그루지아인이나 체르케스인이 아닌 사람은 거의 없을 것이다." 그는 그들이 그러한 아름다움을 '자신들의 조상으로부터 물려받은 것이 아니다. 왜냐하면 위와 같은 혼혈이 아니라, 타타르인의 후손인 페르시아인 상류계급 남자는 아주 못생겼기 때문'[1]이라고 덧붙였다. 다음에 소개하는 것은 더욱 흥미로운 사례이다. 시칠리아섬의 산지울리아노에 있는 에리치나의 비너스 신전에서 봉사하는 무녀들은 그리스 전역에서 아름다운 여자들만 골라 선발한 것이라고 한다. 그녀들은 영원히 처녀로 있는 것은 아니다. 카트르파지(Quatrefages)[2]는, 산지울리아노의 여자들은 오늘날 이 섬에서 가장 아름답다고 알려져 있어서 화가들이 그녀들을 모델로 원한다고 했다. 그러나 이 이야기에는 의심스러운 점이 많다고 생각한다.

다음에 드는 예는 미개인에 대한 것이지만, 매우 흥미로운 점이 있어서 여기에 소개할 가치가 있을 것 같다. 윈우드 리드는 아프리카 서해안의 흑인인 졸

---

[1] 이 인용들은 영국 상류계급이 아름다운 것은 오랫동안 아름다운 여성을 선택해 왔기 때문이라고 하는, 로렌스(Lawrence)의 글에서 가져온 것이다('Lectures on Physiology,' &c., 1822, p. 393).

[2] "Anthropologie," 'Revue des Cours Scientifiques,' October, 1868, p. 721.

로프족에 대해 그들은 '누구나 매우 아름다운 것으로 유명하다'고 나에게 알려주었다. 그의 친구 한 사람이 그들에게 "내가 만난 사람들이 남자든 여자든 모두 이렇게 아름다운 것은 무엇 때문인가?" 물었더니 졸로프족 사람이 이렇게 대답했다고 한다. "그 까닭은 매우 간단하다. 못생긴 노예는 모두 팔아버리는 것이 우리의 오랜 관습이기 때문이다." 노예 여자가 모두 첩으로 산다는 것은 더 설명할 것도 없을 것이다. 이 흑인이 자기 부족의 얼굴이 아름다운 것은 못생긴 여자를 오랫동안 제거해왔기 때문이라는 것이 타당하든 타당하지 않든, 처음에 생각했던 것만큼 놀라운 사실은 아니다. 나는 다른 곳에서, 흑인들이 가축동물에 있어서 인위선택이 얼마나 중요한지 충분히 인식하고 있다는 것을 설명했는데[*3] 그 점에 대해서는 리드로부터 얻은 증거를 더 많이 제시할 수 있다.

미개인 사이에서 성선택의 작용을 방해하거나 약화시키는 원인

그 첫 번째 원인은 집단혼이라고 불리는 것, 또는 난혼적인 관계이다. 두 번째는 영아살해, 특히 여아살해를 들 수 있다. 세 번째로 어릴 때의 약혼이 있고, 마지막으로는 그저 노예로밖에 취급받지 못하는 여자의 낮은 지위를 말할 수 있다. 이 네 가지 점에 대해서는 어느 정도 상세히 고찰할 필요가 있을 것 같다.

인간 또는 어떠한 동물이든 짝짓기를 할 때 양성 모두 어떠한 선택도 없이 전적으로 우연에 맡겨져 있다면, 성선택이 작용할 여지가 없다. 어떤 종의 개체가 다른 개체보다 구애에 유리하기 때문에, 그것이 자손에게 어떤 영향을 주는 일은 일어나지 않는다. 그런데 현대에도 J. 러벅 경이 집단혼이라고 부른 것을 실행하고 있는 부족이 있다고 한다. 즉 부족 안의 모든 남자와 여자가 각각 서로의 남편이고 아내인 것이다. 많은 미개인들이 놀랄 만큼 호색적인 것은 사실이지만, 그들이 완전히 난혼이라는 것을 전적으로 인정하는 데는 더 확실한 증거가 필요하다고 나는 생각한다. 어쨌든 이 문제에 대해 나보다 훨씬 자세히 연구한 사람들[*4]의 판단을 존중해야 하지만, 그들은 집단혼이야말로 형

---

*3 《사육동식물의 변이》 제1권, 207쪽.

*4 J. 러벅, 'The Origin of Civilisation,' 1870, Chap. 3, 그 가운데에서도 pp. 60-67. 맥레난(M' Lennan)은 그의 매우 귀중한 저작인 'Primitive Marriage,' 1865, p. 163에서, 양성의 결합은 '초

제자매의 근친혼을 포함하여 전 세계에 공통되는 원시적인 결혼 형태였다고 생각한다. 이 생각을 간접적으로 지지하는 증거는 매우 유력한 것으로, 주로 개인 사이의 관계를 나타내기 위해 같은 부족의 구성원 사이에서 채택되는 용어가 자신의 부모가 아니라 부족 전체와의 관계를 시사하는 언어로 표현되어 있다는 사실에 근거를 두고 있다. 그러나 이 문제는 그 골자만 설명하는 데도 너무 복잡하고 방대하므로 여기서는 간단하게 다루기로 한다. 집단혼이 이루어지고 있는 곳이나 혼인관계가 확실하지 않은 곳에서는, 아이의 아버지가 누구인지 알 수 없는 것은 명백하다. 그러나 가장 미개한 부족의 여자가 오랫동안 아이에게 젖을 주는 것을 생각하면, 어머니와 자식의 관계까지 완전히 무시된다는 건 거의 믿어지지 않는다. 그래서 많은 경우, 출생의 관계는 아버지를 배제하고 어머니 쪽만 추적하게 된다. 그러나 다른 많은 경우에 개인의 관계는 단지 부족과의 관계만 나타낼 뿐이며 어머니와의 관계는 배제되고 있다. 다양한 위험에 노출되어 있는 같은 부족의 친족들은 서로 돕고 보호해야 할 필요가 있으므로 어머니와 자식의 관계보다 강한 결속 관계를 가지게 되었고, 따라서 정식 관계를 나타내는 유일한 용어가 되었을지도 모른다. 그러나 모건은 이 생각을 지지하는 데 충분한 증거는 아직 없다고 생각하고 있다.

세계의 다양한 장소에서 사용되고 있는, 개체의 관계를 나타내는 말은, 모건에 따르면 분류적인 것과 기술적인 것으로 나눠지는데, 우리는 후자를 사용하고 있다. 집단혼이나 매우 모호한 혼인관계가 전 세계 어디서나 본래의 혼인형태라는 생각을 강하게 지지하고 있는 것은, 이 분류적인 시스템이다. 그러나 내가 보는 한, 완전히 난혼적인 관계가 있었다고 믿어야 할 필요성은 전혀 없는 것 같다. 남자와 여자는 다른 많은 하등동물과 마찬가지로 각각의 아이가 태어날 때, 일시적이나마 두 사람만의 엄밀한 관계를 맺었을지도 모르지만 그 경우, 관계를 표현하는 말이라는 점에서는 난혼적인 관계와 마찬가지로 복잡했을 것이다. 성선택에 관한 한, 필요한 것은 부모가 관계를 맺기 전에 어떤

기에는 느슨하고, 이행적이며, 어느 정도는 난혼이었다'고 말했다. 맥레난과 J. 러벅은 현재의 미개인들이 매우 호색적인 것에 대해 많은 증거를 수집했다. L. H. 모건(L. H. Morgan)은 친족분류에 관한 그의 흥미로운 논문에서('Proc. American Acad. of Sciences,' Vol. 7, February, 1868, p. 475), 일부다처를 비롯한 모든 결혼의 형태가 원시시대에는 없었다고 결론지었다. J. 러벅의 저작에 따르면, 바코펜도 마찬가지로 본디 집단결혼이 널리 퍼져 있었다고 생각하는 것 같다.

선택이 존재하는가의 여부이며, 그 관계가 일생에 걸쳐 오래 지속되는 것인가, 한 시즌만의 관계인가 하는 것은 그다지 중요하지 않다.

관계를 나타내는 용어에서 얻을 수 있는 증거 외에도, 옛날에는 집단혼이 널리 이루어지고 있었음을 보여주는 다른 논거가 있다. J. 러벅 경*5은 널리 볼 수 있는 기묘한 족외혼(族外婚) 풍습, 즉 어떤 부족에 속하는 남자는 언제나 특정한 다른 부족에서 아내를 맞이하는 풍습을 다음과 같이 잘 설명했다. 즉 본래의 결혼 형태가 집단주의였기 때문에, 남자는 인근의 적대 부족에서 여자를 약탈해 오지 않으면 자신만을 위한 아내를 얻을 수가 없었고, 그렇게 함으로써 비로소 아내는 높은 가치를 지닌 소중한 재산이 되었다는 것이다. 그리하여 아내를 외부에서 약탈해 오는 관습이 시작되었고, 그것에 부여되는 명예로 인해 최종적으로는 보편적인 관습이 되었을 것이다. 또 J. 러벅 경에 따르면 혼인에 있어서 부족의 관습을 침범하는 것에 대해 대가를 치러야 한다는 것도, 부족 전원에 속하는 것을 어느 한 사람이 자신만의 것으로 가질 수 없다는 옛날의 사고에 의한 것이라고 생각하면 이해할 수 있을 것이다. J. 러벅 경은 또 고대에는 매우 음란한 여자가 높은 평가를 받고 있었다는 가장 기묘한 사실을 들어, 그것도 난혼의 본디 형태이며 부족에서 오랫동안 유지되었던 풍습이라고 생각하면 이해할 수 있다고 설명했다.*6

혼인 관계가 어떻게 발달해 왔는지가 아직 풀리지 않고 있는 문제라는 것은, 이 문제를 가장 깊이 연구해온 모건, 맥레난, J. 러벅, 이 세 사람 사이에서 몇 가지 점에 대해 큰 의견차가 있는 것을 보면 알 수 있다. 그러나 여기에서 말한 사실과, 다른 몇 가지 증거에서 알 수 있듯이 혼인의 풍습은 서서히 발달해 왔으며, 옛날에는 전 세계 어디서나 대부분 난혼적인 관계가 이루어지고 있었다는 것은 거의 확실한 것 같다. 어쨌든 하등동물, 특히 인간의 계통과 가장 가까운 동물과 비교해서 생각하면, 인간이 동물계에서 지금과 같은 지위를 얻게 되기 훨씬 이전인 먼 과거에는 이런 풍습이 널리 퍼져 있지는 않았을 것이다. 인간은, 내가 여기서 제시하려고 한 것처럼 확실히, 유인원 같은 동물에

---

*5 British Association에서 발표한 'On the Social and Religious Condition of the Lower Races of Man,' 1870, p. 20 참조.

*6 'Origin of Civilisation,' 1870, p. 86. 앞에 인용한 몇몇 저작에는 여성과의 관계만, 또는 부족과의 관계만 표현하는 증거가 많이 실려 있다.

서 파생된 것이다. 현존하는 사수류는 그 습성이 알려져 있는 몇몇 종류는 일부일처이지만, 오랑우탄처럼 수컷이 암컷과 함께 지내는 것은 1년 가운데 일부 기간에 지나지 않는 경우도 있다. 인도나 아메리카의 원숭이 일부는 엄격한 일부일처제이며 수컷과 암컷이 1년 내내 함께 지낸다. 다른 종류로는 고릴라와 몇몇 아메리카의 종이 그렇듯이 일부다처제이며, 각각의 가족이 따로 살아가고 있다. 이 경우에도 같은 지역에 살고 있는 가족 사이에는 아마 어느 정도 사회적인 관계가 형성되어 있어, 침팬지는 이따금 커다란 집단을 이루고 있는 것을 볼 수 있다. 또 다른 종류들은 일부다처제로서 자기 자신의 암컷들을 거느린 여러 마리의 수컷들이 함께 집단을 이루며 살고 있다. 개코원숭이의 일부가 그 예이다.*7 네발짐승의 모든 수컷들은 매우 질투심이 강하고, 경쟁상대인 수컷과 싸우기 위해 특별한 무기를 갖고 있는 종류도 수없이 많은 것을 생각하면, 자연상태에서 난혼적 관계가 존재하는 것은 매우 가능성이 낮다고 결론지을 수 있다. 배우자 관계가 평생 지속되는 것이 아니라 단지 새끼가 태어나는 동안만 유지된다 하더라도, 암컷과 새끼를 가장 잘 보호하거나 도와줄 수 있는 가장 강한 수컷이 좀 더 매력적인 암컷을 선택한다면, 그것으로 성선택이 작용하는 데 충분할 것이다.

그러므로 아득한 옛날로 시간을 거슬러 올라가면, 원시시대의 남녀가 난혼상태에서 생활하고 있었다는 것은 도저히 생각할 수 없는 일이다. 오늘날 우리 인간의 사회적 습관이나 미개인들 대부분이 일부다처인 것을 생각하면, 가장 가능성이 높은 것은, 원시인은 본디 작은 집단을 이루고 살았으며 각각의 남자는 자신이 가질 수 있는 만큼의 아내를 거느리고, 그녀들을 빼앗기지 않기 위해 다른 모든 남자들로부터 지키고 있었다는 것이다. 또는 고릴라처럼 자신의 아내들만 데리고 살았을지도 모른다. 현지인에 따르면, '성체 수컷은 한 집단에 한 마리밖에 없다. 어린 수컷이 성장하면 누가 강한지 투쟁을 벌여 강한 쪽이 상대를 죽이거나 쫓아낸 뒤 집단의 우두머리로서 지위를 확립한다.'*8 그

---

*7 브레엠('Illust. Thierleben,' Bd. 1, S. 77)은 망토개코원숭이는 성체 암컷의 수가 수컷의 두 배나 되는 큰 집단으로 생활하고 있다고 했다. 아메리카의 일부다처인 종에 대해서는 렝거, 그리고 아메리카의 일부일처인 종에 대해서는 오언('Anat. of Vertebrates,' Vol. 3, p. 746) 참조. 그 밖에도 참고할 만한 것들이 있다.

*8 새비지 박사, 'Boston Journal of Nat. Hist.,' Vol. 5, 1845-47, p. 423.

리하여 쫓겨난 젊은 수컷은 방랑을 계속하다가 마지막에 어디선가 짝짓기 상대를 발견하게 될 것이므로, 자기 가족 내부에서의 근친혼은 피할 수 있었을 것이다.

현재의 미개인들은 매우 호색적이고 옛날에는 집단혼이 만연했을지도 모르지만, 많은 부족들이 문명국보다는 훨씬 모호했을지라도 나름대로 결혼의 관습을 가지고 있다. 앞에 말한 일부다처제는 어떤 부족의 우두머리도 반드시 채용하고 있는 풍습이다. 그러나 가장 야만적인 부족이라도 엄격하게 일부일처제를 채용하고 있는 집단도 있다. 예를 들면 실론의 베다족이 그러한데, J. 러벅 경에 의하면*9 그들은 '남편과 아내를 갈라놓을 수 있는 것은 죽음뿐'이라고 말한다. 어느 현명한 칸디아족 추장은 일부다처주의자였지만, '단 한 사람의 아내하고만 살면서 죽을 때까지 헤어지지 않은 것 때문에 완전히 야만적인 행위라 하여 엄청난 스캔들이 되었다'고 한다. 그것은 마치 잎원숭이와 같았다고 러벅 경은 말했다. 일부다처제이든 일부일처제이든 현재로서는 결혼의 관습을 가지고 있는 미개인이 그 관습을 옛날부터 가지고 있었는지, 또는 난혼적 상태를 거친 뒤에 특정한 결혼 관습으로 돌아간 것인지에 대해 나로서는 추측할 수 없다.

영아살해

이것은 현재 전 세계에서 널리 볼 수 있는 풍습으로, 과거에는 훨씬 더 심했다고 생각할 만한 근거가 있다.*10 미개인은 자신과 자식들이 먹고 사는 데 충분하지 않은 경우가 흔히 있어, 쉽게 아이를 죽일 생각을 한다. 아자라는 남아메리카에서는 옛날에 너무 많은 남녀 아기를 죽여 절멸 직전까지 간 부족도 있다고 한다. 폴리네시아 제도에서는 여자가 넷, 다섯, 때로는 열 명이나 되는 자식을 죽인 사실이 알려져 있고, 엘리스(Ellis)는 자기 아이를 하나도 죽인 적이 없는 여자는 찾지 못했다고 한다. 영아살해가 자행되고 있는 곳에서는 존속을 위한 투쟁에서 상당히 유리해지고, 부족의 모든 구성원은 살아남은 소수의 아이들을 잘 키울 기회를 거의 동등하게 가지게 된다. 많은 경우에 남아보다 여아가 많이 살해되는데, 그것은 남아가 성장한 뒤에는 부족을 지키고 부

---

*9 'Prehistoric Times,' 1869, p. 424.

*10 멕레난, 'Primitive Marriage,' 1865. 족외혼과 영아살해에 대해서는 pp. 130, 138, 165 참조.

양하는 데 많은 도움을 줄 수 있어서 더 가치가 높다고 생각하기 때문이다. 그러나 여자에게 자녀양육이 부담이 되는 것과 그로 인해 자신의 아름다움이 손상되는 것, 여자의 수가 줄어들면 오히려 여자의 가치가 높아져서 지금보다 더 행복해질 수 있을 거라고 스스로 생각하는 것 등이, 다양한 관찰자들이 생각하고 있는 영아살해의 동기이다. 거기에 대해서는 여자 자신의 증언도 있다. 호주에서는 여아 살해가 아직도 성행하고 있는데, G. 그레이(Gray) 경은 원주민 여자와 남자의 비율을 1대3으로 추정했다. 그러나 그 비율을 2대3으로 보는 사람도 있다. 맥컬러프 대령은 인도 동쪽 국경선과 가까운 마을에서는 여자아이를 한 명도 보지 못했다고 한다.*[11]

여아살해 때문에 부족에서 여자가 줄어들면 당연히 인근 부족에서 여자를 약탈해 오지 않으면 안 된다. 그러나 J. 러벅 경이 앞에서 말한 것처럼, 이 풍습은 이전에 존재한 집단혼 때문에 남자가 자신만의 소유물로서 여자를 다른 부족에서 강탈해오는 것이라고 생각했다. 다른 이유로는, 집단의 규모가 너무 작아서 결혼할 수 있는 여자의 수가 적다는 이유를 들 수 있다. 약탈 풍습이 과거에는 널리 퍼져 있었고 문명국의 조상들 사이에서도 일어났던 것은, 맥레넌이 매우 흥미로운 논문에서 다룬 것처럼 기묘한 풍습과 의식의 자취 속에서 뚜렷하게 확인할 수 있다. 우리의 결혼식에서 볼 수 있는 '신랑 들러리'는 본디 신랑이 여자를 약탈할 때 그 일을 가장 적극적으로 도운 남자인 듯하다. 남자가 상습적으로 폭력과 속임수를 써서 아내를 획득했다면 아마도 매력적인 여자를 선택할 수는 없었을 것이다. 그들은 어떤 여자든 약탈만 할 수 있다면 상관없었을 것이다. 그러나 현재 많은 곳에서 볼 수 있듯이, 다른 부족에서

---

*11 게를란트(Gerland) 박사는 영아살해에 대해 많은 정보를 수집했다('Ueber das Aussterben der Naturvölker,' 1868. 특히 S. 27, 51, 54.). 아자라는('Voyages,' &c., tome 2, pp. 94, 116) 그 동기에 대해서도 상세히 설명했다. 인도의 예에 대해서는 맥레넌(같은 책, p. 139) 참조.

(역주) 위에서도 말했듯이 다양한 문화에서 영아살해를 볼 수 있는 것은 사실이지만, 지금까지의 연구에서 영아살해의 원인은 ①중도의 장애나 질병, 쌍둥이 등, 아이의 생존확률이 낮은 경우, ②출산 간격이 너무 짧아서 먼저 태어난 아이의 생존이 위태로운 경우, ③사생아, 미혼모 등, 아버지로부터 지원을 기대할 수 없는 경우, ④빈곤 등을 주로 들 수 있다. 즉 아이를 길러도 장래의 전망이 없다고 부모가 판단한 경우가 대부분이다. 여기에 설명되어 있는, 아이를 키우면 어머니 자신의 아름다움이 손상되는 것을 꺼려서 자식을 죽인다는 것은 현재까지 확인된 자료에서는 찾아볼 수 없었다. 선택적인 여아살해는 일부 사회에서 알려져 있지만 호주 원주민에게서 발견되었다는 증거는 없다.

아내를 교환해 오는 형태로 관습이 바뀌자 더욱 매력적인 여자를 교환하려 했을 것이 틀림없다. 그러나 이러한 관습은 필연적으로 부족 사이의 끊임없는 혼혈을 일으키게 되므로, 같은 지역에 사는 사람들을 거의 같은 형태로 만드는 경향을 부르게 된다. 그리고 그것은 성선택을 통해 부족이 분화하는 것을 매우 방해했을 것이다.

여아살해에 의해 여자의 수가 적어지는 것은 또 하나의 풍습, 즉 일처다부제를 낳게 되는데, 지금도 세계 각지에서 그런 현상을 볼 수 있다. 맥레난은 이 풍습도 옛날에는 전 세계에 만연해 있었다고 생각하지만, 모건과 J. 러벅*12은 이 결론에 의구심을 품고 있다.*13 두 사람 이상의 남자가 한 여자와 결혼하지 않을 수 없을 때는 부족의 모든 여자가 결혼하게 될 것이므로, 남자가 더욱 매력적인 여자를 선택하는 일은 일어나지 않게 된다. 오히려 이런 상황에서는 여자에게 선택권이 생기므로, 그녀들은 더욱 매력적인 남자를 선택하게 될 것이다. 예를 들면 아자라는 구아나족 여자가 한 사람 또는 그 이상의 남자를 남편으로 맞이하기 전에, 모든 종류의 이권을 얼마나 까다롭게 흥정하는지 설명했다.*14 그 결과, 남자는 자신의 외모에 보통 이상의 주의를 기울이게 되었다. 아주 못생긴 남자는 아예 장가를 가지 못하거나, 늦어서야 아내를 얻을 수밖에 없다. 잘생긴 남자는 아내를 얻는 데는 쉽게 성공하겠지만 우리가 보는 한, 그 아내의 잘생기지 않은 다른 남편보다, 자신의 아름다움을 물려받은 자식을 더 많이 남기는 일은 없는 것 같다.

여자가 어릴 때 맺는 약혼과 노예화

많은 미개인들은 여자가 아직 젖먹이에 불과할 무렵에 미리 약혼시켜버리는 풍습이 있다. 이것은 어느 쪽 성에서든 개인의 외견에 대한 취향을 아예 차단해 버린다. 그렇다 해도 나중에 남편보다 힘이 강한 남자가 더욱 매력적인 여자를 빼앗거나 약탈하는 일을 막지는 못할 것이며, 실제로 그런 일이 호주

---

*12 'Primitive Marriage,' p. 208. J. 러벅의 'Origin of Civilisation,' p. 100. 또 이전에 일처다부가 유행한 것에 대해서는 모건의 글도 참조할 것.

*13 (역주) 일처다부의 결혼형태는 전 세계에서 티베트와 서아프리카 일부에서만 볼 수 있고, 전형적인 일처다부는 티베트에만 있다. 여아살해에 의해 여자가 적어져서 일처다부가 생겨났으며, 세계각지에서 그 현상을 볼 수 있다는 기술은 전적으로 오류이다.

*14 'Voyages,' &c., tome 2, pp. 92-95.

와 아메리카 등 세계 각지에서 일어나고 있다. 많은 미개인들이 그렇듯이, 여자가 완전한 노예 또는 일하는 동물로만 취급받는 경우에도, 성선택에 대한 동일한 결론이 어느 정도는 적용된다. 그러나 남자는 언제나 자신들의 미의 기준에 따라 가장 아름다운 노예를 자신의 것으로 선택하고 있다.[15]

이렇게 미개인의 풍습 가운데에는 성선택의 작용을 매우 방해하거나 완전히 저지하는 것이 있다. 한편, 미개인을 에워싸고 있는 생활조건과 그들의 관습 가운데 몇 가지는 자연선택에 유리하게 작용하며 언제나 성선택과 함께 작용한다. 미개인은 반복적으로 기근에 허덕이면서도 인위적으로는 식량을 늘리지 못한다. 그들은 또 거의 결혼을 자제하지 않기 때문에[16] 어린 나이에 결혼하는 것이 보통이다. 그 결과 이따금 생존을 위한 혹독한 투쟁을 하지 않으면 안 되며, 그 투쟁에서 유리한 개체만이 살아남는다.

인간이 아직 완전한 인간이 되기 전이었던 원시시대로 거슬러 올라가보자. 이미 말했듯이, 그들은 아마 일부다처제 또는 일시적인 일부일처제였을 것이다. 유추해서 생각하면, 그들의 배우자 관계는 난혼은 아니었을 것 같다. 그들은 있는 힘을 다해 자신의 암컷을 모든 적으로부터 지키고, 자신과 새끼들을 위해 수렵을 했을 것이다. 그리고 가장 힘이 세고 능력이 있는 남자가 존속을 위한 투쟁 및 매력적인 여자를 획득하는 경쟁에서 성공을 거두었을 것이다. 이 초기 시대에는 인간의 조상의 지적 능력이 그리 높지 않았기 때문에, 긴 안목으로 앞날의 결과까지 예상하지는 못했으리라. 그들은 현재의 미개인보다 더욱 본능에 따라, 그리고 덜 이성적으로 행동했을 것이 틀림없다. 그 시대의 그들은 모든 본능 가운데 가장 강한 본능, 모든 하등동물에게 공통되는 본능, 즉 자신의 새끼에 대한 애정을 부분적으로라도 잃어버리는 일은 없었을 것이다. 그래서 그들은 자식을 살해하지 않았을 것이고 또 인위적으로 여자가 부족한 상태도 일어나지 않았으며, 그 결과로 일처다부제가 생기는 일도 없었을

---

*15 (역주) 미개인은 여자를 단지 노예로만 취급했다는 기술을 이 책의 여러 곳에서 볼 수 있는데, 이것도 당시에 펴낸 민족지(民族誌)의 그릇된 기술이며, 그렇다는 증거는 없다.

*16 버첼은('Travels in the Interior of S. Africa,' Vol. 2, 1824, p. 58), 남아프리카의 부족은 남녀 모두 금욕을 하지 않는다고 했다. 아자라도('Voyages dans l'Amérique Mérid.,' tome 2, 1809, p. 21) 남아메리카의 인디언에 대해 똑같이 설명했다.

것이다. 또한 어릴 때 약혼하는 일도, 또 여자가 단지 노예로만 평가받는 일도 없었을 것이다. 만약 여자가, 또는 남녀 모두 자신의 배우자를 자유롭게 선택할 수 있다면 정신적인 능력이나 재산, 사회적 지위가 아니라, 거의 겉모습만 보고 상대를 선택했을 것이다. 모든 성인은 짝을 찾아 결혼했을 것이고 가능한 한 모든 자식을 키울 수 있었을 테니, 정기적으로 생존을 위한 혹독한 투쟁이 일어났을 것이다. 이와 같이 원시시대는, 그 뒤 인간이 지능은 발달하지만 본능은 후퇴해버리는 시대보다 훨씬 더 성선택이 작용하기 좋은 조건 속에 있었다고 생각할 수 있다. 그러므로 인종간의 차이 및 인간과 고등유인원 사이의 차이를 만들어내는 데 성선택이 어떤 영향을 미쳤든, 그것은 현재보다 먼 과거에 훨씬 더 강력했다고 생각할 수 있다.

인간에게 성선택이 작용하는 방식

위에서 말한 성선택에 유리한 상태에 있는 원시인이나, 어떤 형태로든 혼인 관계를 맺고 있는 현재의 미개인에게 성선택은 아마 다음과 같은 방식으로 작용했을 것이다(그러나 많든 적든 여아살해, 어릴 때의 약혼 같은 풍습이 있음으로 해서 약간의 간섭은 있었을 것이다). 자신의 가족을 지키고 가족을 위해 사냥도 할 수 있는 가장 강하고 활력이 있는 남자와, 시대가 좀 더 흘러 가장 좋은 무기를 갖고 있거나 개와 같은 가축을 많이 소유하는 등, 가장 많은 재산을 가진 부족의 우두머리는, 같은 부족에 있는 약하고 가난하고 지위가 낮은 남자보다 평균적으로 많은 자식을 키우는 데 성공했을 것이다. 또 그러한 남자는 일반적으로 더욱 매력적인 여성을 선택할 수 있었을 것이다. 현재는 전 세계의 거의 모든 부족에서 추장은 두 사람 이상의 아내를 소유할 수 있다. 맨텔(Mantell)로부터 들은 바로는 최근까지도 뉴질랜드의 예쁜 소녀, 또는 앞으로 예뻐질 것으로 예상되는 소녀는 모두 추장의 '터부'였다고 한다. 카피르인에 대해 C. 해밀턴(C. Hamilton)[17]은, '추장은 근처 몇 킬로미터 범위에서 여자를 구해오는 것이 보통이며, 그들은 자신의 특권을 확립하고 그것을 확인하는 데 끊임없는 노력을 기울인다'고 설명했다. 인종마다 각각 미의 기준을 갖고 있는 것은 이미 살펴보았고, 가축동물이 가지고 있는 형질에 있어서도 의복, 장식,

---

*17 'Anthropological Review,' January, 1870, p. xvi.

개인의 외모에 있어서도, 그러한 형질들이 표준보다 조금씩 강조된 것에 이끌리는 것이 인간의 자연스러운 경향이라는 것도 알았다. 그래서 이제까지 말한 몇 가지 주장을 인정한다면, 물론 나는 인정하지 않을 이유가 없다고 생각하지만, 그렇다면 각 부족의 힘이 강한 남자가 더 매력적인 여자를 선택하여 그들이 더욱 많은 아이를 키우는 과정이 몇 세대 동안 계속된 뒤, 그 부족이 가진 형질이 조금도 변용하지 않는 것은 거의 있을 수 없는 일이다.

가축동물은 외국 품종이 새로운 곳에 도입되거나 현지의 품종이 사역이나 장식을 위해 오랫동안 주의 깊게 사육되면, 몇 세대 뒤에 비교수단이 있다면 확실히 많은 변화가 일어났음을 알 수 있다. 이것은 오랜 세대에 걸쳐 무의식 속에 계속된 선택의 결과이며, 사육자가 그런 결과를 기대하든 기대하지 않든 가장 바람직하다고 생각되는 개체가 보존되어 온 결과이다. 또는 두 사람의 신중한 사육자가 몇 년 동안 같은 과의 동물을 사육하여 함께 또는 공통의 기준을 두고 비교하지 않으면, 그러한 동물은 사육주도 놀랄 만큼 어느 정도의 변화를 보일 것이 틀림없다.*18 폰 나투지우스(Von Nathusius)가 적절하게 표현한 것처럼, 사육자는 각각 자신의 동물에게 자신의 마음의 형질, 즉 자신의 취미와 판단을 투영한다. 그렇다면 각각의 부족에서 가장 많은 자손을 성인이 되도록 키울 수 있는 남자가 가장 매력적인 여자를 오랫동안 선택해 온 결과, 그와 같은 일이 일어나지 않았을 거라고 판단할 이유가 어디 있을까? 분명히 그런 효과가 나타나고 있는 것을 보면, 희망이나 기대와는 상관없이 특정한 유형의 여자를 다른 유형보다 좋아하는 남자의 무의식적인 선택의 결과임이 틀림없다.

일정한 혼인 풍습을 가지고 있는 부족이 아무도 살지 않는 대륙에 퍼져간다고 상상해 보자. 그들은 곧 다양한 장벽에 의해 격리되어 여러 개의 소집단으로 갈라지겠지만, 그보다도 모든 미개인이 그렇듯이 늘 인근 집단과 전쟁상태에 있기 때문에 더욱 효과적으로 세분된 것이다. 그리하여 각 집단은 서로 아주 조금씩 다른 생활조건과 습관 속에서, 언젠가는 조금은 다른 형질을 갖게 될 것이다. 그렇게 되면 격리된 각 부족은 자신들의 고유한, 서로 조금씩 다른 미의 기준을 만들어낼 것이다. 그러면 또 더욱 강하고 지도력이 있는 남

---

*18 《사육동식물의 변이》 제2권, 210–217쪽.

자가 특정한 여자를 좋아함으로써*19 무의식적인 선택이 작용하게 된다. 이렇게 하여 처음에는 미미했던 부족간의 차이가 서서히, 그러나 확실하게 더욱 큰 차이로 벌어질 것이다.

  자연 상태의 동물에 있어서 몸의 크기와 힘의 세기, 특별한 무기, 용기와 호전적인 성격 등, 수컷의 고유한 형질은 대부분 투쟁의 법칙을 통해 획득된 것이다. 반쯤 인간화한 인간의 조상도, 친척인 사수류와 마찬가지로 그런 식으로 변용해 온 것이 거의 확실하다. 또한 미개인들은 지금도 여자의 소유를 둘러싸고 투쟁을 벌이고 있으므로, 그러한 선택 과정은 많든 적든 지금도 작용하고 있다. 화려한 색채와 다양한 장식 같은, 하등동물 수컷의 고유한 형질은 암컷이 더욱 매력적인 수컷을 좋아함으로써 획득되어 왔다. 그러나 수컷이 선택받는 것이 아니라, 선택하는 드문 예가 있다. 그런 예는 암컷이 수컷보다 고도로 장식적이며, 그 장식적 형질이 암컷 새끼에게만, 또는 암컷 새끼에게 더 강하게 전달되는 것을 보면 알 수 있다. 그러한 예의 하나가 인간이 속한 목에서도 볼 수 있는 히말라야원숭이로, 그것에 대해서는 이미 언급한 바가 있다.

  여자보다 육체적으로나 정신적으로나 더 강한 남자는, 원시적인 상태에서는 어떠한 동물 수컷보다 더 심각할 정도로 여자를 비참한 노예상태로 자기 옆에 잡아둔다. 따라서 남자가 선택권을 갖고 있는 것은 놀라운 일이 아니다. 여자는 전 세계 어디서나 자신의 아름다움이 지닌 가치를 의식하고 있고, 그 수단이 있는 곳에서는 남자보다 훨씬 더 자신의 몸을 모든 종류의 장식으로 꾸미기 좋아한다. 그녀들은 암컷에게 매력적으로 보이기 위해 자연이 조류 수컷에게 준 깃털장식을 빌려온다. 여자는 오랫동안 아름다움을 기준으로 선택되어왔기 때문에 그 뒤의 변이 가운데 일부가 한정적으로 유전된다 해도 이상할 것이 없으며, 그 결과 여자는 그 아름다움을 아들보다는 딸에게 더 많이 전달하게 되었을 것이다. 그래서 많은 사람들이 인정하듯이, 일반적으로 여자가 남자보다 아름다워진 것이다. 그러나 여자가 아름다움을 포함한 대부분의 형질을 양성의 자손에게 전하는 것은 확실하며, 각각의 부족이 자신들의 미의 기

---

*19 뛰어난 연구자는 라파엘로와 루벤스, 현대 프랑스의 화가 등의 그림을 비교한 뒤에, 유럽인들 사이에서도 미의 기준이 절대적으로 같지는 않다고 말했다. 봉베(Bombet)의 'Lives of Haydn and Mozart,' English translation, p. 278 참조.

준에 따라 더 매력적인 여자를 선호해온 결과, 그 인종에 속하는 양성의 개체가 모두 같은 형질로 변용되었을 것이다.

(하등동물에서는 더욱 널리 볼 수 있는) 또 다른 성선택의 형태, 즉 암컷에게 선택권이 있어 암컷을 가장 흥분시키거나 매혹시키는 수컷만 받아들이는 것에 대해서는, 인간의 조상도 그것을 작용하고 있었다고 생각할 만한 근거가 있다. 남자가 수염이나 그 밖의 몇몇 형질을 가지고 있는 것은, 인간 조상이 그러한 과정을 거쳐 장식으로 획득했기 때문이라는 것이 가장 타당한 설명일 것이다. 그러나 완전히 미개한 부족에서는 예상외로 여자가, 연인을 선택하거나 거부하고 유혹하며 나중에는 남편을 바꿔버릴 수도 있는 힘을 더 많이 갖고 있기 때문에, 이러한 형태의 선택은 훗날에도 이따금 작용했을 것이다. 이것은 상당히 중요한 사항이므로 이제까지 내가 수집한 증거를 좀 더 자세히 설명하고자 한다.

헌은 북극 지대에 위치한 매우 추운 아메리카 대륙에 사는 어느 부족에서 한 여자가 끊임없이 남편에게서 달아나 연인에게 간 것에 대해 이야기했다. 또 아자라는 남아메리카의 차루아족은 누구든지 자유롭게 이혼할 수 있다고 썼다. 아비폰족은 남자가 아내를 선택할 때 여자의 부모와 가격을 흥정한다. 그러나 처녀가 그 결혼을 완강하게 거부하며 신랑과 부모 사이에 성립된 합의를 철회하는 일이 종종 있다. 또는 처녀가 집에서 달아나 신랑을 피해 어딘가에 숨어버리기도 한다. 피지제도의 남자는 결혼하고 싶은 여자를 무력으로 또는 무력을 사용하는 척하여 붙잡아 가는데, 자신을 납치한 남자의 집에 도착한 뒤 그 결혼이 마음에 들지 않으면 처녀는 자신을 보호해줄 만한 사람에게로 달아나버린다. 그러나 만약 만족한다면 그 자리에서 해피엔딩으로 끝난다. 티에라 델 푸에고에서는 젊은 남자는 먼저 노동력을 제공하여 여자 부모의 환심을 산 뒤 그 딸을 데려가려고 한다. 그러나 만약 여자가 그 결혼이 마음에 들지 않으면, 그녀는 숲으로 달아나 구혼자가 그녀를 찾다가 지쳐서 포기할 때까지 나타나지 않는다. 그러나 그런 일은 여간해서는 일어나지 않는다. 칼마크족은 신랑과 신부가 달리기 경주를 하는데 신부가 훨씬 앞을 달려가며, 신부에게 그럴 마음이 없으면 결코 구혼자에게 따라잡히지 않는다고 클라크 (Clarke)는 말했다. 말레이제도에도 그런 달리기 경주를 하는 부족이 있으며 부리엥(Bourien)의 논문을 보면, 그것은 J. 러벅 경이 지적한 대로 발이 빠른 자가 이기는 경주, 힘이 센 자가 이기는 투쟁이 아니라 자신이 원하는 신부를 즐겁게 해주려는 유복한 젊은이를 위한 것이다.

아프리카로 눈을 돌리면, 카피르족은 아내를 돈으로 사는데, 처녀가 자신에게 정해진 남편을 받아들이기를 거부하면 아버지에게 호되게 매를 맞는다. 그래도 그녀들이 어느 정도 남편을 선택할 힘을 갖고 있다는 것은 슈터(Shooter)가 말한 많은 사실에서도 알 수 있다. 그래서 돈이 많아도 매우 추한 남자는 아내를 얻지 못할 수도 있다. 처녀들은 약혼을 받아들이기 전에 남자의 걸음걸이를 보려는 듯이 남자에게 자기 앞으로 걸어오거나 뒷모습으로 걸어가도록 요구한다. 여자가 남자에게 청혼하기도 하며, 자기가 좋아하는 연인과 사랑의 도피를 감행하는 경우도 종종 있다. 남아프리카의 부시먼은 '어릴 때 정해준 약혼자가 없이 어른이 된 여자에게 구혼자는 그녀의 부모뿐만 아니라 당사자의 승낙도 얻어야 한다. 물론 그런 경우가 많지는 않다.'[20] 윈우드 리드는 나를 위해 서아프리카 흑인에 대해 조사해 주었는데, 그에 따르면 적어도 더욱 지적인 파간족의 여자는 자신이 원하는 남편감을 구하는 데 아무런 어려움이 없다. 그러나 여자가 남자에게 결혼해 달라고 말하는 것은 여자답지 않은 행동으로 여긴다. 그녀들은 사랑에 빠져 상대에 대해 다정하고 열정적이며 성실한 애정을 품을 수 있다.

이와 같이 미개인 여자는 우리가 흔히 생각하듯이 결혼에 대해 완전히 비참한 상황에 놓여 있지는 않다는 것을 알 수 있다. 그녀들은 자기가 좋아하는 남자를 유혹하기도 하고, 결혼하기 전에는 물론이고 결혼한 뒤에도 상대가 싫어지면 거부할 수도 있다. 여자가 일정한 방향의 취향을 갖고 있다면, 최종적으로 부족의 형질에 영향을 미치게 될 것이다. 왜냐하면 여자는 그저 자신의 취향에 따라 잘생긴 남자만 선택하는 게 아니라, 동시에 자신들을 가장 잘 지켜주고 생계를 꾸릴 수 있는 남자를 선택하기 때문이다. 이렇게 운이 좋은 부부

＊20 아자라, 'Voyages,' &c., tome 2, p. 23. Dobrizhoffer(도브리조퍼), 'An Account of the Abipones,' Vol. 2, 1822, p. 207. 피지제도 사람들에 대해서는 러벅의 'Origin of Civilisation,' 1870, p. 79에 인용되어 있는 윌리엄스(Williams) 참조. 푸에고섬 사람들에 대해서는 킹과 피츠로이(King and FitzRoy), 'Voyages of the Adventure and Beagle,' Vol. 2, 1839, p. 182 참조. 칼마크족에 대해서는 맥레난의 'Primitive Marriage,' 1865, p. 32에 인용되어 있다. 말레이인에 대해서는 러벅의 같은 책, p. 76. J. 슈터, 'The Kafirs of Natal,' 1857, pp. 52-60. 부시먼 여자에 대해서는 버첼, 'Travels in S. Africa,' Vol. 2, 1824, p. 59 참조.

는 일반적으로 그렇지 않은 부부보다 많은 자손을 낳아 키울 수 있다. 만약 남녀 양쪽이 서로 선택한다면, 다시 말해 더 매력적이고 더 강한 남자가 더 매력적인 여자를 좋아하고 또 그런 여자도 그런 남자를 좋아한다면, 같은 결과가 더 분명하게 나타날 것이 분명하다. 이러한 양방향의 선택은 특히 우리의 긴 역사 초기에는 동시는 아니더라도 양쪽이 함께 작용했을 것으로 생각된다.

다음에는 몇몇 인종을 서로 구별하고, 또 인간을 하등한 동물과 구별할 수 있는 몇 가지 형질, 즉 우리의 몸에 체모가 비교적 적은 것과 피부색에 대해 성선택과 관련하여 자세히 고찰해 보기로 하자. 다른 인종들 사이에 몸과 두개골의 형태가 매우 다양하다는 것은 새삼 말할 필요도 없으며, 이러한 점에 대해 인종마다 미에 대해 얼마나 다른 기준을 가지고 있는지는 앞장에서 이미 살펴보았다. 이러한 형질에는 성선택이 작용해 왔겠지만, 내가 아는 한, 그것이 주로 남자 쪽에서 작용했는지 아니면 여자 쪽에서 작용했는지에 대해 판단할 자료는 없다. 인간의 음악적 재능에 대해서도 마찬가지로 이미 논의한 바가 있다.

몸에서는 털이 사라지는 대신 얼굴과 머리의 털은 발달

태아의 온몸이 솜털, 다시 말해 배냇털로 뒤덮여 있는 것이나, 성인의 몸에 체모가 곳곳에 흔적으로 남아 있는 것에서, 인간의 조상은 온몸이 털로 뒤덮여서 태어나 그것을 평생동안 보존한 동물의 자손이라고 생각할 수 있다. 털이 없어진 것은 인간에게 불리하게 작용하여, 아무리 열대 기후에도 특히 날씨가 나쁠 때는 급격하게 추위에 노출되기 때문에 위험해질 수 있다. 월리스가 지적한 것처럼, 전 세계 어느 곳의 원주민들도 맨살이 드러난 등과 어깨에 뭔가를 걸쳐 보호하려고 한다. 피부가 노출되는 것에 뭔가 직접적인 이익이 있을 거라고 생각하는 사람은 아무도 없을 것이므로[*21] 체모가 사라진 것이 자연선택

[*21] 'Contributions to the Theory of Natural Selection,' 1870, p. 346. 월리스는 (p. 350), '어떤 지적인 힘이 인간의 발달을 이끌어내고 결정했다'고 생각하고, 피부에 털이 없는 것도 그런 것의 하나라고 보았다. T. R. 스테빙(T. R. Stebbing)은 이 견해에 대해('Transactions of the Devonshire Assoc. for Science,' 1870), '만약 월리스가 인간의 피부에 털이 없는 것에 대해서도 그가 평소에 지니고 있던 독창적인 생각을 적용했다면, 그는 매우 아름답고 깨끗한 피부가 건강과 직결되기 때문에 선택을 통해 나타났을 가능성을 보았을지도 모른다. 어쨌든 어떤 초지성(超知性)이 미개인(그 자신의 견해에 따르면 그들에게 털은 유용한 것이다)의 등에서 털을 제거하여 알몸이 된 자손이 몇 세대에 걸쳐 추위와 습기로 죽어가면서도,' 월리

때문이라고는 도저히 생각하기 어렵다. 또 앞장에서 살펴본 것처럼, 이것을 인간이 오랫동안 노출되어 있던 생활조건의 직접적인 영향이라고는 생각할 수 없으며, 발달과 상관관계에 있다는 증거도 없다.

전 세계 어디에나 여자는 남자보다 털이 적기 때문에, 털이 없는 것은 어느 정도 이차성징이라고 볼 수 있다. 따라서 이것은 성선택을 통해 획득된 형질이라고 충분히 생각할 수 있다. 몇몇 원숭이 종들은 얼굴에 털이 없으며, 또 어떤 종들은 엉덩이의 넓은 부위에 털이 없는 것으로 잘 알려져 있는데, 이는 성선택에 의한 것이라고 생각할 수 있다. 그러한 피부 표면은 선명한 색채를 띠고 있을 뿐만 아니라 맨드릴개코원숭이 수컷이나 붉은털원숭이 암컷에서 볼 수 있듯이 한쪽 성이 다른 쪽 성보다 화려한 색채인 경우도 있기 때문이다. 이러한 동물들은, 바틀릿으로부터 들은 바로는 성숙할수록 몸의 크기에 비해 맨살의 면적이 넓어진다고 한다. 그러나 이러한 예에서는, 털이 없어지는 것은 벌거숭이가 되려는 것이 아니라 피부색을 더 화려하게 과시하기 위해서인 듯하다. 또 많은 조류에서도 피부의 화려한 색을 보여주기 위해 성선택을 통해 머리와 목의 깃털이 사라지는 경우가 흔히 있다.

여자가 남자보다 털이 적은 것은 모든 인종에게 공통적인 현상이므로, 인간의 여자 조상은 아마 처음부터 반쯤 털이 없었을 것이다. 그렇게 된 것은 공통되는 조상으로부터 인종이 갈라지기 훨씬 이전인 아득한 옛날이었다고 판단해도 될 것이다. 인간의 여자 조상은 털이 없는 새로운 형질을 서서히 획득함에 따라, 그 형질을 양성의 자손에게 거의 동등하게 전달했을 것이다. 그 유전은 포유류나 조류의 많은 장식적 형질과 마찬가지로, 성과 나이에 제한이 있지는 않았다. 유인원 같았던 인간의 조상이 반쯤 털이 없는 것을 장식으로 여기고 좋아한 것은 조금도 이상할 것이 없다. 동물계에는 온갖 기묘한 형질이 선호되어, 그 뒤 성선택을 통해 변용된 예가 수없이 많기 때문이다. 그리고 약간 불리한 형질이 그런 식으로 획득되는 것도 놀라운 일이 아니다. 새의 깃털 장식과 몇몇 종류의 사슴 뿔도 그러하다는 사실이 잘 알려져 있다.

앞장에서 언급했듯이 어떤 종의 유인원은 암컷의 배 쪽이 수컷보다 털이 적은데, 거기에 인간이 털을 잃게 된 단서가 있을지도 모른다. 그것이 성선택을

스 자신이 보여준 방법처럼 다양한 기술을 이용하여 문명을 절정에 이르도록 발달시켰다는 것은 믿기 어려운 일이라고 했다.

통해 완전해지는 것에 관해서는 '여자는 털이 많은 남자를 가까이 하지 않는다'는 뉴질랜드 속담을 떠올리는 것이 좋을 것이다. 샴의 털이 많은 가족의 사진을 본 적이 있는 사람이면, 오히려 극단적으로 털이 많으면 얼마나 우스꽝스럽고 망측한지 인정할 것이다. 샴 국왕은 가족 중에 처음으로 많은 털을 지니고 태어난 여성을 결혼시키기 위해 한 남자에게 뇌물을 주어야 했다. 그녀는 자신의 형질을 양성의 자식에게 전달했다.*22

어떤 인종은 다른 인종보다 털이 많으며, 이러한 현상은 특히 남자 쪽에 뚜렷하게 드러난다. 그러나 유럽인처럼 털이 많은 인종이 칼마크족이나 아메리카인디언처럼 털이 적은 인종에 비해 원시적인 상태를 더욱 완벽하게 보존하고 있다고 생각해서는 안 된다. 그보다도 이렇게 오랫동안 유전되어 온 형질은 처음으로 돌아가려는 경향이 있으므로, 유럽인이 털이 많은 것은 격세유전의 예라고 생각하는 것이 당연하다. 피넬(Pinel)은 지능이 미개인 정도밖에 되지 않는 백치의 등과 허리, 어깨가 약 3~5cm나 되는 긴 털로 덮여 있는 기이한 예를 보고했다. 이와 비슷한 다른 예도 있다. 추운 기후가 이러한 격세유전에 영향을 미치는 것 같지는 않다. 미국에서 몇 세대를 지낸 흑인*23과 일본열도 북쪽 섬에 살고 있는 아이누족은 아마도 그 예외인 듯하다. 그러나 유전의 법칙은 너무 복잡해서 우리는 그 작용을 거의 밝혀내지 못하고 있다. 만약 어떤 인종에 털이 많은 것이 격세유전의 결과이며 어떠한 선택도 작용하지 않았다고 생각한다면, 이 형질이 같은 인종 속에서도 매우 변이가 큰 것 또한 이상한 일이 아닐 것이다.

수염에 대해서는, 우리의 가장 좋은 안내자인 사수류의 경우, 양성에 수염이 발달한 종도 많이 있지만, 수컷에만 수염이 있거나 수컷에 더 발달한 종도

---

*22 《사육동식물의 변이》 제2권, 1868년, 327쪽.

*23 B. A. Gould(B. A. 굴드), 'Investigations in the Military and Anthropological Statistics of American Soldiers,' 1869. p. 568. 그는 2129명의 흑인과 유색인종 병사의 털에 대해, 그들이 목욕할 때 주의 깊게 관찰했으나, 발표된 표를 보면 '얼핏 보아서는 그 점에 대해 흑인과 백인 사이에 차이가 거의 없는 것 같다.' 그러나 흑인이 자신들의 고향이나 훨씬 더운 지방에서는 피부가 매우 매끄러운 것은 확실하다. 위의 표에는 순수한 흑인과 백인의 혼혈인 물라토도 포함되어 있다는 것에 유의할 필요가 있다. 이것은 상당히 유감스러운 일이다. 왜냐하면 내가 다른 데서 명확히 제시한 것처럼, 혼혈 인종은 초기의 유인원 같은 조상의 털이 많은 형질로 환원하는 경향이 매우 강하기 때문이다.

있다. 이런 사실과, 많은 원숭이류 머리의 털과 그 색깔이 기묘한 무늬로 배치되어 있는 것에서, 위에 설명한 것처럼 맨 처음 수컷이 성선택을 통해 장식으로 수염을 획득하여 그것이 양성의 자손에게 동등, 또는 거의 동등하게 전해졌을 가능성이 매우 높다. 에쉬리히트(Eschricht)에 의하면,*24 인간은 남아뿐만 아니라 여아의 태아에도 얼굴, 특히 입 주변에 털이 많이 나 있으며, 이것은 인간의 조상에게 양성 모두 수염이 있었음을 시사하고 있다. 따라서 남자는 수염을 먼 과거부터 계속 보존해 왔고, 여성은 체모를 거의 잃어버린 것과 같은 시기에 수염도 사라진 것처럼 보인다. 인간의 수염 색깔도 유인원과 비슷한 조상으로부터 물려받은 것으로 생각된다. 왜냐하면 모든 원숭이류와 인간들의 머리카락과 수염의 색깔에 차이가 있을 때는 언제나 수염의 색깔이 더 연하기 때문이다. 수염이 있는 인종은 원시시대부터 그 수염을 지니고 있었으리라는 것은, 체모의 경우보다 가능성이 더 높은 것으로 생각된다. 왜냐하면 수컷이 암컷보다 수염이 더 많은 사수류의 경우, 수염이 완전히 발달하는 것은 성숙한 뒤의 일로서 뒤늦게 발달하는 성질이 특히 인간에게 전해졌을지도 모르기 때문이다. 그렇다면 사내아이는 성숙하기 전에는 여자아이와 마찬가지로 수염이 전혀 없다고 생각할 수 있는데, 실제로 그건 사실이다. 한편, 같은 인종 내에서나 다른 인종사이에서 수염에 변이가 매우 큰 것은 격세유전이 일어나고 있음을 시사한다. 그렇다 해도 최근에 와서도 성선택이 작용하고 있을 가능성을 간과해서는 안 된다. 수염이 적은 인종은 수염을 추한 것으로 여기고 한 오라기도 남김없이 뽑아버리는 데 비해, 수염이 많은 인종은 자신의 수염에 대해 강한 자부심을 갖고 있다. 여자들도 그런 감정을 공유하고 있는 것이 분명하며, 그렇다면 최근에도 성선택이 어떤 영향을 주지 않는 일은 없었다.*25

---

*24 뮐러(müller)의 'Archiv für Anat. Phys.,' 1837, S. 40의 "Ueber die Richtung der Haare am Menschlichen Köper.

*25 스프로트(Sproat, 'Scenes and Studies of Savage Life,' 1868, p. 25)는 밴쿠버 제도의 수염이 없는 원주민에 대해, 얼굴의 수염을 뽑아버리는 이들의 풍습은 '부모 세대로부터 자식 세대로 이어져서, 최종적으로 수염이 거의 없는 것이 특징인 인종을 낳게 되었을 것'이라고 시사했다. 그러나 이러한 풍습은 어떤 개별적 원인에 의해 수염이 크게 감소된 뒤에만 나타날 것이다. 또 수염을 계속 뽑으면 유전적으로 수염이 없어지는지에 대해서도 증거가 없다. 이러한 의문점에서 나는 제네바의 고스를 비롯한 몇 명의 저명한 민족학자들이, 두개골의 변형이 유전된다고 생각하고 있다는 것도 다루지 않았다. 나는 여기서 이 결론을 반박할 생각은 없다. 브라운 세카르 박사의 뛰어난 관찰, 특히 최근에 British Association에서 있었

우리의 머리에 왜 긴 머리카락이 나게 되었는지에 대해서는 설명하기가 더욱 어렵다. 에쉬리히트(Eschricht)*[26]는 4개월된 태아의 얼굴에 나는 털은 머리카락보다 길다고 말했는데, 그것은 인간의 조상에게는 긴 머리카락이 없었음을 나타내고 있고, 또 그것이 나중에 획득되었음을 말해주는 것이다. 그것은 또한 서로 다른 인종들 사이에 머리카락의 길이가 극단적으로 다른 것에서도 알 수 있다. 흑인의 머리카락은 곱슬거리는 매트 같지만 유럽인의 머리카락은 매우 길게 자라고, 아메리카 원주민은 땅에 닿는 경우도 드물지 않다. 잎원숭이의 일부 종에는 머리가 적당히 긴 머리카락으로 덮여 있는 것이 있는데, 아마 그것은 장식 역할을 하고 있으며 성선택을 통해 획득된 것으로 생각된다. 많은 시인의 작품에서 볼 수 있듯이 긴 머리카락은 예나 지금이나 매력적인 것으로 통하기 때문에, 인간에게도 같은 설명을 적용할 수 있을 것이다. 성 바울은 "여성의 긴 머리카락은 그녀의 영광이다"라고 말했다. 북아메리카에서는 머리카락이 길다는 사실만으로 추장에 선출되는 경우가 있다는 것은 이미 살펴보았다.

피부색

인간에게는 피부 색깔이 성선택을 통해 변화해 왔음을 보여주는 증거가 거의 없다. 남자와 여자 사이에도 이 점에 관한 차이가 별로 없으며, 있어도 아주 미미하여 의심스러울 정도이기 때문이다. 한편, 이미 언급한 다양한 사실에서 피부색은 모든 인종의 남자에 의해 아름다움의 중요한 요소로 여겨지고 있다. 그래서 많은 하등동물의 경우와 마찬가지로 이것도 선택을 통해 변용되었을 가능성이 매우 높은 형질이다. 흑인 피부의 까만색이 성선택을 통해 획득되었으리라는 생각은 얼핏 가능성이 없는 것처럼 보일지도 모른다. 그러나 이 생각은 다양한 유추를 통해 지지를 얻고 있고, 또 흑인들이 자신의 검은 피부를 아름답다고 여기고 있는 것도 사실이다. 포유류의 경우, 암수의 색깔이 다를 때는 대개 수컷이 검은색이거나 암컷보다 짙은 색깔이며, 그러한 색깔이 양성에게 전달되는가, 한쪽 성에만 전달되는가는 단순히 유전양식에 따라 결정된다. 검은수염사키원숭이(*Pithecia satanas*)의 새까만 피부, 흰자위 위에서 움직이는 부리부리한 눈동자, 한가운데에서 갈라진 머리카락이 흑인의 미니어처와

던 발표에 따르면(1870년) 햄스터에서는 수술의 효과가 유전된다고 한다.
*26 "Ueber die Richtung," 같은 책, S. 40.

매우 닮은 것을 보면 웃음이 나올 정도이다.

얼굴색은 다른 인종들 사이보다 다양한 원숭이들 사이에서 더욱 크게 다르며, 설령 양성이 같다 해도 빨강, 파랑, 주황, 검정, 흰색인 피부와 몸의 아름다운 색채는, 머리에 있는 장식적인 털 다발과 마찬가지로 모두 성선택을 통해 획득한 것으로 생각할 수 있을 정도로 충분한 근거가 있다. 신생아의 몸에는 털이 없는데, 이는 서로 매우 다른 인종 사이에도 크게 다르지 않은 것으로 봐서도 인종마다 피부색이 다른 것은, 앞에서 말한 것처럼 상당히 초기에 체모가 사라지고 나서 바로 뒤에 획득된 것으로 생각할 수 있다.

요약

남자가 여자보다 몸이 크고 힘이 세며, 용기가 있고 호전적이고 활력이 있는 것은 주로 여자를 소유하기 위해 경쟁자인 남자끼리 투쟁을 통해 원시시대에 획득한 것으로, 그 뒤에 점차 증폭되어 왔다고 결론지을 수 있다. 남자의 높은 지적 능력과 뛰어난 창의력은, 그런 것에 가장 뛰어난 남자가 자기 자신과 처자를 가장 잘 부양하고 위험으로부터 보호하는 데 가장 성공했기 때문에 자연선택 및 습성의 유전효과에 의해 획득되었을 것이다. 이 지극히 복잡한 문제가 허용하는 한에서 판단한다면, 유인원과 닮은 우리 조상의 수컷은 이성을 매혹하거나 흥분시키는 장식으로 수염을 획득했고, 그것이 현재의 남자에게 유전된 것 같다. 암컷은 역시 성적인 장식의 일부로서 체모를 먼저 벗어버린 것 같은데, 그 형질이 양성에게 거의 동등하게 전해졌다. 여자는 그 밖의 형질에서도 같은 목적을 위해 변용했을 가능성이 있으며, 그리하여 남자보다 목소리가 사랑스럽고 외모도 더 아름다워진 것인지도 모른다.

인간에게는, 인간으로서의 특징을 처음 획득한 초기에 그 뒷시대보다 더욱 성선택이 작용하는 데 적합한 조건이 갖춰져 있었다는 것은 특히 주목할 만하다. 왜냐하면 그 무렵에는 미래를 내다보는 눈이나 이성보다는 본능적인 감정에 따라 움직였을 것이기 때문이다. 그 무렵의 인류는 현재의 많은 미개인들처럼 호색적이지 않았으며, 남자들이 저마다 자신의 아내를 매우 강한 질투심으로 지키려 했을 것이 틀림없다. 그들은 영아살해를 하지 않았고 아내를 단지 쓸모 있는 노예로 여기지도 않았을 것이며, 어릴 때부터 약혼하는 풍습도 없었을 것이다. 이렇게 성선택의 작용에 관한 한, 각각의 인종이 분화한 것은 아주 먼 옛날이었다고 추론할 수 있으며, 이 결론은 우리가 그 기록을 손에 넣을 수 있는 가장 먼 과거의 시대에 이미, 현재와 거의 다르지 않을 정도로 각각의 인종이 달랐다는 놀라운 사실을 시사한다.

인간의 역사에서 성선택이 한 역할에 대해 여기서 전개한 논의에는 과학적인 정확성이 결여되어 있다. 하등동물에게 이 힘이 작용하고 있는 것을 인정하지 않는 사람들은, 내가 이 책의 후반부에서 인간에 대해 언급하는 것도 당연히 인정하지 않을 것이다. 우리는 이 형질은 성선택에 의해 형성되었고 다른 형질은 그렇지 않다고 명확하게 주장할 수는 없다. 그러나 인종은 생활을 위한 일반적인 습성에서는 아무런 역할도 하지 않는 이러한 형질에서 서로 다른 차이를 보여주며 하등동물의 근연종과도 다른 것으로 드러났기 때문에, 그것이 성선택으로 형성되었을 가능성이 매우 높다고 생각된다. 가장 미개한 사람들의 경우에는 각각의 부족이 머리와 얼굴의 형태, 높은 광대뼈, 높고 낮은 코, 피부색, 머리카락의 길이, 몸과 얼굴에 털이 없는 것 또는 수염이 있는 것 등, 자신들의 특유한 형질을 매력적으로 느낀다는 것을 살펴보았다. 그러므로 그런 형질과 그 밖의 형질은, 부족 가운데에서 가장 많은 자손을 키울 능력이 있는 강하고 유능한 남자가, 부족 가운데에서 가장 강한 형질을 갖춘 가장 매력적인 여자를 몇 세기 동안 선택해 옴으로써 서서히 강조되었을 것이다. 나 자신은 인종간의 외견적인 차이와, 인간과 하등동물 사이에 몇몇 차이가 형성되는 동안, 성선택은 모든 원인 가운데 가장 큰 영향을 끼쳤다고 생각한다.[27]

＊27 (역주) 인간의 다양한 형질이 성선택의 산물인 것은 분명하다. 그러나 그 형질이 무엇이며 어떠한 성선택의 작용으로 발달했는가, 또 생물학적 선택이란 특별히 문화적인 가소성(可塑性)이 얼마나 있는가, 그러한 가소성 자체가 생물학적으로 어떻게 나타났는가에 대해서는 이제 막 연구가 시작된 단계이다. 다윈은 남자가 여자보다 지적 능력이 높은 것은 가장 뛰어난 남자가 자기 자신과 가족을 가장 잘 부양할 수 있기 때문이라고 간단하게 생각했는데, 그것은 당시의 상식적인 생각이었을 뿐이다. 어떠한 심리적 인지적 특성에 있어 얼마나 성차가 있는지 아직 확실히 밝혀져 있지 않다. 또 지금의 인간에게서 볼 수 있는 성적 형질이 획득된 시대에 인간의 조상이 어떠한 생업형태를 가지고 있었으며 어떠한 배우 관계를 가지고 있었는지, 또 어떠한 선택이 작용하고 있었는지 최근에 진화생물학, 생태학, 행동학, 인류학, 고고학 등이 발전하면서 서서히 밝혀지고 있는 상황이다. 다윈이 상정한 인간의 성선택이라는 문제는 매우 복잡하게 뒤얽힌 난문제로, 그 자신이 이 책에서 제시한 해답은 지금은 대부분 오류이겠지만 하나의 커다란 학문적 분야를 구축한 것만은 틀림없다.

제21장 전체의 요약과 결론

인간이 어떤 하등한 형태로부터 진화했다는 주요한 결론—발생의 양식
—인간의 계통—지적 및 도덕적 능력—성선택—결론

이 책의 가장 중요한 논점에 대해 독자의 주의를 다시금 불러일으키는 데
는 짤막한 요약만으로도 충분할 것이다. 여기서 전개된 많은 견해들은 순수
하게 이론적 추론이며, 그 가운데 일부는 아마 잘못되었다는 것이 조만간에
밝혀질 것이다. 그러나 모든 점에 대해 나는 왜 내가 그 견해는 채택하고 다
른 견해는 채택하지 않았는지 그 이유를 들었다고 생각한다. 인간의 자연사
(自然史)에 대한 더욱 복잡한 몇 가지 문제를 진화의 원리가 어디까지 밝혀낼
수 있는지 시험해 보는 것은 탐구할 만한 가치가 있는 일이라고 생각했다. 잘
못 인식된 사실은 오래도록 지워지지 않는 경우가 있기 때문에, 과학의 진보
에 큰 해악을 끼친다. 그러나 잘못된 견해는, 그것이 어떤 증거로 뒷받침되고
있더라도 큰 해를 끼치지는 않는다. 왜냐하면 누구나 그 잘못을 증명하는 데
건전한 기쁨을 느끼기 때문이며, 그것이 성공했을 때는 잘못으로 이끄는 길이
하나 닫히는 동시에 진실을 향한 길이 열리기 때문이다.

이 책에서 도달한 주요 결론은 인간이 무언가 하등한 생물로부터 유래했다
는 것인데, 이것은 현재 확고한 판단을 내릴 능력이 있는 많은 박물학자들의
지지를 얻고 있다. 그러므로 이 결론을 지탱하고 있는 기초는 앞으로도 결코
흔들리지 않을 것이다. 인간과 하등동물 사이에, 배 발생 과정과 수많은 형태
구조가 중요한 것이든 사소한 것이든 매우 유사하다는 점, 그리고 인간이 보
존하고 있는 흔적기관, 인간에게서 가끔 볼 수 있는 격세유전의 형질 등은 모
두 부정할 수 없는 사실이다. 이에 대해서는 옛날부터 알려져 있었지만, 최근
까지 인간의 기원에 대해 그것이 무엇인지를 이야기하는 일은 없었다. 그러나
현재 우리의 생물계 전체에 관한 지식으로 볼 때 그것이 지닌 의미는 더 이상

잘못 해석될 수가 없다. 이러한 사실들을 같은 분류군에 속하는 구성원들 사이의 유사성, 과거와 현재의 지리적 분포, 그리고 지질학적 변천 등의 다른 사실들과 관련하여 고찰할 때, 진화의 위대한 원리는 뚜렷하고 확고하게 확립되어 있다. 이러한 모든 사실들이 잘못된 것을 이야기하고 있다고는 도저히 생각할 수 없다. 미개인처럼 자연현상을 서로 별개의 것으로 보는 것에 만족할 수 없는 사람이라면, 인간을 독립된 창조물로 생각하지는 않을 것이다. 인간의 배(胚)가, 예를 들면 개의 배와 매우 유사하다는 사실 등으로 미루어, 인간의 두개골, 팔다리, 그리고 몸 전체의 형태구조가 각각의 그 부분이 어떻게 사용되고 있는가 하는 것과는 별개로, 다른 포유동물들과 동일한 설계에 따라 만들어졌다는 것, 또 현재의 인간에게는 없지만 사수류에서 공통적으로 볼 수 있는 특별한 근육들이 가끔 인간에게도 출현하는 것 등, 수많은 유사한 사실들은 인간이 다른 포유류와 공통조상의 자손이라는 결론을 무엇보다 뚜렷이 보여주고 있다고 생각하지 않을 수 없다.

인간의 모든 신체부위와 정신적 능력에 헤아릴 수 없이 많은 개체변이가 있는 것을 우리는 살펴보았다. 이러한 차이와 변이는 모두 하등동물에 작용하는 것과 동일한 원인에 의해 일어나며, 또한 동일한 법칙에 지배되고 있는 것 같다. 어느 경우에도 동일한 유전 법칙이 작용하고 있다. 인류의 인구는 스스로 지탱할 수 있는 능력 이상의 속도로 증가하는 경향이 있고, 이따금 존속을 위한 냉엄한 투쟁에 노출되므로, 어떠한 것이든 거기에는 자연선택이 작용했을 것이다. 동일한 유형의 매우 극단적인 변이가 연속적으로 계속 일어날 필요는 없다. 개체 사이에 약간의 변이만 있어도 자연선택이 작용하는 데는 충분하다. 몸의 각 부위를 오랫동안 사용하거나 사용하지 않는 결과는 자연선택과 같은 방향으로 작용한다고 볼 수 있다. 과거에는 중요했던 변화가 지금은 더 이상 아무런 역할도 하지 않아도 그러한 상태는 오랫동안 계속 유전하는 법이다. 어느 한 부분이 변화하면 상관 원리에 따라 다른 부분도 변화하는 경우가 있는데, 이에 대해서는 상관 관계에서 몇 가지 기형이 나타나는 특이한 사례를 많이 들 수 있다. 먹을 것이 풍부한 것과 온도, 습도 등, 생활조건에서 오는 직접적이고 한정적인 작용도 영향을 미쳤을 것이다. 마지막으로 생리학적으로 그다지 중요하지 않은 형질이든, 매우 중요해 보이는 형질이든, 몇 가지 형질은 성선택을 통해 획득되어 왔다.

인간도 다른 모든 동물들과 마찬가지로 현재 우리가 알고 있는 적은 지식으로 판단하는 한, 현재이든 과거의 어떠한 시대이든, 일반적인 생활조건에 대해서든, 암수 사이의 문제에 대해서든, 아무런 역할도 하지 않는 것으로 보이는 구조를 가지고 있는 것은 틀림없다. 그러한 구조는 어떠한 형태의 선택으로도, 또 신체 부분 등에 대한 용불용의 유전 효과로도 설명할 수가 없다. 그러나 사육하는 동식물에서는 확실하게 구별할 수 있는 기묘한 변이가 많이 나타난다는 사실이 잘 알려져 있으며, 만약 그러한 변이를 낳는 미지의 원인이 더욱 광범위하게 작용하는 경우에 그것은, 그 종의 모든 개체에 공통되는 사항이 될 것이다. 이러한 변용이 가끔 일어나는 원인에 대해서는, 특히 기형 연구를 통해 앞으로 더 이해가 진전될 것으로 기대된다. 카미유 다레스트(Camille Dareste)를 비롯한 실험 생물학자들의 연구는 매우 낙관적인 미래로 가득 차 있다. 그보다 더 많은 사례들에 대해서는, 환경과 조건의 변화가 모든 종류의 생물적 변화를 불러일으키는 데 중요한 역할을 한 것은 사실이지만, 각각의 미미한 변이와 기형의 원인은 생물을 에워싸고 있는 환경의 성질보다는 생물의 성질과 구성 속에 있다고 말할 수 있을 뿐이다.

방금 이야기한 과정을 거쳐서, 그리고 아마도 미처 발견하지 못한 과정들의 도움을 얻어 인간은 현재의 상태로 진화했다. 그러나 인간의 지위를 획득한 뒤로 수많은 다른 인종으로 분화되었는데, 그것은 아종이라고 부르는 편이 더욱 적절할지도 모른다. 이를테면 유럽인과 흑인과 같은 몇몇 인종은 서로 너무나 다르기 때문에, 만약 아무런 정보도 없이 두 개의 표본을 박물학자에게 보낸다면, 그 둘은 틀림없이 다른 종으로 분류될 것이다. 그럼에도 불구하고 모든 인종은 중요하지 않은 많은 세부 구조와 정신적 특이성을 공통적으로 지니고 있으며, 그것은 공통조상으로부터 유래했다는 것 말고는 설명이 불가능하다. 그러한 형질을 가진 조상에게는 인간의 지위가 주어져 마땅하다.

각각의 인종이 다른 인종에서 갈라진 것과 모든 인종이 공통의 계통에서 파생한 것에 대해, 그것을 유일한 한 쌍의 남녀에게로 거슬러 올라갈 수 있다는 생각은 잘못된 것이다. 그와 반대로 변화가 일어난 모든 단계에서, 정도는 달라도 어떤 점에서 생활조건에 따라 적응한 모든 개체는 그렇지 못한 개체보다 많이 생존했을 것이다. 그 과정은 사람이 (사육동식물에서) 의도적으로 특정한 개체를 선택하지는 않았지만, 뛰어난 개체는 모두 번식시키고 그렇지 않은 개체는 모두 무시할 때 일어나는 현상과 비슷하다고 할 수 있다. 그러면 무의식중에 서서히, 그러나 확실하게 그 계통을 변화시키게 되어 새로운 품종이 탄생한다. 그것은 또 생물이 가지고 있는 특성에서 일어나는 변이와 주위 환경의 작용, 생활조건의 변화 등에 의해 일어나는 변이 때문에 선택과는 독립적으로 일어나는 변용에 있어서도 마찬가지로, 자유로운 교배가 일어나면 같은 지역에서 살고 있는 개체는 모두 연속적으로 교배하므로 어떤 특정한 한 쌍이 다른 쌍보다 크게 변화하는 일은 없다.

인간이 배의 구조 속에 하등동물과의 사이에 갖고 있는 상동관계, 인간이 보존하고 있는 흔적기관, 그리고 인간에게 가끔 일어나는 격세유전 현상 등을 고려하면, 우리의 초기 조상이 어떤 상태에 있었는지 어느 정도 상상할 수 있으며, 동물의 계통 속에 대략적인 위치를 정할 수 있다. 그리하여 우리는, 인간은 꼬리와 뾰족한 귀를 가지고 있었고 아마도 나무 위에서 생활하며 구대륙에 속해 있었던, 털이 많은 네발짐승의 자손이라고 생각할 수 있다. 박물학자가 이 생물의 전체 구조를 조사했다면 사수류 속에 분류하여, 구대륙 원숭이와 신대륙 원숭이의 더 오래된 공통조상으로 생각했을 것이다. 사수류와 모든 고등한 포유류는 아마 고대의 유대류에서 파생된 것으로 유대류는 파충류나 양서류 같은 생물에서 분기한 긴 계통으로부터 진화했으며, 그것은 다시 어류와 비슷한 동물로부터 진화했을 것이다. 모호한 과거로 거슬러 올라가면, 모든 척추동물의 조상은 아가미를 가지고 있고 자웅동체이며(뇌와 심장 같은), 가장 중요한 신체기관은 아직 불완전하게 발달한 수생동물이었을 거라고 생각할 수 있다. 이 동물은 이제까지 알려진 어떠한 동물보다도 오늘날 바다에 사는 멍게류의 유생(幼生)과 닮았을 것으로 추정된다.

인간의 기원에 대해 위와 같은 결론에 이르렀을 때 가장 큰 문제는, 인간이 지니고 있는 높은 지적능력과 도덕적 성질이다. 그러나 진화의 일반원리를 인정하는 사람이라면 누구나 고등동물의 지적능력은 인간의 지적 능력과 정도는 매우 다르지만 그 본질에 있어서는 인간과 같고, 그것도 진보할 수 있음을 인정하지 않으면 안 된다. 물론 고등유인원의 일종과 물고기 사이, 또는 개미와 깍지벌레 사이에 지적능력의 차이는 헤아릴 수 없이 크다. 동물에게 이러한 능력이 발달하는 것은 조금도 이상할 것이 없다. 가축동물에도 지적능력에 확실히 변이가 있고, 그 변이는 유전하기 때문이다. 이러한 능력이 자연상태의 동물에게 매우 중요하다는 것은 아무도 부정하지 않을 것이다. 따라서 그것이 자연선택을 통해 발달하는 데 필요한 조건은 갖춰져 있다. 인간에게도 동일한 결론을 내릴 수 있다. 매우 오래된 과거에도 지적능력은 인간에게 가장 중요한 능력이었고, 그것에 의해 인간은 언어를 사용하고 무기, 도구, 덫을 발명할 수 있게 되어 사회적인 습성과 함께 지적능력을 사용함으로써, 인간은 아득한 옛날부터 모든 생물 가운데 가장 우위를 차지하게 된 것이다.

그 이전에 일어났던 상당한 진보를 통해 반쯤 기술적이고 반쯤 본능적인 언어를 사용하기 시작한 순간부터 인간의 지능은 크게 발달했을 것이 틀림없다. 왜냐하면 언어를 늘 사용하다 보면 그것이 뇌에 영향을 미쳐 유전적인 효과를 가져 오고, 그 결과로 언어의 향상을 가져왔을 것이기 때문이다. 인간의 뇌가 하등동물보다 몸의 크기에 비해 상대적으로 커진 것은, 촌시 라이트 (Chauncey Wright)가 훌륭하게 지적한 것처럼[1] 무언가 단순한 언어형태를 일찍부터 사용해 온 것에 그 주된 원인이 있을지도 모른다. 모든 종류의 물체와 성질에 기호를 할당하는 이 놀라운 도구는 감각의 인상만으로는 얻을 수 없으며, 얻는다 해도 오래 보존할 수 없는 사고의 연쇄 작용을 불러일으킬 수 있기 때문이다. 논리를 좇는 사고, 추상화, 자의식 같은 더 높은 지적능력은 다른 정신적 성질이 훨씬 진보한 뒤에 나타났겠지만, 인종의 수준에서나 개인의 수준에서 상당한 정신의 연마가 없었으면, 그러한 힘이 사용되어 충분히 꽃피웠을지는 매우 의심스럽다.

도덕적 성질의 발달은 더 흥미로우면서도 어려운 문제이다. 그 기초는 가족의 유대도 포함하여 사회적 본능 속에 있다. 이러한 본능은 매우 복잡한 성질을 갖고 있어, 하등동물에게는 어떤 특정한 행동을 일으키는 특별한 경향을 부여한다. 그러나 우리 인간에게 더욱 중요한 요소는 애정과 공감이라는 특별한 감정이다. 사회적 본능을 갖춘 동물은 다른 개체와 함께 있는 것에 기쁨을 느끼고, 서로 위험을 알리며, 많은 면에서 서로 보호하고 돕는다. 이러한 본능은 동종에 속하는 모든 개체에 적용되는 것은 아니며 같은 집단에 속하는 개체에만 작용한다. 이는 종에 있어서 매우 유리하므로 자연선택을 통해 획득되

---

*1 'The North American Review,' October, 1870, p. 295의 "Limits of Natural Selection" 부분.

었을 가능성이 매우 높다.

　도덕적 존재는 자신의 과거와 미래의 행동과 그 동기를 비교하여 어떤 것은 좋고 어떤 것은 나쁘다고 판단할 수 있는 존재이다. 인간이 확실히 그렇게 만들어져 있다는 사실은, 인간과 하등동물을 나누는 구별 가운데 가장 큰 것이다. 그러나 나는 제3장에서 도덕 감정이 일어나려면, 첫째로 오랫동안 지속적으로 존재하는 사회적 본능이 필요하며, 이 점에서는 인간과 하등동물은 같다는 것, 둘째로 인간은 정신적 능력이 매우 활발하여 과거의 사건에 대한 인상이 생생하게 남아 있다는 점에서, 인간과 하등동물이 다르다는 것을 보여주려고 했다. 이러한 마음의 상태 때문에 인간은 과거를 돌아보고 과거의 사건과 행동에서 받은 인상을 비교하지 않을 수 없다. 인간은 또 늘 미래를 생각한다. 그래서 일시적인 욕구와 열정이 사회적 본능을 넘어선 뒤, 인간은 그것을 돌아보며 지금은 약해져 버린 과거의 강렬한 욕망과 늘 존재하고 있는 사회적 본능을 비교하게 된다. 그리고 인간은 본능이 채워지지 않으면 언제나 불만족을 기억 속에 남기게 될 것이다. 그 결과 인간은 미래에는 다른 행동을 취하게 될 것이다. 그것이 바로 인간이 지닌 의식(意識)이다. 언제나 다른 본능보다 강하거나 오래 지속되는 본능은 우리에게 '그것을 따라야 한다'는 감정을 불러일으킨다. 포인터견이 과거의 행동을 돌아볼 수 있다면, (우리가 그에 대해 말하는 것과 마찬가지로) '나는 토끼가 있는 곳을 알려주어야 했고, 그것을 사냥하고 싶은 일시적인 유혹에 넘어가지 말았어야 했는데'하고 자기 자신에게 말했을 것이다.

　사회적 동물은, 절반은 같은 집단에 속한 구성원을 돕고 싶은 막연한 마음에 따라 움직이지만 어떤 특정한 행동을 취하려고 하는 것이 보통이다. 인간도 동포를 돕고 싶은 일반적인 마음을 갖고 있지만 특별한 본능은 거의 갖고 있지 않다. 인간은 또 자신의 욕망을 언어로 표현함으로써, 언어라는 수단을 자신에게 도움을 주는 안내자로 삼을 수 있다는 점에서 하등동물과 다르다. 또 도움을 주려는 동기도 인간의 경우에는 어느 정도 변용되었다. 그것은 더 이상 맹목적이고 본능적인 충동만으로 주어지는 것이 아니며, 동포의 칭찬과 비난에도 큰 영향을 받는다. 칭찬과 비난을 올바르게 판단하고 제공하는 것은 모두 공감에 달려 있으며, 이 감정은 이미 살펴본 것처럼 사회적 본능 가운데에서도 가장 중요한 요소의 하나이다. 공감은 하나의 본능으로 갖춰져 있기는 하지만, 습관과 연습을 통해 더욱 향상시킬 수 있다. 모든 인간은 행복을 갈망하기 때문에 행동과 동기에 대한 칭찬과 비난은, 그것이 인간을 행복이라는 목표에 이르게 하는가 그렇지 못한가에 따라 주어진다. 행복은 일반적인 선의 본질적 요소이므로 최대행복의 원리는 간접적으로 무엇이 선이고 무엇이 악인지에 대해 대체로 믿을 만한 기준이 된다. 이성의 힘이 강해지고 경험이 풍부해지면 인간은 어떤 일련의 행위들이 개인, 나아가서는 일반적인 선에 대해 어떠한 결과를 가져올지 상당히 먼 앞일까지도 꿰뚫어볼 수 있게 된다. 그러면 공적인 견해 안에서 자신의 행동을 인식할 수 있게 되며, 개인이 행한 미덕은 칭찬을 받고 그 반대의 행동은 비난을 받게 된다. 그러나 문명이 그다지 진보하지 않은 곳에서는 이성이 종종 잘못을 일으키기 때문에, 많은 나쁜 습관과 야만적인 미신도 같은 시야 속에 들어오게 되어 높은 덕으로 간주되며 그것을 어기는 것은 중대한 죄로 간주된다.

도덕적 능력은 정의의 개념과 함께 보통의 지적인 능력보다 높은 평가를 받는데, 이것은 매우 타당하다고 생각한다. 그러나 과거의 인상을 생생하게 떠올리는 마음의 작용은 인간의 의식(意識)에서 두 번째로 중요한 본질적 기초가 된다는 것을 우리는 잊어서는 안 된다. 이러한 사실은 모든 사람에게 교육을 베풀어 지적능력을 모든 방법으로 자극해야 한다는 논의를 가장 강력하게 지지하게 될 것이다. 물론 정신 활동이 둔한 사람이라도 사회적인 애착과 공감이 잘 발달해 있으면 좋은 행동을 하고 상당히 예민한 의식도 가질 수 있다. 그러나 상상력을 더 생생하게 발휘하여 과거의 인상을 되살려 비교하는 습성을 강화할 수 있다면 그것은 무엇이든, 인간의 의식을 더욱 예리하게 하고 사회적인 애착과 공감이 약한 것도 어느 정도 보상할 수도 있을 것이다.

인간의 도덕적 성질은 이제까지 얻을 수 있었던 가장 높은 수준에까지 이르렀다. 그것은 이성의 힘이 발전하고 그 결과 올바른 공적 견해가 만들어지게 된 것 때문이기도 하지만, 특히 습관, 모범, 교육, 그리고 반성 등을 통해 공감하는 마음이 더욱 강화되어 넓은 범위로 확장되었기 때문이다. 오랜 기간이 지나는 동안 도덕적 성질도 유전하게 되는 것은 전혀 불가능한 일은 아닐 것이다. 문명이 발달한 인종에서는 모든 것을 보고 있는 신의 존재에 대한 확신이 도덕의 발전에 커다란 영향을 미쳤다. 인간은 타인의 칭찬이나 비난에 영향을 받지 않을 수가 없지만, 궁극적으로는 그것을 더 이상 자신의 행위에 중요한 지침으로 삼지는 않으며, 이성에 의해 제어되는 확신이 언제나 가장 안전한 규칙을 제공하고 있다. 그래서 그가 지닌 의식 또는 양심이 자기 행동의 최고 판단기준이 된다. 어쨌든 도덕 감정의 기원 또는 최초의 기초는 공감을 포함한 사회적 본능에 있으며, 이 본능은 다른 하등동물의 경우와 마찬가지로 본다는 자연선택에 의해 획득된 것이 분명하다.

신에 대한 믿음은 인간과 하등동물을 나누는 가장 큰 차이일 뿐만 아니라 가장 완벽한 차이로 여겨지고 있다. 그러나 이미 보았듯이, 이 신념이 인간에게 생득적이거나 본능적인 것이라고 주장하는 것은 불가능하다. 한편 모든 것에 존재하는 정령 같은 매체(媒體)에 대한 믿음은 보편적으로 볼 수 있으며, 그것은 인간이 지닌 이성의 힘이 상당히 진보한 것과 상상력, 호기심, 외경심 등이 더욱 발달한 데서 생겨났을 것이다. 많은 사람들은, 신에 대한 본능적인 믿음이 있다는 것이 신의 존재 자체를 증명하고 있다고 주장하고 있음을 나는 알고 있다. 그러나 이것은 섣부른 논의이다. 만약 그렇다면 우리는 인간보다 아주 강한 힘을 가지고 있는, 수많은 잔혹하고 악의에 찬 정령의 존재도 믿어야 한다. 그러한 존재에 대한 믿음은 은혜에 찬 신에 대한 믿음보다 훨씬 널리 전 세계에 퍼져 있다. 그러므로 우주 전체의 창조자로서 보편적이고 자애로운 신의 개념은, 오래 이어온 문화에 의해 인간의 정신이 높아지기 전에는 사람의 마음속에 존재하지 않았을 것이다.

인간이 무언가 하등한 형태로부터 진화했다고 생각하는 사람은, 마땅히 영혼불멸에 대해서는 어떻게 생각해야 하느냐고 물을 것이다. J. 러벅 경이 제시한 것처럼, 미개한 인종은 이러한 확신을 갖고 있지 않다. 그러나 앞에서 보았듯 미개인이 어떤 생각을 하고 있는지를 토대로 한 논의는 거의 신뢰할 수가 없다. 최초의 존재 표시인 아주 작은 배에서 아기가 출생하기 전후까지의 개체의 발생 과정에서, 사람이 정확하게 어느 단계에서 불멸의 존재가 되는지 결정하는 것은 불가능하다는 말에 불안을 느끼는 사람은 거의 없을 것이며, 연속적으로 이어지는 생물의 발생 과정 가운데 한 시기를 결정하는 것은 아마도 불가능할 것이므로 불안하게 여겨야 할 까닭도 없다.*²

＊2 J. A. 픽턴(J. A. Picton)은 'New Theories and the Old Faith,' 1870에서 이에 대해 논의했다.

이 책에서 이끌어낸 결론을 매우 반종교적이라고 비난하는 사람들도 있을 것이다. 그러나 그런 비난을 하는 사람들은 인간의 기원을 변이와 자연선택의 법칙에 따라 무언가 하등한 형태로부터 진화한 하나의 종으로 설명하는 것이, 개체의 출생을 일반적인 번식원리로 설명하는 것보다 왜 반종교적인지를 증명해야 할 것이다. 개체의 출생과 종의 발생은 이 위대한 사건의 연속적인 결과이며, 우리의 마음은 그것을 맹목적인 우연의 결과라고 인정하고 싶어 하지 않는다. 각각의 짝짓기로 이루어지는 결합, 각각의 종자의 분산에서 일어나는 약간의 구조적 변이, 그 밖의 다양한 사건들은 모두 무언가 특별한 목적을 위해 제어되고 있다고 믿든 믿지 않든, 그러한 결론에 대해 오성(悟性)은 반감을 불러일으킨다.

이 책에서는 성선택에 대해 매우 자세히 살펴보았는데, 그것은 내가 제시하려고 한 것처럼 성선택이 생물계의 역사에서 중요한 역할을 해 왔기 때문이다. 각 장마다 요약을 정리해 두었기 때문에, 여기서 다시 상세하게 요약할 필요는 없을 것이다. 많은 사항이 아직 의심스러운 상태로 남아 있다는 것은 나도 알고 있지만, 나는 이 문제 전체에 대해 공정한 견해를 제시하려고 노력했다. 동물계의 하등한 분류군에서는 성선택은 거의 아무런 작용도 하지 않는 것 같다. 이러한 동물들은 종종 일생을 한 장소에 고정시켜 살거나 또는 자웅동체로서 더 중요한 것은, 그들의 감각과 지적 능력이 사랑과 질투를 느낄 만큼 충분히 진보하지 않았기 때문에 무언가 취향을 작용시킬 수도 없다. 그러나 절지동물과 척추동물의 경우, 성선택은 이 두 계(界)의 가장 하등한 것에까지 큰 영향을 끼쳐 왔다. 그리고 절지동물과 척추동물에서는 방향은 완전히 다르지만, 각각 독립적으로 지적능력을 발달시켜온 것은 주목할 만하다. 절지동물의 가장 높은 단계는 벌목(개미, 벌 등)에서 볼 수 있으며, 척추동물의 가장 높은 단계는 인간을 포함한 포유류에서 볼 수 있다.

포유류, 조류, 파충류, 어류, 곤충류, 갑각류 등, 동물계 각각의 강에서 양성의 차이는 완전하다고 할 수 있을 만큼 동일한 규칙을 따르고 있다. 거의 모든 예에서 수컷이 구애하며, 수컷만이 경쟁자끼리의 투쟁을 위해 사용하는 특별한 무기를 가지고 있다. 수컷은 보통 암컷보다 힘이 세고, 몸이 크며, 용기와 호전적인 성격 등, 필요한 성질을 모두 갖추고 있다. 목소리와 소리를 내는 기관과 냄새를 내뿜는 샘은 수컷만이 가지고 있는 경우도 있고, 수컷이 암컷보다 발달한 경우도 있다. 수컷은 온갖 다양한 부속물로 장식되어 있고 우아한 무늬와 선명하고 화려한 색채를 띠고 있는 경우가 많지만, 암컷은 거의 장식이 없다. 수컷과 암컷이 더욱 중요한 신체 구조에서 다른 경우를 예로 든다면, 수컷은 상대를 찾기 위한 특별한 감각기관이나 상대에게 접근하기 위한 운동기관, 상대를 붙잡기 위한 파악기관 등을 갖추고 있다는 것이다. 암컷을 소유하고 매혹하기 위한 이러한 다양한 구조는 1년 가운데 일정한 시기, 즉 번식기에만 발달하는 경우가 많다. 그것은 많든 적든 암컷에게도 전달되는 것이 대부분이며, 암컷에게 조금밖에 전달되지 않는 경우에는 흔적기관으로 남는다. 그것은 수컷을 거세하면 발달하지 않게 된다. 보통 그것은 수컷이 어릴 때는 발달하지 않고 생식기능이 시작되기 직전에 발달하기 시작하는 것 같다. 그래서 대부분의 종에서 어릴 때는 양성이 서로 유사하며, 암컷은 양성의 자손과 일생동안 유사하다. 거의 모든 큰 분류군에서 일반적인 양성의 형질이 완전히 역전한 예외적인 종도 일부 있는데, 그런 종은 수컷과 암컷이 동일한 형질을 갖고 있다. 이토록 많고 또 이토록 계통관계가 동떨어진 다양한 종류에서 놀랄 만큼 동일한 법칙이 양성의 차이를 제어하고 있다는 것은, 동물계의 모든 고등한 분류군에서 하나의 공통되는 요인, 즉 성선택이 작용하고 있다고 생각하면 모든 것이 이해될 것이다.

성선택은 어떤 개체가 번식과 관련하여 동성의 다른 개체보다 성공함으로써 일어나지만, 자연선택은 양성에서 모든 연령의 개체가 일반적인 생활조건에 대해 얼마나 성공하는가에 따라 일어난다. 성적인 투쟁에는 두 종류가 있다. 하나는 동성 개체들 사이에서 경쟁자를 몰아내거나 죽이는 투쟁으로, 대부분은 수컷들 사이에서 일어난다. 이때 암컷은 수동적인 태도로 머물러 있다. 또 하나의 투쟁, 이것 역시 동성의 개체들 사이에서 일어나는 것으로 이성, 대개는 암컷을 흥분시키거나 매혹시키기 위한 투쟁이다. 이때는 암컷도 더 이상 수동적이지 않으며, 더 나은 짝짓기 상대를 적극적으로 선택한다. 이 후자의 과정은 사람이 변종을 만들 의도가 전혀 없어도 자신에게 가장 바람직하고 유용하다고 생각되는 개체를 오랫동안 계속 선택함으로써, 의식하지 못하는 사이에 확실하게 가축 품종을 만들어내는 것과 같다고 할 수 있다.

성선택을 통해 어느 한쪽 성이 획득한 형질이 같은 성의 개체에게만 전달되느냐 아니면 양성에게 전달되느냐는, 그것이 개체의 어느 연령에서 전해지는 가와 마찬가지로 유전의 법칙에 따라 결정된다. 삶의 늦은 시기에 일어난 변이는 일반적으로 동성의 개체에게만 전달되는 것 같다. 선택이 일어나는 데는 변이가 필요한데 그것은 선택과는 전혀 다르게 독립적으로 일어난다. 이런 사실에서, 똑같은 일반적 성질을 가진 변이가 번식과 관련된 성선택과 전체적인 생존과 관련된 자연선택 양쪽에 의해 남겨지고 축적되는 경우가 종종 있었을 것으로 생각된다. 그래서 양성에 동등하게 전달된 경우의 이차성징을, 종에 고유한 일반적인 형질과 구별하는 것은 유추를 통해서만 가능하게 된다. 성선택을 통해 일어난 변화는 매우 큰 경우가 종종 있어, 같은 종에 속하는 수컷과 암컷이 다른 종으로 분류되거나 다른 속으로 분류된 경우까지 있었다. 이러한 극단적인 차이에는 뭔가 매우 중요한 의미가 있는 것이 틀림없으며, 그 가운데 어떤 것은 단순히 불편할 뿐만 아니라 실제로 위험을 불러옴에도 불구하고 획득된 것임이 밝혀져 있다.

성선택의 작용에 대한 확신은 주로 다음과 같은 고찰에 근거한다. 성선택을 통해 획득되었다고 생각할 만한 형질은 한쪽 성에 한정되어 있으며, 그것만으로도 그것이 어떤 의미에서 번식과 관련되어 있는 가능성을 명시하고 있다. 이러한 형질은 수많은 예에서 성숙에 도달한 뒤에만 완전히 발달한다. 1년 가운데 일부 시기에만 발달하는 것이 흔히 있으며, 그것은 언제나 번식기이다. (몇 가지 예외를 제외하고) 적극적으로 구애하는 것은 수컷 쪽이다. 또한 무기를 몸에 지니고 있는 것도 수컷이며, 다양한 방법으로 가장 매력적으로 장식되어 있는 것도 수컷이다. 수컷은 암컷 앞에서 최대한 정성을 기울여 자신의 매력을 과시한다는 것, 그러나 사랑의 계절 이외에는 그러한 과시를 거의 또는 전혀 하지 않는다는 것은 특히 주목할 만하다. 이 모든 과시에 아무런 목적도 없다면 놀라운 일이 아닐 수 없다. 마지막으로 일부 네발짐승과 조류에서는 한쪽 성의 개체가 다른 쪽 성의 특정한 개체에 대해 강한 혐오감과 호감을 느낄 수 있다는 확실한 증거가 있다.

이러한 사실 앞에서, 사람이 무의식적으로 하는 인위선택이 어떤 뚜렷한 결과를 가져오는지 생각하면, 한쪽 성의 개체가 몇 세대에 걸쳐 어느 특정한 유형의 이성 개체와 번식하는 것을 선호해 왔다면, 천천히 그러나 확실하게 그 방향으로 변화가 일어나리라는 것은 나에게는 너무나 명백해 보인다. 수컷이 암컷보다 개체수가 많은 경우와 일부다처가 널리 퍼져 있는 경우를 제외하고, 매력적인 수컷이 어떻게 해서 덜 매력적인 수컷보다 많은 자손을 남기고, 그 자손들이 그 수컷의 뛰어난 상식과 매력들을 물려받게 되는지는 잘 알 수 없다는 것을 나는 굳이 숨기려 하지 않았다. 그러나 그것은 아마도, 번식기에 맨 먼저 번식을 시작하는 더 건강한 암컷이, 더 매력적일 뿐만 아니라 더 건강하고 투쟁에도 강한 수컷을 선택하기 때문임이 틀림없을 거라고 설명했다.

호주의 바우어새가 그렇듯이 조류는 화려하고 아름다운 것을 좋아하고 또 노래하는 재능을 사랑하는 것도 확실하지만, 많은 조류와 몇몇 포유류 암컷이, 성선택을 통해 획득한 것으로 생각되는 형질에 대해 충분한 감각을 가지고 있다고 보기는 어렵다는 것을 나는 충분히 인정한다. 파충류, 어류, 곤충의 경우에는 더욱 믿기 어려운 일이다. 그러나 우리는 하등동물의 마음에 대해서는 거의 아무것도 모른다. 극락조와 공작 수컷이 아무런 목적도 없이 암컷 앞에서 애써 자신들의 아름다운 장식깃털을 세우고 펼쳐서 미세하게 진동시킨다고는 도저히 생각할 수 없다. 이에 대한 가장 두드러진 예로서, 이전 장에서 설명했던 공작 암컷들이 보여준 사실을 기억해야 할 것이다. 그녀들은 자기 마음에 드는 수컷과의 짝짓기를 저지당했을 때는, 다른 수컷과 짝을 지을 바에는 차라리 그 계절 내내 혼자 지내는 쪽을 선택한다.

내가 자연사에서 무엇보다 멋지다고 생각하는 것은, 청란 암컷이 수컷의 날개깃에 있는 눈알무늬의 섬세한 색조 장식과 우아한 무늬들을 평가하고 있는 것이 틀림없다는 사실이다. 수컷이 지금과 같은 모습 그대로 처음부터 만들어졌다고 생각하는 사람도 날아가는 데 방해가 되는 커다란 깃털 장식이, 첫째 날개깃과 함께 구애 시기에만 그 종 특유의 기묘한 방식으로 과시되는 것은, 이 깃이 장식을 위해 주어졌기 때문이라고 인정하지 않을 수 없을 것이다. 만약 그렇다면, 암컷은 그러한 장식의 가치를 이해할 수 있도록 만들어져 있다는 것도 인정하지 않을 수 없다. 나는 청란 수컷은 암컷이 더욱 장식적인 수컷을 몇 세대에 걸쳐 계속 선호한 결과, 그 아름다움을 서서히 획득하게 된 것이라고 확신하는 점에서 위의 견해와 다를 뿐이다. 암컷의 심미적인 능력은 우리의 취향이 연습과 습관을 통해 서서히 향상되는 것처럼 향상되어 왔을 것이다. 수컷에는 다행히 몇 개의 깃이 변용되지 않고 남아 있으므로 한쪽 편에 적자색의 작은 그림자가 있는 단순한 반점이 약간의 연속적인 변화를 거쳐 어떻게 해서 멋진 눈알무늬로 발달했는지 확실하게 추적할 수 있다. 그리고 아마도 그것은 실제로 그렇게 해서 발달해 왔을 것이다.

진화의 원리는 인정하지만 포유류, 조류, 파충류, 어류의 암컷이 수컷의 아름다움에서 시사되는 높은 취향을 실제로 가지고 있으며, 그것이 대체로 우리의 취향과 일치한다는 것을 도저히 인정할 수 없는 사람은, 척추동물에 속하는 각 계통의 구성원이 지닌 뇌신경세포는 그 집단 전체의 공통조상으로부터 직접적으로 물려받았다는 사실을 떠올려야 할 것이다. 그러면 뇌와 그 정신적 능력은 거의 같은 발달 과정을 이끌어내는 비슷한 조건 아래에서는 같은 능력을 발달시키며, 그 결과 거의 같은 기능을 보여주게 된다는 것을 이해할 수 있을 것이다.

성선택에 관한 여러 장을 모두 읽은 독자는, 내가 도달한 결론을 지지하는 증거가 얼마나 충분한지 판단할 수 있을 것이다. 만약 독자가 그 결론을 인정한다면, 그것을 인간에게까지 확장해도 문제없으리라고 나는 생각한다. 그러나 성선택이 어떻게 해서 수컷과 암컷 양쪽에서 양성에 대해 작용하며, 그 결과 남자와 여자의 몸과 마음이 어떻게 달라지게 되었는지, 그리고 인종끼리 다양한 형질에서 어떻게 달라졌는지, 또 과거의 하등한 형태와 어떻게 달라졌는지에 대해서는 바로 앞에서 언급했으므로 여기서는 되풀이할 필요가 없을 것이다.

성선택의 원리를 인정하는 사람은 대뇌 체계가 현재의 신체 기능 대부분을 제어하고 있을 뿐만 아니라, 다양한 신체 구조와 몇 가지 정신 능력의 진보와 발달에 간접적인 영향을 미치고 있다고 하는, 주목할 만한 결론에 도달할 것이다. 용기, 호전성, 인내심, 강한 힘, 몸의 크기, 모든 무기, 목소리와 악기를 사용한 음악, 아름다운 색채, 줄무늬와 반점, 장식적인 부속품, 이러한 것들은 모두 사랑과 질투의 영향, 소리와 색채와 형태에 대한 미의식, 그리고 그것에 대한 취향을 통해 어느 한쪽 성이 간접적으로 획득해 왔다. 이러한 정신적 능력은 명백하게 대뇌체계의 발달에 의존하고 있다.

사람은 말, 소, 개를 교배시킬 때는 세심한 주의를 기울여 그 개체의 형질과 계통을 조사하지만, 자기가 결혼할 때는 그만한 주의를 기울이지 않는 경우가 대부분이다. 사람은 자신의 자유로운 선택에 맡겨졌을 때는 하등동물에 작용하고 있는 것과 거의 같은 동기에 따라 움직이지만, 하등동물보다는 뛰어나기 때문에 정신적인 매력과 미덕도 높이 평가한다. 한편, 사람은 부와 지위에도 강하게 이끌린다. 그래도 사람은 그 선택을 통해 어린이 세대에 육체뿐만 아니라 지적·도덕적 성질에도 영향을 미치고 있다. 어느 쪽 성이든 육체와 정신에 큰 결함이 있는 경우에는 결혼을 삼가야 하지만, 그러한 바람은 유토피아적인 것으로 유전의 법칙이 완전하게 밝혀지기 전에는, 극히 일부에서도 실현되는 일이 거의 없을 것이다. 이런 목적을 위해 노력하는 사람은 모두 세상을 위해 유익한 일을 하는 것이다. 번식과 유전의 원리를 더욱 잘 이해하게 되면, 근친혼이 인간에게 유해한지 어떤지 간단한 방법으로 확인하려는 계획을, 또 의회의 무지한 사람들이 눈살을 찌푸리며 거부하는 목소리를 더 이상 듣지 않게 될 것이다.

인류의 복지를 향상시키는 것은 가장 복잡한 문제이다. 자신의 자손을 비참한 빈곤상태에 빠지지 않게 할 수 없는 사람들은 결혼하지 말아야 한다. 왜냐하면 빈곤은 큰 죄악일 뿐만 아니라 무모한 결혼으로 이끌어 빈곤을 더욱 증가시키는 경향이 있기 때문이다. 한편 골턴이 말한 것처럼 신중한 사람들은 결혼을 회피하고 무모한 사람들이 결혼한다면, 사회의 좋지 않은 구성원이 더 나은 구성원을 넘어서게 된다. 인간도 다른 동물과 마찬가지로, 그 빠른 증식률에서 기인하는 생존경쟁을 통해 지금의 높은 지위에 올라간 것은 의심할 여지가 없다. 만약 인간이 더 높은 곳으로 나아가야 한다면 계속 혹독한 경쟁을 치러야만 한다. 그렇지 않으면 인간은 곧 게으름에 빠지게 되어, 더욱 뛰어난 재능을 타고난 개인이 그렇지 않은 개인보다 생존경쟁에서 성공하는 일이 없게 될 것이다. 그렇다면 인구의 자연적인 높은 증가율은 노골적으로 많은 악으로 이어질 것이 분명하지만, 그렇다고 그것을 인위적인 수단으로 억제하려 해서는 안 된다. 모든 사람은 경쟁에 대해 열려 있어야 하며, 가장 뛰어난 사람들이 가장 많은 자손을 남기는 것을 법률과 관습으로 방해해서도 안 된다. 생존경쟁은 과거에도 중요했고 지금도 중요하지만, 인간의 가장 고귀한 성질에 관한 한 더욱 중요한 힘들이 존재한다. 자연선택은 도덕 감정이 발달하는 데 기초가 되는 사회적 본능을 불러온 원인이라고 결론지을 수 있지만, 도덕적 성질은 직접적이든 간접적이든 자연선택보다 훨씬 더 관습과 이성의 힘,

교육, 종교, 그 밖의 영향을 통해 향상된다.*3

　이 책에서 도달한 주요한 결론, 즉 인간이 어떤 하등한 형태로부터 진화했다는 것은, 유감스럽게도 많은 사람들에게는 그다지 탐탁지 않게 여겨질 것이다. 그러나 우리가 미개인의 자손이라는 것에는 의문의 여지가 없다. 거칠고 황폐한 바닷가에서 처음으로 푸에고섬 사람들을 보았을 때의 놀라움을 나는 평생 잊지 못할 것이다. 내 마음에 이내 떠오른 생각은, 이것이 바로 우리 조상의 모습이라는 것이었다. 그들은 완전한 알몸이었고 온몸에 물감을 칠하고 있었으며, 긴 머리카락은 마구 뒤엉켜 있었다. 흥분으로 입에 거품을 문 그들의 야만적인 표정에 떠올라 있는 것은 경악과 의심이었다. 그들은 예술이라고 할 만한 것은 거의 없었고, 야생동물처럼 자신들이 포획할 수 있는 것만 먹고 살고 있었다. 그들에게는 정부도 없었고, 자신들의 작은 집단 외에는 털끝만한 애정도 갖고 있지 않았다. 미개인을 현지에서 본 적이 있는 사람이라면 누구나, 그들보다 더 하등한 생물의 피가 자신들의 몸속에 흐르고 있다고 해도 그다지 수치심을 느끼지 않을 것이다. 나 자신은 적을 괴롭히는 것에 기쁨을 느끼고, 피의 희생을 바치며, 아무런 가책도 없이 아기를 죽이거나 자신의 아내를 노예처럼 부리고, 예의를 모르며 끔찍한 미신에 사로잡혀 있는 미개인보다는, 주인을 구하기 위해 무서운 적을 향해 달려든 저 영웅적인 조그마한 원숭이나, 산에서 달려 내려와 자신들의 새끼를 개떼로부터 용감하게 구출한 늙은 개코원숭이의 자손인 편이 낫겠다고 생각한다.

　인간은 비록 자기 자신이 노력한 덕분만은 아니지만 생물계에서 가장 높은 지위에 오르게 된 것에 대해 약간의 자부심을 가져도 될 것이다. 그리고 인간이 처음부터 그 지위에 있었던 것이 아니라, 낮은 데서부터 올라왔다는 사실은 미래에 더 높은 곳에 도달할 수도 있다는 희망을 품게 한다. 그러나 여기서 우리의 관심사는 희망이나 공포가 아니라 우리의 이성이 발견할 수 있는 한의 진실이다. 나는 내 능력이 닿는 데까지 그 증거를 여기에 제시했다. 그리

―――――――

*3 (역주) 이 부분에 나타난 다윈의 지적에는 훗날 우생학의 바탕이 되는 생각이 많이 들어 있다. 그 자신은 우생학적 정책을 제시하지 않았고, 인류의 도덕수준의 향상에는 교육과 관습이 훨씬 더 큰 역할을 하고 있다고 말했지만, 19세기 계급사회를 배경으로 한 당시의 상식적인 사고에서는 우생학적인 생각이 쉽게 나올 수 있었을 것이다.

고 인간은 가장 비천한 인간에 대해서도 느끼는 동정, 타인뿐만 아니라 가장 하등한 생물에게도 작용하는 자애의 감정, 그리고 태양계의 운동과 구성에까지 미치는 신적인 지성 등, 그 모든 고귀한 성질과 모든 멋진 능력에도 불구하고, 그 몸에는 여전히 지울 수 없는 하등한 기원의 흔적을 간직하고 있다는 사실을 인정하지 않을 수 없을 거라고 나는 생각한다.

옮긴이 노트

대자연
《인간의 기원》에 대하여
오늘의 진화론과 신다윈설
다윈의 발자취를 찾아서
다윈 연보

대자연

(137억 년 전~700만 년 전)

우리의 우주는 137억 년 전에 일어난 어마어마한 폭발에서 시작되었다. 폭발한 지 불과 100만분의 몇 초 사이에 우주는 지름 수십km까지 확대된다. 오래된 별은 불타고 새로운 별이 태어나면서 92억년이 지난 뒤, 다 타버린 별의 잔해에서 태양이 태어나 빛을 발하기 시작했다. 그 폭발 '빅뱅'의 큰 음향은 지금도 우주에 메아리치고 있다.

뜨거운 먼지와 가스로 이루어진 거대한 몇 개의 공들이 서로 밀치락달치락하면서 새롭게 태어난 태양의 인력에 끌려가 태양계가 탄생한다. 원시지구와 또 하나의 행성 '테이아'가 충돌하여 엄청난 파편이 흩어졌고, 거기서 달이 태어난다. 그리고 태양계 속에 뿌려진 얼음의 혜성은 지구를 향해 목성의 강력한 중력(지구 중력의 2.5배)에 이끌려 쏟아지면서 증발하여 비가 된다. 지구의 핵에 갇혀 있던 뜨거운 가스는 화산 폭발로 밖으로 빠져나가 지구 최초의 대기가 되었다.

이 거친 지구의 탄생에서 수억 년 뒤, 몇 가지 화학물질의 집합체가 자기복제를 시작했다. 오늘날 '박테리아(세균)'라고 부르는 생명의 탄생이다. 그것은 세포가 하나밖에 없는 생물이었다. 그리고 복제는 때때로 잘못되는 경우가 있었다. 그렇게 되면, 이전과 다른 생물이 태어났고, 그에 따라 생명의 종류가 늘어갔다. 그리하여 태어난 생물 가운데 어떤 것은 태양의 빛으로 영양분을 만들고 산소를 폐기물로 내보내는 것이 있었다. 그것이 다음의 25억년 동안 산소라는 에너지로 가득한 기체가 대기를 채워 지구에 새로운 환경을 만들어주게 되었다. 최초의 지구와 그 대기, 그리고 초기의 박테리아로 이루어진 팀은 더 고도한 생명체가 등장할 수 있는 조건을 갖추게 된다. 박테리아끼리 융합하여 더욱 복잡한 생물, 지구 최초의 다세포생물이 탄생했다.

이윽고 바다는 이색적인 생물로 넘쳐나게 되었다. 가늘고 긴 눈을 가진 것, 물체를 잡는 팔을 가진 것, 또 이상한 기관이 달린 것도 있었다. 이것은 모두 유성생식, 즉 생물에 암컷과 수컷이 탄생함으로써 이루어진 것이었다. 해면과 해파리, 산호충 뒤에 뼈가 있는 물고기와 전갈이 이어진다. 육상에서는 포자류가 생겨나고, 이끼류는 수백만 년이 걸려 물가를 떠나서 생육할 수 있는 풀과 나무로 진화한다. 대기 중의 산소농도가 높아짐에 따라, 바다생물의 일부가 새로운 먹이와 보금자리를 찾아 육상으로 이동한다. 육지에 올라간 양서류의 좋은 식량이 된 것은 거대한 곤충과 잠자리였다. 지구의 육지는 다양한 동식물 덕분에 영양소가 가득하고 자양이 풍부한 흙으로 뒤덮이게 된다.

몇 개의 대륙이 충돌하여 단일한 초대륙 '판게아'가 태어날 무렵, 파충류는 단단한 껍질에 싸인 알을 낳기 시작했다. 파충류는 이 껍질 덕분에 건조한 육상에서도 번식할 수 있게 되었다. 공룡이라고 하는 거대한 도마뱀이 육지를 지배하는 가운데, 지구 최초의 꽃과 새가 등장하고 곤충의 새로운 문명이 싹튼다. 그러나 6550만 년 전, 지구를 덮친 거대한 운석이 생물의 대량절멸을 불러일으켰다. 그 틈을 메운 것은 소형의 야행성 생물인데, 크기가 다양한 동물로 진화하여 서서히 멀어지는 대륙들을 채워가게 된다

1. 우주의 탄생

무한의 에너지를 가진 눈에 보이지 않는 점이 대폭발하여
우리의 우주를 창조하고
은하와 보편적인 물리법칙을 탄생시켰다.

당신 주위를 잘 살펴보라. 그리고 눈에 보이는 모든 것을 어마어마하게 크고 강력한 분쇄기에 집어넣는 것을 상상해 보자. 식물, 동물, 집(그 안에 있는 것도 전부), 맥주, 살고 있는 도시, 그뿐 아니라 나라 전체까지 모든 것을 가루로 만들어 작은 공만한 덩어리 속에 집어넣는 것이다.

그것이 끝나면 나머지 세계도 몽땅 넣어버리자, 태양계에 있는 다른 행성도 태양도 말이다. 참고로 태양은 태양계의 행성을 모두 합친 것보다 천배나

크다. 그 다음은 은하계다. 은하계에는 태양과 같은 항성이 2천억 개나 있는데 이것도 전부 넣어버린다. 그리고 마지막으로 모든 은하를 구겨넣자. 이 우주에 은하는 약 1250억 개나 있고, 그 대부분은 우리의 은하계보다 크나. 그것을 전부 합쳐서 꾹꾹 압축해 간다. 벽돌만한 크기가 되면 다음은 테니스공, 또 그 다음은 콩 한 알정도로 만들고, 마지막에는 알파벳 'i' 위에 있는 점보다 작게 만든다.

드디어 점도 보이지 않게 되었다. 모든 항성과 행성, 위성이 눈에 보이지 않는 점 속으로 사라졌다. 이것이 우주의 원초적인 모습, 과학자들이 '특이점 (singularity)'이라고 부르는 것이다. 이 지독하게 작고 어마어마하게 무거우며 밀도가 엄청나게 높은 점은, 안쪽에 갇혀있는 에너지의 압력을 견디지 못해 137억 년 전 엄청난 일을 저지르고 말았다.

폭발이었다.

일반적인 폭발이 아니었다. 장대한 폭발, 전무후무한 거대한 폭발. 즉 '빅뱅'이다. 그것에 이어서 일어난 것은 더욱 엄청났다. 아득히 먼 저편 수십억km까지 파편이 튀었다. 한 순간에 우주는 눈에 보이지 않을 정도로 작은 점에서, 이 지구는 물론이고 지금 우리가 보고 있는 모든 별을 만드는 데 필요한 것이 있는 공간으로 확대되었다.[1] 거기에는 우리에게는 보이지 않는 것, 즉 현재의 천체망원경으로는 볼 수 없는 것도 존재한다. 이 광대한 우주가 과연 어디까지 이어져 있는지, 그 진실을 아는 사람은 아무도 없다.

빅뱅의 증거

그렇다면 과학자들은 왜 그러한 엄청난 일이 일어났다고 믿는 것일까. 누구도 목격했을 리가 없는 먼 과거의 일이다. 당연히 지금도 적지 않은 사람들이 빅뱅이라는 생각 자체를 의심하고 있다. 그러나 대부분의 과학자는 그것이 일어난 것을 인정하고 있다. 그들의 말을 빌리면, 그 증거는 곳곳에 얼마든지 있다고 한다.

조르주 르메트르는 벨기에 출신의 가톨릭 사제이자 천문학자이다. 제1차 세계대전 중에 전장에서 비참한 광경을 목격한 것이 계기가 되어 신학과 과학

---

[1] 이 이론은 '인플레이션 우주론'이라고 불리며, 1979년 미국인 과학자 앨런 구스와 도쿄대학의 사토 카쓰히코 교수가 제창한 이론이다.

을 지향하게 되었다. 1923년에는 케임브리지 대학에서 천문학·이론을 공부했다. 케임브리지 천문대에는 세계 최대급의 천체망원경이 있었다. 1927년 이미 수학자로 이름을 날리고 있었던 그는 '빅뱅에서 시작되어 팽창하는 우주'라는 가설을 세웠다.

르메트르가 그 가설을 발표한 지 불과 2년 뒤, 또 한 사람의 천문학자 에드윈 허블이 강력한 천체망원경으로 다른 은하가 지구에서 멀어지는 광경을 관측했다. 그리고 멀리 떨어져 있는 은하일수록 멀어지는 속도가 빨랐다. 그것은 우주가 지금도 팽창을 계속하고 있다는 것을 명백하게 보여주는 것이다. 허블은 먼 옛날에 무언가가 일어났고, 별과 은하가 밖으로 밀려난 것이 틀림없다고 결론지었다. 르메트르가 가정한 빅뱅은 바로 그 무언가였다.

천둥소리는 산과 골짜기에 메아리를 울리며, 때로는 그 잔향이 1분 이상 사라지지 않는 경우도 있다. 과학자들은, 천둥소리조차 그럴진대, 빅뱅처럼 거대한 폭발이 일어나면 그 메아리를 현재에도 검출할 수 있지 않을까 하고 생각했다.[2]

1964년, 뉴저지 주에서 기술자 아노 펜지어스와 로버트 윌슨이 그 메아리를 처음으로 검출했다. 두 사람은 낡은 무선안테나를 이용하여 전파망원경을 만들려고 했는데, 그 안테나가 불가해한 노이즈를 계속 감지했다. 어느 방향을 향해도 시끄러운 잡음은 사라지지 않았다. 뉴욕 시의 무선송신기가 원인일 것으로 생각했지만 현지에 가서 조사해 보니 아니었다. 그래서 뉴저지로 돌아가 안테나의 내부를 살펴보았더니 비둘기 똥이 말라붙어 있는 것이 보였다. 그것이 원인일 거라고 생각한 그들은 주변에 있는 비둘기들을 모두 구제하고 나서 안테나를 깨끗하게 청소했다. 그런데도 노이즈는 사라지지 않았다.

당시에 거기서 겨우 50km쯤 떨어진 장소에서 우주학자 로버트 디케가 이끄는 연구자들이 빅뱅의 메아리를 검출하기 위해 최고 감도의 마이크로파 안테나를 거의 완성해가고 있었다. 펜지어스와 윌슨은 디케에게 전화를 걸어 망원경의 노이즈를 없애는 방법을 아느냐고 물었다. 디케는 두 사람이 들은 것은 빅뱅의 메아리가 틀림없다고 직감했다. 오늘날에는 그들의 설명을 들을 것도 없이 눈으로 메아리를 볼 수 있다. TV 방송이 끝난 뒤나 튜닝이 맞지 않을 때

---

[2] 1948년, 러시아인 과학자 조지 가모프가 빅뱅의 반향을 오늘날에도 검출할 수 있다는 것을 세계에서 처음으로 시사했다.

화면에 나타나는 모래폭풍(무수한 흰점)을 본 적이 있을 것이다. 그 점 100개에 한 개는 빅뱅의 메아리가 불러일으킨 것이다.[*3]

그러나 눈에 보이지 않을 만큼 작은 점이 폭발하여 이 우주가 태어났다는 학설을 받아들인다 해도, 과학자들은 그것이 137억 년 전에 일어났다는 것을 어떻게 알았을까? 허블은 멀리 있는 은하일수록 빠르게 멀어지는 것을 관찰했는데, 지금은 더욱 진보한 천체망원경을 이용하여 은하의 후퇴속도를 정확하게 검출할 수 있다. 따라서 이 데이터에서 시간을 거슬러 올라가면 모든 물체가 한 곳에 모여 있었던 것이 언제였는지 밝힐 수 있는 것이다.

우주는 무수히 많다?

빅뱅 직후에는 더욱 신비한 일이 일어나기 시작했다. 엄청난 에너지가 방출되었고 그 에너지는 중력으로 변했다. 중력은 눈에 보이지 않는 풀 같은 것으로, 그것 때문에 우주에 존재하는 모든 것은 서로 들러붙으려고 한다. 그에 이어 우주의 기본이 되는 엄청난 수의 입자가 태어났다. 말하자면 미크로사이즈의 '레고' 같은 것이다. 오늘날 이 세계에 존재하는 모든 물질은 빅뱅 직후에 생겨난 이 무수한 입자로 되어 있다.

그리고 약 30만 년이 지나 우주의 온도가 낮아지자, 이러한 입자(가장 일반적인 것은 전자와 양자와 중성자)는 서로 결합하여, 우리가 원자라고 부르는 작은 덩어리가 되었다. 그 원자가 서로 중력에 이끌려 초고온의 거대한 구름을 만들었다. 이 구름에서 태어난 것이 최초의 항성, 즉 빅뱅의 흔적인 에너지로 가득한, 거대한 불의 공의 집단이다. 이러한 항성도 서로의 중력에 이끌려서 나선상에서 소용돌이상까지 모양도 크기도 다양한 집단, 즉 은하가 된 것이다. 우리의 은하인 은하수(은하계)는 빅뱅이 일어난 지 약 1억 년 뒤, 지금으로부터 136억 년 전에 모습을 드러냈다.[*4] 은하계는 거대한 은반 같은 모양—달걀 프라이 두 개를 서로 맞댄 것 같은 모양—으로, 시속 약 100만km에 이르는 어마어마한 속도로 선회하고 있다.

2001년에 쏘아올린 미국의 우주탐사선 '윌킨슨 마이크로파 비등방성 탐색

[*3] John Gribbin, In the Beginning(Penguin, 1993), p. 18.

[*4] 이 추정치는 2004년 Luca Pasquini, Peircarlo Bonifacio, Sofia Randich, Daniele Galli, Raffaele G. Gratton의 연구를 토대로 한 것이다.

기(WMAP)'는 우주의 기원에 관한 최신 정보를 가져다주었다. WMAP 덕분에 과학자들은 빅뱅의 메아리와 우주의 모든 구성요소에 대해 매우 정확하게 측정할 수 있게 되었다.[5] 허블이 천체망원경으로 본 것처럼 우주가 지금도 계속 팽창하고 있다는 것도 재확인되었다. 그래도 아직 많은 수수께끼가 남아 있다. 이를테면 우주가 팽창하는 속도가 줄어들었는지 어떤지는 알려져 있지 않다. 만약 속도가 줄어들고 있다면, 모든 항성과 은하는 언젠가 중력에 의해 거대한 고무줄에 끌리듯이 한 곳으로 되돌아가게 될 것이다. 그렇게 되면 이윽고 우주는 눈에 보이지 않을 만큼 작은 점으로 돌아가, 그 속의 압력이 다시 높아져서 빅뱅이 또 한 번 일어날지도 모른다. 실제로 과학자 중에는 빅뱅은 지금까지 수백만 번이나 일어났고, 현재의 우주는 그 최신 결과에 지나지 않으며 언젠가는 또 분쇄되어 새로운 빅뱅이 일어날 거라고 생각하는 사람도 있다.

또 하나의 수수께끼는 우리의 우주는, 존재하는 단 하나의 우주인가 하는 것이다. 최근에 이 우주는 수많은—아마도 무한에 가까울 것이다—우주 가운데 하나에 지나지 않는다고 보는 설을 지지하는 물리학자가 많이 있다. 빅뱅이 잇따라 일어났고, 그때마다 우주가 탄생했다는 것이다. 그리고 각각의 우주는 고유한 물리법칙(중력의 크기나, 원자내의 입자에 작용하는 힘 등)을 기다리고 있다고 한다.

이러한 '다우주(멀티버스)'론은 '이 우주는 어떻게 해서 계속 생명을 출현시킬 수 있는 절묘한 물리법칙을 갖추고 있는가'라는 물음에 해답을 제공해 준다. 유일한 우주(유니버스. 유니는 '단일한'이라는 의미)가 우연히 그러한 물리법칙이 풍부할 가능성은 제로에 가깝다. 따라서 신이 우주를 창조했다는 것을 믿지 않는 과학자에게는, 우주는 유일무이하다고 생각하기보다는 다른 물리법칙을 가진 우주가 그밖에도 무수히 존재한다고 생각하는 편이 더 합리적이다.[6]

---

[5] 이 메아리는 정식으로는 '우주 마이크로파 배경복사(CMR)'라고 불린다.

[6] 주1)의 인플레이션 우주론의 앨런 구스에게 협력한 러시아인 과학자 안드레이 린데(1948년~)는 무수한 거품우주를 토대로 다우주설을 제창했다.

태양계의 탄생

은하는 거대하다. 마블초콜릿 한 개를 식탁 한 복판에 놓고, 그것을 태양이라고 하자. 이 은하계에서 태양에 가장 가까운 항성의 위치를 또 하나의 마블초콜릿으로 표시한다면 어디에 두어야 할까? 1미터 떨어진 곳? 아니면 10미터? 사실은 145킬로미터나 떨어진 곳이다.[7]

태양은 상당히 새로운 항성이며, 과학자들은 다른 항성이 다 타버려 자신의 중력으로 붕괴하고 폭발한 뒤에 남은 가스와 먼지에서 태양이 생겨났다고 생각했다. 이러한 항성이 일생을 마칠 때 일으키는 대폭발(별이 탄생한 것처럼 보이기 때문에 '초신성'이라고 한다)은 지금도 자주 관찰되고 있다. 폭발 뒤에는 가스와 먼지 등, 새로운 항성이 태어나는 데 필요한 물질이 남는다.

약 46억 년 전, 타버린 항성이 남긴 가스와 먼지가 서로의 중력으로 모여서 밀도가 높아졌고, 핵융합을 일으켜 빛을 발하기 시작했다. 그것이 우리의 태양이다. 태양의 나이는 우주의 나이의 불과 3분의 1정도이다. 그러나 태양이 비교적 젊은 별인 것은 우리에게는 행운이었다. 그것은 최초에 태어난 항성은 생명을 유지할 수 있는 행성을 탄생시킬 수 없었기 때문이다. 그러한 제1세대 항성은 수소와 헬륨 같은 단순한 가스만으로 이루어져 있었다. 그러나 초신성 폭발은 무시무시한 힘으로 원자를 결합하여, 더욱 무겁고 더욱 유익한 재료를 만들어냈다. 그 재료에서 지구 같은 암석형 행성이 탄생했고 철, 산소, 탄소 등, 생명을 낳는 데 불가결한 요소도 갖춰졌다.

오랫동안 사람들은 우주의 중심은 지구라고 믿었다. 그러나 현재 태양계는 은하계 바깥쪽에 있는 나선팔(항성이 밀집해 있어 팔처럼 보이는 부분)의 하나인 '오리온팔'의 '국부 거품'이라고 하는 별이 성긴 부분을 여행하고 있다는 것이 밝혀져 있다. 태양계 가까운 곳에는 항성이 매우 적다. 이 구역을 천문학자들은 애정을 담아 '국부 보풀(국부성간구름)'이라고 부르고 있다. 그저 한구석에 있는 '보풀', 즉 거스러미 같은 것이다.

태양계에는 태양 주위를 도는 모든 것이 포함된다. 가장 중요한 것은 행성이다. 행성은 암석이나 가스로 이루어진 거대한 공으로, 태양과 같은 시기에 마찬가지로 타버린 별의 잔해에서 탄생했다. 초기 태양계에는 25개의 원시 행성

---

*7 Gribbin, p. 149.

이 있었던 것 같다. 가스로 만들어진 공은 태양에서 멀어져서 거대한 가스형 행성인 목성, 토성, 천왕성, 해왕성이 되었다. 그 밖의 행성에는 태양열을 견딜 수 있는 더 무겁고 더 유익한 물질이 함유되며, 이것은 암석형 행성, 즉 수성, 금성, 지구, 화성이 되었다. 수백만 년 동안 이 거대한 구체들은 태양의 주위를 돌며, 이제 막 탄생한 태양계 속의 궤도를 안정시키려 했다.

이 원시 태양계의 환경은 너무나 혹독하여 도저히 생명체가 살 수 있는 곳이 아니었다. 격렬하게 타오르는 태양에서 방출되는 고에너지의 입자가 눈에 보이지는 않지만 빗줄기처럼 쏟아져 내렸다. 그 하전입자(荷電粒子)는 거의 모든 것을 관통하는데, 사실은 지금도 매일 200억 톤이나 되는 양이 태양에서 방사되고 있다. '태양풍'이라고 불리는 이 입자의 바람은 우주비행사가 착용하는 헬멧과 우주복까지 꿰뚫는다.[8] 설사 당시의 엄청난 고온을 견딜 수 있는 생명체가 있었다 해도, 이 태양풍에 의해 그 자리에서 죽었을 것이다.

그야말로 지옥 같은 광경이었다. 지구 표면을 뒤덮은 걸쭉한 용암은 엿을 졸이는 것처럼 보글보글 거품을 내고 있었다. 거기에는 단단한 지면도, 물도, 그리고 당연히 생명도 존재하지 않았다. 불안정한 지구는 고속으로 자전했고 하루는 약 4시간밖에 되지 않았다.

그리고 달이 태어났다

다음에 기적적인 일이 일어났다. 과학자들은 두 개의 젊은 행성이 우연히 같은 궤도 위를 다른 속도로 돌기 시작한 것으로 추정하고 있다. 한쪽은 지구이고, 또 한 쪽은 '테이아'라는 이름으로 불리는 원시행성이다. 태양이 빛나기 시작한 지 거의 5천만 년 뒤에 이 두 개의 행성이 충돌했다. 그 어마어마한 충격에 지구가 균형을 잃고 비틀거리는 바람에 궤도가 틀어졌다.

이어서, 지구에서 수 천 개의 화산이 분화함으로써 핵 속에 갇혀 있던 대량의 가스가 분출하여 최초의 대기를 형성했다.

테이아의 바깥층은 증발하여 무수한 입자가 되었다. 사방팔방으로 잔해가 튀었고, 지구는 그 인력이 끌어당긴 고온의 먼지와 바위, 화강암으로 이루어진 두터운 구름에 뒤덮였다. 소용돌이치면서 하늘을 뒤덮은 이 잡동사니의

---

[8] Brian Swimme and Thomas Berry, The Universe Story(HarperCollins, 1994), p. 65.

구름 때문에 지구는 몇 달 동안 암흑처럼 깜깜했다. 또 충돌의 여파로 테이아의 핵을 형성하고 있던 철이 지구 내부로 흘러들어 지구의 핵과 융합했고, 충격에 계속 흔들리는 지구의 깊은 곳에서 고온, 고밀도의 금속 공을 형성했다.[9]

그러나 이 엄청난 충돌은 그 뒤 지구에 태어날 생명체에는 오히려 행운으로 작용했다. 대량의 철을 도입한 지구의 핵이 자기 차폐를 형성해준 덕분에, 지구 표면이 치명적인 태양풍으로부터 보호될 수 있었기 때문이다. 또 물(H_2O)은 수소원자(H)와 산소원자(O)로 분리되지 않아서 생명체에 없어서는 안되는 물이 우주로 비산하지 않아도 되었다. 이 차폐가 없었으면 지구상에서 생명이 진화하는 일은 없었을 것이다. 화성과 금성처럼 철의 핵을 갖지 않은 행성에서는 지금까지 그 어떤 생명도 탄생하지 않은 것으로 추정된다.

오늘날 지구에는 테이아와 충돌한 증거가 되는 크레이터가 남아있지 않다. 충격의 힘이 너무 컸기 때문에 지구의 바깥껍질을 구성하고 있던 물질은 증발하거나 폭발하여 사라져버렸기 때문이다. 그래도 눈에 보이는 증거가 있다. 한때 지구를 뒤덮고 있었던 먼지와 화강암의 구름은 서로 중력에 의해 결합하여 거대한 공이 되었다. 대충돌이 일어난 지 불과 1년 뒤, 지구는 새로운 동지를 얻었다. 수정처럼 빛나는 커다란 달이었다.

달은 지구를 안정시키는 중요한 작용을 하게 되었다. 먼저 달의 중력은 테이아와의 충돌 때문에 비틀거리고 있던 지구를 구했다. 그리고 지구의 자전속도를 늦춰서, 오랜 세월 동안 지구의 자전속도는 하루 4시간에서 하루 24시간으로 변했다. 지구와 달은 수십억 년 동안 파트너가 되어 태양의 주위를 함께 춤추며 돌았다. 손에 손을 잡고 얼굴을 마주보며 우아하게 링크를 도는 한 쌍의 피겨스케이트 선수처럼.

2. 생명은 어디에서 왔을까

혜성의 충돌과 화산의 분화가

---

[9] Dana Machenzie, The Big Splat(John Wiley, 2003), p. 189.

원시지구의 작열하는 지각을 뒤흔들고,
화학물질이 복제를 통해 극소의 생명체로 변하기 시작했다.

1951년 가을, 아직 더위가 가시지 않은 어느 날 오후, 해럴드 유리 교수는 시카고 대학 대강의실에 들어갔다. 강의실 안은 이미, 이 위대한 과학자의 생명의 기원에 대한 탁월한 강의를 들으려고 모인 학생들로 가득 차 있었다.

과학자들은 150년이 넘도록 생명이 어떻게 탄생했는지를 설명하는 이론을 탐구해 오고 있었다. 유리도 알고 있었듯이, 문제는 초기의 혹독한 지구환경에 존재했던 원시적인 물질의 집합에서, 어떻게 하여 생명이 탄생할 수 있었는지를 실증할 수 없다는 데 있었다. 그렇기 때문에 생명의 기원에 관한 가설은 모든 가설의 영역을 넘어서지 못하고 있었다.

프랑스의 과학자 루이 파스퇴르가 정밀한 실험 끝에, '생명체를 갖지 않은 물질이 저절로 생명을 품는 일은 없다'고 증명한 지 거의 100년 정도 지나 있었다. 그것이 진실이라면, 아무리 단순한 생명체라도 생명이 존재하지 않는 지구에서 저절로 태어나는 일은 없을 것이다. 그렇다면 도대체 무슨 일이 일어난 것일까. 생명의 탄생을 불러오는 최초의 계기는 무엇이었을까.

논의는 격렬했다. 한쪽에는 생명은 성스러운 설계자, 즉 신에 의해 성서에 기록되어 있는 대로 창조되었다고 믿는 사람들이 있었다. 그들은 신의 위대한 힘은 인간의 이해를 넘어서기 때문에 과학적인 탐구로는 생명의 기원을 해명할 수 없다고 주장했다. 한편, 생명체는 지구 밖에서 찾아왔다고 생각하는 사람들도 있었다. 이토록 광대한 우주 어딘가에 지적인 생명체가 있는 것은 조금도 이상한 일이 아니다. 지구상에 생명이 탄생한 것은 아마 수십억 년이나 전에 지구 밖의 생물이 시작한 재배실험의 결과일 거라고 그들은 추측했다.

그러나 유리는 그 대답은 과학에 의해 발견될 거라고 확신했다. 그리고 생명체에 불가결한 화학물질 '아미노산'이 초기 지구에서 만들어졌다는 것을 증명할 방법을 찾고 있었다. 먼저 단순한 단세포의 생명체가 탄생하면, 이윽고 자연히, 어쩌면 필연적으로 오늘날 우리가 보고 있는 복잡하고 아름다운 생물의 세계가 출현할 거라고 믿었던 것이다.

유리는 실험실에서 원시 지구의 상태를 재현하여, 생명이 없는 물질에서 생명체가 창출되는 것을 실증하고 싶었다. 그날의 청중 속에는 유리의 이야기에 마음을 빼앗긴 학생이 있었다. 미국을 횡단하는 여행 중에 우연히 시카고에 들른 스탠리 밀러였다. 마침 그는 전공할 연구테마를 찾고 있던 중이었다.

스물한 살의 밀러는 유리의 이야기를 들을수록 점점 더 흥분을 더해갔다. 강의가 끝나자, 그는 유리에게 다가가 열의를 다해 자신의 희망을 전했다. 그리하여 그들은 화학물질의 칵테일에 지나지 않는 것에서, 생명을 창조하는 프로젝트에 도전하기로 했다.

생명제조 프로젝트

두 사람은 남몰래 그 연구에 착수했다. 먼저 복잡한 유리장치를 만들고 중앙에 커다란 유리병을 배치하여, 그 속에 초기의 지구에 존재했을 것으로 추정되는 물질을 모두 넣었다. 수소, 메탄, 암모니아 등의 기체도 주입했다. 대부분 화산에서 분출한 것이었다. 실험에서는 플라스크로 물을 끓여 그 증기를 관을 통해 유리병으로 보낸다. 그리고 병에 꽂은 두 개의 전극에 강력한 전류를 보내 불꽃을 일으켜서, 초기의 지구에서 자주 발생했던 강력한 천둥의 미니어처 형을 발생시킨다. 이 장치는 원시지구의 대기 상태를 재현하기 위한 것으로, 천둥소리가 울리고 번갯불이 번쩍여야 비로소 완성된다.

밀러는 먼저 플라스크에 물을 끓여 그 증기를 관을 통해 유리병에 넣어 원시가스와 혼합했다. 그런 다음 전원을 넣었다. 65만 볼트의 전류가 흐르자 끊임없이 소형 천둥이 발생했다.

그러나 애석하게도 아무 일도 일어나지 않았다. 그날 밤 밀러는 완전히 의기소침하여 연구실을 떠났다.

그런데 이튿날 아침 연구실에 가보니, 플라스크의 물이 분홍색으로 변해 있었다. 뭔가 화학반응이 일어난 것이 분명했다. 그 뒤 1주일 동안 같은 조작을 되풀이하자 확실한 결과가 나왔다. 투명한 물은 분명히 붉은 빛을 띠고 있었다. 아미노산이 함유되어 있는 것이다. 아미노산은 생명에 없어서는 안되는 성분으로, 모든 식물과 동물(당신과 나를 포함하여)의 세포를 구성한다. 이것이 바로 유리가 굳게 믿었던 생명의 탄생을 실증하는 것이었다. 유리와 밀러는 37억 년 전에 지옥도 같은 모습이었던 지구에서, 우연히 필요한 조건이 갖춰져 생명이 탄생한 거라고 결론지었다.

밀러와 유리의 실험은 생명이 어떻게 시작되었는지를 과학적으로 이해하는

데 전기가 되었다. 그 이후에도 실험은 수없이 거듭되었고, 그때마다 물질의 조합은 조금씩 바뀌었다. 그것은 시대가 지날수록 초기의 지구에 무엇이 얼마나 존재했는지에 대한 예측이 변했기 때문이다. 그러나 밀러와 유리는 시험관 속에서 생명 자체를 창조한 것은 아니었다. 그들이 창조한 것은 생명의 재료에 지나지 않는다. 오늘날까지 실험실에서, 화학물질에서 살아있는 세포를 창조한 사람은 아무도 없다. 그러므로 생명 탄생의 순간에 대해서는 지금도 치열한 논의가 이어지고 있다.

생명을 데려온 것은 혜성인가

일부 과학자는 지구사의 초기에 일어난 또 하나의 극적인 사건 때문에 생명이 탄생했다고 생각한다. 약 37억 년 전, 붉은 색의 거대한 행성인 목성 주위에서 발생한 혜성의 '중폭격(重爆擊)'에 의해 지구에 생명의 씨앗이 뿌려졌다는 것이다.

1687년, 아이작 뉴턴이 모든 물체는 다른 물체를 끌어당기는 힘을 가지고 있고, 물체가 크면 클수록 그 힘이 더 강해지는 것을 발견했다. 태양계 최대의 행성인 목성은 거대한 별이다. 용적이 지구의 1300개분이나 된다. 그 때문에 중력도 매우 강하다. 그러나 지구는 목성에서 약 6억2900만km나 떨어져 있어서, 목성의 중력에 영향을 받는 일이 없다. 그렇지만 은하의 척도로 생각하면 그 거리는 매우 짧은 편이다. 실제로 시기에 따라서는 밤하늘에 밝게 반짝이는 목성을 육안으로도 볼 수 있다. 좋은 천체망원경이 있으면 16개나 되는 위성을 적어도 네 개는 간단하게 찾을 수 있을 것이다. 믿기 어렵지만, 지구의 생명은 그런 데서 태어났을지도 모른다.

태양의 행성이 형성된 뒤에는 무수한 작은 바위가 남았다. 거의 37억만 년 전, 그런 암석 가운데 특히 큰 집단(혜성과 소행성)이 태양의 중력에 붙들려, 목성은 거의 같은 궤도로 태양의 주위를 돌기 시작했다. 그때 태양계는 아직 불안정했기 때문에 목성, 토성, 해왕성 같은 거대한 행성은 가끔 태양계의 궤도에서 벗어나는 일이 있었다. 그런 일이 몇 번이고 일어나는 동안, 행성의 중력이 가까이 있던 혜성과 소행성을 축구공처럼 태양계 전역을 향해 차버렸다. 그 일부가 지구 쪽으로 날아와 기묘한 형태의 포탄이 되어 지표에 떨어졌다.

이 '중폭격'의 증거를 맨 처음 발견한 것은 텍사스 주 휴스턴의 미항공우주국(NASA) 우주비행센터의 과학자들이었다. 그들은 리니아 혜성이라고 하는 혜성군을 연구하고 있었다. 이 혜성은 각각 태양에 접근한 뒤 그 열로 증발하여 먼지와 가스로 분해되었다. NASA의 팀은 혜성이 분해될 때, 함유되어 있는 물질을 검출할 수 있을 것으로 기대하고, 고성능 천체망원경으로 관찰했다. 그리하여 수집된 데이터는 생명의 근본인 아미노산이 리니아 혜성 같은 혜성과 함께 지구에 날아왔을 가능성을 보여주었다. 즉 어쩌면 지구상의 생명 탄생은 제로에서 시작된 것이 아니라, 우주에서 어느 정도 완성된 부품이 배달되었을지도 모른다는 것이다.

더 큰 증거는 달에 있다. 간편한 망원경으로도 볼 수 있는 울퉁불퉁한 표면은 엄청난 수의 혜성이나 소행성의 충돌에 의해 생긴 크레이터이다. 그것의 낙하를 막는 대기도 상처자국을 숨기는 생명시스템도 없는 달은, 수십억 년 전에 일어난 거친 충돌을 지금도 전해주는 증인이다.

생명체를 품은 혜성은 또 한 가지의 귀중한 선물을 가져다주었을 가능성이 있다. 수많은 혜성이 원시의 지구에 격돌하기 몇 초 전, 대기와의 마찰로 인해 혜성의 얼음이 녹기 시작했다. 그것은 참으로 놀라운 광경이었을 것이다. 수백만 개의 혜성이 고열의 수증기 꼬리를 끌면서 거대한 눈덩이처럼 하늘에서 쏟아져 내렸으니 말이다. 그 수증기는 물이 되어 지금은 당연한 현상이, 아마 그때 처음 일어났을 것이다. 비가 내린 것이다. 어마어마한 양이었다. 오늘날 강을 따라 흘러가 호수와 바다를 채우는 물의 대부분은, 수십억 년 전에 지구에 낙하한 혜성이 가져다준 것이라고 주장하는 과학자도 있을 정도이다.

그러나 현명한 과학자들이 모든 기술을 이용하여 모든 방향에서 그 해명에 노력하고 있는데도 불구하고, 밀러와 유리가 실험실에서 창조한 생명의 구성요소가 어떻게 해서 당신과 나를 구성하는 '살아있는 세포'가 되었는가 하는 의문은 아직도 수수께끼로 남아 있다.

살아 있는 세포의 신비로운 점은 번식할 수 있다는 것이다. 싹을 내고, 자손을 낳고, 자신과 같은 생물을 탄생시킨다. 바이러스와 박테리아를 비롯한 단세포 생물은 보통 자신의 완전한 복제를 만든다(이따금 시스템에 에러가 발생하여 변이가 일어나는 일도 있다). 증식능력이 있기 때문에 생명체는 이 우주에 존재하는 모든 것 가운데서 가장 특별한 존재라고 할 수 있다. 생명이 없는 것은 증식할 수 없다.

접시에 한 스푼의 소금을 얹고 눈을 감았다가 몇 초 뒤에 눈을 떴을 때, 소금이 접시에서 넘쳐흘러 테이블 전체에 퍼져 있는 광경을 상상해 보자. 생명의 증식도 그런 식이라고 볼 수 있다. 그러나 실제로 소금은 증식할 수 없다. 살아 있지 않기 때문이다. 유리와 밀러가 창조한 아미노산도 증식할 수 없다. 그러나 효모와 균류, 박테리아는 증식할 수 있다. 무언가가 일어나 그것이 복제하게 된 것이다. 그 뒤에 일어난 모든 것이 지구 생명의 역사이다.

바다 속에서 태어난 생명

혜성의 세찬 비가 멎은 무렵, 지구 표면은 식고 용암은 단단한 대지가 되기 시작했다. 비가 바다를 형성하고 지표의 온도를 내렸다. 지면의 훨씬 아래에 있는 지각에 가스와 용암이 갇혔고, 그 가스를 뺄 필요가 있었다. 곳곳에서 화산이 분화하기 시작했다. 거대한 불길이 하늘을 태우고, 끓어오르는 용암이 지상을 뒤덮었다. 화산은 땅속에 갇혀 있던 가스를 방출했고, 그것이 최초의 대기가 되었다. 이 가스에는 질소, 메탄, 암모니아, 산소, 탄소가 들어 있었다. 그것은 밀러와 유리가 생명을 창조하기 위해 혼합한 칵테일의 중요한 성분이다. 대기 속에 방출된 산소는 태양과 태양계를 형성한 폭발이 남긴 또 하나의 가스인 수소와 결합했다. 그 결과 더욱 많은 양의 물이 만들어지고, 혜성의 낙하에서 시작된 홍수는 점점 거세져서 지표의 약 70퍼센트가 물로 뒤덮였다.

일부 연구자는 아미노산에서 단세포 생물이 태어나는 기적적인 비약은 이 원시 바다의 깊은 곳에서 일어났다고 생각했다. 메탄생성세균—단세포 박테리아의 기본적인 2타입의 하나—은 깊은 바다 속에서 진화했기 때문에 태양풍의 치명적인 영향을 피할 수 있었다. 그것은 '블랙스모커', 즉 바다 속에서 자극성의 뜨거운 물을 뿜어내고 있는 굴뚝같은 분출구 근처에서 번식하여, 식량이 되는 화학물질과 따뜻한 온기를 얻었다.

광합성의 시작

단세포 박테리아의 또 하나의 타이프는 식량부족 때 일어난 돌연변이에서 진화한 것으로 추정된다. 이 미생물 '시아노박테리아(남조류)'는 완전히 새로운 에너지원, 즉 햇빛을 활용하는 삶의 방식을 선택했다. 햇빛을 사용하여 이산화탄소(CO_2)와 물(H_2O)를 분해하고 산소와 에너지로 변환한 것이다. 이 단순하고 교묘한 섭식방법을 오늘날의 우리는 '광합성'이라고 부른다.

시아노박테리아는 메탄생성 세균과 달리, 햇빛을 활용하기 위해 해면 가까이에서 살았다. 그 광합성에 의해 지구의 대기는 변해갔다. 그것은 '폐기물'로서 산소를 배출했기 때문이다[10] 수십억 년에 걸쳐 시아노박테리아가 광합성을 하는 동안 공기 중에 산소가 축적되었다[11]

호주 서부의 도시 퍼스에서 해안을 따라 650km쯤 나아가면 자연이 풍부한 샤크만에 이른다. 거기에는 선사시대와 같은 광경이 펼쳐져 있다. 해변 가까이에는 세계에서 가장 오래된 바위가 여러 개 있다. 그리고 바다를 따라 높이 50cm쯤 되는 빵빵한 쿠션 같은 퇴적암이 수천 개 뒹굴고 있다. '스트로마톨라이트'라고 하는 이 기묘한 구조물은 도저히 생물이 만든 것으로 보이지 않지만, 각각 수십억 개의 시아노박테리아가 함유되어 있다. 오늘날에는 호주 서부와 멕시코, 캐나다의 라군(석호. 모래톱에 의해 외해에서 격리된 해수성의 호소)이나 카리브해의 해저에서 조금 볼 수 있을 뿐이지만, 원시의 지구에서는 모든 곳에 서식하고 있었다.

처음에 스트로마톨라이트에 의해 방출된 산소는 테이아와의 대충돌이 해저에 남긴 철분과 화합했다. 이에 의해 철분은 적갈색의 산화철이 되었다[12] 화합할 수 있는 철이 사라지자 남은 산소는 대기 중에 떠다니게 되었고, 그것이 지금까지 남아 있다. 산소는 지금 우리가 호흡하는 공기의 약 21%를 차지하고 있다. 그 이외에는 대부분 질소(78%)이며, 나머지의 약 1%를 수증기와 비활성 기체류, 그리고 이산화탄소가 차지하고 있다.

가령 산소가 없어도 지구상의 생명은 계속 존재했겠지만, 아주 작고 끈적거리는 박테리아에서 더 진화하는 일은 결코 없었을 것이다. 산소는 모든 고등

---

[10] 광합성에서는 6개의 물분자가 6개의 이산화탄소분자와 결합하여 탄수화물(당질)과 6개의 산소분자를 만든다($6H_2O + 6CO_2 = C_6H_{12}O_6 + 6O_2$).

[11] 시아노박테리아(남조류)는 지금도 해양이나 호수, 수로, 강 등에 살면서 공기 속에 산소를 공급하고 있다. 시아노박테리아가 없으면 대기 중의 산소는 약 2000년 동안에 완전히 고갈될 것으로 추정된다. "The Natural History of Oxygen" by Malcolm Dole in 〈The Journal of General Physiology〉, No. 49, p. 9.

[12] 초기의 인류는 철광석을 채굴하고 철을 추출하여 소박한 무기와 도구를 만들었다. 오늘날 철광석은 자동차, 스테인리스나이프, 냄비에서 고층빌딩까지 모든 곳에서 사용되고 있다.

동물을 지탱하는 에너지가 풍부한 가스이므로, 산소가 없으면 인류는 탄생하지 못했을 것이다. 산소는 대기권 상공에서 오존층이 되어 지상의 생물을 태양의 강렬한 자외선으로부터 보호하고 있다[13]

시아노박테리아는 대기 중의 이산화탄소(온실효과를 초래한다)를 흡수하여, 타는 듯이 뜨거웠던 원시의 지구를 냉각시키는 역할도 했다. 기온이 낮아지자 생물의 진화는 다음 단계로 나아갔다. 단세포인 박테리아(원핵생물)끼리 융합하여 더욱 복잡하고 고등한 생물로 진화한 것이다.

먹고 먹히는 관계

약 20억 년 전, 또 하나의 돌연변이가 일어나 단세포 박테리아는 호흡을 하게 되었고, 산소가 풍부한 대기 속에서 살 수 있게 되었다. 산소는 ATP(아데노신3인산)라는 에너지를 듬뿍 함유하고 있는 물질을 만들어낼 수 있다. 그래서 산소호흡을 하게 된 생물은 다른 방법으로 얻는 것보다 최대 열 배나 되는 에너지를 얻을 수 있게 되었다. 바다에서는 바닷물에 녹은 산소를 흡수하는 지극히 활발한 단세포 박테리아가 넘쳐날 정도로 증식했다.

이러한 단세포 박테리아는 무척 활발했기 때문에, 개중에는 자기보다 큰 단세포 박테리아의 체내에 들어가, 서로에게 이익이 되는 거래를 성립시킨 것이 있었다. 작은 쪽은 큰 쪽의 폐기물을 먹고 큰 쪽은 작은 쪽의 호흡에서 발생한 에너지를 활용하는 것이다.[14] 이 '세포 내 공생'이라는 협력관계를 통해 큰 쪽의 단세포박테리아는 산소가 풍부한 세계에서 살아가는데 잘 적응한 몸이 되었다.

공생하게 된 단세포박테리아(진핵생물)의 체내에서는 다양한 기능이 발달했다. '미토콘드리아'라고 하는 세포내 기관은 식량을 에너지로 바꾸는 역할을 하고, '엽록체'라고 불리는 기관은 유독폐기물의 처리를 담당하게 되었다. 사서 역할을 하게 된 것도 있다. 그것은 자신과 같은 세포를 만드는 데 필요한 모든 정보를 보관하는 것이다. 이 사서를 우리는 '유전자'라고 부른다. 영어명인 'Gene'의 유래는 '탄생'을 의미하는 그리스어 'genos'이다. 유전자는 '데옥시

---

[13] 오존은 산소의 특수한 형태로 3개의 산소원자로 구성된다(O_9).

[14] 이 가설은 린 마굴리스가 1960년대 후반에 제창했다. Lynn Margulis, Origin of Eukaryotic Cells(Yale University Press, 1970) 참조.

리보 핵산'이라고 하는 화합물, 즉 DNA로 되어 있고 세포의 '핵'이라고 불리는 부분에 있다.

이윽고 이타적으로 보이는 이 팀워크는 상대를 더욱 잔혹하게 이용하는 방법으로 변해간다. 활동적인 박테리아의 일부가 살아 있는 박테리아를 통째로 잡아먹으면 간단하게 풍부한 에너지를 얻을 수 있다는 것을 안 것이다. 지구 역사상 최초의 '입'은 이빨도 없는 작은 구멍에 지나지 않았지만, 그것은 생물들 사이에 포식자와 피식자의 관계를 불러왔다. 그리고 박테리아는 어떻게 공격하여 먹을 것인가, 어떻게 그것을 피해 먹히지 않을 것인가 하는 군비확장 경쟁을 통해 급속하게 진화해 갔다.

대부분의 박테리아에 가장 좋은 전략은 팀으로 뭉치는 것이었다. 그 결과, 단세포생물이 결합하여 지구 최초의 다세포 생물이 탄생한다. 그 가운데 몇 가지는 오늘날의 동물이 되고, 다른 몇 가지는 식물이 되었다.

우리는 이미 지구의 탄생에서 30억 년이 넘게 여행을 하고 있다. 지구의 역사를 하루 24시간으로 본다면, 생명의 조짐이 나타난 것은 5시 19분이고, 지금은 벌써 16시가 되어가고 있다. 앞으로 모든 생물이 진화를 이룩하는 데는 8시간밖에 남지 않았다. 이미 기적적인 생물이 작은 박테리아로 나타났지만, 물고기와 동물, 식물이 등장하려면 아직도 수억 년의 세월이 필요하다.

그렇지만 이러한 동식물도 의외의 팀워크가 없었으면 탄생하지 못했을 것이다. 다음 장에서 살펴볼 그 사건은 지구상의 생명이 더욱 극적으로 변화하기 위한 초석이 되었다.

3. 지구와 생명체의 팀워크

지구의 행성 시스템과 원시 생명체의 진화가
서로 손을 잡고 더욱 새롭고 더욱 복잡한
생물이 등장하기 위한 환경을 갖췄다.

구급의료를 담당하는 의사가 가장 우선시하는 것은 생명유지기능을 지키는 일이다. 체내의 수송시스템—혈류—이 폐 속의 산소와 위 속의 영양을 운반하지 않게 되면, 환자는 당장 에너지 부족에 빠져 이산화탄소와 유해한 산성물질 같은 노폐물을 걸러내지 못하게 되어 온몸에 독이 쌓이게 된다.

여기서는 지구의 생명유지 메카니즘에 대해 살펴볼 것이다. 그것은 인간의 호흡계와 비슷한 작용을 한다. 이 메카니즘이 없으면 20억 년 전에 등장한 박테리아가 식물이나 동물, 나아가서 인간으로 진화하는 일은 결코 없었을 것이다. 실제로 자연의 생명유지 시스템이 기능하지 않게 되면, 오늘날 존재하는 대부분의 생명은 그 자리에서 절멸하고 말 것이다.

최초에 등장한 가장 소박한 메카니즘은 우리에게도 익숙한 비, 전문적으로 말하면 '물순환 시스템'이다. 바다에서는 햇빛을 받아 바닷물의 온도가 올라가고 그 일부가 증발한다. 이 수증기는 대기 속에서 식어 구름이 되고 바람에 날려 이동하여, 최종적으로 비가 되어 다른 장소에 내리게 된다. 이 자연의 담수공습시스템이 없었다면, 육상과 바다 속의 대부분의 생물은 소멸해버렸을 것이다. 파이프와 펌프, 발전소, 그리고 기계를 감시하는 일손도 필요하지 않은 이 시스템은 무료로 매일 일해 주는 귀중한 선물이다.

그러나 얼핏 단순해보이는 이 과정의 배경에는 37억 년 전부터 20억 년 전까지 지구와 생명체가 맺은 중요한 협력관계가 있다.

비가 내리려면 먼저 구름이 형성되어야 한다. 구름은 '운립(雲粒)'의 집합체로, 수증기가 모여 운립이 되는 데는 서로 들러붙기 위한 '씨앗'이 필요하다. 그 씨앗이 된 것이 원시박테리아가 토해낸 가스의 입자이다. 그것이 있기 때문에 수증기는 운립이 되고 구름이 된 뒤, 이윽고 비가 되어 지상에 내릴 수 있다[15] 박테리아는 그렇게 구름의 씨앗을 뿌려, 지구의 중요한 생명유지시스템을 거들고 있다. 구름은 비를 내리게 할 뿐만 아니라, 상공에서 덮개가 되어 태양광선을 반사한다. 즉 구름은 지구를 적온으로 유지하면서 생물의 주거환경을 크게 향상시키고 있는 것이다.

물순환 시스템은 지구와 생명체의 파트너십에 의해 기후와 기온이 잘 컨트롤 되고 있는 하나의 예이다. 지구의 모든 생명유지 시스템이 어떻게 기능하고 있는지, 실제로는 아직 확실하지 않지만, 또 하나 확실하게 지구상의 생명을 구한 것으로 보이는 시스템이 있다. 그것은 바다 속 염분량의 조절에 관한 것

---

*15 이 가스를 황화디메틸이라고 한다.

이다.

염분농도를 내린다

바다의 소금은 지상에 내린 비가 암석에 함유되어 있는 미네랄(무기화합물)을 녹이고, 그것이 강에서 바다로 흘러든 것이다. 그리고 땅 속에 갇힌 대량의 염분도 해저화산의 분출구에서 끊임없이 바다 속에 방출되고 있다. 모두 '암석순환'이라고 불리는 사이클의 일부이다.

아득한 옛날, 지구와 자연은 바다 속 염분농도를 유지하기 위한 협력관계를 발달시켰다. 바다 속의 염분농도가 지나치게 높으면 생물은 죽는다. 이 농도를 조정하는 수단이 없다면, 바다의 생물은 머지않아 절멸해 버릴 것이다.

바다 속의 미생물이 죽으면 그 주검이 작은 조개껍데기처럼 바다 속에 쌓인다*16 수백 년이 지나는 동안 바다 속에 몇 m나 쌓인 주검은 거대한 퇴적물이 된다. 그리고 자신의 무게로 압축되어 이윽고 '석회암'이라고 하는 암석으로 변한다. 이 석회암은 바닷가에서는 일련의 거대한 벽, 즉 리프(礁)를 형성하여 바닷물을 호수나 늪에 가둔다. 그 바닷물이 태양열로 증발하면 분말상의 소금이 지표에 퇴적한다. 이 과정에 의해 바닷물에서 염분이 제거되고 있다.*17

혈류가 세포의 노폐물을 운반하는 것처럼, 지구도 유독물을 제거하고 있는 듯하다. 물론 리프나 해안, 모래사장이 많으면 많을수록 바닷물에서 더 많은 염분이 제거된다.

플레이트 텍토니스

이 페이지를 읽고 있는 지금, 당신은 걸쭉하고 뜨거운 용암의 바다 위에 떠 있는 거대한 뗏목 같은 한 조각의 지각 위에 올라타고 있다. 지구 표면은 여러 개의 부유하는 지각, 즉 플레이트로 나뉘며 각각의 플레이트는 항상 천천히 움직이면서 서로 부딪치거나 멀어지고 있다. 이것이 '플레이트 텍토니스'라고 하는 현상이다. 플레이트가 서로 부딪치면 하늘 높이 솟아오른 거대한 산맥이 생긴다. 플레이트는 바닷속의 해령(海嶺)에서 태어나 양쪽으로 갈라진다. 플

---

*16 이러한 미생물은 바닷물 속의 탄소와 칼슘을 사용하여 껍데기를 만든다.

*17 James Lovelock, Ages of Gaia ; A Biography of our Living Earth(Oxford University Press, 1988), pp. 105-12. Don Anderson, The New Theory of the Earth(Cambridge University Press, 2007), p. 8.

레이트의 이동은 때로는 거대한 지진이나 화산의 분화, 간헐천(일정한 간격으로 분출하는 온천)의 분출과 해일을 불러일으킨다. 지구표면이 직소퍼즐의 조각처럼 여러 개의 플레이트로 나뉘어 움직이고 있었기 때문에, 염전으로 사용할 수 있는 해안과 해변의 수도 극적으로 늘어났다.

이 과정에 의해 바닷물이 증발하여 생긴 소금의 일부는 산맥의 지하 깊숙이 갇히게 되었다. 오늘날 유럽의 알프스 산맥과 히말라야 산맥 밑에는 수백만 톤의 소금이 묻혀 있다. 플레이트가 계속 이동하는 동안 막대한 양의 소금이 땅속 깊은 곳에 매장되어, 바닷물의 염분농도는 생물이 살아갈 수 있는 수준으로 억제된다.

플레이트 텍토닉스를 맨 처음 발견한 것은 독일의 과학자 알프레드 베게너로, 이 학설은 1915년에 발표되었다. 베게너가 이 놀라운 이론을 이끌어낸 계기는 바다에 의해 수천km나 떨어진 대륙에서, 같은 태고의 생물화석이 발견된 일이었다. 그때까지는 헤엄을 칠 수 없는 같은 생물의 화석이 여러 개의 대륙에서 발견되는 이유를 아무도 설명할 수 없었다.

베게너는 상상력을 발휘하여 어쩌면 태고의 옛날, 대륙이 하나로 이어져 있었을 거라고 생각했다. 이 주장은 1920년대에 베게너가 수정판을 발표했을 때 어느 정도 주목을 받았지만, 다른 과학자들이 그것을 인정하게 된 것은 1960년대에 들어선 뒤의 일이었다. 대륙은 지금도 움직이고 있다. 이를테면, 유럽 대륙과 아메리카 대륙은 1년에 5cm씩 서로 멀어지고 있다.

초대륙의 탄생과 스노볼어스

플레이트는 수십 억 년 동안 맨틀이라고 하는 액상의 암석 위에 떠다니면서 계속 이동하고 있다. 플레이트를 움직이고 있는 것은 지구핵의 엄청난 열로 산맥을 쌓거나 움직일 수 있는 힘을 낳고 있다. 대륙이 몇 번 부딪쳐서 초대륙이 되고 또 분리되어 개개의 대륙으로 돌아갔는지는 아무도 알 수 없지만, 적어도 세 번은 일어난 것으로 추정된다. 최초의 초대륙은 콜롬비아라 불리며, 약 15억년 전에 형성된 듯하다(이 책의 24시간 시계로 말하면 16시 무렵).

두 번째는 크라오제니아기(紀)라고 불리는 8억5000만 년 전부터 6억3000만 년 전의 시대에 일어나, 육지의 대부분이 적도 근처에서 일렬로 연결되었다. 이것이 하로디니아 대륙으로, 과학자 중에는 그 탄생이 스노볼어스, 즉 지구 전체가 얼어붙어 버리는 사태를 불러왔다고 추측하는 사람도 있다. 그 내용은 이렇다—지구의 가장 더운 지역에 육지가 모였기 때문에 열대성 호우가 계속 내리게 되었다. 그 억수같은 비 속에 대기 중의 이산화탄소가 녹아들었고, 그것은 탄산이 되어 바다에 유입되었다. 온실효과가스인 대기 중의 이산화탄소가 줄어들었기 때문에 기온이 크게 내려갔고, 지구는 대부분 얼음으로 뒤덮여 거대한 눈덩이(스노볼)가 되었다. 그 뒤 지각이 다시 움직이기 시작하자 화산이 분화하여 온실효과가스를 방출했고, 수백 년 동안 계속된 혹독한 추위에도 종지부가 찍혔다. 그 뒤 지구는 다시 따뜻해졌고 지구의 생명은 새로운 단계로 나아갔다.[18]

이 지각변동의 사이클은 수십억 년에 걸쳐 초저속으로 지구의 표면을 휘젓고 기후를 격변시켜, 불필요한 염분과 미네랄을 땅 속에 가두고 초대륙을 만들었다가 무너뜨리면서 지각을 알루미늄 호일처럼 구겨버렸다. 이것이 지구의 생명유지 과정으로, 대기의 조성에서 지구의 온도와 바닷속 염분농도에 이르기까지 모든 것을 컨트롤하며 생물의 진화를 돕고 있다. 이러한 시스템이 없었으면, 지금 우리가 알고 있는 복잡한 생물로 진화하는 일은 결코 없었을 것이다.

4. 화석이라는 단서

생물이 폭발적인 진화를 이룩하는 동안 다양한 원시생물이 등장했다.
단단한 껍데기나 뼈, 이빨을 발달시킨 생물은
화석이 되어 자연이라는 박물관에 그 모습을 남겼다.

약 10억 년 전까지 지구상에 존재하는 생명체는 불과 두 종류뿐이었다. 하나는 최초에 등장한 단세포 박테리아로, 메탄과 산소를 노폐물로 방출했다. 또 하나는 비교적 새로운 시대에 태어나 더욱 복잡한 구조를 가진 다세포생물(진핵생물)로, 대기 중에 늘어나고 있던 산소가 그 에너지원이었다. 후자는

---

[18] 이 주장의 전모에 대해서는 Gabrielle Walker, Snowball Earth(Bloomsbury, 2003) 참조.

단세포 생물이 융합하여 태어난 생물로, 그 체내에 사소하지만 중대한 변화가 일어나고 있었다. 그것이 나중에 생물의 폭발적 진화를 재촉하게 된다.

수십억 년 동안—약 10억 년 전까지(지구상의 24시간으로 말하면 18시 반까지)—지구상에는 이러한 미생물밖에 없었다. 그러나 어떤 계기로 진화의 속도는 극적으로 빨라졌다. 도대체 무슨 일이 일어났는지 밝히는 것은 쉽지 않다. 약 5억 4500만 년 전이 되자 생물은 껍데기와 뼈와 이빨을 발달시켜 화석으로 남게 되었지만, 그 이전에는 어떤 생물이 있었는지 전혀 알 길이 없었기 때문이다.

유성생식의 발명

화석시대가 도래하기 전에 생물은 획기적인 복제방법인 '유성생식'을 발달시켰다. 그것은 진화에 혁명을 가져왔다.

유성생식이 시작되기 전, 세포는 자신의 복제품을 만들어 그 수를 늘려갔다(무성생식). 그렇게 태어난 자손은 모든 것이 부모와 같아서, 극히 드물게 복제착오가 일어났을 때를 제외하면 부모의 클론이었다. 복제착오에는 좋은 것(자손이 번영한다)도 있고 좋지 않은 것(자손이 절멸한다)도 있었다. 한편 유성생식의 경우, 언제나 부모와 다른 자손이 태어난다. 보통 2체의 부모—암컷과 수컷이라는 두 개의 성—의 유전자를 거의 반씩 제공하여, 양쪽의 형질을 물려받은 새로운 생명을 만들어내는 것이다.[*19]

유성생식에서는 자손은 항상 독자적인 유전자 코드를 가지고 태어난다. 따라서 유성생식이 주류가 되자, 생물의 다양화에 박차가 가해졌다. 물론 자손의 유전정보는 기본적으로는 부모의 유전자가 섞여 있으므로 부모의 형질을 물려받았다고 할 수 있다. 그런 한편, 어떤 것은 양쪽 부모로부터 좋은 복제착오를 물려받아 번영하는 경우도 있고, 부모로부터 좋지 않은 복제착오를 물려받거나 자손이 스스로 좋지 않은 착오를 일으키기도 하여 죽는 경우도 있다. 생물은 그렇게 강화되어 간다.

유성생식은 다른 박테리아에 잡아먹힌 박테리아의 DNA가 어떤 이유에선지 소화 과정에서 살아남아 포식자의 핵 속에 들어간 것에서 시작된 것 같다.

[*19] 생물에 따라서는 암컷과 수컷의 기관을 양쪽 다 갖추고 있는 것이 있으며, 동물의 경우는 자웅동체, 식물은 자웅동주라고 불린다.

그리하여 DNA의 두 개의 사슬, 즉 이중나선구조가 생겨났다. 이 이중나선은 생식 과정에서 두 개로 분리되어 각각 정자와 난자로 운반된다. 그 정자와 난자가 합체하여 2체의 부모의 유전정보를 물려받은 새로운 이중나선이 탄생하는 것이다.

생물은 유성생식 덕분에 급속하게 복잡화했다. 또 환경이 변화했을 때도 무성생식보다 훨씬 적은 세대로 진화하여 새로운 환경에 적응할 수 있게 되었다. 생명이 탄생하고나서 단순한 미생물로 진화하기까지 25억년이 걸렸지만, 그 뒤 오늘날 우리가 알고 있는 생물, 즉 풀과 나무부터 물고기, 양서류, 새, 포유류, 인간에 이르는 모든 생물로 진화하는 데 걸린 시간은 그 반도 되지 않는다.

그레고르 멘델은 유성생식의 구조를 최초로 해명한 사람이다. 1822년에 현재의 체코공화국에서 태어나 수도사로 지내는 한편, 자연연구에 몰두했다. 연구의 무대는 수도원의 채소밭이었다. 그곳에서 그는 수천 종류의 완두콩 변종을 재배했다. 완두콩에 대한 흥미는 식을 줄을 몰라 1856년부터 1863년까지 7년 동안 변종을 2만8천 종 이상 조사했다. 그가 매료된 것은 줄기마다 약간씩 다른 형질이 종자로 키운 다음 세대에 전달된다는, 즉 유전한다는 사실이었다.

멘델은 이 '유전'이라는 개념을 1865년 브륀자연협회에서 발표했고, 이듬해에 그 학회 잡지에 《식물교잡에 관한 실험》이라는 논문을 실었다. 그는 생물의 형질이 유성생식에 의해 어떻게 자손에게 전달되는지를 예측하는 법칙을 여러 가지 찾아냈다. 그러나 살아있는 동안에는 평가받지 못한 채, 만년에는 수도원에 높은 세금을 부과하려는 정부에 맞서 투쟁하다가 1884년에 타계했다.

가장 오래된 다세포생물

유성생식은 다양한 진화를 가져왔다. 5억4500만 년 전까지 생물은 껍데기도 뼈도 없었기 때문에, 그 이전의 생물의 모습이 고대의 바위에 남아있는 일은 없었다. 그러나 20세기에 한 호주인 지질학자가 반드시 그런 것만은 아니라는 사실을 발견했다.

제2차 세계대전 때 스물한 살이었던 레그 스프리그는, 대부분의 동세대 젊은이들과 마찬가지로 군대에 복무하게 되었다. 그런데 그의 임무는 호주 연방 과학산업연구기구(CSIRO)의 명에 따른 우라늄 광산의 개발이었다. 우라늄은 천연의 방사성 핵종으로, 전 세계에 그 광산이 있지만 당시에는 매우 희귀한 물질로서 각국이 그것을 확보하기 위해 다투고 있었다. 최신의 대량살상무기 인 '원자폭탄'의 원료가 되었기 때문이다.

1946년의 어느 날 오후, 우라늄이 함유되어 있는 바위를 찾기 위해 오래된 지층을 조사하던 스프리그는 표면에 얕은 무늬가 찍혀 있는 기묘한 바위를 발견하고 그것을 캐냈다.

그는 바위 뒤쪽을 보고 숨을 삼켰다. 바위 표면에 매우 기묘한 생물의 흔적 이 여러 개 새겨져 있었다. 그 바위는 가장 오래된 화석을 몇 개나 품고 있는 지질학의 보물이었던 것이다. 스프리그가 발견한 화석은 발견 장소인 호주 남 부의 에디아카라 구릉지대를 기념하여 '에디아카라 동물군'이라고 명명되었다.

그것은 가장 오래된 다세포생물의 화석이었다. 다양한 종류의 해양생물이 포함되며, 작은 벌레 같은 것(스프리기나, 오른쪽 위)도 있고, 길이 약 1m에 마 디가 있는 방사상의 납작한 생물(디킨소니아, 오른쪽 아래)도 있었다. 오늘날까 지 100종류가 넘는 그 시대의 화석이 러시아, 아프리카 남서부, 캐나다 북서부 등에서 발견되었다.

스프리그의 발견에 의해 처음에는 눈에 보이지 않을 정도로 작은 박테리아 였던 생물이, 6억 년 전까지 크기가 다양한 생물로 진화한 것이 밝혀졌다. 바 다 속에 살면서 물속의 미생물을 걸러 먹는 젤리 덩어리 같은 것도 있고, 작 은 다리로 헤엄쳐서 포식하는 것도 있었다.

이것은 매우 중요한 발견이었기 때문에 이 시대는 '에디아카라기'로 명명되 었다. 에디아카라기는 6억3500만 년 전에 시작되어 약 9300만 년 동안 지속되 었다.

지구사(地球史)에서는 곧 대변혁이 일어나려 하고 있었다. 24시간 시계로 말 하면 21시가 지난 무렵이다. 그 뒤의 3시간에 나머지 역사의 모든 것이 되풀이 된다. 그러나 지금은 아직 육상생물도, 풀도, 나무도, 꽃도, 곤충도, 새도, 동물 도 없다. 물론 인간이 등장하는 것은 훨씬 뒤의 일이다. 지구가 탄생한 지 이 미 오랜 세월이 지났지만, 인류의 역사는 아직 시작되기도 전이었다. 지구의 나이에 비하면, 이제부터 살펴볼 것은 아직 젊거나 어리거나 갓 태어난 것들이다. 인류는 그 중에서도 훨씬 더 젊은 축에 속한다.

캄브리아 폭발

스프리그가 발견한 화석의 연대는 놀랍도록 오래된 것이었다. 그러나 이 에디아카라기의 생물도, 다양성과 양에서는 그 직후에 일어난 '캄브리아 폭발'이 가져온 생물군의 발밑에도 못 미친다. '캄브리아기'는 5억4200만 년 전부터 4억8800만 년 전까지 5400만 년 동안 지속되었다. 이 시대가 되어서야 가까스로 확실한 화석이 남게 되었다. 그 화석기록을 보는 것은, 극장의 무대막이 열렸을 때 이미 무대에 등장해 있었던 배우들을 눈앞에서 보는 듯한 느낌이다.

화석은 옛날 지구에 어떤 종류의 생물이 있었는지 조사하는 데 중요한 단서가 된다. 찰스 두리틀 월콧은 1850년에 뉴욕 근교에서 태어났다. 어린 시절의 그에게 학교는 지루한 곳이었다. 그러나 배우는 것에 흥미가 없었던 것이 아니라 오히려 그 반대로, 배우고 싶은 것이 너무 많아서 넓은 세상에 나가 자신의 발로 직접 탐험하고 싶어 견딜 수가 없었다. 특히 흥미가 있었던 분야는 광물, 바위, 새알, 그리고 화석이었다. 이윽고 그는 고생물학자가 되어 화석 수집가로 이름을 날리게 되었다.

1909년 어느 날, 그의 운명은 우연한 사건에 의해 크게 달라졌다. 그날 노새를 타고 캐나디언 로키 산중을 나아가다가, 노새가 미끄러지면서 나뒹구는 바람에 편자에 부딪친 혈암(頁巖)이 떨어져 나갔다. 혈암은 진흙과 점토가 굳어서 생긴 바위로, 색이 검기 때문에 무늬가 있어도 보통은 잘 보이지 않는다. 그런데 그때는 우연히 좋은 각도에서 햇빛이 비쳐 기묘한 무늬가 나타났다. 자세히 살펴보니, 그것은 찌부러진 듯한 모양의 은빛 화석이었다. 혈암 속에 캄브리아기 생물의 모습이 완벽하게 보존되어 있었던 것이다.

나중에 안 일이지만, 월콧이 화석을 발견한 곳은 약 5억500만 년 전 바다 속의 절벽이 무너지면서 그곳에 살고 있었던 생물의 목숨을 순식간에 빼앗아 그 주검을 타임캡슐에 가둔 것이었다. 그가 발견한 것은 그때까지 발견된 것 중에서도 특별히 풍부한 화석군으로, 가까운 버제스산의 이름을 따 '버제스혈암 동물군'이라고 명명되었다. 화석은 불완전한 것도 많고 몸의 각 부분도 따로따로 흩어져 있었다. 월콧은 지구상에 현존하는 동물을 토대로 이 화석을 복원했지만, 1970년대 이후 해리 위틴턴 등의 연구를 통해 그것은 잘못된 것

① 아노말로카리스의 화석. 찰스 월콧이 버제스 산에서 발견했다. 몸길이가 1m나 되는 이 해양 생물은 두 개의 팔로 먹잇감을 붙잡는다.

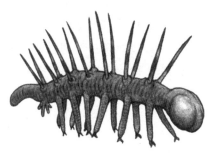

② 무시무시한 모습과는 달리 할루키게니아의 몸길이는 겨우 몇 cm밖에 되지 않는다.

임이 밝혀졌다. 이 동물들은 현존하는 생물에서는 상상도 할 수 없는 모양을 하고 있었다.

먼저 아노말로카리스라는 기괴한 생물이 있었다(그림 ①). 당시의 바다에서 가장 큰 사냥꾼의 하나로, 성장하면 몸길이가 1m나 되고 커다란 팔로 먹잇감을 꽉 움켜잡는다. 그 화석은 오랫동안 세 개의 다른 생물, 즉 동체 부분은 해면, 팔은 새우, 원형의 입은 원시적인 해파리로 여겨졌다.

또 하나의 놀라운 생물 할루키게니아는 지렁이의 등과 배에 돌기가 난 것 같은 기묘한 생물로, 화석사냥꾼과 학자들을 오랫동안 혼란에 빠뜨렸다(그림 ②). 처음에는, 여러 쌍의 대말 같은 가늘고 긴 다리로 걸으며 등에 나 있는 부드러운 촉수로 먹잇

감을 잡아먹은 것으로 추정되었다. 그러나 세계의 다른 장소(특히 중국)에서 화석이 발견됨에 따라 그때까지 생각했던 모습은 아래위가 반대였음이 밝혀졌다. 실제로는 두 개씩 나란히 나 있는 촉수 같은 다리로 걷고, 등의 가시는

③ 오파비니아는 코끼리 코처럼 긴 팔로 먹잇감을 잡은 것으로 추정된다.

다른 생물로부터 몸을 보호하는 방어구였던 것 같다.

그러나 아무리 기발한 SF작가라도 생각하지 못할 것 같은 생물은 오파비니아일 것이다(그림 ③). 이 헤엄치는 보물에는 다섯 개의 튀어나온 눈, 부채꼴로 퍼진 꼬리, 먹잇감을 잡는 긴 팔이 있고, 몸길이는 약 4cm로 다른 포식동물보다 작았다. 지금의 지구상에는 이와 조금이라도 비슷한 데가

있는 생물은 존재하지 않는다.

당시의 가장 흔한 생물로, 버제스 혈암에서 화석
이 가장 많이 발견된 것은 삼엽충(그림 ④)이다. 거
대한 공벌레 같은 이 절지동물의 화석은 전세계에
서 발견되고 있다. 두껍고 단단한 껍데기 덕분에
화석으로서 모습을 간직하기 쉬웠기 때문이다. 삼
엽충은 사물을 볼 수 있었던 최초의 생물로 추정
된다. 파리의 눈처럼 수백 개의 렌즈로 이루어진
겹눈은 바다 속의 경치를 모자이크처럼 비춰내고
있었을 것이다.

④ 삼엽충은 단단한 껍데기를
가지고 있었기 때문에 쉽게 화
석으로 남을 수 있었다. 그 덕분
에 절멸종이면서도 이 절지동물
의 모습을 상세히 알 수 있다.

다윈의 진화론

진화 과정을 구체적으로 그리기 위해서는 각각의 종이 출현한 시기와 절멸
한 시기를 알아야 한다. 그러면 진화한 순서에 따라 배열할 수 있기 때문이다.
이 작업의 기초를 쌓은 것은 찰스 다윈(1809~1882년)이었다. 다윈은 생물은
단계적으로 진화하며 그것은 지금도 계속되고 있다는 것을 밝혔다.

다윈은 《종의 기원》(1859년)을 통해, 모든 생물은 공통의 조상에서 진화했
다는 가설을 세계에서 처음으로 주장했다. 현재 '최종공통조상(LUCA)'이라고
불리는 모든 생물의 공통조상은 약 35억 년 전에 서식한 것으로 추정된다. 그
이후, 생물은 무수한 종으로 진화했다. 다윈은 화석기록을 통해, 생물의 역사
에서는 종의 탄생과 절멸이 되풀이되어 왔음을 알고 고찰을 거듭한 끝에, '모
든 생물은 서로 관계를 맺으면서 그때의 환경에 가장 적합한 종만 살아남았
다'는 결론에 이르렀다. 이 가설을 토대로 과학자들은 화석을 그룹으로 분류
하고, 대략적인 흐름에 따라 배열할 수 있게 되었다.

다윈의 학설을 파헤치면 필연적으로 어떤 결론에 도달하게 된다. 그것은,
인간도 아주 단순하고 하등한 생물에서 진화했다는 사실이다. 인류의 조상
을 거슬러 올라가면 유인원, 쥐 같은 포유류, 파충류, 어류, 마침내 지구 최초
의 생명체인 박테리아에 이른다. 다윈은 어떻게 해서 이런 생각을 하게 되었
을까? 그는 화석을 조사했다. 그것도 수없이 많은 화석을.

젊은 날의 다윈은 생명의 의미를 탐구하여 그 기원을 해명하기 위해 전 세

계를 돌아다니는 탐험을 시작했다. 1831년, 영국해군의 소형측량선 '비글호'가 그를 태우고 출범했다. 주목적은 최초로 남미대륙 연안의 지도를 작성하는 것이었고, 다윈은 선장인 로버트 피츠로이의 이야기 상대로 선발되었다. 5년 동안 수천 개의 화석을 수집한 그는 심한 배멀미에 시달렸고, 칠레에서는 대지진도 경험했다.

다윈은 자신이 관찰한 모든 것을 상세히 기록하고 깊이 통찰했다. 대평원의 지면에 조개껍데기가 섞여 있는 것을 보았을 때는, 옛날에는 바다 속이었던 것이 오랜 세월 동안 무언가의 이유로 떠밀려 올라왔을 거라고 추측했다. 에콰도르 앞바다의 갈라파고스 제도에서는 각각의 섬에 고유한 북부흉내지빠귀가 있는 것과, 섬마다 땅거북의 종이 조금씩 다른 것을 발견했다. 이러한 관찰에서 그는 공통의 조상을 가진 생물이 섬의 환경에 적응하여 진화한 것이라고 생각했다.

절멸한 종의 화석은 다윈이 진화 과정을 이해하는 데 중요한 열쇠가 되었다. 그는 화석을 조사하여 현생 동물과 비교하면서, 일정한 원리에 따라 종이 변화해 온 것을 이해했다. 그 원리를 그는 '자연선택'이라고 명명했다. 몇 세대 동안 그 시대의 환경에 적응한 생물은 살아남아 번성하면서 지배적인 종이 되었고, 적응하지 못한 생물은 죽고 그 종은 절멸했다.

많은 사람들은 다윈의 이론이 의미하는 바를 알고 분개했다. 다윈의 주장이 옳다면 인간은 동물, 그것도 유인원의 자손이 되기 때문이다. 그의 주장은 당시에 널리 믿고 있었던, 인류는 다른 동물과는 다른 고등한 존재라는 신념을 뿌리째 뒤엎는 것이었다. 당시 사람들이 받아들이기 어려웠던 또 하나는, 인간은 단순한 종의 하나에 지나지 않으며 다른 동물과 마찬가지로 언젠가 절멸할 운명에 있다는 다윈의 예측이었다.

5년에 걸친 항해에서 다윈은 인간의 잔인함을 적어도 두 번 목격했다. 남미 노예들의 참상과 유럽에서 온 이주자가 호주와 뉴질랜드 선주민에게 가한 무도한 처사였다. 이 경험에서 그는 화석의 증언은 옳았다고 확신했다. 역시 인간은 동물에서 진화한 것이 분명했다. 다윈은 자신의 가장 중요한 저서 가운데 하나인 《인간의 기원》(1871년)을 이런 말로 끝맺었다. 인류는 '고상한' 특질을 갖추고 있지만 '그 몸 안에는 조상이 하등했음을 보여주는, 사라지지 않는 표시가 새겨져 있다'.

그때나 다름없이 지금도 신앙심이 깊은 사람들은, 인간은 영혼을 가지고 있기 때문에 동물과 다르다고 믿고 있다. 다윈이 말한 것처럼 인간이 동물에서 진화했다면 인간에게는 영혼이 없는 것일까? 영혼이 없으면 천국에도 지옥에도 갈 수 없고 구원을 받을 수도 없게 된다. 그들에게 다윈의 주장은 그리스도교를 무시하는 것으로 생각되었다. 다윈 자신도 자신의 가설이 세상을 분노케 하는 것을 두려워하여 30년 가까이 그 발표를 주저했다.

5. 바다는 생명의 근원

선사시대의 생물은 육지에 오르기 전에 바다 속에서
오랜 세월 동안 진화해 왔다. 어떤 종의 물고기는
등뼈를 갖추어, 인류로 이어지는 가장 오래된 생물이 되었다.

수억 년 전의 생물의 모습을 알 수 있는 최선의 방법은 상상력을 동원하여 그 원시의 바다 속에 들어가 보는 일이다. 먼저 고대의 물고기와 한동안 헤엄친 뒤, 기슭으로 올라가 원시의 숲을 산책하자. 지면을 기어 다니는 원초의 벌레들을 밟지 않도록 주의하면서. 그리고 처음으로 네발을 획득한 동물이 바다에서 나타나 이윽고 지상을 점거하고, 공룡이 되어 세계를 지배한 뒤, 6550만 년 전의 전 지구적인 사건에 의해 지표에서 사라지는 모습을 살펴보자.

이 여행에서는 인류, 즉 호모사피엔스의 유래에 대해서도 조사해 볼 것이다. 다윈은 모든 생물에 공통의 조상이 있다는 사실을 이끌어냈다. 그렇다면 우리의 선사시대의 친척은 누구일까? 2억 년 전의 지구에 살았던 조상은 과연 어떤 생물이었을까?

여행에 나서기 전에, 그 24시간 시계를 체크해 두자. 이 장에서는 21시 5분에서 22시까지 살았던 생물의 모습을 살펴볼 것이다.

생물의 분류

여기서 생물을 정리하기 위해 과학자가 고안한 분류법에 대해 간단하게 설명하고자 한다. 어느 생물을 어떤 그룹으로 분류할 것인지에 대한 문제는 아직도 과학계의 가장 어려운 문제의 하나이다.

칼 폰 린네(1707년~1778년)는 생물의 분류에 평생을 바쳤다. 1730년대부터 40년대까지 조국 스웨덴의 각지에서 생물을 조사하는 한편, 자연계의 모든 생물을 분류하는 시스템을 연구했다.

그 연구를 정리한 것이 《자연의 체계》(1735년)이다. 1758년까지 그는 4400종의 동물과 7700종 이상의 식물을 분류했다. 린네의 분류체계는 몇 개의 줄기에서 수백 개의 가지가 갈라져 있는 나무와 같은 형상을 하고 있다. 그는 줄기를 '계(界)'라고 명명하고, 모든 생물을 동물계(움직이는 것)와 식물계(움직이지 않지만 성장하는 것)로 나눴다. 그리고 계-강-목-속-종이라는 분류의 계급을 만들었다. 최하위인 '종'은 '교배를 통해 번식할 수 있는 자손을 남기는 능력을 가진 생물 그룹'이다.

린네는 외견만을 기준으로 생물을 분류했다. 그에 의한 인류의 분류에서는 오늘날의 시각으로 보면 인종차별의 뉘앙스가 느껴진다. '호모아메리카누스(아메리카 선주민)'는 '피부가 붉고 완고하며 화를 잘 낸다', '호모아프리카누스(아프리카계)'는 '피부가 검고 느긋하고 게으르다', '호모아시아티쿠스(아시아계)'는 '피부가 누렇고 욕심이 많으며 산만하다', 그리고 '호모에우로페아누스(유럽계)'는 '피부가 하얗고, 기품이 있으며 창의성이 풍부하다……'고 한 것이다.[20] 20세기까지, 과학적 인종차별주의라고 불리는 이러한 분류가 계속 남아 있었다.

현재 린네의 체계는 대부분 재검토되고 있다. 최초로 그 재검토를 제기한 것은 린네가 사망한 지 80년 뒤에 발표된 찰스 다윈의 진화론이었다. 오늘날 생물은 외견뿐만 아니라 종에서 종으로 진화하는 흐름에 따라 분류되고 있다. 즉, 구조뿐만 아니라 유전자의 정보도 추가하게 된 것이다.

지금은 진화에 관한 이해가 더욱 깊어졌기 때문에 '문(門)'과 '과(科)'가 새롭게 추가되었다. 이제부터 선사시대의 바다에서 진화한 주요생물에 대해 살펴보기로 하자.

해면동물

해면동물은 캄브리아기의 해양생물 중에서도 가장 단순한 동물의 하나이

---

* 20 Carolus Linnaeus, Systema Naturae(1767), p. 29.

다. 오늘날에도 많은 종류가 있으며, 지금까지 약 5000종이 확인되었다. 이 생물은 바다 속의 바위에 달라붙어 서식한다. 목욕할 때 해면으로 몸을 씻는 것은, 무수히 나있는 구멍으로 인해 수분을 잘 머금고 있기 때문이다. 해면은 편모(鞭毛)라고 하는 미세한 털로 바닷물을 이 구멍 속에 빨아들여 영양분을 흡수한다.

해면은 바다 밑에 고착되어 이동하지 않는 것처럼 보이기 때문에 오랫동안 식물로 여겨져 왔다. 그러나 사실 해면은 인류의 먼 친척이다. 극단적으로 말하면, 수선화와 해면 중에서는 해면이 인류에 더 가깝다. 해면의 화석은 캄브리아기 최초기의 것이 발견되어 있다. 유명한 화석 산출장소는 영국 옥스퍼드셔의 파링던에 있는 스펀지 그레이블이다.

산호류

산호초라는 말은 누구나 들어본 적이 있을 것이다. 그러나 그것이 극히 작은 해양생물이 조상의 사체 위에 수십만 년 동안 집을 지은 것임을 아는 사람은 많지 않다.

산호충이 죽으면 그 뼈는 바다 속에 가라앉는다. 이것이 쌓이고 쌓여 이윽고 거대한 산이 되어 차세대 산호충이나 다른 해양생물의 집이 되는 것이다. 오늘날 해양생물의 종 가운데 약 30%는, 지구 최대의 산호초인 호주 북동쪽 바다의 그레이트 배리어 리프에서 살았던 것으로 추정된다. 그레이트 배리어 리프는 남북으로 2000km가 넘으며, 그 속에는 1000개 정도의 섬도 있다.

캄브리아기의 바다에는 산호초가 풍부하게 있어, 오늘날의 그레이트 배리어 리프와 마찬가지로 많은 생명으로 넘쳐나고 있었다. 산호초는 해양생물에게 가장 좋은 집이다. 수많은 구멍과 갈라진 틈새나 구석에 알을 낳거나 포식자로부터 몸을 숨기고 잠시 쉬는 데 편리하기 때문이다. 산호충은 살아가는 데 햇빛을 필요로 한다(공생하는 해조류로부터 광합성의 산물을 받아먹기 때문). 산호충이 죽을수록 그 산은 높아지기 때문에, 먼바다 쪽으로 성장해도 가장 윗부분에는 언제나 햇빛이 닿는다. 많은 산호초가 해면 위로 솟아나 있어 인도양의 세이셸이나 몰디브는 관광명소로 되어 있다. 그러나 현재 지구온난화와 해수의 산성화가 진행된 탓에 산호초는 위기에 처해 있다.

산호초에서는 다른 종과 종이 놀랄 만큼 강한 신뢰관계를 쌓고 있다. 이를테면 작은 물고기가 큰 물고기의 몸을 청소하는 것은 산호초에서 흔히 볼 수 있는 광경인데, 개중에는 큰 물고기의 입 안에 들어가 이빨을 청소해주는 작은 물고기도 있다. 이렇게 작은 물고기들은 각각 전문 청소공장을 운영하고 있고, 큰 물고기는 휴식과 재생을 위해 그곳을 찾는다. 캄브리아기의 바다 산호에서 자연의 공생관계와 공동체의 모습을 볼 수 있다.

해파리

해파리는 산호초와 같은 자포동물문에 속하지만 산호초만큼 우호적이지는 않다. 해면과 마찬가지로 해파리도 원시적인 생물인데, 우산 같은 머리를 펌프처럼 사용하여 헤엄칠 수 있다. 해파리의 신경계는 무척 단순하며 감각기관은 없다. 개구부는 하나뿐이어서 입도 되고 동시에 항문도 된다. 캄브리아기에는 어디서나 볼 수 있었던 일반적인 생물로, 개중에는 사자에 필적하는 공격력을 가진 것도 있다.

아열대의 바다에 널리 서식하는 하부해파리는 생물사상 가장 강한 독을 가지고 있다. 촉수에는 나선상으로 감긴 자사(刺絲)를 넣어두는 무기고(자포 刺胞)가 여러 개 늘어서 있다. 자포가 외부로부터 자극을 받으면, 자사가 화살처럼 튀어나와 적이나 사냥감의 몸을 찌르고 독을 주입하여 마비시킨다. 이무서운 생물의 체내에서는 늘 새로운 자사가 만들어지고 있다.[21]

해파리는 집단으로 사냥을 한다. 캄브리아기의 바다에는 해파리의 대군이 있었을 것이다. 해면보다 해파리는 확실히 인간에 가깝다. 해파리는 역사상 처음으로 조직의 분화가 일어난 생물의 하나이기 때문이다. 이러한 원시적인 조직은 아득한 세월이 지나는 동안 심장과 폐 등, 특정한 기능을 가진 기관으로 진화해 갔다.

암모나이트

화석 수집가에게는 익숙한 암모나이트는 6550만 년 전에 공룡이 절멸했을 때 다른 많은 종과 함께 절멸했다. 특징적인 나선형을 하고 있는 그 화석은 오늘날 전 세계에서 발견되고 있다. 나사조개와 유사하지만 가장 가까운 동료는

---

[21] Richard Dawkins, The Ancestor's Tale(Marina Books, 2004), p. 464.

두족류, 즉 문어와 오징어이다.

암모나이트류는 약 4억 년 전의 데본기에 등장했다. 껍데기 속은 몇 개의 작은 방으로 나뉘어 있고, 입구 가까이 있는 가장 큰 방에 몸이 들어 있었다. 단단한 껍데기는 포식자의 날카로운 이빨로부터 몸을 보호하는 방어구 역할을 했다. 톱니 같은 구조가 있는 화석도 발견되었다.

암모나이트는 껍데기 안에 몸을 숨길 수 있었고, 공격을 받았을 때 껍데기 입구를 닫는 문 같은 구조물도 갖추고 있었다. 매우 크게 성장하는 것도 있어 잉글랜드 남부에서는 지름 60cm가 넘는 화석이 발견되었고, 독일에서는 지름이 2m 가까이 되는 더 큰 것도 발견되었다. 암모나이트의 껍데기는 아름다운 화석이 되기 때문에, 몇백 년 전부터 수집가들 사이에서 높은 인기를 끌고 있다.

멍게류

주머니처럼 생긴 멍게는 바다 속에 몸을 고정하고 대량의 바닷물을 빨아들여 양식을 걸러 먹는다. 얼핏 해면과 비슷해 보이지만 실은 훨씬 고등한 생물이다. 선사시대의 해저에 많이 있었는데, 이 멍게라는 진화 단계는 나중에 운 좋게 지구상에서 살게 되는 많은 생물, 특히 인류에게 중요한 역할을 했다.

멍게 새끼는 올챙이처럼 물속을 헤엄치고 다닌다. 추진력을 가져다주는 특수한 꼬리에는 척삭(脊索)이라고 하는 원시적인 등뼈가 있다. 멍게의 자손은 이 척삭을 척추, 즉 우리의 척주(脊柱)로 진화시켰다. 신경삭과 척추를 가진 모든 동물은 척삭동물문에 속하며, 물고기, 양서류, 파충류, 조류, 포유류는 모두 이 문에 포함된다. 따라서 척삭을 가진 멍게 새끼는 인류의 가장 오래된 조상이라고 할 수 있다.

그러나 멍게는 현명한 조상은 아니었다. 멍게 새끼는 적당한 바위를 발견하면 거기에 달라붙어서 헤엄치는 데 사용했던 몸을 스스로 먹어버린다―중요한 신경삭까지 모두 다. 다른 종은 그것을 척추와 뇌로 진화시켰는데도 말이다.

창고기류

최초의 물고기는 몸이 매우 작으며 아주 먼 옛날에 등장했다. 창고기류와 비슷한 이 생물이 나타난 것은 5억6000만 년 전이었다. 멍게가 돌연변이를 일으켜 그 방향으로 진화했을지도 모른다. 바다 속 바위에 달라붙을 수 없었던 멍게의 자손일 가능성도 없지 않다.

모든 물고기와 마찬가지로 창고기도 우리의 먼 친척에 해당한다. 그것은 머리에서 꼬리까지 척추가 있기 때문이다. 그러나 비슷한 것은 거기까지이고, 인간과 달리 창고기는 척추가 뼈로 에워싸여 있지 않아서 척추동물은 아니다. 또 창고기에는 뇌가 없다. 몸의 측면에 있는 작은 아가미로 바닷물을 흡수하고 배출하면서 양식을 걸러냈다. 보통은 포식자에게 발견되지 않도록 바다 밑 모래 속에 숨어서 살았다.

판피류(板皮類)

선사시대의 바다에 살았던 무서운 생물의 대표격은 판피류이다. 턱과 이빨을 가진 최초의 물고기였다. 그 턱과 이빨은 아가미가 변한 것으로 추정된다. 최근의 연구에서 판피류 중에는 역사상 최강의 씹는 힘을 자랑하는 종이 있었던 것이 밝혀졌다. 한번의 저작으로 상어를 두 동강이낼 수 있을 만큼 강했던 것 같다.[*22] 큰 것은 몸길이가 10m, 몸무게가 4톤이 넘는 것도 있어서 그야말로 중전차(重戰車) 같았다. 머리와 목은 갑옷 같은 딱딱하고 무거운 표피로 싸여 있고, 몸도 두터운 비늘로 뒤덮여 있었다. 지느러미까지 갑옷 같은 관 속에 들어 있었다.

판피류는 최초의 척추동물의 하나이다. 인간과 마찬가지로 척추는 뼈로 보호되어 있었다. 겉모습은 무시무시하지만, 우리의 먼 친척인 것은 분명하다. 이 생물은 여러 번 있었던 대량절멸의 하나인 데본기 후기의 대량절멸로 자취를 감췄다.

바다전갈

이 생물은 판피류 같은 물고기가 왜 그토록 딱딱한 갑옷으로 몸을 보호하게 되었는지를 우리에게 가르쳐 준다. 바다전갈은 무시무시한 생물이었다. 깔쭉깔쭉한 긴 꼬리의 끝부분은 독침으로 되어 있었을지도 모른다. 몸길이가

[*22] 시카고대학의 필립 앤더슨이 주도한 이 연구는 2006년 11월, 과학지 《Biology Letters》에 실렸다.

2m가 넘는 것도 있어, 절지동물 중에서도 손에 꼽을 만큼 큰 생물이었다.

절지동물문은 가장 많은 종을 거느린 그룹으로, 곤충, 거미, 갑각류(새우와 게)는 모두 이 문에 속하며, 삼엽충도 이 문에 포함된다. 알려져 있는 종의 80% 이상이 절지동물이다. 절지동물은 바다에도 있고 육지와 하늘에도 있다. 몸통은 마디로 나뉘어 있으며 단단한 껍데기로 보호되고 있다.

바다전갈은 2억5200만 년 전 페름기 말에 일어난 대량절멸에 의해 다른 수많은 종과 함께 자취를 감췄다. 이 무서운 생물의 화석은 200개가 넘게 발견되었는데, 최근에 옛날에는 육지였을 것으로 추정되는 스코틀랜드의 지층에서 몸길이 1.6m가 넘는 바다전갈이 기어간 흔적을 보여주는 생흔화석(生痕化石)이 발견되었다.*23

독침이 들어 있는 꼬리를 가진 바다전갈은 몸길이가 2m나 되는 것도 있어, 선사시대의 바다에서 서식한 가장 위험한 생물의 하나였다.

꼬치고기

꼬치고기의 조상은 선사시대의 바다 속에서 두 개의 훌륭한 특징을 발달시켜 번영했다. 그 특징은 다른 생물에게 전달되었다. 첫 번째 특징은 몰래 다가가서 사냥할 수 있는 것이다. 꼬치고기는 상어처럼 속도와 파괴력으로 먹잇감을 사냥하는 것이 아니다. 먹잇감의 배후에 몰래 다가가 물속에서 정지해 있다가 갑자기 달려든다. 기습을 당한 먹잇감은 좀처럼 달아날 수가 없다.

이런 묘기가 가능한 것은, 계속 헤엄을 치지 않으면 가라앉아버리는 다른 물고기와 달리, 꼬치고기는 물속에서 정지할 수 있는 구조—부레라고 하는 공기주머니—를 진화시켰기 때문이다. 가라앉을 때는 부레의 공기 일부를 혈류 속에 받아들인다. 위로 떠오를 때는 반대로 공기를 부레로 내보낸다. 그렇

---

*23 기어다닌 흔적은 셰필드대학의 지질학자 마틴 와이트에 의해 이스트로디언에서 발견되었다.

게 조정하여 헤엄을 치지 않아도 같은 깊이에 떠 있을 수 있다. 이것은 어느 정도 잠수함의 구조와 비슷하다. 사실 인류의 대발명은 대부분 자연계에서 이미 일어나고 있는 것을 모방한 것에 지나지 않는다.

또 하나의 특징은 청각을 발달시킨 것이다. 꼬치고기 조상의 부레는 소리를 듣는 도구이기도 했다. 꼬치고기를 포함하여 진골어류라고 불리는 이 그룹은 처음으로 소리를 들을 수 있게 된 생물이다. 물속에서 전해져 온 음파는 부레 안의 공기를 진동시킨다. 인간의 이골(耳骨)과 매우 비슷한 작은 뼈(웨버 소골)가 그 진동을 뇌에 보내어, 그것이 소리로 인식되는 것이다.

폐어(肺魚)

선사시대의 바다에서 사는 그만그만한 크기의 물고기는 아마 이렇게 생각했을 것이다—폭력과 위험으로 가득한 바다에서 육지에 올라가 새로운 삶을 시작할 수 있다면 얼마나 좋을까—. 그리하여 폐어의 조상은 아가미를 원시적인 호흡기관으로 개조하여 바다에서 육지로 달아날 수 있는 길을 만들었다 현재 폐어는 6종밖에 없는데, 그와 매우 비슷한 물고기가 4억1700만 년 전의 바다에 모습을 드러냈다.

현생 폐어의 존재가 알려진 것은 그리 오래되지 않았다. 1879년 호주 퀸스랜드 앞바다에서 처음 발견되었다. 가까운 곳에서는 2억 년 전의 폐어 화석도 발견되었다. 그 화석은 현재의 폐어와 거의 같았기 때문에 많은 과학자들은 폐어를 '살아있는 화석'—고대의 조상과 거의 다르지 않은 생물—이라고 불렀다.

폐어는 길고 강하게 생긴 뱀장어 같은 모습이었다. 건기에는 진흙 속에 들어가 폐호흡을 하며 연명한다(이것은 '하면夏眠'이라고 하며 동면과는 반대로 여름에 휴면상태가 된다). 고대의 폐어는 하구 부근에서 사는 동안, 메마른 강에서 공기호흡을 하며 살아가는 방법을 터득했다. 또 육상생활에 적합한 다른 특징도 몇 가지 진화했다. 그 가운데 고도로 발달한 네 개의 지느러미는 딱딱하게 마른 지면을 '걷는' 데 최적이었다. 이러한 적응이 있었기에 그들은 그때까지와는 전혀 다른 지상의 환경에서 살아갈 수 있었다.

이제는 육지로 올라가 보기로 하자.

6. 생물의 협력체제

육상식물은 키 큰 나무로 진화하고,
대지는 곤충과 지렁이, 균류가 일군
자양 풍부한 토양으로 뒤덮였다.

몇 백만 년 동안 메마른 대지 위에 비가 줄기차게 내려, 지표는 깎이고 진흙탕이 되었다. 당시의 대기는 이산화탄소 농도가 높았기 때문에 산성비가 내려 바위의 침식과 풍화를 더욱 촉진했다. 지상에 최초로 등장한 식물은 해조나 이끼와 유사한 흐물흐물한 것이었다. 이것은 태고에 태어난 시아노박테리아(산소를 생성하는 스트로마톨라이트를 형성한 남조류)의 자손으로, 바다와 강, 냇물 가까이에 달라붙어 살고 있었다.

그 축축한 이끼 덩어리를 키가 크고 우아한 나무로 변모시켜, 물가에서 수천 km나 떨어져 살 수 있게 하는 것은 매우 어려운 일이었다.

대지에 우뚝 서서 잎을 무성하게 번성시키는 나무를 창조하는 것이 얼마나 대단한 일인지 생각해보자. 먼저 흔들리지 않고 직립해 있는 줄기가 필요하다. 이상적인 높이는 40m 정도이고, 허리케인을 견딜 수 있을 만큼 강한 것이 좋다. 다음에 수분과 양분을 전체에 쉬지 않고 전달하는 시스템도 필요하다. 에너지를 만들어내는 것은 가지 끝에 나 있는 잎의 역할이므로, 이 잎을 최대한 태양에 접근시킬 필요가 있다. 울창한 숲속에서 햇빛을 확보하기 위해서는 다른 나무보다 더 높아지는 것이 좋지만, 키가 크면 땅속에 있는 물을 가지 끝까지 쭉 빨아올리기가 힘들어진다. 이 딜레마를 어떻게 해결하면 좋을까. 마지막 문제는 자손을 어떻게 번영시킬 것인가 하는 것으로, 아래의 지면에 씨앗을 뿌리는 것만으로는 끝나지 않는다. 그렇게 하면, 싹이 튼 어린 나무는 햇빛, 양분, 수분을 두고 큰 나무와 경쟁하다가 조만간 시들어버리기 때문이다. 그래서 종자를 멀리 뿌리고 싶은데, 어떻게 하면 그렇게 할 수 있을까. 나무는 걷지도 못하고 헤엄칠 줄도 모르는데(예외는 있다).

이렇게 나무를 하나부터 창조하는 것은 간단한 일이 아니다. 그렇기 때문에 솔이끼, 우산이끼, 뿔이끼 등의 최초기의 식물은 후미, 만, 하구, 강기슭처럼 쾌적하고 편안한 물가에 머물렀을 것이다. 키가 커지는 것보다는 지면에

착 달라붙어 바람을 견디고, 물을 쉽게 얻을 수 있는 장소에 살며 몸이 마르지 않도록 하는 것이 중요했다.

이러한 초기 식물에는 제대로 된 뿌리와 잎은 없었고, 수분과 양분을 구석구석까지 보낼 수 있는 배관시스템도 없었다. 그러나 광대한 황야에 진출하려면 마냥 물가에 달라붙어 있어서는 안 된다. 그래서 약 4억2000만 년 전에, 내부에 관을 가진 '관다발식물'이 등장했다. 오늘날의 수목은 모두 이 식물의 자손이다.

나무와 잎새의 발명

최초의 관다발식물은 그다지 눈길을 끄는 것은 아니었다. 키는 50cm 정도, 굵은 줄기에 뾰족하고 단단한 잎을 달고 있었다. 이렇게 상세한 것을 알 수 있는 것은 스코틀랜드 애버딘 북동쪽 약 40km에 있는 라이니라는 마을에서 그 화석이 발견되었기 때문이다. 1912년, 의사이자 아마추어 지질학자인 윌리엄 마키가 가까운 곳의 지층을 파헤치다가 완벽한 상태로 보존되어 있는 식물군의 화석을 발견했다.

약 4억 년 전의 라이니는 온천지대여서 진흙이 부글부글 거품을 일으키고 간헐천에서는 규소가 함유된 뜨거운 물이 분출되었다. 규소는 모래와 바위의 성분 가운데 하나로, 이 규소가 녹아든 뜨거운 물을 맞은 식물들은 순식간에 고사하여 완벽한 화석이 되었다.

라이니의 화석은 완벽한 모습으로 보존되었기 때문에 식물의 조성과 구조를 확실하게 알아낼 수 있었다. 현명하게도 그 식물들은 리그닌이라는 물질을 발명했다. 리그닌은 세포벽을 강하게 하는 고분자 화합물로, 리그닌이 적거나 전혀 없는 식물은 키가 작고 힘이 없다. 예를 들면 잡초나 정원에 있는 풀꽃의 줄기는 얼핏 단단해 보이는데, 그것은 줄기 속에 들어 있는 물 덕분이다. 물이 부족하면 풀과 꽃은 힘없이 늘어져버린다.

이 리그닌을 가진 식물은 가뭄을 만나도 직립한 채 살아남을 수 있다. 리그닌으로 강화되어 치밀하게 조직된 세포는 서로 뒤엉켜서 견고한 층을 만들어 물관부를 형성해간다. 그야말로 나무의 마술이다. 또 리그닌은 미네랄과 물을 나무 전체로 운반해 주는 관의 재료도 된다.

처음으로 리그닌을 조성한 것은 '리니아류'(발견된 장소인 스코틀랜드의 마을 '라이니'를 따서 명명되었다)라고 하는 식물이다. 리니아류는 절멸했지만 그 자손은 어디에서나 볼 수 있다. 실제로 모든 나무의 조상은 바로 이 개척자 리니아류이다. 그렇지만 강한 줄기를 가진 작은 식물 '리니아류'가, 현재 볼 수 있는 키가 큰 우아한 나무로 변신하는 데는 적어도 4000만년이라는 오랜 세월이 필요했다.

석탄기(3억5900만년 전)로 들어설 무렵에는 식물도 방대한 수에 이르러 있었다. 가장 오래된 나무는 석송류로, 뿌리와 Y자로 갈라진 가지로 구성된 단순한 구조를 하고 있었다.[*24] 그래도 거목으로 자라는 경우도 있었다. 그 중에서도 레피도덴드론(鱗木)은 줄기의 지름이 2m나 되고, 12층짜리 빌딩 만한 높이를 자랑했다.

그 시대에 들려오는 소리라고는 바람 소리, 나무의 공동(空洞)을 긁는 듯한 소리, 나뭇가지 사이로 울리는 윙윙거리는 소리뿐, 어디나 음산할 정도로 조용했을 것이다. 동물은 거의 없고 새도 탄생하기 전이었다. 그들이 등장하는 것은 좀 더 뒤의 일이다. 어느 쪽을 보아도 거의 같은 경치에 비슷한 나무들이 자라고 있는, 짙은 녹색과 갈색이 섞인 숲이 끝없이 이어져 있었다. 나무의 종류는 한정되어 있었고 꽃도 없었다. 최초로 꽃이 피는 것은 1억5000만년 이상 뒤의 일이다. 나무에 비하면 꽃은 극히 최근에 시작된 유행이라고 할 수 있다.

고대의 숲을 지배한 석송은 어떤 것을 갖고 있지 않았기 때문에 서서히 쇠퇴하여 2억7000만년 전쯤 절멸했다. 그 '어떤 것'이란 바로 나뭇잎이다. 석송류는 광합성의 대부분을 줄기를 뒤덮고 있는 인편(鱗片)과, 가지에 빼곡하게 나 있는 푸른 가시에 의지하고 있었다. 가지 끝에 작은 녹색 태양열판을 붙이는 아이디어를 고안한 것은, 라이니에서 발견된 관다발식물의 동료인 '진엽식물(眞葉植物euphyllopyta)'이었다. 학명 euphyllophyta는 '좋은 잎을 가진 식물'이라는 뜻으로, 오늘날의 나무의 대부분은 그 자손이다. 진엽식물은 얼마 뒤 수많은 종류로 갈라졌고, 양치식물과 속새도 이 계통에서 태어났다.

석송과 양치식물, 속새류가 없었으면 현대인의 생활은 완전히 달라졌을 것이다. 이러한 초기의 나무들은 수백만 그루 규모로 군생했다. 죽으면 대부분

---

*24 Colin Tudge, The Secret Life of Trees(Penguin, 2006), p. 73.

축축한 늪지에 가라앉은 뒤 수백만 년 동안 압축되어 단단해지고, 열과 압력으로 화학변화가 일어나 최종적으로 석탄이 되었다. 이 자원이 이윽고 산업혁명의 불쏘시개가 된다.

리그닌이 목질부를 강화하고 잎이 태양에너지를 식량으로 바꾸게 되었어도, 나무에는 아직 문제가 남아 있었다. 물을 지하 몇 m에서 빨아올려 최상부의 수관(樹冠)까지 끊임없이 공급하려면 어떻게 해야 할까? 나무는 이 문제를 두 가지 방법으로 해결한다. 하나는 '믿음직한 친구', 또 하나는 '교묘한 설계'이다.

균류와의 공생관계

뿌리는 수분을 얻기 위해 땅 속으로 뻗어가는데, 그 과정에서 어느 재주 많은 생물의 도움을 빌리고 있다. 식물도 동물도 아닌(오랫동안 식물로 간주되었지만) 이 생물, 균류는 남몰래 지하제국을 건설하고 있었다.

균류는 그 작고 가벼운 포자를 바람에 실어보내 바다에서 육지로 진출했다. 초기의 식물이 물가에서 서식하기 시작한 것과 거의 같은 시기이다. 그 이후 균류는 지구에서 가장 작은 생물에서 가장 큰 생물까지 다양한 변화를 이룩해 왔다. 작은 것은 세포 1개의 크기밖에 되지 않는다. 빵과 케이크를 만드는 데 사용되는 효모균도 그 하나이다. 효모균은 당류를 알코올과 이산화탄소로 바꾸는 '발효' 과정에 의해 생장한다.

균류의 대부분은 지하에 살고 있다. 그것은 균사라고 하는 실로 연결되어 균사체라는 덩어리를 형성한다. 버섯이라고 하면 누구나 떠올리는 양송이나 광대버섯은 이 균사체가 복잡한 구조를 만들어, 포자를 뿌리기 위해 지상에 얼굴을 내민 것이다.

균사체는 매우 거대해지는 경우가 있다. 실제로 지구상에 현존하는 최대의 생물은 바로 이 균류이다. 1992년 미시건 주에서 발견된 천마버섯(Armillaria gallica)의 갓은 15만m^2나 퍼져 있었고 무게는 100톤이 넘는 것으로 추정되었다. 이것은 가장 오래된 생물의 하나로, 이미 1500년이나 살아온 듯하다.[25] 1998년에는 오리건 주에서 총 면적 9km^2에 이르는 꿀버섯이 발견되었다. 추정중량

---

*25 Roy Watling, Fungi(Smithsonian Books, 2003), p. 24.

은 600톤, 나이는 약 2400살이었다.

균류는 생태계의 청소부이다. 낙엽에서 당신의 발가락 때까지, 모든 죽은 것과 썩은 것을 처리하고 소화한다. 인간계의 청소부는 쓰레기를 태우거나 땅속에 묻기만 하지만, 이 자연계의 청소부는 죽은 생물을 부패시킬 뿐만 아니라 영양이 풍부한 물질로 바꿔 풀과 나무의 생장을 돕고 있다. 균류는 삶과 죽음으로 이루어지는 재생 사이클을 유지하는 중요한 멤버이다.

자연계에서는 다른 그룹의 생물들이 서로 돕는 경우가 흔히 있다. 나무와 균류도 그런 관계에 있어, 균류는 양분과 수분의 일부를 나무에 주고, 그 대가로 나무가 잎을 통해 만든 당분을 받아먹는다. 때로는 하나의 균이 복수의 나무와 거래할 때도 있다. 나무들은 그 균을 매개로 서로 결합하여 마치 포크댄스를 추는 것처럼 원을 그리며 늘어선다. 균류가 식물의 뿌리에 침입하여 공생관계를 맺은 것을 '균근(菌根)'이라고 한다. 현재 현화식물의 80%가 땅속의 균류와 공생관계에 있다고 한다.[26] 균류는 그야말로 '믿음직한 친구'이다.

증산작용(蒸散作用)과 씨앗의 등장

그렇다면 '교묘한 설계'란 도대체 어떤 것일까? 설령 수분을 뿌리로 빨아들인다고 해도 에너지를 생산하는 중요한 잎까지 그 물을 어떻게 보낼 것인가 하는 문제가 남아 있다. 게다가 나무에 따라서는 상당히 높은 곳까지 올라가지 않으면 안 되는 것도 있다. 그러므로 그 구조는 오랫동안 수수께끼였다. 물론 나무에는 심장처럼 펌프 역할을 하는 것이 없다. 빨대로 컵의 물을 빨아 올리면, 물 표면에 가해지는 공기의 압력이 빨대 안의 압력을 이겨 물이 빨려 올라간다. 그런 방식일 거라고 생각한 적도 있었지만, 공기 압력은 높이 30m가 넘는 나무 꼭대기까지 물을 올려 보낼 만큼 강하지는 않다.

결국 답은, 나뭇잎의 매우 교묘한 설계에 있다는 사실이 밝혀졌다. 잎에는 기공이라고 하는 구멍이 무수히 있다. 기공은 다양한 환경조건(빛, 습도, 이산화탄소 농도 등)에 의해 개폐한다. 햇빛이 강하고 습도가 높은 날에는 기공이 크게 열려 수분을 더 많이 증발시킨다. 수분이 사라지면 수액의 농도가 높아져서 토양에 함유된 물과 침투압차가 생긴다. 그 차이를 메우기 위해 더 많은

---

*26 전게서, p. 21.

물이 줄기를 타고 올라가 나무 끝에 있는 잎까지 운반되는 것이다. 이 현상을 증산작용이라고 한다.

　나무의 마지막 과제는 움직일 수 없는데 어떻게 해서 자손을 멀리 퍼뜨리는가 하는 것이다. 탄생한 지 얼마 안된 무렵에는 나무도 균류와 마찬가지로 포자를 바람에 날려보냈다. 그러나 포자는 저습지나 늪지처럼 습기가 있는 곳에 떨어지지 않으면 발아할 수가 없다. 이 결점 때문에 건조한 시기에는 자손의 존속이 위태로워진다. 그런데 약 3억6000만 년 전에 좋은 해결책이 발견되었다. 바로 씨앗이다.

　포자와 달리 씨앗에는 배아와 양분이 되는 당, 단백질, 지방이 들어 있다. 이 배아와 식량창고는 껍질(종피)에 싸여 여행을 떠난다. 그 여행은 다양한 매개물을 이용하여 때로는 대원정이 되기도 한다.

　씨앗을 얻음으로써 나무가 자손을 남길 기회가 비약적으로 높아졌다. 씨앗은 포자보다 튼튼하여 가뭄을 견딜 수 있고, 자신의 식량을 갖고 있으며 물에 뜨는 것도 있다. 맨 처음 씨앗을 만들어낸 것은 소철로, 그 기원은 2억7000만 년 전으로 거슬러 올라간다. 최초의 공룡이 등장한 무렵의 일이다. 현재 소철류는 130종정도 남아 있지만 대부분 환경파괴 탓에 절멸의 위기에 처해 있다. 그 뒤 나무는 유성생식이라는 기술을 터득했다. 유성생식에서는 보통 두 그루의 나무의 유전자가 결합하여 씨앗을 만든다. 나무가 유성생식을 하는 데는 해결할 수 없을 것 같은 문제를 해결할 필요가 있다. 지면에 뿌리를 박고 있어 움직일 수 없는 두 그루의 큰 나무가 어떻게 유전자를 합칠 수 있을까?

곤충의 등장

　이 문제를 해결해 준 것은, 이미 지상에 등장해 있었던 다른 생물이었다. 약 4억2000만 년 전, 가장 초기의 식물과 이끼류가 등장한 무렵, 지렁이 같은 작은 생물이 바다에서 육지로 이주했다. 육상에 진출한 것은 공기 중의 산소농도의 상승과 관계가 있는 듯하다. 산소농도는 수억 년에 걸쳐 상승하여 약 5억 년 전인 캄브리아기 초기에 안정되었다. 그러나 4억 년 전부터 2억 년 전까지 '일시적인 급상승'이 일어났다.

　그 원인은 육지를 뒤덮고 있었던 푸른 숲 때문이었다. 풀과 나무는 대기 중의 산소농도를 극적으로 상승시켰다. 바다 속 생물에게 그 상황은 바닷가를 따라 과자를 죽 늘어놓은 것과 같은 것이어서 그들은 한번 맛보고 싶다는 유혹을 이길 수가 없었다. 맨 먼저 육지로 기어 나온 생물은 공기 속에 대량의 산소가 함유되어 있어서 육지에서 사는 것도 그리 어렵지 않을 거라고 느꼈을 것이다. 오늘날 우리가 마시고 있는 공기에는 산소가 약 21% 함유되어 있는데, 3억5000만 년 전에는 석탄기의 풍부한 숲 덕분에 산소농도가 35%까지 올라갔을 것으로 추정된다.[27]

이 대량의 산소 덕분에 스코틀랜드의 화석 사냥꾼 스탠 우드는 큰 돈을 벌었다. 1984년, 그는 어느 학교의 축구장 옆에서 다 쓰러져가는 농가의 벽이 석회암으로 되어 있는 것을 발견했다. 어쩌면 재미있는 화석이 묻혀 있을지 모른다는 기대로, 집을 허물고 있던 업자에게서 그 벽을 25파운드에 사들였다.

그가 기대한 대로 상당한 가치가 있는 화석이 발견되어, 우드는 그것을 팔아 5만 파운드를 손에 넣었다. 그것을 밑천으로 우드는 벽의 출처인 이스트커크턴의 오래된 채석장을 사들였다. 중기(重機)를 가져와 한동안 발굴을 계속하자 더욱 멋진 화석이 나왔다. 공기호흡을 하고 있었던 거대 전갈의 화석이었다. 몸길이는 30cm이고, 무시무시한 가시투성이의 꼬리와 크고 튼튼한 외골격을 갖추고 있었다. 광익류(廣翼類)인 이 생물은 다 자라면 2m가 넘었을 것이다.

산소농도가 높았다는 것은 당시의 많은 생물들이 현재 살고 있는 자손보다 크게 성장할 수 있었음을 의미한다. 에너지가 풍부한 산소가 호흡시스템의 구석구석까지 공급되었기 때문이다. 스탠 우드가 발견한 전갈은 약 3억3500만 년 전의 것으로 추정되었다. 그 모습은 육지에 올라간 생물이 '호흡'과 '이동'이라는 두 가지 문제를 어떻게 극복했는지를 알려준다. 먼저 이 전갈은 원시적인 폐로 호흡하고 있었다. 그 폐는 아가미가 변화한 것으로, 단단한 외피로 이루어진 복부의 구멍 속에 들어 있었다. 또 이 거대한 전갈은 다리가 있어서 걸을 수 있었다.

최초의 곤충이 등장한 것도 이 시기이다. 그 중에서도 훌륭한 모습으로 완성된 것은 잠자리였다. 어떻게 해서 날 수 있게 되었는지는 지금도 수수께끼

＊27 Nick Lane, Oxygen(Oxford University Press, 2002), p. 86.

로 남아 있지만, 아마 풀이나 나무의 등장과 관계가 있을 것이다. 나무에서 나무로 이동하려면 다리로 오르내리는 것보다 점프하거나 활공하는 편이 쉽다. 아마 그런 이유에서 날개가 진화했을 것이다. 날개는 전갈의 폐와 마찬가지로 아가미에서 발달한 듯하다.

처음에 곤충은 작은 날개를 펄럭이며 약간 먼 거리를 점프했을 것이다. 그러다가 날개가 점점 커져서 활공과 급강하 같은 묘기를 할 수 있게 되었고, 마침내 날갯짓을 하게 된 것이다. 당연히 날갯짓에는 대량의 에너지가 필요하다. 다행히 당시의 세계에는 산소가 충분히 있었기 때문에, 개척자들은 새로운 것과 피로에 대해 시험해볼 여유가 있었다. 또 당시의 대기에는 다량의 산소가 함유되어 있어서 무거웠기 때문에 공중에 떠오르는 것도 쉬웠을 것이다.

다량의 산소는 몸을 크게 키우는 데도 공헌했다.*28 놀랍게도 선사시대의 잠자리는 지금의 갈매기만한 크기였다. 그들은 어떤 방해도 받지 않고 나무에서 나무로 점프하고 날아서 이동했다. 잠자리는 하늘의 지배자가 되어 다른 곤충을 마음껏 먹고 있었다. 그들에게 라이벌은 아무것도 없었다.

이윽고 작은 곤충들은 몸을 보호하기 위해 교묘한 디자인을 고안했다. 오늘날의 집파리처럼 등에 날개를 접을 수 있게 한 것이다. 그렇게 하면 날개가 고정되어 있는 잠자리는 들어갈 수 없는 좁은 장소로 달아날 수 있다. 유시곤충류 중에서 날개를 접을 수 있는 '신시류(新翅類)'(잠자리와 하루살이는 구시류 舊翅類)는 오늘날 곤충계에서 가장 큰 그룹을 이루고 있다. 접을 수 있는 날개는 자연계에서 가장 성공한 발명의 하나라고 할 수 있다.

육지에서 사는 생물에게 또 하나의 중요한 능력은 시력이다. 잠자리는 매우 정밀한 복안을 진화시켰다. 3만개나 되는 작은 눈(낱눈)이 빼곡하게 배열되어 360도, 전 방위를 볼 수 있다.

잠자리의 화석은 세계 각지에서 발견되었는데, 특히 훌륭한 것은 영국 더비셔 주의 작은 탄광마을 볼소버에서 한 탄광노동자가 발견한 3억 년 전의 거대 잠자리 화석이다. 잠자리 화석으로서는 가장 오래된 것으로, 날개 끝에서 끝까지 20cm나 되어 현생종보다 훨씬 크다. 발견했을 당시, 영국은 여러 날 동

---

*28 전게서, p. 98.

안 이 뉴스로 들썩였고, 신문에서도 크게 다루어 '불소버의 괴물'이라는 전설까지 생겨났다.

맨 처음 육지에서 생활한 생물은 발톱벌레(우단벌레)류였을 것으로 추정된다. 가늘고 긴 몸에 부드러운 돌기 같은 눈이 여러 개 있는 이 벌레는 느릿느릿 바다에서 기어올라가, 기슭에 달라붙어 있던 지구 최초의 이끼나 풀을 먹었을 것이다. 그것은 이윽고 노래기나 지네 같은 절지동물로 진화했다. 그 뒤 끝부분의 체절 몇 개가 머리가 되고, 적어도 한 쌍의 다리가 촉각기로 변했으며, 후방의 체절은 가슴과 배로 나뉘어 다양한 종류의 곤충으로 진화해 갔다.

가장 중요한 곤충의 하나가 갑충이다. 모든 생물 가운데 갑충목만큼 많은 종이 속해 있는 것은 없다. 이제까지 35만 종이 넘게 발견되어 곤충의 종의 40%를 차지하고 있지만, 실제로는 갑충은 500만에서 800만 종이 있을 거라고 곤충학자들은 보고 있다.

생물이 흙을 만든다

갑충이 나온 대목에서, 첫 유성생식에 도전한 소철류가 직면한 문제—움직일 수 없는데 어떻게 유성생식을 할 수 있는가—로 얘기를 되돌리자. 곤경에 처한 소철을 구원한 것이 갑충이었다. 갑충은 지면 가까이 있는 풀 속을 기어다니거나 줄기에 올라가 나뭇잎에 몸을 숨기기도 하는 사이에 몸에 묻은 소철 수꽃의 노란 꽃가루를 다른 나무의 암꽃까지 운반하여 수분(受粉)을 하게 함으로써, 두 나무의 유전자가 섞인 새로운 종자를 탄생시켰다.

지렁이와 균류, 갑충을 비롯한 곤충은 지상의 생물을 지탱하는 귀중한 자원인 토양을 조성한다. 그들은 부지런한 정원사처럼 낙엽과 썩은 나무를 재활용하여 양분으로 바꿈으로써 차세대 풀과 나무를 키운다. 생물이 없으면 흙이 태어나지 못해, 지구는 달과 화성과 금성처럼 먼지와 바위만 있는 세계가 되었을 것이다. 바위는 풍화하고 비에 깎여 바다로 흘러들거나 진흙이 될 뿐이다. 생물이 없으면 밭에서 채소를 키워주는 그 부드러운 흑갈색의 흙도 태어나지 않는다. 흙은 수백만 년이 걸려 다시 만들어지고 다시 태어나고 있다. 이 사이클을 '흙의 순환'이라 한다.

석탄기의 흙은 현재 어디에도 남아있지 않다. 현존하는 흙에서 가장 오래된 것도 겨우 수백만 년 전에 태어난 것이다. 바람, 물, 얼음, 그리고 플레이트의 이동에 의해, 흙도 바위와 마찬가지로 끊임없이 휘저어지고 씻겨나간다. 풍화한 바위와 미네랄과 유기물로 이루어진 흙이 처음으로 나타난 것은 석탄기가 되어 풀과 나무가 무성해지기 시작한 무렵이었다. 식물은 수백 년 동안 비바람을 맞아 갈라진 바위 틈새에 뿌리를 내렸고, 그 뿌리가 자라 바위를 더욱 갈라놓았다.

식물에는 영양이 풍부하게 들어 있어서, 그것을 먹는 균류와 지렁이, 진드기 같은 작은 절지동물들이 모여들었다. 지난 4억 년 동안 이러한 작은 생물들이 흙을 파헤쳐 바람과 비, 햇빛에 노출시켰다. 그 덕분에 흙 속의 유기물은 더욱 분해되어 새로운 생명을 품을 수 있게 되었다.

풀과 나무 같은 풍부한 식량과 전에 없었던 다량의 산소, 시원해진 기후, 그리고 이상적인 은신처(무성한 나뭇잎과 흙 속의 구멍 등) 등의 조건이 갖춰지자 생물의 이야기는 새로운 장으로 나아간다. 등뼈와 네 개의 지느러미를 가진 폐어의 자손은 이 풍부한 지상의 낙원에서 어떻게 진화해 갔을까?

7. 진화의 실험장

계속 움직이는 대륙끼리 부딪쳐 초대륙을 형성하여
새로운 생명의 진화를 재촉하는 한편
육상생물이 처음으로 경험하는 대량절멸을 불러일으켰다.

육상생물은 큰 전환기를 맞이하고 있었다. 우리도 석탄기(3억5900만 년 전~2억 9900만 년 전)에서, 파충류가 지배하는 페름기로 들어가 보자. 그러나 그 앞에는 '페름기의 대량절멸'이 기다리고 있다. 그 시기에 거의 모든 생물이 절멸했는데 그 참화 뒤, 지구는 새로운 새벽을 맞이한다. 최초의 공룡이 등장하고, 꿀벌과 나비와 나방 같은 친숙한 곤충도 다수 탄생했다. 꽃도 피기 시작한다. 최초의 새의 모습도 얼핏 볼 수 있을지 모른다.

공룡은 삼첩기에서 쥐라기를 거쳐 백악기까지 1억8000만 년 동안 세계를 지배했다. 그러나 번영을 다한 제국이 대개 그렇듯이 공룡제국도 결국 종언을 맞이한다. 약 6550만 년 전, 그들의 세계는 갑자기 붕괴했고, 아주 짧은 기간에 그 강력한 지배자들은 지구상에서 사라졌다. 여기서 그 24시간 시계를 살펴보자. 제1부의 나머지에서는 22시 24분에서 23시 39분까지 살펴볼 것이다. 인류가 등장하여 역사를 새기기 시작하기까지 앞으로 21분밖에 남지 않았다.

육지로 올라간 물고기

이 여행은 중요하고 희귀한 진화의 증거를 조사하는 것에서 시작된다. 그것은 틱타알릭이라는 동물의 화석으로, 2004년에 캐나다의 엘즈미어 섬에서 발견되었다. 물고기에서 육상동물로 진화하는 중간 형태를 보여주는 '이행화석(移行化石)'으로, 육기류(肉鰭類 육질의 지느러미를 가진 물고기)와 다음 진화단계인 네발짐승의 특징을 아울러 가지고 있다. 틱타알릭은 데본기인 3억7500만 년 전에 서식했다. 초기의 식물과 이끼가 바닷가의 생활에 순응하기 시작한 무렵이다. 처음으로 진짜 사지(四肢)를 가지게 된 동물로, 어깨와 팔꿈치와 손목이 있어 육지에서 몸을 지탱하거나 얕은 늪을 기어가는 데 적응한 몸을 갖고 있었다.

틱타알릭은 성장하면 3m나 되었다. 날카로운 이빨을 가지고, 다른 물고기와 달리 목이 있었기 때문에, 머리를 좌우로 돌려 먹이를 찾거나 위험을 감지하기도 했다. 두개골은 악어처럼 납작하고 머리 상부에 커다란 눈이 튀어나와 있었다. 대부분의 시간을 얕은 강이나 호수, 늪에 숨어서 먹잇감을 기다리며 보냈을 것으로 추정된다.

그리고 수백만 년이 지나 이크티오스테가가 등장했다. 이 생경한 이름의 동물은 3억6200만 년 전부터 3억5700만 년 전까지 서식했다. 몸길이는 1.5m정도, 다리 끝에는 일곱 개의 발가락이 나 있었다. 이크티오스테가는 최초의 진정한 네발짐승의 하나로, 더 이상 물고기가 아니었다. 인간도 네발짐승이므로 이크티오스테가는 우리의 먼 친척이다. 크고 못생겼던 틱타알릭에 비해 육지생활에 훨씬 더 적응해 있었다. 몸이 작아서 가볍게 육지에 올라가 몸을 끌지 않고 걸어다녔을 것이다. 그들에게 육상생활은 바다에 있는 것보다 안전했다. 식량이 풍부하고 대형 포식자가 적었기 때문이다.

이크티오스테가는 세대를 지날수록 육지에서 지내는 시간이 점점 길어졌

초기의 네발짐승 이크티오스테가의 화석은 1932년 그린란드 동부의 지층에서 발견되었다.

다. 이 생물이 중요한 것은 육지로 올라가게 된 물고기와, 처음으로 육지에서 살 수 있게 된 개구리와 두꺼비, 도롱뇽 등의 양서류를 연결하는 '고리'이기 때문이다.

양서류는 산란과 수정을 할 때는 물가로 돌아가야 했지만, 그것을 제외하면 육상생활에 잘 적응했다. 지구에 등장한 이후, 양서류는 북극의 빙원에서 사막에 이르기까지 모든 대륙과 기후에 순응해왔다. 현재 6000종쯤 있다고 하는데, 지구 온난화와 서식지인 습지와 늪, 삼림이 오염되고 파괴된 탓에 대부분 절멸의 위기에 처해 있다.

물고기에서 양서류로의 진화는 약 3억4000만 년 전에 현생 양서류의 조상으로 보이는 분추목(分椎目)이 등장함으로써 완료되었다. 분추목의 동물은 다 자란 악어만한 크기의 것에서 영원(도롱뇽의 일종)만한 크기까지 다양한데, 대표적인 것은 에리옵스로, 가장 오래된 화석은 약 2억7000만 년 전의 것이다. 땅딸막한 몸통과 폭넓은 늑골을 가진 이 생물은 성장하면 1.5m 정도나 되었다. 튼튼한 등뼈가 있어서 무거운 체중을 지탱할 수 있었다.

양서류는 오랫동안 지상을 지배하면서, 지상에서 가장 크고 가장 사나운 생물이 된 것도 있었다. 그러나 양서류에는 커다란 약점이 있었다. 산란과 수정을 위해 물이 가까운 곳에서 살지 않으면 안 되었던 것이다. 이 문제는 혹독한 가뭄이 닥치거나 건조한 기후가 계속되면 특히 심각했다. 이 문제는 시대가 흐를수록 더욱 커져갔다. 대륙이 서서히 모여들어 거대한 초대륙이 되어가고 있었기 때문이다.

대륙의 이동거리는 1년에 5cm에서 10cm이다. 이것은 상당히 느린 속도라고 생각될지도 모르지만, 100만 년이면 최대 100km를 움직이게 된다. 1억 년이면 1만km, 지구를 4분의 1바퀴를 도는 거리이다. 그러므로 3억 년 전부터 2억 5000만 년 전까지 육지 생활은 격변을 겪게 된다.

대륙이 모이고 바다가 멀어짐에 따라 내륙부는 기온이 높아지고 건조해졌다. 산란할 때마다 물가로 이동해야 하는 양서류는 해안이나 커다란 호수 근처에서밖에 살 수 없게 되었다. 이 시대에 물가에서 수십km, 수백km, 심지어 수천km나 떨어진 곳에서 번식할 수 있는 생물이 있었다면, 아마도 양서류보다 훨씬 더 번영했을 것이다. 대륙이 모여들자 지구의 생명 이야기는 크게 진전했다. 그리고 닭이 먼저냐 달걀이 먼저냐 하는 오랜 논란에도 마침내 종지부가 찍혔다. '달걀'이 먼저였던 것이다.

인류의 먼 친척 등장

파충류는 양서류와 달리 물가에서 멀리 떨어진 곳에서도 살 수 있다. 피부가 물에 젖지 않아서 기온이 높아져도 체내의 수분이 증발하지 않고 탈수상태에 빠질 위험도 낮다. 파충류는 처음으로 육상에서 산란할 수 있게 된 생물이다. 그 알은 물에 젖지 않는 단단한 외피를 가지고 있고, 그 내부에서는 양막(羊膜)이 배(胚)를 보호하며, 성장에 없어서는 안되는 영양분도 난황으로 충당되었다. 새끼는 충분히 자란 뒤에 탄생하여 곧바로 건조한 환경에서 살아갈 수 있었다.

알려져 있는 가장 오래된 파충류는 3억1500만 년 전에 서식했던 힐로노무스이다. 크기는 20cm 정도로 노래기나 작은 곤충을 먹고 살았는데, 거대 잠자리나 맛있는 먹잇감을 찾아다니는 네발짐승의 먹이가 될 때도 많았다. 초기 파충류의 두개골에는 눈과 콧구멍 외에는 구멍이 없었다. 그들의 대부분은 절멸했지만, 현생 바다거북과 테라핀(북미산 담수거북)의 두개골도 같은 구조를 하고 있다. 다음에 나타난 것이 좌우 안와 뒤쪽에 구멍(측두창)이 하나씩 있는 그룹으로, 그 구멍이 있어서 턱을 크게 벌리고 강한 힘으로 씹을 수 있었다. 이 그룹은 단궁류(單弓類)라고 총칭되며, 수백만 년 동안 지상의 패자가 되었다. 포유류의 조상이자 인류의 먼 친척에 해당하는 이 단궁류는 최초의 공룡이 나타나기 훨씬 이전에 출현했다.

단궁류에서 가장 성공한 종의 하나는 디메트로돈으로, 페름기 전반인 약 2억8000만 년 전부터 2억6000만 년 전 사이에 등장했다. 성장하면 몸길이가

3m나 되고, 사지는 몸 아래가 아니라 옆에서 나와 있으며 긴 꼬리를 흔들며 으스대듯 걸었다. 그 시대에 가장 큰 육식동물이었다. 등에 커다란 '돛'이 있는 기묘하게 생긴 동물인데, 번영하지 못한 것은 바로 그 '돛' 때문이었다. 디메트로돈은 그 돛을 '열교환기'로 사용하여 아침에는 그 전면에 햇빛을 쬐어 다른 동물보다 빨리 체온을 높일 수 있었다.

보통 파충류와 양서류 같은 냉혈동물이 먹잇감을 사냥하려면 몸을 민첩하게 움직일 수 있게 되기까지 체온이 올라가기를 기다려야 한다. 그러나 디메트로돈은 다른 동물이 몸을 덥히는 동안 일찌감치 사냥에 나설 수 있었다. 그 돛은 태양열판처럼 집열 효율이 좋았기 때문에 돛이 없는 동물보다 세 배나 빨리 몸을 덥힐 수 있었다.[*29]

말하자면 디메트로돈은 포유류의 특징인 온혈성을 다른 동물보다 먼저 획득한 것이다. 온혈동물은 주변온도와 상관없이 체온을 일정하게 유지할 수 있다. 그래서 밤에도 사냥하러 나갈 수 있었고, 냉혈동물이 활동하는 시간을 피해 먹이를 찾을 수도 있었다. 디메트로돈은 그밖에도 포유류와 유사한 특징을 몇 가지 진화시켰다. 그 하나는 다른 종류의 이빨이 나 있었다는 것이다. 사실은 '디메트로돈'이라는 이름은 '두 종류의 긴 이빨'이라는 의미이다.

페름기 말의 대량절멸

이 기묘한 동물은 약 6000만 년 동안 육지를 지배하다가, 2억5200만 년 전에 갑작스럽게 극적인 종언을 맞이한다. 그때 지구상의 모든 생물은 바닥 모를 깊이로 떨어졌고, 그 대부분은 다시 올라오지 못했다. 이것이 선사시대의 생물을 덮친 '페름기의 대량절멸'이다.

그때까지 모든 대륙은 한 군데에 모여 초대륙 '판게아'를 형성하고 있었다 (판게아는 그리스어로 '모든 대륙'이라는 뜻). 그 주위에는 '판타랏사'('모든 바다')라고 불리는 광대한 바다가 펼쳐져 있었다. 판게아의 탄생으로 기후와 해류가 극적으로 변화하여, 무시무시한 계절풍이 불어치는 덥고 건조한 시대가 찾아왔다. 그때까지 바다로 격리되어 있었던 대륙에서 제각기 진화해 온 동

[*29] 1973년에 C. D. 브램웰과 P. B. 펠갯이 산출한 추정치에 따른 것이다. 이에 따르면 디메트로돈이 체온을 26도에서 32도까지 올리는 데는 돛이 없으면 205분이 걸리지만, 돛이 있으면 82분밖에 걸리지 않는다고 한다. Nature(Vol. 242), 'Thermal Regulation in Sail Lizards' 참조.

물은 다른 모든 종과 이어졌다.

거대한 대륙이 충돌하면 화산의 분화가 활발해지고, 그 규모도 커진다. 바로 그것이 페름기의 대량절멸을 불러왔을 거라고 과학자들은 추측하고 있었는데, 2006년 6월 남극대륙 동부의 빙하 아래에 지름 약 480km의 크레이터(윌크스랜드 크레이터)가 발견되자, 거대 운석의 충돌도 대량절멸과 관련이 있을 거라고 생각하게 되었다. 대륙의 통합과 거대 운석, 아마 그 양쪽이 영향을 미쳤을 것이다. 그 시대에는 현재의 러시아 북부에 위치한 초화산(超火山)이 전에 없이 맹렬하게 분화하여, 시베리아의 20만㎢의 토지가 끓어오르는 용암으로 뒤덮였다. 그것이 지금도 남아 있는, 플로리다 주보다 넓은 거대한 현무암 덩어리 '시베리안 트랩'이다. 놀랍게도 그 초화산은 100만 년이 넘도록 계속 분화했다.

이 대분화는 연쇄적으로 재해를 일으켜 지구의 환경을 황폐화시켰다. 처음에는 맹독성 재가 분출되어 자극성 독을 함유한 스모그가 광대한 지역을 뒤덮었다. 며칠 뒤 연기가 더욱 높이 올라가자, 상공의 강한 바람이 죽음의 스모그를 다른 지역에도 실어가서 전 세계에 괴멸적인 암흑시대를 불러왔다.

그것은 마치 갑자기 모든 조명이 꺼진 것 같은 느낌이었을 것이다. 모든 곳이 낮이나 밤이나 어두운 혹한의 세계로 바뀌어, 그 혹독한 추위가 거의 50년 동안 이어졌다. 이윽고 공중에 떠 있던 화산재가 가라앉자, 이번에는 분화에 의해 방출된 대량의 이산화탄소(온실효과 가스) 때문에 기온과 해수온이 급상승했다. 이것은 더한 참사를 불렀다. 해저에 갇혀 있던 메탄하이드레이트(메탄이 셔벗처럼 굳은 것)가 불안정해져서 메탄가스가 분출한 것이다. 해면은 맹렬하게 거품을 일으켰고 수십억 톤의 메탄가스가 대기중에 방출되었다. 이산화탄소를 능가하는 온실효과 작용을 가진 메탄이 기온을 더욱 상승시켰고, 그로 인해 모든 생물의 96%가 절멸한 것으로 추정된다.

지금까지 적어도 5회의 대량절멸이 일어나 지구상에서 살고 있던 종의 99%가 소멸했다. 최초의 두 번의 대절멸(4억4400만 년 전과 3억6000만 년 전)은 주로 바다 생물에 영향을 미쳤다. 페름기의 대량절멸은 처음으로 육상생물을 희생시켰고, 규모도 5회 가운데 가장 컸다. 나머지 2회는 2억 년 전과 6550만 년 전에 일어났다. 1998년 미국의 자연사박물관이 실시한 조사에 따르면, 생물학자의 70%가 현재 인류 때문에 6회째의 대량절멸이 진행 중이라고 보고 있다.

생물은 환경의 변화에 순응하게 되어 있다. 그러나 완전히 순응하기까지 많은 세대를 거치지 않으면 안 된다. 페름기에 대량절멸을 불러일으킨 환경변화는 8만 년 이상 지속되었던 것으로 추정되며, 그 암흑과 격렬한 기후변동 속에서 가장 강하고 가장 적응력이 높은 생물만 살아남았다. 그 혹독한 환경을 견딜 수 있게 하는 유전자를 가진 생물만이 살아남고, 나머지는 모두 절멸했다. 지구에 있어서는 고난의 시대였다. 통제할 수 없는 대혼란을 잇따라 겪는 동안 지구의 생명유지시스템은 만신창이가 되고 말았다.

《인간의 기원》에 대하여

'우주가 이루어진 지 얼마나 됐는가', '지구에 생명은 언제 생겨났는가', '인류의 가장 오래된 선조는 누구인가', '고대중국의 과학기술은 어떻게 근대세계 형성에 공헌했는가', '왜 민주주의는 그리스에서 싹틔웠는가', '인간은 정말로 다른 생물보다 뛰어난가'……. 이처럼 기본적이며 규모가 큰 질문을 들이밀면 많은 사람들은 곤란해 한다. 왜냐하면 학교에서는 왕이나 여왕의 이름, 세계 규모의 전쟁 한두 개, 여기에 공룡에 대한 짧은 지식 정도만 배우기 때문이다.

과거를 다룬 지식을 세세한 전문분야로 나누고 산더미같이 쌓인 책 속에 묻혀버린 탓에 많은 사람들은 본디 역사가 가르쳐주는 지혜를 즐기기는커녕 길을 잃고 해매거나 막다른 길에 접어들어 나오지 못하고 있다.

137억 년 전부터 시작해 지구에서 일어난 다양한 사건을 24시간짜리 시계에 비유해 몇 시에 일어난 일인지 보여주면서, 우주가 생겨난 뒤부터 인류가 등장하기 전까지 지구에 존재한 생명, 자연계에서 인류의 진화, 인류의 다양한 문명 발달, 이렇게 문명과 자연계가 하나로 합쳐지는 흐름을 다룬다.

이 광대한 이야기를 기록하기 위해 최대한 많은 정보를 수집했으며 우주, 지구의 생명, 인류에 대한 최신 연구 성과를 활용하려고 노력했다. 잘못된 내용이 없도록 온 힘을 기울였지만 폭넓은 분야를 한권으로 정리하다보면 몰래 작은 악마가 숨어들기도 한다. 만일 작은 악마가 불쑥 머리를 내민다면 물론 그 책임은 모두 나에게 있다. 여러분이 이 책을 읽으며 문명의 발달과 진화생물학, 근대 과학과 선사시대 예술, 그리고 세계적인 종교의 시작과 어머니 같은 자연의 힘이 저마다 이어져있다는 사실을 깨닫는다면 나에게 그보다 더 큰 기쁨은 없다.

오랜 기간 의과대학을 다니며 기초의학 연구실에서 생활했는데 연구실에는 젊은 임상의들이 많이 드나든다. 병의 본디 모습에 대한 최근의 사고방식, 치료법 발전과 가까운 큰 병원에서 바로 지금 펼쳐지는 현대의학 실정까지 차를 마시면서 듣고 물을 수 있는 엄청난 즐거움이 있었다. 때로는 그들이 제기한 문제로 책을 다시 펼쳐보는 기회도 많았으며, 이것이 그 무엇과도 바꿀 수 없는 자극이 되었다.

한편 전문의를 꿈꾸는 젊은 의사들이 점차 전문 분야의 포로가 되어가는 반면, 몸 전체를 파악하는 통찰력이 흐려지지 않을까 노파심이 생기기도 한다. 이런 걱정에서 내가 담당한 저학년 학생을 대상으로 한 졸업 전 교육에서 하나의 세포를 보더라도 몸 전체와 어떤 관계가 있는지 생각하는 것이 중요하다고 강하게 말했다. 특히 인체해부 실험을 할 때는 들어온 지 얼마 안된 젊은 학생들에게 기부 받은 시신을 앞에 두고 모든 요소를 통합적으로 보는 연습을 하는 자리라는 사실을 강조했다. 즉 나무를 보면 숲을 생각하라는 뜻이다.

이렇게 인체를 생각하는 사고방식은 비단 의학교육뿐만 아니라 사람의 몸을 진지하게 공부하려는 모든 사람들이 공통적으로 가져야하는 기본 생각이다.

수컷과 암컷은 왜 다른가

1860년 4월 3일, 다윈은 미국 친구인 식물학자 에이사 그레이에게 다음과 같은 편지를 썼다.

나는 눈(目)에 대해 생각하면 오싹하던 시절을 떠올리곤 하는데, 다시 생각하니 웃음만 나옵니다. 지금은 그런 것에 불만을 느끼는 일이 없습니다. 요즈음은 아주 사소해 보이는 구조의 세세한 부분이 무척 궁금합니다. 공작의 꽁지는 정말이지 볼 때마다 기분이 언짢아집니다!

다윈을 괴롭힌 것은 수컷과 암컷의 차이였다. 공작 암컷은 수수한데 수컷은 왜 그렇게 날개가 화려한가? 왜 수컷과 암컷이 매우 다른 종도 있고, 거의 구별이 가지 않을 만큼 닮은 종도 있는 것일까?

데스먼드와 무어가 쓴 저서(1991년)에 따르면, 반진화론 기수의 한 사람이었던 아가일 공작은,

다윈은 온몸이 오싹해지는 듯한 날카로운 질문을 했다. 반짝이는 깃털을 가진 벌새는 어째서 그 도가머리가 사파이어색이 아니고 토파즈색인가? 왜 가슴에 있는 장식깃털의 반짝이는 가장자리는 루비색이 아니고 에메랄드 색인가? 이것은 신의 의지에 의한 아름다움으로, 이 세상에 대한 설명은 있을 수 없으며 어떠한 투쟁도 그 설명이 될 수 없다.

그러나 어떤 벌새의 도가머리가 사파이어색인가 토파즈색인가 하는 물음보다 훨씬 더 근원적인 문제가 있었다. 그것은 같은 벌새에 속하는 암컷은, 어떤 색이든 그렇게 예쁜 깃을 갖고 있지 않다는 사실이다. 본디 《종의 기원》을 집필할 무렵부터 다윈을 괴롭히고 있었던 것은 동종에 속하는 수컷과 암컷의 차이였다.

자연선택이라는 견해에서, 다윈은 생물개체가 주로 물리적 환경에 반응하여 적응하는 과정을 생각했다. 개체가 가진 다양한 형질에 있어서 개체 사이에 미묘한 유전적 차이가 있고 그 차이가 생존과 번식에 영향을 미친다면, 세대를 거칠 때마다 더욱 적응한 형질이 집단 속에 퍼져갈 것이다. 이를테면 새의 날개 형태를 관장하는 유전자에 다양한 개체변이가 있고 그 차이가 비상능력에 영향을 준다면, 그것은 새의 생존율에 영향을 미치게 된다. 그것은 또 그 새가 남기는 자손의 수에도 영향을 미칠 것이므로, 세대를 거쳐 올수록 비상력이 더 높은 날개를 만드는 변이가 새의 집단 속에 퍼져갈 것이다. 이것이 바로 자연선택이다.

그렇다면 동종에 속하는 수컷과 암컷은 같은 환경에 같은 진화의 시기를 거쳐 왔으므로, 기본적으로 같은 형태가 되어야 하는 것이 아닐까? 그런데 많은 생물의 수컷과 암컷은 색깔과 크기와 뿔 같은 부속물이 매우 다르다. 그것은 알을 낳거나 정자를 내보내는 생식기관의 차이를 훨씬 넘어선 차이이다. 만약 자연선택이 적응이 일어나게 하는 유일한 선택 과정이라면, 동종에 속하는 수컷과 암컷의 차이를 설명할 수 없는 것이 아닐까? 이것이 자연선택의 과정을 생각해 낸 다윈 자신이 품은 최초의 의문이었다.

성선택 그 하나:수컷들의 경쟁

이 문제를 끊임없이 생각한 다윈의 대답은 성선택이었다. 그것은 '어떤 개체가 동종의 동성에 속하는 다른 개체에 비해 번식에 있어서 유리한 것'과 관련된 선택이다. 이는 또한 동종 개체 사이의 사회적 관계에 바탕을 둔 선택이었다.

다윈은 성선택에는 두 가지 과정이 있다고 생각했다. 하나는 짝짓기 상대를 차지하려는 수컷들의 경쟁이다. 다윈은 먼저 곤충류, 어류, 양서류, 파충류, 조류, 포유류 등의 행동을 널리 개관하고, 동종에 속하는 수컷들 사이에서는 짝짓기 상대인 암컷의 획득을 둘러싸고 치열한 경쟁이 일어나는데, 암컷들 사이에서는 그러한 경쟁은 일어나지 않는다고 결론지었다. 경쟁에서 이긴 수컷은 많은 암컷을 차지하고 다음 세대의 부모가 된다. 이 과정을 통해 커다란 몸과 뿔과 엄니 같은, 투쟁에 유리한 형질이 수컷에게만 발달하게 되었다고 추론했다.

발표 때부터 이 과정 자체에 대해서는 이론이 없었고, 많은 생물학자들이 이것을 받아들였던 것 같다. 단, 동시대인인 알프레드 월리스와 20세기 초의 유전학자 토머스 모건 등은 이것을 '성선택'이라는 독자적인 과정으로 인정하지 않고 자연선택이라고 생각했던 듯하다. 월리스는 투쟁에서 더욱 강하여 이기고 살아남은 수컷이 다음 세대에 태어날 자손의 부모가 된다면, 투쟁에 유리한 형질이 '자연선택에 의해' 수컷 사이에 퍼져갈 것이라고 말했다.

모건은 일부다처인 동물 수컷이 그렇지 않은 짝짓기 체제의 동물 수컷보다 큰 뿔과 엄니를 가지고 있는 것을 증명할 수 있다면, '자연선택을 통해' 진화했다는 논의를 전개할 수 있을 거라고 말했다. 모건 이후, 확실한 일부다처이고 수컷들의 짝짓기 경쟁이 격심한 종이 일부일처나 난혼인 종의 수컷보다 큰 뿔과 엄니를 갖고 있음이 밝혀졌다. 단, 그는 이것을 자연선택이라고 불렀다.

모건은 또 짝짓기 상대를 차지하기 위한 수컷들의 투쟁이 어느 한쪽의 죽음을 부르는 일은 좀처럼 없으며, 또 투쟁에서 진 개체도 다른 기회에 짝짓기 상대를 획득할 것이라고 말했다. 그러나 다윈의 성선택 논의에서는 패배한 개체가 죽는지 어떤지는 문제가 아니다. 죽지 않아도, 또 다른 기회에 짝짓기 상대를 얻을 수 있어도 싸움에 이긴 개체와 패배한 개체 사이에 번식성공도의 차이가 있으면 되는 것이다. 그것이 성선택의 본질이다.

다윈의 동시대 및 그 직후, 널리 동물계에서 수컷들 사이에는 치열한 경쟁이 일어날 수 있다는 것 자체는 인정되었다. 그러나 그것이 어떠한 선택 과정을 불러오는지에 대해서 다윈의 논점을 명확하게 이해한 사람은 아무도 없다고 나는 생각한다. 확실히 자연선택도 성선택도 개체 사이의 번식 차이에서 생기는 것은 마찬가지이다. 그러나 다윈은 사회적인 선택압(選擇壓)인 동성 간의 경쟁을 다른 자연선택과는 명확하게 구별하여 인식했다. 따라서 다윈의 이론은 수컷과 암컷의 개체수의 비율 등, 그 밖의 많은 흥미로운 문제로 발전해 갈 수 있었다.

성선택 그 둘:암컷에 의한 선별

다윈의 성선택에서 또 하나의 과정은 암컷의 짝짓기 상대에 대한 선택이다. 수컷들이 암컷의 획득을 두고 경쟁한다면, 암컷은 늘어서 있는 수컷 가운데에서 짝짓기 상대를 고를 수 있을 것이라고 다윈은 추론한다. 단, 암컷에게 그러한 선택을 하는 능력이 있다면 크게 문제가 되는 단서이지만, 다윈은 선택을 하는 데는 '열정'이 필요하며 많은 생물을 살펴보면 확실히 암컷이 어느 정도 선택을 하고 있다고 결론지었다.

수컷들의 투쟁에는 뿔이나 엄니 등이 사용되고 있다. 그러나 조류 수컷의 아름다운 깃털 장식 등은 어떨까? 관찰해 보면 그러한 형질은 투쟁이 아니라 암컷에 대한 구애 행위에 사용되고 있다. 수컷이 상당한 경비와 시간을 들여 구애 행위를 하고 있다면, 암컷은 그 구애를 자세히 비교할 것이다. 그리고 그 암컷의 선택이 대대로 계속되면, 수컷은 더욱 아름다운 깃털 장식의 형질을 가지게 될 것이다.

암컷은 구애하는 많은 수컷 가운데에서 마음에 드는 하나를 선택하는 것으로 보이며, 설령 가장 마음에 드는 수컷을 선택하지 않더라도 가장 싫지 않은 수컷을 선택하는 듯하다. 이 점에 대해 다윈이 든 증거는 오로지 흥미 있는 이야기일 뿐인 것이다. 그 자신이 직접 몇 가지 실험을 해보기는 했지만, 암컷의 선택을 확실하게 보여줄 수는 없었다.

암컷의 선택이라는 견해는 당시에 전혀 인정받지 못했다. 많은 학자들이 그런 일은 있을 수 없다고 생각했는데, 그 배경에는 암컷(여성)은 얌전하고 수동적이며, 선택을 작용시키는 능력이 없다는 빅토리아 왕조풍의 편견이 있었다. 이에 대해서는 헬레나 크로닌이 쓴 《개미와 공작》에 상세하게 나와 있다. 그 무렵의 많은 학자들이 내세운 암컷 자신이 선택하는 일은 있을 수 없다는 주장은, 과학적이지도 않으며 지금 생각하면 놀라운 편견에 찬 주관적 논의였을 뿐이다.

그것은 차치하고 암컷의 선택이라는 과정의 제창자인 다윈 자신이, 암컷이 선택을 하는 데는 나름대로 고도의 능력이 필요하다고 생각했다. 그러나 사실은 그럴 필요가 없다. 고도의 인지능력이 없어도 어느 특정한 자극에 대한 감각의 편향이 있으면 그러한 구애 행위를 하는 수컷을 선택할 수 있다. 그리고 그러한 감각의 편향에 의미가 있다면 암컷의 선택과 수컷의 과시행위는 함께 진화할 것이다.

다윈은 자연계에서 동물 암컷이 실제로 선택하고 있는 것을 보여줄 수는 없었다. 그것이 최초로 입증된 것은 무려 1989년의 일이었다. 그 뒤 선택에 대한 연구는 비약적으로 발전했지만 아직도 해결하지 못한 문제가 많이 있어 흥미로운 연구영역으로 계속 남아 있다.

인간의 성선택과 인종의 차이

그런데 현대의 독자들은, 인간의 진화와 성선택을 다룬 이 책에서 인간의 성선택을 다룬 후반의 마지막 부분에 이르러서는 상당한 위화감을 느끼지 않았을까? 인간의 성선택 이야기라 해서 남녀의 성차와 그 원인인 배우자 획득 경쟁의 모습이나 배우자 선택에 대해 자세한 분석이 있지 않을까 기대했는데, 그것은 간단하게 언급되었을 뿐이고 인종 차이에 대한 이야기가 대부분이니까 말이다.

인간의 성차에 대해서는 객관적인 관찰에 바탕을 둔 지적도 있지만, 다윈이 성격과 지적 능력의 성차로 든 것은 대부분 그것이 문화적으로 만들어져 가는 과정을 무시한 잡다한 논의였다. 이것은 암컷의 선택이라는 시대를 넘어선 주제를 떠올린 다윈도, 인간에 대해서는 당시의 사회통념으로부터 완전히 자유롭지 않았음을 보여주고 있다.

성선택 논의가 왜 이러한 형태로 인종 이야기가 되는 것이었을까? 나 자신도 번역하면서 참으로 이해가 가지 않는 부분이었다. 그런 점에서 우리는 다윈이 살던 시대와 사회에서 인종에 대해 어떻게 생각하고 있었는지 알아둘 필요가 있다.

오늘날 인종차별은 인권이라는 측면에서 이념적으로 잘못된 것으로 인식되고 있다. 그러나 다윈의 시대에는 그렇지 않았다. 영국에서는 윌리엄 윌버포스의 오랜 노력에 의해 1807년 간신히 노예무역이 폐지되었는데, 그래도 노예라는 존재는 남아 있었다. 영국에서 노예제도 자체가 폐지된 것은 1834년이다. 프랑스에서는 우여곡절을 거쳐 1848년에 노예제가 폐지되었다. 미국에서는 더욱 늦게까지 이어져, 노예의 존속 여부가 남북전쟁을 불러일으킨 끝에 1865년에 정식으로 폐지된 것은 잘 알려져 있는 사실이다. 즉 다윈의 시대는 아직 유럽 인 이외의 인종을 인간으로 취급해야 하는지를 두고 법적으로도 다투고 있었던 시대이다.

현재의 우리는 인간의 게놈 해석을 통해 이 지구상에 살고 있는 70억이 넘는 인간들이 모두, 거의 20만 년 전에 아프리카에서 출현한 사피엔스의 자손이라는 것을 알고 있다. 피부색과 머리카락의 성질 등의 차이는 유전적으로는 미미한 것이고, 생물학적으로 인종을 분류단위로서 나누는 것은 별 의미가 없다.

그러나 인류학자들은 오래전부터 피부색 같은 눈에 띄는 외견적 형질에 문화적인 차이를 더하여 인종을 분류하고자 시도해 왔다. 현재는 명확한 선을 그은 분류단위로서 의미가 있는 '인종'은 존재하지 않지만, 인류의 과거 역사 속에서 다양한 지역집단이 각각 다른 환경 속에서 살아온 결과, 지역집단별로 특유한 유전자 구성을 가지게 되었음이 밝혀져 있다. 이를테면 당뇨병과 관련된 유전자와 유방암과 관련된 유전자 등, 질병에 관련된 유전자는 다양한 집단별로 다르다는 것이 알려져 있다. 그것은 집단이 과거에 노출되어온 환경적 압력의 차이에서 오는 결과이다.

다윈의 시대에는 그런 것은 모르고 있었기에, 오로지 외견의 차이와 문화의 차이를 토대로 '인종'이 분류되고 있었다. 그 '인종' 간에 우열관계가 있는가 하는 문제는 차치하고, 다음의 의문은 왜 이렇게 다른 인종이 존재하는가 하는 점이다. 인종의 차이를 종의 수준 차이 정도로 생각하던 시대에, 인간의 진화를 설명하려면 인종의 진화도 함께 논하지 않을 수 없었던 것이다.

당시에 인종의 기원을 설명하는 이론은 두 가지가 있었다. 하나는 단원론(單元論)으로, 모든 인종은 아담과 이브라는 단일한 한 쌍을 조상으로 하는 하나의 계통에서 시작되어 시간과 함께 각각의 환경에 적응하여 다른 형태로 진화했다고 설명한다. 또 하나는 다원론으로 모든 인종이 단일한 한 쌍에서

나온 것이 아니라 여러 쌍에서 나왔기 때문에, 인종에는 유럽백인과 다른 '종'에 속하는 것도 있다고 주장했다.

단원론자는 일반적으로 인종의 평등을 주장하고 노예제 폐지 의견으로 기울어지는 경향이 있었다. 그리고 사실 다윈의 자연선택이라는 견해까지 받아들였다. 그렇다면 다윈은 단원론을 지지했을까? 그렇지는 않다. 왜냐하면 단원론과 다원론 둘 다 진화론이 아니라, 아담과 이브에 의한 인류창조를 바탕으로 한 종교론이기 때문이다. 다윈은 어떻게든 이 두 가지 이론과는 전혀 다른 인종 이론을 제시할 필요가 있었다. 그것이 성선택을 바탕으로 한 인종형성이론이다.

다윈은 피부색과 머리카락의 성질 같은 외견적 특징은 공작의 깃털이나 새의 지저귐과 마찬가지로 구애행위에서의 성적 매력으로 진화했다고 주장했다. 그것은 단순히 취향의 문제이며 거의 의미가 없는 유행 같은 변덕이다. '검으면 검을수록 매력적'일 때는 그 집단의 피부색은 점차로 검어진다. 그렇다면 왜 검은 것이 좋을까? 그것은 공작의 깃털이나 벌새 깃털의 사파이어색 장식과 마찬가지로 단순한 변덕이다. 그 주장에 있어서 다윈은 철저하다.

월리스를 비롯한 동시대의 학자들은 인종을 설명할 때 선명한 다원론자가 아닌 한, 인종의 일부 형질 차이는 자연선택의 결과라고 생각했다. 피부색이 검은 것은 햇빛으로부터 피부를 보호하기 위한 것이라는 설명이다. 그러나 다윈은 그러한 설명을 일체 배제하고, 성선택에 의한 변덕이라고 주장했다. 다윈은 단원론자와 자신을 구별하기 위해 이러한 철저한 성선택 논의를 전개한 것이다.

《인간의 기원》은 본디 인간이라는 동물의 진화를 논한 것이다. 그런데 그 대부분에서 성선택, 즉 수컷과 암컷의 차이를 설명한 이유는 무엇일까? 그리고 중요한 인간의 진화에 대해서는 처음에 간결하게 다루어졌을 뿐이고, 마지막에는 인종의 차이가 길게 논의되는 것은 어째서일까? 100여 년 훨씬 전의 다윈이 인간의 진화를 논할 때 인간 전체와 함께 인종의 성립을 설명해야만 했던 것, 그리고 당시에 논의되고 있었던 종교적인 인종론과는 전혀 다른 인종론을 전개해야 한다고 강하게 느끼고 있었던 것, 이 두 가지를 지금의 우리가 이해하지 못하면 이 책의 의도를 파악할 수 없을 것이다.

오늘날은 인종에 대한 것이 대단한 문제는 아니다. 그러나 다윈이 이 책에서 전개한 논의는 그 뒤 더욱 발전하여 동물의 행동생태학, 생식생물학, 인류유전학, 인류생태학, 인간행동생물학으로 꽃피우고 있다. 이 발전의 기초를 닦은 다윈의 노력에 찬사를 보내면서 독자들이 좀더 깊이 있는 이해를 할 수 있도록 '진화론'을 둘러싼 이야기를 덧붙이고자 한다.

오늘의 진화론과 신다윈설

인간은 자연 속에서도 가장 가냘픈 한 줄기의 갈대에 지나지 않는다. 그러나 그것은 생각하는 갈대이다. 이것을 짓밟아 버리기 위해 우주는 아무런 무장도 필요 없다. 바람이 한 번 불기만 해도 이것을 죽일 수 있고, 물 한 방울 가지고도 죽이기에 충분하다. 그러나 우주가 이것을 죽인다 해도 죽이는 그것보다는 인간이 더 고귀할 것이다. 왜냐하면 인간은 자기가 죽는 것을 알고 우주가 인간보다 우월하다는 것을 알고 있기 때문이다. 그러나 우주는 그것에 대해서 아무것도 모른다. 그러므로 우리의 존엄성은 생각하는 것에 있다. 그러므로 우리가 스스로를 높여야 하는 것은 여기서부터이지, 결코 우리가 충족시킬 수 없는 시간이나 공간에서가 아니다. 그러니 우리는 올바르게 생각하도록 힘쓰자. 여기에 도덕의 근원이 있다.─파스칼

우리는 진화를 아직도 이해하지 못한다

우리 인간은 유사 이래 많은 것을 배우고 다양한 물리법칙과 생명의 수수께끼를 해명해 왔다. 고대인과 현대인의 지식의 양을 비교하면 우리가 훨씬 많은 것을 알고 있다는 것은 분명하다. 그러나 아직도 해명하지 못한 현상이 수없이 남아 있는 것 또한 틀림없는 사실이다.

그 대표적인 것으로 '생물의 진화'를 들 수 있다. 우리는 진화라는 말을 지극히 당연한 듯이 일상적으로 사용하고 있다. 그러나 게임이나 만화 등에서 하나의 개체가 새로운 능력을 획득하는 것을 진화라고 말하거나, 새로운 상품의 광고 문구에 '진화한 ○○'라는 말이 사용되는 등, 진화의 정확한 의미를 제대로 이해하지 못하고 있음을 느끼게 된다.

진화란 한 마디로 말하면 '생물이 세대를 이어가면서 변화하는 것'이다. 따라서 만약 하나의 개체가 새로운 능력을 획득했다 해도 그 성질이 아들과 손자에게, 즉 다음 세대의 개체에 전달되지 않으면 진화라고 할 수 없다.

이런 말을 하면 놀랄지 모르겠지만, 사실 진화 과정을 합리적으로 설명하는 과학적 이론은 아직도 존재하지 않는다. 물론 여러분은 다윈이 제시한 '진화론'을 알고 있을 것이다. 다윈의 진화론은 다양하게 수정되면서 현재는 신다윈설로 계승되고 있다. 그러나 생물을 연구해 보면 신다윈설로는 설명할 수 없는 일들이 참으로 많이 나온다.

인류가 더 큰 변화를 이룩할 가능성

우리가 진화에 대해 공부하는 커다란 동기는 인류가 출현하여 걸어온 과정을 아는 것, 그러니까 '우리는 어디서 왔는가'를 해명하는 데 있다. 진화의 과정을 알 수 있다면, '우리의 미래는 어떻게 될 것인지'에 대해서도 예측할 수 있을지 모른다.

인류는 포유류 중에서도 고도로 특화한 생체조직을 가지고 있어서, 여기서 더욱 생물학적인 진화가 일어난다는 것은 상상하기가 쉽지 않다. 그러나 다양한 기술을 개발함으로써 생물학적인 진화와는 다른 변화를 이룩할 가능성은 높다고 생각된다.

현재 '브레인 머신 인터페이스(BMI)'라고 하여, 뇌에서의 신호를 수신하는 기계를 조작하는 프로그램과 기기의 개발이 추진되고 있다. 이 BMI 기술을 이용하면 뇌파를 읽음으로써, 다리를 앞뒤로 움직일 수 있는 의족과 손가락을 움직일 수 있는 의수를 만드는 것도 가능하다. 또 시력을 잃은 사람의 눈에 디지털카메라 등에 사용되고 있는 CCD(전하결합소자)를 심어 뇌와 연결함으로써 시력을 회복시키는 인공망막의 개발이 진행되고 있다.

그리고 아직 연구단계에 있지만, 살아 있는 원숭이의 뇌와 떨어진 장소에 있는 로봇을 연결하여, 원숭이가 행동하는 대로 로봇을 움직이는 실험에도 성공했다. 이러한 기술의 진보를 눈앞에 보고 있으면, 머지않아 몸의 대부분이 기계로 대체된 사이보그 인간이 출현한다 해도 그리 놀랄 일은 아니다.

인간의 뇌 속에 있는 정보를 로봇에게 이식하는 이야기는 SF영화와 만화 등에서 흔히 다뤄지는 소재이다. 이 꿈같은 이야기는 얼마 전까지만 해도 먼 미래의 일로만 여겨졌는데, 지금은 몇십 년 뒤에 현실이 된다 해도 이상하지 않은 시대가 되었다. 다만, 그렇게 되면 우리가 갖고 있는 '생명의 개념' 자체도 크게 달라질 것이다.

이를테면 로봇 자체는 기계이지만, 인간의 뇌 정보를 이식받은 로봇을 파괴했을 때 그 죄명은 기물 손괴죄일까 아니면 살인죄일까? 가까운 미래에 그러한 문제가 새롭게 발생해도 이상한 일은 아니리라.

의료에 있어서도 마찬가지이다. 중국과 미국에서는 게놈 편집을 통해 암세포를 공격하는 능력을 높인 T세포(림프구의 일종)를 인체에 주입하여 유전자 치료를 하는 임상실험이 이제 곧 시작될 거라고 한다. 유전자 치료 자체는 2015년까지 이미 2000건 넘게 실시되었는데, 게놈 편집을 통해 유전자를 마음대로 조작할 수 있게 되면 이 흐름은 더욱 가속도가 붙을 것이 틀림없다.

또 앞으로 치료가 더욱 발달하면 당연히 인간의 수명도 늘어나게 된다. 예를 들면 최근에 개발된 항암제인 면역 체크포인트 저해제 '니볼루맙(상품명 옵디보)'은 지금까지 치료가 어려웠던 말기 비소세포폐암이나 말기 악성흑색종 등에 유효하다 하여 큰 화제가 되었다. 이 약은 T세포의 면역기능을 강화하여 암세포를 공격한다. 임상시험(臨床試驗)은 미국에서 2006년부터 시작되어 2012년에 그 결과가 공표되었다. 그에 따르면 말기 암환자 296명에게 약 반년 동안 투여한 결과 악성흑색종, 폐암, 신장암 환자의 2~3할에서 암 크기가 줄어든 것이 인정되었다고 한다. 앞으로 그 혁명적인 암 치료약 덕분에 수명을 연장할 수 있는 사람이 많이 나오리라 예상된다.

'인간이란 무엇인가'를 다시 탐색해야 한다

우리는 앞으로 과학기술과 의료기술의 발전이 인간의 생활과 사회를 크게 바꿔버리는 것을 더욱 인식할 필요가 있다. 인간과 기술의 더 나은 관계를 위해서도 '인간이란 무엇인가'를 재탐색하는 것이 미래의 시대에 요구되는 것이다.

현대인은 사회를 변혁하는 새로운 기술이 등장하면 그것을 환영한다. 그러나 기술에 의해 사회가 급격하게 변화하면, 당연히 지금의 환경에 잘 적응할 수 있는지 그 여부를 묻는 문제가 발생하게 된다. 이것은 지구에 태어난 생물이 다양한 환경변화에 적응해 온 역사와 매우 비슷한 상황으로 생각할 수 있다. 앞으로 모든 분야에서 기술이 더욱더 발전해 갈 것은 틀림없으므로, 그런 의미에서도 '생명이란 무엇인가', '진화란 무엇인가', '인간이란 무엇인가'에 대해 깊이 생각하는 것이 우리에게 중요한 문제가 될 것이다.

다만 진화에 대해서는 주요 정점인 신다윈설로는 해결되지 않은 의문이 아직도 많이 남아 있다. 그것을 대신하는 이론도 여러 주장이 난무하고 있는 실정이다. 그러한 진화에 대해 '알고 있는 것'과 '아직 모르는 것'을 밝히면서, 19세기에 살았던 파브르의 다윈 진화론 비판에서부터 진화론 역사와 생물의 몸 형성 과정, 인간이 큰 뇌를 획득한 유전적 요인, 그리고 인류의 미래까지 생각하는 것이 우리에게 주어진 과제이다.

1. 다윈과 파브르

신다윈설은 시대에 따라 조금씩 변한다

지구에 최초의 생물이 탄생한 것은 약 38억 년 전이다. 그로부터 생명은 오랜 시간을 거쳐 번영과 절멸을 되풀이하면서 진화해 왔다. 진화의 방향성을 개관하면, '생물 각각의 종은 단순한 원시생물에서 차츰 복잡한 현재의 형태로 변화해 왔다'고 할 수 있다. 생물의 형태는 불변이 아니며, 오랜 기간을 들여 서서히 변화해 온 것이다. 현재 볼 수 있는 다양한 생물은 모두 그 진화 과정에서 태어난 것이다. 원초의 단순한 형태에서 현재의 복잡한 형태로 변화한 체제를 설명하는 이론을 '진화론'이라고 한다.

찰스 다윈은 1859년에 《종의 기원(On the Origin of Species)》을 쓰고, 인류에 진화라는 개념을 제시한 인물이다. 그러나 현재 주류를 이루는 진화론의 학설은 다윈이 제창한 것과는 조금 다르다. 오늘날 진화생물학의 표준이론으로 여겨지는 것은 다윈의 자연선택설과 멘델의 유전학설을 중심으로 몇 가지 생각을 융합시킨 학설로, '신다윈설'이라 불리고 있다.

그 신다윈설도 시대에 따라 조금씩 변하고 있는데, 그 근간이 되는 개념은 처음 그대로이다. 그 중핵을 이루는 개념은, '생물은 우연히 일어나는 유전자의 돌연변이가 자연선택에 의해 집단 속에 침투함으로써 진화한다'는 것이다.

자연선택설이란 무엇인가

생물이 가진 형태와 성질을 '형질'이라고 한다. 유전은 이 형질이 부모로부터 자식에게, 자식에게서 손자에게 전달되는 현상이다. 그리고 유전정보를 담당하고 있는 중심적인 고분자화합물이 DNA(디옥시리보핵산)로, 유전정보는 아데닌(A), 티민(T), 구아닌(G), 시토신(C)이라는 네 종류의 염기배열로 새겨져 있다.

유전자는 간단하게는 '유전형질을 규정하는 인자'를 말하지만, 구체적으로는 단백질을 만드는 방식의 정보를 갖고 있는 DNA의 특정영역을 가리킨다. DNA의 염기배열이 흐트러지거나 변화하면, 그 부분의 유전자에 변이가 일어나 생물의 형질이 얼마쯤 바뀐다. 신다윈설에서는 '이러한 DNA의 변이는 우발적으로 일어나는 것'이라 생각한다.

일반적인 생물은 수컷과 암컷에 의해 유성생식을 한다. 이 유성생식에 의해 수컷과 암컷의 유전자가 혼합되어 다양한 유전자의 조합을 가진 자손이 많이 태어나는 것이다. 그 막대한 수의 자손 가운데 생식환경에 가장 적합한 유전자를 가진 개체가 더 많이 살아남는다. 이러한 과정이 여러 세대를 거치며 되풀이되는 동안 환경에 적응한 유전자를 가진 개체가 계속 늘어난다. 이것이 자연선택이다.

그러나 신다윈설은 몇 가지 문제점을 안고 있다. 이를테면, 신다윈설을 믿는 사람들은 오랫동안 '유전자와 형질은 1대 1로 대응하고 있다'고 암묵적으로 생각했다. 유전자와 발현형질이 1대 1로 대응하고 있으면 아무런 문제도 없지만, 현실에서는 그리 간단하지가 않다.

예컨대 생물의 한 형질을 발현시키는 데 '다섯 개의 유전자'가 관여한다고 하자. 이 경우 그 형질은 다섯 개의 유전자 작용이 서로 같이 연동함으로써 비로소 발현된다. 즉 다섯 개의 유전자 가운데 하나라도 제대로 작용하지 않으면 형질의 발현이 저해될 가능성이 있는 것이다. 또 하나의 유전자가 복수의 형질 발현에 관여하는 경우도 있다.

유전자에는 단백질을 만들기 위한 정보가 새겨져 있다. 그러나 하나의 유전자의 유무만 생각해서는 그 형질 발현에 대해 설명하는 것은 쉬운 일이 아니다. 생물의 형질이 발현하는 것은, 개개의 유전자보다는 복수의 유전자의 발현조절 네트워크와 발생환경에 의해 결정되는 것이다.

자연선택과 돌연변이만으로는 큰 진화는 일어나지 않는다

지금까지 단순히 진화라고 표현해 왔지만, 진화라는 개념은 '소진화'와 '대진화' 두 가지로 크게 나뉜다. 소진화는 종의 범위 안에서 일어나는 작은 변화이고, 대진화는 종의 범위를 넘어선 커다란 변화를 가리킨다. 소진화는 유전자의 변이와 자연선택으로도 설명할 수 있지만, 대진화는 그리 단순하지 않다.

많은 사람들이 '신다윈설은 새로운 종이 발생하는 체제를 논한 것'이라고 인식하고 있다. 그러나 실제로 신다윈설은 종의 범위를 넘어선 대진화가 어떻게 해서 일어나는지 해명하지 못하고 있다.

신다윈설의 커다란 기둥은 '돌연변이'와 '자연선택'이지만, 유전자에 어느 정도 변이가 일어난다 해도 대진화가 일어날 거라는 보장은 없다. 즉 '자연선택'과 '돌연변이'만으로 신종이 발생한다는 것은 확정적인 과학적 사실이 아니라는 것이다. 1970년대부터 인류는 유전자를 조작하는 기술을 획득하여 유전자 재조합 실험을 해왔다. 이 실험이 처음 시작되었을 때는 많은 학자들이 '지구상에 존재하지 않는 엄청난 생물이 태어날지도 모른다'고 생각했다. 유전자가 생물의 형태를 결정하고 있다면, 인공적으로 유전자를 조작함으로써 생각지도 못한 생물이 태어난다 해도 이상한 일은 아니라고 생각했기 때문이다.

박테리아의 유전자 재조합 실험도 초기에는 전용 시설을 만들어 소독을 하고 방호복까지 착용하는 등, 매우 엄밀한 환경 속에서 실시되었다. 그러나 현재로서는 유전자 재조합 기술로 종을 넘어서는 커다란 변이를 일으키는 것은 불가능하다.

'생물은 유전자를 재조합하는 것만으로는 크게 변화하지 않는다'는 것을 차츰 이해하게 되자, 일상에 가까운 환경에서도 실험을 하게 되었다. 이러한 사실에 직면한 이후, '자연선택과 돌연변이만으로는 큰 진화가 일어나지 않는 것이 아닌가' 하는 의문이 제기되고 있다.

신다윈설로 풀 수 없는 문제

대부분의 신다윈설 신봉자와 마찬가지로 생물학자가 아닌 사람들도 '생물의 형질에는 반드시 적응적인 의미가 있다'고 생각하는 경향이 있다. 그러나 생물의 몸에는 '도대체 무슨 역할을 하는 건지 알 수 없는 것'이 수없이 존재한다.

이를테면 인간의 경우 '귓불은 소리를 모으는 역할을 한다'고 하는데, 실제로 어느 정도 도움이 되는지는 잘 알려져 있지 않다. 인간에게 가장 큰 문제의 하나인 '인류에게는 왜 몸털이 거의 없는가' 하는 것도 아직 수수께끼로 남아 있다.

대부분의 포유류는 피부가 털로 뒤덮여 있다. 그것은 '체온을 유지하기 위한 것'으로 생각되고 있는데, 왜 그런지 인간은 머리카락 말고는 몸털이 매우 적다. 몸털이 적은 것은 환경에 대해 적응적이라고는 할 수 없다. 신다윈설 신봉자는 이것을 자연선택으로 설명하려 하지만 아직까지 성공하지 못하고 있다.

그들 중에는 '인간은 해변에서 진화했기 때문에 몸털이 적다'고 주장하는 황당한 사람까지 있다. 확실히 고래와 돌고래처럼 바다에서 사는 포유류에는 몸털이 거의 없다. 그러나 고래는 '털이 없어도 체온을 유지하는 구조'인 두터운 지방층을 가지고 있다. 인간에게는 고래 같은 두터운 지방층이 없기 때문에, 만약 해변에서 산다면 체온이 낮아져서 금방 죽어버릴 것이다. 같은 바다 포유류라도 바다사자나 물개, 해달처럼 물속과 땅 위를 오가는 동물은 온몸이 털로 뒤덮여 있다.

지구의 역사를 뒤돌아보면, 홍적세(현재=충적세 바로 직전의 지질시대구분. 258만~1만 1700년 전)만 해도 '빙기'와 '간빙기'가 5만 년에서 10만 년 주기로 되풀이된 것으로 알려져 있다. 간빙기란 빙기와 빙기 사이의 비교적 온난한 시기를 말한다. 그리고 '앞으로 수 만 년이 지나면 또다시 빙기가 도래할지도 모른다' 추정되고 있다. 그렇다면 인간도 몸털이 있는 편이 유리할 텐데, 신다윈설의 자연선택설은 이러한 비적응적인 형질에 대해서는 현재로서는 거의 설명하지 못하고 있다.

신다윈설은 동물의 의태(擬態)도 설명하지 못한다

동물의 의태에 대해서도 신다윈설은 설명을 하지 못하고 있다. 의태란 넓은 의미로는 은폐색과 보호색을 포함하지만, 좁은 의미로는 '무독(無毒)한 동물이 자기방어를 위해 몸의 색깔과 형태를 유독한 동물과 유사하게 바꾸는 것'을 말한다. 보통은 '그러한 생물은 천적에 잡아먹히지 않도록 유독종을 의태함으로써 살아남을 수 있었다'고 생각하기 쉬운데, 사실은 그렇게 간단한 문제가 아니다.

이를테면 '암끝검은표범나비'라는 나비의 암컷은 '별선두리왕나비'라는 나비로 의태한다. 암끝검은표범나비 암컷은 독을 가진 별선두리왕나비로 의태함으로써 새 같은 외적으로부터 몸을 보호하고 있다고 설명된다. 그러나 그렇다면 '왜 이 나비는 암컷만 의태하는가' 하는 의문을 갖게 된다.

극히 단순하게는 '생물에는 암컷이 중요하기 때문에 암컷만 의태한다'고 여겨지고 있었다. 실제로 '많은 개체가 같은 모델로 의태한다면 그 효과는 크지 않다. 그러므로 종에 있어서 중요한 암컷만이 의태하게 되었다'고 설명하면 많은 사람들이 이해할지도 모른다.

하지만 신다윈설의 이론은 '개체가 가진 유전자가 생존에 유리하다면, 이 유전자는 개체군 속에서 우세해진다'는 것이다. 즉 어떤 개체가 살아남기 위해서는 다른 개체보다 환경에 더 잘 적응하지 않으면 안 된다. 그렇다면 신다윈설의 이론에서는 '종이 살아남는 것'은 유리하지만 '개체가 살아남는 불리한 일'이 일어날 리는 없다.

의태하여 새에게 먹히지 않게 된다면, 당연히 암컷뿐만 아니라 수컷도 의태하는 편이 유리하다. 그렇다면 이론상 의태하는 수컷이 늘어날 것이므로, 종에 있어서 유리하지 않더라도 최종적으로는 모든 개체가 의태하게 될 것이다. 그러나 현실세계의 상황은 그렇지 않다.

또 신다윈설의 지지자는 진화의 실례로서 흔히 '회색가지나방'의 '공업암화(工業暗化)' 이야기를 인용한다. 옛날 영국의 맨체스터에서 서식하고 있었던 회색가지나방은 날개가 하얀 개체가 대부분이었다. 이 나방은 머무르고 있는 나무줄기에 붙은 지의류(地衣類)의 색과 비슷해서, 보호색에 의해 새 등의 천적으로부터 몸을 보호하고 있는 것으로 생각되었다.

하지만 19세기 후반이 되자 환경오염에 의해 지의류가 마르기 시작해서 하얀 회색가지나방은 오히려 눈에 띄게 된다. 그러자 새에게 먹히기 쉬워져서 결과적으로 돌연변이에 의해 생긴 검은 나방의 개체수가 서서히 늘어났다는 것이다.

이 회색가지나방의 공업암화에는 '검댕에 오염된 잎을 먹음으로써 나방이 검어지는 것이다', '본디 이 나방은 낮에는 나무줄기에 머무르지 않는다'는 반론도 있어, 실제로 '자연선택의 결과로 공업암화가 일어났는지'는 확실하지 않다. 그러나 설령 자연선택의 결과라 해도, 이러한 작은 변화의 축적으로 종을 넘어선 진화를 불러일으킬 수 있는지는 매우 의심스럽다. 그리고 최근에는 환경 정화가 추진되어 다시 하얀 나방이 증가하고 검은 나방은 줄어들었다고 한다.

진화란 생물의 형질변화가 세대를 넘어 전해지는 일이다. 거기서 중요한 것은 되돌릴 수 없는 '불가역적인 변화'이다. 그것에 대해 회색가지나방의 공업암화는 한 번 변화가 일어나도 조건이 바뀌면 다시 처음으로 돌아가므로 '가역적인 변화'라고 할 수 있다. 이러한 가역적인 변화의 예를 진화의 일반적인 모델로 사용하는 것은 무리가 있다.

파브르의 진화론 비판

생물의 진화는 형태적인 측면에서만 논해지기 쉬운데 생물, 특히 동물을 크게 특징짓는 것에 '행동'이 있다. 동물은 누가 가르쳐 주지 않아도 일정한 조건에서는 반드시 발동되는 것처럼 보이는 행동을 취하는 경우가 있는데, 그러한 행위를 '본능행동'이라고 한다.

다윈은 본능행동을 학습이나 사고에 의한 것이 아니라, 외부에서 받는 자극에 의해 일어나는 반사가 복잡하게 조합된 것이라고 생각했다. 그리고 신체와 함께 본능행동도 자연선택에 의해 보존되고 진화해 왔다고 주장했다.

그 다윈과 동시대에 살았던 연구자 가운데 《곤충기》를 쓴 장 앙리 파브르가 있다. '위대한 열거주의자'라고 할 수 있는 파브르는, 지금의 동물행동학과 동물생태학에 속하는 분야를 연구한 인물이다. 남프랑스에서 빈농의 아들로 태어난 파브르는 곤충개체의 행동과 생태를 기록하는 데 평생을 바쳤다.

곤충의 생태를 평생 기록한 파브르의 근면함은 말할 것도 없지만 그에게서 볼 수 있는 경탄스러운 점은 그뿐만이 아니다. 놀랍게도 파브르는 당시 '최첨단 이론'으로 주목받고 있던 진화론에 대담하게 도전한 것이다. 그는 많은 사냥벌을 관찰하여 각각의 종의 먹이가 극단적으로 특수화해 있는 것과, 먹이를 사냥하는 방법이 놀랄 만큼 적확한 것들에 대해 기록했다. 바로 그 행동기록을 토대로 진화론을 비판한 것이다.

곰보나나니의 사냥

이를테면 《곤충기》 제2권에는 곰보나나니의 사냥에 대해 상세히 기술되어 있다. 곰보나나니는 거염벌레를 먹이로 하는 사냥벌의 일종이다. 거염벌레는 밤나방의 애벌레이다. 그러나 애벌레임에도 힘이 세기 때문에 곰보나나니는 거염벌레의 몸에 독침을 찔러 혼수상태로 만든 뒤 둥지로 가지고 간다. 이때 곰보나나니는 거염벌레의 단단한 마디가 아니라, 마디와 마디 사이의 부드러운 부분에 정확하게 침을 찔러 넣는다.

이러한 습성을 가진 사냥벌은 곰보나나니뿐만이 아니다. 비단노래기벌과 혹노래기벌 같은 사냥벌들도 각각 먹이인 비단벌레와 바구미에 독침을 정확하게 찔러서 사냥한다.

사냥벌들의 이러한 행동은 나면서부터 몸에 배어 있는 본능으로, 누구에게 배운 것이 아니다. 파브르는 《곤충기》 제2권에서 그 사냥벌의 본능 획득과 관련하여 진화론 비판을 전개했다.

다윈의 진화론에서는 본능의 획득도 우연이며, 우연히 자손을 번영시키는 데 좋은 습성을 갖게 된 사냥벌이 태어났다는 것이다. 그 습성은 유전에 의해 자손에게 전달되어 퍼져갔다고 설명했다. 그러나 파브르는 《곤충기》 제2권에서 '솔직히 말해 그 이론은 우연이라는 것에 지나치게 의존하고 있다고 생각한다'며 진화론자의 생각을 부정했다.

진화론에 따르면, 기술을 습득하지 않은 사냥벌은 먹이의 몸을 닥치는대로 찌르지 않으면 안 된다. 그러면 사냥벌이 먹이를 찌르는 부분은 무한에 가까운 수가 된다. 그런데 도대체 어떻게 해서 원하는 효과를 낼 수 있는 곳을 찾을 수 있을까?

파브르는 만약 우연의 결과 성공했다고 한다면, 그렇게 되기 위해서는 얼마나 많은 조합이 필요했을까? 또 모든 가능성이 실제로 일어나는 데도 얼마나 많은 시간이 필요한 것일까라는 의문을 제기했다. 그리고 《곤충기》 제2권에서 다음과 같이 결론을 내렸다.

당신들은 여전히 말할 것이다. 곰보나나니벌은 하루아침에 현재의 외과수술을 습득한 것은 아니다. 벌은 수없는 시도와 훈련에 의해 몇 가지 단계를 거쳐 조금씩 향상해 왔다. 도태에 의해 선별되고, 서툰 것은 탈락되고, 잘하는 개체만 살아남았다. 그리하여 한 마리의 벌의 능력에 조상으로부터 유전을 통해 전해진 능력이 합쳐져서, 오늘날 알려져 있는 본능이 차츰 발달해 온 것이라고.

이 논의는 잘못되어 있다. 단계적으로 발달하는 본능이 있을 리 없다는 것은 명백하다. 유충의 먹이를 준비하는 능력은 명인의 것이지 견습생 따위에게는 허용되지 않는다. 사냥벌은 처음부터 이 기술이 뛰어나야 하며, 그렇지 않으면 이러한 방법을 시도조차 해서는 안 된다.

다윈은 '생물은 서서히 진화한다'고 주장했지만, 그렇다면 '완벽한 사냥 방법을 습득한 곤충' 이전에 '어중간한 솜씨를 가진 중간 단계의 곤충'이 존재해야 한다. 그래서 파브르는 '그러한 어중간한 솜씨로는 상대를 이길 수 없기 때문에 그 생물은 절멸하고 만다'고 비판했다.

이렇게 진화론을 비판한 파브르와 진화론의 제창자인 다윈은 사이가 나빴던 것처럼 보일지도 모르지만, 사실 파브르와 다윈은 편지를 통해 서로 교류하고 있었다. 다윈은 파브르를 '보기 드문 관찰자'라 부르며 그에게 경의를 표했다. 파브르도 '나는 그의 진화론은 믿을 수 없지만, 그것이 그의 고결한 인격과 학자로서의 성실함에 대해 나의 깊은 경의를 퇴색시키는 일은 결코 없을 것이다' 말했다.

2. 진화론의 역사

아리스토텔레스의 자연발생설

신다윈설은 어떻게 해서 이런 문제점을 안고 있으면서도 많은 사람들에게 지지를 얻고 있을까? 여기서 잠시 신다윈설이 어떻게 성립되어 전파되었는지 '진화론의 역사'를 뒤돌아보기로 하자.

학교 교육의 결과, 현대에 사는 우리는 '생물은 진화한다'는 것을 당연하게 생각하게 되었다. 그러나 18세기 말까지 사람들의 머릿속에는 생물이 진화한다는 개념이 전혀 없었다. 옛날 사람들이 생물에 대해 갖고 있었던 의문은 왜 진화하는가가 아니라, 왜 이렇게도 많은 종류가 존재하는가였다.

이를테면 서양문명의 기초를 쌓은 고대 그리스에는 유명한 세 철학자, 소크라테스, 플라톤, 아리스토텔레스가 있었다. 플라톤은 소크라테스의 제자, 아리스토텔레스는 플라톤의 제자로, 이 세 사람은 사제관계로 이어져 있었다. 이 세 사람 가운데 특히 아리스토텔레스는 자연학적인 저작을 많이 남겨, 오늘날 자연과학의 기초를 닦았다고 할 수 있는 인물이다.

아리스토텔레스는 생물에도 큰 관심을 갖고 '생물 중에는 부모의 몸이 아니라 무생물(물질)에서 태어나는 것이 있다'고 보는 자연발생설을 지지했다. 꿀벌이나 반딧불이는 부모 외에도 풀잎의 이슬에서 발생하고, 장어, 새우, 문어, 오징어 등은 바닷속 진흙에서 태어난다고, 자신의 저서 《동물지》와 《동물발생론》에서 기술했다.

아리스토텔레스의 이론은 '생물은 개체 수준으로는 자연발생한다'고 주장한 것이며, 생물이 세대를 계속하여 서서히 변화해 가는 진화에 대해서는 언급하지 않았다. 아리스토텔레스의 이런 생각은 유럽의 지적 세계를 2000년 가까이 지배했다. 실제로 17세기까지는 '기생충은 부패에서 자연히 발생한다' 생각했고, 쥐도 넝마조각에 썩은 우유를 부어두면 그 속에서 저절로 태어난다고 믿었다.

생물의 진화는 오랜 시간에 걸쳐 이루어지므로, 인간이 살아 있는 동안에는 그 누구도 확인할 수가 없다. 따라서 진화라는 개념이 오랫동안 태어나지 않았던 것도 어쩔 수 없는 일이었다.

퀴비에의 천변지이설(天變地異說)

그 생각이 변화하기 시작한 것은 18세기 끝무렵이다. 그 시기에 프랑스에서는 사체를 묻을 묘지가 부족해지자, 파리에서 600만 명분의 유골을 지하 채석장으로 옮기는 작업이 시작되었다. 옮겨진 유골은 '카타콤브 드 파리(Catacombes de Paris)'라고 하는 세계 최대의 카타콤베(지하묘지) 안에 지금도 안치되어 있다.

그 작업 중, 지하채석장에서 이상한 동물 화석이 출토되었다. 이 화석을 열심히 주워 모은 사람이 파리 자연사박물관에서 근무하던 조르주 퀴비에(1769~1832)였다. 그는 화석동물을 연구하여 비교해부학을 만들었으며, 고생물학의 기초를 세운 인물이다.

비교해부학자이자 고생물학자인 퀴비에는 다양한 동물의 형태와 기능을 관찰하여 '모든 생물은 척추동물, 연체동물, 관절동물, 방사동물(放射動物)의 네 그룹으로 나눌 수 있다'고 주장했다. 참고로 관절동물은 지금의 절지동물에 해당한다. 또 방사동물은 성게와 불가사리 같은 극피동물을 가리킨다. 퀴비에는 이 네 그룹은 서로 전혀 연관이 없는 독립된 그룹이라고 생각했다. 즉 '모든 생물은 공통조상에서 진화했다'는, 오늘날 생물학과는 다른 생각을 보여준 것이다.

지하 채석장에서 출토된 화석을 조사한 퀴비에는 '고대에 존재했던 동물은 현재의 동물과 매우 다르다'는 것을 알아냈다. 오늘날 생물학자라면 당연히 '옛날의 동물이 서서히 진화하여 지금의 동물이 되었다'고 생각할 것이다. 그러나 퀴비에 시대에는 진화라는 개념 자체가 없었다.

그래서 퀴비에는 '천변지이가 일어나 고대의 동물들이 모두 멸망하고 신이 새롭게 현재의 동물을 창조한 것'이라고 생각했다. 퀴비에는 화석에서 현재의 생물과 이어지는 연속성을 찾지 못했기 때문에 '천변지이설'을 주장한 것이다.

세계 최초의 진화론자

그러나 퀴비에의 이런 생각에 동의하지 않는 사람들도 있었다. 그 대표적인 인물이 퀴비에의 동료로서 자연사박물관에서 일하던 박물학자 장 바티스트 라마르크(1744~1829)였다. 그는 18세기 말부터 19세기 초까지 활약한 박물학자로, 처음에는 식물을 열심히 연구하다가 나중에 자연사박물관에서 곤충을 연구하여 무척추동물의 전문가가 되었다.

퀴비에와 라마르크의 시대에는 쥐가 자연발생한다는 주장을 믿는 사람은 거의 없었다. 그러나 '미생물의 자연발생'에 대해서는 찬반 양론이 치열하게 계속되어, 라마르크도 미생물의 자연발생을 옹호하는 쪽으로 이론을 전개했다. 즉 '미생물은 늘 자연발생하고 있으며, 그 자연발생한 하등한 생물이 직선적으로 고등생물이 된다'고 본 것이다.

여기서 말하는 하등한 생물이란 짚신벌레와 유글레나 같은 것들로, 라마르크는 그것이 자연발생한 뒤 어류와 조류, 포유류 등의 고등한 동물이 된다고 주장했다. 또한 자연계는 그러한 내재적인 힘으로 가득 차 있어 '어떠한 생물도 서서히 고등한 생물을 향해 나아가는 것'으로 믿었다.

이것이 라마르크가 생각한 제1원리이다. 라마르크의 이 생각이 옳다면 생물은 하등한 것에서 고등한 것까지 직선으로 배열할 수 있을 것이다. 그러나 이 세상에는 실제로 어느 쪽이 하등하고 어느 쪽이 고등한지 확실하지 않은 생물들이 너무나 많다. 라마르크는 이런 모순을 설명하기 위해 제2원리인 '용불용설(用不用說)'과 '획득형질의 유전'을 생각해 냈다.

그리고 라마르크는 자신의 생각을 《동물철학》이라는 책으로 정리했다. 하지만 라마르크의 자료에는 실증적인 자료가 없었기 때문에 퀴비에는 그것을 거들떠보지 않았다. 다만 라마르크는 생물의 다양성을 세대를 이어가는 변화라는 개념으로 설명하려 한 것에서, 어떤 의미에서는 '세계 최초의 진화론자'라고 할 수 있을지 모른다.

또 한 사람의 '자연선택설' 제창자

인류사에서 가장 유명한 진화론자인 다윈은 1809년 2월 12일 잉글랜드 서부 슈루즈버리의 부유한 의사 집안에서 태어났다. 1809년은 묘하게도 라마르크가 《동물철학》을 출판한 해이다. 다윈은 의사 가업을 잇기 위해 에든버러 대학에 진학했다. 그러나 의사에는 적성이 없었는지, 그 뒤 아버지의 권유에 따라 신학을 공부하기 위해 케임브리지 대학에 다시 입학했다. 하지만 케임브리지 대학에서도 다윈은 그다지 열심히 공부하지 않았던 것 같다.

대학을 졸업한 뒤 본가로 돌아가 있었던 1831년, 다윈의 인생을 바꿔놓는 사건이 일어났다. 케임브리지 대학의 존 스티븐스 헨슬로 교수가 그에게 비글호 승선을 권유한 것이다. 다윈은 반대하는 아버지를 설득하여 비글호에 올라탔다. 그리고 이 여행에서의 경험을 통해 '자연선택설'을 착안하기에 이른다.

이 자연선택설을 책으로 정리하기 전에, 다윈은 여러 사람들에게 그것을 말로 설명해 주었다. 얼른 책으로 출판하지 않았던 것은 아직 이론이 완성되지 않아서 좀더 증거를 수집한 뒤에 대작을 쓸 생각이었기 때문이라고 한다. 그런데 그러는 사이에 자연선택설을 생각해 낸 또 다른 인물이 있었다. 영국의 박물학자 앨프레드 러셀 월리스(1823~1913)였다.

월리스는 영국의 중류계급 가정에서 자랐다. 사회적 지위는 낮지 않았지만 생활은 가난했던 것 같다. 생물을 좋아한 월리스는 아마존강 유역과 말레이 제도 등의 생물상을 광범위하게 조사하고, 인도네시아의 생물 분포를 동양구(東洋區)와 호주구라는 두 개의 다른 지역으로 나누는 경계선(월리스를 기념하여 월리스선이라고 한다)을 제창한 것으로 알려져 있다.

월리스는 말레이제도에서 곤충을 비롯한 다양한 생물의 표본을 모으다가 자연선택설을 생각해 냈다. 그는 1858년, 테르나테섬에서 그 생각을 편지에 써서 다윈에게 보냈다.

편지를 읽은 다윈은 자신의 생각과 매우 비슷한 이론이 적혀 있는 것을 보고 놀라서 서둘러 친구에게 의논했다. 그 결과 월리스의 논문과 다윈의 미발표 논고가 1858년 7월에 런던 린네협회에서 동시에 발표되었다. 이때 월리스는 말레이제도에 머물고 있었고, 다윈도 가정 사정으로 그 자리에 함께 있지는 않았다. 그 이듬해에 다윈은 구상하고 있던 대작을 압축 정리하여 간행한다. 그것이 그 유명한 《종의 기원》이다.

다윈과 월리스의 공통점

다윈과 월리스, 두 사람에게는 몇 가지 공통점이 있었다. 먼저 영국의 경제학자 토머스 로버트 맬서스(1766~1834)가 쓴 《인구론》을 읽었다는 점이다.

《인구론》에는 '인류의 인구는 생산되는 식량에 의해 제한된다'는 내용이 있다. 다윈이 자연선택설을 수립할 때 이 《인구론》이 큰 역할을 한 것은 잘 알려진 이야기인데, 실은 월리스도 이 책의 영향을 받았다고 한다. 또 두 사람 다 자연주의자로, 해외에서 장기간의 조사를 통해 다양한 생물을 만난 것도 공통점이다.

또한 다윈은 또 갈라파고스제도를 방문하여 같은 종류의 동물이라도 섬에 따라 미묘한 차이가 있는 것을 발견했는데, 월리스도 말레이제도에서 같은 경험을 한다. 월리스와 다윈이 거의 같은 시기에 자연선택설을 생각해 낸 것은 우연일지도 모르지만, 자연선택설을 생각해 낸 두 사람이 같은 경험을 했다는 것은 매우 흥미로운 점이다.

《종의 기원》

《종의 기원》은 1859년에 출판되자마자 베스트셀러가 되었다. 그런데 이 책은 아주 이색적인 책이었다. 무엇보다 제목이 《종의 기원》인데도 '생물은 어떻게 해서 태어났나' 하는 생물의 기원에 대해서는 전혀 언급되어 있지 않았다. 거기에는 '생물은 서서히 변화해 간다'는 것밖에 적혀 있지 않았다. '생물이 변화하는 이유'를 자연선택으로 설명할 수 있다는 것을, 많은 예시를 들어 기술하고 있었다.

앞에서 말한 라마르크의 '하등한 동물이 서서히 고등한 동물이 되어간다'는 생각에서는, '직선적인 진화'의 길을 그릴 수 있다. 또 그의 이론에 따르면 '가장 고등한 것이 최초로 지구상에 태어났고, 짚신벌레 같은 하등한 생물은 바로 최근에 태어난 것'이 된다. 즉 지구상에 최초로 태어난 것은 인간이고, 원숭이도 시간이 지나면 인간으로 진화한다는 것이다.

그에 비해 다윈의 자연선택설은 '얼마쯤 차이가 있는 개체들이 수없이 태어났고, 그 가운데 우연히 환경에 적응한 것이 살아남을 확률이 높다'는 것을 말하고 있다. 생물은 거듭된 변이를 통해 적응적인 형태를 한 다른 종으로 서서히 변해 간다―즉 '같은 종에서 출발하더라도 어떤 생물로 진화하는지는 그때의 환경에 의해 좌우된다'는 생각이다.

이를테면 처음에 함께 살고 있었던 동물들이 커다란 계곡이나 강에 의해 단절되면 생활환경이 다른 두 집단이 생기게 된다. 그러면 본디 같은 종이었어도 여러 세대를 거쳐 변이가 축적된 결과 다른 종으로 변하는 경우가 있다는 것이다.

다윈이 《종의 기원》에서 말한 것은 기본적으로는 이것뿐이며, 생물에 왜 변이가 일어나는지에 대해서는 전혀 언급되어 있지 않다. 물론 종의 기원에 대해서도 말하지 않고 오로지 자연선택에 대해 적혀 있을 뿐이다.

《종의 기원》은 제6판까지 개정되었다. 1872년 출판된 제6판에서는 '자연선택의 이론에 대한 여러 가지 반론'이라는 장이 새롭게 추가되었다. 앞에서도 말했지만, 파브르는 자신의 저서 《곤충기》에서 다윈의 진화론에 대해 반론을 제기했다. 그 《곤충기》가 출판된 것은 1879년이다.

《종의 기원》을 간행한 1859년 이래, 다윈은 여러 방면에서의 다양한 비판과 반론에 답하는 형태로 개정을 거듭해 왔다. 그러나 《곤충기》가 출판된 이후에는 한 번도 새롭게 개정되지 않았고, 파브르의 반론에 대해 기술하는 일도 없었다. 그 뒤 다윈은 1881년에 다윈판 《곤충기》라고 할 수 있는 유작(遺作) 《지렁이의 작용에 의한 토양의 문제》를 출판한 이듬해 4월 19일에 죽어 런던 웨스트민스터 사원에 묻혔다.

자연선택설의 대전제

자연선택설의 대전제는 생물은 자손을 많이 낳는다는 것이다. 생물은 언제나 죽음의 위험에 노출되어 있다. 그러한 상황에서 자손을 남기기 위해서는 많은 자손을 낳지 않으면 안 된다. 우연한 사건이나 사고로 죽는 일도 많지만, 일반적으로는 환경에 잘 적응한 개체일수록 살아남을 확률이 높아진다.

이처럼 많이 낳는 것 말고도, 자연선택설에는 또 하나의 커다란 전제가 있다. 바로 '생물에는 변이가 발생한다'는 것이다. 생물에 변이가 없다면 모든 개체가 완전히 똑같아지므로, 생물이 진화하는 일은 있을 수가 없다.

실제로 같은 부모에게서 태어난 개체도 형태와 행동 유형이 조금씩 다르다. 따라서 환경에 적응하는 특징을 갖고 있는 개체일수록 살아남을 확률이 높아진다. 한편 비적응적인 개체는 살아남을 확률이 낮기 때문에 차츰 도태되어 간다. 이러한 변화가 몇 세대에 걸쳐 축적됨으로써, 생물은 환경에 더욱 잘 적응해 간다고 생각한 것이다.

멘델의 유전법칙

오스트리아 브륀의 사제였던 멘델이 '유전법칙'을 발표한 것은, 다윈이 《종의 기원》을 출판한 6년 뒤인 1865년의 일이다. 이 유전법칙은 나중에 '멘델의 법칙'으로서 전 세계에서 모르는 사람이 없을 만큼 유명한 이론이 되었지만, 멘델이 살아 있는 동안에는 어느 누구의 눈길도 받지 못했다.

지금의 체코에 있는 작은 마을에서 태어난 멘델은 올로모우츠 대학에서 2년 동안 공부한 뒤, 성 아구스티노 수도회에 들어가 브륀 수도원에 소속되었다. 그 무렵 브륀 수도원에서는 학술연구가 활발하게 이루어지고 있었다. 멘델은 그 수도원에서 독학으로 학술을 배우고, 1851년에는 빈 대학에서 공부했다.

2년의 빈 유학에서 돌아온 멘델은 수도원 정원에서 다양한 품종의 완두콩의 교잡을 실험하기 시작했다. 그 실험 결과에서 '무언가의 실체(엘레멘트)가 형질을 결정하고, 그 실체는 유전된다'고 생각하기에 이르렀다. 이 '무언가의 실체'라는 것이 지금의 유전자에 해당한다. 멘델은 이것을 〈식물잡종에 관한 연구〉라는 논문으로 발표했지만, 그 논문이 실린 것이 《브륀 자연과학협회 회보》라는 시골의 조그마한 잡지였기 때문에 많은 사람의 눈에 띄지는 않았다.

멘델은 자신의 이론을 인정받기 위해 유력한 유전학자였던 카를 네겔리(1817~91)에게 논문을 보냈다. 그러나 멘델의 연구는 네겔리의 눈에는 예외적인 것으로 비쳤던 것 같다. 결국 멘델의 논문은 네겔리에게 무시당하고 오랫동안 빛을 보지 못하게 된다.

이 멘델의 논문은 1900년에 재발견되어, 멘델의 법칙은 갑자기 과학사의 본무대에 등장하게 된다. 멘델의 논문을 찾아낸 것은 네덜란드의 식물학자이자 유전학자인 휘호 드 브리스(1848~1935)와 독일의 유전학자 카를 에리히 코렌스(1864~1933), 오스트리아의 농학자인 에리히 폰 체르마크(1871~1962) 등, 세 사람의 과학자였다.

드 브리스는 달맞이꽃을 재배 실험하던 중에 갑자기 생긴 변이체에서, 늘 그 형질을 계승하는 자손이 태어나는 것을 깨달았다. 드 브리스는 유전물질의 돌발적인 변화에 의해 신종이 태어난 것으로 생각하여 그것을 '돌연변이'라고 명명하고, 1901년에 진화는 돌연변이에 의해 일어난다는 '돌연변이설'을 제창했다.

멘델의 유전법칙은 발표된 지 35년 동안 묻혀 있었다. 그러나 세 과학자가 독자적으로, 그리고 거의 동시에 멘델의 논문을 재발견함으로써 하루아침에 주목을 받게 된 것이다. 물론 세 사람이 독자적으로 재발견한 것에 이의를 제기하는 사람도 있다. 코렌스만이 진짜 재발견자이고, 드 브리스는 약간 수상하며, 체르마크는 표절한 것이 아닌가 하는 견해도 있다.

멘델의 논문에서는, 완두콩의 자료는 한 개의 실험당 수천 개밖에 없었다. 이렇게 자료가 적은데도 이론대로 숫자가 나온 것에 대해, 통계학자인 로널드 피셔는 '멘델은 자신에게 유리한 자료만 뽑았던 것이 아니냐'고 비판했다. '현대통계학의 아버지'라 불리는 피셔는 추계(推計) 통계학의 확립자이면서 진화생물학자, 유전학자로도 알려진 인물이다. 피셔는 '자료가 지나치게 잘 갖춰져 있는 것은 멘델이 날조했기 때문이 아닌가' 지적했다.

이 비판에 대해서는 몇 년 동안 모은 대량의 자료에서 적합한 것만 골라냈다거나, 멘델이 실험에 사용할 교잡종을 신중하게 선별한 결과라는 등, 다양한 견해가 오가고 있다. 진실은 알 수 없지만 실험 자료에 어떠한 경위가 있든, 지금은 멘델이 이끌어 낸 결론에는 오류가 없는 것으로 이해되고 있다.

신다윈설의 등장

멘델의 논문이 재발견된 이후, 다윈의 자연선택설은 한동안 쇠락의 길을 걷게 되었다. 왜 멘델의 법칙이 인정을 받으면 다윈의 자연선택설의 지위는 실추되는 것일까? 그 이유는 멘델의 유전법칙이 다윈과 월리스가 주장한 진화론에 대한 반론이 되기 때문이다.

다윈이 주장한 자연선택설에 따르면, 변이는 연속적이고 생물은 서서히 진화해 간다. 그러나 멘델의 유전학에서는 '변이는 무언가의 인자(유전자)에 의해 일어나며, 생물의 형태는 갑자기 변화한다.' 이를테면 '키가 큰' 형질을 발현시키는 유전자가 키가 작아지는 유전자로 바뀌면 갑자기 키가 작은 생물이 태어난다. 즉 '만약 유전자가 갑자기 변이하여 생물의 형질이 바뀐다면, 생물의 진화에는 자연선택이 필요하지 않게 된다.' 이런 관점에서 보면 두 개의 설은 진화의 구조가 완전히 달라서, 옛날 교과서에서는 자연선택설과 돌연변이는 다른 가설로 소개되어 있었다.

멘델의 유전법칙과 다윈주의는 오랫동안 서로 맞서다가 1930년대부터 이 흐름이 바뀌게 된다. 1930년대부터 40년대 사이에 유전학이 발달하자, 유전자의 돌연변이는 그때까지 상상했던 것보다 훨씬 작은 형질변화밖에 일으키지 않는 경우가 많다는 것이 밝혀졌다. 멘델이 말했듯이 확실히 유전자는 불연속적으로 변화하지만, 그것에 의해 야기되는 대부분의 형질변화는 미세한 것이다. 그리고 '작은 변이가 몇 세대에 걸쳐 축적됨으로써 생물은 거시적으로 보면 연속적으로 변화해 왔다'고 생각하게 되었다.

다윈의 자연선택설과 멘델 유전학이 융합된 '신다윈설'은 이렇게 하여 등장했다. 신다윈설에 따르면, 돌연변이에 의해 새롭게 태어난 유전자 가운데 적응적인 것은 자연선택에 의해 증가하고, 비적응적인 것은 소멸한다. 이 반복이 바로 진화라는 것이다.

신다윈설의 주장을 정리하면 다음과 같다.

① 돌연변이

신다윈설은 '생물의 형질변화는 그것을 전달하는 유전자의 방향성이 없는 우연한 변화(돌연변이)에 의해 초래된다'고 주장한다. 유전자의 본체가 DNA의 염기배열인 것이 밝혀진 뒤부터는 '진화는 DNA의 염기배열의 변화라고 할 수 있다'고 생각한 것이다.

② 획득형질의 유전에 대한 부정

앞에서 말했듯이, 라마르크가 제창한 진화론의 제2원리는 '동물이 잘 사용하는 기관은 발달하고 사용하지 않는 기관은 퇴화한다'는 용불용설과, '부모가 획득한 형질은 자손에게 유전된다'는 획득형질의 유전이다. 라마르크는 기린의 목이 긴 것은 획득형질이 여러 세대에 걸쳐 유전했기 때문이라고 설명했다. 라마르크가 주장한 획득형질의 유전은 용불용설과 일체를 이루는 것이다. 사실은 다윈도 획득형질의 유전을 믿고 있었다. 그러나 현재의 정통적인 생물학에서는 '유전자에 변화가 일어나지 않으면, 그 형질은 자손에게 전달되지 않는 것'으로 되어 있다. 유전자의 변이는 우연한 것이고 방향성이 없으므로, 획득형질이 유전하는 일은 없다고 생각한 것이다.

③ 자연선택설

자연선택설은 다윈진화론의 핵심이다. 생물은 변이하며, 그 변이가 환경에 적응적이면 살아남을 확률이 높아지고, 비적응적이면 살아남을 확률이 낮아진다. 생물의 변이는 부모에게서 자식에게 전달되므로 여러 세대를 거치는 동안 어떤 집단 속에서 적응적 변이를 가진 개체는 점점 늘어나고, 형질도 적응적인 것으로 서서히 변화한다.

④ 유전적 부동(浮動)

생물의 집단 안에서 어떤 특정한 유전자(DNA)의 출현 빈도가 증가하거나 감소하는 것은 자연선택보다 우연에 의한 것이 크며, 그러한 우발적인 유전자의 출현빈도 변화를 유전적 부동이라고 한다. 이것은 '환경에 적응적이지도 비적응적이지도 않은 변이가 집단에 정착하는 것은 우연에 좌우된다'고 하는, 지금의 생물학자들이 대부분 인정하고 있는 학설이다.

신다윈설은 자신에게 유리한 것밖에 설명하지 않는다

역사를 뒤돌아보면 신다윈설은, 다윈의 자연선택설을 유전자의 돌연변이와 유전적 부동이라는 우연한 요소로 보완하면서 발전해 왔음을 알 수 있다. 그러나 이 신다윈설은 자신들의 이론에 유리한 것밖에 설명해 주지 않는다. 그렇기 때문에 우리는 '지구의 생물은 기본적으로는 모두 자연선택과 돌연변이로 진화해 왔다'는 착각에 빠지고 만다.

물론 신다윈설은 다세포생물의 종 안에서의 작은 진화와, 세균의 진화를 설명하는 이론으로서는 매우 뛰어나다. 앞에서도 언급했지만, 유전자의 돌연변이가 누적됨으로써 일어나는 종 안에서의 진화는 소진화라고 불리며, 종을 넘어선 진화를 가리키는 대진화와 구별된다. 그리고 세균은 세포가 하나밖에 없으므로 유전자의 돌연변이와 자연선택만으로 형질변화를 설명할 수 있다.

세균에 한하지 않고 단일 세포의 진화를 설명하는 원리로서 신다윈설은 성공했다고 할 수 있다. 이를테면 암세포에 항암제가 듣지 않게 되는 현상은 자연선택과 돌연변이로 설명할 수 있다.

암세포는 분열할 때 돌연변이를 일으키기도 하므로, 하나의 암세포 덩어리 속에서도 유전자가 조금씩 다른 경우가 있다. 거기에 항암제를 작용시키면 항암제에 약한 암세포는 확실히 죽지만, 우연히 항암제에 내성이 있는 유전자를 가진 암세포는 살아남는다.

살아남은 암세포에는 더 이상 그 항암제가 듣지 않는다. 그렇게 되면 살아남은 암세포를 처치하기 위해 더욱 새로운 항암제를 투여해야 된다. 이때 새로운 항암제에 대한 내성을 가진 암세포가 조금이라도 존재한다면, 시간이 지날수록 이 암세포는 다시 늘어나게 될 것이다. 이러한 것을 몇 번이고 되풀이하면 모든 항암제가 듣지 않는 암세포가 남게 된다. 이것은 돌연변이와 자연선택에 의한 암세포의 진화이다.

약 38억 년 전의 지구에 태어난 생물은 세균이었다. 앞에서도 말했듯이, 세균의 진화는 자연선택과 돌연변이로 거의 설명할 수 있다. 그러나 세균에서 다세포 생물로의 진화와, 조직 구조가 복잡해진 다세포생물의 커다란 형태변화는 그러한 단순한 이론으로는 설명할 수 없다.

신다윈설은 유전자의 변이만으로 진화의 구조를 이해하려고 했다. 하지만 생물에는 그러한 이론으로 해결할 수 없는 수수께끼가 많이 남아 있다.

다세포 생물의 진화를 밝히는 데는, 발생학의 지식이 필요하다. 지난 10여 년 동안 발생학은 크게 진보했다. 발생학의 큰 발전이 앞으로 진화론을 더욱 바꾸게 될 것이다.

3. 생물 몸의 체제

포유류의 목뼈 수는 7개로 정해져 있다

거의 모든 포유류의 목은 7개의 뼈로 구성되어 있다. 몸의 크기와 목의 길이에 상관없이 사람, 코끼리, 기린 등 포유류의 목뼈 수는 7개로 정해져 있다. 다만 호프만나무늘보와 바다소가 6개, 개미핥기가 8개, 세손가락나무늘보가 9개 등 몇몇 예외가 있다. 세계에는 4000종이 넘는 포유류가 있다고 하는데, 이러한 예외는 극소수에 지나지 않는다. 따라서 '포유류의 목뼈는 7개'는 상당히 엄밀하게 정해진 규칙이라고 해도 무방할 것이다.

그렇다면 왜 포유류의 목뼈는 7개로 공통되어 있을까? 그것은 포유류에는 포유류에 공통된 보디플랜(체제)이 있기 때문이다.

보디플랜이란 생물의 기관배치와 분화(分化)의 상태 같은, 생물체가 가진 구조상의 기본형식을 말한다. 앞에서 말한 '목뼈의 수는 기본적으로 7개'라고 한 것도, 포유류의 보디플랜에 들어 있는 시스템상의 제약이다. 그 제약이 DNA에 기록되어 있는지, 아니면 후성적(後成的)인 구조 속에 규정되어 있는지는 분자생물학에서도 잘 알려져 있지 않다. 그러나 세포 속에 포유류를 포유류답게 하는 시스템이 존재하고 있는 것은 확실하다.

참고로 현생 파충류의 목뼈는 8개이지만, 화석 파충류인 수장룡은 30개가 넘는 것으로 알려져 있다. 조류는 8개 이상으로 많은 편이며, 대부분의 종에는 11~25개인 것도 있다. 양서류의 목뼈는 하나이며, 어류는 목뼈 자체가 없다. 목뼈가 생김으로써 동물이 물속에서 땅 위로 생활 영역을 옮겼을 때, 머리를 움직여 주위를 살펴보고 먹이를 먹기에 편리해진 것은 분명하다.

포유류는 파충류에서 발생했다

진화의 역사를 살펴보면 포유류는 원시적인 파충류에서 파생했다. 즉 진화 과정을 더듬어 가면 포유류는 파충류의 일부였다고 할 수 있는 셈이다. 이것은 '포유류형 파충류'라고 불리는 생물로, 원시적인 파충류와 포유류를 연결하는 그룹이다.

포유류와 파충류 같은 유양막류(有羊膜類)는 측두창(側頭窓)이라는 두개골 측면에 있는 구멍의 수로 계통이 크게 나뉜다. 측두창이 없는 것은 '무궁류(無

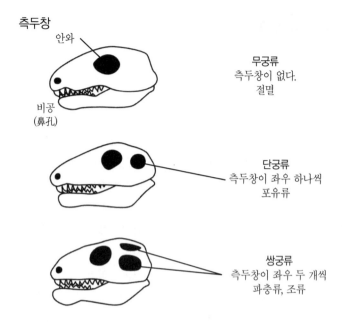

측두창

안와

무궁류
측두창이 없다.
절멸

비공
(鼻孔)

단궁류
측두창이 좌우 하나씩
포유류

쌍궁류
측두창이 좌우 두 개씩
파충류, 조류

弓類)'이고, 측두창이 좌우에 하나씩 있는 것은 '단궁류(單弓類)'이다. 그리고 측두창이 좌우 두 개씩 있는 것은 '쌍궁류(雙弓類)'라고 한다.

무궁류는 이미 절멸한 원시적인 파충류의 그룹이다. 이전에는 거북도 무궁류로 분류되었지만, DNA 해석 결과 거북은 쌍궁류이며, 2차적으로 측두창을 잃은 것으로 추측되고 있다. 포유류형 파충류와 현재의 포유류는 단궁류로 분류되며, 그 밖의 모든 파충류는 쌍궁류인 셈이다. 이들 세 그룹의 파충류는 석탄기(3억 6000만 년~2억 9000만 년 전)에 거의 때를 같이하여 출현한 것으로 알려져 있다.

단궁류와 쌍궁류는 두개골에 측두창이 생김으로써 턱 근육의 부착면이 넓어져 씹는 힘이 강해졌다. 현재의 포유류는 원시적인 단궁류에서 진화하는 과정에서 보디플랜을 규정하는 시스템이 만들어졌고, 거기서 벗어날 수 없게 된 것으로 추정된다.

포유류는 시스템 안에서 다양하게 변해 왔다

우리는 포유류를 '목뼈가 7개'라는 표면적으로 드러난 형태적인 특징에서만 규정할 수 있는데, 그러한 제약은 세포와 분자 수준에도 존재하고 있을 것이다. 그러한 분자 수준의 제약이 강한 구속력을 발휘함으로써 생물로서의 안정성을 유지하고 있다.

이럴 경우에는 어떠한 변경도 허용하지 않는다는 인상을 주지만, 실제로는 그렇지 않다. 이를테면 5000만 년 전 시신세(始新世)의 원시적인 고래는 다리가 4개였다. 네 다리의 고래는 포유류라는 시스템 안에서 '다리를 잃도록' 진화한 것이다. 쥐에서 고래까지 수많은 종류가 있는 것에서도 알 수 있듯이, 포유류는 오랫동안 시스템 안에서 다양한 변화를 거쳐 왔다.

다리가 변화한 포유류로는 바다표범과 바다사자 등의 기각류(鰭脚類)가 있다. 기각류는 물갈퀴가 있는 지느러미상의 앞, 뒷다리를 가지고 수중생활에 적응한 동물들이다. 그러한 동물은 대부분 물속에서 살고 있는데, 번식기가 되면 반드시 땅 위 또는 얼음 위에서 지낸다.

기각류의 다리는 지느러미처럼 되어 있지만, 골격을 잘 보면 다섯 개의 발가락이 있고 발톱도 제대로 되어 있다. 이렇게 '발가락이 기본적으로 5개'인 것도 포유류의 제약이라고 할 수 있을지 모른다.

생물은 시스템을 바꿈으로써 형태 같은 기본구조를 변화시켜 왔다. 시스템이 바뀌면 생물의 형질이 단숨에 변하기 때문에, 진화는 느린 것이 아니라 급격하게 진행될 것이다. 고래의 경우도 포유류라는 시스템의 하위 수준에서 다리가 없어짐으로써 해양생물로 급격하게 진화했을 가능성이 있다. 다리가 없어지면 육상보다는 바닷속으로 진출하는 편이 편리하기 때문이다. 이렇게 생물은 포유류, 파충류 같은 커다란 범위 안에서 하위수준의 시스템을 변화시킴으로써 다양한 형태를 가지게 되었을지도 모른다.

유전자에 주목하면, 많은 생물이 공통되는 염기배열을 갖고 있음을 알 수 있다. 그러나 형태를 비교해 보면, 같은 그룹에 속하는 생물이라도 다종다양하다. 이를테면 사슴벌레의 한 그룹인 오돈톨라비스속의 수컷은 같은 종이라도 장치형(長齒型), 중치형(中齒型), 단치형(短齒型) 등으로 다양한 형태의 큰 턱을 가지고 있다.

오돈톨라비스의 큰 턱이 이토록 다양화한 것도 정해진 시스템 안에서는 어느 정도 자유로웠기 때문일 것이다. 시스템 안에서 어떠한 형태를 선택할지는 유전자의 차이뿐만 아니라 유전자 외적 조건에 의해서도 변하는 것으로 추정된다.

인류가 더욱 진화할 가능성

지구상의 생물은 지금까지 다섯 번에 걸쳐 대량절멸을 경험해 왔다. 오르도비스기 말, 데번기 후기, 페름기 말, 삼첩기 말, 백악기 말의 다섯 번으로 이러한 대량절멸을 '빅 파이브'라고 한다. 이 대량절멸 뒤에는 새로운 그룹이 급격하게 진화했다.

포유류의 기원은 오래되어, 삼첩기 후기인 2억 2500만 년 전에는 벌써 포유류가 되어가는 동물이 등장한 것으로 알려져 있다. 이것은 '포유형류'라 불리는 것으로, 가장 오래된 것은 현재의 쥐와 매우 비슷한 동물, 아델로바실레우스이다. 이것의 속명은 '눈에 띄지 않는 왕'을 의미한다.

아델로바실레우스는 조상인 수궁류(獸弓類)와의 유사점도 볼 수 있지만, 안와에 시신경공(視神經孔)이 있는 것은 현재의 포유류에서도 볼 수 있는 특징이다. 이 포유형류에서 진정한 포유류가 진화했다. 포유류에는 포유류 특유의 시스템이 있고, 그것을 구현한 것이 지구상에 나타난 포유류들이다. 탄생에서 2억 년 이상 거의 같은 시스템이 유지되고 있으므로, 현생 포유류의 구조는 매우 안정적이라고 볼 수 있다.

현생인류는 20만~15만 년 전에 탄생한 것으로 알려져 있다. 비교적 늦게 태어났기 때문에 포유류 중에서도 더욱 완성된 시스템을 가지고 있는 생물이다. 흔히 '인류가 더욱 진화한다면 어떻게 될까' 하는 주제가 얘기되고 있는데, 생물학적으로 생각하면 이렇게 안정된 시스템을 가지고 있는 사람이 더욱 진화할 거라고는 거의 생각하기 어렵다.

시스템 차이에 따라 분류

최근에 생물이 가진 단백질의 아미노산 배열과 유전자의 염기배열을 이용하여 진화의 계통을 짚어보는 '분자계통학'이 발전하고 있다. 그 결과, 고래와 하마가 사실은 근연종인 것으로 밝혀졌다. 현재 유행하고 있는 분류학(분기분류학)은 이 유전적인 계통을 토대로 생물을 분류하고 있다.

다만 이 분류방법에 반대하는 사람들도 있다. 분기분류학에서는 고래와 소가 모두 우제류(偶蹄類)로서 같은 취급을 받게 되기 때문이다. 우제류는 하마와 돼지, 사슴 등 앞뒤 다리의 발가락 수가 보통 2개 또는 4개인 동물을 가리킨다. 돼지, 소, 고래를 같은 종류로 생각하는 분류방법은 우리의 고지식한 감각과는 상당히 괴리가 있다고 하지 않을 수 없다.

고래는 일반 우제류와는 특징이 현저하게 다르다. 우제류에서 고래가 분기할 때 시스템상의 커다란 변화가 일어났기 때문이다. 그렇다면 고래를 독립한 그룹으로 인정하는 편이 더욱 합리적이라고 생각된다.

진화의 역사는 생물의 분기의 역사로 이해할 수 있다. 분기에는 생물의 보디플랜에 커다란 변화를 준 중요한 분기와 그 밖의 사소한 분기가 있는데, 이두 가지는 떼어놓고 생각할 필요가 있다. 그러나 형태와 팔다리의 기능이 완전히 다르기 때문에 고래를 우제류에 넣는 것은 보디플랜에 있어서는 무리가 있는 것 같다.

분자계통학적으로 보면 모든 척추동물은 어류의 일부

계통만을 기준으로 생각하면 포유류는 파충류에서 분기한 무리이므로, 포유류를 파충류와 동격으로 분류하는 것은 잘못된 것이다. 척추동물에 속하는 동물은 모두 어류에서 분기했기 때문에 어류와 그 밖의 동물을 동격으로 다룰 수도 없다. 왜냐하면 분자계통학적으로 모든 척추동물은 어류의 일부가 되어버리기 때문이다.

그러나 계통적으로는 맞다 해도 모든 양서류, 파충류, 조류, 포유류가 어류의 일부라고 하는 것은 대부분의 사람들이 받아들이기 어려울 것이다. 생물의 분류에서는 DNA의 유사성에서 생각하는 계통과는 별도로, 유전자 사용법의 변화에도 주목할 필요가 있다.

'측계통군(側系統群)'이라는 것이 있다. 간단하게 설명하면, 먼저 하나의 공통조상에서 분기한 자손종을 모두 통합한 그룹을 '단계통군(單系統群)'이라고 한다. 이 단계통군 안에서는, 계통이 분기했을 때 공통조상이 갖고 있었던 형질이 공유되고 있는 것으로 여겨진다(2차적으로 잃어버리는 경우도 있다). 이러한 성질을 '공동파생형질(共同派生形質)'이라고 한다.

이런 관점에서 보면, 같은 공유파생형질을 가진 모든 생물은 하나의 단계통군에 들어간다. 포유류, 척추동물, 종자식물, 피자식물 등이 이 단계통군에 해당한다.

한편 측계통군이란, 공통조상의 자손종에서 몇 개의 작은 단계통군을 제외한 나머지를 통합한 것을 가리킨다. 구체적으로는 조류를 포함하지 않는 경우의 파충류와 쌍자엽식물(피자식물에서 단계통군인 단자엽식물을 제외한 나머지) 등이 측계통군의 생물이다.

생물의 분류군 가운데 다른 복수의 진화적 계통으로 이루어진 것을 '다계통군'이라고 한다. 이것은 '항온동물' 등 공통조상에서 유래하지 않은 특징에 의한 통합이다. 항온성은 포유류와 조류에서 볼 수 있는 특징인데, 이 성질은 독자적으로 획득된 것으로 추정된다. 따라서 항온동물이라는 말은 분류학상의 명칭은 아니다.

측계통군을 옹호한다

분기분류학적으로 다계통군은 자연분류가 아니라 하여 배제된다. 그것은 마땅한 일로, 이를테면 '하늘을 난다'는 이유만으로 새와 곤충을 하나의 그룹으로 넣을 수는 없다는 것이다. 측계통군도 단계통이 아니므로 분기분류학자는 이를 진정한 분류군으로 인정하지 않는다.

그러나 측계통군의 모든 것을 정통한 분류군에서 배제해서는 안 된다는 의견도 있다. 예전에는 생물의 형태변화는 종(種)의 분기 순서와 거의 일치하여 진행된다고 생각했다. 따라서 분기분류학에서는 종 분기의 역사적인 순서를 토대로 생물을 분류하는 것이 가장 올바른 방법이라고 여겼다. 그런데 생물 연구가 진행되자, 생물진화의 유형은 분기의 순서만으로는 얘기할 수 없다는 것을 알게 되었다.

세균 중에는 분열에 의해 유전자가 전달되는 '수직전파'뿐만 아니라, 어떤 종의 유전자가 다른 종에도 전달되는 '수평전파'가 일어나고 있음이 확인되었다. 수직전파는 잘 알려져 있듯이 부모에게서 아들, 아들에게서 손자로, 세대 사이에서 유전자가 전달되는 것을 가리킨다. 한편 수평전파는 유전자가 종을 넘어서 다른 개체에 전달되는 것을 말한다.

이를테면 병원성대장균으로 유명한 장관출혈성 대장균 'O157'의 베로독소를 생산하는 DNA는 적리균의 DNA가 수평전파에 의해 옮긴 것으로 생각되고 있다. O157의 베로독소를 생산하는 DNA가 적리균이 갖고 있는 베로독소 생산의 DNA와 매우 비슷하기 때문이다. 또 사람의 DNA에도 RNA 바이러스의 유전자가 침투된 흔적이 발견되었다. 수평전파는 계통에 관계없이 일어나므로, 이렇게 되면 분기의 순서로 분류하는 것 자체에 의미가 없게 된다.

분류는 생물의 동일성과 차이성을 체계화하는 것이다. 생물의 형태 차이가 분기의 유형과 병행하지 않는 것은 명백하므로, 단계통군에만 초점을 맞추는 것은 현명한 방법론이라고 할 수 없다. 단계통군 중에서 시스템상의 큰 변경이 인정된 생물은 다른 단계통군으로 독립시키고, 나머지 측계통군도 동일한 보디플랜을 공유하고 있는 그룹으로서 진정한 분류군의 지위를 주는 것이 실제 생물의 진화에 기초한 것이며, 그렇게 하면 동일성과 차이성이 더욱 확실해질 것이다.

DNA의 차이만 비교해서는 생물을 분류할 수가 없다. 유전자의 사용법도 아울러 생각하지 않으면 생물의 분류군이라는 개념에 어긋나고 만다. 구조주의 생물학의 시각에서는 측계통군을 지지하는 것은 매우 당연한 일이다.

원핵생물에서 진핵생물로의 진화에 하나의 답을 제시한 세포내공생설(細胞內共生說)

생물의 계통수(系統樹)를 작성할 때 지금까지 가장 곤란했던 것은 '원핵생물(原核生物)에서 진핵생물(眞核生物)로의 진화를 어떻게 설명할 것인가' 하는 것이었다. 진핵생물의 세포는 원핵생물의 세포에 비해 복잡한 구조를 갖고 있다. 이 문제에 하나의 답을 제시한 것이 '세포내공생설'이다.

세포내공생설, 생명은 원핵생물에서 진핵생물로 진화하는 과정에서 커다란 원핵세포가 작은 원핵세포를 세포 안에 받아들여 진핵세포로 진화했다고 보는 학설이다.

진핵생물의 세포내공생설은 20세기 초에 이미 제창되어 있었다. 그러나 진화론의 주류로 알려진 신다윈설과 대립하는 가설이었기 때문에 오랫동안 주목받지 못했다. 미국의 생물학자 린 마굴리스(1938~2011)가 그 세포내공생설이라는 이름을 하루아침에 전 세계에 알리는 역할을 했다. 그녀가 이 학설의 핵심이 되는 논문을 발표한 것은 1967년이었다. 그러나 그 주장은, 당시에 신봉되고 있었던 생물학의 생각과는 너무나 차이가 있었기 때문에 열다섯 번이나 학술잡지에서 퇴짜를 맞은 끝에 가까스로 《이론생물학회지》에 실렸다.

세포내공생설이란 진핵세포 속에 있는 미토콘드리아와 엽록체 등의 세포소기관은 세포내에 공생화한 원핵생물에서 유래한다는 가설이다. 공생한 생물의 기원은 미토콘드리아는 호기성 세균, 엽록체는 시아노박테리아라고 추측되고 있다.

실제 DNA를 분석한 결과, 미토콘드리아의 DNA는 산소 호흡을 하는 특수한 박테리아의 DNA와, 엽록체의 DNA는 어떤 유형의 시아노박테리아의 DNA와 매우 비슷하다는 것이 밝혀졌다. 미토콘드리아와 엽록체가 본디는 독립된 생물인 것을 보여주는 증거로는, 그 밖에도 '각각 독자적인 DNA를 가지고 있으며 거기에는 미토콘드리아와 엽록체의 단백질을 만드는 유전자의 일부가 들어 있는' 것과, '어느 쪽이나 이중막으로 싸여 있는' 것을 들 수 있다.

거의 모든 생물의 세포막은 지질이 이중으로 되어 있으며, 이것을 이중막 구조라고 한다. 미토콘드리아와 엽록체가 이중막 구조로 되어 있는 것은, 이것이 본디 독립된 세포, 즉 원핵생물이었을 가능성을 시사한다. 이러한 증거들로 말미암아 오늘날 세포내공생설은 거의 확실한 것으로 인정되고 있다.

생물은 공생함으로써 살아남는 기술을 얻었다

세포내공생의 시작에 대해서는 약육강식적인 생각과, 상리공생(相利共生)적인 생각 등, 두 가지 설이 있다. 어느 쪽이 맞든 확실한 것은, 숙주생물의 DNA에 돌연변이가 일어난 것은 아니라는 점이다. 세포내공생설에 따르면, 생물의 시스템은 외계에서 갑자기 들어온 다른 생물에 대응함으로써 변화했다. 즉 돌연변이와 자연선택에 의해 단계적으로 진화해 왔다고 보는 신다윈설의 생각이 아니라, 원핵세포에서 단숨에 진화했다는 것이다.

생물의 역사에서는 원핵생물의 시대가 오래 계속되었다. 그것은 다양한 생물이 먹고 먹히는 경쟁을 되풀이했던 세계이다. 그러한 경쟁 속에서 생물은 공생함으로써 새로운 세계를 개척한 것이다.

현재와 같은 미토콘드리아와 엽록체의 공생이라는 형태로 자리잡기까지는, 헤아릴 수 없이 많은 생물이 공생에 도전했을 것이다. 어떤 한 쌍에서는 숙주 쪽이 죽임을 당했을지도 모르고, 또 숙주와 기생 양쪽이 다 죽어버린 사례도 있었을지 모른다. 여러 유형이 시도되는 가운데 우연히 성공한 것이 지금의 진핵생물의 조상이 된 것이다.

신다윈설을 비판한 마굴리스

마굴리스가 주장한 세포내공생설은 '생물과 생물 사이의 협조'를 중시한 생각이다. 세포내공생은 돌연변이와 자연선택에 의해 발생한 것이 아니라 우연한 결과로 발생한 것이다. 마굴리스는 신다윈설이 주장한 돌연변이와 자연선택을 전적으로 부정한 것은 아니지만, '모든 진화는 유전자의 돌연변이와 자연선택의 결과로 발생했다'고 보는 신다윈설의 이론에 대해서는 맹렬하게 반대했다.

약 38억 년 전의 지구에 탄생한 생물은 뚜렷한 핵을 갖고 있지 않은 원핵생물이었다고 알려져 있다. 원시적인 생물인 원핵생물은 세포소기관도 없는 매우 단순한 구조로 되어 있었다. 그러한 생물이 협력하는 계기가 된 것은, '산소의 증가'라는 중대한 환경변화였다.

지구는 약 46억 년 전에 탄생한 뒤 오랫동안 대기에 산소를 거의 품고 있지 않았다. 그런데 약 27억 년 전, 광합성을 통해 산소를 만들어 내는 시아노박테리아가 출현함으로써 환경이 크게 바뀐 것이다.

그때까지의 지구에 서식하던 것은 산소가 없는 환경에서만 살 수 있는 혐기성(嫌氣性) 생물이 대부분이었다. 산소는 매우 강한 산화력을 가진 활성산소가 되기 쉬운데, 그 활성산소는 생물에 유해하다. 시아노박테리아가 대량의 산소를 만들어 내자, 그 무렵에 살고 있던 생물은 대부분 절멸하고 말았다. 현재 인간은 지구환경의 최대 파괴자라고 흔히 말하지만, 생물의 역사를 뒤돌아보면 최초이자 최대의 환경파괴자는 바로 시아노박테리아였다.

그렇게 환경이 극적으로 변화하는 상황에서 생물이 선택한 대항책이 세포내공생이었던 것으로 추정된다. 원핵생물 중에는 우연히 산소를 이용하여 에너지를 생산할 수 있는 것이 있었다. 그러나 모든 세균이 단기간에 그런 능력을 얻는 것은 쉬운 일이 아니다. 산소호흡을 할 수 있는 미토콘드리아의 조상 박테리아와 공생하게 된 세균은, 운 좋게 산소호흡을 할 수 있게 되어 산소가 많은 환경에서도 살아남을 수 있었던 것이다. 이러한 세포내공생에 의해 원핵생물에서 진핵생물이 탄생하여, 이윽고 우리의 조상이 태어났다.

생물의 진화는 돌연변이와 자연선택만으로는 해명할 수 없다

이 공생은 아득히 먼 옛날에 일어난 일이 아니며, 현대에도 공생하는 생물들이 있다. 이를테면 심해에 사는 Shinkaia crosnieri(갑각류의 일종)는 자신의 체모에 화학합성 박테리아를 살게 해주는 대신, 그 박테리아를 먹고 영양을 취하고 있는 것이 최근에 밝혀졌다.

화산활동이 활발한 플레이트(판) 경계부근에서는, 바다 밑에서 섭씨 200~300도 정도의 뜨거운 물이 분출하는 '열수분출공(熱水噴出孔)'을 흔히 볼 수 있다. 이 열수분출공에서 뿜어져 나오는 뜨거운 물에는 메탄과 황화수소 등의 화학물질이 풍부하게 함유되어 있어, 그것을 노리는 생물들로 복잡한 사회가 형성되어 있다.

화학합성 박테리아들은 Shinkaia crosnieri와 공생하는 덕분에 뜨거운 물속의 메탄과 황화수소를 안정적으로 얻을 수 있는 것으로 추정된다. Shinkaia crosnieri는 메탄과 황화수소의 풍부한 장소로 이동할 수 있기 때문이다. 그리고 Shinkaia crosnieri는 그것에 대한 보상으로서 붙어 있는 박테리아를 가끔 먹는다.

세포내공생도 처음에는 서로 독립된 생물로서 공리공생 또는 경쟁관계였겠지만, 점점 작은 세균이 큰 세균의 부품으로 침투하여 세포내의 소기관이 된 것으로 추정된다.

생물의 진화는 신다원설이 생각하는 돌연변이와 자연선택만으로는 해명할 수 없을 정도로 복잡하고 역동적이다. 마굴리스가 주장한 세포내공생설은, 그 일부는 밝혔지만 생물의 진화에 대해서는 아직도 우리가 모르고 있는 것이 너무나 많다.

4. 사람의 뇌

논코딩 DNA가 유전자 발현을 제어하고 있다

약 15년 전 '사람과 침팬지의 게놈(유전체)은 98% 이상 동일하다'는 연구결과가 발표되어 화제가 되었다. 사람과 침팬지는 700만 년 전에 분기한 이래 각각 다르게 진화해 왔는데도, 염기배열은 단 1.2%밖에 다르지 않았다는 것이다.

사람과 침팬지의 DNA 차이에 대해 2011년의 과학잡지 《네이처》에 '침팬지에게는 있고 사람에게는 없는 DNA 배열이 510개가 발견되었다'는 스탠포드 대학의 콜리 맥클린 박사의 논문이 실렸다. 그는 이 논문에서 '510개의 DNA 배열의 소실이 침팬지와 사람의 형질 차이와 상당한 관련이 있다'고 말했다.

이러한 연구결과에서, '사람은 DNA 배열의 일부를 버림으로써 원숭이에서 진화했을' 가능성을 추측할 수 있다.

더욱 흥미로운 것은 이렇게 소실된 DNA 배열은 단백질을 만드는 정보를 가지지 않은 '논코딩 DNA' 영역의 것이었다. 유전자란 단백질을 지령하는 DNA 배열을 가리키며, 그 밖의 논코딩 DNA 부분은 한 시대 전까지는 정크 DNA라고 불리며 '쓰레기 DNA'로 취급받았다.

단백질을 만드는 유전자 이외의 염기배열은 '정크'라는 이름처럼 오랫동안 아무런 역할도 하지 않는 것으로 생각되었다. 그런데 최근에는 이 논코딩 DNA 속에 유전자의 발현을 제어하는 역할을 맡고 있는 중요한 부위가 있음이 밝혀졌다.

침팬지에서 사람으로 진화한 과정에는 이 논코딩 DNA의 소실이 크게 관련되었을 가능성이 있다. 침팬지에게서 소실된 510개의 DNA 배열 가운데 하나는 종양의 억제에 관여하는 'GADD45G'라는 유전자 근처에 있었다.

GADD45G 유전자는 조직의 성장을 억제하는 시그널로 작용하며, 종양이 증식하는 것을 억제하거나 다른 장기의 발육을 제어하는 역할을 하고 있다. 이 GADD45G 유전자 부근에 있었던, 사람에게서 소실된 DNA 배열의 하나도 무언가 조직의 성장을 억제하고 있었을 가능성이 있다.

그렇다면 소실된 DNA 배열은 어떤 조직의 성장을 억제하고 있었을까? 사실 '잃어버린 그 DNA 배열은 특정한 뇌 영역의 성장을 억제하는 작용을 하고 있었던 것'으로 추측되고 있다.

인류의 뇌가 커진 원인

사람과 침팬지의 뇌용량에는 상당한 차이가 있다. 침팬지의 뇌는 겨우 400cc 정도인 것에 비해, 현생인류의 뇌는 1350cc이다. 네안데르탈인은 현생인류보다 뇌가 커서 뇌용량이 1450cc나 되었다.

뇌용량의 크기는 인류와 다른 동물을 나누는 커다란 특징의 하나이다. 인류가 큰 뇌를 가지기 위해서는 어딘가에서 극적인 변화가 일어날 필요가 있다. 앞에 말한 《네이처》에 실린 논문에 따르면, '인류의 뇌가 커진 것은 뇌가 커지는 DNA를 획득했기 때문이 아니라 뇌의 비대화를 억제하는 DNA를 잃었기 때문일 가능성이 높다'는 것이다.

본디 영장류의 보디시스템은 뇌용량이 커지거나 작아질 수 있도록 어느 정도 폭을 가지고 있었던 것으로 추측된다. 사람은 뇌의 비대화를 억제하는 DNA 배열을 잃음으로써 큰 뇌를 얻게 되었을 것이다.

뇌가 커진 것과 몸털이 줄어든 것에는 상관관계가 있다?

앞에서도 말했지만 인류가 침팬지와 갈라진 것은 700만 년 전으로 알려져 있다. 현재 발견되어 있는 가장 오래된 인류화석은 아프리카 중앙부의 차드에서 발견된 '사헬란트로푸스 차덴시스'다. 이 화석은 700만~600만 년 전의 것으로, 인류가 침팬지와 갈라진 직후의 것으로 추정되고 있다.

이 사헬란트로푸스 차덴시스는 뇌의 뼈가 거의 완전한 형태로 발견되었다. 두개골의 대후두공(大後頭孔 : 척추가 지나가는 구멍)이 아래쪽에 있는 것으로 보아 직립하고 있었으며, 인류에 속하는 것으로 간주된다. 머리뼈에서 추측되는 뇌의 크기는 360~370cc로, 현재의 침팬지와 거의 같다.

사람의 뇌가 커지기 시작한 것은 대략 240만 년 전부터이다. 이 무렵 유전적인 시스템에 커다란 변화가 일어나 뇌용량이 커지기 시작한 것으로 보인다. 앞에서 얘기한 DNA 배열의 결손이 그 한 원인이었을지도 모르지만, 확실한 것은 아직 밝혀지지 않았다. 그러나 사람의 뇌가 커진 것과 몸털이 줄어든 것에는 무언가 상관관계가 있다고 보는 경향이 있다.

뇌와 몸털 사이에 과연 어떤 관계가 있는지, 그 이유에 대해 순서에 따라 설명하기로 하자.

먼저 척추동물은 하나의 세포인 수정란에서 발생하여 분화할 때 내배엽, 외배엽, 중배엽으로 갈라진다. 내배엽은 소화관의 주요부분이나 호흡기 등을 형성하는 세포군이다. 중배엽은 외배엽과 내배엽 사이에 있는 세포군으로 골격과 근육으로 변화한다. 그리고 외배엽은 신경과 표피, 즉 뇌와 피부가 된다. 따라서 외배엽에서 작용하는 유전자가 변화하여 뇌가 커지거나 몸털이 줄어든 것으로 추측된다.

동남아시아에서 흔히 볼 수 있는 삽 모양의 앞니와, 검고 굵은 머리카락의 두 가지 형질에 같은 유전자가 관여하고 있다는 연구가 최근에 발표되었다. 삽 모양의 앞니란, 앞니의 안쪽이 약간 패여 있는 것을 말한다. 동아시아계에서는 거의 8할의 사람들이 이 삽 모양 앞니를 갖고 있다고 한다.

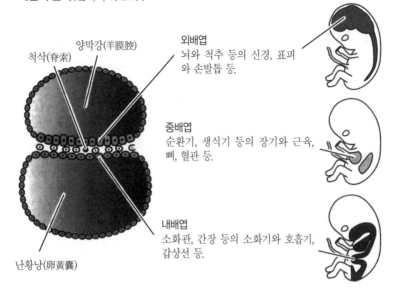

배엽의 분화(원배자 原胚子)

양막강(羊膜腔)

척삭(脊索)

외배엽
뇌와 척추 등의 신경, 표피
와 손발톱 등.

중배엽
순환기, 생식기 등의 장기와 근육,
뼈, 혈관 등.

내배엽
소화관, 간장 등의 소화기와 호흡기,
갑상선 등.

난황낭(卵黃囊)

이 삽 모양 앞니에 관여하고 있는 것은 제2염색체(사람이 가지고 있는 23쌍의 염색체 가운데 두 번째로 큰 것)에 있는 'EDAR 유전자'이다. 이 EDAR 유전자는 동아시아계 사람에게서 많이 볼 수 있는 검고 튼튼한 머리카락에도 관여하고 있다. 삽 모양의 앞니를 만드는 것과 머리를 검게 하는 것은 얼핏 아무 관계가 없을 것처럼 생각되지만, 사실 같은 유전자가 작용하고 있었던 것이다.

이렇게 생각하면 뇌가 커지는 것과 몸털이 줄어드는 것은 우리의 눈에는 무관하게 보이지만, 유전자 수준에서는 관련이 있을 가능성이 있다. 삽 모양 앞니와 검은 머리카락처럼 같은 유전자가 관여하고 있을지도 모른다. 그렇다면 몸털이 줄어든 것도 뇌가 커진 것의 부산물일 가능성이 있다.

뇌에는 가소성(可塑性)이 있다

사람은 개개인 사이의 유전적 다양성은 높지 않지만, 뇌의 발달에 있어서는 환경에 의해 변화가 일어나기 쉬운 특징이 있다. 이를테면 일란성 쌍둥이는 유전적으로는 완전히 똑같은 정보를 가지고 있어야 한다. 그러나 서로 성격이 다르고 뇌의 발달 상태도 같지 않다.

이는 같은 유전정보를 갖고 있어도 다른 경험을 함으로써 신경회로가 다르게 형성되기 때문이다. 이를테면 소뇌는 정지해 있거나 걸음을 걸을 때 몸의 평형을 유지하는 것과 운동기능의 조절을 관장하는데, 동작이 숙련되면 그 움직임에 특화한 신경회로가 만들어진다. 이렇게 뇌의 발달에 관해서는 DNA 배열뿐만 아니라 유전자 외적 과정도 크게 영향을 미치고 있다.

또 뇌는 용량이 커짐으로써 전두엽, 두정엽, 측두엽, 후두엽으로 역할을 분담하게 되었다. 후두엽은 시각영역, 측두엽은 청각영역, 전두엽과 두정엽의 경계 부근은 운동영역과 체성감각영역으로, 각 부위에 따라 맡는 역할이 다르다.

다만 이 역할 분담은 절대적으로 정해져 있는 것은 아니다. 태어났을 때의 질병이나 사고로 혈액이 공급되지 않거나 우뇌가 작용하지 않게 된 사람이 좌뇌의 활동만으로 살았던 예도 있고, 실명한 사람도 촉각과 청각의 자극에 의해 뇌의 시각영역이 다른 자극을 받는 영역으로 활성화한 예도 보고된 적이 있다.

뇌는 상황에 따라 신경회로를 유연하게 변경시키는데, 이러한 성질을 '뇌의 가소성'이라고 한다. 뇌는 이 가소성이 있기 때문에 겉으로 보기에는 거의 다르지 않아도 기능면에서 개개인 사이에 큰 차이가 생기는 것이다.

사람은 특히 대뇌가 발달해 있다. 대뇌의 신경세포는 수정 후 17주만에 약 150억 개에 이른다. 이 신경세포는 나면서부터 죽을 때까지 그 이상 늘어나지 않는다. 뇌의 기본구조는 수정한 지 17주밖에 되지 않는 매우 이른 시기에 완성되는 셈이다.

다만 뇌는 완성된 뒤에도 변화를 계속한다. 뇌내에서는 1~3세 사이에 신경세포를 연결하여 네트워크를 확장한다. 신경세포의 네트워크는 많은 편이 좋다고 생각하기 쉽지만, 꼭 그렇지만은 않다. 이를테면 신경세포의 네트워크가 지나치게 많이 연결되어 있으면 어떤 행동을 하려고 해도 쓸데없는 신경세포에도 신호가 전달되어, 목적 이외의 움직임을 하게 되는 경우가 있다.

뇌의 작용을 더욱 순조롭게 하기 위해서는, 한번 연결한 신경세포의 네트워크 중에서 필요한 부분의 연결은 강화하고 불필요한 부분은 제거할 필요가 있다. 이 작업을 '시냅스의 정리(整理)'라고 한다. 시냅스는 신경세포끼리의 접속점을 가리킨다.

이를테면 소뇌는 발달과정에서 시냅스를 정리함으로써 목적하는 운동을

대뇌가 기능하는 장소

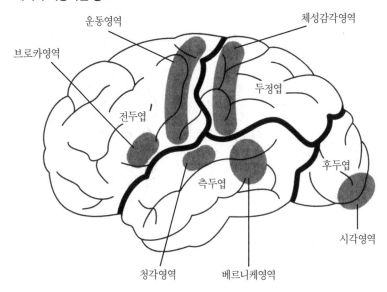

더욱 순조롭고 능숙하게 할 수 있도록 한다. 이 시냅스의 정리는 소뇌뿐만 아니라 대뇌 전체에서도 보편적으로 이루어지고 있다. 자폐증과 주의력결핍 과잉행동장애(ADHD) 같은 발달장애는 이 시냅스의 정리 과정에 그 원인이 있을 거라는 견해가 있다.

사람에게는 언어 습득 시스템이 갖춰져 있다

유소년기에 있어서 뇌에 대한 자극은 매우 중요하다. 환경과 경험을 통해 자극을 받으면 신경회로가 급격하게 늘어나거나 다시 형성되는 등 뇌가 활발하게 변화한다. 그런데 어린 시절에 적절한 자극을 받지 못하면, 그 뒤의 능력 획득에 큰 차이가 발생하게 된다.

어린 시절 뇌에 대한 자극의 중요성을 보여주는 가장 유명한 사례로서 미국의 한 소녀 지니의 이야기가 있다. 지니는 한 살 때부터 아버지에 의해 방안에 갇혀서 자랐다. 열세 살 때 구조되었지만, 외부로부터 내내 격리되어 살았기 때문에 다른 사람과 얘기하는 경험을 하지 못했다. 결국 지니는 말을 배우지 못해 겨우 몇 개의 단어밖에 이해할 수 없었다.

대뇌의 전두엽에는 브로카영역, 측두엽에는 베르니케영역이라는 언어와 관련된 중추영역이 있다. 지니처럼 어린 시절에 다른 사람과의 접촉이 차단되어 언어적인 자극을 받지 못하면, 언어중추의 신경회로를 정비할 수 없게 될 가능성이 있다. 어쩌면 그 회로에 자극을 전혀 받지 못했기 때문에 언어중추의 신경세포 자체가 퇴화한 건지도 모른다.

비슷한 경우이지만 다섯 살 때 발견된 아이는 말을 할 수 있게 되었다고 한다. 이로써 언어에 관한 신경회로는 언어적인 자극을 받아 특정한 시기까지 집중적으로 만들어지고 있음을 알 수 있다.

이 신경회로가 완성되기까지의 기간을 '임계기(臨界期)'라고 한다. 발달과정에서 임계기를 그냥 지나가 버리면 행동의 학습이 성립되지 않는 것이다. 언어의 임계기는 7~8세까지로 추정되고 있다. 이 시기에 제1언어, 즉 모국어를 기억하는 것으로 알려져 있다.

미국의 철학자이자 언어학자인 노암 촘스키는 생성문법이라는 언어학 이론을 수립했다. 이것은 '인간은 백지로 태어나는 것이 아니라 처음부터 언어를 습득할 수 있도록 프로그래밍되어 있다'는 생각이다. 사람에게는 언어를 습득하는 시스템이 갖춰져 있기 때문에 필요한 시기에 필요한 자극을 받으면 대부분의 사람들은 언어를 마스터할 수 있게 되는 것이다. 그러므로 자녀를 임계기까지 우리말과 영어를 사용하는 환경에 두면 양쪽 언어를 모국어처럼 할 수 있다.

단, 원어민처럼 말하는 것과 단순히 언어를 잘 구사하는 것은 별개의 문제이다. 사람의 대뇌가 가진 능력에는 한계가 있다. 그것은 언어중추도 마찬가지이며, 사람은 한정된 영역 안에 언어 정보를 넣어두고 활용한다.

환경에 따라서는 모어(母語)로서 두 언어를 언어중추 속에 넣을 수도 있지만, 그렇게 하면 양쪽 다 어중간한 상태가 될 가능성이 있다. 그렇다면 그 언어를 더 깊이 추구하기 위해서는, 두 가지 언어를 모어로서 언어중추에 넣어두기보다는 하나로 집약하는 것이 더 좋을지도 모른다. 제2언어는 모어와는 다른 영역을 활용한다. 원어민과 다름없이 말할 수는 없겠지만, 어쨌든 말이 통하는 것으로 충분하지 않을까?

언어의 획득

인류의 진화에서 언어의 획득은 매우 큰 전환점이었다. 특히 인류가 언제 언어를 할 수 있게 되었는지는 아주 중요한 문제이다.

언어는 모든 것을 분절한다. 즉 인간은 언어를 사용함으로써 다양한 사물을 분류하고 개념을 구축하여 세계를 인식하고 있다.

이를테면 '사람'이라는 개념에는 지구상에 있는 73억 명 모두가 들어간다. 하지만 개인은 한 사람 한 사람마다 다 다른데 왜 전원(全員)을 '사람'이라는 말로 묶을 수 있는 것일까? 그것은 인간이 '사람'이라는 동일성을 날조했기 때문이다.

개인 한 사람 한 사람을 비교하면 그 차이는 명백하다. 그러나 왜 그런지 인간에게는 다른 사물을 같다고 보는 능력이 있다. 그 동일성에 객관적인 근거는 없다. 인간은 자의적(恣意的)인 구분으로 '사람'이라는 동일성을 날조하여 모든 개인을 '사람'으로 분류한 것이다. 그것은 '고양이', '개', '컵'도 마찬가지이다. 이렇게 우리는 동일성을 날조함으로써 언어를 발달시켜 왔다.

다만 개념이 '고양이'나 '개' 같은 구체적인 것이라면, 그 동일성의 공통이해가 쉬워진다. 그러나 '정의'와 '도덕'처럼 눈에 보이지 않는 추상적인 개념은 어떨까? 어쩌면 모두가 같은 언어로 얘기하고 있어도 각자가 가리키고 있는 언어의 동일성이 전혀 다른 경우도 생각할 수 있다. 그렇게 되면 얘기가 서로 통하는 것처럼 보이지만 사실은 전혀 이해하지 못하는 상황이 발생하는 것이다.

인류가 언어를 획득한 시기

인간은 동일성을 날조할 수 있는 반면, 거기서 벗어나는 것은 배제하는 경향이 있다. 언어라는 것이 공감과 동시에 배제의 감정을 낳기 때문이다. 같은 언어를 얘기하는 것만으로 동료의식이 생기는 한편, 언어가 통하지 않는 사람이나 모르는 사람은 배제하려는 심리가 작용한다. 같은 언어를 사용하면 대화가 통한다고 믿을 수 있다. 그것이 인간에게는 상대를 신뢰하는 데 매우 중요하다.

엄밀하게 말하면 언어와 실물은 '1대 다(多)'의 대응이다. 개도 많은 개체가 있는데, 우리는 어느 것이나 개라는 것을 알고 있다. 고양이와 컵, 책, 공책 등도 마찬가지이다. 그것들도 각각 조금씩 다르지만 어느 것을 내밀어도 우리는 그것이 고양이이고, 컵이고, 책이고, 공책임을 알 수 있다. 인간은 개념에 의해 동일성을 날조할 수 있기 때문에, 하나의 개념에 대해 다수의 실물을 연결해도 혼란에 빠지는 일이 없다.

인간은 언어로 정의하면 뭐든지 표현할 수 있다고 생각하기 쉽다. 그러나 언어로 표현할 수 없는 것도 많이 있다. 이를테면 색깔을 나타내는 말은 빨강, 파랑, 노랑 등 많지만, 같은 빨간색이라는 말도 직접 가리키며 대화하지 않으면 서로 같은 색을 떠올리고 있다고 보장할 수가 없다. 냄새와 맛은 색깔보다 더욱 어려워서, 그 사람이 느끼는 감각을 언어를 통해 상대에게 정확하게 전달하는 것은 거의 불가능하다.

인류가 언제 언어를 획득했는지에 대해서는 아직 분명하게 밝혀진 것은 없다. 언어는 화석 같은 형태로 남는 것이 아니라서 그 판정이 매우 어렵기 때문이다.

약 35만 년 전의 것으로 추정되는 스페인의 '시마 데 로스 우에소스(해골의 구덩이)'에서는 '호모 하이델베르겐시스(네안데르탈인의 조상으로 추정되는 인류)'로 보이는 화석이 많이 발견되었다. 그 화석에는 현생인류와 같은 형태를 한 설골(舌骨) 화석도 들어 있었다. 단, 이 시기 사람들은 후두의 위치가 현생인류와 달랐기 때문에 언어를 가지고 있었는지는 아직 확실하지 않다. 만약 언어를 획득했다 하더라도 아마 소곤거리는 목소리로 얘기하는 정도였을 것으로 보인다.

화석 같은 구체적인 증거에서 해독하는 한, 인류가 말을 하고 있었을 것으로 추측되는 것은 약 7만 5000년 전이다. 왜냐하면 남아프리카 블롬보스 동굴에서 발견된, 약 7만 5000년 전의 것으로 보이는 황토판에 기하학적 무늬가 새겨져 있었기 때문이다.

동물이나 자연풍경과는 달리 기하학적 무늬는 추상적인 것을 표현한다. 그리고 언어는 사물의 추상화와 매우 관련이 깊으므로, 이 무렵에는 언어를 사용하고 있었을 것으로 추정된다.

5. 인류의 진화

우리는 어디서 왔는가

생물의 진화는 많은 사람들이 관심을 가지고 있는 주제의 하나이다. 왜 사람들은 진화에 그토록 관심을 갖는 것일까. 그것은 진화의 구조를 푸는 것이 '우리는 어디서 와서 어디로 가는지' 탐색하는 것으로 이어지기 때문이다. 마지막으로 나는 인류의 진화, 특히 그 탄생에서 미래까지 살펴보고자 한다.

현존하는 동물 가운데 사람과 가장 가까운 동물은 침팬지이다. 앞에서도 언급했지만, 침팬지와 갈라져 인류가 탄생한 것은 약 700만 년 전이다. 현재까지 알려진 가장 오래된 인류화석 '사헬란트로푸스 차덴시스'가 2001년에 발견될 때까지, 인류의 탄생은 500만 년 전으로 추정되고 있었다. 그러나 이 화석을 발견함으로써, 인류는 이제까지 정설로 되어 있었던 시대보다 상당히 일찍 등장했음이 밝혀졌다.

아울러 사헬란트로푸스 차덴시스의 화석은 또 하나의 중요한 사실을 보여주었다. 그것은 이 화석이 발견된 장소가 아프리카 중앙부의 차드라는 점이다. 그때까지는 아프리카 동부의 초원에 격리된 유인원이 인류로, 그리고 아프리카의 서쪽 삼림지대의 유인원이 침팬지로 진화했다고 추정되었다. 그러나 아프리카 중앙부에서 사헬란트로푸스 차덴시스의 화석이 발견됨으로써, 종래의 진단은 잘못되었음이 밝혀진 것이다. 게다가 이 종은 삼림 속에 살면서 2족보행을 했던 것으로 추정되었다. 즉 이 화석은, 인류는 '초원이 아니라 숲'에서 태어났고 '단계적으로 2족보행을 습득한 것이 아니라 어떤 시스템의 변화에 의해 2족보행을 하게 되었음'을 보여주고 있다.

사헬란트로푸스 차덴시스 뒤에 등장한 것은 600만~580만 년 전에 존재했던 '오로린 투게넨시스'이다. 이 오로린 투게넨시스의 화석도 숲에서 사는 동물과 함께 발견되었기 때문에 숲에서 살았던 것으로 추정된다.

그 뒤에 나타난 '아르디피테쿠스 카다바(580만~520만 년 전)', '아르디피테쿠스 라미다스(약 440만 년 전)'까지는 삼림 또는 수목이 무성했던 장소에서 살았을 가능성이 높다. 인류가 초원으로 나간 것은 오스트랄로피테쿠스속의 시대가 된 뒤였던 것으로 추정된다.

뇌는 사치스러운 기관

인류의 특징의 하나로 '큰 뇌'를 들 수 있다. 그러나 인류는 탄생에서 400만 년이 넘도록 뇌의 크기가 500cc를 넘은 적이 없었다. 이것은 현대인의 3분의 1 정도밖에 되지 않는다. 앞장에서도 말했지만, 인류의 뇌가 커진 것은 약 240

만 년 전부터로 알려져 있다.

인류의 뇌가 커진 원인은 DNA 배열의 일부를 잃어버린 것도 관련이 있지만, 그 밖에도 여러 원인이 있다고 생각된다. 그 하나가 식생활의 변화이다. 화석인류의 식생활을 조사해 보면, 오스트랄로피테쿠스속의 '오스트랄로피테쿠스 가르히(약 250만 년 전)'는 고기를 먹었던 것으로 알려져 있다. 다만 그때는 아직 사냥은 하지 않고 죽은 동물의 고기를 먹었던 것 같다.

뇌는 상당히 사치스러운 기관이다. 뇌의 무게는 체중의 2%정도밖에 되지 않는데 전체의 20%에 가까운 에너지를 소비한다. 뇌가 커지면 당연히 에너지가 많이 필요해진다. 영양가가 높은 고기를 먹는 것은, 인류가 큰 뇌를 획득하는 데는 불가결한 조건의 하나였다.

오스트랄로피테쿠스 가르히의 뇌는 450cc로 그리 크지 않았지만, 그로부터 수십만 년 동안 뇌는 점점 커져갔다. 그리고 약 240만 년 전에는 호모속의 '호모 하빌리스'와 '호모 루돌펜시스'가 등장한다. 호모 하빌리스는 뇌의 크기가 약 600cc이고 체격도 작았다. 호모 루돌펜시스는 체격이 크고 뇌용량도 약 700cc로, 그때까지 등장한 종에 비해 뚜렷하게 커졌다. 그 뒤 약 200만 년 전에 '호모 에르가스터', 이어서 '호모 에렉투스'가 출현한다(이 둘은 같은 종이라는 견해가 있으며, 그 경우에는 먼저 명명된 호모 에렉투스가 유효명(有效名)이 된다). 호모 에렉투스의 뇌 크기는 1000cc가 넘었다.

인류 진화의 역사

인류의 진화에 관한 연구는 최근에 크게 발전하고 있다. 현재 성인인 사람 중에는 인류가 '원인(猿人)', '원인(原人)', '구인(舊人)', '신인(新人)'의 네 단계를 거쳐 진화해 왔다고 배운 사람도 많을 것이다. 그러나 실제의 진화는 그렇게 단순하지 않다.

인류가 처음 출현한 뒤부터 지금까지 이 지구상에는 20가지가 넘는 종이 나타난 것으로 추정된다. 그러한 종들을 각각 원인, 원인, 구인, 신인의 어느 하나로 분류할 수는 있지만, 그 네 구분은 연대별로 정확하게 나뉘는 것은 아니다. 원인(猿人) 중에는 원인(原人)과 같은 연대에 살았던 것도 있고, 구인으로 분류되는 네안데르탈인과 현생인류(호모 사피엔스)인 크로마뇽인은 같은 시대에 유럽에서 살면서 서로 교배도 했던 것으로 논의되고 있다.

인류의 진화를 뒤돌아보면 확실히 원인(猿人)에서 원인(原人)이, 원인에서 구인이, 구인에서 신인이 나왔다. 다만 바로 전 단계의 인류가 모두 다음 단계로 진화한 것은 아니다. 모든 구인이 신인으로 진화한 것은 아니고, 구인의 일부가 신인으로 변해 간 것이다.

현생인류에는 호모 사피엔스라는 학명이 붙어 있다. 지구상에 최초로 나타난 호모속은 호모 하빌리스로, 이것은 위의 네 분류에서는 원인(原人)이다. 그에 비해 오스트랄로피테쿠스까지의 인류는 원인(猿人)이라 불리고 있다. 이 원인은 신체적인 특징도 유인원에 가까운데, 원인(原人)이 되면 뇌가 커지고 체형도 현생인류에 가까워진다.

원인(原人)의 일종인 호모 에렉투스(호모 에르가스터)의 화석으로는 1984년 케냐에서 발견된 '투르카나 보이'가 유명하다. 또 원인(猿人)의 화석으로는 1974년에 발견된 '루시'가 있다.

투르카나 보이는 루시보다 키가 크고 뇌용량도 컸다. 그리고 단지 키만 큰 것이 아니라 다리도 길어져 있었다. 다리가 길어진 것과 진화 사이에 무슨 관계가 있는지 이상하게 생각하는 사람도 있을지 모른다. 다리가 길어지면 당연히 보폭도 커진다. 그로 인해 원인은 더욱 효율적으로 걸을 수 있게 되었다. 뇌용량이 커지는 것만이 진화가 아니다. 몸의 변화가 인류의 진화를 더욱 촉진하는 것이다.

언어 유전자로 알려진 'FOXP2 유전자'

네안데르탈인에게는 아직도 풀리지 않은 수수께끼가 많다. 그 가운데 언어 문제도 있다. 앞에서도 설명했지만, 말을 하는 것은 사람과 다른 동물의 차이를 나타내는 중대한 특징 가운데 하나이다.

현대인인 우리는 말을 할 때, 목에 있는 성대를 울려서 그 진동을 입과 코 속에 있는 공동에서 공명시킨다. 이때 사용하는 것은 입 안에 있는 인두강(咽頭腔)과 구강, 콧속에 있는 비강 등이다. 인두강은 발성할 때 공명이 맨 먼저 일어나는 장소로, 성대 위에 있다. 사람과 침팬지는 이 부분이 크게 다르다.

침팬지는 기관의 입구인 후두의 위치가 높아서 인두강이 좁기 때문에 충분한 공명을 일으킬 수가 없다. 게다가 내뱉는 공기가 코로 새어버리기 때문에 입으로 숨을 강하게 불어내기가 어렵다.

네안데르탈인도 후두의 위치가 높아서, 현생인류처럼 유창하게 말할 수는 없었을 것으로 추측된다. 다만 네안데르탈인은 현생인류와 같은 'FOXP2 유전자'를 가지고 있었다. 이 FOXP2 유전자는 문법능력을 포함한 언어의 발달과 관련이 있는 것으로 보이는 유전자이다. 현생인류의 FOXP2 유전자를 조사한 결과, 침팬지의 FOXP2 유전자와는 약간 다르다는 사실이 밝혀졌다.

사람은 바로 이 FOXP2 유전자에 일어난 변이로 언어를 가지게 되었다고 한다. 호모 하이델베르겐시스와 마찬가지로 네안데르탈인에게도 현생인류와 같은 형의 설골이 있었다. FOXP2 유전자도 현생인류와 같은 것이라면, 큰 목소리는 낼 수 없어도 속삭이는 정도는 가능했을 것이다.

현생인류가 이토록 확실하게 언어를 할 줄 알게 된 것은, 후두의 위치가 내려감으로써 인두강이 넓어진 덕분이다. 그러나 그 때문에 떡을 먹다가 기도가 막히거나, 음식이 기도로 잘못 들어가기도 한다.

사람이 음식을 먹을 때는 보통 후두의 덮개(후두개)를 닫아 음식이 기도로 들어가지 않도록 하는데, 이 기능은 어느 정도 나이를 먹으면 차츰 퇴화한다. 또 노인이 떡을 먹다가 목이 막히는 사고가 가끔 일어나는데, 후두의 위치가 높고 기도와 식도가 입체교차하고 있다면 이런 일은 일어나지 않을 것이다.

인류는 클론에 가깝다

현생인류의 DNA를 조사해 보면, 개인차가 나타나는 것은 전체의 0.1% 정도이다. 개인별 DNA 배열의 차이를 '다형(多型)'이라고 한다. 다형에는 여러 종류가 있는데 그 가운데 가장 주목을 받고 있는 것은 염기가 하나만 변이한 'SNP(단일염기다형)'이다. SNP는 술에 강하고 약한 체질의 차이와 질병에 걸리기 쉬운 체질 같은 개인차와 상당히 연관이 있는 것으로 간주된다.

2017년 현재 세계 인구는 73억 명을 넘어섰다고 한다. 이만한 수가 되면 DNA 배열의 차이가 0.1%가 아니라 더 되어도 무방할 것 같다. 이만한 인구에 DNA 배열의 차이가 0.1%라는 것은, 인류는 거의 클론에 가깝다고 생각해도 되는 것이 아닐까?

인류의 게놈은 왜 이토록 서로 비슷할까? 일설에 따르면, 8만~7만 년 전에 아프리카에서 나온 호모 사피엔스의 수가 고작 1만 명 정도였기 때문이라고 한다. 집단이 작게 형성되면, 그 뒤에 개체수가 늘어나도 유전적 다양성은 낮

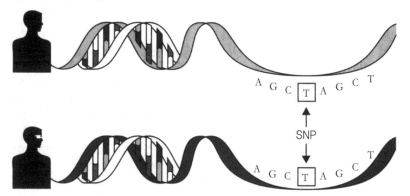

SNP(단일염기다형)

A G C [T] A G C T

SNP

A G C [T] A G C T

사람의 게놈 속 SNP 밀도는 거의 300~1000염기대(鹽基對)에 하나로 알려져 있다.

아진다. 이러한 현상을 '병목효과(보틀네크 효과)'라고 한다.

반대로 개체수가 적은 것치고는 유전적 다양성이 높은 동물로 유명한 것이 코뿔소이다. 코뿔소는 본디 큰 집단을 이루고 있어 집단 내의 유전적 다양성이 높은 동물이었다. 이러한 집단이 점점 수가 줄어든 경우, 살아남은 개체의 유전자는 저마다 크게 다르기 때문에 유전적 다양성이 급격하게 감소하는 일이 없다. 개체수가 적은 데 비해 유전적 다양성이 높은 종에서는 한 개체 한 개체의 유전적인 가치가 매우 커진다.

현재 코뿔소는 흰코뿔소, 검은코뿔소, 인도코뿔소, 자바코뿔소, 수마트라코뿔소의 다섯 종류가 서식하고 있다. 그 뿔이 약재로 인기가 높아서 비싼 값에 거래되고 있는 탓에 밀렵이 급증하여 다섯 종 모두 멸종 위기에 처해 있다. 보호활동은 어느 정도 성과를 올리고 있지만, 서식지역의 치안악화 등으로 미리 판단할 수 없는 상황이다.

호리병벌의 신기한 행위

유전자 해석과 진화에 대한 연구의 발전으로 우리는 생물의 모든 것을 이해한 것으로 알고 있다. 그러나 사실 우리 인류는 생물의 생태와 시스템에 대해서는 거의 무지한 상태나 다름없다. 그 가장 좋은 예가 곤충의 생태이다.

파브르는 호리병벌의 둥지 속을 관찰하다가, 어느 날 자나방 다섯 마리가 들어 있는 것을 발견했다. 호리병벌의 둥지는 유충이 성충으로 자라는 동안 주거지가 되는데, 안에 들어 있던 자나방은 유충의 먹이가 된다. 그 뒤 다른 호리병벌의 둥지를 조사해 봤더니, 먹이의 수는 둥지에 따라 제각각이었다. 어떤 둥지 속에는 열 마리의 자나방이 들어 있었다.

성충이 된 호리병벌 수컷은 크기가 암컷의 반 정도밖에 되지 않는다. 그래서 파브르는 '호리병벌 유충의 성별에 따라 둥지 안에 저장되는 자나방의 수가 다르다'는 결론을 내렸다. 그렇다면 또 다른 의문이 제기된다. 그에 대해 파브르는 다음과 같이 썼다.

그러나 알은 식량의 저장이 끝난 뒤에 태어난다. 아무리 자세히 조사해 봐도 수컷이 부화하는지 암컷이 부화하는지 판단할 수 있는 차이는 보이지 않았지만, 이 알의 성은 이미 결정되어 있다. 따라서 필연적으로 다음과 같은 신비로운 결론에 이르게 된다.

어미 벌은 자신이 낳을 알의 성별을 미리 알고 있으며, 이 예상에 따라 앞으로 부화할 유충의 식욕에 맞춰 식량고를 채울 수 있다는 것이다.

그리고 파브르는 이것도 진화론 비판의 근거로 삼는다.

진화론자가 말하는 우연의 이론, 즉 벌이 우연히 암컷 알을 낳고 거기에 우연히 수컷의 두 배 식량을 준비한다는 설명으로 이 난문이 해결될 수 있을까? 우연 따위가 아니라 예상하는 목적, 즉 알의 성별을 알고 있어서 모든 것이 거기에 맞춰 준비되는 것이 아니라면, 보이지 않는 것을 예견하는 능력을 도대체 어떻게 갖게 된다는 말인가.

곤충의 관찰을 통해 다양한 세계에 매료된 파브르는 곤충의 신비한 행위를 수없이 목격해 왔다. 파브르는 각각의 곤충이 누구에게 배운 것도 아닌데 사냥이나 집짓기를 완벽하게 수행하는 것에 감동을 받았으며, '어떻게 이런 일이 가능한가' 의문도 갖게 되었다. 그러나 곤충의 행동과 생태를 알면 알수록 그 대답은 더욱더 알 수 없게 될 뿐이었다.

다윈의 진화론은 '지구상에는 왜 이렇게도 다양한 생물이 존재하는가'라는 물음에 대답하기 위한 이론이다. 하지만 파브르에게는 '지금까지의 관찰결과를 설명하지 못하는 매우 빈약한 이론'으로 생각되었을 것이다. 그리고 파브르의 마음은 진화론을 인정할 수 없다는 의심으로 가득 차 있었다. 그것은《곤충기》곳곳에서 볼 수 있다.

생물의 진화는 다윈이 생각했던 것만큼 단순하지 않다. 다윈의 생각을 수정하면서 발전해 온 신다윈설도 진화에 대한 다양한 수수께끼를 해명하지 못하고 있는 실정이다. 다세포 생물에서는 유전자 자체의 변화뿐만 아니라 유전자를 제어하는 유전과 외적 시스템도 중요하다. 그러한 시스템을 해명해야 비로소 우리는 진화의 본질에 다가갈 수 있을지 모른다.

그럼에도 우리가 잊지 말아야 할 사실은, 이 모든 논의가 시작된 것은 찰스 다윈의 진화론이라는 점이다. 박물학자, 실험과학자, 철학이론가였던 그는 우주와 생명의 역사에 대한 19세기 첫 무렵 이론들을 독창적이고 대담하게 결합하여 진화론을 만들어 냈다. 그 진화론은 과학 분야를 뛰어넘어서 철학, 종교, 사회 등 광범위한 분야에 엄청난 영향을 끼쳤다.

다윈의 발자취를 찾아서

찰스 다윈

〈다윈의 진화론〉이라고 하면 예스러운 느낌이 물씬 풍긴다. 아인슈타인의 〈상대성이론〉은 어떤가? 여기에서는 그런 예스러움은 느껴지지 않는다. 오히려 현대물리학을 대표하고 있다. 하지만 찰스 다윈(Charles Darwin)이 그 진화이론의 일부인 성선택이론을 발표한 때는 1871년, 알버트 아인슈타인(Albert Einstein)이 상대성이론을 맨 처음 발표한 때는 1905년이므로 사실 그렇게 큰 차이는 없다. 하지만 이 감각적인 차이는 무엇일까? 다윈은 19세기 사람이고, 아인슈타인은 20세기 사람이다. 두 차례의 세계대전과 원자폭탄, 수소폭탄의 세계를 알고 있는 것과 모르는 것에는 큰 차이가 있다.

아인슈타인은 현대물리학의 기초를 쌓은 사람이기에 오늘날 연구에서도 그의 이론은 매우 중요하다. 다윈은 어떨까? 사실 그는 현대 진화생물학의 기초를 쌓았기에, 오늘날 연구에서도 다윈의 이론은 아주 요긴하게 쓰인다. 하지만 이것은 일반적으로 잘 알려져 있지 않을지도 모른다. 다윈의 진화론은 과거의 것이고, 현대는 게놈(genome) 프로젝트라는 느낌이랄까?

하지만 그렇지는 않다. 다윈은 매우 '현대적'이다. 물론 다윈 시대에는 DNA는커녕 유전의 구조조차 전혀 알지 못했다. 그런데 진화를 설명하는 데는 유전 이야기를 빼놓을 수 없다. 그 점을 알지 못한다는 것은 결정적이고 치명적인 약점이었다. 그래서 다윈은 유전의 구조로서 있을 법한 이야기를 생각해내기 위해 고뇌했다. 그토록 골머리를 앓았지만 그가 생각해낸 '판게네시스(pangenesis)'라는 유전 구조는 올바르지 않았다. 하지만 마침 그때, 체코 브르노(Brno)에 있는 수도원의 그레고어 멘델(Gregor Mendel)이 유전의 올바른 구조를 시사하는 데이터를 발표했다. 다윈은 유감스럽게도 그 사실을 알지 못했다.

그런 결점은 있었지만 다윈은 매우 깊이 있게 고찰했으며, 그가 모은 놀랄 만한 수많은 사실은 마침내 현대진화생물학을 구축하는 기초가 되었다. 그리고 그가 생각하고 저서에 실은 여러 가지 의문에는 오늘날에도 아직 풀리지 않은 흥미로운 문제들이 수두룩하게 남아 있다.

다윈이라고 하면 덥수룩한 수염에 눈썹도 복슬복슬한 노인의 초상이 대표적이다. 하지만 다윈에게도 젊은 시절은 있었다. 그는 자신이 잘생기지 않았다는 것을 몹시 의식했다.

찰스 다윈(1809~1882) 31세 때의 다윈. 조지 리치먼드의 수채화

조지 리치먼드(George Richmond)는 서른한 살 다윈의 초상화를 그렸다. 결혼한 이듬해, 그의 아내 엠마 웨지우드(Emma Wedgewood)의 초상과 함께 그린 그림이다. 여기에는 일찍부터 숱이 줄어든 머리카락을 신경 쓴, 하지만 결혼 생활에 만족하고 있는 예의바른 신사가 있다. 이미 이때 생물 진화라는 생각을 짜내기 시작했고, 그것이 그때의 영국에서는 도저히 받아들일 수 없는 물질주의적 사고라는 것도 충분히 알고 있었다. 어떻게 이 '위험한' 생각을 발표하지? 아니, 발표하지 말아야 하나? 곧 비슷한 생각을 하는 사람이 나오지 않을까? 다윈은 이 무렵 이미 골똘히 이것들을 생각하고 있었다. 화가를 똑바로 바라보는 그의 맑은 눈동자에는 여러 가지 비밀스러운 사색이 숨겨져 있었음

에 틀림없다.

찰스 다윈이라는 인물은 여러 가지 의미에서 매우 흥미롭다.

첫째, 다윈은 진화이론을 맨 처음 생각해낸 과학자이며 진화생물학의 기초를 쌓은 사람이다. 후세의 학문에 진정으로 지대한 영향을 널리 미치는 과학자는 흔하지 않은데, 아이작 뉴턴(Isaac Newton)은 그중의 한 사람이다. 그는 근대물리학의 기초를 쌓았고, 그 전체는 그의 이름을 따서 뉴턴 역학이라 불리고 있다. 찰스 다윈은 그 뉴턴과 어깨를 나란히 할 만한 훌륭한 과학자이다. 진화생물학은 오늘날 그의 이름을 따서 다윈주의(Darwinism)라고도 불린다.

둘째, 학문의 방식, 과학철학이라는 점에서 다윈의 사색은 매우 흥미롭다. 그는 논리적이고 치밀하게 연역적 추론을 함과 동시에 그것을 지지하는 경험적 증거를 그야말로 산더미처럼 모았다. 여러 가지 실험도 고안해서 온 가족이 그것을 시도했다. 통계적인 방법이 아직 확립되어 있지 않았던 시절에 정량적인 데이터를 모으려고 노력했다. 그런데 그렇게 그가 쌓아올린 이론과 실증은 그때의 일류 학자들에게 어떻게 비쳤을까? 다윈이 가장 이해하여주기를 바랐던 전문가들은 모두 그것을 인정하지 않았다. 그것은 어째서일까?

셋째, 성실한 과학자 한 사람과 그 인물을 둘러싼 시대의 흐름이라는 과학과 사회 관계의 문제가 있다. 다윈 또한 시대가 낳은 아들이다. 선천적으로 여성이 남성보다 열등하다는 사상이 당연하게 통용되고 있던 시대에 자랐다. 그 영향은 부정할 수 없다. 그런데 그는 그 시대에 암컷 동물이 한 자리에 나란히 있는 수컷 중에서 자기 마음에 드는 상대를 고른다고 하는 배우자 선택 이론을 생각해낸다.

그는 또 노예제도를 단호하게 반대하며 에든버러에서는 흑인에게 새를 박제하는 방법을 배우고, 남미에서는 숙소 주인이 빌려준 흑인 노예와 거의 대등하게 교제한다. 5년에 걸쳐 세계일주를 한 군함 비글호에는 함장의 '이야기 상대' 자격으로 승선했는데, 부사관들에게도 엄청난 인기를 얻을 만큼 싹싹한 성격이었다. 세계일주를 하는 동안 '미개인', '야만인'이라 불리던 문화가 다른 사람들과 만나며 위화감을 느끼면서도 모두 같은 인간임을 깊이 느낄 수 있는 감성을 가진 사람이었다. 다윈의 이러한 감수성, 사고방식은 인간의 사고방식에 대한 문화적 영향, 사회적 영향이란 과연 어떠한 것인지 다시금 돌아보게 만든다.

마운트 저택 찰스 다윈이 태어난 집

넷째, 종교와 과학의 관계라는 점에서도 다윈은 무척 흥미롭다. 그는 영국 국교회가 절대적인 힘을 가지고 있던 시대의 사람이었다. 다윈은 처음에 국교회 목사가 될 생각으로 케임브리지 대학에 들어갔다. 하지만 진화이론을 생각하게 되면서 그는 마음속 깊이 갈증을 느끼기 시작한다. 게다가 그의 아내는 독실한 기독교 신자였다. 이것은 아주 깊은 대립이다. 그런 결혼 생활은 과연 어땠을까?

이런저런 점에서 다윈은 매우 흥미로운 인물이다. 단순히 역사 인물로서 흥미 있는 것이 아니라 그가 던진 문제, 그를 뒷받침하는 사고방식은 오늘날에도 중요하며 아직까지 풀리지 않은 많은 문제를 제기하고 있다. 그런 사람이 마주한 인생은 어떠했을지 들여다보고 싶어지지 않은가?

그런 이유에서 다윈이 태어난 때부터 세상을 떠날 때까지의 흔적을 자세히 더듬어 보고자 한다. 다윈이 갔던 곳, 살았던 곳을 모두 찾아가 다윈과 교류했던 사람들에 대해서도 조사하고, 다윈의 연고지를 모두 찾아가 보기로 한다.

이제부터 그 장소를 안내하면서 찰스 다윈이라는 인물에 대해서, 그리고 그가 제기한 여러 문제에 대해서도 생각해보려고 한다.

슈루즈버리(Shrewsbury)

다윈의 집은 할아버지 이래즈머스 다윈(Erasmus Darwin) 때부터 시작된다. 물론 그 이전부터 있었지만 유명해진 것은 '할아버지' 때부터이다. 영국 중부 신흥도시 버밍엄 북부 리치필드(Litchfield)에 사는 부유한 의사로 매우 사교적이고 자식이 많은, 인망이 두터운 사람이었다고 한다. 그는 도자기로 유명한 조시아 웨지우드(Josiah Wedgewood), 증기기관을 발명한 제임스 와트(James Watt), 영국에 머무르고 있었던 벤저민 프랭클린(Benjamin Franklin) 등과 교제했다. 진취적인 기질이 다분한 사람이었다.

다윈의 할아버지는 식물을 소재로 한 조금 외설적인 시를 써서 한때 유명해졌는데, 그중에는 생물 진화를 암시하는 구절이 있다. 하지만 이것이 손자 찰스 다윈이 주장한 진화이론의 바탕이 된 것은 아니다.

그 이래즈머스 다윈의 아들이 찰스 다윈의 아버지, 로버트 워링 다윈(Robert Waring Darwin)이다. 가업을 이어 그 또한 의사가 되었고 의사로서 인기가 있었다. 한 가지 예를 들면 오랫동안 암을 앓다 죽은 남자가 있었는데, 그가 죽고 난 뒤 그의 아내는 이렇게 감사 인사를 전했다고 한다. '다른 의사 선생님은 남편을 살릴 수 없다고 말씀하셨어요. 하지만 다윈 선생님은 꼭 살릴 수 있다고 말씀해 주셨답니다. 남편은 죽었지만 다윈 선생님 덕분에 마지막까지 희망을 안고 살아갈 수 있었어요.'

이처럼 인기가 있었기에 로버트 워링 다윈은 큰 부자가 되었다. 그와 결혼한 사람은 이래즈머스 다윈과 친분이 두터웠던 웨지우드 집안의 딸, 수잔나(Susannah)이다. 도자기를 만드는 웨지우드 집안은 선대부터 큰 부자였기에 수잔나가 가져온 지참금도 어마어마했다. 그 두 사람의 신혼집은 바로 슈루즈버리의 근교에 있는 '마운트(Mount)' 저택이다.

슈루즈버리는 잉글랜드 서부 웨일스 경계 가까이 있는 크지도 작지도 않은 도시이다. 1997년과 1999년 두 차례 이곳을 방문했다. 이 슈루즈버리에는 세번(Severn)강이 흐르고 있다. 시내 중심에서 조금 떨어진 꾸불꾸불한 강을 넘어 돌담을 따라 작은 길을 쭉 걸었다. '마운트 저택' 문 앞에 도착했다. 큰 앞

슈루즈버리 스쿨의 옛 건물 현재는 시립도서관

뜰 왼편에 저택이 떡하니 세워져 있었다. 그냥 정사각형 모양의 돌로 지은 갈색 집이었다. 하지만 크기는 어마어마했다. 그리고 문에서 집까지는 엎드리면 코 닿을 거리지만 그 앞뜰은 굉장했다. 어디까지 이어졌는지 끝이 보이지 않을 정도이다.

이곳은 찰스 다윈이 태어난 집이며 견학하고 싶은 사람은 신청하면 안내를 받을 수 있다. 여직원은 친절하게 안내하며 1층에서부터 순서대로 설명해 주었다. 연두색 바탕의 벽지, 검은 연철(鍊鐵)로 만들어진 계단 난간, 샹들리에, 그야말로 빅토리아 왕조 세계 같았다.

2층에는 찰스 다윈이 태어난 방, 그러니까 어머니 수잔나의 침실이 있었다. 별로 특별할 것이 없는 방이다. 그렇게 크지도 않았다. 창문에 햇빛이 많이 들어오지 않는 차분한 분위기의 평범한 방이었다. 찰스 다윈이 태어난 것은 1809년 2월 12일. 누나 마리안느 다윈 파커, 캐롤라인 사라 웨지우드, 수잔 엘리자베스 다윈, 그리고 다섯 살 많은 형 이래즈머스 알비 다윈 다음으로 태어난 다섯 번째 자식이었다. 그 뒤 여동생 에밀리 캐서린 다윈이 태어나 다윈의 집은 자식이 여섯 명이 된다.

로버트 워링 다윈의 진료실. 넓디넓은 식당. 담화실. 어느 방도 그때 느낌처럼 남아 있으면서 컴퓨터 단말기가 쭉 늘어서 있고 모두가 열심히 일하고 있다는 것, 즉 이 역사적인 건물이 결코 과거의 시간 속에 묻혀버린 것이 아니라 지금도 충분히 일터로 활용되고 있다는 점이, 찰스 다윈이 이곳에서 태어났음을 더욱 돋보이게 해주었다.

로버트 워링 다윈은 188cm의 큰 키에 엄청난 대식가여서 몸무게도 꽤 나갔던 것 같다. 한 가지 설에 따르면 체중이 너무 많이 나가서 계단은 뒤돌아서서 내려갈 수밖에 없었다고 하니, 참으로 놀랍다.

재미있는 것은 그가 애용하던 밀담을 나누기 위한 작은 담화실이다. 낮은 천장에 크기는 9㎡도 되지 않을 만큼 작은 방으로 조그마한 창문이 앞뜰을 내려다보고 있다. 로버트 워링 다윈은 소중한 친구와 밀담을 나눌 때 이 방을 썼고, 또 만나고 싶지 않은 사람이 오나 안 오나 이 방 창문으로 지켜보았을 것이다.

지하에는 식량 저장고와 와인 창고가 있는데, 여기도 거대하다. 다윈 집안은 아이들도 많고 사용하는 사람도 많아 늘 대량으로 식량을 저장해 두어야만 했다. 부엌에서는 분명히 아침부터 밤까지 하인 몇 사람이 분주하게 식사 준비를 했을 것이다.

지금 이 저택 창문 너머로 보이는 일대는 수많은 주택이 즐비하게 세워져 있지만, 그때는 모두 다윈의 집 정원이었다. 끝도 없이 펼쳐진 잔디밭과 꽃밭에서 뛰놀았을 아이들의 모습을 상상하면 빅토리아 왕조 시대의 풍요로움이 한 가정에 집중되었다고 할까, 산업혁명 뒤 영국 사회의 불평등이라고 할까.

이렇게 여러 가지 설명을 들으면서 저택을 한 바퀴 둘러보고 다시 정원으로 돌아왔다. 정원 앞에는 다윈이 말을 탈 때 발판으로 사용했다는 큰 사각형 모양의 돌이 남겨져 있었다. 한 번 그 위에도 올라가 보고 나서 저택을 나왔다. 뒤돌아보면 그 옆 작은 집은 '마운트 코티지', 또 그 옆 작은 집은 '마운트 하우스'인데, 이 집들도 모두 하인들의 집이 아니었을까? 도로를 크게 돌아 저택 뒤쪽으로 나가자 조금 전 저택 창문에서 본 즐비한 주택지가 나왔다. 그 거리는 '다윈의 정원'이라 불리고 있었다.

시내 중심으로 돌아와 '마운트 저택' 그 밖에 다윈의 연고지를 순회하기로 했다. 먼저 갓난아이였던 찰스 다윈이 세례를 받은 클레어몬트 힐스(Claremont Hills)에 있는 세인트 차드 교회(Saint Chad's Church)로 갔다. 이곳은 7세기에 설립된 교회이다. 18세기 끝 무렵에 재건된 현재의 건물은 공회당 같은 둥근 모

〈웨지우드 집안사람들〉 조지 스터브스의 유채화. 1780.

양으로 2층석도 있다.

　다윈이 정식 교육을 받은 곳은 그 유명한 사립학교 슈루즈버리 스쿨(Shrewsbury School)이다. 현재 아주 유명해진 이 학교는 옥스퍼드나 케임브리지로 많은 학생을 보내고 있으며 우수한 인재를 배출하고 있다. 하지만 다윈이 입학했을 때는 그다지 유명하지 않았다. 명문 사립학교 이튼 칼리지(Eton College)나 해로 스쿨(Harrow School)과는 비교조차 할 수 없는 시골 학교였다.

　슈루즈버리 스쿨은 '마운트 저택'에서 걸어서 10분 정도 거리에 있었다. 하지만 이제 다윈이 다녔던 그 학교 건물은 도서관이 되었고, 학교 자체는 새로운 장소와 건물로 바뀌었다. 그 슈루즈버리 스쿨 옛 건물은 16, 17세기에 돌로 지은 간소하지만 위엄 있는 건물로, 슈루즈버리 성(Castle) 정문에 있다. 슈루즈버리 스쿨 설립 자체는 1552년이라고 한다. 학교 건물 정면에는 1897년에 그 고장 원예협회가 기부하여 지은 다윈의 동상이 있었다. 중년을 넘어 수염을 기르고 너무나도 당당하게 앉아 있는 모습이지만, 사실 다윈은 슈루즈버리 스쿨을 몹시 싫어했다.

　그때의 사립학교는 주로 라틴어와 그리스어로 공부를 했으며 수업은 주입식 교육이라서 재미가 없고 급식은 맛이 없었다. 또한 선배들이 후배를 괴롭히는 일이 많았다. 다윈은 이런 것들이 모두 견딜 수 없이 싫었던 것 같다. 학과 중에서 라틴어와 그리스어 성적은 결코 좋지 않았다. 기숙학교인 이 학교 급식을 도저히 먹을 수가 없어서 다윈은 날마다 점심때 학교를 나와 '마운트 저택'의 큰 정원을 가로질러 집에서 밥을 먹었다. 선배들의 괴롭힘은 다섯 살 많은 형 이래즈머스가 같은 학교에 다니고 있어서 잘 감싸주었던 것 같다. 이 형제는 그 뒤로도 계속 우애 있게 지냈다.

다윈은 슈루즈버리 스쿨에 들어가기 전에 유니테어리언(Unitarian : 신교의 일파로 특히 유일한 신격을 주장하며 예수를 신으로 인정치 않는다)파 케이스 선생님이 경영하는 학교에 다녔다. 그 건물을 찾아 다시 클레어몬트 힐스로 가보았다. 조금 전에 찾아갔던 세인트 채드 교회 묘지가 보이는 건물이라고 하는데, 그 학교로 보이는 건물은 두 채가 있었다. 그 둘 중 하나가 학교인 것 인지, 아니면 새로운 건물로 바뀌어버린 것인지 지금으로서는 알 수가 없었다. 다윈이 태어난 1809년부터 따져보면 거의 200년이 된다. 그 시간의 흐름을 상 징하는 것이 큰길가에서 들어가는 작은 길에 세워진 켄터키 프라이드치킨 가 게였다. 따스한 햇볕을 맞으며 '다윈의 정원'길 안쪽에서부터 세번강을 따라 산책길을 걸었다.

도토리나무 열매가 떨어져 있던 돌담길을 더듬어 돌아오는 길에 작은 술집 이 있었다. 그런데 가게 앞에 내놓은 검은 칠판에 '다윈의 길'이라고 쓰여 있는 것이 아닌가? 안으로 들어가 물어보니 칠레산 스파클링 와인이라고 한다. 즉 시 한 병을 선물로 샀다. 다윈이 비글호 항해 때 여행했던 칠레 지도가 라벨 로 붙어 있었다.

메어홀(Maer Hall)

인간은 누구나 자신이 가지고 태어난 재능을 자본으로 인생을 개척해 나아 가야만 한다. 하지만 그 재능이 어떻게 발휘되고 길러지느냐는 자라나는 환경 에 큰 영향을 받는다. 찰스 다윈은 경제적으로 매우 풍족한 집안에서 자랐다. 이 사실은 다윈이 거듭 경험을 하고 깊이 사색하며 저서를 출판하는 데 크게 이바지했다.

다윈의 아버지 로버트 워링 다윈은 1848년에 세상을 떠나면서 22만 3,759 파운드의 거금을 남겼다고 하니 그때로서는 엄청난 부자였던 것이다. 그의 집 안도 훌륭했지만 어머니의 외가 웨지우드 집안은 더 큰 부자였다. 앞에서 말

조시아 웨지우드 2세가 소유한 메어홀

했듯이 도자기로 유명한 웨지우드 집안과 다윈 집안은 찰스 다윈의 할아버지 때부터 교류가 있었고 결혼을 통해 대대로 이어졌다. 이번에는 이 웨지우드 집을 찾아가 보자.

웨지우드의 집은 도자기 산업의 중심지, 스토크온트렌트(Stoke-on-Trent)의 근교에 있다. 스토크온트렌트는 영국 중부지방에 있으며 잉글랜드 전체에서 보면 한가운데쯤이라 할 수 있다.

스토크온트렌트에는 웨지우드 비지터 센터(Wedgewood Visitor Centre)가 있다. 이곳은 이른바 웨지우드 도자기 박물관이라고도 할 수 있다. 역사적인 배경과 도자기 만드는 방법을 설명하고 작품을 전시하는 본디 박물관다운 점 말고도 장인만의 인공 착색 기술을 보여주는 코너와 비디오 상영 코너로 이루어져 있다. 이곳은 박물관 우수전시상을 받은 적도 있다고 한다. 전시 방식에만 심혈을 기울인 것이 아니라 역사적인 것을 전시한 어둑어둑한 공간과 바깥에서 밝은 햇살이 내리비치는 장인의 공방이 대조를 이루는 매력적인 장소이다.

장인 기술은 그것이 무엇이든 마음에 감동을 준다. 접시 한 장 한 장, 컵 하나하나에 믿을 수 없을 만큼 세밀한 그림을 놀라운 속도로 그려내는 모습에는 눈이 휘둥그레진다.

이곳에는 웨지우드 집안사람들의 초상화가 많이 진열되어 있다. 이 유명한 도자기 기술을 쌓아올린 초대 조시아 웨지우드. 그는 발명가이자 성실한 노력가이며 세상의 수요를 재빠르게 꿰뚫어 보는 경영 수완을 가진 인물이기도 했다. 이래즈머스 다윈과 함께 버밍엄 '루나 소사이어티(Lunar Society)'에 소속해 있던 진취적인 기질이 다분한 젠트리(gentry : 귀족보다는 지위가 낮지만 상류층에 속하는 유력자)의 한 사람이다.

조시아 웨지우드 2세는 소뼈를 섞어 만드는 단단한 본차이나(bone china : 뼛가루를 섞어 만든 고급 도자기류) 제조 기술을 개량하고 아름다운 빛깔을 내서 웨지우드 도자기를 완성했다. 이것은 유럽 부르주아들 사이에서 엄청난 인기 상품이 되어 러시아 예카테리나(Ekaterina) 여왕에게도 주문이 들어올 정도였다.

그는 가업을 이어받아 재산을 더욱 늘리고 슈루즈버리에서 50km쯤 떨어진 메어라는 작은 마을에 있는 '메어홀'이라 불리는 저택을 샀다. 그의 누나가 수잔나이며, 이 수잔나와 로버트 워링 다윈이 결혼해서 마침내 찰스 다윈이 태어난다. 그러니까 조시아 2세는 찰스 다윈의 외삼촌이다.

이렇게 웨지우드 집안사람들을 모두 나열해 보면, 찰스 다윈의 풍모는 웨지우드 집안과 많이 닮았음을 알 수 있다. 조시아 웨지우드도 그 남동생도 코 생김새와 벗어진 머리가 찰스 다윈과 비슷하다. 이러한 특징을 보면 어머니 집안 혈통임이 틀림없다.

웨지우드 집안도 다윈의 집안도 자식이 많았다. 조시아 웨지우드 2세에게는 여덟 명의 자식이 있었고, 로버트 워링 다윈에게는 찰스 다윈을 포함해 여섯 명의 자식이 있었다. 이렇게 찰스 다윈은 웨지우드 집안사람들과 친밀한 관계 속에서 자라나는데, 그의 인생에서 웨지우드 집안이 수행한 역할은 매우 크다.

어머니 수잔나는 찰스 다윈이 여덟 살 때 세상을 떠난다. 이것은 물론 찰스에게 큰 충격이었다. 하지만 아내를 잃은 로버트 워링 다윈은 완전히 침울해져서 그 뒤 마운트 저택에는 줄곧 어두운 분위기가 감돌게 된다. 그 분위기와 로버트 워링 다윈의 까다로운 성격이 뒤섞여 마운트 저택은 숨이 막힐 것만

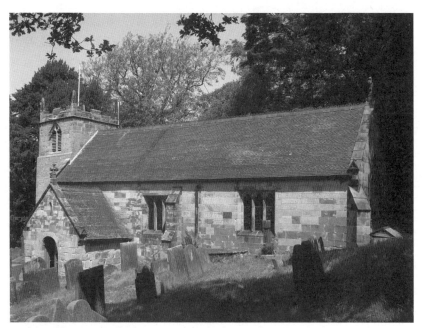

메어홀 뒤편에 있는 세인트피터 교회　다윈과 엠마는 이곳에서 결혼식을 올렸다.

같은 장소였던 듯하다.

　그에 비해 웨지우드의 집 메어홀은 늘 활기차고 자유로우며 개방적이었다. 반가운 손님도 많이 찾아왔다. 웨지우드 집안 아이들은 마운트 저택에 가면 로버트 워링 다윈에게 무언의 압박을 느꼈다고 한다. 그 때문에 찰스 다윈은 긴장을 풀 수 있는 메어홀에서 웨지우드 사람들과 만나는 것을 낙으로 삼았을 것이다.

　그뿐만이 아니다. 1831년 찰스 다윈은 케임브리지를 졸업한 스물두 살 여름, 군함 비글호를 타고 세계일주 여행을 하지 않겠냐는 권유를 받았는데 아버지가 반대했다. 그때 여행을 보내야 한다고 아버지를 설득해 준 사람이 외삼촌이었다. 비글호를 타고 떠나는 세계 항해 여행은 다윈의 일생을 바꾸는 획기적인 사건이라고 할 수 있다.

　웨지우드는 자유 사상가였으며 노예제도에 반대했다. 이것은 다윈의 집안도 마찬가지였으며 찰스 다윈도 열렬한 노예 반대론자였다. 이것은 비글호 함장 로버트 피츠로이(Robert FitzRoy)와의 관계가 악화되는 하나의 원인이 된다.

피츠로이는 그때 상류계급의 전형으로 노예제도를 적극 지지했던 것이다.

노예제 반대를 표명하는 웨지우드 도자기 장신구가 있다. 쇠사슬에 묶인 흑인 노예의 모습을 빙 둘러싸듯이 '나는 인간도 아니란 말인가?' 이런 문구가 쓰여 있다. 이것은 선대 웨지우드가 만든 것으로 이래즈머스 다윈 시대에는 꽤 널리 알려졌다. 전시품들 사이에서 이것을 찾아보았지만 보이지 않아 안내원에게 물어보자 곧바로 손으로 가리켜 알려주었다. 큰 것과 작은 것, 두 종류가 있었다.

한편, 5년에 걸친 비글호 항해에서 돌아온 찰스 다윈은 조시아 외삼촌의 딸 엠마와 결혼한다.

이처럼 웨지우드 집안은 다윈의 인생에서 아주 중요한 존재였다. 그들이 살았던 메어홀은 어떤 집일까?

메어홀은 메어 마을에 있다. 장신구의 위치를 가르쳐 준 비지터 센터 여직원에게 길을 물어보니, 그녀의 주치의가 이전에 그곳에 살았다고 한다. 지금은 일반 가정집으로 여러 가족이 들어가 살고 있기에 유감스럽게도 공개하고 있지 않았다.

아름다운 석양을 받으며 시골길 D도로를 꾸불꾸불 달려 메어 마을에 겨우 도착했다. '메어홀'이라고 적힌 작은 나무 표지판이 있었다. 이곳 또한 광활한 대지였는데, 문이 닫혀 있어서 안은 보이지 않았다. 그래서 곧바로 뒤쪽 세인트 피터 교회(Saint Peter's Church)로 가서 그곳 묘지에서 내려다보기로 했다. 그쪽이 고도가 더 높기 때문이다.

그곳에서 바라보니 광대한 대지 한가운데 사각형 모양의 저택이 있었다. 그리고 오른쪽 앞으로는 큰 연못이랄까? 호수라고 말해도 좋을 만큼 큰 인공 연못이 있고 정원은 전체가 깔끔하게 다듬어진 잔디로 덮여 있었다. 마운트 저택도 어마어마했지만 메어홀은 더 훌륭했다. 이곳에서 웨지우드 집안 여덟 명의 아이들은 왁자지껄하며 무럭무럭 자라나고, 찰스 다윈도 마운트 저택에서와는 다르게 자유롭게 마음껏 뛰어놀았을 것이다. 우아한 야유회, 크리켓 게임(cricket game), 호화로운 저녁 파티 등이 열리고 유명인들도 모였을 것이 틀림없다.

영국의 부자라는 것은 참으로 엄청나다. 그렇다면 '유럽의 부자'는 어떤가? 예를 들면, 프랑스 부자는 영국 부자보다 더 엄청나다. 계급사회와 자본주의

에든버러 19세기 동판화

가 가져온 불평등의 결과인데, 영국에서는 이런 부자들이 그저 사리사욕에 빠져 자기 이익만을 추구하기도 했지만 문화 발전에 공헌한 것도 사실이다.

이 세인트 피터 교회는 찰스 다윈과 엠마가 결혼식을 올린 곳이다. 1839년 1월 29일. 두 사람의 혼인신고서 복사본이 교회 안내판에 전시되어 있었다.

메어홀 외벽에서 도로를 거쳐 반대편 세인트 피터 교회로 이르는 돌다리가 놓여 있었다. 이것은 메어홀 대지에서 반대편으로 가기 위한 사적인 다리이다. 지금은 사용되지 않는 것 같았지만 찰스 다윈은 말을 타고 이곳을 지나갔을지도 모른다. 문에는 시계탑과 종이 달려 있었다. 하인용 집도 넓디넓다.

대지를 따라 차를 몰아 언덕 위에 오르자 정원의 나무들 사이로 아득히 먼 메어홀 풍경을 내다볼 수 있었다. 담쟁이덩굴이 얽힌 정사각형 건물이다. 하지만 아직도 담장이 높다. 담장 위에 서서야 겨우 그 전체 풍경을 한눈에 볼 수 있었다.

에든버러(Edinburgh)

앞서도 말했듯이, 찰스 다윈은 품위 있는 부잣집 아들로 태어나 풍족하고 즐거운 어린 시절을 보냈다. 여덟 살 때 어머니 수잔나를 여의게 된 것은 마음속에 평생 아물지 않는 상처를 남겼고, 아버지의 까다로운 성격과 우울증은 나날의 생활에 어두운 그늘을 드리웠다. 하지만 메어홀에서 웨지우드 집안 아이들과 마구 뛰놀거나 형 이래즈머스와 화학 실험에 몰두하기도 하고, 사냥총으로 새나 토끼를 쏘아 맞히는 사냥의 즐거움을 만끽하는 등, 그때 사회에서는 즐거움을 마음껏 누릴 수 있는 환경에서 자랐다.

하지만 열대여섯 살쯤 되자 찰스 다윈의 그 즐거움은 도가 지나쳤던 듯하다. 슈루즈버리 스쿨 성적은 형편없었고, 무엇 하나 내세울 만한 재능도 없이 놀기만 했다. 이에 더는 참을 수 없었던 아버지는 찰스 다윈을 2년 빨리 슈루즈버리 스쿨을 그만두게 하고 에든버러 대학 의학부에 입학시키기로 했다.

찰스 다윈이 의사 가업을 이어받는 것은 늘 암묵적으로 정해진 일이었다. 당연히 형 이래즈머스도 의사가 되려고 이미 케임브리지 의학부에 진학한 상태였다. 찰스 다윈은 형과 아주 친하게 지냈다. 어머니를 대신해서 잔소리를 해대는 누나들과 여동생 사이에서 하나뿐인 형의 존재는 찰스 다윈에게 아주 특별했을 것이다. 하지만 형에게 의지할 수는 없었다. 슈루즈버리 스쿨에 다닐 때는 선배들의 괴롭힘을 막아 주었고, 화학 실험을 할 때는 공통 관심사를 함께 나누는 좋은 이해 관계자였지만, 이 형에게는 찰스 다윈을 이끌어줄 만한 힘이 부족했다. 나중에 가서는 결국 아무것도 달성하지 못한 형과의 관계에 대해서는 다음에 살펴보기로 하자.

찰스 다윈이 이래즈머스와 같은 케임브리지 대학이 아니라 에든버러 대학 의학부에 진학한 이유는 집안 전통에 따른 선택이었다. 할아버지 이래즈머스도 아버지 로버트 워링 다윈도 이곳에서 공부했다. 사이좋은 형제는 같은 대학 의학부 학생은 될 수 없었지만, 이래즈머스가 병원 실습을 에든버러에서 하기로 했기에 형제는 에든버러에서 함께 살게 된다. 결과적으로 찰스 다윈은 에든버러에서 2년밖에 살지 않았으며 졸업도 하지 않았다. 하지만 이 2년은 아마 청년 시절 다윈에게 헤아릴 수 없을 만큼 큰 영향을 주었을 것이다.

이번에는 그 스코틀랜드 땅을 찾아가 보자. 맨 처음 에든버러에 간 것은 1988년 봄이었다. 도착한 에든버러는 검은 구름이 드리워져 4월인데도 춥고 회색 돌로 지은 건물이 더욱 우중충하게 보이는 도시였다.

가끔 거짓말처럼 한없이 푸른 하늘이 펼쳐지는 날을 빼면 스코틀랜드는 늘 이렇게 춥고 날씨가 좋지 않은 지방이다. 하지만 스코틀랜드는 잉글랜드와는

파이프 해안

달리 그들만의 지적인 풍토를 가지고 있다. 그중에서도 에든버러는 찰스 다윈이 머무르던 때 '북쪽의 아테네'라 불리는 진보 사상의 중심지였다. 다윈 집안도 웨지우드 집안도 앞에서 말한 대로 진보적인 가정이었기에 진보 사상이 낯설었던 것은 아니다. 하지만 찰스 다윈이 이 진보 사상의 중심지에서 2년 동안 지냈다는 것은 그 뒤 다윈의 인격 형성과 연구 전개에 결정적인 역할을 했을 것으로 보인다.

찰스 다윈은 1825년 가을에 에든버러로 왔다. 에든버러 대학은 영국국교회에 반대하는 지식인 근성이 있으며 프랑스 혁명 뒤의 자유사상이 난무하고 있었다. 이 영국국교회 권력은 그즈음 무척이나 강했다. 국교도가 아니면 국가 공무원도, 장군도 될 수 없다고 정해놓은 법률은 1828년까지 시행되었다. 국교도가 아니면 옥스퍼드나 케임브리지 대학 교수도 될 수 없었다. 한마디로 국교도가 아니면 출세할 수 없었다는 말이다.

그런 상황에서 에든버러 대학은 옛날부터 자유사상을 옹호하고 국교론에 반대하는 부자들이 많이 모여드는 장소였다. 프랑스 혁명이 일어나고 유럽 사상이 흘러들어와 대학 말고도 급진적인 사설학원이 많았다. 의학교육에서도 영국 대학보다 뛰어났지만 식물학, 동물학, 화학 등 박물학 관련에서도 뛰어난 교수들을 많이 거느리고 있었다. 그런 '북쪽의 아테네'라 불리는 학문의 중심지에서 찰스 다윈은 열여섯 살부터 열여덟 살까지 2년을 보낸다.

하지만 의학 공부는 찰스 다윈과 전혀 맞지 않았다. 그에게 강의는 따분했고 해부 실습은 몹시 불쾌했으며 외과 수술 실습은 차마 눈 뜨고는 볼 수 없었다. 어쨌거나 그때는 마취가 없던 시절이다. 외과 수술이라고 하면 공포와 통증으로 울부짖는 환자를 움직이지 못하게 꽉 짓누르고 의사도 피투성이가 되어가면서 절개하거나 봉합하는 것이 상식이었다. 찰스 다윈은 이것을 도저히 견딜 수가 없었다. 어느 날 어린아이가 받은 너무나도 가혹한 수술을 끝으로 두 번 다시 수술 교실에 가지 않았고, 그것을 계기로 의사가 되기를 단념했다. 그리고 졸업도 하지 않은 채 집으로 돌아갔다.

그런 이유에서 에든버러는 찰스 다윈의 생애에서 실패로 끝나고마는 2년이라는 시간을 보낸 장소이다. 하지만 에든버러는 부모님 곁을 떠나 처음으로 대학 생활을 한 곳이며 어른이 되어가던 다윈의 정신 형성에 많은 영향을 미쳤다. 처음부터 자유주의 집안에서 자랐지만 잉글랜드에서는 더 바랄 수 없을 만큼 급진적인 자유사상을 곳곳에서 논하는 분위기를 실감할 수 있었다. 그리고 최신 과학, 박물학을 섭렵할 수 있었다.

에든버러에서 그는 재미있는 경험을 했다. 존 에드먼스턴이라는 흑인 해방 노예에게 새를 박제하는 방법을 배운 것이다. 이 사나이는 탐험가 찰스 워터턴(Charles Waterton)이 남미 가이아나(Guyana)에서 데려온 흑인으로 에든버러 박물관에서 학생들에게 박제기술을 가르치고 있었다. 워터턴 또한 뛰어난 박제기술자로 다윈은 그가 직접 가르친 제자에게 배운 것이다.

그뿐만 아니라 다윈은 남미 열대 자연과 노예 생활에 대해서도 그에게 많은 이야기를 들었다. 이 흑인을 지적으로 흥미로운 인물이라고 생각하고 그와 대화하기를 즐기던 다윈은 흑인을 무조건 열등한 인종이라고 여기는 그때, 지배 계급과는 확실히 다른 인간관을 가지고 있었음이 틀림없다. 나중에 다윈 또한 비글호를 타고 남미를 여행하게 되었을 때 백인 지주에게 흑인 노예를 빌려 함께 오지를 탐험하면서 그는 그 흑인 노예와 매우 인간적으로 교제했다. 그때 그는 이전에 비가 내릴 것 같은 추운 에든버러 방에서 존 에드먼스턴과 나눈 대화를 떠올리지 않았을까?

찰스가 에든버러에 머무르던 1826년에는 미국의 유명한 조류학자 존 제임스 오듀본(John James Audubon)이 저서 《미국의 조류》를 홍보하기 위해 에든 버러에 와 있었다. 이 책은 뛰어난 화가이기도 한 오듀본이 혼신의 힘을 다한 작품이다. 이곳에서 다윈이 노년의 그와 실제로 만났다는 것은 다윈에게 필연 인지도 모른다.

학기 중에 슈루즈버리로 돌아간 다윈은 길버트 화이트(Gilbert White)의 《셀본(Selborne)의 박물지》를 읽는다. 이 책을 보고 새를 사냥하는 것뿐만 아니라 새를 관찰하는 것에도 흥미를 느끼게 되었다. 그리고 에든버러로 돌아온 그는 박물학자 모임 '플리니우스(Plinius)학회'에 들어간다. 그때부터 그의 박물학 연구는 점점 활기를 띠었다.

다윈을 플리니우스학회로 불러들인 사람은 급진적 자유주의자 윌리엄 브라운이라는 인물이다. 그는 성인이라고 불리는 사람들은 모두 가슴속에 '신앙'과 관련된 부분이 비대한 정신이상자였다는 설을 바탕으로 '정신이상' 연구를 했다.

그런데 현재의 뇌신경과학 연구에 따르면 우뇌 일부에 종교적 체험 감각과 연결되는 영역이 있다고 한다. 간질발작의 일부에서는 이 영역이 정상과 다르게 발화하여 종교적인 감각을 일으킨다고 한다. 브라운이 들으면 분명 기뻐했을 것이다.

다윈은 이 플리니우스학회에서 확고한 신념을 가진 라마르크(Lamarck) 진화론자를 만난다. 바로 로버트 그랜트(Robert Grant)이다. 그랜트는 다윈보다도 열여섯 살 많은 의사이자 박물학자로 바다소(해우. 초식성 포유동물로 매너티, 듀공 등)를 연구하고 있었다. 유물론자이고 진화론자이며, 그때로서는 '최악의' 급진파였다. 영국 사람도 스코틀랜드 사람도 산책을 좋아해서 비가 오든안 오든 오랜 시간 산책을 하면서 논의를 한다. 다윈은 에든버러 다음으로 진학한 케임브리지 대학에 다닐 때는 식물학자 존 스티븐스 헨슬로(John Stevens Henslow) 교수와 언제나 긴 시간 산책하기를 좋아해서 '헨슬로와 산책하는 남자'라고 불렸다. 하지만 그 이전에 에든버러에서 로버트 그랜트와 산책을 하면서 박물학의 선두를 달리는 사고방식을 많이 배웠던 듯하다. 과학의 새로운 사고는 어떻게 해서 한 과학자의 머릿속에 싹트게 되는 것일까? 그것은 결코 단순한 과정이 아니다. 왜냐하면 과학자는 누구라도 같은 시대 다른 과학자들의 사고와 관계없이 자신의 사고만을 발달시키려 하지 않기 때문이다. 어딘가에서 누군가가 지적한 의문들과 어딘가에서 누군가와 논의하다가 떠오른 작은 단서들이 쌓이고 쌓여 나중에 중대한 역할을 수행하게 되는 것이다.

찰스 다윈은 어떻게 자연 선택에 의한 진화이론을 생각해낸 것일까? 물론 그의 타고난 재능 때문이겠지만 이것도 단순한 이야기는 아니다. 비 내리는 스코틀랜드 해안에서 꽁꽁 언 손가락으로 바다조름(10~15cm의 산호류 강장동물)을 쿡쿡 찌르면서 그랜트와 주고받은 대화, 누가 들을까 걱정하지 않고 열린 마음으로 내놓은 갖가지 의문, 그런 기억들은 분명 늘그막 찰스 다윈의 사색에 어떤 영향을 미쳤으리라. 두 사람이 몇 시간이나 산책했을 파이프 해안(Fife Coast)은 그것에 대해서는 그저 침묵한 채 그때처럼 잿빛 파도만 넘실거릴 뿐이다.

케임브리지

의사가 되기를 단념한 찰스 다윈은 에든버러 의대를 중퇴했다. 이제부터는 앞으로가 문제였다. 피를 보는 것이 싫어서 의사라는 가업은 이을 수 없다. 그렇다고 놀기만 해서는 아무런 실력도 쌓지 못한다. 이런 문제아를 어찌해야 할지가 집안의 고민거리였다. 그때 19세기 영국에는 이렇게 처치 곤란한 부잣집 자제들이 마지막으로 취직할 수 있는 자리가 있었다. 바로 영국국교회라고도 하는 성공회의 목사가 되는 길이다.

성공회가 어느 정도 권력의 중추에 있었는지는 앞에서도 언급했다. 권력의 중추에 가깝고 도덕의 견본과도 같았던 성공회 목사라는 직업은 시골 젠트리 계급이 장악하고 있었다고 해도 과언이 아니다. 성공회가 도덕적으로 까다롭다는 것은 잘 알려져 있다. 그러나 성공회가 성립된 시작을 생각해보면, 도덕을 운운할 수는 없을 것이다. 헨리 8세가 왕자를 낳지 못한 아라곤의 캐서린과 이혼하고 캐서린의 시녀 앤 불린과 재혼하는 것을 정당화하기 위해, 로마 가톨릭과 결별하고 성공회를 세운 것이니 말이다.

아무튼 성공회 목사는 좋은 부임지로만 가면 상당한 수입을 보장받았다. 그리고 그 부임지는 돈으로 살 수 있었다. 일은 적당히 여유롭고, 마을 사람들로부터 존경을 받는 지위였으므로, 특별한 재능이 없는 부잣집 아들에게는 무난한 자리였다. 당연히 찰스는 이 길을 선택했다. 케임브리지 대학에 다시 들어가 졸업한 뒤 성공회 목사가 되겠다고 밝혀 아버지의 허락도 받아냈다.

젊은 찰스는 이 진로에 아무런 불만이나 의문도 없었던 것 같다. 목사가 되면 여유가 있으니 좋아하는 박물학 연구나 표본 채집도 마음껏 할 수 있고, 인생을 즐기면서 자유로운 삶을 살 수 있을 거라는 생각 때문이었을 것이다. 이리하여 1828년, 찰스는 케임브리지 대학에 입학했다. 그런데 케임브리지는 우리가 일반적으로 아는 대학에 비하면 약간 독특하게 '대학'과 '칼리지'라

케임브리지의 크라이스트 칼리지에서 다윈이 살았던 기숙사 건물

는 두 시스템으로 운영된다. 학과는 대부분 정부의 공적자금으로 운영되는데, 각 칼리지는 '대학'과 상관없이 독자적으로 설립된 역사를 갖고 있으며 재원도 독립적으로 소유한다.

칼리지란 교수와 학생들이 공동생활을 하며 논의하고 연구하는 시스템이다. 그래서 학교 안에 기숙사가 필요하고, 교수와 학생의 생활을 지원할 재원이 필요하다. 예부터 귀족과 부자들이 대학을 위해 재산을 기부하고 기숙사 건물을 세웠다. 옥스퍼드나 케임브리지의 칼리지는 이렇게 만들어진 기관이다. 예를 들면 뉴턴이 다닌 학교로 유명한 트리니티 칼리지는 성공회를 세운 헨리 8세가 설립했고, 오르간과 합창단으로 유명한 킹즈 칼리지는 헨리 6세가

설립했다. 재원이란, 예를 들자면 스코틀랜드의 농지 수백 헥타르나 런던 시내에 있는 건물 수십 채의 임차권을 말한다.

찰스 다윈은 크라이스트 칼리지에 들어갔다. 이 칼리지는 1437년 윌리엄 빙햄이라는 성직자가 세운 신학교에서 출발하여 1505년에 칼리지로 다시 설립되었다. 설립자는 장미전쟁의 막을 내리게 하고 랭커스터 가와 요크 가를 화해시키는 역할을 한 헨리 7세의 어머니 마가렛 보퍼트다. 다윈 이전에 이곳에서 공부한 유명인으로는 《실락원》을 쓴 시인 존 밀턴이 있다. 칼리지 정원에 가지를 펼치고 있는 뽕나무 아래에서 밀튼이 책을 읽고 쉬기도 했다고 한다.

찰스 다윈은 크라이스트 칼리지 정문으로 들어가면 오른쪽에 보이는 기숙사 2층 방에서 살았다. 신기하게도 그 방은 50년쯤 전에 신학자 윌리엄 페일리가 살았던 방이었다. 윌리엄 페일리는 《자연신학 또는 자연계에서 수집한 신의 존재와 속성에 대한 증거》라는 저서로 유명하다. 그는 생물이 복잡한 구조로 이루어져 있는 것, 즉 생물이 환경에 적응하는 것은 전지전능한 신이 그처럼 디자인해 주었기 때문에 가능하다는 디자인론을 치밀하게 전개했다.

찰스 다윈은 물론 페일리의 저서를 알고 있었다. 처음에는 그 책을 읽고 디자인론을 그대로 받아들였지만, 뒷날 그것을 부정하는 이론을 발표한다. 그것이 바로 자연도태에 따른 진화이론이다. 이 두 사람이 젊은 시절에 케임브리지의 칼리지에서 같은 방을 쓰며 공부했다는 것은 신기한 인연이다.

크라이스트 칼리지는 세인트 앤드류스 스트리트라는 작지만 번화한 거리에 접해 있다. 케임브리지의 칼리지는 어디나 마찬가지인데, 거리는 떠들썩해도 칼리지 안으로 들어가면 녹색 잔디밭이 펼쳐지며 고요해진다. 마치 몇백 년의 역사를 짊어진 석조 건물이 세속의 때를 흡수하여 지워나가는 것 같다. 크라이스트 칼리지도 거리 건너편에는 과자 가게나 화장품 가게가 줄지어 서 있고, 장거리 버스 정류장도 가깝기 때문에 늘 사람들로 북적거린다. 그러나 문을 넘어 칼리지 안으로 들어오면 고요한 분위기 속에서 아까 언급했던 존 밀턴의 뽕나무가 유유히 가지를 뻗고 있다. 기숙사장의 거주구역 옆에는 작고 네모난 인공 호수가 있고, 그곳에 수염이 덥수룩한 다윈의 흉상이 있다.

당연하지만 크라이스트에서 생활했던 무렵의 찰스 다윈은 이렇게 수염을 기른 노인이 아니었다. 스무 살도 안 된 철없는 청년이었다. 그리고 그는 이곳에서도 마음껏 놀면서 젊음을 구가하고 있었다. 아침부터 샴페인 파티, 승마,

사냥, 그리고 가장 좋아하는 곤충 채집을 했다. 찰스 다윈은 부잣집 아들답게 젊은 나이에도 곤충채집에 사람을 고용하기까지 했다. 어쨌든 케임브리지에서도 마음껏 뛰어놀고 있었다.

케임브리지를 다니면서 찰스 다윈은 두 사람을 만난다. 그의 앞날에 막대한 영향을 끼치는 중요한 인물들이다. 한 사람은 지질학자 애덤 세지윅, 또 한 사람은 식물학자 존 스티븐스 헨슬로다. 찰스 다윈은 앞서 단기간 다녔던 에든버러 대학에서 박물학에 대한 견문을 많이 쌓았지만, 케임브리지에서는 이 두 거물에게 직접 가르침을 받으면서 학식이 깊어졌다. 애덤 세지윅은 재미있는 사람이다. 1785년 태어나 어릴 적부터 화석 수집이 취미였는데, 처음부터 지질학자의 길을 간 것은 아니다. 그는 성공회의 목사였고, 케임브리지에서는 학생들의 품행을 감시하는 학감이었다. 그런데 1818년에 어째선지 지질학 교수로 임명된다. 지금 생각해보면 황당한 인사지만, 그때 세지윅이 한 말은 굉장히 센스가 있다.

"나는 지금까지 살아오면서 한 개의 돌도 뒤집어본 적이 없지만,

애덤 세지윅(1785~1873)

존 스티븐스 헨슬로(1796~1861)

앞으로 내가 뒤집지 않은 돌은 한 개도 없을 것이다."

정말 모든 돌을 뒤집어 봤을지는 알 수 없지만, 세지윅은 훌륭한 지질학자가 되었다. 영국의 지질과 화석을 조사하고, 고생대에 그때까지 알려지지 않았던 지질시대가 있다는 것을 밝혀내고 데본기라고 이름 붙였다. 1830년에는 웨일스의 지질을 집중적으로 조사하여, 당시에는 새로운 생각이었던 빙하기의 존재를 검증하려고 했다.

케임브리지 대학 동물학연구실은 다우닝 스트리트에 있다. 그 거리를 사이에 둔 정면에 세지윅 지질학박물관이 있다. 암모나이트 등 화석이 전시된 고색창연한 대학박물관이다. 또한 다윈의 전기와 관련해서 게시된 애덤 세지윅의 초상은, 주름투성이에 인상도 좋아 보이지 않아 매력적이지 않았다. 그러나 젊은 시절, 그의 강의는 생동감 있고 재밌기로 인기가 높아서 찰스 다윈도 홀딱 빠져들었고, 세지윅과 함께 지질여행도 몇 차례 다녀왔다. 정력적으로 일할 때의 세지윅은 주름투성이의 초상화에서 받는 인상보다 훨씬 매력적이었다.

인터넷에서 '세지윅'을 검색해보고 처음으로 그의 젊은 시절 초상화를 볼 수 있었다. 통통한 뺨과 동그랗고 큰 눈동자를 가진 세지윅은 상당히 매력적이다. 이런 인물이 자신이 발견한 데본기라는 시대와 당시의 논쟁거리였던 빙하기에 대해 열정적으로 논했다면, 틀림없이 재미있고 인기 있는 강의였을 것이다. 찰스는 그런 매력에 점점 빠져들었다.

찰스 다윈에게 영향을 준 또 한 사람인 헨슬로는 식물학 교수였는데, 헨슬로 역시 재미있는 강의와 훌륭한 인품으로 유명했다. 찰스가 헨슬로를 처음 알게 된 것은 형 이래즈머스를 통해서였다. 이래즈머스도 의학을 중도에 포기하고 케임브리지 대학에서 진로를 고민하고 있었다. 미래가 불확실한 아들을 둘이나 데리고 있었던 로버트 다윈은 꽤나 근심이 깊었을 것이다.

다시 이야기로 돌아와서, 찰스 다윈은 헨슬로의 강의에 꾸준히 출석했고, 그 매력에 사로잡혔다. 그가 야외조사를 나갈 때도 항상 동행했다. 그리고 여가 시간 대부분은 헨슬로와 긴 산책을 하면서 보냈으므로 '헨슬로와 산책하는 남자'라는 유명한 별명을 얻는다.

헨슬로도 세지윅과 마찬가지로 성공회 목사이며 케임브리지 대학에서는 학감을 맡았다. 그뿐 아니라 케임브리지 마을의 풍기단속을 할 수 있는 권력도

다윈 칼리지

뉴넘 그랜지

있어서 매춘부를 적발하여 감화원에 보내기도 했다. 찰스 다윈은 이곳에서
최고의 박물학을 공부하면서 곧 자신도 성공회 목사가 되어 시골에서 평온하
고 한가로운 삶을 살 것이라고 생각하고 있었다.

그런데 성공회 목사가 되기 위해 찰스가 공부해야 했던 과목은 신학, 유클리드 수학, 고전이었다. 그러나 찰스는 그쪽에는 관심을 두지 않고 박물학에 열중했다. 결국 그것이 자신의 일생을 결정하는 지침이 되었다.

케임브리지는 작은 마을이다. 800년 넘는 역사를 가진 오래된 마을인데, 늘 대학과 함께 발전해 왔다. 마을 어디에서 고개를 들어봐도 15세기에 지어진 칼리지의 첨탑, 16세기의 예배당이 눈에 들어온다. 창가에는 제라늄이나 푸크시아 꽃이 어우러져 있다. 1987년 케임브리지를 처음 방문했을 때의 첫인상은 너무나 아름다운 동화 속 아기자기한 마을이었다. 의사를 포기하고 에든버러 대학을 중퇴한 찰스 다윈은 18세에 이 케임브리지 대학에 입학했다. 찰스 다윈은 19세기 영국인이니 특별히 동화니 아기자기하다는 생각은 하지 않았겠지만, 에든버러보다 기후가 좋은 이곳에서 적당히 공부한 뒤 시골에 내려가 목사를 할 생각으로 즐거운 캠퍼스 생활을 시작하였다.

케임브리지만큼 오래되고 유명한 대학을 뽑자면 단연 옥스퍼드다. 옥스퍼드 마을은 케임브리지보다도 훨씬 크다. 이 마을도 전체가 대학 캠퍼스라서 마을 곳곳에 오래된 대학 건물이 있는데, 길 너비나 건물 크기도 케임브리지의 두 배는 된다. 케임브리지보다도 산업이 발달한 느낌이다.

케임브리지와 옥스퍼드는 보트 레이스나 럭비에서도 경쟁하는 라이벌 관계인데, 이 두 대학의 큰 차이점 중 하나는, 옥스퍼드는 인문사회계가 유명한 반면, 케임브리지는 자연과학이 유명하다는 것이다. 근대과학의 집대성을 이룩한 과학의 대가, 아이작 뉴턴이 생애의 대부분을 보낸 곳은 트리니티 칼리지였다. 그리고 근대과학의 시조 중 한 사람인 프랜시스 베이컨도 케임브리지 대학 출신이다. 그 외에도 혈액순환 이론을 낸 윌리엄 하비 등 유명인들이 많다.

제2차 세계대전이 일어나기 전에는, 대학 부속 캐번디시연구소에서 물리학자 어니스트 러더퍼드가 원자핵물리학에 중요한 연구들을 했다. 종전 뒤에는 제임스 왓슨과 프랜시스 크릭이 DNA 이중나선의 구조를 밝혀냈다. 우주론의 스티븐 호킹도 케임브리지 대학 출신이다. 그는 수학과의 루카스 석좌교수직에 있었는데, 그것은 약 300년 전에 뉴턴이 역임했던 지위였다.

한편 영국의 역대 수상들은 옥스퍼드와 케임브리지 중 어느 쪽 출신이 많은지 살펴보면, 케임브리지 출신은 거의 없다. 압도적으로 옥스퍼드가 많다. 케임브리지 가이드북을 봐도 이곳 출신의 유명한 정치가로 손꼽히는 사람은 올리버 크롬웰(청교도 혁명을 일으켜 왕정을 폐지한 사람), 인도의 네루, 간디, 싱가폴의 리콴유 정도다. 물론 두 대학 다 다양한 분야의 인재들을 배출하고 있지만, 이는 두 대학의 차이점 중 하나를 말해준다.

이렇듯 자연과학 분야에 전통이 깊은 케임브리지 대학이지만, 찰스 다윈이 입학했을 무렵에는 고전과 종교를 중시하는 시대였다. 입학시험에 합격하기 위해 다윈은 그리스어와 라틴어와 기독교 교의를 열심히 머릿속에 집어넣었을 것이다. 이 무렵 찰스 다윈은 어지간히 '공부를 못하는' 아이였는지, 전기작가들은 대학입학시험이 지금 같았더라면 입학하지 못했을 거라고 말할 정도다. 그래도 그는 암기식으로 달달 외워서 어떻게든 합격을 했다.

케임브리지에 입학한 찰스 다윈이 어떤 대학생활을 보냈는지는 앞에서 일부를 이야기했다. 그는 일류 교수들에게서 식물학, 동물학, 지질학 등의 박물학을 배우며 박물학자로서 기초를 닦았다. 그런데 대단한 것은 마지막 졸업시험이었다. 그는 또 암기식으로 공부를 했다. 몇 개월 사이에 핼쑥해질 정도로 공부에 몰두해서 통과를 했다. 그것도 1788명 중 10등이었으니 꽤 좋은 성적이었다. 본인도 이를 기적이라고 생각하며 감동했다. 아무래도 그는 암기 쪽에 재능이 있었던 것 같다.

웨일스의 산

1831년 6월, 케임브리지 대학을 졸업한 다윈은 아버지의 집으로 돌아가 여름 방학을 보내는 중이었다. 다윈의 일생을 근본부터 바꾸는 중대한 일이 일어난 때가 이 1831년 여름이었다. 이 일이 없었더라면, 다윈은 영국 마을에서 박물학을 좋아하는 사람 좋은 목사로서 평범한 일생을 보냈을 것이다. 그리고 《종의 기원》도 《인간의 기원》도 집필되지 않고 생물학 진화론은 달라졌을지도 모른다. 다윈이 겪은 그 중대한 일이란, 물론 군함 비글호에 타고 세계일주를 한 일이었다. 그가 이 여행을 권유받은 것은 1831년 8월 29일에 일어난 일이었다.

그 일은 그야말로 마른하늘에 날벼락같이 찾아온 갑작스러운 권유에서 시작됐다. 그날까지 그는 비글호라는 이름을 들어본 적도 없었으며, 그 존재조

비글호 선장 피츠로이

차 몰랐다. 그러나 그 해 12월 27일 그는 비글호를 타고 출항했고, 5년 동안이나 고향으로 돌아가지 않았다. 이 항해는 그야말로 그의 인생과 생물학 역사를 송두리째 바꾸게 되는 일생일대의 전환점이 되었다.

비글호는 242톤의 해군 범선으로, 세계를 항해하면서 남미 일대 해안을 측량하는 것이 임무였다. 그 항해를 끝낸 1830년 10월, 그 군함은 잠시 영국으로 돌아가 수리에 들어갔다. 비글호의 함장은 23세 젊은 나이의 로버트 피츠로이다. 그는 귀족이었으며 영국 귀족을 그림에 그린 것 같은 풍채와 성격이었지만 총명하고 유능한 함장이기도 했다.

1830년 피츠로이는 항해를 할 때 남미의 최남단, 티에라 델 푸에고에서 세 명의 푸에고섬 사람들을 인질로 붙잡았다. 닥치는 대로 훔쳐가는 푸에고섬 사람들에게 질린 피츠로이가 도난품과 맞바꾸기 위해 그들을 인질로 삼은 것이다. 그런데 푸에고섬 사람들은 도난품을 곁에 두는 것을 선호하여 인질과의 교환에 응하지 않았다. 그 때문에 피츠로이는 인질로 잡은 세 명을 데리고 다니게 되었다. 그로부터 시간이 흐른 뒤, 그는 또 한 사람의 푸에고섬 소년을 조개버튼 하나로 그의 부모로부터 '사들였다'.

이 네 명을 보면서, 피츠로이의 머릿속에는 하나의 계획이 떠올랐다. 그는 이 네 명을 영국으로 데리고 돌아가 영국식 교육을 시켜 기독교와 서구 예의, 읽기 쓰기 계산하기 등의 능력을 익히게 한 뒤, 고향인 푸에고섬으로 돌려보내려고 한 것이다. 그렇게 하면 그 섬의 '야만인들'을 모두 개종시키고 영국을 위해 일하게 만들 수도 있을 것이다.

피츠로이는 이 네 명에게 저마다 요크 민스터, 보드 메모리, 푸에지아 바스

켓, 제임스 버튼이라는 이름을 붙였다. 지금의 우리들은 상상도 못할 일이지만, 겨우 170년쯤 전의 세계는 인권도 그 무엇도 없는 세계였던 것이다.

그중 보드 메모리는 영국에 도착한지 얼마 되지 않아 천연두에 걸려 죽고 말았다. 그러나 남은 세 명은 목사의 집에 맡겨져 정중한 교육을 받았다. 그 비용은 모두 피츠로이가 부담했다. 그는 부자였다. 이윽고 그들은 어색한 영어를 말하고 양복을 입고 포크와 나이프를 사용했으며 기독교의 가르침을 배우게 되었다. 1831년 여름이 되자 그들은 영국 국왕과 왕비를 알현하기도 했다.

비에라 델 푸에고섬 사람 제미 버튼

그러나 그 세 명을 고향으로 돌려보내는 일은 해군이 의무로서 할 일이 아니었기에 피츠로이는 12개월의 유급휴가를 얻고 타고 갈 배를 구해 그들을 푸에고섬까지 데려다 주기로 했다. 피츠로이는 이 계획에 상당한 정성을 들였다. 그가 이렇게까지 재산과 시간을 쏟아 부은 것은 왜였을까? 자신이 그들을 '문명화'할 힘이 있다는 기쁨 때문이었을까?

요크 민스터

결국 피츠로이의 친척 중에 해군에 영향력이 있는 인물이 1831년에 다시 한 번 비글호가 세계일주를 떠나게 했다. 이로 인해 피츠로이는 유급휴가를 사용할 필요가 없어졌다. 이 두 번째 항해를 준비하던 중, 피츠로이는 지질학자와 박물학자를 배에 태우기로 결정한다. 그가 그러기로 결심한 것은 첫 항해를 하던 도중의 일이었다. 안데스 산맥과 티에라 델 푸에고의 깎아낸 듯 날카로운 암벽을 보면서 그는 생각했다. 이 황폐한 토지에는 유용한 금속이나 다른 자원이 많을지도 모른다고 말이다. 그러나 그들에게는 지식이 없었기에 암벽 표면이나 지층을 봐도 아무것도 알아낼 수가 없었다. 지식이 있는 사람이 함께했더라면 얼마나 좋았을까 피츠로이는 생각했다.

1831년 여름, 피츠로이는 적절한 지질학자와 박물학자를 찾아내도록 해군대령 프랜시스 뷰포트에게 부탁했다. 뷰포트는 케임브리지 대학 트리니티 칼리지의 교학자 조지 피콕에게 인선을 맡겼다. 그는 지인 중에 케임브리지 교외 스왓팜 바르벡 마을에서 목사를 하고 있던 레너드 제닌즈에게 그 일을 권유했다. 그러나 제닌즈는 교구에서 멀어질 수 없다며 그 제안을 거절했다.

피콕은 같은 케임브리지 대학 식물학 교수 존 스티븐스 헨슬로에게 이 제안에 대해 말했다. 헨슬로는 다른 사람을 소개하기보다는 그 자신이 직접 항해하고 싶어했다. 그러나 병든 아내를 두고 5년이나 집을 비울 수가 없었던 그는 자신을 대신하여 찰스 다윈을 소개했다. 다윈의 일생일대의 기회는 이렇게 다른 사람들의 거절을 거쳐 마지막의 마지막으로 돌아온 것이다.

다윈은 대학을 갓 졸업한 22세였다. 그는 곤충채집과 새잡기에 열중해 있었고 헨슬러의 가르침도 받았기에 '박물학자'라고 불리는 것은 이해할 수 있었다. 그러나 '지질학자'는 어떨까? 자연도태에 의한 진화이론으로 유명한 '생물학자'로서의 찰스 다윈에 대해 알고 있는 우리는, 지질학자 다윈이라고 하면 다소 어색한 느낌이 든다.

생각해 보면, 이 시대에는 아직 학문의 세분화가 되어있지 않았을 때였다. 동물학과 식물학, 지질학, 광물학까지 그 전부가 신이 이루어내는 일이라고 하는 자연신학의 범주였다. '식물학자' 헨슬로도 그 전에는 광물학 교수를 했었다. 돌멩이 하나도 뒤집어보지 않은 애덤 세지윅이 지질학 교수가 된 이야기는 위에도 적었던 대로이다. 찰스 다윈은 이 애덤 세지윅 밑에서 지질학을 제대로 익혔다. 그리고 비글호 항해를 권유하는 편지를 받은 8월 29일, 그는 마침 세지윅과 함께 웨일스의 지질학 조사에서 돌아오는 길이었던 것이다.

그렇다면 찰스 다윈의 비글호 항해 이야기를 하기 전에, 다윈과 지질학의

웨일스의 산에 남아 있는 빙하의 흔적(=쿰 이드월)

흐려져 비가 내리는 카디아 이드리스산

이야기를 해두도록 하자. 지질학이라고 하면, 지질 연대, 고생대(古生代), 중생대(中生代), 신생대(新生代)로 나뉘는 그것이다. 고생대는 약 5억 5천 만 년 전부터 2억 5천 만 년 전까지로, 캄브리아기·오르도비스기·실루리아기·데본기·석탄기 및 페름기의 6기(紀)로 구분된다. 이것은 모두 영국의 지질을 토대로 영국의 지질학자가 이름붙인 것이다. 그 정도로 이 옛날 시대의 지질학은 영국에서 시작한 연구가 토대로 되어 있다. 그중에서도 캄브리아, 오르도비스, 실루리아는 웨일스의 오랜 지명 및 부족의 이름에서 유래됐다.

다윈은 에든버러에서 처음으로 지질학을 배웠는데, 그때의 강의는 매우 지루했기에 지질학을 무척 싫어했다고 한다. 그때 헨슬로는 세지윅의 강의를 듣고 지질학을 싫어하는 마음을 바꿀 수 있도록 권유했고, 그의 강의를 들은 다윈은 그의 말대로 지질학을 좋아하게 된 것이다. 전환점이 되는 1831년 8월, 다윈과 세지윅이 웨일스의 어디를 조사했는지 자세한 사실은 알지 못한다. 다만 그들은 말을 타고 각지를 돌며 지질 지도를 만들면서 몇 주를 보냈다고 한다. 또한 이것은 비글호 항해에서 돌아온 뒤의 일이지만, 지구가 빙하로 뒤덮였던 시대가 있다는 빙하기설이 지질학회에 처음으로 인정된 1840년, 두 사람은 누구보다 먼저 이 빙하의 흔적이 제대로 남아 있는 쿰 이드월(Cwm Idwal)을 방문했었다.

우리들은 1998년 여름 다윈이 세지윅과 함께 조사여행을 했을 웨일스의 산들을 방문해 보았다. 웨일스는 아일랜드 같이 켈트문화의 땅이다.

흔히 말하는 영국은 그레이트브리튼 및 북아일랜드 연합왕국이며, 그레이트브리튼 안에 잉글랜드와 스코틀랜드, 웨일스가 포함되어 있다. 그리고 웨일스는 독립적인 정치단위이다. 위에서 스코틀랜드가 얼마나 잉글랜드와 다른지에 대해 설명한 적이 있지만, 웨일스도 그와 같다고 할 수 있다.

또한 웨일스는 지형 기복이 심하여 잉글랜드와 다른 경관을 가졌다. 그곳은 기복이 심해 밭을 만들기에는 적합하지 않아 양을 방목하는 곳들이 많다. 어디를 보아도 낮은 돌벽으로 둘러싸인 초록 방목지에 하얀 양들이 가득하다. 날씨가 좋은 날은 매우 아름다우며 드라이브하기에는 최고의 장소다.

웨일스를 방문했을 때는 날씨가 좋지 않았다. 베데스다라는 작은 마을을 거쳐 A5도로를 타고 쿰 이드월에 갔다. 쿰이란 켈트어로 골짜기라는 의미를 가진다. 빙하에 의해 깎인 큰 골짜기로, 그 밑에는 호수가 있다. 그 광경을 직

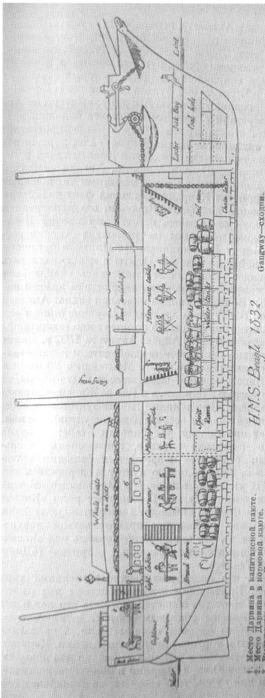

H.M.S. Beagle 1832

1. Mr Darwin's seat in Capt. Cabin
2.   "   "   " " Poop
3.   "   "   drawers
4. Azimuth Compass
5. Captain's Skylight
6. Gunroom

1. Место Дарвина в капитанской каюте.
2. Место Дарвина в кормовой каюте.
3. Выдвижные ящики Дарвина в кормовой каюте.
4. Азимутальный компас.
5. Окно в потолке капитанской каюты.
6. Окно в потолке оружейной камеры.
Beef and Pork Casks—бочки с говядиной и свининой.
Book-shelves—книжные полки.
Bread Room—кладовая для хлеба.
Capt. cabin—капитанская каюта.
Captains Store-room—кладовая капитана.
Chain locker—камера для якорной цепи.
Coal hole—подвал для угля.
Fore hatchway—носовой люк.

Gangway—сходни.
Gunroom—оружейная камера.
Locker—ящик.
Mair hatchway—главный люк.
Men's mess tables—столовая для матросов.
Midshipmen's Berth—мичманская каюта.
Sail room—помещение для парусов.
Sick Bay—изолятор для больных.
Spirit Room—кладовая для спирта.
Water Line—ватерлиния.
Water tanks—баки для воды.
Whaic boats or skids—вельботы на реях.
Yawl amidship—ялик посредине судна.

Разрез «Бигля». Рисунок Ф. Г. Кинга.

비글호 내부 단면도(1832)

접 보면 빙하가 골짜기를 파낸 흔적을 한눈에 알 수 있고, 산길에는 모렌이라 불리는, 빙하가 싣고 온 잘게 깨진 많은 돌들이 흩어져 있다.

그 근처 일대는 지질학적으로 빙하지형으로서 유명하지만, 암벽등반 연습지로도 유명하다. 에베레스트를 등산하다 1924년 조난사한 조지 말로리도 종종 그곳을 찾아가 연습했었다고 한다. 우리들이 간 날은 안개가 짙은 흐린 날이었지만, 그래도 휴일이라 암벽 등반하는 사람들이 많이 있었다. 날카롭게 솟은 암벽 표면에 빨간색과 파란색 고어텍스 윈드브레이커가 여기저기 붙어 있고, 검은색과 노란색 자일(등산용 밧줄)이 흔들리고 있었다. 그러나 점점 날씨가 나빠져서 우리들이 조금 걸어볼까 생각했을 때에는 굵은 빗줄기가 내리기 시작했다. 이윽고 강해진 빗줄기가 바람과 만나 걷는 것도 힘들어졌다. 이 섬은 언제나 그런 날씨였다. 그렇기 때문에 초록색 장화를 손에서 놓을 수 없다.

다음날, 세지윅이 캄브리아기로 기술한 돌의 출처인 카디아 이드리스산으로 향했다. 이 일은 '지상에서 가장 오래된 돌이 발견되었다'고 보고되었지만, 이후에 그 돌이 가장 오래된 것은 아니었으며 오르도비스기의 돌이었다는 사실이 밝혀진다. 밑에서 올려다보는 카디아 이드리스는 호쾌하게 깎인 면을 보이고 있었지만, 이날 또한 날씨가 나빠 등산할 수가 없었다. 어쩔 수 없기에 시내에 있는 박물관에 갔다. 이것으로 우리의 '웨일스 지질여행'은 끝이 났다.

이렇게 다윈은 '지질학자'라는 간판을 내걸고 비글호에 타게 되었다. 아직 아무것도 모르는 젊은이지만, 지질과 동식물을 비롯하여 자연을 포괄적으로 보는 눈은 충분하다고 할 수 있을 것이다. 그리고 그가 항해에 가져간 몇 권의 책 속에는 갓 출판된 찰스 라이엘의 《지질학 원리》 제1권이 있었다. 그 외에 경험과 사색에 의한 긴 논의만 있으면 진화이론이 생겨나는 데에는 충분했다.

비글호의 항해

1831년 12월 27일, 군함 비글호는 플리머스 항구를 출발하여 5년에 걸친 세계일주 길에 올랐다. 다윈의 세계관과 자연관을 결정적으로 바꾼 경험의 시작인 것이다. 이날, 비글호에 타고 영국을 떠난 청년은 박물학에 대한 열정은 있었지만 미래 목표는 정해지지 않은, 그저 품위 있는 부잣집 도련님일 뿐이었다. 5년 뒤 영국으로 돌아온 청년은 험한 바다 위 생활을 견디며 열대 정글을 탐험하고 지질학과 동물학으로 많은 발견을 해낸, 독립적이고 자신감이 넘치는 박물학자가 되어 있었다. 그뿐만이 아니었다. 성서에 적힌 것이 옳은 것이라 믿고, 귀국한 뒤로는 영국국교회의 목사가 되는 길에 아무런 의문도 가지지 않던 '무해한' 청년은, 생물의 진화라는 '이단적인' 생각을 가슴속에 품고 새로운 학문 창설을 예감하는 '위험한' 젊은이가 되어 돌아온 것이다.

인생에는 결정적인 전환점이 있다. 그런 전환점은 누구에게도 있을 수 있지만, 그것을 진실로 전환점으로 만들 수 있는 사람과, 전환점으로 만들지 못하고 그대로 흘려보내는 사람이 있을지도 모른다. 어느 쪽이든 찰스 다윈은 그런 기회와 만났을 때, 그것을 충분히 살려 뛰어넘은 사람이었다.

비글호는 어떤 배였을까? 1831년이었으니 물론 그 배는 범선이었다. 전체 길이 약 27m, 무게 242톤. 그곳에 74명의 선원이 타고 있었다. 앞으로 5년이라는 시간을 함께 보내게 될 이 배를 처음 본 다윈은 헨슬로에게 보낸 편지에서 '공간이 절대적으로 부족하다'고 표현하고 있지만, 그 말 그대로였을 것이다. 다윈은 피츠로이 함장과 같은 방을 썼다. 함장실은 안 그래도 좁았는데, 피츠로이가 추가로 들고 온 기구들이 여기저기 놓여 있었다. 다윈은 아버지를 닮아 매우 키가 컸기에 침대에 몸이 다 들어가지 않아 옷장 서랍을 하나 빼내어 그곳에 다리를 넣고 자야만 했다.

1831년 8월 29일 다윈이 헨슬로가 보낸 비글호 항해 편지를 받고 아버지와 의견을 나눈 뒤, 피츠로이 함장을 만나러 런던에 간 날이 9월 5일이었다. 면접 결과, 피츠로이는 다윈을 마음에 들어 했고 두 사람은 의기투합할 수 있었다. 10월에는 출항할 예정이었기에 그 뒤로는 항해 준비로 정신이 없었다. 그러나 날씨가 나빠 비글호는 몇 번이나 출항했다가 되돌아오기를 반복했다. 그동안, 다윈은 심한 배멀미를 하여 앞으로의 항해가 무척 걱정스러웠다. 이때 그는 멀미 말고도 원인불명의 병에 걸려 평생 그 병을 지닌 채 살게 된다.

찰스 다윈의 《비글호 항해기 Charles Darwin's Beagle Diary》에서는 런던에 나와 출항 준비를 할 때부터의 일이 쓰여 있는데, 플리머스에서 드디어 출항한 12월 27일에 대한 기술은 다음과 같다.

1831년 12월 27일.
'오늘은 1월 5일로, 나는 비참했던 지난 주의 일을 기록하고 있다. 오랫동안 기다리던 동풍이 부는 무척 아름다운 날이었다. 11시에 닻을 올리고 그 것을 힘겹게 정리했다. 로스 대령이 요트로 우리들과 함께 달렸다. 설리번 대령과 나는 양갈비 고기와 샴페인으로 마지막 점심을 먹었지만, 영국을 떠나는 일에 대해서는 아무런 감상도 들지 않았다고 쓰는 것을 용서해주 길 바란다. 우리들은 파도를 피하기 위한 항만 벽(壁) 가까이에서 2시쯤 비 글호와 합류했고, 순풍을 받아 금방 7, 8노트의 속도로 나아가기 시작했다. 그날 밤은 멀미를 하지 않아 일찍 침대에 들었다.'

5년 동안 계속될 항해를 시작하는 기념적인 날에 대한 간결한 내용이다. 이 렇게 운명의 항해는 시작됐다.

다음해인 1832년, 다윈은 비스케이만을 지나 아프리카 앞바다의 카나리아 군도, 베르데곶 군도를 지나 남미대륙에 도착했다. 그 너머에는 브라질, 아르 헨티나, 칠레가 있다. 다윈은 잠시 비글호에서 내려 탐험여행을 했다. 그는 그 곳에서 열대 정글의 수많은 생물의 다양성에 환희하며 지진으로 지면이 급격 히 올라간 것을 목격했으며, 차가운 바다에 접해 있는 페고섬에서 거의 알몸 으로 지내는 '야만인'들의 생활을 자세히 관찰했다. 그는 바다에서도 육지에서 도 대량의 박물학 표본을 채집했고, 차례차례 그 표본들을 영국으로 보냈다. 다윈은 가져온 현미경으로 동식물을 관찰하고 화석 채집도 했다.

5년에 걸친 이 항해 중에 한 곳, 가장 유명한 장소를 고르라고 한다면 그것 은 갈라파고스제도일 것이다. 에콰도르에 있는 합계 1,000km의 큰 바다에 떠 있는 독립된 화산 군도.

우리는 그 섬을 방문할 기회를 얻었다. 다윈과는 달리 비행기로 한 달음에 도착하는 여행으로 1주일이라는 짧은 여행길이지만, 다윈이 보았을 풍경을 직 접 볼 수 있게 된 것이다.

2003년 8월 19일, 갈라파고스제도의 산크리스토발섬에 도착했다. 하늘은 아름다울 정도로 맑게 개어 있었고, 덥지도 춥지도 않은 부드러운 바람이 불 어왔다. 드디어 왔다! 이곳은 코끼리거북과 이구아나, 핀치의 섬, 진화의 무대 로서 다윈에게 귀중한 시사를 부여한 생물이 있는 섬, 지금도 진화 연구에 중 요한 역할을 하고 있는 섬인 것이다. 미지의 땅에 왔다는 흥분으로 오랜만에 마음이 들끓었다. 곧바로 카메라를 꺼내 들고 이곳저곳을 사진으로 찍었다.

산크리스토발섬 공항에 내린 관광객들

크루즈선 산타크루즈호

공항에서 수속을 마치고 곧장 항구로 향했다. 이제부터 사흘간, 산타크루즈호라는 호화 여객선에 타고 갈라파고스제도를 돌 예정이었다. 갈라파고스의 자연은 귀중하기 때문에 그것을 보호하기 위해 여러 제한이 있다. 관광객들은 멋대로 돌아다닐 수 없고, 허가된 범위 안에서 생물학과 지질학을 전문으로 하는 가이드와 함께 걸어야 한다. 나 역시도 산타크루즈호에서 숙식하며 섬을 돌아보는 여행객 중 한 명이었다. 배에 타자 공항에서 미리 보내놓은 짐이 있어 먼저 들어가보니, 선실은 배의 꼬리쪽 갑판에 접한 호화로운 방이었다. 다윈의 비글호와 비교해 보면 엄청난 사치였다. 지난날 옷장 서랍을 하나 빼내어 다리를 넣지 않으면 잠을 잘 수 없었던 다윈과는 달리 오늘날은 넓은 방 한가운데 놓인 킹 사이즈의 더블침대는 잠버릇이 아무리 고약해도 사방이 넓어 충분하고도 남을 정도로 공간이 있었다.

다윈이 갈라파고스에 도착한 것은, 항해가 시작 되고나서 4년째인 1835년 9월 15일이었다. 이날 일기는 다음과 같다.

1835년 9월 7일. 비글은 갈라파고스를 향했다.

9월 15일. 비글은 갈라파고스 서도의 남동쪽 섬 중 하나인 차탐섬 해안을 측정했다(차탐섬은 산크리스토발섬의 영어이름이다).

지난날 다윈이 이곳을 방문한 날로부터 거의 정확하게 168년 뒤, 그가 처음 들렸던 산크리스토발섬에 온 것이다.

갈라파고스 동물들

갈라파고스제도의 섬들을 처음 돌아봤을 때 느낀 감동은 아직도 잊을 수 없다. 작은 고무보트를 타고 산크리스토발섬을 돌아보니 여기저기 야생동물들이 넘쳐났다. 만(灣)에 떠있는 몇 척의 보트 갑판에는 커다란 바다사자들이 뒹굴뒹굴 누워서 잠을 자고 있었다. 사람이 다가가도 개의치 않고 곤히 잠들어 있다. 관광객들은 처음에는 깜짝 놀라고 감동해서 사진을 마구 찍었지만, 서두르지 않아도 바다사자들은 어디에든 잔뜩 있으며, 그들은 도망치지 않는다는 사실을 깨달았다.

하늘에는 갈색 펠리컨과 군함조가 유유히 날아다녔다. 군함조는 번식기 때 수컷이 가슴에 빨간 풍선과도 같은 주머니를 부풀리는 것으로 유명하다.

오후 3시 반. 바다사자의 섬이라는 작은 섬에 상륙했다. 울퉁불퉁한 검은 용암으로 이루어진 갯바위에 수많은 새빨간 게들이 달라붙어 있었다. 예전에 동물행동학자 아이블 아이베스펠트가 쓴 《갈라파고스섬 : 태평양의 노아의 방주》를 읽고 감동한 적이 있었는데, 책 표지에 이 붉은 게가 찍힌 사진이 실려 있었다. 그 사진은 푸른 바다와 까만 용암을 배경으로 내게 강렬한 인상을 남겼다. 그 사진과 똑같은 광경이 지금 눈앞에 펼쳐져 있다.

바다사자의 섬은 이름대로 많은 바다사자들이 차지하고 있었다. 모래사장에도 바다 속에도 바다사자들이 우글우글. 덩치 큰 수컷이 큰소리로 울면서 암컷들 주위를 헤엄치며 맴돌고 있다. 자신의 하렘을 순찰하고 있는 것이리라. 해질녘이 되자 수많은 바다사자들이 모래사장으로 올라와 뒹굴뒹굴 몸을 굴리며 등을 모래에 비벼댄다. 기생충 대책인걸까? 훌쩍 가까이 다가가도 도망치지 않는다. 마침 몸집에 딱 맞는 우묵한 바위에 누워, 다른 바위를 베개삼아 푹 잠든 젊은 암컷도 있다. 신뢰로 가득한 잠든 얼굴은, 다윈이 찾아왔던 때부터 계속 사람을 두려워하지 않는 동물들로 이 섬을 상징하고 있었다.

밤이 되어 산타크루즈호 선실 갑판에서 바다를 바라보고 있으니, 동그란 모양을 한 무언가가 움직이고 있었다. 쌍안경으로 보니 갈라파고스 푸른바다거북이었다. 등딱지에 제법 큰 빨간 고둥이 두 개나 달라붙어 있었다. 그것은 잠시 배 옆에서 같은 방향으로 헤엄쳐가더니 곧 먼 바다로 사라져버렸다.

바르톨로메섬에 상륙했을 때는 갈라파고스 펭귄이 맞이해 주었다. 5마리 펭귄들이 용암 갯바위에 서 있었는데, 고무보트가 가까이 다가가자 그중 한 마리가 바다에 뛰어들어 이쪽으로 헤엄쳐왔다. 야생 펭귄을 이렇게나 가까이에서 본 것도 처음 겪은 일이었다. 그 뒤 바다이구아나를 보았다. 바닷물 위로 머리를 내밀고 쓱쓱 헤엄치고 있었다. 생각했던 것보다 훨씬 작았다.

이날은 갈라파고스에 머무르던 5일 중에서 유일하게 활짝 갠 날이었다. 바르톨로메섬 바닷가에는 용암 거품이 부서져서 만들어졌다는, 예쁜 고리 모양을 이루는 산호초와도 같은 구조가 몇 개나 있었다. 마치 동그란 수영장이나 목욕탕처럼, 용암이 주위를 에워싸고 있었다. 그 안에서 바다사자 한 마리가 느긋하게 헤엄치고 있었다. 이 섬의 꼭대기는 무척 높다. 끝까지 올라가자 저 멀리 다프네섬이 보였다. 다프네섬은 프린스턴 대학교 진화생태학자 피터 그랜트와 로즈마리 그랜트 부부가 오랜 세월에 걸쳐 다윈핀치라는 새에 대해서 연구하는 장소이다.

바르톨로메섬 만에서 수영을 했다. 수온은 22도라는데 제법 차가웠다. 그러나 햇볕이 강렬하게 내리쬐어 더웠기 때문에 물에 들어가도 괜찮았다. 바닥에는 해조류가 잔뜩 자라나 있었는데, 그 틈새에서 쥐치나 자리돔 종류의 물고기들이 헤엄치고 있었다. 물고기가 어느 종류인지 구분해보기 위해 잠수를 하니 눈앞에 바다사자가 나타나서 깜짝 놀랐다. 잠시 바다사자와 함께 헤엄을 쳤다.

점심을 먹기 위해 산타크루즈호로 돌아왔다. 식사가 끝난 뒤 선실 갑판에 있었는데, 배에서 먹고 남은 음식을 바다에 버린 탓에 몇십 마리나 되는 군함조들이 음식을 먹으려고 배 뒤를 따라 날면서 몇 번이나 바다 속으로 뛰어들었다.

그날 오후, 산살바도르섬을 찾아갔다. 푸에르토 에가스라는 작은 만에 상륙했다. 이곳은 옛날에 에가스라는 사람이 바닷물로 소금을 만드는 일을 하면서 살았는데, 남미 땅에서 돌소금이 발견되면서 폐업을 하게 되었다고 한다. 그가 데려온 염소와 고양이는 오늘날 갈라파고스에서 큰 문제가 된, 밖에서 들어온 침입종의 원인이 되었다. 에가스가 데려온 고양이뿐만 아니라 섬으로 들어와 살게 된 사람들은 모두 가축과 반려동물들도 함께 데리고 왔다. 그 중에서 야생동물이 된 고양이와 염소가 특히 문제가 되었다. 갈라파고스의 식생(植生)을 망가뜨리고 새와 이구아나들의 알을 먹어버리기 때문이다. 그 숫자는 몇만 마리라고 하며 박멸작전이 벌어지고 있다.

이 섬에서는 갈라파고스 물개를 보았다. 바다사자보다 조금 작고 털이 보송보송한 느낌이 든다. 바위턱에서 데굴데굴 뒹굴며 잠을 자고 있었다. 그 옆에서 바다이구아나 4마리가 저물어가는 노을을 바라보며 가만히 앉아 있었다. 오후 5시 반이 되자 해가 저물어가고, 태양을 바라보는 이구아나의 그림자도 길쭉하게 늘어난다. 괴수와도 같은 무서운 모습을 한 바다이구아나이지만, 이따금 흥! 하고 코에서 바닷물을 뿜어내는 모습은 무척 귀여웠다. 새끼바다사자들이 무슨 생각을 했는지 바다이구아나를 쫓아가 꼬리를 잡아 누르려 했다. 도망치던 바다이구아나가 이번에는 빨간 게를 건드리자, 게는 허둥거리며 바위틈에 몸을 숨기는 술래잡기가 펼쳐졌다.

바르톨로메섬의 해구

용암이 흘러내린 흔적이 선명하다

▲잠자는 바다사자

◀빨간 턱밑주머니를 한껏
부풀리고 암컷을 유혹하는
수컷 군함조

▼갈라파고스펭귄

▲푸른발얼가니새(booby)

▶제비꼬리갈매기

▶▼나스카얼가니새

▼붉은게

헤노베사섬은 바닷새들의 번식지이다. 붉은발얼가니새가 맹그로브나무 안에 둥지를 틀고 있었다. 가지를 모았을 뿐인 단순한 둥지이다. 그 한가운데에 하얀 깃털로 뒤덮인 복슬복슬한 아기새가 오도카니 앉아 있었다. 이들 또한 전혀 도망가지 않는다. 사람의 눈을 신경 쓰지 않았다. 아기새가 곁을 지켜주는 부모도 없이 둥지 한가운데에 앉아서 천진난만한 눈으로 이쪽을 마주 바라본다니, 믿을 수 없는 광경이다.

부모새는 몸이 옅은 갈색이며, 부리가 파랗고 발이 새빨갛다. 푸른발얼가니새가 유명하지만 붉은발얼가니새도 우열을 가릴 수 없을 만큼 아름답다. 또 다른 한 종류, 새하얀 몸에 까만 칼깃을 지닌 나스카얼가니새도 참 곱다. 얼가니새는 모두 마주 바라보면 눈과 눈이 떨어져 있어서 우스꽝스러운 표정을 짓고 있는 것처럼 보인다. 몸이 새까만 용암갈매기는 이제 3백 쌍밖에 남아 있지 않다고 한다.

북(北)시모어 섬에는 푸른발얼가니새 번식지가 있었다. 푸른발얼가니새는 옅은 갈색 몸에 새파란 발을 지니고 있다. 발이 보통 파란 게 아니라서 마치 페인트라도 칠한 것이 아닌가 싶을 정도였다. 재미있는 모습으로 춤추는 구애의 몸짓이 유명하지만, 내가 찾아간 8월에는 이미 구애 시기가 끝나고 아기새가 태어나기 시작하는 계절이었다.

푸른발얼가니새 둥지는 둥지라고 부를 수 있을 만한 것이 아닌, 땅이 얕게 파인 곳이다. 똥과 깃털이 주위에 하얗게 흩어져 있고, 그 한가운데에 부모 새가 앉아 있었다. 알은 2개. 이미 아기새가 태어난 둥지에는 아기새가 2마리 있는 곳과 1마리밖에 없는 곳이 있다. 2마리 있는 곳에서는 2마리의 크기가 눈에 띄게 차이가 나는 둥지가 많았다. 머지않아 작은 쪽이 죽고 말리라. 어느 둥지에서는 바로 옆에 아기새 한 마리의 시체가 있고, 살아남은 쪽은 무심하게 둥지 한가운데에 계속 앉아 있었다. 수많은 아기새들이 죽어있었다. 그럼에도 불구하고 조금도 냄새가 나지 않았다. 바닷새 번식지란 아기새의 시체와 부모가 토해낸 물고기와 똥으로 매우 고약한 냄새가 나는 법인데, 이곳은 냄새가 나지 않았다. 무엇이든 바싹바싹 메말라 있었기 때문이다.

둥지와 둥지 사이의 거리는 무척 좁아서 빽빽하게 모여 있었다. 똥과 깃털이 하얗게 흩어진 동그라미 모양으로 알아볼 수 있는데, 낯선 이가 그 안으로 들어오면 그들은 공격적인 울음소리를 내며 쫓아낸다. 그 밖이라면 영역 밖이

바다이구아나

육지이구아나

기 때문에 누구든지 자유롭게 지나다닐 수 있다. 어느 둥지 하나에 있던 아기 새 사진을 찍으려고 뒷걸음질을 치다가 그만 옆 둥지 영역에 발을 들여놓고 말았다. 뒤에서 갑자기 거친 울음소리가 들려와 깜짝 놀라서 뒤를 돌아보니 옆 둥지 푸른발얼가니새 부모가 부리로 내 신발을 쪼려고 했다. 그렇듯 인간을 전혀 두려워하지 않고, 인간 침입자에게도 다른 얼가니새 침입자에게 하듯이 위협하는 자세를 취하는 그 모습이 참으로 귀여웠다.

북시모어 섬은 육지이구아나가 남아 있는 섬이다. 그들은 멸종되기 일보직전이다. 운이 좋으면 늘 자리 잡는 선인장이 있는 곳에서 볼 수 있을지도 모른다고 했는데, 우리들은 운이 좋았다. 정말 선인장 아래에 있어 주었던 것이다. 얼굴과 배가 노란색을 띠고, 등과 발은 어두운 초록색이며 바다이구아나보다도 훨씬 크고 상냥한 눈을 하고 있었다. 잠시 사진을 찍게 해주었지만, 이윽고 천천히 느긋하게 걷기 시작하여 덤불 속으로 사라져갔다.

다윈은 바다이구아나와 육지이구아나를 자세히 관찰하여, 본디 남미에서 살던 이구아나가 떠내려가는 나무를 타고 갈라파고스에 이르러 선인장을 먹는 육지이구아나와 해초를 먹는 바다이구아나로 종이 나누어진 것이라고 생각했다. 이구아나는 도마뱀 종류이기 때문에 바다로 들어가는 일은 드물다. 다윈은 바다이구아나가 바다에 들어가게 된 지 아직 그리 긴 지질학적 시간은 흐르지 않았으리라 생각했다. 왜냐하면 육지이구아나뿐만 아니라 바다이구아나도 깜짝 놀랐을 때는 바다에 들어가지 않고 덤불 속으로 달려 들어가 몸을 숨기려고 하기 때문이라고, 다윈은 날카롭게 관찰했다.

2004년 6월 3일, 갈라파고스에서는 작은 소동이 일어났다. 찰스 다윈 연구소에 따르면, 어업조합에 속한 어부들 약 50명이 연구소와 갈라파고스 국립공원사무소를 점령하고 관계자들을 꼼짝도 못하게 하여 관광객들의 상륙을 가로막았다고 한다.

이유는 다음과 같다. 5월 30일 해삼잡이 금지가 풀렸다. 그러나 해삼은 개체군 감소가 염려되고 있었기 때문에 잡는 시기는 금지가 풀린 뒤부터 60일 동안, 잡는 양은 400만 마리로 정해졌다. 또한 섬 안에는 어업금지구역으로 지정된 곳도 있다. 그리고 이듬해부터 2년 동안 해삼을 잡지 못하게 되어 있었다. 이 결정에 반대하는 어부들이 이번에 이와 같은 일을 벌인 것이다.

갈라파고스제도는 동물들이 사람을 조금도 두려워하지 않는 꿈같은 곳이

다윈연구소에서 사육하고 있는 코끼리거북

용암 고리   바르톨로메섬

다. 그렇게 무방비한 동물들을 보고 있으면 이제까지 잘도 살아남아왔다고 감탄하게 된다. 그러나 멸종위기는 분명하게 다가와 있다. 침입종에 의한 피해, 2만 명의 영주민 인구를 유지하기 위한 활동, 그리고 해마다 찾아오는 6만 명 관광객들. 이제부터 갈라파고스의 자연을 지키기 위해서는 지금보다 더욱 제한을 해야 할 필요가 있으리라.

갈라파고스는 본디 스페인어로 코끼리거북을 가리키는 갈라파고(galápago)에서 온 이름이라고 한다. 그 이름대로 이곳에는 저마다 다른 기묘한 동물들 사이에 섞여서 아주 먼 옛날부터 내려오는 유물과도 같은 코끼리거북들이 엉금엉금 기어다니고 있다.

산타크루스섬 화산 위쪽까지 소형 버스로 올라가면 자연 속에서 살아숨쉬는 코끼리거북들을 볼 수가 있다. 울타리 안쪽에서 소들이 엎드려 누워 있는 목장을 지나 버스에서 내려서 가이드와 함께 좁은 길을 걷기 시작했다. 있다! 머리부터 등딱지 끝까지 1미터나 될 법한 장갑차와 같은 동물이 벼과에 속한 풀의 줄기를 잘근잘근 소리를 내며 씹고 있었다. 쌍안경을 통해서 본 얼굴은 파충류만이 가지는 차가운 눈빛과 커다란 손의 매우 여유롭고 느린 움직임이 어울리지 않는 조화를 이루고 있었다.

1835년 다윈이 갈라파고스를 찾아왔을 때, 코끼리거북은 어디에든지 잔뜩 있었다. 비글호가 산크리스토발섬에 정박한 날, 선원들이 15마리 코끼리거북을 잡아왔다. 어느 개체든 매우 컸고, '그중 한 마리는 □□파운드나 되었다'고 다윈의 일지에 쓰여 있다. 나중에 측정한 몸무게를 적으려고 했던 모양인데, 어찌된 영문인지 비어 있었다.

그러나 그때부터 이미 코끼리거북은 남획(濫獲)으로 언젠가 멸종하는 게 아닌지 염려되고 있었다. 다윈은 9월 23일 찰스섬에 상륙했다. 거기에는 에콰도르에서 유배된 죄인들이 200명에서 300명쯤 살고 있었고, 로슨이라는 영국인이 감독하고 있었다. 그들의 주식은 코끼리거북 고기였다. 로슨이 다윈에게 한 이야기에 따르면, 몇 년 전에는 프리깃함(艦)이 하루에 200마리 코끼리거북을 잡아왔는데 이제는 수가 많이 줄었다고 한다. 로슨은, 앞으로 20년은 버틸 수 있을 거라고 말했다.

1835년부터 20년이면 1855년이다. 그러나 코끼리거북들은 1855년까지도 전멸하지 않았다. 오늘날에도 우리들에게 그 태곳적 모습을 보여주고 있다. 그러나 이번에야말로 그들은 멸종위기에 처해 있다. 이를 상징하고 있는 것이 '외로운 조지'라고 이름 붙여진 코끼리거북의 존재이다. 갈라파고스의 여러 섬에는 저마다 고유한 코끼리거북들이 살고 있고, 13종이 알려져 있었는데, 그중 페르난디나섬과 플로레아나섬에 사는 종류는 멸종되었다. 핀타섬에도 고유종이 있었지만 계속된 남획과, 1950년대에 들여온 염소가 야생동물이 되어 식생을 망가뜨렸기 때문에 멸종했다고 보고 있다. 적어도 암컷은 이제 없다.

1906년 캘리포니아 과학아카데미 소속 집단이 핀타섬을 찾아갔을 때, 수컷을 세 마리 보호했다. 그 뒤 핀타섬에서는 코끼리거북이 목격되지 않았지만, 1971년 염소 박멸을 목표로 활동하던 야생동물관리관이 커다란 수컷 한 마리를 발견했다. 이 수컷이 '외로운 조지'이다. 그 뒤 그 수컷은 찰스 다윈연구소 시설에서 살고 있다.

핀타섬 암컷은 멸종했다고 보았기 때문에, 조지의 '신부 후보'는 유전적으로 가장 가깝다고 생각되는 이사벨라섬 울프 화구(火口)에 사는 종류 중에서 선택되어 왔다. 짝짓기는 이루어졌지만 이제까지 알을 낳고 태어나기까지는 이르지 않았다. 핀타섬에는 어쩌면 아직 암컷이 남아 있을지도 모른다. 그래서 조지의 짝짓기 활동을 유지시키고, 핀타섬에서 암컷을 찾아서 발견되면 조지와 짝을 이루게 하려는 계획이 세워졌다. 최악의 경우에는 조지를 복제하는 일도 생각하고 있지만, 이는 어려운 일이다. 조지는 70년 내지 80년 동안은 살 수 있는 거북이니 아직 젊은 편일지도 모른다.

갈라파고스의 여러 섬에 살고 있는 코끼리거북은 등딱지 모양과 무늬가 미묘하게 다르므로, 보기만 해도 구별을 할 수가 있다. 다윈은 그 사실을 찰스섬의 죄인들과 로슨에게 들었다. 그러나 갈라파고스에 머무르는 동안, 그는 그 사실에 조금도 진지하게 주의를 기울이지 않았다. 코끼리거북에 대해서, 그가 쓴 《비글호 항해기》에는 한 마리에 200파운드나 고기를 얻을 수 있을 만큼 크다는 둥, 그중 한 마리는 6명의 남자들이 모두 달려들어도 들어 올릴 수 없었다는 둥, 크기에 대해서만 써놓았다. 그리고 그가 서로 다른 두 섬에서 본 코끼리거북은 우연히 비슷한 모습을 하고 있어서, 그는 구별할 수 없었다. 그래서 섬마다 모습이 다르다는 이야기는 현실성이 없다.

물론 그것은 생물이 진화한다는 생각이 인정되지 않았을 때의 이야기이다.

진화한다는 생각은 프랑스 학자 라마르크가 내놓았지만, 다윈의 스승 중 한 사람인 지질학자 찰스 라이엘은 그가 쓴 《지질학 원리》 제2권에서 라마르크의 생각을 매섭게 공격했다. 그 《지질학 원리》 제1권을, 다윈은 비글호로 항해를 할 때 지니고 있었다. 제2권은 항해를 하다가 영국에 보내달라고 부탁하여, 남미 항구에서 손에 넣어 열심히 읽었다. 비글호 항해를 나서기 전 다윈은 진화에 대해서 아무것도 생각하지 않았다.

생물이 진화한다는 사실도, 종(種)이 나뉨에 따라 적응방산(適應放散)이 일어난다는 사실도 아무것도 몰랐던 청년이, 태평양에 있는, 육지에서 아주 멀리 떨어진 외딴 섬에서 처음으로 여러 가지 기이한 생물들을 직접 눈으로 보았다. 종은 창조의 날에 만들어진 뒤 이제까지 변하지 않고, 저마다 종은 자연계에서 맡은 역할을 다하도록 그곳에 배치되어 있다고 믿었던 청년이다. 아무리 현명하다고 해도 모든 일에 대해 날카로운 관찰력을 발휘할 수는 없다. 코끼리거북은 최근에 스페인 사람들이 다른 섬에서 데려온 것이리라, 그렇게만 생각했다. 다윈은 그 크기에 놀라 감탄을 금치 못했고, 고기를 맛있게 먹었지만 표본을 채집하지는 않았고 기록도 하지 않았다.

그렇다면 그의 이름을 붙인 다윈핀치라는 새는 어떨까? 다윈과 진화에 대해 해설한 책에 따르면, 갈라파고스제도에서 여러 핀치 종류가 저마다 다른 섬에 살고 있는 것을 보고, 그는 진화에 대한 생각을 가지게 되었다고 쓰여 있다. 그러나 이 이야기는 현실과 걸맞지 않다. 핀치에 대해서도 그는 주의를 기울이지 않았기 때문이다.

갈라파고스제도에는 다윈핀치라고 불리는 새가 13종이나 있다. 모두 눈에 띄지 않는 참새와 같은 새로, 색은 검은색이나 갈색이 섞인 얼룩이다. 부리가 가는 종부터 부리가 큰 종까지 있고, 그 형태에 맞추어 식성도 달랐다. 이 다윈핀치에 대해서는 프린스턴 대학 그랜트 부부가 오랜 시간을 들여 자세히 연구를 하고 있다. 그러나 자연도태와 성(性)도태 이론을 생각해낸 그때의 찰스 다윈에게 있어서, 적어도 갈라파고스제도에 머무르고 있었을 때의 이 새는 아무런 특별할 것도 없는, 보잘 것 없는 새에 지나지 않았던 듯싶다. 특히 남미 정글에서 극채색으로 화려한 새를 잔뜩 본 뒤여서는, 관심을 끌지 못했을지도 모른다. 나는 진화에 대해서도 그랜트 부부의 연구도 알고 있기 때문에, 이 눈에 띄지 않는 새의 사진을 찍으려고, 필사적으로 셔터를 눌러댔지만, 다

다윈핀치 암컷

다윈핀치 수컷

른 관광객들은 이 수수한 새에게 아무런 흥미가 없는 것 같았다. 가이드도 해설을 하지 않았다.

《비글호 항해기》에서 이 새에 대해서는, 10월 1일 앨버말섬(이사벨라섬)에서 기록한 내용 중 한 줄에만 나온다. 그것도 '비둘기와 핀치'라고 쓴 부분뿐이고, 다음 문장은 핀치가 아니라 비둘기에 대한 것이었다. 그럼에도 그는 수많은 핀치 표본을 모아서 영국에 보냈다. 다만 어느 섬에서 모았는지 제대로 기록하지 않은 허술한 채집방법이었다.

10월 20일, 비글호는 북서쪽 끝에 있는 두 섬을 측량한 뒤 타히티로 향했다. 다윈이 갈라파고스제도에 머무른 기간은 1개월 5일. 갈라파고스는 그에게, 까만 용암으로 뒤덮인 매력 없는 곳, 못난 모습을 지닌 이구아나와 다른 혹성에 사는 생물인 것만 같은 코끼리거북이 살고 있는 기묘한 곳, 그러나 그다지 학문적인 흥미가 돋지 않는 곳이라는 인상을 주었다.

하지만 그의 마음에 조금 걸리는 새가 있었다. 바로 흉내지빠귀였다. 직박구리와 비슷한 크기의 새로 어느 섬에서든 볼 수 있다. 나도 섬을 돌아볼 때마다 이 새를 보았다. 다윈은 여러 종류의 새들과 함께 이 새도 채집했는데, 칠레에서 본 흉내지빠귀와 똑같이 생겼지만 울음소리가 다르다는 점을 알수 있었다. 이 표본은 어느 섬에서 채집했는지 제대로 기록한 다음 영국으로 보냈다.

1836년 8월 즈음, 비글호로 세계일주를 하면서 얻은 조류학적 기록을 정리할 때, 그는 이 흉내지빠귀 표본이 산크리스토발섬과 이사벨라섬에 사는 새는 비슷하지만, 다른 두 섬에서 채집한 표본은 저마다 다르다는 사실을 발견했다. 어쩌면 섬마다 다른 종류가 살고 있을지도 모른다, 이건 대체 어떻게 된 일이지? 다윈은 의문을 가지기 시작한다.

'스페인 사람들이 코끼리거북의 몸의 생김새, 등딱지 모양, 크기 등으로 어느 섬에서 온 코끼리거북인지를 알아맞힐 수 있다고 말했던 것과, 실제로 엎어지면 코 닿을 데 위치한 섬마다 사는 새들의 구조가 조금씩 다르고, 자연 속에서 완전히 똑같은 위치를 차지하고 있다는 점을 알게 된 뒤여서 모두 그저 변종에 지나지 않나, 그렇게 생각할 수밖에 없다. 이에 걸맞은 예를 들자면, 동(東)포클랜드섬과 서포클랜드섬에 사는 늑대를 닮은 여우가 저마다 분명하게 다르다는 주장밖에 생각나지 않는다. 만약 여기에 조금이라도 진실이 있다면, 섬 동물학은 크게 연구할 가치가 있으리라. 왜냐하면 이 사실은 종이 불변한다는 생각을 뒤집을지도 모르기 때문이다.'

(〈다윈의 조류학 노트〉에서)

여기서 처음으로 그는 종이 시간의 흐름에 따라 변화할지도 모른다는, 진화에 대한 생각을 품게 된다. 그리고 1837년이 시작될 무렵, 비글호로 채집한 조류 표본을 분류하던 조류학자, 화가, 박제사 존 굴드에게서 자신이 핀치라고 묶어서 보낸 표본에 다른 종류가 많이 포함되어 있다는 말을 들었다. 이 말을 들은 그는 깜짝 놀랐을 것이 틀림없다. 모른다는 것은 무서운 일이다. 다윈은 갈라파고스제도에서 더욱 세밀하게 표본 채집을 했으면 좋았을 것이라고 후회했으리라.

1839년 비글호 동물학 연구가 발표되었을 즈음, 그는 이미 종이 불변한다는 말을 믿지 않았다. 비글호를 타고 항해하면서 다윈은, 남미에서 열대 자연을 만끽했고, 아르헨티나 팜파스에서 메가테리움 화석을 발굴하였으며, 칠레에서 지진에 의해 지면이 하룻밤 사이 위로 솟은 것을 보았고, 그 때는 의미를 몰랐다고 해도 갈라파고스제도에서 섬 생물지리학을 조금 엿볼 수 있었다. 귀국한 뒤 2년 동안 이 모든 것을 정리하고 되새기면서, 그는 진화학자로 변신한 것이다.

표본의 행방

1836년 10월 2일, 비글호는 영국 팰머스 항구에 도착했다. 5년에 걸친 다윈의 항해는 끝이 났다. 배에서 내린 다윈은 곧바로 슈루즈버리에 있는 집을 향해 출발하여 2일이라는 가장 빠른 속도로 집에 돌아왔다. 10월 4일 늦은 밤, 가족들은 모두 깊이 잠들어 있는 마운트 저택으로 들어갔다.

찰스가 어젯밤에 돌아왔다는 사실을 아무도 몰랐기 때문에, 아침식사 자리에 갑자기 그가 나타나자 가족들은 깜짝 놀랐다. 찰스는 물론이고 아버지 로버트 다윈부터 형제자매들, 사용인들까지 모두 찰스와의 재회를 크게 기뻐했다.

5년이나 만나지 못한 가족들과 재회하여 수많은 모험담을 들려주고, 이웃 사람들과 인사를 하는 등 여러 가지 일로 며칠이 흘러갔다. 그러나 찰스에게는 서둘러 해야 할 중요한 일이 있었다. 비글호를 타고 항해하면서 채집한 수많은 양의 표본들을 정리하는 일이었다. 항해하면서 들른 이곳저곳에서 모은 표본들을, 그는 케임브리지 대학 시절 은사 헨슬로 교수에게 보냈다. 그 표본들이 모두 무사히 전해졌다는 사실은 참으로 놀라운 일이다.

아직 비글호에 남아 있는 표본들도 있었다. 화석, 뼈, 털가죽, 박제, 새알, 식물 표본, 해파리와 같은 생물을 알코올에 담근 표본……모두 정리하니 보존용액에 담가 둔 표본이 1,529개, 박제와 같은 마른 표본이 3,907개에 달했다. 게다가 770쪽 일기와 1,383쪽 지질학 기록, 368쪽 동물학 기록이 있었다. 이 모든 기록들은 아직 아무도 모르는 발견도 포함해서 박물학(博物學)의 보물로 가득한 산이나 다름없었다. 실제로 이 기록들은 그저 신종(新種)에 대한 기록뿐만 아니라, 그가 자연도태에 의한 진화이론을 형성하는 주춧돌이 되었다.

귀국하고 13일 뒤인 10월 15일, 다윈은 케임브리지를 찾아갔다. 그곳에서 헨슬로와 세지윅과 상담하여 표본을 정리하고 분류해줄 학자들을 소개받았다. 그리고 그들이 써준 소개장을 손에 들고 10월 20일, 런던으로 향했다.

런던에서 형 이래즈머스가 애호가 생활을 보내고 있던 집에 신세를 졌다. 그곳은 리젠트 스트리트 변두리로 들어가면 나오는 그레이트 말보로우 스트리트였다. 5년 동안 영국을 떠나 있었던 찰스가 오랜만에 본 런던은 모습이 많이 바뀌어 있었다. 런던 브리지가 완성되고, 유스턴역 등 큰 건축물들이 잇달아 지어져서 경제적으로 발전했다는 증거가 되기에 충분했다. 그 발전을 떠받치고 있는 것은 신흥 부르주아계급이었고, 영국 사회는 옛날 상류계급과 국교회에 의한 지배로부터 확실히 바뀌어가고 있었다.

런던은 오래된 역사와 새로운 생각이 공존하고, 활기가 넘쳐흐른다. 오늘날 도시의 모습은 1666년 런던 대화재가 일어난 뒤, 수학자이면서 건축에 뜻을 둔 크리스토퍼 렌이 설계했다. 세인트 폴 대성당을 비롯하여, 렌이 설계한 교회를 비롯한 여러 건축물들로 특징지어진 예스러움과 장엄함. 그러나 그러한 점들을 계속 지켜나갈 뿐만 아니라, 늘 새로운 착상을 받아들여 새로운 생각을 만들어내고 있다. 그에 비하여 빈과 같은 곳은 오래된 역사의 훌륭함은 둘째 치고, 그저 그것을 지켜나갈 뿐인 소극적인 느낌을 받는다.

런던을 어슬렁거리면서 찰스의 형 이래즈머스 다윈이 살았던 집, 1836년 귀국한 뒤 찰스가 머물렀던 집을 보려고 그레이트 말보로우 스트리트에 가보았다. 런던에는 과학자, 문학가, 정치가, 군인 등 옛날 유명인들이 살았던 곳에 파랗고 동그란 명판(블루 플라크)이 붙어 있는데, 몇 년부터 몇 년까지 누가 그곳에서 살았는지가 기록되어 있다. 그 명판을 찾아서 걸어다녔다. 그러나 그레이트 말보로우 스트리트에는 다윈의 명판이 없어, 형제가 살았던 집은 찾을 수가 없었다.

주변을 둘러보면 즐비하게 늘어선 테라스하우스. 상류계급들이 사는 곳이라는 걸 알 수 있다. 찰스의 형 이래즈머스는 의사를

토머스 헨리 헉슬리(1825~1895)

목표로 공부했지만 중간에 포기하고, 케임브리지 대학도 에든버러 대학도 흐지부지 시간을 보내며 다녔기 때문에 결국 아무것도 이루지 못했다. 그러나 부모 재산으로 상류계급들이나 문인들과 사귀면서 '우아하게' 살았다. 찰스는 '퇴폐와 타락의 도시' 런던으로 와서 이러한 형의 집에 머물렀지만, 끝내 형과 같은 생활에 빠져들지는 않았다. 아마도 그에게는 그저 생각이나 평론이 아닌, 5천 개를 웃도는 표본이라는 실체에 뒷받침된 박물학이 분명하게 존재했기 때문이리라.

그레이트 말보로우 스트리트에서는 아무것도 발견하지 못했지만, 런던을 발길 가는 대로 걸어다니며 푸른 명판을 찾는 것은 재미있었다. 좁은 길을 불쑥 빠져나와 보면, 생각지도 못한 사람의 이름이 새겨져 있기도 했다. 예를 들어 핀칠리 로드에는 빈 출신 화가 코코슈카가 살았던 집이 있었다. 다윈의 친구 토머스 헨리 헉슬리와 인연이 있는 장소를 찾고 있었을 때 우연히 발견했다.

1836년 12월 13일, 다윈은 케임브리지로 돌아왔다. 먼저 헨슬로 스승 집에 신세를 졌지만, 3일 뒤 피츠윌리엄 스트리트에 있는 하숙집을 구했다. 그는 비글호에 있을 때 개인적인 표본제작 조수로 고용했던 소년 심스 코빙턴을 데리고 돌아와 계속 조수로 삼았다. 피츠윌리엄 스트리트에서 구한 집에 코빙턴도 함께 옮겨와 살며 다윈을 도왔다.

1998년 여름날 해 질 녘, 우리들은 우연히 이 장소를 발견했다. 옛 아덴부르크 병원을 새롭게 꾸민 저지(Judge) 연구소(오늘날 저지 비즈니스 스쿨) 주변을 산책하다가 눈에 띄지 않는 피츠윌리엄 스트리트 한 곳에서 '찰스 다윈, 1836~1837'이라고 쓰인 명판을 발견했다. 식물원과 스승 헨슬로의 집과도 가까운, 차분하고 조용한 곳이라 딱 알맞았으리라. 비글호로 항해하고 돌아온 뒤, 바로 이곳에서 다윈은 맨 처음 표본 정리에 공을 들였던 것이다.

코빙턴은 1833년 비글호에서 다윈의 전속조수가 되었다. 그때 그는 아직 18세였다. 다윈에게 총 쏘는 법과 동물 포획하는 방법을 배운 그는 항해하는 동안 다윈을 위해서 몇천 개나 되는 표본을 채집하고 포장했다. 다윈의 연구조수 및 사용인이라는 역할은, 1839년 다윈이 결혼할 때까지 이어졌다. 그 뒤 그는 오스트레일리아로 이주했다.

심스 코빙턴을 주인공으로 한 소설(Mr. Darwin's Shooter)이 1998년 출판되었다. 작가는 오스트레일리아 출신 로저 맥도날드. 다윈과 관련된 것이라면 무엇이든 사들였던 나는 곧바로 책을 사서 읽어보았다. 비글호를 타고 항해할 때의 모습이나 남미에서 다윈이 겪은 경험은 충실하게 재현한 듯싶다. 하지만 코빙턴에 대한 정보는 실제로 그다지 많지가 않다. 이 소설 앞부분은 경건한 기독교도로 자라나 매우 어린 나이에 해군 병사가 된 노동자계급 소년의 눈을 통해서 다윈의 모습이 그려진다. 뒷부분은 신앙을 의심한 적이 없는 그가 오스트레일리아로 이주하고 가난한 중년이 된 뒤, 자신이 시중을 들었던 신사가 성서의 신앙을 뒤흔드는 책을 썼다는 사실을 알고 느끼는 고뇌가 주제였다. 제법 재미있는 소설이었다.

다윈은 헨슬로와 세지윅에게 소개받은 사람들을 만나보고, 수많은 표본을 어디에 맡길지 고민했다. 화석 포유류 표본들은 그 시절 가장 뛰어나다고 생각하는 해부학자 리처드 오언이 있는 왕립외과학회 소속 헌터리언박물관으로 보냈다. 왕립외과학회는 18세기 외과의사 존 헌터가 소장하고 있던 수많은 인

트링에 있는 월터 로스차일드 자연사박물관 전시실

체 및 동물 표본을 정리하여 전시하는 박물관을 만들고 있었고, 오언이 그곳의 주임이었다. 1836년 수리 공사를 하고 있던 헌터리언 박물관으로, 남미에서 가져온 메가테리움을 비롯한 귀중한 화석 포유류 표본들이 보내졌다. 왕립외과학회와 헌터리언 박물관은 링컨스 인 필즈에 있다. 오늘날 이 박물관에는 누구든지 들어갈 수 있는 곳이다.

80개 포유류 표본과 450개 조류 표본은 동물학협회에 기부하기로 했다. 이 조류 표본에는 물론 갈라파고스핀치 박제가 포함되어 있다. 이 표본들을 담당하게 된 사람이 조류학자 존 굴드였다. 굴드가 분류해 준 덕분에 다윈핀치류의 관계가 바뀌었고, 이것이 다윈의 진화이론 형성에 커다란 영향을 주었다는 것은 두루 알고 있는 사실이다.

혹시 이 조류 표본들이 지금 어디에 있는지 알고 있는가? 바로 잉글랜드 중부 하트퍼드셔에 있는 트링이라는 작은 도시이다. 이름은 월터 로스차일드 자연사박물관. 1971년 이곳에 옛날 대영박물관의 일부였던 자연사박물관의 조류부문이 옮겨오게 되었고, 핀치류를 포함한 다윈의 표본이 자리잡게 되었다.

이름대로 이 박물관은 로스차일드의 개인 박물관이었다. 제2대 로스차일드 남작 라이오넬 월터가 어렸을 때부터 모아온 수많은 곤충, 조류, 파충류, 포유류 표본을 전시하기 위해 만들었다. 1868년 태어난 라이오넬 월터는 어릴 때부터 박물학을 좋아하여 스스로도 많은 표본을 모았는데, 부자였기 때문에 온 세계에서 귀중한 표본을 사 모으기도 했다. 표본뿐만 아니라 살아 있는 동물도 온 세계에서 잔뜩 모아서, 저택 정원에 커다란 동물원을 가지고 있었다. 평범한 말이 아닌 얼룩말이 끄는 마차를 타고 다녔다는 사실은 유명하다.

다윈이 항해를 했던 때는 대영제국이 식민지를 확장하던 시대였다. 해군은 물론이고 탐험가, 박물학자들도 좋든 싫든 관계없이 의도하던 의도하지 않던 상관없이, 식민지 정책의 '앞잡이' 역할을 맡았다. 그 정치적 귀결이 무엇이었든, 영국이 소장하는 수많은 표본들은 틀림없는 제국주의의 유산이다.

엠마와의 결혼

표본을 정리하면서 형 이래즈머스와 함께 런던에서 지내던 찰스 다윈은, 비글호 항해 기록을 학술논문으로 만들어 학회에 발표하면서 점차 신진 박물학자로서 유명해졌다. 그리고 다윈 가문의 한 사람이라는 좋은 집안 출신인 점도 거들어, 토머스 칼라일을 비롯한 런던 명사들과 활발한 교류를 하게 되었다.

이때 다윈은 비밀 노트를 적기 시작한다. 그것은 종(種)이 창조의 순간에 만들어진 뒤로 변화하지 않는다는 학설에 의심을 품은, 진화이론의 싹을 틔우는 메모였다. 창조론과 대비되는 진화론, 생물이 시간의 흐름과 함께 변화해왔다는 이론은, 다윈이 처음으로 주장한 것은 아니다. 18세기 생물학자들도 이 이론을 언급했고, 무엇보다도 라마르크라는 선배가 있었다. 그러나 영국국교회가 여전히 영국인들 삶의 모든 것을 지배하던 시대에서 진화론은 위험한 사상이었다.

세계일주에서 돌아와 새로운 지질학과 동물학의 성과를 발표한 신진기예 박물학자는 학계이든 정계이든 '높은 분'들의 마음에 들어서 그들의 세계에 받아들여지고 싶었다. 실제로 그들에게 점점 받아들여지고 있었고, 모두가 주목하는 대상이었다. 그러한 그가 기존 세력들이 내세우는 세계관, 자연관을 무너뜨리는 위험한 사상을 기르고 있었던 것이다. 노트는 엄중한 비밀이었고, 그런 생각을 가지고 있다는 사실은 진보 사상을 가진 형 이래즈머스에게만 털어놓을 수 있었다. 이러한 괴로움에 빠져 있던 찰스는 기묘한 병에 걸리고 만다. 심장이 거세게 뛰고, 위통과 두통이 일어나며 식욕이 없어졌다. 뒷날 그를 계속 괴롭힌 원인불명의 증상은 이때부터 자주 나타나기 시작한다.

비글호 항해를 통해 얻은 지질학과 그 밖에 성과는 함장 피츠로이와 함께 학술서로 집필하고 있었다. 그러나 배에서도 그다지 사이가 좋지 않았던 다윈과 피츠로이는 이 책을 집필할 때도 여러 가지로 대립하게 된다. 다윈은 기본적으로 온화한 성격이었고 다툼을 좋아하지 않았으며, 공적으로 보이는 그는 시시한 인간일 수 있다. 하지만 가족에게 보낸 편지나 자신만 보는 일지와 메모에서 그는 제법 신랄하고 재미있는 발언을 하고 있다. 비글호에서 이룬 성과를 정리하여 출판하는 일에 대해 피츠로이와 다툼이 있었을 때, 또 피츠로이 부부가 차를 대접하겠다며 초대했을 때에 누나에게 보낸 편지에 적은 문장이 재미있다.

'함장은 꽤 좋아지기는 했습니다. 매우 교양이 넘치는 방식으로 일어나는 모든 일과 모든 사람들을 왜곡해서 볼 수밖에 없는 남자치고는, 이라는 의미이지만요.'

찰스 다윈은 윌리엄 휴얼, 찰스 라이엘, 애덤 세지윅과 같은 비중 있는 사람들이 '세상을 타락시키는 생각'이라며 비난하는 진화론을 정밀하게 다듬기 위해 날마다 깊이 연구하고 있었다. 이는 그 시대 과학에 있어서 급진적인 생각이었지만, 그때는 진화론과 직접적인 관계는 없더라도 급진적인 생각을 드러내는 사람들이 많이 있었다. 다윈 집안도 웨지우드 집안도 자유로운 사상을 가진 집안이었고, 노예제도에 반대했으며, 사람들에게 인정받고 있었는데, 똑같이 자유로운 사상을 지닌 명사들과도 교류가 있었다. 그들 중에 로버트 맬서스와 해리엣 마티노가 있었다.

맬서스는 《인구론》으로 유명한 사람이다. 다윈이 자연도태론을 생각해낼 때, 맬서스가 쓴 《인구론》을 읽고 큰 영향을 받았다고 말하는데, 그는 그저 이 책을 읽기만 했던 것이 아니다. 맬서스 본인과 친밀한 교류를 나누었던 것이다. 맬서스를 다윈에게 소개한 사람은 작가이자 사회사상가이며 교양 있는 여성 해리엣 마티노였다. 사실 그녀는 형 이래즈머스의 연인이었다.

마티노는 교양 있고 글을 잘 써서 자유로운 사상을 세상에 널리 알릴 수 있는 소설을 썼으며, 미국을 여행하였고, 노예제도를 반대하는, 매우 힘이 넘치는 여성이었다. 이래즈머스는 그녀의 연인이었지만, 그녀의 말이라면 꼼짝도 못했고, 이래즈머스의 남동생도 그녀의 무섭게 달려 나가는 삶에 끌려다녔다. 찰스는 그녀를 '매우 못생겼다'고 이야기했지만, 그녀의 초상화를 보면 그리 못생겼다는 생각이 들지 않는다. 의지가 강해 보이는 착실한 여성으로 보인다.

그 무렵 다윈은 런던 그레이트 말보로우 스트리트에서 박물학 일을 하고 형과 함께 사교계에도 드나들며 학자로서의 지위를 확립하려고 애를 쓰면서, 몰래 그 시대에 있어서 이단적인 생각을 다듬어 나갔다. 그래서 그는 심신증(心身症)이라고도 할 수 있는 증상에 자주 시달리지만, 마티노와 같은 진보적인 사람들과 교류를 했던 점은 충분히 마음의 버팀목이 되어 주었으리라 생각한다. 근원적인 부분에서의 의견 차이를 부정할 수 없고, 정말로 진화 프로세스에 대해서 깊게 연구하고 있다는 사실을 고백할 수는 없었지만, 영국사회의 정신적 풍토가 바뀌어 가고 있었던 점, 진보 사상이 지반을 굳혀 나가고 있었던 점은 큰 위로가 되었으리라.

그러나 찰스 다윈이 마침내 결혼을 생각하기 시작했을 때, 그가 마음에 둔 사람은 마티노와 같은 자립한 여성이 아니었다. 집안의 전통을 충실히 따른다면 어느 의미로 당연하다고 할 수 있는 사촌 엠마 웨지우드였다.

엠마와는 어렸을 때부터 친하게 지냈던 사이였다. 마음을 터놓은 친구이자 피가 이어진 사촌이기에, 서로에게 가슴이 두근거리는 사이는 아니었다. 포동포동한 사과 같은 볼을 한 전형적인 영국적 미인이었다. 그 시절 좋은 집안에서 태어난 자녀들이 배워야 하는 교양은 모두 익히고 있었다. 프랑스어도 이탈리아어도 뛰어났고, 피아노는 쇼팽에게 가르침을 받았다.

엠마는 찰스의 결혼 상대로서 당연한 선택지였지만, 오랫동안 두 사람 사이에 로맨스라고 부를 만한 일은 없었던 듯하다. 그저 허물없는 친구 사이였던 것이다. 게다가 엠마는 찰스보다 한 살 위였다. 엠마가 무슨 생각을 했는지 알 수 없지만, 그녀는 찰스가 항해하는 동안 네댓 번 들어온 혼담을 거절했다. 나이 든 부모님을 보살펴야 한다는 게 이유였지만, 그다지 설득력은 없다. 결정적인 증거로, 1838년 11월 찰스의 청혼을 받아들인 그녀는 이듬해 1월에 재빨리 결혼식을 올려버렸다. 찰스는 서른 살이었고, 엠마는 5월에 서른한 살이 되

는 때였다. 그 시대 사람
들이 보기에 늦은 결혼이
었다.

어쩌면 그녀는 계속 찰
스를 사랑하고 있었는지
도 모른다. 찰스는 그레이
트 말보로우 스트리트에
서 그가 머물던 집에 그녀
가 찾아와 주었던 1837년,
새삼스레 그녀의 매력을
눈치챘던 것 같다. 그때부
터 그는 결혼의 이점과 결
점을 따져보는 표를 만들
기 시작한다.

결혼의 이점은 평온함,
자식이 태어나는 기쁨, 평
생을 함께 할 반려를 얻는

엠마 다윈(1808~1896)

다는 점. 하지만 이러한 즐거움을 누리면서 과학 연구를 계속하기 위해서는
돈이 많아야 한다. 돈이 없으면 어떻게 하지? 자식을 키울 때 많은 돈이 들
게 분명하다. 자식을 키우는 데 드는 비용에 과학 연구 자금을 빼앗길지도 모
른다. 이것이 결혼의 결점. 게다가 시간 낭비라고밖에 할 수 없는 친척들과의
교류. 자유롭게 세계를 여행할 수 없게 되는 점. 한편, 결혼하지 않는다면 이
점은 자유롭다는 점. 유럽이든 미국이든 보고 싶은 것을 얼마든지 실컷 볼 수
있다. 쓸데없는 친척들과의 교류도 독신이라면 하지 않아도 된다. 하지만 런던
의 누추한 아파트에서 언제까지고 홀로 살게 될 허무함. 나이가 들어서 아무
것도 남지 않는다는 외로움.

결혼을 해야 하는지 하지 말아야 하는지, 찰스는 생각이 나는 대로 노트
에 휘갈겨 썼다. 엠마를 결혼 상대로서 진지하게 생각하기 전에 있었던 일이
다. 이렇게 냉철하게 생각하는 찰스 다윈은 어떤 사람일까? 뭐든지 자기 생각
을 꾸밈없이 드러내고, 곧바로 결정을 내리는 나에게, 찰스 다윈의 이러한 점

은 이해하기 어려운 면이기도 하다.

이윽고 엠마를 마음에 품게 된 찰스는 이와 같은 망설임을 안고, 더욱 자세하게 결혼의 이점과 결점을 적은 표를 들고서 아버지 로버트 다윈에게 상담을 한다. 찰스는 이때보다 젊었을 적에 아버지가 가진 재산 총액을 계산하여, 이만큼 되는 재산이라면 자신이 직업을 가지지 않더라도 평생 먹고 살 수 있으리라 어림짐작했다는 이야기가 있는데, 그것은 독신으로 살 때의 계산이었다. 결혼한다면 어떻게 될지 불안했지만, 아버지는 그러한 불안을 해결해 주었다. 덕분에 취직하지 않아도 과학자로서 좋을 대로 연구하는 생활을 보낼 수 있다는 확신을 얻었다. 그래서 그는 드디어 엠마에게 프러포즈를 한다.

엠마의 답은 '네'라는 승낙이었다. 가족들 모두가 이 결혼을 축복해 주었는데, 친척들에게 결혼 소식을 전하던 가운데, 엠마가 로버트 다윈과 결혼한다고 착각한 친척이 있어서 '나이차'를 크게 걱정하는 말을 해서 소동이 일어났다는 재미있는 이야기가 있다.

이렇게 결혼 약속을 하고 난 뒤, 다윈은 런던에서 살 집을 구하기 시작했다. 여전히 비글호 항해 박물지(博物誌)와 지질학 논문을 쓰고, 종의 변화에 대한 비밀의 사색을 적으면서 시간을 쪼개어 집을 구했다. 게다가 이 귀한 집 도련님은 매우 쩨쩨했다. 런던 한가운데에서 해마다 150파운드보다 적은 돈으로 빌릴 수 있는 집을 찾느라 고생했다. 그렇지 않아도 시간이 없는데 되도록 값이 싸고 조용하며 질이 좋은 집을 찾아 헤맸다. 마침내 발견한 곳이 '가워 스트리트'에 있는 아파트였는데, 해마다 550파운드나 했지만 유스턴역에서 가까운 데도 불구하고 조용한 곳이었다. 안뜰에는 개의 시체가 뒹굴고 있었고 벽지와 커튼은 아무리 보아도 어울리지 않는 파란색과 노란색이었지만, 이 요란한 조합을 재미있어 한 두 사람은 이 집을 '마코 코티지(마코앵무새의 집)'라 이름지었다. 오늘날 이곳은 개인 저택이 아니다. 런던대학교 다윈빌딩이란 이름이 붙은 이곳은, 인류학과를 비롯한 여러 학과들이 들어가 있는 건물이 되었다.

결혼은 빨리 하는 편이 좋다고 하여, 찰스와 엠마는 이듬해 1839년 1월 29일에 식을 올렸다. 처음에는 1월 24일에 식을 올리려 했지만 미루어졌다. 그 대신 이 날, 그는 왕립학회 회원으로 뽑혔다. 29일, 두 사람은 웨지우드 가문의 저택 메어홀 맞은편에 위치한 세인트 피터 교회에서 결혼식을 올렸다. 두 사람의 결혼증명서가 교회 회랑에 전시되어 있고, 그 복사본을 몇 파운드에 살 수가 있다고 한다. 진화론이라는 이단적인 이론을 벌벌 떨면서 사색하고 그저 숨기기만 하며 결혼한 다윈은, 설마 160년이 지난 뒤에 자신의 결혼증명서가 교회에서 팔리게 될 줄은 꿈에도 생각지 못했으리라.

다운하우스

찰스 다윈과 관련된 장소 중 가장 유명한 곳은 켄트 주의 다운하우스일 것이다. 찰스 다윈은 이곳에서 생애의 대부분을 보내고, 거의 모든 저서들을 집필하고, 이 세상과 작별했다.

앞에서 소개한 런던의 가워 스트리트의 '마코 코티지'는 찰스와 엠마가 신혼 생활을 시작한 집이다. 찰스는 이곳에서 비글호 항해에 관련된 책을 몇 권 저술했다. 그리고 곧 첫 아이가 태어난다. 1839년 12월 27일에 태어난 장남에게 윌리엄 이래즈머스라는 이름을 붙여주었다.

이제 아버지가 된 과학자, 특히 은밀하게 진화론을 고찰하고 있었던 은둔형 진화학자 찰스 다윈은 몇 시간 내내 아기 요람을 들여다보며 귀여운 윌리엄의 모든 동작과 표정을 기록했다. 그는 그 관찰 기록을, 그즈음 런던 동물원에서 데려온 새끼 오랑우탄 제니의 행동을 관찰한 기록과 상세히 비교해 보았다. 제니는 식기를 자유자재로 사용했고, 기쁨이나 분노와 감정을 인간과 똑같은 표정으로 드러냈으며, 삐질 때도 입을 삐쭉 내밀었다. 제니와 윌리엄을 관찰한 결과에 비글호 항해 중 남미 티에라델푸에고섬에서 본 '야만인'의 생활 모습을 겹쳐 본 찰스 다윈은, 유인원과 인간의 연속성, 즉 인간은 원숭이에서 진화한 것이라는 확신을 가지게 되었다.

런던에서의 생활은 그렇게 행복하지 않았다. 시끄럽고 자극적인 데다 정치적 투쟁이 눈앞에서 빈번히 일어났다. 차티스트 운동(영국 노동자들이 선거권을 요구하며 전개한 개혁운동)이 활발했던 시기라 연설과 데모, 폭동이 그의 집 근처에서도 종종 일어났다. 런던은 혼란스러웠다.

그리고 그는 종의 진화에 대한 '이단적인' 생각을 더욱 심화시켜 가고 있었다. 생물학의 순수학문 문제와 상관없이 진화는 곧 진보사상이었고, 진화라는 생각을 품는 자들은 차티스트 운동가들처럼 세상을 불온하게 만드는 자유주의 분자였다. 그때는 보수파와 진보파가 격렬하게 부딪힌 변혁의 시대였다. 찰스 다윈은 젠트리 계급의 사회적 체면을 유지하면서도 남몰래 이러한 생각에 빠져드는 것을 근심했다. 그 고민은 원인을 알 수 없는 병으로 나타났다. 임신과 출산으로 엠마의 몸 상태도 좋지 않았지만, 찰스의 상태는 그보다 훨씬 나빴다.

윌리엄은 찰스가 결혼을 망설였을 때 결혼의 장점으로 꼽은 '아이가 주는 행복'을 처음 안겨준 아이였다. 아이의 탄생은 역시나 그에게 크나큰 기쁨을 주었지만, 원인불명의 병을 낫게 하지는 못했다. 그는 종종 편두통에 시달렸고, 울적하고 무기력해졌다. 지질학회와 동물학회, 지리학회의 요직에 있으면서도 일을 손에 잡지 못하는 날들이 이어졌다.

그러던 중 엠마는 둘째 아이를 임신한다. 런던의 위험한 환경보다 내적인 번민 때문에 사교적인 모임에도 참석하지 않은 찰스는 엠마가 간병해주는 것만을 위안으로 삼는다. 엠마는 그런 찰스와 함께 사는 삶이 행복했던 것 같다. 그리고 1841년 3월 2일, 둘째 아이가 태어났다. 이번에는 여자아이였다. 찰스는 안나 엘리자베스(애칭은 애니)라는 이름을 붙여주고 무척이나 예뻐했다. 그 사랑은 10년 뒤에 그의 인생을 결정적으로 바꿔버리는 비극으로 끝나게 되지만.

찰스와 엠마는 사촌지간이었다. 이 두 사람 말고도 웨지우드 가와 다윈 가는 대대로 근친결혼을 해 왔다. 그것이 어떠한 악영향을 낳을지, 찰스와 엠마는 내심 두려워하고 있었다. 찰스의 누나도 웨지우드 가의 사촌과 결혼하여 첫째 아이를 출산했지만 곧바로 잃고 말았다. 윌리엄도 안심할 수 있을 만큼 건강한 편은 아니었다. 그보다도 찰스가 정신적으로나 육체적으로도 시끄러운 런던의 환경을 견디지 못했다.

그래서 찰스 가족은 런던을 떠나기로 마음먹는다. 그러나 찰스가 하는 일 때문에 런던에서 멀리 벗어날 수는 없었다. 학회나 학자들과 편하게 교류할 수 있는 런던 교외의 조용한 전원을 희망했다. 손님들이 방문할 테니 기차역도 비교적 가까워야 했다. 그들은 런던에서 30킬로미터 이내, 역에서 8킬로미터 이내라는 조건에 맞는 집을 원했다. 찰스는 아버지 로버트 다윈에게 그런 집을 얻어달라고 부탁했다. 로버트 다윈은 그 부탁을 받아들였다. 그리고 몇 개월 알아본 끝에 발견한 집이 켄트 주 브롬리 근교의 다운이라는 마을에 있는 목사관이었다.

정원에서 바라본 다운하우스 다윈과 엠마는 이 집에서 40년 이상 살았으며 이곳에서 《종의 기원》을 썼다.

우리가 다운하우스를 처음 찾아간 날은 춥고 구름 낀 우중충한 날씨였다.

다운하우스는 교외의 전원 속에 있었다. 하얀 벽과 사방을 뒤덮은 담쟁이 덩굴. 그동안 사진으로만 봤던 찰스 다윈의 다운하우스를 눈앞에서 처음 본 심정은 정말이지 감개무량했다. 찰스 다윈은 이 호화로운 저택에서 유유자적한 생활을 하며 진화론에 대해 사색하고, 아이들 및 하인들과 여러 가지 실험을 하고, 중요한 저서들을 몇 권이나 집필했다. 그리고 이 지역의 치안판사로서 사회적인 활약도 했다. 토머스 헨리 헉슬리, 조지프 후커, 앨프리드 러셀 월리스, 독일의 에른스트 헤켈 같은 학자들이 이곳을 방문해 다윈과 즐겁고 열띤 토론의 시간을 보냈다. 이곳에서 찰스 다윈의 아이들이 여덟 명이나 태어났다.

크고 넓은 이 저택에는 30개도 넘는 방들이 있다. 하인들의 방을 제외해도 웨지우드 가와 다윈 가의 모든 식구들이 묵고도 남을 것 같았다. 식당, 거실, 서재, 그리고 집사 파슬로와 함께 기분전환을 했던 빌리어드룸도 있다. 1층 베란다에는 안락의자가 있고, 정원에는 넓은 잔디밭이 깔려 있고 화단과 채소밭도 있다. 그 앞에 찰스 다윈이 하루도 산책을 빼먹지 않았던 숲속으로 난 오솔길, 샌드워크가 있다.

서재에는 난로가 있고, 커다란 등받침이 있는 검은 가죽의자도 보인다. 찰스 다윈은 이 의자에 앉아 양 옆 팔걸이 사이에 넓은 판을 대고 책상삼아 집필을 했다고 한다. 이 의자의 키가 높아서 그의 키도 컸다는 것을 알 수 있다.

창가에는 현미경이 있다. 현미경용 의자는 다섯 갈래로 나뉜 다리에 바퀴가 달리고 까만 가죽을 씌운 원형 의자다. 창가 밝은 곳에서 현미경을 들여다보고 자료나 책을 꺼낼 때 이동하기 편리하도록 일부러 등받이가 없는 이동식 의자를 썼을 것이다. 하지만 이 원형 의자는 아이들이 제일 좋아하는 장난감이었다고 한다. 아이들은 여럿이 이 의자에 앉아서(물론 발은 바닥에 닿지 않는다) 그중 한 아이가 찰스의 지팡이로 바닥을 짚고 바퀴를 굴리며 해적선으로 항해를 하듯이 온 집안을 돌아다녔다고 한다. 허약한 몸과 섬세한 정신의 소유자이며, 세상의 지탄을 두려워하면서도 진화론을 정밀화하고, 관찰과 분석을 거듭하며 살아온 찰스 다윈이지만, 원형 의자의 시끄러운 소음과 아이들의 환호성이 온 집안을 돌아다니는 것도 그의 가정생활의 일부였다.

다운하우스에는 책이 많다. 찰스 다윈의 서재나 거실, 다른 방에도 책장이 많다. 생물학 관련 전문서적과 기타 학술서, 그리고 소설과 시도 많았다. 제인 오스틴이나 찰스 디킨스, 윌리엄 윌키 콜린스 등의 소설은 가족들이 즐겨 읽은 '신간'이었을 것이다.

다운하우스에 정착한 찰스 다윈은 연구와 집필, 편지, 독서, 산책, 영국 시골의 신사로서 맡은 의무와 교류, 런던과 각지에서 찾아오는 학자들과 연구 관련 토론을 하는 데에 시간을 보내며, 가족과 따뜻한 생활을 영위할 수 있게 되었다. 평생 대학이나 다른 직장에도 자리를 잡지 않은 찰스 다윈은 유유자적한 신사 과학자로서 시간을 자유로이 쓸 수 있었다. 그것은 다른 무엇보다도 그가 부러워지는 점이다.

일정한 직업이 없었으므로 시간의 제약이 없었던 것이지만, 그는 매우 규칙적인 생활을 했다. 오전 중 2시간은 연구와 집필을 했고, 장시간 산책은 하루도 거르지 않았다. 그 사이에도 아이들이 계속 태어나 가족이 늘어갔다.

찰스 다윈이 대부분의 삶을 보냈으며 그에게 가장 중요한 역할을 한 다운하우스와 그 주변을 조금 더 둘러보자.

▲다운하우스 서
재

▶다운하우스 식
당

다운하우스의 큰 식당은 1층의 볕이 잘 드는 자리에 있다. 널찍해서 마음이 편안해지는 방이다. 중앙에 큰 식탁이 놓여 있고, 벽에 붙은 조그만 책상에는 웨지우드 가에서 선물한 큰 도기가 장식되어 있다. 빅토리아 시대에 인기였던 꽃과 새가 그려진 박물학적 도안이다.

큰 식탁 위에는 독서대가 있다. 찰스는 시골의 신사의 일상으로 이 지방의 치안판사를 담당하고 있었다. 그러나 건강 상태가 너무 좋지 않았기에 일일이 재판소에 다니지 못하고, 자택의 이 식당을 '재판소' 삼아 치안판사 일을 했다. 자료를 읽을 때 사용한 것이 이 독서대다.

치안판사가 재판소에 가기 귀찮아서 자택에서 일을 보겠다면 누가 허락해 줄까. 그러나 영국에서는 이런 개인적인 요구가 상당히 통용되는 문화가 있다.

예를 들면 절대온도의 설정으로 유명한 물리학자 켈빈 경, 즉 윌리엄 톰슨의 경우에는 빅토리아 여왕을 움직였다. 그가 작위를 수여받게 되었는데, 일부러 런던의 버킹엄 궁전까지 가서 작위를 받는 것은 너무나 귀찮은 일이었다. 소식에 의하면 빅토리아 여왕은 그가 사는 스코틀랜드 근처에 왔다고 한다. 그래서 톰슨은 여왕을 자신의 집으로 초대하면서 겸사겸사 작위를 수여받게 해달라고 청을 드렸다. 그리고 그 바람을 이룰 수 있었다.

치안판사 찰스 다윈은 이곳에서 어떤 사건을 담당하고 어떤 판결을 내렸을까? 그의 성격대로 일을 했을 것이 분명하다.

식당 옆에 있는 커다란 거실도 마음이 편해지는 공간이다. 정원을 향해 있는 밝은 곳에 엠마의 피아노도 놓여 있었다. 찰스 다윈이 결혼을 할지 말지 고민했을 때, 결혼을 적극적으로 부추긴 장점 중 하나가 '밤에 난로 옆에서 부인의 피아노 연주를 듣는 즐거움'이었다. 이 공간은 정말 편히 쉴 수 있는 휴식 시간이 재현되는 장소였다. 찰스 가족은 음악을 좋아했던 모양이다. 찰스는 악기를 연주하지는 않았지만 프랜시스가 바순을 불었다. 찰스는 그 특기를 자신의 연구에 이용했다. 미모사가 잎을 오므리는 구조에 대해 연구할 때, 프랜시스에게 미모사 옆에서 바순을 불게 하여 잎이 음악에 반응하는지를 실험했다.

현재 다운하우스 1층은 이런 방들과 신구(新舊) 두 서재 등 찰스 가족이 살았던 모습을 그대로 재현해놓았다. 2층에는 가족과 손님용 침실, 아이들 방 등이 있었는데, 이쪽은 당시의 모습은 없고 찰스 다윈의 연구와 비글호 항해,

다윈이 연구한 따개비 다운하우스. 원반을 돌려가며 따개비 모습을 확대경으로 관찰할 수 있게 만든 장치이다.

그의 가정생활을 테마로 삼아 각각 전시실로 꾸며놓았다.

현관 근처에는 빌리어드룸이 있다. 찰스는 일에 지치면 집사 파슬로를 불러 당구를 즐겼다. 현관 계단 밑에 있는 작은 찬장 속에는 아이들의 크로케(나무 망치로 공을 쳐서 후프를 통과시키는 구기 종목) 도구가 들어 있다. 이렇게 다 운하우스 방을 하나하나 살펴보면 찰스 다윈이라는 학자의 생활이 생동감 있 게 살아 숨 쉰다. 그는 남다른 재능을 가진 사람인 동시에 남다른 환경에 축 복받은 사람이기도 했다. 이 점은 동시대의 박물학자이며 뒷날 진화론을 공유 하는 앨프리드 러셀 윌리스, 토마스 헨리 헉슬리, 조지프 후커 등과는 다르다. 특히 가정형편이 어려웠던 윌리스는 하나부터 열까지 그와 완전히 다른 삶을 살았다. 이런 점이 그들의 관계에 정체 모를 어둠의 그늘을 드리웠을지도 모 른다.

다운하우스의 매력은 집 안에만 있는 것이 아니다. 넓은 정원, 채소밭과 화단과 과수원, 그리고 샌드워크라고 하는 산책길은 찰스 다윈의 생활에서 아주 중요한 부분을 차지했다. 온통 잔디로 뒤덮인 정원에서는 아이들이 어렸을 때 크로케나 다른 놀이들을 하면서 뛰어놀았을 것이므로 늘 아이들의 환호성이 울렸을 것이다. 이곳에서는 가든파티를 열기도 했는데, 찰스 다윈은 사교적인 모임을 별로 좋아하지 않았으므로 일반 젠트리 계급에 비해서는 횟수가 적었을 것이다.

채소밭과 화단에는 자급자족용으로 채소와 식물을 키웠는데, 찰스는 유전 연구를 하기 위해 다양한 종을 심어 실험에 이용했다. 찰스 다윈이 살았던 시대에는 유전에 대한 정보가 하나도 없었다. 자연도태에 따른 진화론은 그야말로 유전자가 다음 세대에 어떻게 전해지는지를 연구한 이론인데, 그는 유전의 실체가 전혀 드러나지 않았던 시대에 그 이론을 정립한 것이다.

사실 찰스 다윈과 동시대에 체코의 브르노에 있는 수도원의 사찰에서 그레고어 멘델이 유전의 수수께끼를 풀기 위한 실험을 하고 있었다. 지금은 멘델의 완두콩 실험은 유명하지만, 당시에는 아무도 주목하지 않았으며 찰스 다윈도 그의 논문을 읽지 않았다.

그리고 잘 알려지지 않은 이야기지만, 찰스도 유전의 수수께끼를 풀기 위해 실험을 했었다. 그것도 방대한 양으로. 달맞이꽃을 이용한 실험이었다. 그는 정원사와 하인들에게 부탁하여 많은 식물들을 재배하고, 그 형질을 기록하여 부모 세대와 자식 세대의 차이를 고찰했다. 그러나 달맞이꽃은 적합한 실험재료가 아니었기에 멘델처럼 깔끔한 결과를 얻을 수는 없었다.

찰스 다윈은 또 자가수정시의 불임 현상이나, 꽃이 가진 성의 종류에 대해서도 귀중한 연구를 많이 했다. 채소밭과 화단은 그 연구에서도 큰 활약을 했다. 또한 정원 한편에는 난초와 식충식물 등을 재배한 온실도 있다. 병을 잘 앓는 체질이었던 다윈에게는 식물 연구가 적합하지 않았을지도 모른다. 계속 자는 게 전부일 정도로 상태가 안 좋았던 시기에는 정원사에게 식물 재배를 맡겼다. 자리에서 일어나면 종자를 세어보거나 형질별로 분류하면 된다. 이리하여 그는 앵초, 난초, 식충식물, 덩굴식물 등에 대한 선구적인 각종 연구를 실시했다.

찰스 다윈은 생물계 분야라면 무엇이든지 흥미를 보였다. 진화란 모든 생물과 관계가 깊은 것이니 당연하다. 식물의 종자가 철새의 발에 붙어서 얼마만큼의 거리를 이동할 수 있는지, 또 꿀벌은 어떻게 하여 꽃을 찾아가는지, 개의 기억 능력은 어느 수준인지, 자가수정과 타가수정의 번식력은 어느 정도나 다른지 등 찰스 다윈은 매우 폭넓은 연구를 했다.

자연도태에 따른 진화론을 정리한 《종의 기원》은 1859년에 출판되었는데, 이 대작을 완성하기 전에 찰스 다윈은 따개비 연구에 몰두했다. 그 연구는 《종의 기원》을 완성할 무렵, 동료 식물학자 조지프 후커와 이야기를 나누다가 그의 말이 발단이 되어 시작했다. 후커는 생물 한 종류도 제대로 숙지하지 않은 인간이 종의 변이에 대해 논할 자격은 없다고 말했다. 그 말은 찰스 다윈의 가슴을 찔렀다. 찰스 다윈은 다양한 종류를 연구해 왔지만 한 종을 깊이 파고든 적은 없었다. 그래서 따개비라는 기묘한 자웅동체 무척추동물을 연구하기 시작한 것이다.

그 연구 성과로 1851년에 《갑각류 연구》라는 대작을 출판한다. 이는 지금도 따개비에 대한 가장 뛰어난 연구 중 하나라고 한다. 찰스 다윈이 따개비에 몰두했던 수년간은 윌리엄이나 애니 같이 일찍 태어난 아이들이 걷고 말하며 성장하는 시기였다. 즉 두 아이가 철이 들었을 무렵, 아버지는 늘 따개비 연구만 하고 있었다. 그리고 이 아버지는 일정한 직업을 갖고 있지 않았다. 그러니 이 아이들이 세상의 모든 아버지들은 누구나 따개비 연구를 하나보다라는 생각을 해도 이상하지는 않을 것이다. 윌리엄은 처음으로 친구 집에 초대받았을 때 '너희 아버지는 어디에서 따개비 연구를 하셔?' 이렇게 물어봤다고 한다. 물론 친구는 그게 무슨 말인지 전혀 이해하지 못했겠지만.

정원 끄트머리의 나무문을 빠져나오면, 숲을 벗어난 먼 길까지 오솔길이 이어진다. 이 길이 그 유명한 샌드워크다. 찰스 다윈은 비가 오나 바람이 부나 하루도 거르지 않고 이 길을 산책했다. 그러면서 연구에 대해 고민하고, 가족에게 닥친 불행을 생각하기도 했다. 그와 엠마 사이에는 모두 10명의 자녀가 있었지만, 그중 둘째 딸 메어리 엘레노어와 여섯째 아들 찰스 워링은 어릴 때 죽었다. 넷째 딸 엘리자베스는 발달이 조금 늦었다. 다른 아이들도 썩 건강한 편은 아니었다. 찰스 다윈은 이것이 근친결혼의 영향이 아닐까 걱정하고 있었다. 그래서 자가수정과 타가수정 연구에 그렇게도 파고들었던 것이다.

장녀 애니는 다윈과 엠마가 특히나 예뻐한 아이였다. 총명하고 상냥한 천사 같은 아이였다. 그랬던 애니가 병에 걸려 열 살에 세상을 떠나고 말았다. 어린

그레이트 몰번 언덕

아이들의 죽음이 흔했던 시대였어도 애니의 죽음은 찰스에게는 극복할 수 없는 비극이었다. 찰스는 애니가 죽은 뒤에도 매일 샌드워크를 산책했다. 높이 자란 활엽수 잎이 바람에 흔들리며 소리를 내는 샌드워크를 걸어보았다. 그때 내가 떠올린 찰스의 모습은 진화론을 연구하면서 걸었던 찰스 다윈이 아니라, 애니의 죽음에 부당함을 느끼면서 신의 존재를 묻는 한 아버지였다.

몰번과 일클리

다윈의 사생활은 거의 풍요로웠다. 당시 영국에서 손에 꼽히는 부자 중 한 명이었기 때문에 금전적인 문제는 없었다. 그럼에도 그는 얼마나 걱정이 많은지, 영국 경제가 변화하고 주식이 폭락하게 되면 거지가 되어버릴 것이라는 불안에서 벗어날 수가 없었다. 다행히도 그런 불안이 실현되는 일은 없었지만 말이다.

부부 사이는 어땠을까? 다윈 부부 사이는 매우 원만했고, 엠마와 찰스는 죽을 때까지 진심으로 서로를 사랑했던 것 같다. 다윈은 진화에 대해서 연구했다. 이것은 무신론으로 이어지는 위험한 생각이었다. 그리고 그의 자서전에 따르면, 그는 여러 가지 생각을 한 끝에 40살쯤, 최종적으로 신앙을 버렸다고

제임스 맨비 갈리 의사의 수치요법소 건물

한다. 왜냐하면 성서에 쓰인 일들을 믿게 할 만한 증거가 없었기 때문이다. 엠마는 영국국교회는 싫어했지만, 평생 신실한 유니테리언파 기독교 신도였다. 두 사람 사이에는 이렇게 넘을 수 없는 골짜기가 놓여 있었지만, 그럼에도 서로를 향한 존경을 잃지 않고 깊이 사랑했다.

다윈이 행복하지 않은 점이 있었다고 한다면 그의 건강이 문제였다. 그는 비글호 항해가 시작할 쯤부터 원인을 알 수 없는 병을 앓게 되는데, 그 병이 점점 심해져서 간병하는 집사까지 안색이 파래질 정도로 고통을 호소할 때도 있었다. 결국 이 병이 무엇이었는지는 아직까지 밝혀지지 않고 있다. 남미에서 침노린재에게 물렸던 적이 있으니 샤가스병일 것이라든지 어머니를 일찍 여의어서 심신의 병을 얻은 것이라든지, 수많은 전기 작가들이 추측해 보고 있지만 여전히 그 원인은 밝혀지지 않았다. 다윈은 그 병이 '종의 진화'라는 무서운 생각을 품으며 얻게 된 심신의 병이라고 생각했는데, 그것이 원인일지도 모른다.

다윈의 병은 어느 의사도, 어떤 약으로도 치유할 수 없었다. 1848년의 겨울에는 특히 증상이 심했다. 그즈음 비글호를 타고 함께 항해했던 바솔로뮤 설리반이 몰번이라는 휴양지가 있으며, 갈리 의사의 수치요법이라는 것이 효과가 좋다는 이야기를 해왔다. 다윈은 이 수치요법이라는 것을 받아보기로 했다.

이 치료법이 마음에 든 다윈은 딸인 애니에게도 치료를 권하기 위해 몰번으로 데리고 갔었다. 그러나 결국 그곳에서 애니는 숨을 거두었다. 애니의 무덤은 몰번에 있는데, 우리는 이번에 그곳을 찾아가 보았다.

1999년 9월, 웨지우드 집안 메어의 저택과 웨일스 아스쿠에 있는 앨프리드 러셀 월리스의 집을 방문한 뒤, 그레이트 몰번으로 갔다. 방문자 안내센터로 가서 그곳에서 '몰번에서의 수치요법'이라는 작은 책자를 구매했다. 이 책에는 당시 유명했던 수치요법이란 어떤 것이었는지, 유머러스한 그림과 함께 설명되어 있었다. 말하자면, 약을 복용하지 않고 이른 아침부터 물 뒤집어쓰기, 찬물에 적신 천에 몸을 말고 잠자기, 냉수마찰하기 등의 일과를 통한 체력증진법으로 병을 이겨내자는, 조금 수상한 정신치료법인 것 같았다. 그러나 낫지 않는 난치병을 가진 다윈에게는 지푸라기라도 잡는 심정이었을 것이다.

설리반에게 소개받은 제임스 갈리 의사는 '갈리 의사의 수치요법소'라는 큰 건물을 가지고 있었다. 우리는 즉시 그 건물을 찾아갔다. 안내센터에 있던 여성은 친절하게 많은 것을 알려 주었다. 그녀의 말에 의하면 지도에서 '튜더호텔'이라고 써진 곳이 그 장소로, 지금은 호텔이 아닌 장애인이 계약하여 거주하고 있는 국가 시설이라고 한다.

그 건물은 마을이 내려다보이는 조금 높은 도로 위에 서 있었다. 빅토리아식 빨간 벽돌 건물은 크고 호화로웠고, 권위주의적인 외관이었다. 다윈도 애니도 이곳에 다니며 그 이상한 치료를 받았을 것이다.

그 후에는 애니의 무덤을 찾아갔다. 그 무덤은 조금 전에 자동차를 주차한 교회 정원에 있었다. 커다란 삼나무 아래에 홀로 서 있는 작고 검은 무덤. 크고 높은 탑이 있는 교회를 올려다보니 더욱 작고 덧없어 보이는 고독한 무덤이었다. 애니의 마지막을 지켜본 것은 찰스 한 사람뿐이었다. 어머니 엠마는 다음 아이의 출산이 가까웠기 때문에 마을에 남아 있었기 때문이다.

몰번은 유명한 휴양지이다. 크고 작은 언덕이 이어져 있고 등산도 할 수 있다. 이 언덕을 조금 산책해 보았다. '유니콘'이라는 이름의 술집의 옆길을 걸어

몬터리올하우스

올라가자 '당나귀의 나무그늘'이라는 한 때 당나귀 마차 주차장이었던 곳에 도착했다. 그곳에서 언덕을 빙 돌아 산길을 한동안 걸어가자 '아이비 스컬 락'이라는 큰 바위가 보였다. 작은 아이가 암벽을 등반하는 시늉을 하고 있었다.

산의 높이가 점점 올라, 북쪽으로 나아가 블랙베리와 고사리덤불에 가자 과일의 씨가 빼곡이 들어찬 똥이 잔뜩 보였다. 크기로 보아 아마도 오소리인 것 같았다. 덤불 속에는 동물들의 길이 몇 갈래인가 있었다. 그보다 위로 걸어 올라가니 옛날 말 주차장이 나왔다. 여기서부터는 몰번 마을을 한눈에 내려다볼 수 있는 풍경을 볼 수 있었다. 산악자전거를 타는 사람, 개와 함께 산책하는 사람 등 많은 사람들이 있었다.

다윈은 애니가 죽기 전에도 몰번을 방문했었는데, 1849년에 가족 모두가 왔을 때에는 '더 롯지'라는 큰 저택을 빌려 시간을 보냈다고 한다. 산책이 끝나갈 때쯤 나는 그 저택을 발견할 수 있었다. 언덕 중턱에 있는 크림색의 커다란 집이었다.

애니가 숨을 거둔 집도 찾아보고 싶다는 생각에 에이드리언 데스몬드와 제임스 무어가 쓴 전기 《다윈》을 단서로 걸어갔다. 우여곡절 끝에 우스터 거리를 4분의 1마일 정도 걸어가자 다윈과 애니가 마지막으로 살았던 집 '몬트리

일곱 살(1848) 때의 애니

올하우스'를 우연히 발견할 수 있었다. 크림색과 분홍색의 아담한 2층집이었다.

우리들이 '이 집일까?' 생각하며 도로 맞은편에서 유심히 보고 있자 건물 안쪽에서 노년의 여성이 나와 정원 청소를 하기 시작했다. 나는 주저하다가도 그녀에게 말을 걸었다.

"혹시 이곳이 찰스 다윈과 연고가 있는 집인가요?"

그러자 그녀(미세스 스피어)는 기다렸다는 듯이 청산유수로 거침없이 말하기 시작했다. 대화를 나누다보니 안에 들어와서 차라도 한 잔 마시고 가라는 권유를 받아 집안까지 들어가게 되었다. 집안에 들어가 따뜻한 차와 비스켓을 접대받고 다윈에 대한 이야기를 들었다. 미세스 스피어는 50년 전에 이 집을 샀다는 것, 아래쪽 토지는 이전에는 전부 정원으로 건물은 하나도 없었는데, 곧 땅이 팔리기 시작하면서 점점 집들이 들어서게 되었다는 것 등에 대한 이야기를 들었다. 그녀는 이 집이 다윈과 관계가 있다는 사실은 전혀 몰랐는데, 우연히 그 사실을 알게 되었다고 한다.

"다윈에 대해서는 다들 잘 모르거든. 애초에 여기 교회 목사님은 저기 있는 정원에 애니의 무덤이 있다는 사실도 전혀 몰랐다니까!"

미세스 스피어는 차와 과자를 먹고 마시는 사이에 차례차례 낡은 신문의 스크랩이나 오래된 책들을 보여줬다. 모두 이 집과 다윈에 대한 것들이었다. 여러 사람들이 쓴 다윈의 전기도 있어서 읽어볼 수 있게 해주었다. 다윈이 애니의 마지막을 지켜본 방으로 안내해 주었다. 그 방은 2층에 있는 침실이었다.

▲프라이어리
교회

▶애니의 무덤
묘비

그곳에서는 몰번 마을 풍경이 한 눈에 내려다 볼 수 있었다. 랜들 케인스는 찰스 다윈의 차남 조지 다윈의 증손자이다. 그는 자신의 집 창고에서 애니가 생전에 가지고 있던 편지함을 발견했다. 그 함에는 애니의 유품뿐 아니라 찰스 다윈이 그녀의 추억을 적은 문장과 그녀의 머리카락까지 들어 있었다. 그 함을 계기로 랜들 케인스는 애니와 다윈 가족에 관한 책을 쓰기로 결심했다. 그가 미세스 스피어의 집을 방문한 것은 그 취재를 위해서였다고 한다.

미세스 스피어는 다윈 전기의 필자 중 한 사람인 제임스 무어도 전기를 집필하던 중 그녀의 집을 찾아왔다고 한다. 그는 밀튼 케인스에 있는 오픈 유니버시티 강사이기도 했다. 그는 미세스 스피어의 옆집에 하숙하며 취재를 했다.

미세스 스피어의 집에는 그 다음날에도 방문해서 그 뒷이야기를 듣고 허락을 받아 사진을 찍기도 했다. 혼자 사는 그녀는 이런 이야기 상대를 찾은 것이 매우 기쁜듯 보였다.

이곳에 오기 전, 런던에서 다윈 연구자 헬레나 클로닌과 만났을 때, 이 책에 대해 들은 적이 있었다. 결국 그것은 2001년에 Annie's Box(번역본 제목으로는 《다윈과 가족의 인연》)로 출판됐다. 애니의 슬픈 무덤과 친절했던 미세스 스피어. 이런 추억이 깃든 몰번 여행이었다.

다음날 우리는 북요크셔의 일클리라는 곳으로 향했다. 그곳은 1859년 10월, 《종의 기원》 출판을 눈앞에 두고 건강이 나빠진 다윈이 요양을 위해 2개월 동안 그곳에 머물렀다. 그곳에는 '웨일스 수치요법 호텔'이 있었다. 그곳은 다윈이 머물기 3년 전에 세워진 건물로, 빌리어드와 볼링장도 있다. 그곳은 부자들을 위한 요양시설이었지만, 정작 치료법은 몰번과 똑같은 참혹한 수치요법이었다. 뒤늦게 가족들도 그와 합류했다.

1851년 애니의 죽음은 다윈에게 견디기 힘든 고통이었지만, 1859년 《종의 기원》의 집필과 출판도 그 사회적 충격을 생각하면 다윈에게 크나큰 괴로움을 가져왔다. 그 책이 완성되고 최종원고를 낸 다음에는 다리와 눈이 부어오르고 온몸이 발진으로 뒤덮인 꼴이 되었다.

일클리의 안내센터에 가서 오래된 그림을 가리키며 1856년에 문을 연 요양소는 없냐고 물었다. 그러자 직원이, 그곳은 지금까지 커뮤니티 단과대학이었지만, 요즈음에는 그 대학이 다른 장소로 옮겨가서 마침 얼마 전부터 업자의 손에 넘어갔다고 한다. 업자는 그곳을 분할 개축하여 맨션으로 팔 것이라고 했다.

그 이야기를 들은 나는 그 건물이 있는 곳까지 가 보았다. 데스몬드와 무어가 쓴 다윈 전기에 들어가 있는 삽화에서는 넓게 탁 트인 곳에 세워진 크고 호화로운 건물이었지만, 지금은 울창한 숲으로 뒤덮여 바깥에서는 잘 보이지도 않았다. 입구 문에는 자물쇠가 잠겨 있었고, 출입금지 표시가 되어 있었다. 그러나 안쪽에는 사람이 없는 드넓은 저택 같았다. 한때의 최신 리조트 시설은 지금도 당당하게 우뚝 솟아 있었지만, 1859년 당시 그림에는 있었던 지붕 위쪽 첨탑 몇 개는 없었다. 정원에는 양들이 풀을 뜯어 먹고 있었고, 인기척은 하나도 느껴지지 않았다. 분수는 없었지만, 커다란 연못이 있어 물새들이 헤엄을 치고 있었다.

다윈은 원인을 알 수 없는 심신의 병으로 고생하며 어떤 치료법이든 시도해보고 싶었던 것이겠지만, 애니의 죽음 이후로는 수치요법의 효과를 믿지 않았다. 그러나 당시 갓 만들어진 호화로운 요양시설을 이용한 것을 보면 다윈은 새로운 문물을 좋아하던 것은 아니었을까?

이곳이 맨션으로 바뀐 뒤에는 또 다른 분위기가 되어 있을 것이다. 텅 빈 폐허 같았지만, 아무도 없는 곳에서 다윈 시대의 우아한 모습과 다윈 개인의 고뇌를 상상해 볼 수 있었던 것은 행운이었다.

찰스 다윈의 죽음

1876년, 예순일곱 살에 다윈은 자서전 초고를 쓰기 시작했다. 이것은 가족, 특히 자식들에게 전해주기 위한 회고록으로 세상에 내놓을 생각은 전혀 없었다. 늘그막에 쓴 이 회상은 《종의 기원》이 출판되고서 100주년이 되는 1958년 다윈의 손녀인 노라 발로우(Nora Barlow)가 원본의 빠진 부분을 되살리고 다시 편집을 해서 《찰스 다윈의 자서전 1809~1882.(The Autobiography of Charles Darwin 1809~1882.)》라는 제목으로 출판했다. 같은 시대 학자나 친구들에 대한 솔직한 비판과 감상이 몇 개 실려 있다.

찰스 다윈이 처음 자서전을 썼을 때 붙인 제목은 《나의 심성과 성품의 성장(成長)에 대한 회고록 Recollections of the Development of my Mind and Character》으로 그 내용이 궁금하지만 손녀가 펴낸 할아버지 이야기도 그 나름의 재미가 있다.

회고록을 쓰기 시작했을 즈음 다윈은 이미 《종의 기원》(1859), 《영국과 외국의 난초과 식물이 곤충에 의해 수정되는 여러 가지 메커니즘에 대하여》(1862), 《가축과 재배 식물의 변이》(1868), 《인간의 기원》(1871), 《인간과 동물의 감정표현》(1872) 등의 주요 저서를 출판하고, 영국뿐만 아니라 미국과 유럽에서도 인정받는 박물학 대가의 지위에 올랐다.

다윈은 자연선택에 의한 진화이론을 오랫동안 비밀로 하며 그것을 고백하는 것은 살인 고백을 하는 것과 같다고 두려워했지만, 마침내 1859년에 《종의 기원》으로 출판했다. 그 무렵 거의 비슷한 진화이론 논문을 말레이(Malay)제도에 있던 박물학자 앨프리드 러셀 월리스(Alfred Russel Wallace)가 보낸 일은 잘 알려져 있다.

어쨌든 《종의 기원》의 출판은 아주 큰일이었다. 종교색이 짙은 사람들에게 이것은 성서의 기록을 모독하는 무서운 사고방식이었다. 과학계에서도 찬성과 반대 의견이 있었지만 신문이나 잡지 등 일반 세상에서는 여지없이 만화와 다를 바 없는 대상이 되었다. 하지만 병약했던 다윈은 줄곧 다운저택에 틀어박힌 채 전투적인 논쟁에는 참여하지 않았다. 그 역할을 맡은 사람이 유명한 토머스 헨리 헉슬리(Thomas Henry Huxley)이다.

다윈은 겁쟁이였을까? 보기에 따라서는 그럴지도 모른다. 그는 자기가 속하는 상류계급의 체면을 지키며 그것을 위협하는 '품위 없는' 논쟁에는 관여하지 않았다. 하지만 그는 결코 비겁하지 않았다. 써야 할 책은 썼고, 여러 가지 증거가 되는 실험이나 관찰 결과를 기록한 논문도 썼다. 그는 과학자로서 사실을 바탕으로 승부했다.

다윈은 자신의 자식들을 포함해 주변 사람들이 죽는 일을 많이 겪었다. 1865년에는 비글호 함장이었던 로버트 피츠로이가 스스로 목숨을 끊었다. 군함에서 내린 뒤 두 사람은 별로 교류하지 않았지만, 피츠로이의 자살은 다윈에게 충격을 주었다. 비글호 항해를 마치고 나서 피츠로이는 일이 많지 않았다. 그가 결혼한 상대는 엄격한 성서 신자였으며 그는 그 영향을 크게 받았다. 그리고 점점 정신이 병들어갔다.

1860년 윌리엄 윌버포스(William Wilberforce) 주교와 헉슬리가 옥스퍼드 대학 자연사박물관 2층에서 가진 과학 모임에서 격렬하게 대립했을 때, 청중들 뒤에서 성서를 손에 들고 소리를 지르며 뛰쳐나간 것이 피츠로이였다. 그로부터 5년 뒤 피츠로이는 칼로 목을 찔러 자살했다. 정신이 병들었다고는 해도 기독교에서 큰 죄에 속하는 자살로 그는 생을 마감했다.

1874년에는 식물학자 큐 왕립식물원 원장이자 친구인 조지프 후커(Joseph Hooker)의 아내 프랜시스 해리엇 헨슬로가 세상을 떠났다. 그녀는 다윈의 은사였던 케임브리지 대학 식물학자 헨슬로의 딸이다. 망연자실한 후커와 그 자식들을 다윈은 다운 하우스로 불러 후커가 기운을 차릴 때까지 보살펴 주었다.

그리고 이듬해 1875년 지질학의 대가이며 다윈의 스승 중 한 사람인 찰스 라이엘(Charles Lyell)이 세상을 떠났다. 라이엘은 끝까지 진화를 인정하지 않았다. 그 의미에서는 학문상의 친구는 될 수 없었다. 하지만 그는 공정한 인물이었으며 다윈에게 진화론 출판을 권유했다. 찬성하지는 않았지만 진화론의 중요성은 인정한 것이다.

라이엘은 아내를 먼저 떠나보내고 노년에는 눈이 멀었다. 마지막에는 다음 생애만을 생각했기 때문에 더는 학문적인 대화를 나눌 수 없었다. 다윈은 그것을 안타깝게 생각했다. 자신도 엠마를 먼저 떠나보내고 눈이 멀게 된다면 다음 생애만을 생각할지도 모른다는 심정을 썼다. 후커와 사람들이 준비를 갖추어 라이엘은 웨스트민스터 대성당에 묻혔다. 하지만 다윈은 장례식에 참석하지 않았다.

이듬해 1876년 다윈의 첫 손자가 태어났다. 셋째 아들 프랜시스 다윈의 아들 버나드(Bernard)이다. 이것은 기쁜 소식임이 틀림없었다. 하지만 버나드의 탄생은 그 어머니 에이미(Amy)의 죽음과 맞바꾸게 되었다. 프랜시스도 절망에 빠져 전혀 일을 할 수 없었다. 다윈이 가장 두려워하는, 아내를 먼저 떠나보내는 운명이 아들 프랜시스에게 닥친 것이다.

이렇게 자신과 가까운 사람들이 차례로 세상을 떠나고, 자신의 건강도 쇠약해져 가는 가운데 그래도 다윈은 다운 저택에서 마지막까지 열정적으로 연구를 계속했다. 엠마를 먼저 떠나보낸다는 것은 다윈에게는 생각하고 싶지도 않은 일이었다. 자주 병치레를 하는 다윈을 모든 면에서 지지해주고 그의 생활과 연구를 만족스럽게 정리해준 것은 엠마였다. 엠마는 찰스 다윈의 바람을 잘 이해하여 주었고, 그의 건강에 신경을 쓰면서도 연구가 최우선이 될 수 있도록 배려해 주었다. 그녀는 친구에게 보낸 편지에 '남편은 연구를 그만두지 않으면 죽는다고 해도 연구를 계속할 거야. 연구하다가 죽고 싶다고 생각하는 사람이니까' 이렇게 남편에 대해 말하고 있다.

1875년 《식충식물》, 1876년에는 《식물계에서 자가수정과 타가수정의 효과》, 1877년에는 《동일 종에 존재하는 다른 형태의 꽃》, 1880년에는 《식물의 운동력》, 그리고 1881년에는 《지렁이의 활동과 분변토의 형성》을 출판했다. 마지막 저서가 그 유명한 지렁이 연구이다.

그리고 1881년 형 이래즈머스가 세상을 떠난다. 총명했지만 무엇 하나 이루지 못했고 아편 중독으로 가족을 꾸리지도 못했다. 이래즈머스가 살고 있던 런던 저택은 곧바로 팔려버리고 시신은 다운 교회 묘지에 매장되었다.

1882년 일흔세 살이 된 다윈은 죽음이 가까워졌음을 깨닫는다. 심장발작과 전신 통증이 자주 덮쳐와 의사를 부르는 횟수가 잦아졌다. 그리고 4월 19일 평소보다 심한 발작을 일으킨 뒤 혼수상태에 빠져 엠마의 품에서 숨을 거두었다. 엠마가 먼저 세상을 떠나는 최악의 사태를 맞이하지 않고 바라던 대로 가족들이 지켜보는 가운데 눈을 감았다.

가족은 다윈의 시신을 형 이래즈머스와 어린 나이에 죽은 자식들과 함께 다운 교회 묘지에 묻힐 예정이었다. 그런데 그의 친구들의 생각은 달랐다. 이 위대한 과학자는 웨스트민스터 대성당에 매장되어야 한다는 것이었다. 그런 생각을 처음 한 사람은 사촌동생 프랜시스 골턴(Francis Galton), 그리고 친구 헉슬리였다. 그 두 사람 모두 영국왕립학회 유력회원이었으며 새로운 시대의 과학을 종교로 대체하려고 한 '신세력'이었다. 또 다운저택 이웃집에 살던 존 러벅(John Lubbock)도 있었다. 그는 부유한 은행가로 뱅크 홀리데이(영국을 비롯한 유럽 대부분의 나라에서 시행하는 공휴일)를 정한 것으로도 유명한 인물인데, 다윈의 열렬한 팬으로 그 또한 박물학에 열중하고 있었다. 그들이 정치적으로 움직인 결과 결국 찰스 다윈은 웨스트민스터에 묻힌다. 1882년 4월 26일. 관을 든 사람은 더비 경, 데번셔 공작, 아가일 공작, 미국대사, 영국왕립학회 회장 윌리엄 스포티스우드(William Spottiswoode), 러벅, 헉슬리, 후커, 그리고 월리스였다.

잔디밭과 꽃밭이 아름다운 세인트 제임스공원(Saint James Park)에서 템즈강 쪽으로 걸어가면 국회의사당과 나란히 웨스트민스터 대성당이 있다. 세계 곳

웨스트민스터 대성당

곳에서 모이는 관광객으로 북적이는 명소의 하나이다. 갈색 첨탑이 하늘 높이 우뚝 솟은 이 거대한 사원에는 대대로 국왕, 여왕 그 밖에 군인, 문인, 그리고 과학자 등 대영제국의 번영에 기여한 사람들이 매장되어 있다. 뉴턴의 거대한 묘는 유명한데, 너무나도 많은 유명인의 묘가 있어서 아무것도 모르면 보고 싶은 사람의 묘를 찾기란 아주 힘들다. 정면으로 들어가면 순서대로 유명한 묘의 위치를 써둔 팸플릿을 주는데, 뉴턴도 다윈도 실려 있지 않다. 한마디로 과학자는 완전히 무시당한 것이다.

과학자들의 묘가 있는 곳에서 다윈의 묘를 찾았다. 뉴턴 기념비 가까이 있는 존 허셜(John Herschel)의 묘 옆에 있었다. 바닥에 깔린 대리석 한 장. 찰스 로버트 다윈이라는 이름과 생몰년이 기록되어 있을 뿐, 지극히 단순한 묘였다. 가까이에 있는 찰스 라이엘의 묘에 장식이 더 많다. 조금 실망스러울 정도로 검소한 묘였다.

다윈이 매장된 뒤 골턴을 중심으로 다윈의 조각상과 판유리를 만들어 웨스트민스터에 장식하자는 계획이 나온다. 판유리는 흐지부지되었지만 결국 조각상은 기부를 통해 완성되어 새로 지은 자연사박물관에 놓이게 되었다.

사우스 켄싱턴(South Kensington)에 있는 자연사박물관은 거대한 건물이다. 이 유명한 박물관은 해부학자이자 박물학자인 리처드 오언(Richard Owen)의 지휘 아래 1880년에 완성되었다. 과학과 종교의 조화를 목표로 한 건축이라고 하는데, 그래도 종교의 우위성을 보여주기 위해 전체가 교회와 비슷한 구조로 되어 있다. 오언은 반진화론자였기 때문에 다윈의 조각상 제막식은 오언이 은퇴하는 1885년까지 기다려야만 했다고 한다.

현재 자연사박물관에 들어가면 정면에 군림하고 있는 것은 리처드 오언의 조각상이다. 그렇다면 다윈의 조각상은 어디에 있을까? 특별전시 학예원은 모른다고 했다. 접수처에 물어보니 정면 홀 계단 아래 워터하우스 카페에 있다고 한다. 그곳으로 가보니 다윈뿐만 아니라 헉슬리의 조각상도 있었다. 두 조각상은 나란히 배치되어 벽기둥의 바다거북과 판다 표본을 내려다보고 있었다.

진화론의 제창자가 다다른 곳은 웨스트민스터 대성당이다. 다윈은 진화론이라는 위험한 다리를 심사숙고해서 건넜으며, 신사 계급 지식인으로서의 체면을 지켰다. 그리고 온후하고 진지한 성격으로 많은 이들에게 사랑받았다. 누구에게나 사랑받은 참으로 '좋은 사람'이었다. 마흔 즈음에 신앙을 버리고, 딸 애니의 죽음으로 신이 존재하지 않음을 확신한다. 하지만 이 진화론자는 결코 전투적인 운동가는 아니었다. 한 장의 대리석만이 고즈넉이 남아 있지만 확실히 웨스트민스터의 한 자리를 차지하고 있다는 사실은 다윈의 삶을 상징하는 것인지도 모른다.

다윈 연보

1809년	2월 12일 영국 슈루즈버리에서 태어남.
1817년(8세)	초등학교 입학. 어머니 사망.
1818년(9세)	슈루즈버리의 버틀러 학교 입학.
1825년(16세)	의학을 배우기 위해 에든버러 대학교에 입학.
1826년(17세)	플리니우스학회에 입회.
1828년(19세)	케임브리지 대학교 신학부 입학.
1831년(22세)	학사(Bachelor) 학위 받음.
	비글호에 승선, 플리머스항 출항.
1832년(23세)	브라질 살바도르 도착.
	바이아 도착.
	리우데자네이루 도착.
	몬테비데오 우루과이 도착. 라이엘의 《지질학원리》 제2권을 우편으로 받음.
	티에라 델 푸에고 도착.
1833년(24세)	포클랜드제도 도착.
	바이아블랑카에서 부에노스아이레스로 말을 타고 감.
	파타고니아의 항구 도착.
1834년(25세)	산타크루스강 주변 조사.
	포클랜드제도 도착.
	마젤란해협 통과.
	티에라 델 푸에고 도착.
	칠레 발파라이소 도착.
	안데스산맥 조사.
	칠로에섬 도착.

초노스제도 도착.

1835년(26세) 다시금 칠로에섬으로 돌아옴.

발디비아에서 대지진을 목격함.

다시 칠레 발파라이소 도착.

에콰도르 갈라파고스제도 조사.

타히티섬 도착.

뉴질랜드 도착.

1836년(27세) 오스트레일리아 시드니 도착.

태즈메이니아 도착.

인도양 킬링섬 도착, 산호초 관찰.

케이프타운 도착.

세인트헬레나섬 도착.

대서양의 어센션섬 도착.

바이아(브라질 살바도르)에 도착.

아조레스제도(포르투갈 서쪽) 도착.

10월 귀국.《항해기》집필.

1837년(28세) 종의 문제에 대해 최초의 노트 기록.

1838년(29세) 지질학회 서기로 취임.

맬서스의《인구론》을 읽음.

1839년(30세) 왕립학회 회원으로 천거됨.

외사촌인 엠마 웨지우드와 결혼.

《비글호 항해기》출판.

맏아들 윌리엄 태어남.

1841년(32세) 지질학회 서기 사임.

맏딸 앤(애칭 애니) 태어남.

1842년(33세) 종의 문제에 대해 대략적인 스케치 기록.

《산호초의 구조와 분포》출판.

켄트 주 다운으로 이전.

둘째딸 메어리 태어남, 사망.

1843년(34세) 셋째딸 헨리에타 태어남.

1844년(35세)	종의 문제에 대한 시론을 기록.
1845년(36세)	둘째아들 조지 태어남.
1846년(37세)	만각류(barnacle, 따개비) 연구 시작.
1847년(38세)	넷째딸 엘리자베스 태어남.
1848년(39세)	셋째아들 프랜시스 태어남. 아버지 사망.
1850년(41세)	넷째아들 레너드 태어남.
1851년(42세)	맏딸 앤 사망. 다섯째아들 호레이스 태어남.
	《만각류》 제1권, 《만각류화석》 제1권 출판.
1854년(45세)	만각류에 대한 서적 제2권을 출판.
	《종의 기원》에 대한 글을 쓰기 위한 준비.
1856년(47세)	종의 문제에 대한 방대한 규모의 《자연도태》 집필 시작.
	여섯째아들 찰스 태어남.
1857년(48세)	저작 집필에 전념.
1858년(49세)	월리스로부터 그의 미발표 논문인 〈변종이 원종으로부터 한없이 멀어져 가는 경향에 관하여〉의 내용 검토를 부탁하는 편지를 받음.
	여섯째아들 찰스 사망.
	린네학회에서 월리스의 논문과 함께 공동논문으로 진화학설 발표.
1859년(50세)	《종의 기원》 출판.
1860년(51세)	옥스퍼드에서 열린 영국과학진흥협회에서 다윈의 대리인 헉슬리(Huxley)와 성직자 윌버포스가 논쟁을 벌임.
1862년(53세)	《곤충에 의해 수정되는 영국과 외국의 난(蘭)의 여러 가지 고안에 관하여》 출판.
1868년(59세)	《가축과 재배식물의 변이》 출판.
1871년(62세)	《인간의 기원》 출판.
1872년(63세)	《사람과 동물의 감정표현》 출판.
1875년(66세)	《식충식물》, 《덩굴식물의 운동과 습성》 출판.
1876년(67세)	《식물계에서 타가수정과 자가수정의 효과》 출판. 자서전 집필.
1879년(70세)	버틀러와 논쟁.

1880년(71세) 《식물의 운동력》출판.

1881년(72세) 《자서전》을 다듬음. 형 이래즈머스 사망.

《지렁이의 작용에 의한 부식토의 형성》출판.

1882년(73세) 4월 19일 세상을 떠남. 웨스트민스터 대성당에 안치.

2008년 9월 다윈 탄생 200주년을 앞두고, 영국성공회가 지난날의 오해와 잘못된 대응에 대해 다윈에게 사과 표명.

10월 런던 자연사박물관 '다윈전' 개최(2009년 4월까지)

2009년 3월 바티칸 교황청 후원으로, 《종의 기원》이 인류에 미친 영향을 논의하는 학술행사 열림. 종교와 이념의 제약 없이 순수하게 과학적으로 다윈의 업적 재조명.

2012년 한국 송철용, 다윈《종의기원》10년 연구 세계최초 컬러 결정판 출간.

秋漢虎 추한호
인하대학교 의과대학 대학원 졸업.
대한성형외과학회 정회원
대한미용성형외과학회 정회원
대한두개안면성형외과학회 정회원
대한수부외과학회 정회원
대한성형외과 개원의협의회 정회원
강남 로고스 성형외과 원장
청담유 성형외과 원장
인하대학교 의과대학 성형외과 외래교수
지은책《인간미학시론》

World Book 277
Charles Robert Darwin
THE DESCENT OF MAN AND SELECTION IN RELATION TO SEX
인간의 기원 II
찰스 다윈/추한호 옮김
1판 1쇄 발행/2018. 5. 18
발행인 고정일
발행처 동서문화사
창업 1956. 12. 12. 등록 16−3799
서울 중구 다산로 12길 6(신당동 4층)
☎ 546−0331~6 Fax. 545−0331
www.dongsuhbook.com
이 책의 출판권은 동서문화사가 소유합니다.
의장권 제호권 편집권은 저작권 법에 의해 보호를 받는 출판물이므로
무단전재와 무단복제를 금합니다.
사업자등록번호 211−87−75330
ISBN 978−89−497−1694−7 04080
ISBN 978−89−497−0382−4 (세트)